대통령 문재인의 3년

대통령 문재인의 3년

안전한 대한민국의 초석을 다지다

편집부 엮음

더휴먼

차례

문재인
명연설 베스트 15

2장 대통령 3년의 기록
2019. 5. 1~2020. 4. 30

10월 ────────

12월

4월 ─────────

문재인 정부 3년차는 투명한 행정과 세계 최고 수준의 의료시스템, 그리고 성숙한 국민의식으로 방역 모범국으로서 국격 상승이 돋보인 시기였다. 양질의 일자리를 만들기 위한 정부의 노력이 계속되는 가운데 수출과 체감 경기가 호전되고 있었지만, 2019년 12월 중국 우한에서 시작된 코로나19 바이러스가 걷잡을 수 없이 퍼져나가며 국민들을 불안하게 만들었다. 초반에는 코로나19 확진자가 기하급수적으로 늘어나자 세계 여러 나라에서 한국인의 입국금지를 시행하는 등의 조치를 취했지만 문재인 정부는 일희일비하지 않았다. 철저한 확진자 관리와 투명한 방역 행정 절차를 통해 전염병 확산을 방지하기 위한 최선의 노력을 했고, 마스크 등의 공급과 수요를 관리하며 국민들이 불안에 떨지 않게 했다. 그리고 '드라이브 스루' 검사를 통해 진단 시간을 단축하며 방역에 힘을 쏟았다. 사회적 거리두기를 통한 불편함을 감내하고 위기 때마다 빛을 발해온 성숙한 시민 의식과 의료 자원봉사자들, 세계 최고 수준인 의료 서비스로 2020년 4월부터 하루 확진자가 10명 이하로 줄어들며 코로나19

바이러스가 점점 잡혀가기 시작했다.

　이러한 문재인 정부의 노력은 결실을 맺기 시작했고, 동유럽을 필두로 유럽과 아시아, 아프리카에서도 한국식 진단 방법을 도입하며 한국산 진단키트 구매문의가 쇄도하고 있다. 루마니아는 유럽연합 소속 군용기를 보내서 진단키트를 사갈 정도이고, 외국 정상들도 화상 회의에서 한국을 모범 방역국으로 부르며 서로 먼저 진단키트를 공급해 달라고 요청하고 있다. 문재인 정부는 한국인을 입국금지한 나라를 대상으로 맞대응 차원에서 해당국가 국민의 국내 입국을 금지하였다. 이와는 별개로 방역 관계자나 의료진의 교류가 계속되어야 한다는 문재인 대통령의 뜻(3월 G20 특별 화상 정상회의)에 따라 이집트는 한국 의료진과 방역시스템 업체 관계자 등 필수 인력은 특별히 입국을 허락하는 등의 조치를 취하고 있다. 또한 정부는 6·25전쟁 당시 참전하여 우리나라를 도와준 우방 16개국에 먼저 진단키트와 마스트를 제공함으로써 세계를 휩쓴 코로나19의 모범 방역국이자 세계 10대 경제강국인 대한민국의 위상과 국격을 함양하고 있다.

　이러한 투명하고 능력 있는 문재인 정부에 국민들도 아낌없는 지원과 성원으로 보답했다. 사회적 거리두기를 잘 지키고 자기격리 중에는 규정을 위반하지 않도록 노력했다. 이와 더불어 국민들은 2020년 4월 15일에 실시된 제21대 국회의원 선거에서 집권 여당인 더불어민주당에 단독 과반이 넘는 180석에 가까운 의석을 줌으로써 문재인 정부의 국난 극복에 대한 의지를 지지하고 있음을 분명히 했다. 대한민국은 코로나19 속에서 유일하게 선거를 치렀고, 많은 사람들이 모이는 투표장 방역에서도 전 세계의 표준 규범이 되었다.

문재인 정부는 이제 코로나19 이후를 준비하고 있다. 아직은 위기의 끝을 알 수 없지만 보이지 않는 끝 너머를 내다보며 위기를 슬기롭게 극복하는 노력과 함께 위기 속에서 기회를 만들어내는 용기와 지혜가 필요하다. 특히 방역에서 보여준 개방적이고 민주적이며 창의적인 대응과 국민들의 위대한 시민의식으로 대한민국은 전 세계가 주목하는 나라가 되었다. 세계에서 확진자가 두 번째로 많았던 위기의 나라에서 한국형 방역 모델이 세계적 표준이 되고, 한국산 방역 물품이 전 세계로 수출되는 기회의 나라로 바뀌었다. 확산이 시작될 때만 해도 아무도 예상하지 못한 일이었다. 위기 속에서 빛을 발한 우리 국민의 역량과 일 잘하는 정부가 만든 결과이다.

문재인 정부는 위기 극복에 온 힘을 기울이면서도 위기 속에서 기회를 찾아내는 적극적 자세를 보여주었다. 일본의 수출 규제에 대응하여 소재·부품·장비 산업을 자립화하는 기회를 열어나갔듯이 코로나19 사태를 겪으면서 한국은 이미 비대면 산업의 발전 가능성에 세계를 선도해 나갈 역량이 있다는 것을 확인했다. 문재인 정부는 비대면 산업을 빅데이터, 인공지능 등 4차 산업혁명 기술과 결합한 기회의 산업으로 적극적으로 키워나갈 것임을 천명했다. 진단키트를 발 빠르게 개발하여 K-방역에서 K-바이오로 위상을 높여가고 있듯이 백신과 치료제 개발에도 속도를 내 우리의 바이오의약 수준을 한 단계 높이는 계기로 삼아야 한다. 문재인 정부의 3년차는 절망 속에서 희망을, 위기 속에서 기회를 볼 수 있는 중요한 시기이다.

"새로운 일상으로 돌아가기 위해 새로운 희망을 만들겠습니다. 많은 분들이 '코로나19' 이후, 세계가 문명사적 전환점 앞에 서게 될 것으로 예측합니다. 우리는 의료와 방역, 경제와 산업, 외교와 문화를 비롯한 전 분야에서 확연히 다른 세상과 맞닥뜨리게 될 것입니다. '새로운 일상'으로 돌아가기 위해 우리는 '새로운 희망'을 만들어내야 합니다. 정부는 마지막 확진자가 완치되는 그 순간까지 최선을 다하며, 대한민국의 새로운 삶을 준비하겠습니다."

2020년 4월 12일

문재인 대통령

대통령 문재인의 3년 —

1장

문재인
명연설
베스트
15

중소기업의 성장은
우리 정부의 변함없는 목표입니다

2019 대한민국 중소기업인대회 축사 | 2019-05-14 |

대한민국 중소기업인 대회에서 축사를 하는 문재인 대통령

김기문 중소기업중앙회장님과 전국에서 오신 중소기업인 여러분, 소상공인 여러분, 반갑습니다.

2019 중소기업인 대회를 축하드립니다. 중소기업이 살아야 우리 경제의 활력이 살아납니다. 문재인 정부 3년의 시작을 중소기업인 여러분과 함께하게 돼서 매우 뜻깊고 기쁘게 생각합니다. 우리는 지난해 30-50 클럽, 인구가 5천만 명 이상이면서 1인당 국민소득 3만 달러를 이룬 세계 7번째 나라가 되었습니다. 제2차 세계대전 이후 독립국 중 유일할 뿐 아니라 전쟁의 폐허 위에서 이룬 아주 값진 성과입니다. 대한민국 경제의 근간이자, 국민의 일터인 중소기업이 중심이 되어 이뤄낸 성과입니다. 이 자리를 빌려 감사드립니다. 특히 R&D, 일자리, 수출, 창업 벤처 등 각 분야에서 우수한 성과로 오늘 수상하시는 중소기업인 여러분께 축하와 감사의 인사를 드립니다.

중소기업인 여러분,

4차 산업혁명 시대의 예측할 수 없는 내일, 불확실성은 중소기업이 겪는 가장 큰 어려움입니다. 특히 급격한 세계 경제의 변화는 중소기업이 대응하기가 쉽지 않고, 산업구조의 변화도 미리 준비하지 않으면 이겨내기가 쉽지 않습니다. 그러나 제가 만난 모든 중소기업인들은 어떤 어려움 속에서도 결코 기업가의 사명을 잃지 않았습니다. 중소기업인의 어깨 위에는 회사의 미래뿐만 아니라 직원들과 그들 가족의 미래까지 달려있습니다.

아이 하나를 키우는 데 한 마을이 필요한 것처럼, 한 개의 중소기업이 성공하려면 한 사회가 필요합니다. 중소기업의 안정적 운영을 위해서는 위험부담과 책임을 국가가 함께 나누어야 합니다. 기업가 정신을 마음껏 발휘하고, 성장할 수 있도록 국가가 적극적으로 나서 도와야 합니다. 우리 정부는 중소기업을 경제의 중심에 놓고 정책의 틀을 근본적으로 바꾸고자 노력해왔습니다. 최초로 중소벤처기업부를 신설하여 각 부처의 다양한 중소기업 정책을 종합적으로 관리하고 조정하게 했습니다. 또한, 정부의 모든 부처가 머리를 맞대고 정책을 발굴하고 예산을 지원하기 위해 최선을 다하고 있습니다. 올해에만 1,653개 사업, 22조 원 가까운 예산이 중소기업을 직접 지원하는 데 사용됩니다.

작년보다 10% 증액된 예산입니다. 무엇보다 중소기업이 스스로 역량을 높일 수 있도록 정책을 집중하고 있습니다. 2019년에만 스마트공장 4천 개를 구축하고, 2022년까지 10인 이상 중소제조업의 절반에 해당하는 3만 개로 확충할 계획입니다. R&D 정책도 민간 주도 체제로 개편하고, 각 업종별 지원을 강화했습니다. 시장 여건을 개선하는 일 또한 중요합니다. 혁신제품, 기술개발제품 등 아직 시장이 성숙되지 않은 제품은 수요가 창출되어야 기업과 산업이 활성화될 수 있습니다. 공공이 수요 창출의 마중물이 되도록 조달체계를 개편하고, 공영홈쇼핑과 중소기업유통센터를 이용해 홈쇼핑, 온라인몰, 백화점, 대형마트 등 우수제품이 다양한 경로로 소비자와 만날 수 있도록 돕고 있습니다.

우리 중소기업의 무대는 아주 넓습니다. 우리의 우수한 기술력은 이미 세계적으로 인정받고 있습니다. 지난해 우리는 최초로 수출 6,000억 달러를 돌파했는데, 중소기업 수출이 2년 연속 1,000억 달러를 넘으며 사상 최대를 기록함으로써 아주 큰 몫을 했습니다. 규모와 상관없이 새로운 아이디어와 기술개발로 거둔 성취입니다. 벤처창업과 투자액도 사상 최대를 기록해 제2 벤처붐을 기대하고 있습니다. 기업가치 1조 원이 넘는 유니콘기업도 이미 8개로 늘어났습니다. 그러나 한편에서는 법률, 특허, 회계, 마케팅 등의 어려움으로 판로개척에 어려움을 겪고 있기도 합니다. 55조 원 규모의 무역보험 지원, 맞춤형 컨설팅, 대기업과의 동반 상생 진출 등 다각적인 노력을 통해 글로벌 기업으로의 성장을 돕겠습니다. 최근 연달아 육성책이 발표되고 있는 수소차 등 미래차, 시스템반도체, 바이오, 5G 등 4차 산업혁명 시대 주력 산업들은 중소기업이 주역이 될 수 있는 분야들입니다. 세제지원, 혁신금융 같은 전방위적인 지원을 통해 전통 제조업의 혁신과 신산업 확산을 뒷받침하겠습니다.

열정과 창의로 넘치는 청년, 또 많은 경험으로 관록이 쌓인 중년이 중소기업으로 몰려들어야 중소기업이 더욱 성장할 수 있습니다. 기업에 필요한 인재를 양성하고 일자리 우수기업 지원을 강화하겠습니다. 청년 내일채움공제를 비롯한 중소기업 근로자 맞춤형 복지서비스를 제공해서 우수 인력이 중소기업을 선호하도록 돕겠습니다. 벤처창업과 벤처기업의 성장도 더욱 촉진하겠습니다. 효과 없는 규제는 과감히 털어내겠습니다. ICT, 산업융합, 금융 분야의 '규제 샌드박스' 제도는 시행 4개월 만에 이미 49건의 승인 실적을 올렸고 연말까지 100건을 돌파할 전망입니다. 규제혁신을 통한 지역신산업 육성을 위해 '규제자유특구' 제도도 추진되고 있습니다.

중소기업인 여러분,

기업인들이 가장 중요하게 생각하는 덕목은 '신용'입니다. 상거래에서의 신용도 중요하거니와 정부와 중소기업 간의 신용도 매우 중요합니다. 정부를 신용할 수 있어야 기업은 미래를 불안해하지 않고 혁신적인 기술개발과 도전적인 투자에 나설 수 있을 것입니다. 우리 정부의 의지는 확고합니다. 중소기업은 우리 경제의 허리입니다. 중소기업이 성공해야 일자리와 가계 소득이 늘고, 국민이 잘살게 됩니다. 국민이 잘살고 소비가 늘면, 소상공인도 활력을 갖게 됩니다. 국가경제가 성장하고 시장의 규모가 커질 때 더 많은 기업이 함께 성공을 누릴 수 있습니다. 중소기업과 대기업이 상생하는 경제생태계가 만들어지면, 더 많은 기업이 성공하고, 우리 경제의 활력도 커질 것입니다. 중소기업의 성장은 우리 정부의 변함없는 목표라는 것을 다시 한 번 강조합니다.

공정한 경제 위에서 당당하게 경쟁하며 자발적인 상생 협력이 이루어지도록 하겠습니다. 기업이 정부와 시장을 신뢰하고 적극적으로 도전과 재도전을 할 수 있는 환경을 만들겠습니다. 시행착오와 실패가 사회적 경험으로 축적되도록 하겠습니다. 최저임금, 탄력근로제, 주 52시간 근로제 등 사회적 대타협이 필요한 사안에 대해서도 우리 기업인들의 목소리에 더욱 귀를 기울이겠습니다.

중소기업인 여러분,

정부의 경제정책과 성과가 당장은 체감되지 않을 수 있습니다. 특히 경제정책의 근본적인 변화가 안착되기에는 시간이 걸립니다. 통계와 현장의 온도차도 물론 있을 것입니다. 그러나 총체적으로 본다면 우리 경제는 성공으로 나아가고 있고, 우리 중소기업도 매일매일 기적을 써내려가고 있습니다. 답은 현장에 있다고 믿습니다. 우리 정부 첫 해, 경제정책의 방향을 제시하고 2년 차에 혁신적 포용국가의 시동을 걸었다면, 올해 3년 차에는 반드시 현장에서 체감하는 성과를 창출하겠습니다. 중소기업인들이 스스로 자랑스러워할 수 있는 나라, 중소기업인과 중소기업 근로자들이 함께 잘 사는 나라를 만들기 위해 정부는 힘을 모을 것입니다.

중소기업이 대한민국 경제의 주역입니다. 오늘 이 자리를 통해 여러분의 혁신과 도전의 열기가 더 커지길 바랍니다. 정부가 여러분의 힘이 되겠습니다.

감사합니다.

현장에서 발로 뛰십시오

국민께 힘이 되는 일 잘하는 공무원 초청 오찬 모두발언 │ 2019-06-07 │

문재인 대통령이 '국민께 힘이 되는 일 잘하는 공무원'
초청 오찬에 입장하며 세계 최초 5G 상용화 달성에
기여한 과학기술정보통신부 공무원과 인사하고 있다.

여러분, 반갑습니다.

어떤 분들인지 정말 한번 만나고 싶었습니다. 우리 국익과 국민을 위해서 아주 열심히 일해 주시고, 또 좋은 성과를 내 주신 우리 공무원 여러분들에게 대통령으로서 감사 인사를 드립니다.

두 달 전에 일본산 수산물 수입 금지 관련 WTO 분쟁에서 우리가 승소했다는 낭보가 있었습니다. 1심 결과가 상소심에서 뒤집힌 최초의 사례라고 합니다. 국민의 건강을 지키기 위한 집념으로 치밀한 전략을 펼친 공무원들이 있었기에 가능한 일이었습니다.

3주 전에는 벨기에에서 또 다른 좋은 소식이 들려왔습니다. 세계에서 7번째로 EU 화이트리스트 등재에 성공했다는 것입니다. 우리의 바이오, 또 제약 기업들이 유럽 시장에 활발하게 진출할 수 있는 길이 열렸습니다. 식약처 공무원들이 전담 대응팀을 꾸려서 민간 기업과 함께 한 4년간 치밀하게 노력해서 얻은 결실입니다.

강원도 산불 현장에서 여러 가지 악조건 속에서 온종일 쉬지 않고 소방 헬기를 운전하신 분이 있고, 삶의 터전을 잃은 이재민들을 위해서 임시 조립주택을 신속하게 제공한 공무원도 있습니다. 상대국에서 통관을 거부한다는 수출업계의 다급한 사정을 듣고 신속하게 증명 방안을 찾은 검역본부 담당관이 있고, 또 해외에서 부당한 관세 부과를 당한 우리 기업을 품목 분류 전문지식을 활용해서 구제한 공무원도 있습니다. 경쟁국보다 발 빠른 대응으로 세계 최초 5G 상용화를 이끈 분, 산재 신청할 때 걸림돌이 되어왔던 사업주 확인제 폐지를 이끈 분, 또 씨름의 유네스코 무형유산 남북 공동 등재를 성사시킨 분도 있습니다. 신속한 구제역 방역 조치와 건강보험 보장성 강화, 사립유치원 에듀파인 도입, 해상 표류 선박 구조, 의료기기 수출 인증, 인도네시아 잠수함 수출, 동산 담보 관리체계 마련에 큰 기여를 한 공무원도 모셨습니다. 모두 여러분이 국민들을 위해서 해낸 일들입니다. 매우 자랑스럽고, 또 고맙습니다.

오늘 여기 오지 못한 전국의 공직자들도 묵묵하게 자신의 위치에서 소명을 다하고 계십니다. 그 노고와 헌신에 깊이 감사드립니다. 여러분의 남다른 성취 속에는 모든 공직자가 함께 새겨야 할 이야기가 녹아있다고 생각합니다.

첫 번째는 적극행정입니다. WTO 승소, EU 화이트리스트 등재를 이끈 것처럼 행정도 창의력과 적극성이 생명입니다. 공직자는 단순한 법 집행을 넘어서 새로운 시각과 창의성으로 적극행정을 펼쳐야 합니다. 그래야 새로운 시대를 이끌어갈 수 있을 것입니다. 저 또한 공무원들에게 힘이 되도록 적극행정 문화를 제도화할 것입니다. 각 부처에서 반기별로 적극행정 우수 공무원을 선발하여 특별승진이나 승급 등 인사상 우대 조치를 주는 방안을 마련하고, 적극행정에 대한 면책도 제도화하겠습니다.

둘째는 현장행정입니다. 강원도 산불 피해를 현장에서 대응한 일선 공무원뿐만 아니라 고위공무원들에게도 현장은 매우 중요합니다. 현장이 필요로 할 때 정책과 행정은 거기에 응답해야 합니다. 상대국의 통관 거부나 부당한 관세 부과, 또 산재 신청의 어려움과 같은 다급한 현장의 목소리에 신속하게 응답하신 여러분이 그 모범입니다. 또한 정책을 잘 만들어서 발표하는 것만큼 중요한 것은 정책이 현장에서 국민의 삶 속에 잘 스며드는지 살피는 일입니다. 공직자 여러분이 특히 유념해 줬으면 하는 점입니다.

셋째는 공감행정입니다. 공직자는 국민의 마음을 헤아려야 하고, 또 정책은 국민의 공감을 얻어야 합니다. 복잡하게 다원화된 사회에서 정책은 이해관계자 간 갈등을 낳기도 하고, 때로는 저항에 부딪히기도 합니다. 어떻게 보면 모두에게 다 좋은 정책이라는 것은 존재하지 않을지도 모릅니다. 하지만 충돌하는 가치를 저울질하고 갈등을 조정하면서 공감을 얻어가야 합니다. 조금 느리게 가야 할 때도 있고, 또 저항은 저항대로 치유하면서 정책은 정책대로 추진해야 하는 경우도 있겠습니다. 다만 그런 경우에도 정책 이면에 있는 그늘을 늘 함께 살피는 자세를 가져 주길 바랍니다. 적극행정, 현장행정, 공감행정을 실천해온 여러분들을 뵈니 매우 든든합니다. 국민들도 무척 좋아할 것입니다. 공직자 여러분의 삶이 명예롭고 보람될 수 있어야 나라가 발전할 수 있다고 믿습니다. 여러분도 공직에 있는 동료들에게 그 소중한 경험을 들려주시기 바랍니다.

오늘 이 자리가 대한민국의 모든 공직자들에게 초심을 되새기면서 함께 자긍심을 느끼는 소중한 시간이 되기를 기대합니다.

감사합니다.

제조업은 우리 경제의 근간입니다

제조업 르네상스 비전 선포식 | 2019-06-19 |

존경하는 기업인 여러분, 반갑습니다.

특별히 오늘은 현재 세계 1등 제품 기업 등 세계 일류 제품 기업들이 함께 참석해 주셨습니다. 참으로 자랑스럽고 든든합니다. 우리는 세계가 부러워할 만한 산업발전을 이뤘습니다. 후발 국가로서 빠른 추격과 학습으로 단시간 내 세계적 수준의 제조업 역량을 키워왔습니다. 'Made in Korea' 제품이 전 세계를 누비며 세계 6위의 제조업 강국과 수출 강국으로 우뚝 섰습니다. 지난해 메모리반도체, OLED, 조선에서 세계시장 점유율 1위를 굳건히 지켰고, 석유화학은 세계 4위, 자동차는 세계 7위 생산국이 되었습니다. 세계시장 점유율이 상위권인 세계 일류기업도 2001년보다 5배 이상 늘어 573개에 이르렀습니다. 여기 계신 여러분의 땀과 헌신 덕분입니다. 치열한 경쟁을 뚫고 세계 일류기업의 자리에 올라선 여러분께 존경의 박수를 보냅니다.

제조업은 우리 경제의 근간입니다. 제조업은 우리 GDP의 30%를 차지하고, 수출의 90%를 담당하고 있습니다. 450만 개의 양질의 일자리가 제조업에서 나옵니다. 혁신성장의 핵심인 R&D와 특허도 80% 이상이 제조업에서 이루어집니다. 지역에 거점을 둔 전통 제조업은 지역경제를 떠받치고 있습니다.

그러나 최근 제조업을 둘러싼 환경이 급변하고 있습니다. 4차 산업혁명과 신흥 제조강국의 부상으로 지금까지의 '추격형 산업전략'이 한계에 도달했다는 우려의 목소리가 큽니다. 각종 환경규제와 보호무역 확산, 생산비용 상승으로 제조기업들도 어려움을 호소하고 있습니다. 실제로 메모리반도체 이후 새로운 산업을 만들지 못해 지난 10년간 10대 주력산업이 변하지 않고 있습니다. 그 사이 세계의 공장 중국은 '추격자'를 넘어 '추월자'로 부상했습니다. 생산가능인구 감소와 주력산업 정체와 같은 구조적 문제에, 최근 세계 경제 부진에 따른 수출 감소 등 세계 경기적 요인까지 겹치면서 제조업의 활력이 전반적으로 떨어지고 있습니다. 도약이냐 정체냐, 지금 우리 제조업은 중대 갈림길에 있습니다. 과거의 '추격형 산업전략'은 더 이상 우리 경제의 해법이 되지 못합니다. '혁신 선도형 산업구조'로 전환이 시급한 시점입니다. 다른 제조업 강국들도 국가경제의 버팀목으로서 제조업의 중요성을 다시 인식하기 시작했습니다. 독일은 '인더스트리 4.0', 미국은 '첨단제조업 리더십 발전전략', 일본은 '신산업 구조비전', 중국은 '제조 2025' 전략을 앞다퉈 추진하고 있습니다.

4차 산업혁명 시대에도 제조업은 여전히 우리 경제의 중심입니다. 제조업이 혁신성장의 토대입니다. 국가가 제조 역량을 잃으면, 혁신 역량까지 잃게 됩니다. 'Made in Korea'로 축적된 경험과 기술의 토대 없이는 새로운 혁신의 싹도 자라나기 어렵습니다. 오늘 저는 여러분과 함께 '제조업 르네상스 비전'을 제시하고자 합니다. 대한민국 경제 활력을 제조업에서부터 다시 불러일으키자는 것입니다.

존경하는 국민 여러분, 기업인 여러분,

정부는 2030년 '제조업 세계 4강'을 목표로 '제조업 르네상스 비전'을 강력히 추진하고자 합니다. 제조업 부흥이 곧 경제 부흥입니다. '제조업 4강'과 함께 '국민소득 4만 불' 시대를 열겠습니다. 현재 세계 6위인 수출을 2030년 세계 4위 수준으로 끌어올리겠습니다. 2030년까지 제조업 부가가치율을 현재 25%에서 30%로 높이고, 신산업·신품목 비중도 16%에서 30%로 확대할 것입니다. 세계 일류기업 역시 현재 573개에서 1,200개로 2배 이상 늘리겠습니다.

우리 산업의 패러다임을 과감히 바꾸겠습니다. 산업구조를 '추격형'에서 '선도형'으로, 산업생태계를 '위험회피형'에서 '도전과 축적형'으로, 투자전략을 '자본' 투입에서 '사람·기술' 중심으로 전환할 것입니다. 이러한 전환을 가능케 하는 핵심이 바로 '혁신'입니다. '혁신'으로 선도형 신산업을 육성하고, 기존 산업도 고부가가치화해야 합니다. 스마트화와 같은 제조업 자체의 혁신뿐 아니라, 제조업을 둘러싼 사람·기술·금융·조달 등 산업생태계 전반을 '혁신'을 촉진하는 방향으로 전환해야 합니다. 정부는 이러한 방향에서 제조업 르네상스 추진전략 4가지를 마

제조업 르네상스 비전 선포식 후 제조혁신기업 현장을 방문한 문재인 대통령

런했습니다.

첫째, 스마트화, 친환경화, 융복합화를 중심으로 '제조업 혁신'을 가속화하겠습니다. 2022년까지 스마트공장 3만 개 보급을 차질 없이 추진하고, 섬유, 뿌리산업, 중소조선사와 같은 개별업종에 최적화된 스마트공장을 개발해 집중 보급하겠습니다. 올해 중 'AI 국가전략'을 수립하고, 2030년까지 'AI 기반 스마트공장' 2,000개를 신설하여 스마트 제조혁신을 본격 추진할 것입니다. 또한, 전기·수소차, LNG 선박과 같은 친환경차, 친환경선박의 기술개발과 수요창출을 지원하여 친환경 산업의 선두국가로 나서겠습니다. 20개 국가산단을 '청정제조 산단'으로 전환하고, 친환경 투자에 대한 세제 지원을 확대하겠습니다. 오염물질 저감설비 구축을 지원하는 '클린 팩토리' 사업도 스마트공장 수준으로 대대적으로 확산해 가겠습니다. 미래 제조업의 성공·실패는 개별 제품보다는 융복합이 좌우합니다. 정부는 '규제 샌드박스'와 '규제자유특구'를 통해 융복합을 가로막는 규제를 과감히 걷어낼 것입니다. 아울러, 스마트·친환경·융복합 혁신을 위한 '산업단지 대개조 계획'도 올해 중 수립하겠습니다.

둘째, 혁신을 통해 미래 신산업을 육성하고, 기존 주력산업을 고부가가치화하겠습니다. 시스템반도체, 바이오헬스, 미래차와 같은 신산업 분야에 2030년까지 정부가 총 8조 4천억 원, 민간이 총 180조 원 규모의 대규모 투자를 할 것입니다. 미래 대한민국 먹거리로 육성하기 위해 '신산업 분야별 기술 및 규제개혁 로드맵'을 제시하여 체계적인 지원과 규제개혁이 이루어지도록 하겠습니다. 어려움을 겪고 있는 기존 주력산업도 반드시 지켜내야 합니다. 없어져야 할 산업은 없습니다. 혁신해야 할 산업만 있을 뿐입니다. 혁신을 통해 고부가가치 산업으로 탈바꿈하는 노력을 기울여야 합니다. '기업활력법'을 개정하여, 전통 주력산업의 신산업 진출·전환을 적극 지원하겠습니다. 총 5조 원 규모의 '기업구조혁신펀드'를 조성하여 위기를 겪는 기업에 대해서도 구조개선을 통해 경쟁력을 되살리도록 지원할 것입니다.

셋째, 제조업을 둘러싼 사람·기술·금융·조달 등 산업생태계 전반을 '혁신' 중심으로 전환하겠습니다. 제조업이 필요로 하는 혁신 인재가 충분히 공급될 수 있도록, 사람에 대한 투자를 강화하겠습니다. 중장기 산업발전 비전과 수요예측 결과를 토대로 올해 중 범부처 '산업 인재양성 로드맵'을 수립할 것입니다. 계약학과와 R&D 인력을 포함한 창의형 공학인재 양성을 위한 '공학교육 혁신방안'도 마련하겠습니다. '도전과 축적'이 가능하도록 R&D 시스템도 개편할 것입니다. 기존의 성공 가능성 위주 R&D 심사방식에서 벗어나, 당장 성공 가능성이 낮더라도 혁신 기술과 경험이 축적될 수 있는 '알키미스트 프로그램'이 올해 도입됩니다. 올해 100억 원 규모로 시작하여, 2030년까지 7천억 원까지 확대해 나갈 것입니다. 또한 연구 경험과 기술이 사회적으로 축적될 수 있도록, 전문성 있는 공공기관·대학에 '기술축적 허브'를 구축하고, 올해 8월 중 '국가 지식재산 혁신전략'도 마련하겠습니다. 혁신 제조기업의 도전을 뒷받침할 금융시스템도 구축하겠습니다. 부동산담보가 아닌 일괄담보 제도를 발전시켜 기술력과 미래 성장성을 중심으로 심사하는 은행 여신 시스템을 구축하겠습니다. 혁신 중소·중견기업에 대해 향후 3년간 최대

12조 5천억 원 규모의 정책자금도 지원하겠습니다. 조달 분야도 혁신을 촉진하는 방향으로 바꿀 것입니다. 혁신 제품은 정부가 첫 번째 구매자(First Buyer)로서 선도적으로 수요를 창출할 것입니다. 혁신제품의 경우 수의계약 대상을 확대하는 '혁신제품 구매 패스트트랙' 제도 신설을 포함한 '혁신지향 공공조달 종합대책'도 7월 중 선보일 것입니다.

넷째, 혁신 신산업과 지역경제 활성화, 고용창출에 기여하는 '국내투자'에 대한 지원을 대폭 강화하겠습니다. 해외보다 국내 투자가 매력적이도록 만들어야 합니다. 국내로 돌아와 새로운 일자리를 만드는 기업과 해외로 이전하지 않고 국내에서 공장을 늘리는 기업에게 정부가 할 수 있는 최대한의 지원을 할 것입니다. 첨단기술, 신산업 분야와 위기·낙후지역 '지방투자'에 대해서는 세제 지원을 대폭 확대할 것입니다. 신산업 분야 R&D와 설비투자에 대한 세제 지원도 강화하겠습니다. '외국인투자촉진법'과 '유턴기업지원법' 등 국내투자를 촉진하기 위한 법령을 정비하여 체계적이고 매력적인 지원체계를 구축할 것입니다.

어려움을 겪고 있는 수출기업 지원도 강화하겠습니다. 제조 중소·중견기업과 스타트업에 대한 '수출계약기반 특별보증' 지원을 단계적으로 5천억 원 규모까지 확대해 갈 것입니다. 일시적인 자금난을 겪는 유망 중소·중견기업이 수출계약서만으로도 자금지원을 받을 수 있도록 하겠습니다. 이를 위해, 무역보험기금을 확충해 가는 한편, 기금 내 '특별계정'을 만들어 고위험국가의 대형 프로젝트 수주도 적극 지원할 것입니다.

존경하는 기업인 여러분,

우리는 세계 최고의 ICT 기술과 우수한 인력이 있고, 근면함과 열정이 있습니다. 제조업 혁신에서도 세계 최고가 될 수 있는 가능성을 이미 보여주고 있습니다. 그 중심이 여기 계신 기업인 여러분입니다. 속도와 창의, 유연성이 강조되는 4차 산업혁명 시대에 혁신의 주체는 민간기업입니다. 여러분이 기업가 정신을 마음껏 발휘해 제조업 르네상스를 이끌어 갈 수 있도록, 정부도 잘 뒷받침하겠습니다.

특히, 제조업 혁신이 지속적인 동력을 가질 수 있도록, 대통령 주재 '민-관 합동 제조업 르네상스 전략회의'를 신설하여, 민간과 정부가 함께 노력하겠습니다. 생산비용, 노사문제, 환경규제와 같은 기업의 애로사항을 함께 논의하고, 기업들의 목소리에 더욱 귀를 기울여 산업안전의 강화, 주 52시간 근로제 등 새로운 제도의 도입에 따른 어려움도 함께 해결할 수 있을 것입니다. 지금 이 자리에는 여당 원내대표, 정책위의장과 관련 상임위원회 간사님 등 국회의원들께서 함께하고 계십니다. 입법 사항에 대해서는 국회에서 잘 뒷받침해 주시길 부탁드립니다. '제조업 부흥'이 '경제 부흥'으로 이어지려면 기업인과 국회, 또 정부가 한마음이 되어야 합니다. '제조업 4강, 국민소득 4만 불 대한민국'의 꿈을 우리가 함께 이뤄갑시다. 국민들께서도 함께 응원해 주시기 바랍니다.

감사합니다.

모든 치료에 건강보험을 적용하겠습니다

건강보험 보장성 강화 대책 2주년 성과 보고대회 모두발언 ｜ 2019-07-02 ｜

건강보험 보장성 강화 대책 2주년 성과 보고대회에서 발언하는 문재인 대통령.

존경하는 국민 여러분,

전국민 의료보험 30주년을 맞은 뜻깊은 날, 건강보험 보장성 강화 대책 2주년 성과 보고대회를 갖게 된 것을 기쁘게 생각합니다. 의료보험 증을 잃어버렸다고, 신문에 분실 광고를 내던 시절이 있었습니다. 대기업 노동자, 공무원이나 교직원이 아닌 서민은 의료보험에 가입할 수 없었고, 의료비 부담이 3배 이상 높아서 불법으로 남의 의료보험증을 빌려 진료를 받는 일도 있었습니다. 전국민 건강보험의 시행으로 누구나 의료보험증을 가지게 됐고, 누구나 기본적인 진료를 받을 수 있게 되었습니다. 불과 30여 년 안팎의 일들입니다. 국민건강보험은 경제발전과 민주화와 함께 우리 국민이 함께 만든 또 하나의 신화입니다.

'의료보험법'이 제정된 1963년, 우리의 1인당 국민소득은 104불에 불과했습니다. 직장의료보험이 먼저 시행된 1977년은 1천 불을 처음 넘긴 해였고, 전국민 건강보험 시대가 열린 1989년은 처음으로 5천 불을 넘긴 해였습니다. 직장과 지역으로 나뉘어 있던 의료보험을 국민건강보험으로 통합한 것은 IMF 외환위기를 겪고 있을 때였습니다. OECD 회원국 중에서 전국민 의료보험을 하고 있는 나라는 지금도 우리나라를 포함해 18개국에 불과합니다. 의료보험 시작 12년, 최단 기간에 전국민 건강보험을 달성한 것도 세계적으로 유례를 찾을 수 없는 성과입니다. 국민건강보험 도입 전에는 질환자 40%가 아파도 돈 때문에 병원에 가지 못하거나 치료를 포기했지만 지금은 누구나 병원에 갈 수 있게 되었습니다. 의료비 부담은 줄고, 더 많은 사람들이 더 쉽게 의료서비스를 이용하게 되면서 우리 국민의 건강은 선진국 수준이 되었습니다. 기대수명과 영아 사망률, 암질환 생존율 등 주요지표에서 우리는 OECD 국가들 가운데에서도 상위권입니다.

의료기술과 심사평가기술도 함께 성장할 수 있었습니다. 우리 의료기술은 세계적으로 높은 평가를 받고 있으며, 많은 국가들이 우리나라와 보건의료분야 협력을 바라고 있습니다. 한국형 병원시스템과 건강보험 시스템을 배우고 수입해가는 나라도 늘고 있습니다. 능력에 따라 부담을 나누는 공제의 정신으로 지난 30년간 국민건강보험은 꾸준히 성장했습니다. 헌신적인 의료인과 의료 기업들이 있어서 세계적인 수준의 건강보험제도와 의료서비스를 갖출 수 있었습니다. 이 자리를 빌려서 진심으로 존경과 감사의 인사를 드립니다.

존경하는 국민 여러분,

이제 우리 앞에는 새로운 도전이 놓여있습니다. 평균 수명이 길어지면서 새로운 질병과 만성질환이 늘어났습니다. 새로운 의료기술이 발전하면서 건강보험에 포함되지 않는 비싼 진료도 늘어납니다. 국민이 기대하는 의료 수준도 갈수록 높아지고 있습니다. 우리 정부 출범 당시 건강보험 보장률은 60% 초반 수준으로 OECD 평균인 80%에 크게 뒤떨어졌습니다.

전국민 건강보험 시대를 살고 있지만, 국민의 의료비 자부담이 높아 중증질환이나 희귀질환의 경우 환자와 가족들의 부담이 여전히 큽니다. 환자 본인은 물론 가족들의 생계와 삶도 함께 무너지는 경우가 많습니다. 건강보험 보장성 강화 대책, '문재인 케어'는 건강보험 30년의 성과와 한계 위에서 '전국민 전생애 건강보장'을 위해 태어났습니다. '최소한'의 건강을 지켜주는 건강보험에서 '최대한'의 건강을 지켜주는 건강보험으로 가고자 합니다. 국민건강보험 하나만 있어도 국민 한 분 한 분 모두 건강을 지킬 수 있고, 가족의 내일을 지킬 수 있는 것이 목표입니다. '전국민 전생애 건강보장'은 우리 아이들이 더 건강하게 살아갈 수 있도록 준비하는 정책이자, 노년의 시간이 길어질 우리 모두의 미래를 위한 정책입니다. 또한, 그럴 수 있을 만큼 우리의 국력과 재정이 충분히 성장했다는 자신감 위에 서 있습니다. 건강보험의 보장률을 OECD 평균 80% 수준으로 당장 높이지는 못하더라도 적어도 70% 수준까지는 가야 하고, 갈 수 있다는 것입니다.

존경하는 국민 여러분,

2년 전 약속드린 의료비 걱정에서 자유로운 나라, 어떤 질병도 안심하고 치료받을 수 있는 나라를 위해 국민 여러분과 함께 노력해왔습니다. 그 결과 건강보험 보장률은, 현재 집계가 가능한 종합병원 이상으로만 보면, 2016년의 62.6%에서 2018년 67.2%로 크게 높아졌습니다. 임기 내에 전체적인 보장률을 70%까지 높인다는 것이 문재인 케어의 목표입니다. 특히 의료비 부담이 큰 환자분들에게 많은 도움이 되고 있습니다. 중증환자의 의료비 부담은 정책 도입 전에 비해, 4분의 1도 안 되는 수준까지 줄었습니다. 선택진료비를 폐지했고, 상급병실료도 2인실까지 보험을 확대했습니다. MRI, 초음파와 같이 꼭 필요한 검사나 응급, 중환자 치료를 비롯한 필수적인 치료에 대한 보험 적용도 단계적으로 확대하고 있습니다. 아이를 간절히 원하는 난임 가족과 고위험 산모도 혜택을 받을 수 있게 되었습니다. 질병에 노출되기 쉬운 어르신과 아이들에 대한 혜택도 늘었습니다. 아이들 충치치료, 어르신 틀니와 같은 치아치료에도 건강보험을 적용하기 시작했으며, 입원이 필요한 어린이 환자, 중증치매 환자도 종전의 절반 비용으로 치료를 받을 수 있게 했습니다. 한방 분야에서도 건강보험 적용을 확대했습니다. 의료비 때문에 가정 경제가 무너져서는 안 됩니다. 저소득층의 부담을 더욱 줄였습니다. 저소득층은 연간 최대 100만 원 이하의 비용으로 언제든 치료를 받을 수 있습니다. 소득 하위 50%는 최대 3천만 원까지 의료비 지원을 받을 수 있습니다. 이러한 노력의 결과, 작년 1월부터 올해 4월까지 국민의료비 지출이 총 2조 2천억 원 절감되었습니다.

그러나 여기에서 만족하지 않겠습니다. 앞으로는 그동안 건강보험이 적용되지 않았던 검사와 치료에 대한 부담도 줄이겠습니다. 건강보험이 전 국민의 건강과 행복을 든든히 뒷받침할 수 있도록 의학적으로 필요한 모든 치료에 건강보험 적용을 확대해 나갈 것입니다. 당장 올해 9월부터는 전립선 초음파, 10월부터 복부와 흉부 MRI, 12월부터는 자궁과 난소 초음파도 건강보험이 적용됩니다. 척추와 관절, 안과 질환, 수술 및 치료 재료에도 적용을 확대해 꼭 필요한 치료나 검사인데도 보험 적용이 안 돼 포기하는 일이 없도록 하겠습니다.

보장성 강화와 함께 보다 안전하고 질 높은 의료서비스 제공에도 힘쓰겠습니다. 국민의 생명과 직결되는 응급의료, 중환자진료, 외상센터 등 필수 의료서비스는 건강보험 수가 개선을 비롯, 지원을 강화하여 지역별로 충분한 인력과 양질의 의료를 갖추겠습니다. 어린이병원도 권역별로 적극 육성해서 아이들이 건강히 자랄 수 있도록 돕겠습니다. 정부의 약속은 굳건합니다. 2022년까지 정부가 계획한 대로 추진해 나가면 국민 한 분 한 분의 건강을 보장하면서 의료비 부담을 최대한 줄이고, 동시에 건강보험의 지속가능성도 확보할 수 있을 것입니다.

존경하는 국민 여러분,

대한민국은 세계로부터 인정받고 있습니다. 경제발전과 함께 민주주의와 사회복지를 성장시킨 우리 국민의 힘 덕분입니다. 어느 날 기적처럼 찾아온 일이 아니라, 더 나은 내일을 꿈꾸며 하루하루, 한 해 한 해 성실하게 살아온 국민들이 함께 만들어낸 일입니다. 그래서 더욱 위대하며, 저는 이것이 항상 자랑스럽습니다. 건강보험 보장성 강화 대책, '문재인 케어'도 국민 한 분 한 분의 삶과 함께 발전해 나갈 것입니다. '전국민 전생애 건강보장의 시대' 모두의 힘으로 모두의 건강을 지키고 희망을 키우는 정책에 국민 여러분께서 지지해 주시길 바랍니다.

문재인 케어는 반드시 성공할 수 있습니다.

감사합니다.

대한민국은 강한 나라입니다

제74주년 광복절 경축사 | 2019-08-15 |

　존경하는 국민 여러분, 독립유공자와 유가족 여러분, 재외·해외동포 여러분,

　3·1독립운동과 임시정부 수립 100년이 되는 올해, 광복 74주년 기념식을 특별히 독립기념관에서 갖게 되어 매우 뜻깊게 생각합니다. 오늘의 대한민국은 어떤 고난 앞에서도 꺾이지 않았고, 포기하지 않았던 독립 선열들의 강인한 정신이 만들어낸 것입니다. "삼각산이 일어나 더덩실 춤이라도 추고, 한강물이 뒤집혀 용솟음칠 그날"을 갈망하며 모든 것을 바쳤던 선열들의 뜨거운 정신은 이 순간에도 국민들의 가슴에 살아 숨 쉬고 있습니다.

　저는 오늘 독립 선열들과 유공자, 유가족께 깊은 경의를 표하며 광복의 그날, 벅찬 마음으로 건설하고자 했던 나라, 그리고 오늘 우리가 그

뜻을 이어 만들고자 하는 나라를 국민들과 함께 그려보고자 합니다.

우리가 원하는 나라는 '함께 잘 사는 나라', 누구나 공정한 기회를 가지고, 실패해도 다시 일어날 수 있는 나라입니다. 우리가 원하는 나라는 완도 섬마을의 소녀가 울산에서 수소산업을 공부하여 남포에서 창업하고, 몽골과 시베리아로 친환경차를 수출하는 나라입니다. 회령에서 자란 소년이 부산에서 해양학교를 졸업하고 아세안과 인도양, 남미의 칠레까지 컨테이너를 실은 배의 항해사가 되는 나라입니다. 농업을 전공한 청년이 아무르강가에서 남과 북, 러시아의 농부들과 대규모 콩농사를 짓고 청년의 동생이 서산에서 형의 콩으로 소를 키우는 나라입니다. 두만강을 건너 대륙으로, 태평양을 넘어 아세안과 인도로, 우리의 삶과 상상력이 확장되는 나라입니다. 우리의 경제활동 영역이 한반도 남쪽을 벗어나 이웃 국가들과 협력하며 함께 번영하는 나라입니다.

"용광로에 불을 켜라 새나라의 심장에 철선을 뽑고 철근을 늘리고 철판을 펴자 시멘트와 철과 희망 위에 아무도 흔들 수 없는 새나라 세워가자."

해방 직후, 한 시인은 광복을 맞은 새 나라의 꿈을 이렇게 노래했습니다. '아무도 흔들 수 없는 새나라' 외세의 침략과 지배에서 벗어난 신생독립국가가 가져야 할 당연한 꿈이었습니다. 그리고 74년이 흐른 지금 우리는 세계 6대 제조강국, 세계 6대 수출강국의 당당한 경제력을 갖추게 되었습니다. 국민소득 3만 불 시대를 열었고, 김구 선생이 소원했던 문화국가의 꿈도 이뤄가고 있습니다. 그러나 '아무도 흔들 수 없는 나라'는 아직 이루지 못했습니다. 아직도 우리가 충분히 강하지 않기 때문

문재인 대통령이 독립기념관 겨레의 집에서 열린 제74주년 광복절 경축식에서
참석자들과 함께 태극기를 흔들며 광복절 노래를 부르고 있다.

이며, 아직도 우리가 분단되어 있기 때문입니다. 저는 오늘 어떤 위기에도 의연하게 대처해온 국민들을 떠올리며 우리가 만들고 싶은 나라, '아무도 흔들 수 없는 나라'를 다시 다짐합니다.

　존경하는 국민 여러분,

　우리는 자유무역 질서를 기반으로 반도체, IT, 바이오 등 우리가 잘할 수 있는 산업에 집중할 수 있었습니다. 국제 분업체계 속에서 어느 나라나 자신의 강점을 앞세워 성공을 꿈꿀 수 있었습니다. 근대화의 과정에서 뒤처졌던 동아시아는 분업과 협업으로 다시 경제발전을 이뤘습니다. 세계는 '동아시아의 기적'이라고 불렀습니다. 침략과 분쟁의 시간이 없지 않았지만, 동아시아에는 이보다 훨씬 더 긴 교류와 교역의 역사가 있습니다. 청동기 문화부터 현대 문명에 이르기까지 동아시아는 서로 전파하고 공유했습니다. 인류 역사에서 가장 오랜 교류와 협력이 이루어졌고, 함께 문명의 발전을 이루었습니다.

　광복은 우리에게만 기쁜 날이 아니었습니다. 청일전쟁과 러일전쟁, 만주사변과 중일전쟁, 태평양전쟁까지 60여 년간의 기나긴 전쟁이 끝난 날이며, 동아시아 광복의 날이었습니다. 일본 국민들 역시 군국주의의 억압에서 벗어나 침략전쟁에서 해방되었습니다. 우리는 과거에 머물지 않고 일본과 안보·경제협력을 지속해왔습니다. 일본과 함께 일제강점기 피해자들의 고통을 실질적으로 치유하고자 했고, 역사를 거울삼아 굳건히 손잡자는 입장을 견지해왔습니다.

　과거를 성찰하는 것은 과거에 매달리는 것이 아니라 과거를 딛고 미래로 가는 것입니다. 일본이 이웃 나라에게 불행을 주었던 과거를 성찰하는 가운데 동아시아의 평화와 번영을 함께 이끌어가길 우리는 바랍니다. 협력해야 함께 발전하고, 발전이 지속가능합니다. 세계는 고도의 분업체계를 통해 공동번영을 이뤄왔습니다. 일본 경제도 자유무역의 질서 속에서 분업을 이루며 발전해왔습니다. 국제 분업체계 속에서 어느 나라든 자국이 우위에 있는 부문을 무기화한다면 평화로운 자유무역 질서가 깨질 수밖에 없습니다. 먼저 성장한 나라가 뒤따라 성장하는 나라의 사다리를 걷어차서는 안 됩니다. 지금이라도 일본이 대화와 협력의 길로 나온다면 우리는 기꺼이 손을 잡을 것입니다. 공정하게 교역하고 협력하는 동아시아를 함께 만들어갈 것입니다.

지난해 평창동계올림픽에 이어 내년에는 도쿄하계올림픽, 2022년에는 베이징동계올림픽이 열립니다. 올림픽 사상 최초로 맞는 동아시아 릴레이 올림픽입니다. 동아시아가 우호와 협력의 기틀을 굳게 다지고 공동 번영의 길로 나아갈 절호의 기회입니다. 세계인들이 평창에서 '평화의 한반도'를 보았듯이 도쿄올림픽에서 우호와 협력의 희망을 갖게 되길 바랍니다. 우리는 동아시아의 미래 세대들이 협력을 통한 번영을 경험할 수 있도록 우리에게 주어진 책임을 다할 것입니다.

존경하는 국민 여러분,

오늘의 우리는 과거의 우리가 아닙니다. 오늘의 대한민국은 수많은 도전과 시련을 극복하며 더 강해지고 성숙해진 대한민국입니다. 저는 오늘 '아무도 흔들 수 없는 나라', 우리가 만들고 싶은 '새로운 한반도'를 위해 세 가지 목표를 제시합니다.

첫째, 책임 있는 경제강국으로 자유무역의 질서를 지키고 동아시아의 평등한 협력을 이끌어내고자 합니다. 우리 국민이 기적처럼 이룬 경제발전의 성과와 저력은 나눠줄 수는 있어도 빼앗길 수는 없습니다. 경제에서 주권이 확고할 때 우리는 우리 운명의 주인으로, 흔들리지 않습니다. 통합된 국민의 힘은 위기를 기회로 바꿨고, 도전은 우리를 더 강하고 크게 만들었습니다. 우리는 중동의 열사도, 태평양의 파도도 두려워하지 않으며 경제를 성장시켰습니다. 경공업, 중화학공업, 정보통신 산업을 차례로 육성했고 세계적 IT 강국이 되었습니다. 이제는 5G 등 세계 기술표준을 선도하는 국가가 되었습니다. 지금까지 우리는 선진국을 추격해왔지만, 이제는 앞서서 도전하며 선도하는 경제로 거듭나고 있습니다. 일본의 부당한 수출규제에 맞서 우리는 책임 있는 경제강국을 향한 길을 뚜벅뚜벅 걸어갈 것입니다.

우리 경제구조를 포용과 상생의 생태계로 변화시키겠습니다. 대중소 기업과 노사의 상생 협력으로 소재·부품·장비 산업의 경쟁력 강화에 힘을 쏟겠습니다. 과학자와 기술자의 도전을 응원하고, 실패를 존중하며 누구도 흔들 수 없는 경제를 만들겠습니다. 우리의 부족함을 성찰하면서도 스스로 비하하지 않고 함께 격려해 나갈 때, 우리는 해낼 수 있을 것이라 믿습니다. 우리는 경제력에 걸맞은 책임감을 가지고 더 크게 협력하고 더 넓게 개방하여 이웃 나라와 함께 성장할 것입니다.

둘째, 대륙과 해양을 아우르며 평화와 번영을 선도하는 교량 국가가 되고자 합니다. 지정학적으로 4대 강국에 둘러싸인 나라는 세계에서 우리밖에 없습니다. 우리가 초라하고 힘이 없으면, 한반도는 대륙에서도 해양에서도 변방이었고, 때로는 강대국들의 각축장이 되었습니다. 그것이 우리가 겪었던 지난 역사였습니다. 그러나 우리가 힘을 가지면 대륙과 해양을 잇는 나라, 동북아 평화와 번영의 질서를 선도하는 나라가 될 수 있습니다. 우리는 지정학적 위치를 우리의 강점으로 바꿔야 합니다. 더 이상 남에게 휘둘리지 않고 주도해 나간다는 뚜렷한 목표를 가져야 합니다.

일찍이 임시정부의 조소앙 선생은 사람과 사람, 민족과 민족, 국가와 국가 사이의 균등을 주창했습니다. 평화와 번영을 향한 우리의 기본 정신입니다. 우리 국민이 일본의 경제보복에 성숙하게 대응하는 것 역시, 우리 경제를 지켜내고자 의지를 모으면서도 두 나라 국민들 사이의 우호가 훼손되지 않기를 바라는 수준 높은 국민의식이 있기 때문입니다. 우리 정부가 추진하는 '사람 중심 상생번영의 평화공동체'는 우리부터 시작해 한반도 전체와 동아시아, 나아가 세계의 평화와 번영으로 확장하자는 것입니다.

신북방정책은 대륙을 향해 달려가는 우리의 포부입니다. 중국과 러시아뿐 아니라 중앙아시아와 유럽으로 협력의 기반을 넓히고 동북아시아 철도공동체로 다자협력, 다자안보의 초석을 놓을 것입니다. 신남방정책은 해양을 향해 달려가는 우리의 포부입니다. 아세안 및 인도와의 관계를 주변 주요국들 수준으로 격상시키고 공동번영의 협력관계로 발전시켜 나갈 것입니다. 올해 11월에는 한·아세안 특별정상회의와 한·메콩 정상회의가 부산에서 열립니다. 아세안 및 메콩 국가들과 획기적인 관계발전의 이정표가 될 것입니다. 남과 북 사이 끊긴 철도와 도로를 잇는 일은 동아시아의 평화와 번영을 선도하는, 교량국가로 가는 첫걸음입니다. 한반도의 땅과 하늘, 바다에 사람과 물류가 오가는 혈맥을 잇고 남과 북이 대륙과 해양을 자유롭게 넘나들게 된다면, 한반도는 유라시아와 태평양, 아세안, 인도양을 잇는 번영의 터전이 될 것입니다. 아시아공동체는 어느 한 국가가 주도하는 공동체가 아니라 평등한 국가들의 다양한 협력이 꽃피는 공동체가 될 것입니다.

셋째, 평화로 번영을 이루는 평화경제를 구축하고 통일로 광복을 완성하고자 합니다. 분단체제를 극복하여 겨레의 에너지를 미래 번영의 동력으로 승화시켜야 합니다. 평화경제는 한반도의 완전한 비핵화 위에 북한이 핵이 아닌 경제와 번영을 선택할 수 있도록 대화와 협력을 계속해 나가는 데서 시작합니다. 남과 북, 미국은 지난 1년 8개월, 대화국면을 지속했습니다. 최근 북한의 몇 차례 우려스러운 행동에도 불구하고, 대화 분위기가 흔들리지 않는 것이야말로 우리 정부가 추진해온 한반도 평화프로세스의 큰 성과입니다. 북한의 도발 한 번에 한반도가 요동치던 그 이전의 상황과 분명하게 달라졌습니다. 여전히 대결을 부추기는 세력이 국내외에 적지 않지만 우리 국민들의 평화에 대한 간절한 열망이 있었기에 여기까지 올 수 있었습니다. 지난 6월 말의 판문점 회동 이후 3차 북미 정상회담을 위한 북미 간의 실무협상이 모색되고 있습니다. 아마도 한반도의 비핵화와 평화 구축을 위한 전체 과정에서 가장 중대한 고비가 될 것입니다. 남·북·미 모두 북미 간의 실무협상 조기개최에 집중해야 할 때입니다.

불만스러운 점이 있다 하더라도, 대화의 판을 깨거나 장벽을 쳐 대화를 어렵게 하는 일은 결코 바람직하지 않습니다. 불만이 있다면 그 역시 대화의 장에서 문제를 제기하고 논의할 일입니다. 국민들께서도 대화의 마지막 고비를 넘을 수 있도록 힘을 모아주시기 바랍니다. 이 고비를 넘어서면 한반도 비핵화가 성큼 다가올 것이며 남북관계도 큰 진전을 이룰 것입니다. 경제협력이 속도를 내고 평화경제가 시작되면 언젠가 자연스럽게 통일이 우리 앞의 현실이 될 것입니다.

IMF는 한국이 4차 산업혁명을 선도하며, 2024년경 1인당 국민소득 4만 불을 돌파할 것으로 추정하고 있습니다. 여기에 남과 북의 역량을 합친다면 각자의 체제를 유지하면서도 8천만 단일 시장을 만들 수 있습니다. 한반도가 통일까지 된다면 세계 경제 6위권이 될 것이라 전망하고 있습니다. 2050년경 국민소득 7만~8만 불 시대가 가능하다는 국내외 연구 결과도 발표되고 있습니다. 평화와 통일로 인한 경제적 이익이 매우 클 것이라는 점은 분명합니다. 남과 북의 기업들에게도 새로운 시장과 기회가 열립니다. 남과 북 모두 막대한 국방비뿐 아니라 '코리아 디스카운트'라는 무형의 분단비용을 줄일 수 있습니다. 지금 우리가 겪고 있는 저성장, 저출산·고령화의 해답도 찾게 될 것입니다.

그러나 그 무엇보다 광복의 그 날처럼 우리 민족의 마음에 싹틀 희망과 열정이 중요합니다. 희망과 열정보다 더 큰 경제성장의 동력은 없을 것입니다. 부산에서 시작하여 울산과 포항, 동해와 강릉, 속초, 원산과 나진, 선봉으로 이어지는 환동해 경제는 블라디보스토크를 통한 대륙경제, 북극항로와 일본을 연결하는 해양경제로 뻗어 나갈 것입니다. 여수와 목포에서 시작하여 군산, 인천, 해주와 남포, 신의주로 향한 환황해 경제는 전남 블루이코노미, 새만금의 재생에너지 신산업과 개성공단과 남포, 신의주로 이어지는 첨단 산업단지의 육성으로 중국, 아세안, 인도를 향한 웅대한 경제전략을 완성할 것입니다.

　북한도 경제건설 총노선으로 국가정책을 전환했고 시장경제의 도입이 이뤄지고 있습니다. 국제사회도 북한이 핵을 포기하면, 경제성장을 돕겠다 약속하고 있습니다. 북한을 일방적으로 돕자는 것이 아닙니다. 서로의 체제 안전을 보장하면서 남북 상호 간 이익이 되도록 하자는 것이며, 함께 잘 살자는 것입니다. 세계 경제발전에 남북이 함께 이바지하자는 것입니다.

　평화경제를 통해 우리 경제의 신성장동력을 만들겠습니다. 우리의 역량을 더 이상 분단에 소모할 수 없습니다. 평화경제에 우리가 가진 모든 것을 쏟아부어 '새로운 한반도'의 문을 활짝 열겠습니다. 남과 북이 손잡고 한반도의 운명을 주도하려는 의지를 가진다면 가능한 일입니다. 분단을 극복해낼 때 비로소 우리의 광복은 완성되고, 아무도 흔들 수 없는 나라가 될 것입니다.

　'북한이 미사일을 쏘는데 무슨 평화 경제냐' 말하는 사람들이 있습니다. 그러나 우리는 보다 강력한 방위력을 보유하고 있습니다. 우리는 예의주시하며 한반도의 긴장이 높아지지 않도록 관리에 만전을 기하고 있지만, 그 역시 궁극의 목표는 대결이 아니라 대화에 있습니다. 미국이 북한과 동요 없이 대화를 계속하고, 일본 역시 북한과 대화를 추진하고 있는 현실을 직시하기 바랍니다. 이념에 사로잡힌 외톨이로 남지 않길 바랍니다. 우리 국민의 단합된 힘이 반드시 필요합니다. 국민들께서 한마음으로 같이해 주시길 바랍니다.

존경하는 국민 여러분, 독립유공자와 유가족 여러분, 해외동포 여러분,

저는 오늘 광복절을 맞아 임기 내에 비핵화와 평화체제를 확고히 하겠다고 다짐합니다. 그 토대 위에서 평화경제를 시작하고 통일을 향해 나아가겠습니다. 북한과 함께 '평화의 봄'에 뿌린 씨앗이 '번영의 나무'로 자랄 수 있도록 대화와 협력을 발전시켜 나갈 것입니다. 2032년 서울·평양 공동올림픽을 성공적으로 개최하고, 2045년 광복 100주년까지는 평화와 통일로 하나된 나라(One Korea)로 세계 속에 우뚝 설 수 있도록, 그 기반을 단단히 다지겠다고 약속합니다.

임시정부가 '대한민국'이라는 국호와 함께 '민주공화국'을 선포한 지 100년이 되었습니다. 우리는 100년 동안 성찰했고 성숙해졌습니다. 이제 어떤 위기도 이겨낼 수 있을 만큼 자신감을 갖게 되었고 평화와 번영의 한반도를 이루기 위한 국민적 역량이 커졌습니다. 우리는 '아무도 흔들 수 없는 나라'를 만들 수 있습니다.

남강 이승훈 선생의 말을 되새겨봅니다.

"나는 씨앗이 땅속에 들어가 무거운 흙을 들치고 올라올 때 제 힘으로 들치지 남의 힘으로 올라오는 것을 본 일이 없다."

우리 힘으로 분단을 이기고 평화와 통일로 가는 길이 책임 있는 경제강국으로 가는 지름길입니다. 우리가 일본을 뛰어넘는 길이고, 일본을 동아시아 협력의 질서로 이끄는 길입니다. 한반도와 동아시아, 세계의 평화와 번영을 이끄는 '새로운 한반도'가 우리를 기다리고 있습니다.

우리는 할 수 있습니다. 감사합니다.

'국제 평화와 안보'가 한반도에서
구현되도록 노력하겠습니다

제74차 유엔 총회 기조연설 │ 2019-09-24 │

유엔과 회원국들의 헌신으로 세계의 많은 문제들이 해결되고, 평화를 위한 노력들이 결실을 맺고 있습니다. 깊은 존경과 감사의 인사를 드립니다. 티자니 무하마드 반데 총회 의장의 취임을 축하하며, 의장의 탁월한 지도력으로 다자협력이 확산되는 총회가 되리라 기대합니다. '지속적인 평화(sustaining peace)'라는 유엔의 목표는 한반도의 목표와 같습니다. 평화와 개발의 선순환을 통해 평화를 지속시키고자 하는 안토니우 구테흐스 사무총장의 노력에 경의를 표합니다.

의장, 사무총장, 각국 대표 여러분,

인류의 평화와 '지속가능발전목표(SDGs)'를 향한 유엔의 노력은 반드시 달성될 것입니다. 세계는 재난과 긴급구호 활동에 함께하고, 평화를 유지하기 위한 행동에 동참하며, 서로를 돕고 있습니다. 유엔은 계속해서 국제사회 협력의 중심이 되어야 합니다. 한국은 유엔의 혜택을 많이 받은 나라입니다. 유엔이 설립된 해에 식민지배에서 해방되었고 유엔과 국제사회의 도움으로 전쟁의 참화를 극복할 수 있었습니다. 이제 한국은 발전한 만큼 책임의식을 갖고 동아시아와 국제사회의 평화와 번영을 위해 협력하고 있습니다.

2017년 11월 유엔이 채택한 '올림픽 휴전 결의'는 한국에게 또 한 번의 큰 도움이 되었습니다. 그 결의에 따라, 2018년 봄에 예정되어 있었던 한미 연합훈련이 유예되고, 북한 선수단이 평창에 올 수 있는 환경이 조성될 수 있었습니다. 안전을 우려했던 평창동계올림픽은 평화올림픽으로 전환되었고, 남·북한 사이에 대화가 재개되는 소중한 계기가 되었습니다. 남·북 간의 대화는 미국과 북한 간의 대화로 이어졌습니다. 트럼프 대통령과 김정은 위원장의 결단이 한반도의 상황을 극적으로 변화시킨 동력이 되었습니다.

지금 한반도는 총성 몇 발에 정세가 요동치던 과거와 분명하게 달라졌습니다. 한반도 평화를 위한 대화의 장은 여전히 건재하고 남과 북, 미국은 비핵화와 평화뿐 아니라 그 이후의 경제협력까지 바라보고 있습니다. 한국은 평화가 경제협력으로 이어지고 경제협력이 다시 평화를 굳건하게 하는, '평화경제'의 선순환 구조를 만들고자 합니다.

'유럽석탄철강공동체'와 '유럽안보협력기구'가 유럽의 평화와 번영에 상호 긍정적 영향을 끼친 사례가 좋은 본보기입니다. 한반도 평화는 여전히 지속되는 과제이며 세계평화와 한반도 평화는 불가분의 관계입니다. 한국은 북한과 대화를 계속해 나가며 유엔 회원국들의 협력 속에서 완전한 비핵화와 항구적 평화를 위한 '길을 찾아내고 만들어갈 것'입니다.

의장, 사무총장, 각국 대표 여러분,

평화는 대화를 통해서만 만들 수 있습니다. 합의와 법으로 뒷받침되는 평화가 진짜 평화이며, 신뢰를 바탕으로 이룬 평화라야 항구적일 수 있습니다. 지난 1년 반, 대화와 협상으로 한반도는 의미 있는 성과를 보여주었습니다. 분단의 상징이었던 판문점은 권총 한 자루 없는 비무장 구역이 되었고, 남·북한은 함께 비무장지대 내 초소를 철거하여 대결의 상징 비무장지대를 실질적 평화지대로 만들고 있습니다. 끊임없는 정전협정 위반이 남·북 간의 군사적 긴장을 높이고 때로는 전쟁의 위협을 고조시켰지만 지난해 9·19군사합의 이후에는 단 한 건의 위반행위도 발생하지 않았습니다.

특별히 알려드리고 싶은 일은 한국전쟁 당시 남과 북, 유엔군과 중국군의 최대 격전지였던 '화살머리고지'에서 지금까지 모두 177구의 유해를 발굴한 것입니다. 한국군의 유해는 물론 미군과 중국군, 프랑스군과 영연방군으로 추정되는 유해까지 발굴되었습니다. 신원을 확인한 한국군 유해 3구는 66년 만에 가족의 품에 안겼습니다. 평화를 위한 노력이 가져온, 보람된 일이 아닐 수 없습니다.

트럼프 대통령이 현직 미국 대통령으로서 군사분계선을 넘어 최초로 북한 땅에 발을 디딜 수 있었던 것도 이러한 노력의 결과입니다. 군사적 긴장 완화와 남·북·미 정상 간 굳은 신뢰가 판문점에서의 전격적인 3자 회동을 성사시킬 수 있었습니다. 김정은 위원장의 손을 잡고 군사분계선을 넘은 트럼프 대통령의 행동은, 그 행동 자체로 새로운 평화 시대의 본격적인 시작을 선언했습니다. 한반도와 동북아 평화의 역사에 길이 남을 위대한 발걸음이었습니다. 나는 두 정상이 거기서 한 걸음 더 큰 걸음을 옮겨주기를 바랍니다.

한반도 문제를 풀기 위한 나의 원칙은 변함이 없습니다. 그 원칙은 첫째, 전쟁불용의 원칙입니다. 한국은 전쟁이 끝나지 않은 정전 상태입니다. 한반도에서 두 번 다시 전쟁의 비극이 있어서는 안 됩니다. 이를 위해 우리는 인류 역사상 가장 긴 정전을 끝내고 완전한 종전을 이루어야 합니다.

둘째, 상호 간 안전보장의 원칙입니다. 한국은 북한의 안전을 보장할 것입니다. 북한도 한국의 안전을 보장하길 원합니다. 서로의 안전이 보장될 때, 한반도 비핵화와 평화체제를 빠르게 구축할 수 있습니다. 적어도 대화를 진행하는 동안에는 모든 적대행위를 중단해야 합니다. 국제사회도 한반도의 안보 우려를 해소하기 위해 함께 노력해 주길 희망합니다.

셋째, 공동번영의 원칙입니다. 평화는 단지 분쟁이 없는 것이 아닙니다. 서로 포용성을 강화하고 의존도를 높이고 공동번영을 위해 협력하는 것이 진정한 평화입니다. 남북이 함께하는 평화경제는 한반도 평화를 공고히 하고, 동아시아와 세계 경제발전에 이바지할 것입니다.

나는 오늘 유엔의 가치와 전적으로 부합하는 이 세 가지 원칙을 바탕으로, 유엔과 모든 회원국들에게 한반도의 허리를 가로지르는 비무장지대를 국제평화지대로 만들자는 제안을 하고자 합니다. 한반도의 비무

유엔 총회 기조연설 중, 유엔의 궁극적 이상인 '국제 평화와 안보'가
한반도에서 구현될 수 있도록 함께 노력하겠다고 역설하는 문재인 대통령.

장지대는 동서로 250킬로미터, 남북으로 4킬로미터의 거대한 녹색지대입니다. 70년 군사적 대결이 낳은 비극적 공간이지만 역설적으로 그 기간 동안 인간의 발길이 닿지 않은 자연 생태계 보고로 변모했고, JSA, GP, 철책선 등 분단의 비극과 평화의 염원이 함께 깃들어 있는 상징적인 역사 공간이 되었습니다.

비무장지대는 세계가 그 가치를 공유해야 할 인류의 공동유산입니다. 나는 남·북 간에 평화가 구축되면, 북한과 공동으로 유네스코 세계유산 등재를 추진할 것입니다. 판문점과 개성을 잇는 지역을 평화협력지구로 지정하여 남과 북, 국제사회가 함께 한반도 번영을 설계할 수 있는 공간으로 바꿔내고, 비무장지대 안에 남·북에 주재 중인 유엔기구와 평화, 생태, 문화와 관련한 기구 등이 자리 잡아 평화연구, 평화유지(PKO), 군비통제, 신뢰구축 활동의 중심지가 된다면 명실공히 국제적인 평화지대가 될 수 있을 것입니다.

비무장지대에는 약 38만 발의 대인지뢰가 매설되어 있는데, 한국군 단독 제거에는 15년이 걸릴 것으로 예상합니다. '유엔지뢰행동조직' 등 국제사회와의 협력은 지뢰제거의 투명성과 안정성을 보장할 뿐 아니라 비무장지대를 단숨에 국제적 협력지대로 만들어낼 것입니다. 북한이 진정성을 가지고 비핵화를 실천해 나간다면 국제사회도 이에 상응하는 모습을 보여주어야 합니다. 국제 평화지대 구축은 북한의 안전을 제도적이고 현실적으로 보장하게 될 것입니다. 동시에 한국도 항구적인 평화를 얻게 될 것입니다.

김정은 위원장과 나는 비무장지대의 평화적 이용에 대해 합의하고,

끊어진 철도와 도로 연결 작업에 착수하여 북한의 철도 현황을 실사했으며, 철도·도로 연결과 현대화 착공식도 개최한 바 있습니다. 이 모두가 한반도의 평화기반을 다지고 동북아의 평화와 안정에 기여하는 과정입니다. 한반도의 허리인 비무장지대가 평화지대로 바뀐다면, 한반도는 대륙과 해양을 아우르며 평화와 번영을 선도하는 교량국가로 발전할 것입니다. 동북아 6개국과 미국이 함께하는 '동아시아철도공동체'의 비전도 현실이 될 수 있습니다.

의장, 사무총장, 각국 대표단 여러분,

동아시아는 제2차 세계대전이 끝난 후, 침략과 식민지배의 아픔을 딛고 상호 긴밀히 교류하며, 경제적인 분업과 협업을 통해 세계사에 유례없는 발전을 이뤄왔습니다. 자유무역의 공정한 경쟁질서가 그 기반이 되었습니다. 과거에 대한 진지한 성찰 위에 자유롭고 공정한 무역의 가치를 굳게 지키며 협력할 때 우리는 더욱 발전해 나갈 수 있을 것입니다.

한국은 이웃 국가들을 동반자라 생각하며 함께 협력하여 한반도와 동아시아, 나아가 아시아 전체로 '사람 중심, 상생번영의 공동체'를 확장하고자 합니다. 오는 11월 한국의 부산에서 열리는 '한·아세안 특별정상회의'와 '한·메콩 정상회의'가 그 초석을 놓는 계기가 될 것입니다. 유엔의 '지속가능발전목표'와 '파리기후변화협약'은 우리가 다자협력을 통해 이뤄야 할 대표적인 과제입니다. 한국은 '한국형 지속가능발전목표(K-SDGs)'를 수립하여 국제사회에 약속한 지속가능발전목표 이행에 많은 노력을 기울이고 있습니다. '지속가능발전법', '저탄소 녹색성장기본법', '국제개발협력 기본법'과 같은 관련법을 제정하고 '지속가능발전

위원회'를 두어 제도적으로 이행해가고 있습니다.

그동안 한국은 유엔 평화유지 활동에 1만 7천 명의 장병을 파견하였고, 질병과 자연재해에 고통받는 세계인들과도 함께해왔습니다. 한국은 구테흐스 사무총장이 주도한 '평화유지구상'과 '공유된 책무에 대한 선언'을 지지하며, ODA 규모를 더욱 늘려 평화와 개발의 선순환을 지원하겠습니다. 특히 내년 20주년을 맞는 유엔안보리 '여성·평화·안보' 결의와 2017년 밴쿠버에서 합의한 '엘시 이니셔티브'에 적극 동참하고, 2021년 차기 '평화유지 장관회의'를 한국에서 개최합니다.

한국은 내년, '녹색성장 및 글로벌 목표 2030을 위한 연대', '제2차 P4G 정상회의'를 주최합니다. 파리협정과 지속가능발전목표 이행을 위해 국제사회의 결속을 강화하는 계기가 될 것입니다. 정부, 국제기구, 기업과 시민사회의 많은 관계자들이 관심을 갖고 참여해 주길 희망합니다.

올해는 한국에 매우 특별한 해입니다. 100년 전 한국 국민들은 일본 식민지배에 항거하여 3·1독립운동을 일으켰고, 대한민국 임시정부를 수립했습니다. 100년이 지난 지금 한국은 인류애에 기초한 평등과 평화공존을 위해 앞장서 노력하고 있습니다. 앞으로도 한국은 국제사회와 연대하면서 평화, 인권, 지속가능 개발이라는 유엔의 목표를 실현하는 데 책임과 역할을 다하고, 유엔의 궁극적 이상인 '국제 평화와 안보'가 한반도에서 구현될 수 있도록 함께 노력하겠습니다. 국제사회의 지지와 협력으로 '칼이 쟁기로 바뀌는' 기적이 한반도에서 일어나길 기대합니다.

감사합니다.

땀과 노력에는 거짓이 없습니다

제100회 전국체육대회 개회식 기념사 | 2019-10-04 |

문재인 대통령이 잠실종합운동장에서 열린
제100회 전국체전 개회식에 입장하며 손을 흔들고 있다.

존경하는 국민 여러분, 17개 시·도를 대표하는 선수와 임원, 해외 선수단, 그리고 자원봉사자, 체육인 여러분,

제100회 전국체육대회를 기쁜 마음으로 축하합니다. 최초의 전국 체육대회였던 제1회 전조선야구대회가 서울에서 열렸고, 오늘 100회를 맞는 전국체육대회가 다시 서울에서 열리게 되었습니다. 매우 뜻깊은 일이 아닐 수 없습니다. 전국체육대회의 역사는 3·1독립운동과 임시정부 수립 100년의 역사와 함께해왔습니다. 이 자리에 함께해주신 독립유공자 후손들과 대한민국 체육 발전을 위해 애써주신 원로들이 계셨기에 오늘의 체육강국 대한민국과 전국체육대회 100년의 역사가 있을 수 있었습니다. 깊이 감사드립니다. 대한민국 스포츠합창단의 애국가를 들으며 전국체육대회 100년의 위상과 성취가 느껴졌습니다. 합창단에 함께해주신 1956년 멜버른올림픽 은메달리스트 송순천 선생님과 임오경 단장님을 비롯한 국가대표들께도 감사드리며, 38년 만의 단독 개최를 성대하게 준비해 주신 서울시민과 박원순 서울시장을 비롯한 관계자 여러분께 축하의 인사를 드립니다.

존경하는 국민 여러분,

전국체육대회 100년의 역사에는 '할 수 있다'는 우리 국민의 자신 감이 담겨있습니다. 3·1운동 이듬해인 1920년, 민족의 스승, 월남 이상재 선생의 시구로 시작된 전조선야구대회는 스포츠를 통해 민족의 자존심과 독립의 염원을 확인하는 행사였습니다. 6·25전쟁 이후 전국체육대회는 폐허가 된 국가를 일으켜 세우고 번영의 길을 찾는 화합과 단결의 축제였습니다. 광복 이후, 전쟁이 발발한 1950년을 제외하고 우리

는 한 차례도 빠짐없이 전국체육대회를 이어갔습니다. 전쟁의 한가운데 1951년 광주에서 열린 전국체육대회는 국제올림픽위원회를 비롯한 세계인들의 뜨거운 격려를 받았습니다. 전국체육대회는 또한 지역 발전의 기회였습니다. 1957년부터는 전국 순회 개최를 통해 개최지마다 경기장이 지어지고 도로가 놓였습니다. 그렇게 만들어진 체육시설은 생활체육인과 문화예술인들을 비롯한 지역민들의 공간으로 활용되었고 지역사회 발전을 앞당기며 국가균형발전에 기여했습니다. 우리는 전쟁의 폐허와 빈곤을 딛고 '한강의 기적'을 이루며 1988년 서울올림픽을 동서화합의 축제로 만들어냈습니다. IMF 외환위기를 조기에 극복해내고, 2002년 월드컵대회를 개최해 '4강 신화'를 써냈습니다. 2018년 평창동계올림픽을 평화올림픽으로 성공시켜 한반도 평화프로세스에 힘을 불어넣었습니다. 오늘 우리가 거두고 있는 체육강국의 결실은 전국체육대회를 개최하고 운영하며 키운 경험과 역량이 만들어낸 것입니다. 스스로의 한계를 넘기 위해 흘린 선수들의 눈물과 땀, 정정당당한 승부는 모든 국민께 감동을 주었고, 덕분에 우리는 어떤 어려운 시기에도 희망을 잃지 않고 '할 수 있다'는 의지를 다질 수 있었습니다.

존경하는 국민 여러분,

이제 우리는 전국체육대회 100년의 성과를 넘어, 새로운 다짐으로 다시 하나가 되어 뛰어야 합니다. 앞으로 만들어갈 대한민국 체육 100년에는 '개인의 도전과 용기, 의지'뿐만 아니라 '모두를 위한 공정과 인권, 평화'를 담아야 합니다. 정부는 모든 선수들이 인기종목, 비인기종목을 떠나서 자율과 인권을 존중받으며 꿈을 실현할 수 있도록 도울 것입니다. 평등하고 공정한 기회를 보장받으며, 최고의 기량을 발휘할 수 있도록 정부가 지원하겠습니다. 더 많은 체육인들이 복지 혜택을 누릴 수 있게 될 것입니다. 우리 국민이라면 누구나 사는 곳 가까이에서 생활체육을 즐길 수 있고, 나아가 어릴 때부터 일상에서 운동하는 가운데 선수가 배출될 수 있도록 생활체육과 전문체육 사이의 경계를 허물어 나갈 것입니다. 무엇보다 우리가 모인 바로 이 자리에서 2032년 서울·평양 공동올림픽이 열리는 날을 꿈꿉니다. 남북 간 대화가 단절되고 관계가 어려울 때, 체육이 만남과 대화의 문을 열었습니다. 1988년 서울올림픽이 '동서화합의 시대'를 열고, 2018년 평창올림픽이 '평화의 한반도 시대'를 열었듯이 2032년 서울·평양 공동올림픽은 '공동번영의 한반도 시대'를 여는 신호탄이 될 것입니다. 서울시민들과 체육인들께서 2032년 서울·평양 공동올림픽 개최를 위해 다시 한 번 앞장서 주시길 바랍니다.

선수단 여러분,

전국체육대회의 주인공은 바로 여러분입니다. 여러분은 자신의 한계를 넘기 위해 수많은 시간 노력해왔습니다. 그동안 흘린 땀을 믿고, 여러분의 기량을 마음껏 펼쳐주시기 바랍니다. 지난 100년 전국체육대회의 역사를 만들어온 선배 체육인들처럼 여러분들의 아름다운 경쟁은 새로운 체육 역사를 만들고 우리 국민과 후배 체육인에게 감동으로 남을 것입니다. 제100회 전국체육대회는 모든 국민의 성원 속에서 가장 성공적인 축제가 될 것입니다. 지난 100년의 발자취를 되돌아보면서 새로운 100년을 향한 화합과 희망의 축제가 되기를 희망합니다. 감사합니다.

상상력이 세상을 바꿉니다

인공지능 회의 현장 방문 | 2019-10-28 |

존경하는 국민 여러분, 대한민국 인공지능 개발의 주역 여러분,

올해 5월 새벽 3시 40분, 혈압 증세로 쓰러진 어르신이 인공지능 스피커에게 "살려줘"라고 외쳤습니다. 그 외침은 인공지능에 의해 위급 신호로 인식되어 119로 연결되었고, 어르신은 목숨을 구할 수 있었습니다. 유사 사례가 이미 여러 건입니다. 국가에서 독거노인 지원서비스로 지급한 인공지능 스피커가 하고 있는 역할입니다. 바야흐로 인공지능 시대입니다. 우리는 스마트폰 자동번역 기능과 자동차 내비게이션 같은 인공지능을 매일 만나고 있습니다. 세계 최강의 바둑기사 이세돌 9단을 꺾은 '알파고'는 인공지능의 시작에 불과할지도 모릅니다. 인공지능은 산업을 혁신하며 우리의 일상생활을 변화시키고, 돌봄서비스를 할 정도에 이르렀습니다. 인공지능은 과학기술의 진보를 넘어 '새로운 문명'으로

문재인 대통령이 서울 코엑스에서 열린 인공지능 콘퍼런스
'데뷰(DEVIEW) 2019'에서 국내 최초로 공개된
로봇 미니치타 무게를 가늠하기 위해 들어보고 있다.

우리에게 다가오고 있습니다.

저는 오늘 국내 최대의 인공지능 행사, '데뷰 2019'에서 인공지능 문명을 만들어가는 새로운 인류의 첫 세대를 만나고 있습니다. 전통 주력 산업인 자동차는 인공지능을 만나 자율주행차를 비롯한 미래 자동차로 진화하고 있습니다. 인공지능으로 생산성과 에너지 효율을 높인 우리 스마트 공장은 제조업의 변화를 이끄는 세계의 '등대공장'으로 선정되었습니다. 불량 검출에 딥러닝 알고리즘을 적용한 스타트업은 2억 불의 가치를 인정받았습니다. 의료진단을 보조하는 인공지능 소프트웨어는 세계 100대 인공지능 기업으로 선정되며 올해에만 200억 원의 벤처 투자를 유치했습니다. 다양한 인공지능 분야에서 성공을 거두고 있는 기업인과 개발자 여러분, 매우 든든하고 고맙습니다. 인공지능의 주역인 개발자와 기업인 여러분께 정부의 '인공지능 기본구상'을 가장 먼저 알리게 된 것을 기쁘게 생각합니다.

존경하는 국민 여러분,

인공지능은 인류의 동반자입니다. 인류는 지능을 갖게 되면서 지구의 주인이 되었고, 동시에 이 세계에 대한 무한 책임을 갖게 되었습니다. 인류는 어쩌면 광활한 우주에서 유일한 고등지능 생명체일지 모릅니다. 하지만 여전히 실수투성이이며 자주 비합리적인 결정을 내립니다. 인류의 지적 탐구는 인류 스스로의 지적 능력을 끝임없이 확장해왔습니다. 인공지능은 끝임없이 부족함을 보완하여 더욱 완전해지려는 인류의 꿈이 만들어낸 결과입니다. 4차 산업혁명 시대야말로 상상력이 세상을 바꾸는 시대입니다. 우리는 인공지능 시대의 문을 연 나라도 아니고, 세계 최고 수준도 아닙니다. 그러나 상상력을 현실로 바꿔낼 능력이 있고, 새로움을 향해 도전하는 국민이 있습니다.

　외환위기를 겪으면서도 인터넷 혁명을 이끈 경험이 있고, 세계 최고 수준의 제조업 경쟁력과 세계 1위의 ICT 인프라, 전자정부의 풍부한 데이터가 있습니다. 우리가 제조업, 반도체 등 많은 경험을 축적하고 경쟁력을 가진 분야를 중심으로 인공지능을 결합하면 우리는 가장 똑똑하면서도 인간다운 인공지능을 탄생시킬 수 있을 것입니다. 우리 개발자들이 끝없는 상상을 펼치고 실현할 수 있도록 정부가 함께하겠습니다.

　첫째, 마음껏 상상하고, 함께하고, 도전할 수 있는 마당을 만들겠습니다. 저는 인류의 지능에 대한 많은 학설 중에 협동을 위해 발달했다는 학설에 마음이 갑니다. 개발자들이 상상력을 마음껏 실현해 나갈 수 있도록 포괄적 네거티브 규제로 전환하고, 분야별 장벽을 과감하게 허물어서 과학자, 기술자, 예술가, 학생들까지 모두 협력하면 우리 인공지능이 세계에서 가장 빠르게 발전할 수 있을 것입니다.

　창의적 아이디어와 기술의 축제인 인공지능올림픽, 최고의 인재들이 참여하여 현안 과제를 해결하는 인공지능 연구개발 경진대회(AI Grand Challenge) 등을 통해 새로운 글로벌 협력모델을 창출하겠습니다. 인공지능 대학원, 이노베이션 아카데미를 비롯한 기존 정책에 더해 대학의 첨단 분야 학과 신·증설과 대학교수의 기업겸직도 허용해 세계 최고의 인재들이 우리나라에 모이도록 하겠습니다. 데이터 3법이 연내에 통과되도록 국회와 적극 협력하겠습니다.

　둘째, 기업이 수익을 낼 수 있도록 지원하겠습니다. 정부는 내년도 예산안에 데이터, 네트워크, 인공지능 분야에 올해보다 50% 늘어난 1조 7천억 원을 배정했습니다. 기업들이 경쟁력 있는 분야에 자신 있게 투자하고 빠르게 수익을 낼 수 있는 환경을 만들겠습니다. 우리 미래를 좌우할 스타트업에 대해 정책자금을 집중하고, 혁신이 끊임없이 이어지는 산업생태계를 조성하겠습니다. 우리가 강점을 가진 차세대 인공지능 칩 같은 분야에 정부가 선제적으로 투자하여 세계시장을 선점하겠습니다.

인공지능 시대에는 데이터와 클라우드 컴퓨팅이 필요합니다. 정부는 데이터 자원의 구축, 개방, 활용 전 단계를 근본적으로 혁신하겠습니다. 공공데이터는 원천적으로 공개하는 방식으로 전환하고, 인공지능 개발을 위해 기업과 대학, 연구소에 필요한 대용량 클라우드 컴퓨팅 지원을 확대하겠습니다.

셋째, 인공지능 활용 일등 국민이 될 것입니다. 인공지능을 두려움 없이 사용하는 국민이 많을수록 우리 산업도 성장할 수 있습니다. 일자리를 찾는 20대 청년, 직종 전환을 희망하는 30대와 40대 재직자, 인생 제2막을 준비하는 50대와 60대, 어르신 세대까지 원하는 사람은 누구나 인공지능을 배울 수 있도록 교육기회를 제공하겠습니다. 인공지능을 자유롭게 활용하고 소비하게 하겠습니다.

넷째, 인공지능 정부가 되겠습니다. 정부는 정부 출범 직후 대통령 직속 '4차산업혁명위원회'를 설립하고, '데이터, 네트워크, 인공지능'을 3대 혁신 신산업으로 선정하여 지원해왔습니다. 지난해 범정부 차원의 'AI R&D 전략'과 '데이터산업 활성화 전략'을 마련해 착실히 추진하고 있습니다. 정부 스스로 인공지능을 가장 적극적으로 활용하고 지원할 것입니다. 세계 최고 수준의 전자정부를 넘어서는 인공지능기반 디지털 정부로 탈바꿈하고 환경, 재난, 안전, 국방 등 국민의 삶과 밀접한 영역에서부터 수준 높은 서비스를 제공하여 국민이 체감하실 수 있도록 하겠습니다. 정부의 공공서비스도 인터넷과 스마트폰 중심으로 바꿔 나가겠습니다.

존경하는 국민 여러분, 인공지능 개발자와 기업인 여러분,

인공지능의 발전은 인류가 그동안 경험해 보지 못한 세상으로 인류를 이끌 것입니다. 인공지능은 산업 영역에 그치지 않고 고령화 사회의 국민 건강, 독거노인 복지, 홀로 사는 여성의 안전, 고도화되는 범죄 예방 등 우리 사회가 당면한 여러 문제들을 해결해낼 것입니다. 인공지능이 사람 중심으로 작동하여, 사회혁신의 동력이 되도록, 함께 노력해 나갑시다. 정부는 올해 안으로 완전히 새로운 인공지능에 대한 기본구상을 바탕으로 '인공지능 국가전략'을 제시할 것입니다.

일자리 변화와 인공지능 윤리 문제도 각별하게 관심을 기울이겠습니다. 혁신기술의 발전은 '데뷰 2019'처럼 공유와 소통을 통해 이뤄집니다. 다양한 경험과 혁신적인 상상으로 가득한 여러분의 경험과 지혜를 나눠주시고, 우리 모두의 꿈을 함께 이뤄주길 바랍니다.

감사합니다.

반부패 개혁과 공정사회는
우리 정부의 사명입니다

공정사회를 향한 반부패정책협의회 모두발언 | 2019-11-08 |

공정사회를 향한 반부패정책협의회 모두발언을 하는
문재인 대통령.

여러분, 반갑습니다.

반부패 개혁과 공정사회는 우리 정부의 사명입니다. 적폐 청산과 권력 기관 개혁에서 시작하여 생활 적폐에 이르기까지 반부패 정책의 범위를 넓혀왔습니다. 권력 기관 개혁은 이제 마지막 관문인 법제화 단계가 남았습니다. 공수처 신설 등 입법이 완료되면 다시는 국정농단과 같은 불행한 일이 생기지 않고, 국민이 주인인 정의로운 나라로 한발 더 다가갈 것입니다.

한편으로는 반부패정책협의회를 중심으로 공공부문과 민간부문의 비리와 부패를 근절하고, 국민 삶 속의 생활 적폐를 청산하기 위해 최선을 다했습니다. 채용비리, 갑질, 사학비리, 탈세 등 고질적인 병폐를 청산하면서 우리 사회는 좀 더 투명하고 깨끗한 사회로 달라지고 있습니다. 한때 50위권 밖으로 밀려났던 부패인식지수가 다시 회복되어 역대 최고 수준으로 상승했고, 공공기관의 청렴도도 매년 올라가고 있습니다.

그러나 아직도 갈 길이 멉니다. 여전히 사회 곳곳에 만연한 반칙과 특권이 국민에게 깊은 상실감을 주고 있고, 공정한 사회를 요구하는 국민의 목소리가 여전히 높습니다. 오늘 반부패정책협의회를 공정사회를 향한 반부패정책협의회로 확대 개편하는 것은 부패를 바로 잡는 것에서 그치지 않고, 우리 사회 전반에 공정의 가치를 뿌리내리겠다는 정부의 강력한 의지와 각오를 분명히 하는 것이기도 합니다. 위법 행위 엄단은 물론, 합법적 제도의 틀 안에서라도 편법과 꼼수, 특권과 불공정을 용납하지 않겠다는 것입니다.

오늘 다루는 안건들은 우리 사회를 보다 공정한 사회로 만들기 위해 반드시 해결해야 할 당면 과제들입니다. 어느 한 부처의 노력만으로는 부족하고, 범부처적인 협업이 이루어져야 성과를 낼 수 있는 과제들입니다. 결코 논의나 의지 표명에만 그치지 말고, 국민들께서 확 달라졌다고 체감할 수 있도록 과거의 잘못된 관행들로부터 철저하게 단절시켜주기 바랍니다. 그러기 위해서는 실효성 있는 방안들을 총동원하는 고강도 대책이 필요할 것입니다. 대책 마련과 실천, 그리고 점검이 이어지도록 여러 부처가 함께 협력해 주기 바랍니다.

첫 번째 논의 안건으로 전관특혜를 다루는 것은 매우 의미가 큽니다. 퇴직 공직자들이 과거 소속되었던 기관과 유착하여 수사나 재판, 민원 해결까지 광범위한 영향력을 행사해온 전관특혜는 우리 사회의 뿌리 깊은 불공정 영역입니다. 공정한 나라로 가기 위해서는 반드시 뿌리 뽑아야 합니다. 힘 있고 재력 있는 사람들의 전유물이 되어 평범한 국민들에게 고통과 피해를 안겨준 전관특혜를 공정과 정의에 위배되는 반사회적 행위로 인식하고, 이를 확실히 척결하는 것을 정부의 소명으로 삼아주기 바랍니다. 전관특혜로 받은 불투명하고 막대한 금전적 이익에 대한 철저한 조사로 공정 과세를 실현하는 것도 빼놓을 수 없습니다.

비단 법조계뿐만 아니라 퇴직 공직자들이 전관을 통한 유착으로 국민생활과 직결된 민생과 안전은 물론, 방위산업 등 국가 안보에 직결되는 분야까지 민생을 침해하고, 국익을 훼손하는 일이 적지 않았습니다. 그동안 공직자윤리법을 개정하며 노력해왔지만 아직 국민의 눈높이에 한참 부족합니다. 전관 유착의 소지를 사전에 방지하고, 공직자들의 편법적인 유관기관 재취업을 차단할 수 있는 방안을 강력하게 시행해야 할 것입니다.

입시학원 등 사교육 시장의 불법과 불공정도 바로잡아야 합니다. 관계 부처 특별점검을 통해 실태를 명확히 파악하고, 불법행위는 반드시 엄단해야 합니다. 학원가의 음성적인 수입이 탈세로 이어지지 않도록 소득이 있는 곳에 과세가 있다는 원칙도 반드시 확립하기 바랍니다. 사교육비 부담이 상대적 박탈감으로 이어지고, 학생부종합전형에 대한 불신도 높은 만큼 교육 불평등 해소와 대학 입시의 공정성을 확보하는 차원에서라도 꼭 필요한 일입니다.

채용의 공정성 확립은 우리 청년들의 절실한 바람입니다. 정부는 그동안 공공부문에서 채용의 공정성을 확립하기 위해 특별한 노력을 기울여왔습니다. 공공기관 실태조사를 통해 채용비리를 적발·단속하고, 적극적인 피해자 구제 조치를 취했습니다. 채용비리는 무관용 원칙에 따라 엄벌한다는 원칙을 앞으로도 더욱 엄격히 지켜나갈 것입니다.

제도적으로는 블라인드 채용을 전체 공공기관에 도입하여 학력이나 출신 지역, 가족 관계를 배제하고 오로지 능력으로 평가되도록 선발 방식을 바꾸었습니다. 그 결과 합격자의 다양성이 확대되고 절차와 결과의 공정성에 대한 인식이 높아졌습니다. 더욱 발전시켜 누구에게나 공정한 기회를 주는 채용제도를 안착시켜 나가야 합니다.

가장 중요한 것은 정책 수요자의 수용성입니다. 당사자인 취업준비생들이 객관적이고 공정하다고 여길 때까지 채용제도를 끊임없이 보완하고 개선해 주기 바랍니다. 공공 부분이 앞장서고 민간 부분도 함께 노력하여 공정채용 문화가 사회 전체로 확산되어야 할 것입니다. 조합원

자녀 우선 채용 의혹 등 국민들이 불공정하게 여기는 것에 대해서도 불신을 해소하고 개선하는 노력을 기울여야 할 것입니다.

특별히 검찰개혁에 대해 한 말씀 드리겠습니다. 검찰개혁에 대한 국민의 요구가 매우 높습니다. 국민들이 공권력 행사에 대해서도 더 높은 민주주의, 더 높은 공정, 더 높은 투명성, 더 높은 인권을 요구하고 있는 것이라고 생각합니다. 따라서 검찰개혁으로 요구가 집중되어 있는 것 같지만 다른 권력기관들도 같은 요구를 받고 있다고 여기면서 함께 개혁 의지를 다져야 할 것입니다. 검찰은 정치적 중립성에 대해서는 상당 수준 이루었다고 판단합니다. 이제 국민들이 요구하는 그 이후의, 그 다음 단계의 개혁에 대해서도 부응해 주기 바랍니다.

공정에 관한 검찰의 역할은 언제나 중요합니다. 이제부터의 과제는 윤석열 총장이 아닌 다른 어느 누가 총장이 되더라도 흔들리지 않는 공정한 반부패시스템을 만들어 정착시키는 것이라고 생각합니다. 부패에 엄정히 대응하면서도 수사와 기소 과정에서 인권과 민주성과 공정성을 확보하는 완성도 높은 시스템을 정착시켜 주기 바랍니다.

그런 면에서 검찰이 스스로 개혁의 주체라는 인식을 가지고 적극적으로 개혁에 나서고 있는 것을 다행스럽게 생각하며 높이 평가합니다. 그러나 셀프 개혁에 멈추지 않도록 법무부와 긴밀히 협력하여 개혁의 완성도를 높여줄 것을 특히 당부드립니다.

세상을 바꾸는 힘은 국민입니다

수석보좌관회의 모두발언 │2019-12-30│

수석보좌관회의를 주재하는 문재인 대통령.

2019년 한 해가 저물어갑니다. 국민 여러분, 수고 많으셨습니다. 깊은 존경과 감사의 말씀을 드립니다. 안팎으로 많은 어려움 속에서도 꿋꿋이 이겨내며 희망의 싹을 틔운 보람 있는 한 해였습니다. 올해보다 더 나은 내년을 기약할 수 있는 것은 모두 국민들의 노력과 헌신 덕분입니다. 일터와 가정, 어디에서나 묵묵히 자신의 직분을 다하면서도 대한민국이라는 공동체를 위해 참여하고, 나누며, 연대해 주신 국민 여러분이 한없이 고맙고 자랑스럽습니다.

특히 '세상을 바꾸는 힘은 국민'이라는 것을 다시 한 번 절감한 한 해였습니다. 일본의 부당한 수출 규제로 어려운 상황이 올 수도 있었지만 국민들의 응원이 오히려 전화위복의 계기가 되었습니다. 핵심 소재·부품·장비 국산화와 산업 육성 등 아무도 흔들 수 없는 강한 경제의 주춧돌을 놓는 기회로 삼을 수 있었습니다. 3·1독립운동 100년의 의미를 되살려 의지를 모아준 국민들의 힘이었습니다.

적지 않은 갈등과 혼란을 겪었지만 국민들의 절절한 요구가 검찰 개혁과 공정의 가치를 한 단계 높이며 앞으로 나아가게 한 원동력이 되었습니다. 검찰 개혁의 제도화가 결실을 맺을 마지막 단계에 도달했고, 우리 사회 전반의 불공정을 다시 바라보고 의지를 가다듬는 계기가 되었습니다. 촛불정신을 계승하며 변함없이 뜻을 모아준 국민들의 힘이었습니다.

저와 정부는 국민의 뜻을 무겁게 받아들이면서 한 해를 결산하고, 더욱 겸손한 자세로 국정에 임하겠습니다. '오늘 내가 남긴 이 발자국이 역사가 된다'는 소명의식으로 최선을 다해 국민과 시대의 요구에 부응하겠습니다. 국민들께서도 한 해 잘 마무리하시고, 더 행복한 2020년 새해를 맞이하시길 기원합니다.

저무는 한 해의 끝자락에서 국회를 바라보는 국민들의 마음은 착잡하기만 합니다. 20대 국회 내내 정쟁으로 치달았고, 마지막까지 부끄러운 모습을 보여주고 있습니다. 이미 역대 최저의 법안처리율로 '식물국회'라는 오명을 얻었고, '동물국회'를 막기 위해 도입된 국회선진화법까지 무력화되는 볼썽사나운 모습이 재연되고 있습니다. 우리 정치가 가야할 길이 아직도 멀다는 생각은 저만의 생각이 아닐 것입니다.

이로 인해 국민들만 희생양이 되고 있습니다. 예산 부수법안이 예산안과 함께 처리되지 못하는 유례없는 일이 벌어지더니 올해 안에 통과되지 못하면 국민들에게 직접 피해를 주는 일몰법안마저도 기약 없이 처리가 미루어지고 있습니다. 신혼부부, 자영업자, 농어민, 사회복지법인 등 취약계층에 대한 일부 지원을 당장 중단해야 할 상황입니다. 월 30만원 지원하는 기초연금과 장애인연금의 수혜대상을 확대하는 것도 예산은 통과되었지만 입법이 안 되고 있어서 제때에 지원할 수 없는 안타까운 상황입니다. 여야 합의로 본회의에 상정되었는데도 마냥 입법이 미뤄지고 있는 청년기본법, 소상공인기본법, 벤처투자촉진법 등 민생법안도 국민의 삶과 경제에 직결되는, 시급성을 다투는 것들입니다. 아무리 정치적으로 대립하더라도 국회가 해야 할 최소한의 일마저 방기하며 민생을 희생시키는 일은 없어야 합니다. 국회에 간곡히 요청드립니다. 이제 볼모로 잡은 민생·경제 법안을 놓아주길 바랍니다. 진정으로 민생과 경제를 걱정한다면 민생·경제 법안만큼은 별도로 다루어주기 바랍니다. 국민들이 지켜보고 있다는 사실을 정치권은 엄중히 여겨야 할 것입니다.

한류는 세계의 기준입니다

〈기생충〉 제작진 및 출연진 격려 오찬 모두발언 │ 2020-2-20 │

영화 〈기생충〉 제작진과 출연진을 청와대에 초청해
오찬을 함께한 문재인 대통령이 봉준호 감독과 이야기를 나누고 있다.

모두 앉아서 편하게 대화를 나눴으면 합니다. 여러분, 축하합니다. 아마 이 축하 인사를 수도 없이 들었을 텐데요. 대통령의 축하 인사도 특별하지 않습니다. 우리 영화 〈기생충〉이 세계 최고의 영화제라는 아카데미영화제에서 최고의 영예를 얻고, 그리고 또 그 영예의 주인공이 되신 봉준호 감독님과 송강호 배우님을 비롯한 출연진 여러분들, 또 스태프 여러분, 제작사 모두의 성취에 정말 진심으로 축하 말씀을 드립니다.

그리고 무척 자랑스럽습니다. 우리 영화 100년사에 새로운 역사를 쓰게 되었다는 것도 아주 자랑스럽고, 또 오스카의 역사에서도 새로운 역사를 쓰게 만들었다라는 사실이 아주 자랑스럽습니다. 오스카는 세계에서 가장 권위 있고 최고의 영화제이지만 우리 봉준호 감독님이 아주 핵심을 찔렀다시피 로컬 영화제라는 비판이 있어왔었습니다. 그러나 우리 〈기생충〉, 우리 영화가 워낙 빼어나고, 또 우리 봉준호 감독님의 역량이 워낙 탁월했기 때문에 비영어권 영화라는 그 장벽을 무너뜨리고 최고의 영화, 최고의 감독으로 인정하지 않을 수 없게 만들었다는 점이 아주 특별히 자랑스럽습니다. 그리고 그 자랑스러움이 코로나19 사태로 인해서 어려움을 겪고 있는 우리 국민들에게 아주 큰 자부심이 되었고, 또 많은 용기를 주었습니다. 그 점에 대해서 특별히 감사를 드립니다.

이번 〈기생충〉 영화를 통해서 우리의 문화예술이 어떤 특정한 어느 일부 분야에서뿐만 아니라 다양한 분야에서 두루 우수하고 세계적이다라는 사실이 다시 한 번 확인되었다고 생각합니다. 이미 우리 BTS를 비롯해서 K-팝, 전 세계 사람들이 경탄을 하고 있고, 또 그보다 훨씬 오래 전부터 한국의 드라마들이 많은 나라에서 많은 세계인들로부터 사랑을 받고 있습니다. 약간 방향을 바꿔서 보면 세계 유수의 국제음악 콩쿠르 이런 데에서도 가장 많은 입상자를 배출한 나라 중 하나가 바로 우리 한국이거든요. 이렇게 한국은 일부 분야가 아니라 정말로 우리 문화 전반에서 이미 변방의 문화가 아니라 세계 중심부에 진입했고 인정받는 세계적인 문화가 되었다라는 특별한 자랑스러움을 가지게 됩니다. 정말 여기 계신 봉준호 감독님을 비롯한 모든 분들의 열정과 노력 덕분이라고 생각하고, 다시 한 번 감사를 드립니다.

물론 아직까지 우리 문화예술 산업 분야가 저변이 아주 풍부하다거나 또는 두텁다거나 그렇게 말할 수는 없을 것입니다. 문화예술계도 〈기생충〉 영화가 보여준 것과 같은 어떤 불평등이 존재하고 있고, 특히 영화 제작 현장에서나 또는 영화의 제작, 배급, 상영, 이런 유통구조에 있어서도 여전히 불평등한 요소들이 남아있습니다.

나는 〈기생충〉이 보여준 그 사회의식에 대해서 아주 깊이 공감을 합니다. 우리나라만의 문제는 아니고 전 세계적인 문제이긴 합니다만 불평등이 하도 견고해져서 마치 새로운 계급처럼 느껴질 정도가 되었습니다. 나는 그런 불평등을 해소하는 것을 우리 최고의 국정목표로 삼고 있는데, 그게 또 반대도 많이 있기도 하고 또 속시원하게 금방금방 성과가 나타나지 않아서 매우 애가 탑니다. 영화 산업에 있어서도 똑같은 문제의식을 가지고 영화 제작 현장에서는 표준근로(표준근로계약) 시간제, 주 52시간 이런 것이 지켜지도록, 그 점에서도 우리 봉준호 감독님과 제작사가 솔선수범해서 그것을 준수해 주셨는데 그 점에 경의를 표하고, 그런 선한 의지로서가 아니라 그것이 제도화되도록 정부가 노력하고, 뿐만 아니라 영화 제작 작업이 늘 단속적이기 때문에 일이 없는 기간 동안에 영화 산업에 종사하는 분들의 복지가 또 충분히 보장될 수 있도록 노력을 기울이겠습니다.

영화 유통구조에 있어서도 말하자면 스크린 독과점을 막을 수 있는 스크린 상한제 같은 것이 빨리 도입될 수 있도록 최선을 다하겠습니다. 한마디로 영화 산업의 융성을 위해서 영화아카데미에 대한 지원을 대폭 늘린다거나 하여튼 확실히 지원하겠습니다. 그러나 간섭은 절대 없을 것입니다.

오늘 정말, 아마 영화 다 끝나고 난 뒤에도 여기 올 때까지 정말 힘든 대장정이었을 텐데 오늘 하루는 마음껏 즐거운 시간되시기 바라고요. 또 축하하는 시간 되시기 바랍니다. 오늘 점심 오찬 메뉴 소개는 전문적인 분들이 준비한 메뉴 외에도 제 아내가 우리 봉준호 감독님을 비롯해서 여러분들에게 헌정하는 짜파구리, 맛보기로 그렇게 포함되어 있습니다. 함께 유쾌한 시간 되기 바랍니다.

고맙습니다.

우리는 코로나 19를 극복할 수 있습니다

코로나19 대응 내수·소비업계 간담회 모두발언 | 2020-02-21 |

코로나19 대응 내수·소비업계 간담회에서 발언하는 문재인 대통령.

여러분, 반갑습니다.

아주 여러모로 힘든 시기입니다. 코로나19 때문에 소비가 위축되어 소상공인들, 외식업, 숙박업, 관광업, 공연·행사 이런 분야들, 화훼, 이런 많은 분들이 지금 걱정하고 계십니다. 정부가 노력하고 있지만 현장의 생생한 목소리를 직접 듣고 싶어서 오늘 이 자리를 마련했습니다. 최근 대구·경북 지역의 확진자가 대폭 늘어나면서 지역사회 감염 확산이 우려되고 있습니다. 최초로 사망자도 발생했습니다. 매우 엄중한 상황입니다.

정부는 지역사회의 감염 대응 체계를 대폭 강화하고 있습니다. 현재 위기경보에서 경계 단계를 유지하고 있지만 실질적으로는 심각 단계에 준해서 대응을 하고 있습니다. 또한 대구·경북 지역에서 총력을 다해서 대응을 하고 있지만 자체적으로 감당하기가 힘든 상황이 되었기 때문에 감염병 특별관리지역으로 지정해서 중앙정부가 직접 나서고 있습니다. 정부는 접촉자 전수조사와 격리는 물론이고, 병원·교회 등 다중이용시설에 대한 방역을 더욱 강화해 지역사회 추가 확산을 막는 데 총력을 기울이겠습니다. 국민들께서도 철저한 위생수칙 준수와 함께 해외여행 경력이라든지 또는 접촉 경력이 없더라도 의심증상이 있으면 검사·치료에 적극 협력해 주실 것을 다시 한 번 당부드립니다.

감염병도 걱정이지만 경제 위축도 아주 큰 걱정이 아닐 수 없습니다. 감염병 대응에 최대한 긴장하되 일상활동과 경제활동을 침착하게 해나가자고 이렇게 당부를 드리고 있지만 말처럼 쉽지가 않습니다. 방한 관광객이 급감하며 여행·숙박·외식업계의 어려움이 가중되는 가운데 외출 자제로 전통시장, 마트, 백화점 등의 소비마저 위축이 되어서 내수가 얼어붙고 있습니다. 장기화될 경우에 경제뿐 아니라 민생에도 큰 타격이 우려가 됩니다.

내수는 지난해 우리 경제성장에서 60%를 차지할 만큼 중요합니다. 내수·소비 업체를 살리는 것이 곧 우리 경제를 살리는 일이며 여기 계신 여러분들의 어려움을 덜어드리는 것이 민생경제의 숨통을 틔는 일입니다. 정부는 '비상경제 시국'이라는 인식으로 국민의 안전과 함께 여기 계신 여러분들의 생업에 지장이 없도록 경제 활력을 되살리는 데 전력을 다할 것입니다. 과도한 불안을 극복해야 합니다. 정부가 변화하는 상황에 맞춰 방역에 총력을 기울이고 있는 만큼 국민들께서도 정부의 대응을 믿고, 안전수칙을 철저히 지키면서 경제활동에 임해주실 것을 다시한 번 당부드립니다.

다행히 서로를 향한 '상생'의 마음이 어려운 시기를 극복하는 힘이 되고 있습니다. 최근 전주 한옥마을과 모래내시장, 그리고 서울의 남대문시장에서 코로나19 피해를 함께 극복하기 위해 건물주들이 자발적으로 상가임대료를 10% 또는 20% 낮추는 결정을 해주었습니다. '배달의 민족'을 운영하는 '우아한 형제들'은 50억 원의 기금을 조성해서 외식업 소상공인들의 대출 이자 절반을 지원한 데 이어서 현대백화점도 어려움을 겪는 중소 협력업체에 500억 원의 자금을 무이자로 지원했다는 반가운 소식도 들렸습니다. 어려울 때 '상생'을 실천해 주신 분들께 깊이 감사드리며 정부도 적극 뒷받침할 것입니다. 국민들께서도 소비 진작으로 함께 호응해 주시기 바랍니다.

정부는 코로나19에 따른 업계 피해를 최소화하기 위해서 업종별 맞춤형 대책을 연이어 발표했습니다. 우선 어려움을 겪는 소상공인과 중소기업에 2조 원 규모의 신규 정책자금을 공급할 것입니다. 긴급경영안정자금을 지원하고, 세금 납부기한을 연장하여 피해를 최소화하겠습니다. 중소 관광업체에는 500억 원 규모의 '무담보 신용보증부 특별융자'를 도입해 지원하고, 피해 숙박업체의 재산세 감면과 면세점 특허수수료 납부기한 연장을 조치할 것입니다. 외식업계에 대해서도 '외식업체 육성자금' 지원 규모를 확대하고, 식재료 공동구매 사업대상을 조기 선정해 지원하겠습니다. 운항 중단과 노선 감축 등으로 큰 손실을 입은 저비용 항공사에 대해서는 긴급 융자 지원과 공항시설 사용료 납부 유예 조치가 시행됩니다. 그 외에도, '지역사랑상품권' 발행 규모를 대폭 확대하고, 피해 업체들의 고용 유지 지원금 지원 요건을 완화해서 혜택이 돌아가도록 하겠습니다.

저는 이것도 충분하지 않다고 생각합니다. 지금까지의 대책에 그치지 않고 정부의 가용수단을 총동원해 전례 없는 특단의 대책을 마련할 것입니다. 금융·세제·예산·규제혁신을 비롯한 실효성 있는 대책을 총동원해 이달 말까지 '1차 경기대책 패키지'를 마련해서 발표하겠습니다. 지난주 '경제인 간담회'에서 나눈 의견들을 이미 정책에 반영해서 조치하고 있습니다. 오늘 여러분들의 의견도 가능한 것은 빠르게 정책에 반영해 지원하겠습니다. 국민과 정부가 함께 힘을 모아 '방역'과 '경제', 두 마리 토끼를 다 잡아야 합니다. 어느 하나도 놓쳐서는 안 됩니다. 하루빨리 겨울이 지나 우리 경제의 봄을 맞이할 수 있기를 간절히 바랍니다. 정부도 최선을 다하겠습니다. 감사합니다.

우리는 서로에게 용기와 희망입니다

3·1독립운동 101주년 기념사 | 2020-03-01 |

존경하는 국민 여러분, 해외동포 여러분,

비상한 시국에 3·1절 기념식을 열게 되었습니다. 여러모로 힘든 시기이지만, 1920년 3월 1일 첫 번째 3·1절을 기념하며 '대한독립만세'를 외쳤던 이곳 배화여고에서, 3·1절 101주년 기념식을 열게 되어 매우 뜻깊습니다.

1919년 12월, 대한민국 임시정부는 민주공화국의 첫 번째 달력 '대한민력'을 발간하면서, 3월 1일을 독립기념일로 정하고 국경절로 표시했습니다. 임시정부는 3월 1일을 '대한인이 부활한 성스러운 날(聖日)'로 내무부 포고를 공포하며, 상해에서 최초의 3·1절 기념식과 축하식을 거행했고, 배화학당을 비롯한 전국·해외 곳곳에서 동시다발적으로 기념 만세시위가 열리는 구심 역할을 했습니다.

서대문형무소에서는 유관순 열사와 독립운동가들이 목숨을 걸고 독립만세를 외쳤고, 동경과 블라디보스토크, 미국, 프랑스에서도 나라의 독립과 민족의 자주를 선언했습니다. 우리 겨레가 있는 곳 어디에서나 3·1독립운동 기념식은 일제강점기 내내 계속되었습니다. 일제는 특별 경비와 예비검속으로 그날의 기억을 지우고 침묵시키고자 했지만, 학생들은 동맹휴학으로, 상인들은 철시로, 노동자들은 파업으로 3·1독립운동의 정신을 되살려냈습니다. 1951년 한국전쟁의 참화 속에서도, 외환위기가 덮쳐온 1998년에도, 지난 100년간 우리는 단 한 번도 빠짐없이 3·1독립운동을 기념하며 단결의 '큰 힘'을 되새겼습니다.

함께하면 무엇이든 이겨낼 수 있다는 것을 우리는 다시금 3·1독립운동으로 되새깁니다. 매년 3월 1일, 만세의 함성이 우리에게 용기를 주었습니다. 오늘의 위기도 온 국민이 함께 반드시 극복해낼 것입니다.

국민 여러분,

1919년 한해에만 무려 1,542회에 걸친 만세 시위운동으로 전국에서 7,600여 명이 사망했고, 1만 6,000여 명이 부상했으며, 4만 6,000여 명이 체포 구금되었습니다. 세계적으로 유례가 없는 일이었습니다. 일제의 탄압이 가혹했지만, 우리 겨레의 기상은 결코 꺾이지 않았습니다. 학생, 농민, 노동자, 여성이 스스로 독립과 자강, 실력양성의 주인공이 되면서 오히려 더 큰 희망을 키웠습니다.

1920년 1월 13일, 임시정부의 기관지《독립신문》은 대한독립군 홍범도 의용대장의 권고문을 실어 무장투쟁의 정당성과 국토회복을 위한 각오를 다졌습니다. 1월 30일에는 서간도 신흥무관학교에서 봉오동 전

1920년 3월 1일 첫 번째 3·1절을 기념하며
'대한독립만세'를 외쳤던 서울 배화여고에서 열린
3·1절 101주년 기념식에 참석하여 기념사를 하는 문재인 대통령.

투, 청산리 전투의 주역이 될 76명의 졸업식이 열렸습니다. 민족교육운동으로 실력을 양성했고, 여성의 교육과 권익을 위한 활동을 시작했습니다. 노동자들은 일제의 수탈과 억압에 저항했고, 기업가들은 근대적 기업을 일구기 위해 분투했으며, 국민들은 민족경제 자립운동을 펼쳤습니다. 자각한 국민들의 자강 노력이 이어지면서 1920년에만 무장항일 독립군의 국내 진공작전이 무려 1,651회나 펼쳐졌습니다.

그해 6월, 우리 독립군은 일본군 '월강추격대'와 독립투쟁 최초로 전면전을 벌여 대승을 거두었습니다. 바로 홍범도 장군이 이끈 '봉오동 전투'였습니다. 임시정부는 이를 '독립전쟁 1차 대승리'라 불렀습니다. 1920년 3월, 블라디보스토크에서는 독립군 북로군정서와 체코군 간에 무기 매수계약이 이뤄졌습니다. 9,000명의 '인간사슬'로 연결해 운반해 온 이 무기들이 10월 '청산리 전투' 승리의 동반자가 되었습니다. 신식 무기로 무장하고 체계적으로 훈련된 군대와 식량과 의복을 지원한 우리 겨레 모두가 독립군이었고 승리의 주역이었습니다. 봉오동 전투, 청산리 전투 100주년을 맞아 국민들과 함께 3·1독립운동이 만들어낸 희망의 승리를 자랑스럽게 기억하고 싶습니다.

존경하는 국민 여러분, 해외동포 여러분,

오늘 저는 온 국민이 기뻐할 소식을 전하고자 합니다. 봉오동 전투와 청산리 전투의 승리를 이끈 평민 출신 위대한 독립군 대장 홍범도 장군의 유해를 드디어 국내로 모셔올 수 있게 되었습니다. 지난해, 계봉우·황운정 지사 내외분의 유해를 모신 데 이어 '봉오동 전투 100주년'을 기념하며, 카자흐스탄 대통령의 방한과 함께 조국으로 봉환하여 안장할 것입니다. 협조해 주신 카자흐스탄 정부와 크즐오르다 주 정부 관계자들, 장군을 마지막 순간까지 지켜주고 묘역을 보살펴오신 고려인 동포들께 깊이 감사드립니다.

독립운동가 한 분 한 분을 기억하는 것이 우리 스스로의 긍지와 자부심을 일깨우는 일입니다. 어려움을 극복하고 미래를 열어갈 힘을 키우는 일입니다. 정부는 독립운동가들의 정신과 뜻을 기리고, 최고의 예우로 보답해나갈 것입니다. 홍범도 장군의 유해봉환이 우리에게 국가의 존재가치를 일깨우고, 선열의 애국심을 되새기는 계기가 되기를 바랍니다.

국민 여러분,

우리는 수많은 어려움을 극복해왔습니다. 지난해 우리가 '아무도 흔들 수 없는 나라'를 목표로, '소재·부품·장비의 독립'을 추진할 수 있었던 것도 함께하면 해낼 수 있다는 3·1독립운동의 정신과 국난극복의 저력이 있었기 때문입니다. 전쟁의 폐허 속에서 우리는 단합된 힘으로 역량을 길렀습니다. 무상원조와 차관에 의존했던 경제에서 시작하여 첨단제조업 강국으로 성장했고, 드디어 정보통신산업 강국으로 우뚝 섰습니다. 지금도 온 국민이 함께하고 있습니다. '코로나19'를 이겨낼 수 있고, 위축된 경제를 되살릴 수 있습니다. 우한의 교민을 따뜻하게 맞아주신 아산·진천·음성·이천 시민들과 서로에게 마스크를 건넨 대구와 광주 시민들, 헌혈에 동참하고 계신 국민들께 경의를 표합니다.

전주 한옥마을과 모래내시장에서 시작한 착한 임대인 운동이 전국 곳곳의 시장과 상가로 확산되고 있고, 은행과 공공기관들도 자발적으로 상가 임대료를 낮춰 고통을 분담하고 있습니다. 대기업들은 성금을 내고 중소 협력업체에 상생의 손을 내밀었으며, 지금 이 순간에도 많은 의사와 간호사들이 방호복으로 중무장한 채 격리병동에서 분투하고 있습니다. 고통을 나누고 희망을 키워주신 모든 분들께 깊은 존경과 감사의 박수를 보냅니다.

특히 대구·경북 지역에 이어지고 있는 응원과 온정의 손길이야말로 대한민국의 저력입니다. 전국에서 파견된 250여 명의 공중보건의뿐 아니라 자발적으로 모인 많은 의료인 자원봉사자들이 자신의 건강을 뒤로한 채 대구·경북을 지키고, 많은 기업들과 개인들이 성금과 구호품을 보내주고 있습니다. 대구·경북은 결코 외롭지 않습니다.

대구시와 경상북도와 함께 정부는 선별진료소와 진단검사 확대, 병상확보와 치료는 물론, 추가 확산의 차단을 위해 최선의 노력을 다하고 있습니다. 더 많은 국민들께서 힘을 모아주실 것이라 믿으며, 반드시 바이러스의 기세를 꺾는 성과를 거둘 것이라 믿습니다. 정부는 위기경보를 최고 단계인 '심각' 단계로 올려 전방위로 대응하고 있습니다. 아울러 '비상경제 시국'이라는 인식으로 경제 활력을 되살리는 데도 전력을 다하고 있습니다.

소상공인·중소기업, 관광·외식업, 항공·해운업 등에 대한 업종별 맞춤형 지원을 시작했고, 보다 강력한 피해극복 지원과 함께 민생경제 안정, 경제활력 제고를 위한 전례 없는 방안을 담은 '코로나19 극복 민생·경제 종합대책'도 신속하게 실행할 것입니다. 이를 위해 예비비를 적극 활용하고 추경 예산을 조속히 편성해 국회에 제출하겠습니다. 국회에서도 여야를 떠나 대승적으로 협조해 주시기로 했습니다.

우리 국민 모두가 '방역의 주체'입니다. 서로를 신뢰하며 협력하면 못해낼 것이 없습니다. 안으로는 당면한 '코로나19'를 극복하고, 밖으로는 '한반도 평화와 공동 번영'을 이뤄 흔들리지 않는 대한민국을 만들어 낼 것입니다. 그것이 진정한 독립이며, 새로운 독립의 완성입니다. 정부가 앞장서 전력을 다하겠습니다. 단합으로, 위기에 강한 우리의 저력을 다시 한 번 발휘합시다.

국민 여러분,

재난, 기후변화와 감염병 확산, 국제테러와 사이버 범죄 같은 비전통적 안보 위협 요인들이 더 많아지고 있습니다. 한 국가의 능력만으로 해결하기 어려운 문제들입니다. 우리는 이번 '코로나19'의 국제적 확산을 통해 초국경적인 협력의 필요성을 다시 한 번 절감했습니다. '3·1독립선언서'에도 '서로를 이해하고 공감하는 통합의 정신'을 강조하고 있습니다. 동아시아 평화와 인도주의를 향한 노력은 3·1독립운동과 임시정부의 정신입니다.

북한은 물론 인접한 중국과 일본, 가까운 동남아시아 국가들과 협력을 강화해야 비전통적 안보 위협에 대응할 수 있습니다. 북한과도 보건 분야의 공동협력을 바랍니다. 사람과 가축의 감염병 확산에 남북이 함께 대응하고 접경지역의 재해재난과 한반도의 기후변화에 공동으로 대처할 때 우리 겨레의 삶이 보다 안전해질 것입니다.

남북은 2년 전, '9·19군사합의'라는 역사적인 성과를 일궈냈습니다. 그 합의를 준수하며 다양한 분야의 협력으로 넓혀 나갈 때 한반도의 평화도 굳건해질 수 있을 것입니다. 일본은 언제나 가장 가까운 이웃입니다. 안중근 의사는 일본의 침략행위에 무력으로 맞섰지만, 일본에 대한 적대를 위한 것이 아니라 함께 동양평화를 이루자는 것이 본뜻임을 분명히 밝혔습니다. 3·1독립운동의 정신도 같았습니다.

과거를 직시할 수 있어야 상처를 극복할 수 있고 미래로 나아갈 수 있습니다. 과거를 잊지 않되, 우리는 과거에 머물지 않을 것입니다. 일본 또한 그런 자세를 가져주길 바랍니다. 역사를 거울삼아 함께 손잡는 것이 동아시아 평화와 번영의 길입니다. 함께 위기를 이겨내고 미래지향적 협력 관계를 위해 같이 노력합시다.

존경하는 국민 여러분, 해외동포 여러분,

우리는 국가적 위기와 재난을 맞이할 때마다 '3·1독립운동의 정신'을 되살려냈습니다. 단합된 힘으로 전쟁과 가난을 이겨냈고, 경제성장과 민주주의를 이뤄냈습니다. '코로나19'는 잠시 우리의 삶을 위협할 수 있지만 우리의 단합과 희망을 꺾을 수는 없습니다. 억압을 뚫고 희망으로 부활한 3·1독립운동의 정신이 지난 100년 우리에게 새로운 시대를 여는 힘이 되었듯, 우리는 반드시 '코로나 19'를 이기고 우리 경제를 더욱 활기차게 되살려낼 것입니다. 우리는 서로가 서로에게 용기와 희망입니다. 우리 모두 서로를 믿고 격려하며 오늘을 이겨냅시다. 새로운 100년의 여정을 힘차게 걸어갑시다.

감사합니다.

정부는 국민과 기업을 지키겠습니다

코로나19 극복 구미산단 현장 간담회 모두발언 | 2020-04-01 |

경북 구미산단의 한 사업장을 방문하여
코로나19 대응 현황 설명을 듣고 있는 문재인 대통령.

세계 경제가 어두운 터널 속에 들어섰지만 우리는 불을 밝히고 터널을 지나야 합니다. 코로나19는 대외의존도가 높은 우리 경제에 큰 위협이 되고 있지만 많은 우리 기업들이 극복의 모범사례를 만들고 있습니다. 오늘은 연대와 협력의 힘으로 어둠을 밝히고 있는 구미산업단지와 코오롱인더스트리를 찾았습니다. 국민에게 희망을 주고 있는 여러분께 깊이 감사드립니다.

구미산단은 대한민국 산업 발전과 위기 극복의 살아있는 역사입니다. 반세기 전 섬유 산업에서 출발해 전기·전자 산업을 일궈냈고, 2005년 단일 산단 최초로 수출 300억 불을 달성했습니다. 최근에는 산단 노후화와 산업구조 변화의 위기를 미래 신산업 육성과 구미형 일자리 창출, 또 스마트 산단 조성으로 과감히 돌파해가고 있습니다.

최근 입주 기업에서 확진자가 발생했을 때에도 신속한 방역 조치로 생산 차질을 최소화하며 코로나19 대응에서도 모범을 보여주었습니다. 코오롱인더스트리가 보여준 연대와 협력의 정신도 놀랍습니다. 코로나19로 마스크 품귀 현상이 생기자 의료용 MB필터 연구설비를 마스크 생산용으로 급히 전환하는 발상의 전환을 보여주었고, 24시간 연속 가동으로 마스크 제작 업체에게 마스크 200만 장 분량의 필터를 무상 공급하고 있습니다. 또한 문경 서울대병원에 음압치료병실 1개 동을 기부하였고, 노조 역시 사상 처음으로 무교섭 임단협을 신속히 타결하여 연대와 협력의 힘을 보여주었습니다.

지난해 일본 수출 규제 조치가 있기 전부터 선제적인 노력으로 불화폴리이미드 국산화에 성공하여 일본 수입을 대체했다고 하니 더욱 자랑스럽습니다. 지금 많은 입주 기업들이 위기 극복에 동참하고 있고, 공단 역시 방역도움센터를 설치해 지원하고 있습니다. 구미산단이 보여준 연대와 협력의 힘은 코로나19 극복의 뛰어난 모범사례가 아닐 수 없습니다. 전국 곳곳으로 확산되어 많은 기업과 국민들께 힘이 되기를 기대합니다. 그리고 이런 여러분의 연대와 협력에 힘입어서 우리 경북도 지금 코로나19 사태를 아주 잘 극복해내고 있는 것 같습니다. 경북 지역이 보여준 노력에 대해서 우리 이철우 지사를 비롯해서 관계자분들, 의료진들, 또 방역진들 노력에 깊이 감사 말씀을 드립니다.

정부는 우리 경제와 산업, 민생을 반드시 지켜낼 것입니다.

첫째, 소상공인과 기업들이 코로나19 피해 때문에 문을 닫는 일이 없도록 하겠습니다. 정부는 피해 업종과 소상공인, 영세 자영업자들을 위해 추경을 포함하여 총 32조 원에 달하는 긴급 자금 지원을 시행했습니다. 또한 비상경제회의를 통해 총 100조 원의 대규모 민생 금융 안정 패키지 프로그램을 마련해 시행 중입니다. 소상공인, 자영업자부터 중소·중견기업까지 기업 구호 긴급 자금을 충분히 지원할 것입니다. 신속한 집행으로 필요한 업체에 적기 지원되도록 노력하겠습니다.

둘째, 우리 국민과 가계를 적극 도울 것입니다. 정부는 긴급재난지원금을 국민들께 직접 드리는 전례 없는 긴급 지원 방안을 결정했습니다. 중산층을 포함한 소득 하위 70% 가구에 4인 가구 기준 100만 원을 지원할 것입니다. 이를 위해 뼈를 깎는 정부 지출 구조조정으로 2차 추경안을 신속히 편성해 국회에 제출하겠습니다. 4월 중 처리될 수 있도록 국회의 협조를 당부드립니다.

건강보험료 감면과 국민연금, 전기요금 납부 유예로 저소득층의 고통을 덜고, 영세 중소기업, 소상공인에 대해서는 고용보험료, 산재보험료를 감면 또는 납부 유예하여 어려운 시기를 함께 극복하겠습니다. 특별재난지역으로 선포한 대구·경북 지역에 대한 보호와 생활 안정 지원에도 정부와 지자체가 함께 힘을 모으겠습니다.

G20 특별 화상 정상회의에서 각국의 방역 조치를 저해하지 않는 범위에서 기업인, 과학자, 의사 등 필수 인력의 이동을 허용하자는 저의 제안이 공동선언문에 반영되었습니다. 기업의 수출과 해외 활동에 차질이 없도록 외교적 노력을 계속해 나가겠습니다. 연대와 협력만이 코로나19 극복의 답입니다. 감염병의 공포가 클 때 고립과 단절, 각자도생의 유혹에 빠지기 쉽지만 이는 결코 해법이 될 수 없습니다. 사재기 하나 없이 나보다 우리를 먼저 생각하며 서로 돕고 격려하는 우리 국민이 참으로 존경스럽습니다. 여기 계신 여러분도 코로나19 극복의 해답을 몸소 실천하고 계신 분들입니다. 정부도 국민과 기업을 지키기 위해 최선을 다하겠습니다. 연대와 협력으로 서로의 길을 비추며 어두운 터널을 함께 지나갑시다.

감사합니다.

임시정부는 우리의 뿌리입니다

제101주년 대한민국임시정부 수립 기념식 기념사 | 2020-04-11 |

존경하는 국민 여러분, 임시정부 요인 후손과 광복회원 여러분,

대한민국 임시정부는 오늘의 우리를 만든 뿌리입니다. 대한민국의 법통이며 정신입니다. 오늘 우리는 대한민국 임시정부가 걸었던, 위대한 독립의 길을 생생히 기리기 위해 모였습니다. 치열했던 역사의 장면들, 뜨거웠던 사람들의 삶을 임시정부 기념관에 영원히 새겨 넣고자 함께했습니다. 2017년 12월, 저는 대한민국 대통령으로서 최초로 '중경 대한민국 임시정부 청사'를 방문했고, 독립운동가들의 혼과 숨결이 서려있는 그곳에서 "임시정부 기념관을 짓겠다"고 약속드렸습니다. 2015년 기념관 건립을 처음 제안하고 건립을 위해 애써오신 대한민국 임시정부 기념사업회와 김자동 회장님, 기념관 건립추진위원회와 이종찬 회장님께서 그동안 많은 노력을 기울여주셨습니다.

문재인 대통령이 서울 서대문독립공원 어울쉼터에서 열린
제101주년 대한민국임시정부 수립 기념식에서 기념사를 하고 있다.

대한민국 임시정부 수립 101주년을 맞은 오늘 그 기념과 함께 드디어 기공식을 하게 되어 매우 감격스럽습니다. 여러분의 노고에 깊이 감사드리며, 한 세기 동안 임시정부의 역사와 정신을 계승해온 임시정부 요인들의 후손과 광복회원들께 국민들을 대표해 깊은 존경의 마음을 바칩니다.

국민 여러분,

1919년 4월 11일, 대한민국 임시정부는 일제에 빼앗긴 우리 민족 반만년의 역사를 이어 '민주공화국 대한민국'을 수립했고, 우리가 독립국 민주정치의 자유민임을 선언했습니다. 이민족의 지배를 거부하는 것은 물론 군주주권의 역사를 국민주권의 역사로 바꾸었고, 전제군주제에서 민주공화제의 새 역사를 열었습니다.

이곳 서대문형무소에는 3·1독립운동의 '순결한 남녀의 피'가 배어 있습니다. 3·1독립운동으로 각성한 평범한 이들이 독립운동가가 되었고 그들의 혼이 이곳에 서려있습니다. 3·1독립운동이 낳은 대한민국 임시정부는 세계사에서 전무후무한 27년간의 독립운동을 전개했고, 기어코 해방과 자유를 쟁취하여 오늘의 민주공화국 대한민국으로 이어졌습니다. 임시정부는 고난과 역경의 길을 걸었지만, 결코 혼자인 적이 없었습니다. 국내와 중국, 연해주의 동포는 물론 미국 하와이를 비롯한 캘리포니아주의 동포들, 멕시코의 사탕수수 농장과 쿠바 에네켄 농장의 동포들까지 피와 땀이 담긴 성금을 임시정부에 보냈습니다.

1932년, 일본의 감시와 공격을 피해 상해에서 탈출한 임시정부는 항주, 진강, 장사, 광주, 유주, 기강 등의 도시를 거쳐 1940년 중경에 도착했습니다. 독립의 열망을 간직한 겨레가 있었기에 장장 6천 킬로미터가 넘는 대장정을 버텨낼 수 있었습니다. 임시정부는 1941년 일제와의 전면전을 선포했고, 독립운동 세력 내의 좌우합작으로 항일무장투쟁 역량을 집결한 광복군을 창설해, 미얀마와 인도에서 영국군과 연합작전을 수행했습니다.

임시정부의 치열한 독립투쟁과 줄기찬 외교적 노력으로 1943년 '카이로선언'에서 우리는 식민지 나라 중 유일하게 독립을 보장받을 수 있었습니다. 대한민국 임시정부가 진정 위대한 것은 빼앗긴 나라를 되찾기 위한 항전 속에서 민족의 역사를 변화시키고 민주적 역량을 발전시킨 것입니다. 인내와 헌신, 연대와 협력으로 민주공화국 대한민국의 기틀을 단단히 다진 것입니다. 임시정부 최고의 어른, 석오 이동녕 선생은 "산에서 떨어지는 물방울이 바위를 뚫는다(山溜穿石)"라는 좌우명을 남겼습니다. 역경에 굴하지 않았던 숭고한 애국심의 바탕에는 평범한 이들이 보여준 용기에 대한 믿음과 사랑이 있었고, 불의에 당당히 맞서는 인간의 위대함이 있었습니다. 장구한 세월 나라의 독립을 위해 평생을 바친 임시정부의 선열들께 다시 한 번 깊은 경의를 표합니다.

국민 여러분,

우리가 대한민국 임시정부 기념관을 건립하는 가장 중요한 이유는 임시정부의 정신을 오늘의 역사로 우리 곁에 두기 위해서입니다. 임시정부의 독립운동은 단지 '반일'에 머물지 않았습니다. '자주독립'과 함께 인간의 존엄을 본질로 하는 '자유평등', 성별, 빈부, 지역, 계층, 이념을 아우르는 '화합과 통합', 인류의 문화와 평화에 공헌하는 '인류애'라는 위대한 정신을 유산으로 남겨주었습니다.

　오늘 김원웅 광복회장님이 들려준 '대한민국 임시헌장'과 윤기섭 지사님의 외증손녀, 정고은 학생이 낭독한 '대한민국 헌법' 속에서 우리는 그날의 정신을 고스란히 느낄 수 있습니다. 대한민국 임시정부 기념관에는 나라의 주인으로 일어난 이 땅의 평범한 사람들, 대한민국을 세운 수많은 선조들의 이야기가 담길 것입니다. 교사와 학생, 종교인, 경찰과 관료, 의사와 간호사들, 이름 없는 지게꾼과 장돌뱅이, 맹인, 광부, 소작인, 머슴, 기생들도 독립운동사의 자랑스러운 주인공으로 새겨질 것입니다.

　또한 우리 군과 경찰의 뿌리도 함께 남겨질 것입니다. 신흥무관학교에서 시작해 광복군으로 결실을 본 육군, 미국 캘리포니아주에 설립한 '한인 비행사 양성소'에서 시작해 광복군 총사령부 '공군설계위원회'가 기틀을 세운 공군, 독립운동가와 가족들, 민간 상선사관들이 자발적으로 모여 만든 해군, 우리는 임시정부 기념관에서 '국민의 군대'의 뿌리 역시 독립운동과 임시정부에 있음을 자랑스럽게 여기게 될 것입니다.

　임시정부 초대 경무국장 백범 김구 선생이 경찰의 임무로 강조한 '자주독립의 정신과 애국안민의 척도'는 오늘까지 이어지는 경찰 정신의 원천입니다. 우리는 '민주·인권·민생' 경찰의 뿌리가 임시정부에서 시작되었음을 자긍심으로 삼게 될 것입니다. 광복이 우리의 힘으로 이뤄졌다는 것을 우리는 2021년 완공될 국립 대한민국 임시정부 기념관에 영원히 새길 것입니다. 친일이 아니라 독립운동이 우리 역사의 주류였음을 확인하게 될 것입니다. 정부는 3·1독립운동의 유산과 임시정부의 정신이 오늘에 살아있게 하고, 우리 미래 세대들이 새로운 역사의 당당한 주역이 될 수 있도록 독립운동의 역사를 기리고 알리는 일을 잠시도 멈추지 않겠습니다.

지난 3월 19일 국무회의에서, '국립묘지법' 개정안을 의결했습니다. 효창공원 독립유공자 묘역을 비롯한 전국 독립유공자 합동묘역 12개소와 6·25 전몰군경 등이 안장된 국가유공자 합동묘역 45개소를 국가관리 묘역으로 지정하려는 것입니다. 지난해부터 효창공원을 '독립기념공간'으로 조성하는 사업도 추진해가고 있습니다. 2024년이면 국민들이 일상 속에서 독립운동가의 삶과 정신을 기릴 수 있는 공간으로 탈바꿈될 것입니다.

국가유공자의 보훈도 더욱 강화하겠습니다. 국가유공자와 가족들이 가까운 곳에서 편리하게 진료를 받으실 수 있도록 위탁병원을 지난해 320개에서 올해 420개로 늘리고, 2022년까지 640개로 확대하겠습니다. 올해 광주보훈병원 재활센터의 개원을 시작으로, 2022년까지 네 개 지방보훈병원에 재활센터를 확충하면 진료와 재활, 요양을 연계한 진료체계도 더 편리하게 구축될 것입니다. 올 11월이면 강원권 요양원이 완공됩니다. 내년 전북권 요양원도 차질 없이 문을 열 수 있도록 만전을 기하겠습니다. '독립·호국·민주'에 헌신한 국가유공자와 가족들에 대한 보훈과 예우는 국가의 존재가치와 품격을 가늠하는 척도입니다. 정부는 국가유공자와 유가족들이 일상에서 자부심을 느낄 수 있도록 국가의 도리를 다해 나가겠습니다.

존경하는 국민 여러분, 임시정부 요인 후손과 광복회원 여러분,

100년 전 선열들이 반드시 광복이 올 것이라는 희망 속에서 서로를 격려하며 고난을 이겨냈듯, 오늘 우리는 연대와 협력으로 '코로나19'의 비상하고 엄중한 상황을 헤쳐 나가고 있습니다. 시민들은 성숙한 자제력과 인내심으로 일상을 양보해 주셨고, 서로 나누고 격려하며 함께 어려움을 이겨내고 있습니다. 어떤 고난 앞에서도 꺾이지 않았던 독립 선열들의 강인한 정신이 우리 국민들의 가슴에 살아 숨 쉬고 있음을 느낍니다.

'코로나19'에 함께 맞서면서 우리는 '함께 사는 세상'에 대해 더 깊이 이해하게 되었습니다. 내 행동이 주변에 어떤 영향을 줄 수 있는지 성찰하며, '우리'를 위한 실천에 함께하고 있습니다. '코로나19'를 넘어 앞으로 우리가 맞이할 사회·경제적 위기는 더욱 클지도 모릅니다. 그러나 어떤 위기가 오든 우리는 국민의 통합된 힘으로 다시 위기를 극복할 것입니다. 독립 선열들의 정신과 우리에게 주어진 책임의 무게를 깊이 새기며, '코로나19'를 극복하기 위해 우리끼리 연대하고 협력할 것이며, 나아가 세계와도 연대하고 협력할 것입니다.

대한민국 임시정부는 고난과 역경에 맞설 때마다 우리에게 한결같은 용기의 원천이 되어주었습니다. 대한민국 임시정부 기념관은 우리가 더 나은 민주주의를 향해 나아갈 때도, 분단과 적대를 넘어 평화와 통일을 꿈꿀 때도, 포용과 상생이라는 인류의 가치를 구현해갈 때도, 언제나 가장 큰 힘이 되어줄 것입니다.

감사합니다.

대통령 문재인의 3년 —

2장

대통령
3년의 기록
2019. 5. 1 ~ 2020. 4. 30

5월

근로자의 날 메시지

| 2019-05-01 |

"노동이 자랑스러운 나라를 만들고 싶습니다."

노동은 인류의 문명을 만들었습니다. 예술적 영감이 깃든 노동이든, 숙련 노동이든, 단순 노동이든, 생산직이든, 사무직이든 노동은 숭고합니다. 노동은 또한 대한민국의 발전을 이끌었습니다. 노동은 그에 걸맞은 대접을 받아야 합니다.

'노동존중 사회'는 우리 정부의 핵심 국정기조입니다. 최저임금 인상과 비정규직의 정규직화, 주 52시간 근로제는 모두 노동자의 삶의 질을 높이고 그것을 통해 노동의 질을 높이고자 한 정책들입니다. 정부의 정책만으로 하루아침에 사회가 달라질 순 없겠지만, 산업안전보건법의 개정은 갈수록 노동자의 안전과 건강을 높여줄 것입니다. 고공 농성이나 단식 등으로 고생하던 노동자들이 일터로 돌아갈 수 있게 된 것도 다행스럽습니다. 쌍용자동차와 KTX 여승무원, 파인텍, 콜텍악기 등 우리 정부 출범 이전부터 있었던 오랜 노동문제들이 모두 해결됐습니다.

아직 갈 길이 멀지만 노사정이 함께 하는 '경제사회노동위원회'의 조속한 정상화로 좋은 결실을 이뤄내길 기대합니다. 정부도 항상 힘을 보낼 것입니다. 노동계 또한 우리 사회의 주류라는 자세로 함께해주시기 바랍니다. 과거 기울어진 세상에서 노동이 '투쟁'으로 존중을 찾았다면, 앞으로의 세상에서 노동은 '상생'으로 존중을 찾아야 할 것이라고 생각합니다.

어제 청계천에서 '아름다운 청년 전태일 기념관' 개관식이 열렸습니다. 격세지감을 느낍니다. '전태일'이라는 이름을 남몰래 부르던 시절을 지나, 우리는 아이들의 손을 잡고 '노동의 숭고함'을 이야기할 수 있게 되었습니다. 기념관이 세워지기까지 애써주신 서울시와 관계자분들께 감사드립니다. 노동이 자랑스러운 나라를 만들고 싶습니다. 노동으로 꿈을 이루고, 노동으로 세계를 발전시키고, 노동으로 존경받을 수 있는 나라를 이뤄내고 싶습니다. '숙련공', '기능공', '마스터' 들이 우리의 일터 곳곳에서, 또는 사회 곳곳에서 주역으로 대접받는 모습을 보고 싶습니다.

프랑크푸르터 알게마이네 차이퉁(FAZ) 기고문

| 2019-05-07 |

평범함의 위대함

- 새로운 세계질서를 생각하며

1. 광주

광주는 한국 현대사를 상징하는 도시입니다. 한국인들은 광주에 마음의 부채를 갖고 있으며, 지금도 많은 한국인이 광주를 생각하며 끊임없이 스스로 정의로운지 되묻고 있습니다.

1980년 봄, 한국은 대학생들의 민주화운동으로 뜨거웠습니다. 유

---

1) 1961년 5월 16일 쿠데타로 집권한 박정희 대통령의 1972년 10월 17일 계엄령 선포로 수립된 장기적인 독재체제를 말한다. '통일주체국민회의'라는 단체를 구성, 유신 헌법을 제정한 박정희 대통령은 12월 23일 제4공화국을 출범시켰으며 12월 27일 종신 집권을 위한 유신헌법을 공포하였다. 정부는 유신체제 부정 행위를 금지하는 긴급 조치를 발표하였고, 이에 반대하는 국민들의 저항이 있었다. 1979년 10월 26일 박정희 대통령이 피살되면서 해체되었다.

신체제[1)]는 막을 내렸지만 신군부[2)] 세력이 정권을 장악해가고 있었습니다. 신군부는 쿠데타를 일으키고 비상계엄령을 발동해 정치인 체포와 정치활동 금지, 대학교 휴교령과 집회·시위금지, 언론보도 사전검열과 포고령 위반자 영장 없는 체포 등 가혹한 독재를 시작했습니다. 서울역에 모인 대학생들은 신군부의 무력진압을 우려해 철수를 결정했습니다. 이때 광주의 민주화 요구는 더 활활 불타올랐습니다. 공수부대를 투입한 신군부는 시민들을 대상으로 학살을 자행했고, 국가폭력으로 수많은 시민이 사망했습니다. 5월 18일 떨어지기 시작한 광주의 꽃잎들은 5월 27일 공수부대의 도청진압으로 마지막 꽃잎마저 지게 되었습니다.

광주의 비극은 처절한 죽음들과 함께 막을 내렸습니다. 그러나 한국인에게 두 개의 자각(自覺)과 한 개의 의무를 남겼습니다. 첫 번째 자각은 국가폭력에 맞선 사람들이 가장 평범한 사람들이었다는 것입니다. 폭력의 두려움을 이기고 용기를 낸 사람들은 노동자와 농민, 운전사와 종업원들, 고등학생들이었습니다. 사망자 대부분도 이들이었습니다.

두 번째 자각은 국가의 폭력 앞에서도 시민들은 엄청난 자제력으로 질서를 유지했다는 것입니다. 항쟁의 기간 동안 단 한 차례의 약탈이나 절도가 없었다는 것은 이후 한국의 민주화 과정에서 자부심이며 동시에 행동지침이 되었습니다. 도덕적 행동이야말로 부정한 권력에 대항해 평범한 사람들이 보여줄 수 있는 가장 위대한 행동이라는 것을 한국인들은 알고 있습니다. 도덕적 승리는 느려 보이지만 진실로 세상을 바꾸는

---

2) 1979년 10월 26일 박정희 대통령 사망 직후 육사 11기, 12기생들을 중심으로 하는 '하나회' 구성원들은 전두환을 중심으로 정예 인원을 규합하고, 12·12군사반란, 5·18광주민주화운동을 진압하는 다단계 쿠데타를 일으켜 정치권력을 장악했다. '신군부'라는 명칭은 12·12군사반란을 일으킨 하나회와 함께 쿠데타에 참여한 장성들을 박정희 대통령 시대의 군부와 구분하기 위해 붙여진 것이다.

가장 빠른 방법입니다.

　남겨진 의무는 광주의 진실을 알리는 일이었습니다. 광주에 가해진 국가폭력을 폭로하고 감춰진 진실을 밝히는 것이 곧 한국의 민주화운동 이었습니다. 저도 부산에서 변호사로 일하며 광주를 알리는 일에 적극적 으로 참여했습니다. 많은 젊은이가 목숨을 바치고 끊임없이 광주를 되살 려낸 끝에 한국의 민주주의는 찾아왔고 광주는 민주화의 성지가 되었습 니다.

　외로운 광주를 가장 먼저 세상에 알린 사람이 독일의 제1공영방송 일본 특파원이었던 위르겐 힌츠페터 기자였다는 사실이 매우 뜻깊습니 다. 한국인들은 힌츠페터에게 감사하고 있습니다. 고인의 뜻에 따라 그 의 유품이 2016년 5월, 광주의 5·18묘역에 안치되었습니다.

2. 촛불혁명, 다시 광주

　제가 1980년의 광주 이야기를 되새긴 것은 지금의 광주를 이야기 하고 싶기 때문입니다.

　2016년 혹독한 겨울 한파 속에서 이뤄진 한국의 촛불혁명은 '나라 다운 나라'란 과연 무엇인가를 물으며 시작되었습니다. 한국은 1997년 외환위기와 2008년 금융위기를 겪으며 경제불평등과 양극화가 심화되 었습니다. 금융과 자본의 힘은 더 강해지고, 비정규직 노동자의 양산으 로 노동환경은 악화되었습니다. 여기에 특권계층의 부정부패는 국민의 상실감을 더욱 크게 만들었습니다. 급기야 한국의 남쪽 바다, 진도 맹골 수도를 지나던 세월호에서 금쪽같은 아이들이 구조도 받지 못한 채 죽어갔고, 슬픔을 안은 채 한국의 국민들은 스스로 새로운 길을 찾아 나섰습니다.

촛불혁명은 부모와 자식들이 함께, 엄마와 유모차에 앉은 아이들이 함께, 학생과 선생님이 함께, 노동자와 기업인이 함께 광장의 차가운 바닥을 데우며 몇 개월 동안 전국에서 지속되었습니다. 단 한 번의 폭력사건 없이 한국의 국민들은 2017년 3월 헌법적 가치를 위반한 권력을 권좌에서 끌어내렸습니다. 가장 평범한 사람들이 가장 평화로운 방법으로 민주주의를 지켜냈습니다. 1980년 광주가 2017년 촛불혁명으로 부활했던 것입니다. 저는 한국의 촛불혁명을 노래와 공연이 어우러진 '빛의 축제'로 묘사하며, 높은 수준의 민주주의 의식을 보여줬다고 극찬한 독일 언론을 감사한 마음으로 기억하고 있습니다.

지금의 한국 정부는 촛불혁명의 염원으로 탄생한 정부입니다. 저는 한시도 '정의로운 나라, 공정한 나라'를 원하는 국민의 뜻을 잊지 않고 있습니다. 평범한 사람들이 공정하게 좋은 일자리에서 일하고, 정의로운 국가의 책임과 보호 아래 자신의 꿈을 펼칠 수 있는 나라가 촛불혁명이 염원하는 나라라고 믿고 있습니다. 평범한 사람들의 일상이 행복할 때, 한 나라의 지속가능한 발전도 가능합니다. 포용국가는 서로가 서로에게 힘이 되어주면서 국민 한 사람 한 사람과 국가 전체가 함께 성장하고, 그 결실을 골고루 누리는 나라입니다.

한국은 지금 '혁신적 포용국가'를 지향하며 누구나 돈 걱정 없이 원하는 만큼 공부하고, 실패에 대한 두려움 없이 꿈을 위해 달려가고, 노후에는 안락한 삶을 누릴 수 있는 나라를 만들고 있습니다. 이런 토대 위에서 이뤄지는 도전과 혁신이 민주주의를 지키고, 우리 경제를 혁신성장으로 이끌 것이라 확신하고 있습니다.

포용국가는 사회경제체제를 포용과 공정, 혁신의 체제로 바꾸는 대실험입니다. 한국에서는 고용 부문에서 더 좋은 일자리를 더 많이 만들기 위해 노력 중입니다. 노동자들이 더 나은 삶을 누리고 일한 만큼 정당한 대가를 받을 수 있도록, 최저임금 인상과 근로시간 단축을 사회적 합의를 통해 추진하고 있습니다. 청년의 일자리 예산을 확대하고, 퇴직 이후에도 삶을 책임질 수 있도록 중년의 재취업 훈련을 지원했습니다. 기초연금을 인상했고, 어르신 일자리 예산을 늘렸습니다. 경제 부문에서는 그간 한국경제의 대들보였던 대기업과 중소기업이 상생할 수 있는 방안을 추진하고 있습니다. 혁신 창업·중소기업이 쑥쑥 커갈 수 있도록, 규제를 과감히 걷어내고 금융도 혁신친화적으로 바꿔가고 있습니다.

복지 부문에서는 생애주기에 맞춘 사회보장 체계를 구축해 나가고 있습니다. 의료보험의 보장범위를 확대하고, 아이를 마음 놓고 키울 수 있는 돌봄 서비스를 국가 차원에서 확충해가고 있습니다. 누구나 차별받지 않는 사회를 위해 발달장애인의 생애주기별 종합대책을 세우고, 여성의 권익을 증진하는 한편 성차별에 단호히 대처하고 있습니다. 외국인 노동자들의 자녀와 다문화 가정에 대한 지원도 강화하고 있습니다. 교육 부문에서는 입시경쟁과 암기식 교육에서 벗어나 창의성을 중시하는 혁신 교육으로 전환해 나갈 예정입니다.

그러나 익숙해진 관습에서 벗어나 변화하는 과정에는 갈등도 있을 수 있습니다. 이해관계가 다른 사람들 사이에 대화하고, 조정하고, 타협하는 시간이 필요합니다. 그를 통해 모두에게 이익이 되는 것을 찾아가야 합니다. 대실험이 성공하기 위해서는 사회적 대타협이 동반되어야 할 것입니다. 한국은 식민지와 전쟁으로 폐허가 된 땅에서 불과 70여 년 만에 세계 11위 경제대국이 되었습니다. 이런 성과를 우리는 변화에 빠르게 대처하면서 이뤄냈습니다. 농업에서 경공업, 중화학공업, 첨단 ICT에 이르기까지 그 어느 나라도 해내지 못한 엄청난 변화를 스스로 이뤄내며 제2차 세계대전 후의 신생 독립 국가 중 유일하게 선진국으로 도약했습니다. 한국은 맨손에서 성공을 이룬 저력이 있습니다. 한국 국민은 변화를 두려워하지 않고, 오히려 능동적으로 이용하는 국민입니다.

이즈음 광주에서 의미 있는 사회적 대타협이 이뤄졌습니다. 적정임금을 유지하면서 더 많은 일자리를 찾기 위해 노동자와 사용자, 민간과 정부가 각자의 이해를 떠나 5년이 넘게 머리를 맞댔습니다. 노동자는 일정 부분의 임금을 포기해야 했습니다. 사용자는 일자리를 보장하면서 노동자의 복지를 책임지는 가운데 비용을 유지해야 하는 어려움이 있었습니다. 인간다운 삶을 지키고자 하는 민간의 요구가 강했고, 각종 법규를 조정하고 안정적인 기업운영을 지원해야 하는 정부 또한 타협에 어려움을 겪었습니다.

쉽지 않은 일이었지만 양보와 나눔으로 결국 대타협을 이뤘습니다. 한국에서는 이렇게 만들어진 일자리를 '광주형 일자리'라고 부릅니다. 한국인들은 대의를 위해 자신을 희생하는 '광주정신'이 이뤄낸 결과라고 여기고 있습니다. 민주화의 성지 광주가 사회적 대타협의 모범을 만들었고, 경제민주주의의 첫발을 내디뎠다고 생각하고 있습니다.

'광주형 일자리'는 일자리를 만들어내는 것 이상의 의미가 있습니다. 보다 성숙해진 한국 사회의 모습을 반영합니다. 산업구조의 빠른 변화 속에서 노동자와 사용자, 지역이 어떻게 상생할 수 있을지 보여주었습니다.

'광주형 일자리'는 '혁신적 포용국가'로 가는 매우 중요한 전환점이 될 것입니다. 한국인들은 오랜 경험을 통해 조금 느리게 보여도 사회적 합의를 이루면서 함께 전진하는 것이 모두에게 좋다는 것을 알고 있습니다. 조금씩 양보하면서 함께 가는 것이 결국은 빠른 길이란 것도 잘 알고 있습니다. 1980년 5월의 광주가 민주주의의 촛불이 되었듯, '광주형 일자리'는 사회적 타협으로 새로운 시대의 희망을 보여주었고 포용국가의 노둣돌이 되었습니다.

포용은 평범함 속에서 위대함을 발견하는 일입니다. 평범함이 모여 변화를 만들어낼 수 있는, 새로운 환경을 조성하는 일입니다. 한국 정부는 지금 '광주형 일자리'의 성공이 전국적으로 확산될 수 있도록 전력을 다하고 있습니다. 독일은 포용과 혁신을 가장 이상적으로 구현한 나라 중 하나입니다. 평화로운 방법으로 통일을 이뤄낸 역사와 포용과 혁신으로 사회통합을 이룬 사례는 우리에게 언제나 영감을 주었습니다. 한국의 광주도 새로운 질서를 모색하는 세계의 많은 사람들에게 영감을 불러일으키길 희망합니다.

3. 평범한 사람들의 세계

한국에서는 정확히 100년 전, 평범한 사람들의 힘이 모여 새로운 시대를 열었습니다. 일제의 식민지배를 받던 사람들이 1919년 3월 1일부터 독립만세운동을 시작했습니다. 202만 명, 당시 인구의 10%가 참가한 대규모 항쟁이었습니다. 나무꾼, 기생, 맹인, 광부, 머슴, 이름도 알려지지 않은 평범한 사람들이 앞장섰습니다.

한국에서 3·1독립운동이 중요한 이유는 두 가지입니다.

하나는 이 운동을 통해 시민의식이 싹텄다는 것입니다. 국민주권과 자유와 평등, 평화를 향한 열망이 한 사람 한 사람의 삶 속으로 들어왔고 이를 통해 계층, 지역, 성별, 종교의 장벽을 뛰어넘었습니다. 한 사람 한 사람이 왕정의 백성에서 국민으로 탄생했습니다. 그리고 대한민국 임시정부를 세웠습니다.

임시정부는 일제에 대한 저항을 넘어 완전히 새로운 나라를 꿈꿨습니다. 1919년 4월 11일 국호를 대한민국으로 정하고 '임시헌장'을 공포하며 대한민국은 군주제가 아닌 민주공화국임을 명확히 밝혔습니다. 임시헌장 3조에서 "대한민국 인민은 남녀·귀천·빈부·계급을 막론하고 평등하다"고 명시했습니다. 여성을 포함한 모든 국민의 선거권과 피선거권도 보장했습니다. 당시 임시정부 구성에 참여했던 한국의 독립운동가 안창호는 이렇게 말했습니다. "과거에 황제는 한 명이었지만, 금일은 2천만 국민이 모두 황제입니다." 민주공화국에 대한 참으로 명쾌한 표현입니다.

임시정부는 27년에 가까운 기간 동안 망명지에서 식민지해방운동을 전개했습니다. 세계 식민지해방운동사에서 전무후무한 사례입니다. 임시정부가 있었기에 열강들이 카이로선언을 통해 한국의 독립을 보장하게 됩니다.

둘째는, 마음을 합하는 것처럼 큰 힘은 없다는 것을 깨닫고, 서로를 믿으며 한 번도 가보지 않은 길로 나아갔다는 것입니다. 당시 3·1독립운동에 참여했다가 일제의 감옥에 갇힌, 한국의 근대 소설가 심훈은 어머니에게 이런 내용의 편지를 보냈습니다. "어머님! 우리가 천번 만번 기도를 올리기로서니 굳게 닫힌 옥문이 저절로 열려질리는 없겠지요. 우리가 아무리 목을 놓고 울며 부르짖어도 크나큰 소원이 하루아침에 이루어질 리도 없겠지요. 그러나 마음을 합하는 것처럼 큰 힘은 없습니다. 한데 뭉쳐 행동을 같이하는 것처럼 무서운 것은 없습니다. 우리들은 언제나 그 큰 힘을 믿고 있습니다."

한국의 근현대사는 도전의 역사였습니다. 식민지와 분단, 전쟁과 가난을 넘어 민주주의와 경제발전을 향해 전진해왔습니다. 그 역사의 물결을 만든 이는 평범한 사람들이었습니다. 3·1독립운동 이후 100년의 시간 동안 한국인 모두가 저마다의 가슴에 샘 하나씩을 품고 살아왔습니다. 위기마다 함께 행동했습니다. '잘살고 싶지만 혼자만 잘살고 싶지는 않다', '자유롭고 싶지만 혼자만 자유롭고 싶지는 않다'는 마음들이 모여 역사의 힘찬 물결이 되었습니다.

저는 민주주의가 제도나 국가 운영의 도구가 아니라 내재적 가치라고 생각합니다. 평범한 사람들이 자신의 삶에 영향을 주는 결정 과정에 참여하고 목소리를 냄으로써, 국민으로서의 권리, 인간으로서의 존엄을 찾을 수 있다고 여깁니다. 우리는 더 좋은 민주주의를 만들어갈 수 있습니다. 존 듀이의 말처럼 민주주의 문제를 해결하기 위해서는 더 많은 민주주의를 행하는 수밖에 없습니다.

민주주의는 평범한 사람들에 의해 존중되고 보완되며 확장되고 있습니다. 제도적이고 형식적인 완성을 넘어 개인의 삶에서 일터, 사회에 이르기까지 실질적인 민주주의로 실천되고 있습니다. 평범함의 힘이고, 평범함이 쌓여 이룬 발전입니다. 100년 전 식민지의 억압과 차별에 맞서 싸웠던 평범한 사람들이 민주공화국의 시대를 열었습니다. 자유와 민주, 평화와 평등을 이루려는 열망은 100년이 흐른 지금도 여전히 뜨겁습니다. 나라가 나라답지 못할 때 3·1독립운동의 정신은 언제나 되살아났습니다.

4. 평범함을 위한 평화

동양에서는 "난세에 영웅이 난다"는 말이 있습니다. 그러나 난세야말로 평범한 사람들이 자신의 삶을 스스로 꾸려가지 못하는 시대입니다. 영웅은 탄생하지만 평범한 사람들은 불행에 빠지는 시대입니다.

중국의 고전 《사기》[3]의 〈손자오기열전〉에 이런 구절이 있습니다. "人曰, 子卒也, 而將軍自 其疽, 何哭爲" 사람들이 말하기를 "아들이 졸병인데 장군이 몸소 아들의 종기를 입으로 빨아주었소. 어째서 우는 것입니까?" 울 필요가 없는데 왜 우느냐는 뜻입니다. 어머니는 아들이 장군의 행동에 감격해 전쟁터에서 죽기살기로 싸우다가 죽을까 봐 운 것입니다. 《사기》에는 그 어머니의 남편 또한 똑같은 일을 겪고 죽기살기로 싸우다

---

3) 기원전 109년에서 기원전 91년 사이 중국 사마천이 지은 역사서. 52만 6,500여 자에 달하는 대기록으로 본기(本記) 12권, 서(書) 8권, 표(表) 10권, 세가(世家) 30권, 열전(列傳) 70권 등 총 130권에 달함. 옛 신화 시대부터 전한 초기인 기원전 2세기 말 한무제 시대까지의 역사를 다루고 있으며, 본래 명칭은 《태사공기(太史公記)》였으나 후한 말기에 현재의 이름으로 굳어졌음.

가 죽었다고 나옵니다. 《사기》의 저자 사마천은 장군 오기의 훌륭한 행동을 이야기하려는 것이지만, 이 이야기에는 남편을 잃은 아내의 안타까운 처지가 행간에 숨어있습니다. 우리가 좋아하는 영웅담에는 항상 스스로의 운명을 빼앗긴 평범한 사람들의 비극이 감춰져있습니다.

한국 분단의 역사에도 평범한 사람들의 눈물과 피가 얼룩져있습니다. 분단은 개인의 삶과 생각을 반목으로 길들였습니다. 분단은 기득권을 지키는 방법으로, 정치적 반대자를 매장하는 방법으로, 특권과 반칙을 허용하는 방법으로 이용됐습니다. 평범한 사람들은 분단이라는 '난세' 동안 자기 운명을 스스로 결정하지 못했습니다. 사상과 표현, 양심의 자유를 억압받았습니다. 자기검열을 당연시했고, 부조리에 익숙해졌습니다.

이 오래되고 모순된 상황을 바꿔보고자 하는 열망은 한국인들이 촛불을 들은 이유 중 하나였습니다. 민주주의를 지켜냄으로써 평화를 불러오고자 했습니다. 촛불이 평화로 가는 길을 밝히지 않았다면 한국은 아직도 평화를 향해 한 걸음도 내딛지 못했을 것입니다. 촛불혁명의 영웅은 지극히 평범한 사람들의 집단적 힘이었습니다. "난세에 영웅이 난다"는 동양의 옛말은 "평범한 힘이 난세를 극복한다"는 말로 바뀌어야 할 것입니다.

저는 계절이 변화하는 것처럼 인간사에도 과정이 있다고 믿습니다. 동·서독 간 철의 장막이 유럽을 관통하는 거대한 생명띠 '그뤼네스 반트'로 완전히 변모한 것처럼, 한반도의 평화가 동서를 가로지르는 비무장지대(DMZ)에만 머물지 않고 남북으로 뻗어 나가 한반도를 넘어 동북아시아, 유럽까지 번져나갈 것을 기대합니다. 한반도 전역에 걸쳐 오랜 시간 고착된 냉전적 갈등과 분열, 다툼의 체제가 근본적으로 해체되어 평화와 공존, 협력과 번영의 신질서로 대체될 것을 목표로 하고 있습니다. 한국에서는 이것을 '신(新)한반도 체제'라 이름 붙였습니다.

'신(新)한반도 체제'는 한반도의 지정학적 대전환을 의미합니다. 한반도는 지정학적으로 대륙세력과 해양세력이 충돌하는 단층선에 있습니다. 유럽의 발칸반도와 비슷합니다. 이로 인해 역사적으로 잦은 전쟁의 수난을 겪어왔습니다. 특히, 남한과 북한이 비무장지대를 경계로 나뉘진 이후 한국은 사실상 대륙과의 연결이 가로막힌 '섬과 같은 존재'였습니다.

한반도에 새로운 질서를 만드는 것은 섬과 대륙을 연결하는 연륙교를 만드는 일입니다. 작년 4월 저는 판문점에서 북한의 김정은 위원장을 만났습니다. 북한의 최고지도자가 한국전쟁 이래 남한 땅으로 처음으로 넘어온 역사적인 순간이었습니다. 우리는 그곳에서 서로 간의 군사적 적대행위를 멈추자고 약속했습니다.

그 첫 번째 조치로 비무장지대의 초소 일부를 철수하고, 주변 지역의 지뢰제거 작업도 실시했습니다. 비무장지대 안에서 남과 북을 잇는 도로가 개설되었고, 13구의 유해도 발굴하여 고국으로 돌아왔습니다. 이러한 작업을 진행하던 중 작년 11월에는 각각 남쪽과 북쪽에서 출발한 군인들이 한국전쟁 마지막 격전지였던 화살머리고지에서 우연히 마주치는 일이 있었습니다. 그들은 서로 총구를 내린 채 서로 악수하며 뜻밖의 조우를 즐겼습니다. 정전협정 65년 만에 이렇게 비무장지대에 봄이 왔습니다.

한반도의 봄은 베를린에서 시작되었습니다. 저는 김대중 전 대통령의 2000년 '베를린선언'에 이어 다시 한 번 2017년 7월, 촛불혁명의 열망을 담아 베를린에서 한반도의 새로운 평화구상을 얘기했습니다. 그 당시 많은 사람들은 단지 희망사항에 불과한 것이라 생각했습니다. 한반도의 겨울은 좀처럼 물러날 것 같지 않았고, 북한은 계속해서 핵실험과 미사일 발사로 위기를 조성하고 있었습니다. 주변국들도 제재의 강도를 점차 높여가면서, '4월 위기설', '9월 위기설'이 돌았고 한국인들은 실제로 전쟁이 일어날까 염려했습니다.

빌리 브란트 전 총리는 "한 걸음도 나아가지 않는 것보다 작은 걸음이라도 나아가는 게 낫다"고 했습니다. 저의 생각도 마찬가지였습니다. 무언가 시작하지 않으면 국민들의 열망을 이룰 수 없었습니다. "작은 꿈을 꾸면, 타인의 마음을 움직일 힘이 없다"고 했던 괴테의 글을 떠올렸습니다. 겨울을 뚫고 봄의 새싹이 올라오려면 한반도 비핵화와 항구적 평화라는 큰 꿈을 이야기해야 했습니다. 국민들과 함께 이룰 수 있는 큰 꿈이어야 했습니다.

북한은 2018년 1월 신년사를 통해 남북관계를 개선할 용의를 표했고, 한국의 큰 꿈에 화답해왔습니다. 이어 평창동계올림픽의 참가 의사를 전달해왔습니다. 주변국들과 유럽의 국가들까지 한반도의 해빙에 지지와 성원을 보내주었습니다. 한국의 국민들은 평창올림픽을 평화올림픽으로 만들어내기 위해 뜻을 모았습니다.

'베를린선언'에서 저는 북한을 향해 "쉬운 일부터 하자"고 하며 4가지를 제시했습니다. 평창올림픽 참가, 이산가족 상봉, 남북한 상호 적대 행위 중단 그리고 남북 간 대화와 접촉을 재개할 것을 제안했습니다. 놀랍게도 이 4가지는 2년이 지난 지금 모두 현실이 되었습니다. 작년 2월 평창동계올림픽 개막식에서 남북 대표선수단은 세계인들이 보는 앞에서 한반도기를 들고 공동 입장했습니다. 이산가족들이 다시 만났고 이제 언제든지 화상상봉을 할 수 있는 시스템을 갖추고 있습니다. 무엇보다 한반도의 하늘과 바다, 땅에서 총성은 사라졌습니다. 우리는 북한 땅 개성에 연락사무소를 개소하면서 일상적으로 서로가 대화하고 접촉하는 통로를 만들었습니다. 한반도의 봄이 이렇게 성큼 다가왔습니다.

　그동안 제가 안타깝게 생각했던 일은 한국의 국민들이 휴전선 그 너머를 더 이상 상상하지 않는 것이었습니다. 한반도에서 남과 북이 화해하고, 철도를 깔고, 물류를 이동시키고, 사람을 오가게 한다면, 한국은 '섬'이 아닌 해양에서 대륙으로 진출하는 교두보, 대륙에서 해양으로 나아가는 관문이 됩니다. 평범한 사람들의 상상력이 넓어진다는 것은 곧 이념에서 해방된다는 뜻이기도 합니다. 국민들의 상상력도, 삶의 영역도, 생각의 범위도 훨씬 더 넓어져서 그동안 아프게 감내해야 했던 분단의 상처를 치유할 수 있을 것입니다.

　이제 남북의 문제는 이념과 정치로 악용되어서는 안 되며, 평범한 국민의 생명과 생존의 문제로 확장해야 합니다. 남과 북은 함께 살아야 할 '생명공동체'입니다. 사람이 오가지 못하는 상황에서도 병충해가 발생하고 산불이 일어납니다. 보이지 않는 바다 위의 경계는 조업권을 위협하거나 예상치 못한 국경의 침범으로 어민들의 운명을 바꾸기도 합니다. 이 모든 것을 제자리로 돌려놓는 일이 바로 항구적 평화입니다. 정치적이고 외교적인 평화를 넘어 평범한 사람들의 삶을 위한 평화입니다.

'신(新)한반도 체제'는 수동적인 냉전질서에서 능동적인 평화질서로의 전환을 의미합니다. 과거 한국 국민은 일제강점과 냉전으로 자신의 미래를 결정하지 못했습니다. 그러나 이제 스스로 운명을 개척하고자 하는 것입니다. 평범한 사람들이 자기 운명의 주인이 되는 일입니다.

한반도와 동북아의 기존질서는 제2차 세계대전 종전과 동시에 동북아에 심어진 '냉전 구조'와 깊이 연관되어 있습니다. 전후처리 과정에서 한국인들의 의사와 다르게 분단이 결정되었고, 비극적 전쟁을 겪어야 했습니다. 이때 한·미·일의 남방 3각 구도와 이에 대응하는 북·중·러의 북방 3각 구도가 암묵적으로 자리잡게 되었습니다.

이러한 냉전구도는 1970년대 데탕트와 1990년대 구소련 해체, 중국의 시장경제 도입으로 상당부분 해소되었지만, 아직 한반도에서만은 그대로입니다. 남북한은 분단되어 있고, 북한은 미국, 일본과 정상적 수교관계를 맺고 있지 않습니다. 이러한 상황에서 남북한은 작년 '판문점선언'과 '평양선언'을 통해 서로 간의 적대행위 종식을 선언함으로써 항구적 평화정착의 첫 번째 단추를 채웠습니다. 동시에 북한과 미국은 비핵화 문제와 함께 관계정상화를 위한 대화를 계속하고 있습니다. 북미대화가 완전한 비핵화와 북미수교를 이뤄내고 한국전쟁 정전협정이 평화협정으로 완전히 대체된다면 비로소 냉전체계는 무너지고 한반도에 새로운 평화체계가 들어설 것입니다

평화는 또한 함께 잘 사는 나라로 가기 위한 기반입니다. '신(新)한

반도 체제'는 평화경제를 의미합니다. 평화가 경제발전으로 이어져 평화를 더 공고히 하는 선순환적 구조를 의미합니다. 남과 북은 항구적 평화 정착을 촉진하기 위해 함께 번영할 수 있는 길을 고심하고 있습니다. 이미 끊어진 철도와 도로 연결에 착수했습니다. 한국의 기술자들이 분단 이래 처음으로 북한의 철도 현황을 실사했습니다. 철도와 도로 연결 착공식도 개최했습니다.

남북 경제교류 활성화는 주변국과 연계하여 한반도를 넘어 동아시아와 유라시아의 경제회랑으로 거듭날 수 있습니다. 남북한과 러시아는 가스관을 잇는 사업에 대해 실무적인 협의를 시작했습니다. 지난해 8월에는 동북아 6개국과 미국이 함께하는 '동아시아철도공동체'를 제안한 바 있습니다. 저는 '유럽석탄철강공동체'를 모델로 '동아시아철도공동체'를 동북아시아의 에너지공동체, 경제공동체로 발전시키고자 합니다. 나아가 이 공동체는 다자평화안보체제로 발전할 수 있을 것입니다.

한국이 추진하고 있는 '신남방정책'과 '신북방정책'을 통해 한반도의 평화경제는 더욱 확대될 것입니다. 신북방정책은 유라시아와의 경제협력 물꼬를 트는 것입니다. 북한은 작년 6월 처음으로 유라시아 국가들이 모두 참여하는 국제철도협력기구에 한국이 가입하는 것을 찬성했습니다. 부산에서 베를린까지 철도로 이동할 수 있는 날이 올 것입니다. 한국은 남북화해를 기반으로 동북아 평화의 촉진자가 될 것입니다. 신남방정책은 한반도가 아세안, 서남아시아와 함께 새로운 전략적 협력을 모색하는 것입니다. 한국은 사람(People), 평화(Peace), 번영(Prosperity)의 공동체를 핵심 가치로 삼아 주변국과 인적, 물적 교류를 강화해 나갈 것입니다. 아시아가 지닌 잠재력을 함께 실현하고, 공동번영의 길을 모색할 것입니다.

한국 국민은, 평범한 사람들의 자발적인 행동이 세상을 바꾸는 가장 큰 힘이라는 것을 보여주었습니다. 이러한 힘은 마지막 남은 '냉전체계'를 무너뜨리고, '신(新)한반도 체제'를 주도적으로 만들어가는 원동력이 될 것입니다. 중요한 것은, 평범한 한 사람이 자기의 의지와 무관하게 불행에 빠지는 일을 막는 일입니다. 평화를 이루는 것도 결국 평범한 국민들의 의지에 의해 시작되고 완성될 수 있다는 것을 세계에 보여주게 되길 희망합니다.

5. 포용적 세계질서를 향하여

제2차 세계대전 이후, 유럽 역시 냉전의 한복판으로 휩쓸려갔습니다. 각국 정부들은 새로운 동맹전략을 모색했습니다. 냉전으로 분단된 독일은 평화를 향해 담대한 발걸음을 내디디며 유럽의 변화를 이끌었습니다. 베를린 장벽으로 하루아침에 생이별한 45만 명의 독일 시민들이 통일과 평화에 대한 염원을 가지고 1963년 6월, 서독 브란덴부르크 문 앞에 모였습니다. 그 해, 빌리 브란트 시장은 크리스마스 기간에 헤어진 가족과 친척을 만나게 하자는 협상을 제안했습니다. 동방정책의 시작이었습니다. 동서독이 서로를 경쟁과 봉쇄의 대상이 아닌 협력과 상생의 대상으로 바라보게 되었습니다.

동독의 라이프치히에서는 1980년대 초부터 월요일마다 작은 기도회가 열렸습니다. 이 작은 기도회는 1989년 10월 9일, 선거와 여행의 자유, 독일 통일을 요구하는 평화행진으로 발전했습니다. 처음 7만 명으로 시작된 평화행진은 불과 2주 만에 30만 명을 넘었습니다. 한 달 후인 11월 9일 베를린 장벽이 무너졌습니다. 유럽의 평범한 시민들이 평화를 만드는 일에 나섰고, 적극적으로 각국 정부를 움직였기에 유럽의 질서가 바뀌었다고 생각합니다. 유럽 시민들의 의지와 행동은 1952년 유럽연합의 모태가 된 '유럽석탄철강공동체'를 발족시켰고, 1975년 현재 유럽 안보질서의 기원이라고 할 수 있는 '유럽안보협력회의'를 태동시켰습니다.

유럽의 사례에서 볼 수 있듯, 국가 간 관계에서 포용성은 매우 중요합니다. 국경과 분야를 넘어 포용하고, 공정한 기회와 호혜적 협력을 보장할 때 세계는 함께 잘 살고 함께 발전할 수 있습니다. 그러나 전후 질서의 근간인 자유무역주의와 국제주의가 현저히 약화되면서 다시 보호무역주의와 자국이기주의가 꿈틀대고 있습니다. 이러한 국제적 위기는 포용과 협력의 정신을 사라지게 하고 있습니다. 국제사회의 일원으로서 각국의 책임과 규범을 강조하는 협력의 정치가 절실합니다.

다시, 평범한 사람들이 중요합니다. 평범한 사람들이 바꿀 수 있는 것은 국내 문제에 한정되지 않습니다. 국가를 바꾸면, 세계질서도 바꿀 수 있습니다. 평범한 사람들 누구나 국가 운영을 자신의 권리와 책임으로 여기고, 세계의 운명을 자신의 운명과 연결지어 생각할 때 새로운 세계질서는 만들어질 수 있을 것입니다. 평범한 사람들이 국경과 인종, 이념과 종교를 뛰어넘어 서로 연대하고 협력할 때, 세계는 더불어 잘 사는 지속가능한 발전을 이룰 것입니다. 사회적 약자를 배제하지 않고, 일한 만큼 노동의 대가를 받으며 안정적인 복지로 다수가 성장의 과실을 누리는 세계가 포용적 세계입니다. 이미 우리는 한국과 유럽, 세계 곳곳에서 평범한 사람들이 포용을 통해 만들어온 성취를 알고 있습니다.

독일은 자유로운 시장경제를 추구하면서 고용불안, 임금격차, 빈곤, 노후불안 등 각종 사회적 위험에 대한 보장을 함께 제공하여 사회통합을 이뤄냈습니다. 북유럽의 국가들은 높은 비용을 수반하는 복지체계가 국가 경쟁력을 약화시키지 않도록 끊임없는 교육 투자를 통해 국가의 혁신역량을 보전했습니다.

특정 국가나 공공부문의 노력만으로 기후변화 같은 지구 전체의 의제를 해결하기란 불가능합니다. 지난해, '기후변화에 관한 정부 간 협의체(IPCC)'는 '지구온난화 1.5℃ 보고서'를 채택했습니다. 기후 전문가들은 산업화 이전에 비해 지구 온도 상승이 1.5도에 그치면 2도 올랐을 때보다 1천만 명의 목숨을 구할 수 있다고 예견합니다. 국제적 지원과 협력으로 기후변화에 모든 나라가 공동 대응해야 이룰 수 있는 목표입니다.

세계적으로 포용성을 수용하는 것도 중요합니다. 기원전 2000년부터 아시아 국가들은 '치산치수(治山治水)'를 성공적인 국가운영의 첫 번째 덕목으로 삼았습니다. '산과 물을 다스린다'는 의미 안에는 '자연을 존중한다'는 정신이 담겨있습니다. 나무를 가꿔 산사태를 방지했으며 물을 가두기보다 자연스럽게 흐르게 하여 홍수와 가뭄의 피해를 줄이고자 했습니다. 인간과 자연, 개발과 보전을 둘로 나누어 보지 않았습니다. 저는 이것이 세계가 추구하는 지속가능한 발전과 일맥상통한다고 생각합니다.

그러나 현재, 여전히 많은 국가들이 경제발전과 환경보호를 별개의 것으로 간주하고 있습니다. 선진국과 개발도상국 간의 역지사지의 정신이 필요합니다. 우리뿐 아니라 미래 세대들이 함께 살아갈 지구를 위하여 인간과 자연이 더불어 살아가는 지혜와 평범한 사람들이 가지고 있는 포용의 힘을 발휘해야 할 때입니다. 그럴 때 새로운 세계질서와 지속가능한 발전의 꿈은 현실이 될 것입니다. 각 나라가 포용성을 강화해 국가 간 격차를 줄이고, 국민들이 세계시민으로서 사고할 수 있는 역량을 키워야 할 것입니다. 평범한 시민이 이룬 유럽의 통합과 번영은 세계를 더 나은 곳으로 만들고자 하는 인류에게 의지와 용기를 북돋아줄 것입니다.

6. 평범함의 위대함

평범한 사람들이 지속적으로 자신의 삶을 꾸려갈 수 있는 것, 일상 속에서 희망을 유지할 수 있는 것, 여기에 새로운 세계질서가 있습니다. 역사책에는 단 한 줄도 나오지 않는 사람들, 이름이 아니라 노동자나 나무꾼, 상인이나 학생 등 일반명사로 나오는 사람들, 이 평범한 사람들이 한 사람 한 사람 자기 이름으로 불려야 합니다. 세계도, 국가도, '나'라는 한 사람으로 비롯됩니다. 일을 하고 꿈을 꾸는, 일상을 유지해가는 평범함이 세계를 구성한다는 것을 우리는 소중하게 인식해야 할 것입니다.

그러기 위해서는 한 사람의 삶이 존중받아야 합니다. 한 사람의 삶의 가치가 얼마나 소중한지, 스스로도 알아나가야 하겠지만 역사적으로, 문화적으로 재평가되어야 합니다. 자신의 행동이 주변에 영향을 줄 수 있다는 것, 또 어떤 행동이 확산되며 결국 어떤 결과를 가져올 수 있는지 이야기되고 기록에 남겨져야 할 것입니다. 평범함이 위대해지기 위해서는 자유와 평등 못지않게 정의와 공정이 뒷받침되어야 합니다. 인류의 모든 이야기는 "착한 것을 권하고, 악한 것을 벌한다"는 평범한 진리를 되새깁니다. 동양에서는 '권선징악(勸善懲惡)'이라는 사자성어로 표현합니다. 이 간명한 진실이 정의와 공정의 시작입니다. 무한경쟁의 시대가 계속되고 있지만, 정의와 공정이 더 보편화 된 질서가 되어야 합니다.

정의와 공정 속에서만 평범한 사람들이 세계시민으로 성장할 수 있습니다. 아직은 모든 것이 진행 중인 듯하지만, 인류가 지난 온 길에 새로운 세계 질서에 대한 해법이 있습니다. 동양의 옛 글은 "곡식 창고가 넉넉하면 예절을 알고, 옷과 음식이 풍족하면 영예와 치욕을 안다(食廩實而知禮節, 衣食足而知榮辱)"[4] 말하고 있습니다. 정의와 공정으로 세계는 성장의 열매를 골고루 나눌 수 있게 될 것이며, 이를 통해 모두에게 권한이 주어지고 의무가 싹트며 책임이 생길 것입니다.

세계가 지금 위기라고 여기는 것들은 평범한 삶이 해결해야 할 것들입니다. 이것은 한 국가가 해결할 수 없는 문제이며 한 사람의 위대한 정치인의 혜안으로 이뤄질 수 없는 일입니다. 힘든 이웃을 돕고, 쓰레기를 줄이고, 자연을 아끼는 행동이 쌓여야 합니다. 이 행동들이 한 사람에게 한정될 때, '무엇을 바꿀 수 있을까?' 의심스러울 수 있지만 이 작은 행동들이 쌓이면 물줄기가 크게 변합니다. 결국 우리는 세계를 지키고 서로의 것을 나누면서, 평화의 방법으로 세계를 조금씩 변화시킬 수 있게 될 것입니다. 평범한 사람들의 일상이 그러하듯, 괴테가 남긴 경구처럼 "서두르지 않고 그러나 쉬지도 않고".

---

4) 《사기》, 〈관안열전〉 中

문재인 정부 2년 특집 대담
- 대통령에게 묻는다

| 2019-05-09 |

"국민들이 바라는 나라를 만들도록 노력하겠다"

- 2년 전 오늘 이 시간 기억하실지 모르겠습니다. 나라다운 나라를 만들어달라, 이런 요구 속에서 문재인 정권이 출범했습니다. 아무래도 첫 질문이니까 2년 동안 소회는 여쭈지 않을 수 없을 것 같습니다.

"먼저 국민께 감사 인사부터 드려야겠습니다. 국민께서는 촛불혁명이라는 아주 성숙된 방법으로 정권을 교체하고 저를 대통령으로 선택해 주셨습니다. 그래서 문재인 정부는 촛불정신 위에 서 있습니다. 촛불민심이 명하는 대로 국정농단, 그리고 반칙과 특권이라는 적폐의 시대를 마감하고 새로운 시대, 공정하고 정의로운 대한민국의 길을 향해서 걸어가고 있습니다. 얼마나 기대에 부응했는지 잘 모르겠습니다. 많은 성과들이 있었다고 생각합니다. 그러나 한편으로 또 아쉬운 부분들도 많이 있고 또 보완해야 될 과제들도 많이 있다고 느낍니다. 앞으로 그 점에 더 집중해서 국민께서 바라는 나라를 만들도록 노력해 나가겠습니다."

– 오늘 이 프로그램을 보시는 분들은 아마 2년 전 문재인 대통령을 지지하신 분들도 있을 것이고 또 반대하신 분들도 있을 겁니다. 그리고 그 당시에는 지지를 했지만 지금은 지지를 철회하신 분들도 있을 테고요. 반면에 뽑지는 않았지만 한번 지켜볼까, 이런 마음을 가지고 계신 분들도 있으실 겁니다. 그래서 가능한 이런 다양한 시선을 담은 질문들을 드려보도록 하겠습니다.

북한 발사체, "대화와 협상 국면을 어렵게 만들 수 있다"

– 어떤 질문으로 시작해야 되나 고민을 했었는데 오늘 조금 전에 생긴 현안부터 여쭐 수밖에 없을 것 같습니다. 4시간 전이죠? 4시 반쯤부터 해서 북한이 발사체 두 발을 쏘아 올렸습니다. 오늘은 단거리 미사일로 추정됩니다. 일단 보고는 받으셨죠?

"네, 그렇습니다. 북한이 며칠 전에 여러 종류의 단거리 발사체를 발사한 데 이어서 오늘은 일단 단거리 미사일로 추정되는 발사를 했습니다. 며칠 전의 발사에 대해서는 신형전술유도무기라고 일단 규정했었는데 오늘 단거리 미사일로 추정하는 이유는 며칠 전은 북한이 동해안에서 자신들의 앞바다를 향해서 발사했기 때문에 사거리가 비교적 짧았습니다. 오늘은 평안북도 지역에서 육지를 넘어서 동해안까지 발사했기 때문에 두 발 중 한 발은 사거리가 400km를 넘습니다. 그래서 일단 단거리 미사일로 한미 양국이 함께 추정하고 있는 것입니다."

- 그 판단은 한미 양국이 같이 내린 판단이죠?

"네, 공조하고 있습니다."

- 지난번 4일인가요? 그때 발사체 최장이 240 이 정도였는데 오늘은 보면 사거리 420km 발사체가 있는 거죠?

"네. 두 발 중 한 발이 그렇게 된 것으로 지금 보고 있습니다."

- 그러면 그때보다 한 1.5배 사거리가 더 늘어난 것이고, 그렇게 해서 한미 양국이 공조를 통해서 이 발사체는 단거리 미사일로 추정된다, 일단은 이렇게 규정을 내리셨다, 이런 말씀이신 거죠?

"네."

- 그러면 사실 지난번 발사체 때는 한미 양국이 전략적 해석이라는 표현도 나왔습니다만 미사일이라는 표현을 쓰는 데는 조금 주저하지 않았습니까? 그런데 이렇게 사거리가 이렇게 됐고.

"지난번에 일단 고도가 낮은 데다 사거리가 짧았기 때문에 미사일로 단정하기에는 조금 이르다고 보고 계속 한미 양국이 지금 분석 중에 있는 것이고요. 오늘은 발사고도는 낮았지만, 그러나 사거리가 길었기 때문에 일단은 단거리 미사일로 추정하는 것입니다."

- 조금 더 추가적으로 궤적이라든지 또 북한이 어떤 영상이나 사진 화면을 공개할 수도 있고 이래서 좀 더 면밀한 분석은 있어야 되겠지만, 예를 들어 탄도미사일일 가능성이 있으면 문제가 예를 들어서 유엔의 결의안 위반이다, 이런 해석으로 이끌어갈 수 있는 사안 아닙니까?

"일단 유엔안보리 결의는 북한의 중·장거리 탄도미사일을 겨냥한 것이었습니다. 그 이전에 북한이 단거리 미사일을 발사했을 때는 문제

삼은 적이 없었습니다. 그러나 유엔안보리 결의 속에는 탄도미사일을 하지 말라는 그런 표현이 들어있기 때문에 비록 단거리라 할지라도 그것이 탄도미사일일 경우에는 유엔안보리 결의에 위반될 그런 소지도 없지 않다고 생각합니다."

- 그 부분은 조금 더 추가적인 분석이 있어야 할 테고요.

"그렇습니다. 그래서 최종적인 판단은 한미 양국이 재원이라든지 종류라든지 궤적이라든지 이런 것을 조금 더 면밀히 분석해서 판단하게 될 것입니다. 참고로 말씀드리면 지난번의 발사에 대해서도 유엔안보리 결의 위반 여부를 여전히 판단 중에 있기는 하지만, 일단은 미국은 지금까지는 유엔안보리 결의는 위반하지 않는 것으로 그렇게 지금 판단을 내리고 있고요."

- 그 판단 역시 한미 양국이 같이하는 판단이시죠?

"네, 공유합니다. 한편으로 그러면 남북군사합의에 위반되는 것 아니냐는 판단도 필요한데 지금 남북 간에는 서로 무력사용을 하지 않기로 합의를 한 바 있습니다. 그리고 훈련도 휴전선으로부터, 비무장지대로부터 일정한 구역 밖에서만 하도록 합의를 한 바 있는데, 지난번이나 이번 북한의 훈련 발사는 일단 그 구역 밖에 있고, 군사합의 이후에도 남북이 함께 기존의 무기체계를 더 발달시키기 위한 그런 시험발사나 훈련 등은 계속해오고 있기 때문에 남북 간의 군사합의를 위반한 것은 아니라고 보고 있습니다. 그러나 어쨌든 북한의 이런 행위가 거듭된다면 지금 대화와 협상 국면을 어렵게 만들 수 있다는 점을 북한 측에 경고하고 싶습니다."

북한, "대화의 장에서 불만을 명확하게 밝히는 것이 바람직할 것"

- 북한이 4일하고 오늘, 닷새 만에 두 차례 도발을 했습니다. 수위는 올라갔습니다. 이러면 사실 현 국면에서 좋은 시그널은 분명히 아닌 것이고요. 북한이 왜 이 시점에서 이런 도발 행위를 하는 것이라고 판단할지 그 의도를 분석하는 게 현재로서는 중요한 포인트일 것 같은데요.

"정확한 의도를 알 수 없지만 북한이 지금까지 북한 자신의 매체를 통해서 밝혀온 여러 가지 보도내용들과 종합해서 보자면, 북한은 지난번 하노이 제2차 북미정상회담이 합의를 이루지 못하고 끝난 데 대해서 상당히 불만을 가지고 있는 것 같습니다. 그래서 미국이나 한국 양측에 대해서 일종의 시위성 성격이 있지 않는가라고 판단하고."

- 시위성 성격으로 일단 규정하시고요.

"그와 함께 앞으로 비핵화 대화를 자신들이 원하는 방향으로 이끌고자 하는 압박의 성격도 담겨있다고 봅니다. 한편으로는 조속한 회담을 촉구하는 그런 성격도 있지 않을까 생각합니다. 어쨌든 북한의 의도가 뭐라고 하더라도 결국 근본적인 해법은 북미 양국이 조속히 빨리 앉는 것이라고 생각합니다. 북한도 불만이 있다면 대화의 장에서 그 불만을 명확하게 밝히는 것이 바람직하다고 생각합니다. 이런 방식으로 북한의 의도를 여러 가지로 해석하게 만들고 또 우려하게 만들고 자칫 잘못하면 대화와 협상 국면에 찬물을 끼얹을 수 있는 이런 선택을 거듭하는 것은 결코 바람직하지 않다는 것을 북한 측에 다시 한 번 이야기하고 싶습니다."

- 4일 단거리 발사체가 발사됐을 때 한미 양국이 북한의 의도를 판

을 깨려는 것으로 보지는 않는다는 취지로 해석을 하는 기류였습니다. 그런데 이런 도발에 대해서 단호한 규정을 하지 않아서 북한이 추가 도발성 행위를 한 것이다, 이런 시각도 있을 수 있을 것 같은데요.

"일단 북한의 계획된 행동으로 보입니다. 그러나 대화의 판을 깨지 않으려고 노력하는 모습도 함께 보여주고 있습니다. 뭔가 하면 과거에는 이런 발사를 하면 굉장히 허세를 부리고 과시하는 그런 행동을 했지만……."

- 허세를 부리고 과시하는 행동이라고 하면 어떤 것을 말씀하시는 거죠?

"ICBM을 완성했다, 이런 식의 고도의 미사일 능력을 가지게 됐다, 이런 식으로 상당히 국제사회에서 과시하면서 위협적인 표현을 했었는데 이번에 북한은 그냥 신형전술유도무기를 시험 훈련한 것이라고 아주 낮은 로우키(low-key)로 발표했고 발사의 방향이라든지 발사지역도 미국이나 일본, 한국에게 별로 위협이 되지 않는……."

- 직접적인 위협은 되지 않는?

"그런 방식으로 발사를 했기 때문에 북한 측에서도 한편으로 자기 의사를 표현하면서 한편으로는 판이 깨지지 않도록 아주 유의를 하고 있는 것으로 판단이 됩니다."

- 대통령께서 4일 도발이 있었고, 단거리 발사체 발사가 있었고 오늘 추가 발사가 있을 것이라고는 예측은 못 하셨죠?

"네, 그렇습니다. 그리고 북한이 이것이, 말하자면 마지막인지 여부도 아직은 판단하기 어렵습니다."

- 그렇죠. 며칠 만에 다시 미사일로 추정되는 단거리 발사체를 쐈기 때문에 예를 들어 추가 도발이 또 있을 수도 있을 가능성을 우리가 배제할 수는 없을 테고요. 그렇다고 한다면 이런 상황을 더 악화시키면 안 된다, 상황관리 차원에서라도 우리가 특사를 보낼 필요성이 있다, 이런 판단은 안 하고 계신 건가요?

"일단 북한의 의도가 어디에 있건 북한의 행동이 자칫 잘못하면 협상과 대화의 국면을 오히려 어렵게 만들 수가 있다는 점은 우선 우리가 경고하는 바이고요. 그리고 아까 근본적인 해법 역시 북미 간에 조속히 마주 앉는 것이라고 생각하는데 그렇게 될 수 있도록 한국 정부는 다각도로 노력하고 있습니다."

트럼프 대통령, "한국의 북한에 대한 인도적 지원에 '절대적 축복' 전해"

- 그런데 이런 상황에서 어쨌든 지금 나온 이야기는 대북 식량지원 문제입니다. 이 문제도 또 여쭤볼 수밖에 없을 텐데요. 한미 정상 간 통화 때 이 문제를 먼저 거론하셨죠, 트럼프 대통령께?

"일단 통화의 첫 목적은 지난번 발사에 대해서 어떻게 볼 것인가라는 것을 서로 공유하기 위한 것이었는데 그에 대한 트럼프 대통령의 말씀은 '좀 고약한 일일 수는 있지만 신경 쓰지 않는다. 나는 김정은 위원장을 좋아한다. 김정은 위원장과 좋은 관계에 있다. 나는 김정은 위원장과 대화를 원하고, 또 대화를 통해서 잘 해결될 것이라고 기대하고 있다.' 이런 말씀이었고요. 그러면서 또 '대화에 속도를 내기 위해서 우리가 어떤 일을 해야 할 것인가?'라고 저한테 질문도 하셨기 때문에 그러는 과정에서는 자연스럽게 대북 식량지원 문제가 논의된 것입니다."

- 대화를 끌어내기 위해서 대북 식량 문제도 계기가 될 수 있을 것이다, 이런 판단을 하셨다는 말씀이신가요?

"일단 한국의 입장에서는 우선 대화카드 이전에 지금 아시는 바와 같이 유엔 세계식량계획, 또 세계식량원조기구가 정밀하게 조사해서 공식 보고서로 발표한 바에 의하면 북한의 식량난이 최근 10년 동안 가장 심각하다는 것입니다."

- 네, 성인 한 명이 1년에 달걀 두세 개 정도를 섭취할 정도라는 보고서 내용이 있었습니다.

"그렇습니다. 그래서 이미 올해 1월부터 식량 배급량을 많이 줄였고, 앞으로 6월부터 8월까지 춘궁기 동안에는 더 줄일 전망이어서 북한 인구의 40% 정도가 기아에 직면하게 되고 특히 아동들과 여성들이 집중적으로 피해를 입게 될 것이라는 보고이고, 그래서 세계 각국에게 북한에 대한 식량 지원을 촉구하는 내용들이었습니다."

- 그래서 우리 정부가 선도하는 차원이라는 말씀이신가요?

"그렇습니다. 그에 비해서 한국은 우리 정부가 비축하고 있는 그런 재고미가 국내수요를 훨씬 넘어서서 해마다 그 보관비용만 한 6,000억 원 정도 소요되는 실정이거든요. 그런 형편이기 때문에 북한 동포들의 심각한 기아 상태를 우리가 외면할 수 없고, 우리가 동포애나 인도주의적인 차원에서라도 우리가 북한에 식량을 지원할 필요가 있다고 생각하는 것이고요."

"그다음에 두 번째로는 그것이 대화 교착 상태를 조금 열어주는 그런 효과도 있을 것이라고 생각합니다. 그 점에서 트럼프 대통령은 전폭적으로 지지를 표해주셨습니다."

－ 그러면 정부가 구체적으로 방법과 규모를 생각할 수밖에 없을 텐데 정부 직접지원 방식이 낫다고 판단하고 계십니까?

"일단은 트럼프 대통령의 전폭적인 지지에 대해서 제가 한 번 더 구체적으로 설명을 해드리면…… 왜냐하면 그 부분이 미국 측도 발표에서는 없었다는 것에 대해서 의문을 표시하는 분들도 계시기 때문에 설명 드리면, 일단 트럼프 대통령은 전폭적으로 지지를 하시면서 자신이 한국의 북한에 대한 인도적 지원에 대해서 절대적으로 축복을 한다는 말을 전해 달라. 그리고 그것이 또 굉장히 아주 큰 좋은 일이라고 자신이 생각한다는 것을 발표해 달라."

－ 네, 그 부분은 충분히 전달됐을 것 같고요. 그러면…….

"그렇게 여러 번 서너 번 거듭해서 부탁할 정도였고요. 일단 우리가 식량 지원을 하게 되면 결국 남북협력기금을 사용해야 되는데 나중에 사후에 국회에 보고도 해야 합니다. 그래서 북한의 식량 지원 문제에 대해서 저로서는 가장 바람직한 것은 패스트트랙 문제 때문에 지금 여야 간 정국이 완전 교착상태에 빠져있는데 그 문제는 별도로 해결하더라도 북한에 대한 식량 지원에 대해서는 대통령과 여야가 함께 모여서 협의를 하는 것이 바람직하지 않을까 하는 생각을 하고 있습니다."

－ 그런데 시점이 국민께서 받아들이기에 이런 단거리 발사체 발사 같은 국면에서 식량 지원 문제에 대해서는 혼란스럽거나 아니면 반감이 생길 수도 있을 것 같고요.

"그렇기 때문에 사실은 식량 지원에 대해서 우리가 한미 간에 그렇게 합의를 한 것이 이번 발사 이전인데 그 이후에 또다시 발사가 있었기 때문에 이 점에 대해서는 국민의 공감이나 지지도 필요하다고 생각합니다. 또 여야 정치권 사이에 좀 충분한 논의도 필요하다고 생각하고요. 그래서 차제에 대통령과 여야 이런 대표들의 회동이 이루어지면 좋겠다는 생각을 하는 것입니다."

- 이 문제를 가지고 그러면 예를 들어서 지금 꽉 막힌 국회 상황에서 여야 지도부에게 회담을 하자, 제의를 하신 거라고 제가 이해를 해도…….

"네, 그렇게 제가 지금 제안을 하고 싶습니다. 지금 패스트트랙 문제같이 당장 풀기 어려운 문제는 주제로 하기 곤란하다면 이번 식량 지원 문제, 안보 문제, 이런 문제에 국한해서 회동을 할 수도 있다고 생각합니다."

도보다리 30분, "진솔한 대화, 김정은 위원장이 물어보고 제가 답하는 시간"

- 좀 큰 틀에서 질문을 드려봐야 될 것 같습니다. 북미 간의 지난 하노이 회담을 보면 일반적으로 표현할 때 북한은 영변이면 충분하지 않냐, 미국은 전체가 다 해결되어야 된다, 이런 간극을 서로 좁히지 못했던 것 같습니다, 간략히 표현했을 때요. 이 간극을 지금 좁힐 수 있는 분위기가 조성되어 있습니까?

"우선은 지금 양국이 비핵화 대화의 최종 목표에 대해서는 완전히 일치를 보고 있습니다. 미국은 북한의 완전한 비핵화를 원하는 것이고 북한은 자신들의 완전한 안전보장을 원하는 것입니다. 이 점에 대해서는 서로 간에, 한국까지도 다 최종 목표에 대해서는 합의가 되어 있는 상황이고요. 그런데 문제는 이것이 어느 순간에 짠하고 한꺼번에 교환될 수 없는 것이기 때문에 거기에 이르는 서로의 과정이나 프로세스 등 로드맵이 필요한데 이 점에서 지금 의견이 맞지 않고 있는 것이죠."

- 그 중재자 역할을 하기 위해서 4차 남북정상회담을 추진하시겠다 하셨던 건데 지금 지지부진한 상태입니다. 언제쯤으로 저희가 예측할 수 있을까요?

"지지부진하다고 말씀하시기는 좀 그렇고요. 우리는 북한에게 아직은 재촉하지 않고 있습니다. 북한은 외교가 아주 발달된 그런 나라가 아닙니다. 하노이 정상회담 이후에 자기들 나름대로 입장을 정리하는 시간도 필요했을 테고, 그다음에 푸틴 대통령과의 정상회담도 있었고, 저희는 사전에 그 일정을 다 파악을 하고 있었기 때문에 그때까지는 북한이 대화를 위한, 회담을 위한 대화를 하기가 어려웠을 것이라고 판단했고. 이제 북한이 그렇게 대화를 할 수 있는 상황이 됐기 때문에 지금부터 북한에게 적극적으로 회담을 제안하고 또 대화로 이끌어낼 계획입니다."

- 제가 이 질문은 언제 한번 드려보고 싶었다 했던 게 작년 4·27 정상회담 때 도보다리에서 30분을 이야기하셨습니다. 어떤 이야기를 하셨는지 혹시 풀어주실 수 있으신가요?

"일단 저도 사실은 그 대화가 참 좋았습니다. 사실은 그다음 일정에 이르는 하나의 휴식시간에 좋은 그림으로 보여주기 위한 일정이었는데 실제로 두 사람이 정말 진술하게 대화를 나눌 수 있는 좋은 기회가 되었고요. 정말 우리가 같은 민족이고 같은 언어를 사용하기 때문에 통역이 없어도 된다는 것이 정말 참 좋았습니다. 그때 김정은 위원장은 자신들의 비핵화 의지에 대해서 그냥 아주 진솔하게 다 표명했습니다. 말하자면 안전보장을 위한 것인데 핵 없이도 안전할 수 있다면 우리가 왜 제재를 무릅쓰고 힘들게 핵을 두고 있겠는가, 이런 표현으로 비핵화 의지를 표명했고 미국과 회담해 본 경험이 없고 주변의 참모들 가운데도 그런 경험이 다들 없는데 회담을 한다면 어떻게 하면 좋을 것인가, 이런 여러 가지 조언을 구하고. 그래서 주로 김정은 위원장이 나에게 물어보고 또 제가 그에 대해서 답해 주고 하는 그런 시간이었습니다."

국회, 여야정 협의체, "손바닥도 마주쳐야 소리가 나, 대화로 해법 찾아야"

- 국내 정치 현안문제로 들어가야 될 것 같습니다. 조금 전 대북 현안들, 그리고 식량 지원 문제를 화두로 한번 만나보자, 이런 제안을 공식적으로 하신 거라고 봐도 되겠죠?

"이미 이제 우리 남북 간에 정상회담을 가져야겠다는 것은 제가 공개적으로 이미 한 번 발언했습니다. 실제로 북한하고 실무적인 대화에 들어가겠다는 뜻을 말씀을 드린 것이고요."

- 제가 지금 여쭤본 것은 국내 정치권의…….

"그렇습니다. 지금 패스트트랙 문제로 여야 정치권이 이렇게 대치하고 있는 것은 우리 정치의 성격상 우리가 이해할 수 있는 것이 있지만 국민 입장에서 볼 때는 참으로 답답한 국면이 아닐 수 없습니다. 처리해야 될 민생 법안들도 많이 있고, 한편으로 추경 문제로 논의를 해야 되고. 그래서 이런 국면에서 필요한 것이 지난번에 합의했던 여·야·정 상설국정협의체를 가동하는 것이라고 생각합니다. 우선적으로 방금 현안으로 대두된 문제들을 논의할 수 있지 않을까라는 것입니다."

－여·야·정 협의체가 11월에 가동되고 지금 계속 이어지지 않고 있습니다. 책임이 어디에 있느냐를 따질 수도 있겠지만 사실 국정운영의 총책임자로서 대통령께서 야당과의 관계를 이렇게 풀지 않고 오랜 시간 끌고 간다는 것은 결과론적으로는 국정운영의 부담으로 돌아오는 것 아닐까요? 원로들 주문도 대통령이 먼저 나서서 풀어라, 이런 주문이 상당히 있었던 것으로 들었습니다.

"네, 그 점은 제가 동의를 하지 않을 수 없는데. 그러나 돌이켜 보자면 제가 2년 전 5월 10일, 내일이죠. 그때 약식으로 취임식을 하면서 그 취임식 이전에 야당 당사들을 전부 다 방문했습니다. 그 이후에도 아마 역대 어느 대통령보다 자주 야당 대표들이든 원내대표들이든 만나왔습니다. 그러나 또 그런 식으로 약속해서 만나는 것이 정국에 따라서 원활하지 않을 수도 있기 때문에 아예 여·야·정 상설국정협의체를 합의하면서는 분기에 한 번씩 고정적으로 상황에 상관없이 열기로 합의했는데 그것이 지난 3월이었습니다. 그 약속이 지켜지지 않은 것입니다. 그래서 지금이라도 그 약속을 함께 국민께 지키는 모습을 보이자고 지금 제가 말씀을 드리고 있는 것이고요. 어쨌든 노력을 하더라도 손바닥도 마주쳐야 손뼉 소리가 나는 것이기 때문에 저의 제안에 대해서 야당들 측에서 성의 있는 대답이 있기를 바랍니다."

－야당 입장에서 보면 여러 현안들이, 야당이라고 하면 특히 제1야

당 이야기를 안 할 수가 없는데 자유한국당 입장에서 보면 청와대가 주도해서 여당이 끌어가는 것으로 해서 야당의 의견을 전혀 반영하지 않고 정국을 끌어가고 있다, 이런 판단을 하고 있는 것이고 그렇기 때문에 지금 대통령께 '독재자'라고 이야기를 하는 것 아니겠습니까? 그 '독재자' 들으셨을 때 어떤 느낌이셨습니까?

"우선은 패스트트랙이라는 성격이 말하자면 다수의석을 가진 측에서 독주하지 못하도록 하면서 야당은 또 물리적인 저지를 하지 않기로 하고, 그리고 그 해법으로 패스트트랙이라는 해법을 마련한 것입니다. 그래서 그 해법을 선택한 것을 가지고 독재라고 하는 것은 정말 조금 맞지 않는 이야기라는 말씀을 드리고요. 그야말로 그동안 '국회선진화법'의 혜택을 많이 누려왔는데 '국회선진화법'이 정해놓은 방법을 부정해서는 안 되는 것이죠. 게다가 정말 촛불민심에 의해서 탄생한 정부가 지금 말하자면 독재, 그것도 그냥 독재라고 하면 또 설득력이 떨어질 수 있으니까 색깔론을 더해서 좌파독재, 이런 식으로 규정짓고 추정한다는 것은 참…… 뭐라고 말씀드려야 될지 모르겠습니다."

– 그렇게 부르지만 만나셔야 될 상대라고는 생각하시죠?

"일단 그렇게 극단의 표현을 쓰기는 했지만, 그러나 그것도 다 하나의 정치적인 행위라고 본다면 여야 간의 정치적 대립은 늘상 있어온 것이고 그리고 또 이제는 한 페이지를 넘기고 다시 새로운 대화를 통해서 새로운 해법을 찾아 나가야 된다고 보는 것이죠."

– 저희가 지금 대야 관계, 협치 문제를 이야기를 드리고 있어서 이 질문을 안 드릴 수 없을 것 같습니다. 얼마 전 원로들 만나셨을 때 이렇

게 알려졌습니다. 선 적폐청산 후 협치. 이런 취지의 말씀을 하신 것으로 전달이 됐는데 전달이 잘못된 겁니까? 아니면 아직까지도 적폐청산이 부족한 상태이기 때문에 이게 먼저 정리가 되어야지 그다음에 또 다른 관계설정이 가능하다, 이렇게 판단하신 겁니까?

"우선은 그렇게 말한 사실이 없고요. 그 회동의 오간 대화에 대해서는 그냥 대변인이 잘 정리해서 발표했기 때문에, 제가 KBS 보도를 보지는 못했습니다만 제가 본 모든 보도들은 제 발언 내용을 있는 그대로 전달했습니다."

- 그 취지를 한 번 설명해 주시겠어요?

"그런데 헤드라인이나 자막을 그런 식으로 뽑은 겁니다. 그리고 난 이후에는 그 자막, 헤드라인을 근거로 이런저런 비판을 하는 황당한 일이 벌어지고 있는데요. 제가 말씀드린 취지는 원로들의 말씀이 아니라 지금 우리 사회의 일각에서는 이제 적폐수사는 그만 끝내고 이제는 협치·통합 이런 길로 나아가자는 말씀들이 있기 때문에 그에 대한 제 견해를 말씀드린 것인데. 우선은 적폐수사나 재판은 우리 정부가 시작한 것이 아니고, 앞의 정부에서 이미 시작됐던 일이고 우리 정부는 기획하거나 관여하지 않고 있다. 살아서 움직이는 수사를 정부가 통제할 수도 없고 또 통제해서는 안 된다는 것이 제 생각이다. 그리고 개인적인 생각을 이야기하자면 국정농단이나 사법농단은 그게 사실이라면 그것은 대단히 심각한 반헌법적인 일이고 헌법 파괴적인 일이기 때문에 그 일에 대해서 타협하기는 어려운 일이다. 그래서 그것이 사실 여부를 빨리 규명하고 그다음에 청산하면서 새로운 시도로 나아가자는 이 기본적인 방향에 대해서 서로 간에 공감들이 있다면 협치나 이런 것이 수월할 텐데 지금 사법농단이나 국정농단을 바라보는 시각 자체, 그것을 보는 기본입장 자체가 다르기 때문에 협치에 어려움이 있는 것 같다, 이런 소회를 말씀드린 것이죠."

- 네, 그렇게 이해하도록 하겠습니다.

공수처와 수사권조정, "검찰이 보다 겸허한 자세 가져야"

- 패스트트랙 국면을 이야기하는 와중에 또 나올 수밖에 없는 의제가 공수처법하고 검경수사권 조정안에 대한 것일 겁니다. 지금 검경수사권 조정안에 대해서 문무일 검찰총장이 "민주주의에 반하는 부분이 있다"고 이야기했고요. 이 성격을 항명으로 봐야 되느냐, 아니면 일반적인 문제 제기 수준으로 이해할 수 있느냐. 일단 대통령께서는 어떻게 보고 계십니까? 작년 6월에 법무부장관, 행안부장관 합의를 했었죠?

"합의한 거죠. 그래서 패스트트랙이라는 것이 법안이 통과된 것이 아닙니다. 법안을 상정시키는 것입니다. 앞으로 상임위원회에서 논의하게 되고 또 국회 본회의에서 논의하게 되기 때문에 그것이 통과되기 위해서는 국회에서 또 두루 여론을 수렴하는 그런 절차를 아마 거칠 것이라고 봅니다. 그래서 검찰도 법률전문집단이고 수사 기구이기 때문에 충분히 자신들의 의견을 밝힐 수 있도록 생각합니다."

- 밝힐 수 있는 방식이 그렇게 공개적인……

"저는 그런 차원에서 이해하고 있지만 제가 분명하게 검찰에서 말씀드리고 싶은 것은 공수처 법안도 그렇고 수사권 조정도 그렇고 지금까지 검찰이 말하자면 사정기구로서 본연의 역할을 다하지 못했기 때문에 개혁의 방안으로서 논의가 되는 것입니다. 검찰 스스로 개혁을 할 수 있는 많은 기회들을 지금까지 놓쳐왔습니다. 그래서 검찰이 그런 개혁의 당사자이고 이제는 셀프 개혁으로서는 안 된다는 것이 국민의 보편적인 생각이기 때문에 그런 방안들이 지금 마련되고 있는 것이어서 검찰이 보다 겸허한 자세를 가져야 한다고 생각합니다."

- 알겠습니다. 검경수사권 조정, 공수처법 이야기가 나온 김에 조국 민정수석 이야기를 여쭤보고 싶습니다. 두 가지 사법개혁안이 어쨌든 국회의 패스트트랙 절차에 들어가게 됐고 그것이 의미하는 것은 이제 입법절차로 넘어갔다는 것입니다. 그 와중에 어떤 정부 부처가 의견 개진을 할 수 있겠지만 그것은 정해진 과정에 따르면 될 테고요. 그렇다고 한다면 조국 수석의, 민정수석으로서의 소임은 일정 부분 정리가 된 것으로 저희가 이해를 해도 될까요?

"조국 수석이 혹시 정치에 나갈 것이냐 이런 거취를 물은 것이라면……."

- 네, 그런 여론도 많습니다.

"저는 조국 수석에게 무슨 정치를 권유하거나 할 생각은 전혀 없습니다. 그 여부는 전적으로 본인이 판단할 문제이고요. 민정수석의 지금 가장 중요한 우리 정부에서의 책무가 인사 검증뿐만 아니라 권력기관들에 대한 개혁, 이것이 가장 중요한 임무 중의 하나죠. 지금 정부 차원에서 할 수 있는 개혁들은 거의 상당히 다 했다고 생각합니다. 이제 법제화하는 과정이 남아있는데 그런 작업까지 성공적으로 마쳐주기를 저는 바라고 있습니다."

- 법제화까지라고 한다면 조금 더 청와대 생활을 하셔야 된다는 말씀으로 읽히네요.

"일단 아직은 패스트트랙에 올라가긴 했지만 상임위의 논의도 남아 있고 많은 절차들이 남아있을 뿐만 아니라 그 방안도 지금 확정된 것이 아니죠. 예를 들면 지난번 법무부장관과 행안부장관 사이에 공수처 조정 에 대해서 서로 간 합의가 이루어졌는데 이번 패스트트랙에 합의를 하 기 위해서 거기에 일부 더해지거나 수정된 부분도 있었습니다. 특히 그 가운데 검찰의 피의자 심문조서에 대한 증거능력을 인정하지 않는다거 나 이런 부분들은 사실 검찰로서는 우려를 표현할 만한 것이라고 나는 생각합니다."

- 반면에 수사받는 국민 입장에서는 한결 수월해진 것이라고 볼 수도 있고 경찰 입장에서도 충분히 지금까지 가능한 논거라고 제기되었 던 부분 아닌가요?

"공판중심주의를 강화한다는 측면에서는 필요한 것이긴 하지만 지 금 우리의 사법체제가 그 단계까지 충분히 준비되어 있느냐는 부분들은 더 논의가 필요한 것이죠. 그에 대해서는 법원 측의 의견도 들어볼 필요 가 있다고 생각하고요. 어쨌든 조금 다양한 의견수렴은 필요하다고 생각 합니다."

인사 검증, "검증 단계 제도화 등 국민 눈높이에 맞도록 노력 중"

- 조금 전에 조국 민정수석 말씀하시면서 인사 검증 문제를 꺼내

셨습니다. 그 질문을 안 드릴 수 없을 것 같습니다. 지금까지 청와대의 인사 검증, 인사와 검증 양쪽 다 만족스러우십니까? 국민께서는 상당히 낮은 점수를 주고 있는 분야이기도 합니다.

"우선 인사 실패다, 또는 더 심하게는 인사 참사라고까지 표현하는 부분은 저는 동의하지 않습니다. 그 이유는 지금 이낙연 총리를 비롯해서 장관님들, 잘하고 있지 않습니까? 지금까지 문재인 정부가 어느 정도 해 왔다면 그것은 대통령이 혼자서 잘한 것이 아니라 말하자면 내각이 잘해준 것이라고 생각합니다. 임명된 장관들이 의무를 제대로 못한다면 그것이야말로 인사 실패인 것인데 잘하고 있다면 인사 실패일 수가 없는 것이죠. 심지어 인사청문 보고서가 채택되지 않은 채 임명된 장관님들도 굉장히 좋은 평을 받는 분들이 많습니다. 그러면 청와대의 추천이 문제입니까, 안 그러면 인사청문회가 문제입니까? 지금 인사 실패라고 부르는 부분들은 청와대의 검증에 있어서 국민의 눈높이에 맞지 않는 부분들이 때로 있었다는 지적인 것 같고 그 점은 저도 겸허하게 인정합니다. 그래서 보다 검증을 더 강화해야겠다는 다짐을 하고 있고 여러 가지 노력을 하고 있다는 말씀을 드리겠습니다."

- 그러니까 예를 들어서 임명은 됐지만 이미선 헌법재판관 같은 경우는 35억 주식투자 논란이 됐었고, 국토부장관 후보자의 경우에는 국토부장관이 다주택 하지 말라고 하면서 본인이 다주택 했던 것, 이런 것들이 인사청문과정에서 드러났고 거기서 국민께서는 어떤 기준이 맞는 거냐, 검증이 잘못된 거냐, 기준이 잘못됐던 것이냐, 아니면 청와대의 판단이 잘못됐던 것이냐, 이것을 물었던 것이었다고 보입니다.

"이렇게 봐주시면 저는 좋겠습니다. 청와대의 검증부터 청문회까지 전체가 하나의 검증의 과정인 것이죠. 청와대의 검증이 완결적일 수 없습니다. 소수의 인원이 짧은 기간에 공적 자료에 의존해서 하는 검증이 완벽할 수 있겠습니까? 그러니 청와대의 추천이 있으면 그 뒤에 언론이 검증하는 것이고, 또 인사청문을 통해서 검증하는 것이죠. 전체의 과정을 통해서 검증되는 것을 보고 인사권자인 대통령이 최종 판단해서 임명하거나 하지 않거나 이렇게 하게 되는 것이기 때문에 청와대의 검증에서 밝혀내지 못한 부분이 있었다거나 또는 국민의 눈높이에 맞지 않는 부분이 있었다 해서 그 자체로서 그냥 검증의 실패다, 책임져야 된다, 이렇게 말할 수는 없다는 것이죠. 다만 우리가 국민의 눈높이에 조금 더 맞는 검증을 할 수 있도록 계속해서 노력해 나가겠다는 것이고요."

"또 하나 말씀드리고 싶은 것은 청와대가 그런 흠결이 있음에도 불구하고 발탁하려고 하는 것은 한편으로는 그분의 실력이나 능력을 평가해서 발탁하고 싶은 생각이 있기 때문입니다."

– 그런데 그 부분은 제대로 설명이 되지 않았습니다.

"그래서 흠결과 이분의 능력과 실력을 함께 계량해서 적절한 분인지 아닌지를 판단해야 되는데 지금 인사청문회 과정은 너무 정쟁으로, 흠결만 가지고 정쟁을 벌이기 때문에 정말 아주 능력 있는 분들조차, 또 그런 분들 가운데에서 별로 흠결이 없는 분들조차도 우선 청문회라는 자리에 서기가 싫어서, 또는 가족들이 반대하기 때문에, 가족들까지 도마 위에 오르는 것이 싫기 때문에 고사를 하는 실정이거든요. 그래서 지금처럼 계속 청문회가 정쟁의 장처럼 이렇게 운영된다면 이것은 좋은 인사를 발탁하는 과정이 아니라 오히려 좋은 인사의 발탁을 막는 과정이 될 거라는 우려를 가지고 있습니다."

─ 그러면 지금 한번 제도개선을 어떻게 해야 될지도 고민해야 될 시점일 수도 있는데요. 민정수석 하시고 시민사회수석 하실 당시에 인사문제가 생겨서 현재의 장관 후보자에 대한 인사청문제도가 그 당시에 도입이 됐고요. 그래서 지금 한 십수 년 정도 우리 사회가 인사청문회 문화를 겪어온 셈입니다. 대통령께서 그렇게 판단하고 계신다면 예를 들어서 청와대가 갖고 있는 후보자에 대한 자료를 국회에도 제출하고, 조금 내밀한 자료까지. 그러고 나서 2단계로 나누어서 신상에 관한 것이라든지 이것은 비공개로 하고 나머지는 업무 역량이나 정책에 대한 부분이라든지 이런 것은 공개하는 식으로 예를 들어 제도를 조금 다듬어 보자……

"그런 생각이 있습니다."

─ 이런 제안을 먼저 내놓으시는 게 국민을 설득하는 절차일 텐데, 지금까지 청와대의 모습을 보면 뭐가 문제냐라는 식의 해명이 있었고 말씀을 그렇게 풀어주셨지만 이런 흠결에도 불구하고 왜 이 사람을 쓰려는지, 쓰고 싶은지에 대한 국민의 이해를 구하는 설명도 상당히 부족했다고 보입니다. 그렇기 때문에 유능한 게 맞는가, 솔직한 게 맞는가, 이런 비판을 받았던 게 아닐까 싶은데요. 이 부분에 대해서는 설명을 해주셔야 될 것 같습니다.

"아까 첫 번째 제도화 부분은 저희가 이미 제안하고 있습니다. 그게 미국식으로 인사청문 절차를 2단계로 나누어서 첫 번째는 도덕성 검증,

그 과정은 조금 비공개적으로 하고 그 대신에 청와대와 국회, 야당, 모든 정보를 서로 공유하는 것입니다. 그 정보를 다 모아서 이분이 공직자로서 말하자면 자격이 있냐, 없냐를 먼저 판단하고 그것에서 통과되고 나면 그 뒤에는 능력이나 정책역량을 가지고 검증하는, 그것은 공개적으로 하는 것이죠. 그렇게 하는 것이 바람직하다고 생각하고 있고 그렇게 지금 제안하고 있습니다. 그렇게 된다면 청와대가 가지고 있는 모든 자료들, 우리도 제출할 뿐만 아니라 또 반대로 야당의 그런 검증자료들도 저희가 함께 보고 판단하고 할 수가 있을 테죠. 청와대가 후보자를 발표하면서 이분에게 이러이러한 흠결이 있지만, 그러나 이러이러한 점을 높이 평가해서 우리가 발탁하고자 한다, 이렇게 사실 먼저 추천단계에서 국민께 밝혀드리고 싶습니다. 모든 후보자를 다 그렇게 할 필요는 없겠지만 적어도 문제가 될 법하다 싶은 분들에 대해서는 그렇게 하면 좋겠고. 사실 과거에 제가 민정수석을 할 때는 그렇게 한 적도 있었습니다. 저는 우리 인사팀들에게도 그렇게 요구하고 있는데, 초기에 그렇게 한번 했더니 방금 그렇게 균형 있게 이분에 흠결과 정책 능력을 비교해서 이렇게 보는 것이 아니라 오히려 본인의 흠결에 대해서 인사청문회에서 소명할 수 있는 그런 기회조차 주지 않고 논란을 오히려 더 앞당겨서 불러일으키고 거꾸로 청와대는 흠결에 대해서 물타기를 하는 것이라고 공격을 받고 아마 이런 일이 있었기 때문에 그 뒤에 그렇게 못하게 된 것 같은데, 그 점에 대해서는 나는 여전히 필요하다고 생각하고 앞으로도 그렇게 검토하고 또 한 번 시도해 보겠습니다."

경제 1 : "최저임금은 공약에 매일 필요 없어, 고용의 질은 높아지고 청년 실업률은 감소"

- 국민들의 말씀 들어보니 어떠세요? 경제문제가 아무래도 좀 많았던 것 같습니다. 그래서 지금은 경제문제에 대해서 몇 가지 좀 질문을 드리도록 하겠습니다. 우선 최저임금 인상 이야기부터 드려볼까 합니다. 대통령께서 실행해 오신 경제정책에 사람들이 많이 기억에 남는 단어를 꼽으라고 한다면 소득주도성장, 이게 아닐까 싶습니다. 최저임금 인상이 소득주도성장의 단 하나의 정책은 아닙니다. 그런데 최저임금 인상을 하는 과정에서 생긴 논란 때문에 소득주도성장 자체에 논란이 좀 생겨버린 국면이 됐습니다. 이 과정을 조금 더 다듬어갔으면 하는 후회는 지금 없으신지 먼저 여쭙겠습니다.

"그렇습니다. 아쉬움이 많죠. 우선은 이 점은 꼭 말씀드려야 될 것 같습니다. 최저임금 인상을 통해서 적어도 고용시장 안에 들어와 있는 분들, 고용된 노동자들의 급여라든지 이런 부분은 굉장히 좋아졌습니다. 저소득노동자 비중이 역대 최고로 낮아졌고요. 1분위 노동자와 5분위 노동자 사이의 임금격차도 역대 최저로 줄어들었고 임금노동자 가구의 소득이 크게 높아졌고, 또 한편으로 지난 3월에는 고용보험 가입자 수가 52만 명 늘어나서 고용안전망 속에 들어온 노동자 수도 굉장히 들었습니다. 당연히 상용직도 많이 늘었고요. 그래서 고용시장 안에서의 긍정적인 효과는 뚜렷한데 반면에 고용시장 바깥에 있는 자영업자들의 삶이라든지 또는 가장 아래층에 있던 노동자들이 오히려 고용시장에서 밀려나게 되어서 더 어려움을 겪게 됐다든지 이런 부분들을 함께 해결하지 못한 것이 참으로 가슴이 아픕니다. 참 어려운 일은 이런 분들의 어려움을 해소해 줄 수 있는, 예를 들면 자영업자 대책들 이런 부분들. 그다음에 사회안전망을 넓히는 이런 대책들이 최저임금 인상과 함께 동시에 병행해서 시행됐다면 그런 어려움을 좀 덜어드릴 수 있었을 텐데 최저임금 인상은 정부에 의해서 먼저 시행이 되고 자영업자 대책이라든지 EITC 근로장려금 같은 이런 부분들은 국회 입법과정을 거쳐야 되기 때문에 이 시차가 생기게 되는 이런 부분들이 참으로 어려운 점이기도 하고 그다음에 또 당사자에게는 참으로 정부로서는 송구스러운 점이라는 말씀을 드리고 싶습니다."

— 지금 어떤 부작용이 있는지도 파악을 하고 계시고 이래서 최저임금 인상의 속도 조절에는 동의하시는 것 같습니다. 만약에 국회 처리가 되지 않는다면 현행 제도로 내년도 최저임금 인상 폭은 결정이 될 텐데 2년간 두 자릿수 인상이었어요. 내년까지 두 자릿수 인상은 좀 무리라고 좀 판단을 하시죠?

"이건 참…… 답변 자체가 조심스러운데요."

— 물론 대통령께서 결정권한이 있는 사안은 아니라는 것은 이해를 하고 있습니다.

"우선 그렇지만…… 지난번 대선과정에 저를 비롯한 여러 후보들의 2020년까지 최저임금 1만으로 인상하겠다는 공약, 이런 것이 그런 최저임금위원회의 결정에 영향을 미쳤다고 생각을 합니다. 그래서 그 점에 대해서는 대통령도 함께 책임을 져야 하는 것이라고 보고요. 일단 결정권한이 정부, 대통령에 있는 것이 아니고 최저임금위원회에서 독립적으로 그렇게 결정하게 되어있는 것이어서 대통령이 무슨 가이드라인을 제시하기는 어렵다고 생각합니다. 그러나 분명한 것은 그때 공약이 2020년까지 1만 원이었다고 해서 그 공약에 얽매여서 무조건 그 속도대로 인상되어야 한다, 그런 것은 아니라고 생각합니다. 우리 사회, 우리 경제가 어느 정도 수용할 수 있는지 그 적정선을 찾아서 결정할 필요가 있는 것이죠. 올해 최저임금은 작년 최저임금 인상에 비해서 이미 속도조절이 됐다고 생각합니다. 그렇다 하더라도 2년여에 걸쳐서 최저임금이 꽤 가파르게 인상이 되었고 그것이 또 긍정적인 작용이 많은 반면에 또 한편으로 부담을 주는 그런 부분들도 적지 않다고 이렇게 판단한다면 최저임금인상위원회가 그런 점을 감안해서 말하자면 우리 사회가, 우리 경제가 수용할 수 있는 적정선으로 판단하지 않을까, 그렇게 기대를 하고 있습니다."

  - 2020년 1만 원 공약에 얽매이지 않고 사회가 수용할 수 있는 선에서 정해질 것이다? 네.

  "네. 그래서 그러기 위한 법 제도로서 최저임금 결정의, 제도의 이원화, 두 단계를 거쳐 결정하도록 법 개정안을 낸 것인데 그것이 국회에서 처리가 되지 않아 아쉽습니다만 현행 제도로 가더라도 최저임금인상위원회가 그런 취지를 충분히 존중하지 않을까, 그렇게 기대를 합니다."

  - 어떤 입장을 갖고 계신지는 충분히 설명이 됐을 것 같습니다. 좀 전에 잠깐 설명을 드렸지만 최저임금 인상 논란 때문에 소득주도성장이 불필요한 논란이라고 표현해야 될까요? 하여튼 굉장히 논란에 휩싸인 정책이 되어버렸었는데 요즘은 좀 이 용어를 덜 쓰시는 것 같습니다.

"지금…… 아까 이야기했다시피 고용의 질은 좋아진 것이 분명합니다. 그러나 고용량의 증가에 있어서 과거보다 못해졌기 때문에 그 못해진 이유 속에는 여러 가지 구조적인 문제도 많이 있지만 최저임금 인상의 효과도 있다고 지금 이야기들이 되는 것이죠. 물론 어느 정도 영향을 미쳤느냐는 그쪽에 대해서는 서로 평가가 다릅니다만 그러나 이 부분들은 또 시간이 조금 더 필요한 부분이기도 합니다. 당장은 작년 1년간 보면 고용의 증가가 현저하게 둔화가 되어서 고용증가 수가 10만 명 밑으로 떨어졌는데 금년 2월, 3월 두 달 동안은 다시 25만 명 수준으로 그렇게 다시 좀 높아졌고 정부는 그 추세가 지속될 것으로 보고 있습니다. 그래서 원 당초 경제계획 상으로는 올해 고용증가를 15만 명 정도로 잡았었는데 지금은 20만 명 정도로 상향하는 그런 식의 기대를 하고 있고요. 특히 추경까지 이렇게 통과가 된다면 그 목표 달성에 더 용이해지리라고 보고 있습니다. 최저임금의 인상으로 인해서 생기는 여러 가지 부작용의 문제조차도 사실은 좀 더 긴 시간을 두고 판단해 볼 필요가 있는 것인데, 당장 어려움을 겪고 있는 분들이 많이 있기 때문에 그 해결에 우리가 좀 더 많은 노력을 집중해야 된다고 보는 것입니다."

- 자연스럽게 일자리 수치까지 이야기하셨습니다. 집무실에 여전히 일자리 상황판이라고 해야 되나요, 그게 아직 있으신가요?

"네, 지금도 있고요."

- 오늘 보셨습니까?

"네. 대체로 월별단위로 발표가 되기 때문에 매달 수정이 되는데요. 고용상황들은 지난 3월분까지만 발표가 됐기 때문에 지금 3월 말 현재 상황들이 지금 일자리 상황판에 있습니다. 수출은 4월까지 표현되고 있고요."

— 상황판을 자세히 설명해 주실 필요는 없을 것 같고요.

"어쨌든 요즘은 조금 낫습니다. 왜냐면 2월, 3월에 고용사정이 조금 더 좋아졌기 때문에 지금은 일자리 상황판에서 좋은 지표들은 대체로 올라가고 나쁜 지표들은 대체로 떨어진 그런 상황을 볼 수가 있죠."

— 두어 달 일자리 수는 괜찮아졌다, 이렇게 이야기를 하셨는데 보면 고용의 질이 문제가 생기게 되는 부분이 있습니다. 저희가 한번 봤더니 일자리가 생기기는 했는데 이 중 상당수가 초단기 일자리. 그래서 주 15시간도 안 되는. 예를 들어서 보험의 사각지대에 놓여 있는 초단기 일자리가 상당 부분을 차지하고 있더라, 이런 수치가 있더라고요.

"맞습니다. 그 사실은 맞는데 그런 초단기 일자리는 대체로 노인일자리에 많이 해당합니다. 지금 아시다시피 고령화가 급격하게 진행되고 있어서 우리가 65세 이상 인구가 14%가 넘는 고령사회를 이미 2017년에 통과를 했고 2025년이면 20%가 넘는 초고령사회가 될 것으로 예상이 되거든요. 65세 이상 되는 어르신들에게는 정규직의 좋은 일자리가 불가능하죠."

— 그러니까 지속가능한 일자리가 안 되는 것이고.

"이런 분들에게는 짧은 시간의 일자리라도 마련해 드리는 것이 그나마 필요한 일이고, 그렇지 않으면 그분들은 온전히 복지의 대상으로 떨어질 수밖에 없는 것이거든요. 그래서 그분 어르신들을 위한 그런 일자리는 말하자면 나쁜 일자리라도 일자리가 없는 것보다는 낫기 때문에 그런 노력을 계속해 나가야 된다고 생각합니다."

- 그런데 그 부분이 있을 것 같습니다. 말씀하신 대로 그런 분들께는 나쁜 일자리라도 있는 게 나을 수는 있습니다만 그러기 위해서 투입되는 재정의 부담을 생각하지 않을 수 없는 것 아닙니까?

"어르신들의 공공근로 일자리는 쭉 과거 정부부터 해 왔던 것입니다. 이것은 어찌 보면 일자리를 통한 복지의 성격을 가지고 있는 것이거든요. 지금 고령인구가 크게 늘고 있기 때문에 일자리 수를 더 늘리고 과거에 급여가 너무 낮았기 때문에 그 급여를 2배 높여서 실제로 어르신들의 빈곤 해결에 도움이 되도록 정부가 노력하고 있는 것입니다. 더해서 말씀드리자면 노인빈곤율도 꽤 개선되고 있다는 말씀을 드립니다."

- 지금 일자리를 노인일자리에 집중해서 이야기가 흘러가고 있는데, 사실 지금 제일 문제는 청년일자리 아닙니까? 지속가능한 일자리가 청년에게 계속 공급되는 것이 가장 중요할 텐데 이런 일자리는 어디에서 만들어야 되는 건가요? 일단 공공부문에서 만들겠다, 81만 개 공약을 하신 것은 있습니다만……

"일단 지난 2월, 3월 청년들의 고용률 아주 높아졌고 청년들의 실업률도 아주 낮아졌다는 말씀을 드리고요. 특히 25세부터 29세 사이는 굉장히 인구가 늘었음에도 불구하고 고용상황이 아주 좋아졌다는 말씀을 드립니다. 물론 완전히 다 해결된 것은 아니죠. 좋은 일자리를 늘리려면 여러 가지 방향이 있다고 생각합니다. 하나로서 다 해결할 수 있는 만능의 카드는 없죠."

"첫째, 우리가 제조업에 강점이 있지 않습니까? 제조업 강국인데 그동안 조선이나 자동차 같은 주력 제조업이 세계경기 둔화 속에서 부진을 겪었습니다. 제조업을 혁신해서 고도화함으로써 경쟁력을 높여서 일자리를 늘리는 방향이 하나 있을 테고요. 그다음에 또 새로운 신산업들을 빨리 성장시켜서 좋은 일자리를 만들어야겠고. 또 요즘 하는 벤처 창업들을 크게 늘리고 지원할 필요가 있겠습니다. 또 한편으로는 아까 말씀하신 그런 공공일자리 부분도 아까는 어르신들 일자리만 이야기했지만 소방관이나 경찰들은 아직까지 수가 부족합니다. 또한 사회서비스 일자리는 아직도 많이 부족한 실정이죠. 그래서 그런 것을 통해서도 일자리를 더 늘려나갈 필요가 있다고 봅니다."

경제 2 : 양극화 해결 중요, 일부 재벌 수사는 "수사는 수사, 경제는 경제"

 - 일자리 이야기는 그렇고요. 경제성장률이 지난달에 -0.3이었습니다. 경제, 괜찮은 건가요?

"걱정되는 대목입니다. 그게 앞의 분기에 비해서 -0.3, 마이너스 성장을 이루었고 작년에 비하자면 1.8% 성장에 해당하는 것이거든요. 우리의 목표는 적어도 2.5~2.6% 이런 이상의 성장이기 때문에……"

 - 아직까지 낮추지는 않고 있습니다.

"앞으로 더 만회를 해나가야 되는 건데, 다행스럽게도 그 분기의 마지막인 3월에는 저성장의 원인이었던 수출 부진, 투자 부진 이런 부분들이 서서히 회복되고 있고 좋아지는 추세입니다. 정부나 한국은행에서는 2/4분기부터는 상황들이 좋아져서 하반기에는 잠재성장률에 해당하는 2% 중·후반 수준을 회복할 것이다, 그렇게 지금 전망하고 있고 기대를 하고 있습니다."

 - 그런데 다른 기관들, 해외기관들이 전망치를 낮추는 경우가 있고요. 이 이야기를 한번 드리고 싶습니다. 지난 2년 동안 대통령 행보 중에 인상 깊었던 한 장면을 꼽으라면 5·18민주화운동 기념식장에서 유족을 위로해 주신 장면이 하나 있을 것 같습니다. 그때 사람들이 같이 눈물을 흘렸던 것은 대통령에게서 공감을 읽었기 때문이라고 저는 생각을 합니다. 그런데 경제가 심리여서 그런지는 모르겠습니다만, 이 수치는 괜찮고 괜찮아질 것이라고 말씀을 해 주셨습니다만 이런 것들이 실생활에서 어려움을 겪고 있는 국민에게는 와 닿지가 않습니다. 그래서 우리는 답답한데 왜 대통령께서는 괜찮다고 할까, 이런 인식의 괴리 문제로 요즘 많이 이야기하시거든요.

"그 말씀은 충분히 이해할 수 있는데요. 그러나 우리가 분명하게 인정해야 할 것은 우리가 거시적으로 볼 때 한국경제가 크게 성공을 거두었다는 것입니다. 지난번 원로들과의 대화 때도 이홍구 전 총리께서 '지금 우리가 우리 앞에서 벌어지고 있는 일들은 과거 한 70년간 우리가 크게 성공해 왔기 때문에 생긴 일들이다' 그런 말씀을 하셨는데요. 작년에 우리가 소득 3만 달러가 넘어서면서 세계에서 일곱 번째로 30-50클럽, 3만 달러 이상, 인구 5,000만 명 이상 그 클럽에 우리가 가입하게 되었습니다. 그런 나라들. 그다음에 G20 국가들이나 OECD 국가들 가운데에서 한국은 상당한 고성장입니다. 30-50클럽 가운데에서는 이례적으로 경제가 좋았던, 미국 다음으로 한국이 가장 높았고요. 지금도 그런 추세가 계속되고 있습니다. 그래서 거시적인 경제 성공은 우리가 인정하고 자부심을 가져야 한다고 생각합니다. 다만 그것이 국민에게 고르게 다 소득배분이 되지 않고 있기 때문에 아직도 양극화가 심각하고 특히 소득이 낮은 층의 소득이 늘지 않고 있기 때문에 그분들의 삶의 문제를 해결하지 못하고 있다. 그리고 고용의 증가가 많이 주춤해졌다, 그래서 일자리를 더 늘려야 된다, 이런 부분에 대해서는 정부도 똑같은 인식을 하고 있고 똑같은 아픔을 느끼고 있는 것입니다."

- 일자리도 그렇고 투자 활성화도 그렇고 경제가 활력을 찾기 위해서도 정부는 노력을 해야 되지만 사실 한 축은 기업입니다. 요즘 기업을 많이 방문하시는 모습들을 제가 언론에서 봤습니다. 가장 직전이죠. 최근에 삼성전자를 방문하셨고 이재용 부회장을 만났습니다. 어떤 질의를 드릴 것인지 아마 좀 예측도 하실 수 있을 것 같은데, 대법원 판결을 앞두고 이재용 부회장을 만난 것에 대해서 조금 부담은 없으셨습니까?

"일단 삼성이 시스템반도체 분야에 133조 원을 투자하겠다는 그 현장을 방문한 것입니다. 저는 그렇게 투자를 늘리고 일자리를 만들고 경제에 도움이 되는 일이라면 대기업이든 중소기업이든 또는 벤처기업이든 누구든 만날 수 있고 방문할 수 있다고 생각합니다. 그러면서 제가 예상을 했습니다. 두 가지 비판이 있겠다. 하나는 재벌성장으로 회귀하는 것 아니냐. 두 번째로는 재판 앞두고 있는데 뭐 그런 것 아니냐. 그런데 저는 그렇게 이분법적으로 보는 그런 사고들에서 벗어나야 한다고 생각합니다. 대통령이 재벌을 만나면 친재벌이 되고 노동자 만나면 친노동자 되겠습니까? 그날 방문을 앞두고 오전에 국무회의에서는 대기업 오너들이 회사에 대해서 횡령이나 배임 등 범죄를 저지르고도 계속해서 경영권을 가지는 것을 앞으로 못하도록 횡령, 배임에서 유죄판결을 받으면 임원 자격을 가지지 못하도록 시행령을 개정했거든요. 그러면 그것이 반재벌이겠습니까? 그래서 그런 것은 상투적인 비판이라고 생각하고요. 그다음에 재판을 앞두고 있는데 봐주기 아니냐라는 것은 저는 우리 사법권의 독립성에 대해서 훼손하는 그런 말씀이 아닐까 생각합니다."

- 재판과 경제는…….

"재판은 재판, 경영은 경영, 경제는 경제, 그런 것이죠."

- 우리가 사법권이 어떻게 훼손되는지 과거를 봤기 때문에 국민도 그런 시선을 더 가질 수도 있었겠다는 생각도 듭니다.

"그러나 지금은 만약의 그 논리라면 대통령과 가까운 사람들은 다 봐주게요? 그렇게 되지 않죠. 오히려 더 엄중하게 수사받고 재판받고 하는 것이 현실이지 않습니까?"

- 지금까지 해 오신 정책들에 대해서 좀 많이 여쭈어봐서 앞으로 펴실 정책도 질의는 드려야 될 것 같습니다. 어떤 점에 주안점을 두고 저희가 지켜봐야 될까요? 제조업도 부활시켜야 되고 4차 산업혁명 시대에 대비도 해야 되고 미래 먹거리도 또 발굴하셔야 되고.

"아까도 이야기했지만, 한국의 경제성장률은 결코 낮지 않습니다. 그러나 뭐가 우려되는 상황이냐 하면 잠재성장률이 점점 낮아지고 있는데, 여기까지 왔는데 기존의 메모리반도체 분야 이후로는 새로운 신성장동력 같은 것들이 마련되지 않고 있다는 것입니다. 그래서 새로운 산업을 통한 새로운 성장동력을 마련하는 것이 시급하다고 보는 것이고요. 그것이 우리가 말하는 혁신성장이라는 것인데, 우선 아시다시피 가장 시급하게 중심적인 역량을 쏟아부은 부분은 시스템반도체 분야, 바이오헬스 분야, 미래자동차 분야, 이런 부분들을 중점적으로 육성하려고 하고, 또 한편으로는 기존 제조업의 혁신을 통해서 다시 제조업 강국의 위상을 굳건하게 하려는 것입니다. 또 한편으로는 제2의 벤처붐, 지금 이미 작년에 벤처 창업기업 수도, 벤처 투자액도 역대 최고를 기록했습니다. 이런 벤처붐을 더 크게 일으켜서 그것을 통해서도 새로운 성장동력을 찾고 한편으로는 또 더 좋은 일자리들을 많이 만들어내려고 그렇게 노력을 하고 있습니다."

— 미래 먹거리 몇 가지를 이야기하셨는데 수소차, 시스템반도체, 바이오산업 이런 것들이 어찌 보면 다 대기업이 주도할 수밖에 없는 영역 아닌가요?

"반드시 그렇지 않습니다. 시스템반도체 가운데에서 지난번에 삼성이 투자하기로 했던 파운드리(foundry) 반도체 부분은 다른 기업이 설계한 반도체를 주문받아서 생산하는 것이기 때문에 대규모 생산설비가 필요합니다. 그런 분야는 대기업이 잘할 수 있겠지만 설계를 하는 팹리스(fabless) 분야는 생산설비가 필요 없기 때문에 오히려 중소기업들에 적합한 업종이거든요. 그런 점들이 필요하고. 바이오헬스 분야도 오히려 중소기업들이 약진하고 있는 분야죠. 특히 코스닥상장 업체들을 비롯한 그쪽을 통해서 수출도 많이 늘고 있는데요. 그래서 중소기업들에게 오히려 적합한 분야라는 말씀을 드리고. 미래형 자동차도 우리가 대기업 자동차 회사들만 생각을 하는데 실제로 경차 전기차 그다음에 상용차 전기차 이런 부분들은 중소기업들이 오히려 많이 하고 있습니다."

- 짧게 이것 한 가지 여쭤봐야 될 것 같습니다. 노동현안도 사실 많기는 한데 주 52시간 시행과 맞물려서 지금 버스노조가 총파업 찬반투표를 실시하고 있고요. 이 사안도 보면 52시간 문제가 제대로 관리되지 못하면 불필요한 논란을 키울 수 있는 사안을 다분히 내포하고 있는 사안 같습니다. 어떤 대비책이 좀 있어야 될 것 같은데요.

"지금 52시간 노동제 같은 경우도 지금은 300인 이상 기업에 시행되고 있는데 작년 말까지 95% 정도가 다 시행에 들어가서 거의 안착이 되고 있습니다."

- 내년에는 50인 이상으로······.

"그 부분이 감당할 수 있을까 하는 걱정을 하는 것인데 그 부분에 대해서는 미리 대비책을 세워나가야겠고 충분한 계도기간 등을 줌으로써 해결할 수 있다고 생각합니다. 과거에 주 5일 근무제가 많은 걱정을 했지만 잘 안착이 된 것처럼 그렇게 될 것이라고 기대를 합니다. 이번 버스 파업 부분은 특례에서 버스도 제외되게 되어서 주 52시간을 준수하게끔 되어있는데 대부분의 지자체에서는 공영제 또는 준공영제를 통해서 이미 주 52시간이 다 이미 시행되고 있습니다. 다만 경기도의 시내버스의 경우에 주 52시간이 되지 않고 있었는데 주 52시간을 하려면 새로운 버스 기사의 채용이 필요하고 그러자면 요금인상도 필요하기 때문에 그 부분에서 진통을 겪고 있는 것이죠."

전직 대통령 사면, "가슴 아프지만 재판 중인 상황에서 답하기 어려워"

- 예정된 시간이 거의 다 됐습니다. 그래서 몇 가지는 짧게라도 더

여쭙고 싶은데요. 예민한 질문일 수 있습니다. 보수진영에서 박근혜 전 대통령 사면요구를 계속하고 있습니다. 물론 반대하는 목소리도 상당합니다. 그리고 대통령께서는 법률가이시기 때문에 법적 판단은 있으시리라고 봅니다. 아직 대법원판결 전이고 우리 대통령의 사면권을 제한적으로 쓰겠다고 이야기를 하셨고, 그렇지만 대통령으로서의 판단은 조금 다를 수도 있을 것 같아서 한번 여쭤보겠습니다.

"일단 박근혜 대통령과 이명박 대통령 두 분 전임 대통령들께서 지금 처해 있는 상황…… 한 분은 보석상태지만 여전히 재판을 받고 있는 상황이고 한 분은 수감 중에 있고 이런 상황에 대해서는 정말 가슴이 아픕니다. 아마 누구보다도 제 전임자분들이기 때문에 제가 가장 가슴도 아프고 부담도 크리라고 생각합니다. 그러나 답변은 아까 말씀하신 대로 아직 재판이 확정되지 않은 그런 상황이기 때문에 그런 상황 속에서 사면을 말하기는 어렵다, 그런 원칙적인 답을 드릴 수밖에 없겠습니다."

 - 대법원 판결 이후에 생각해 보시겠다, 이렇게…….

"어쨌든 재판이 확정되기 이전에 사면을 말하는 것 자체가 어려운 일이다……."

한일 관계, "새 천황 계기로 한일 관계 발전 희망, 과거사가 발목 잡는 일에는 유감"

 - 알겠습니다. 외교·안보 분야에서 질의를 드리고 싶었는데 못한 게 한일 관계 문제입니다. 아무래도 과거사 문제는 우리가 어떻게 현재에서 과거를 지울 수도 없는 문제이고 이 과거사 문제가 한일 관계에 족

쇄가 된 게 너무 오랜 시간입니다. 실질 협력 문제가 클 텐데 전혀 진도를 나가지 못하고 있는데요. 하나 계기가 생긴 게 일왕이 바뀐 계기가 있는데 이 때문일까요? 일본에서는 일왕 방한 추진 이야기도 언론에서 나온 것으로 알고 있습니다. 검토해 보신 사안이실까요?

"아닙니다. 어쨌든 일본 새 천황의 즉위를 계기로 한일 관계가 더 발전했으면 좋겠다는 희망을 가지고 있습니다. 저는 한일 관계가 굉장히 중요하다고 생각하고 앞으로 더 미래지향적으로 발전되어 나가야 한다고 생각합니다. 다만 어려움을 겪고 있는 것은 과거사 문제가 한 번씩 양국 관계 발전에 발목을 잡고 있는데 그것은 결코 한국 정부가 만들어내고 있는 문제가 아닙니다. 과거에 엄연히 존재했던 불행했던 과거 때문에 비록 한일기본협정이 체결되기는 했지만, 인권 의식들이 높아지고 또 국제규범이 더 높아지고 하면서 여전히 조금씩 상처들이 불거져 나오는 것인데 이 문제들로 인해서 미래지향적인 협력 관계가 손상되지 않도록 양국 정부가 잘 지혜를 모을 필요가 있는 것이죠. 그런데 일본 정치 지도자들이 자꾸 그 문제를 국내 정치적인 문제로 자꾸 다루기 때문에 과거사 문제가 미래지향적인 발전에 발목을 잡는 일이 거듭되고 있다고 생각합니다. 저는 양국이 함께 지혜를 모아나가기를 바랍니다."

- 다음 달 G20 계기에 한일정상회담은 혹시 준비가 들어간 상황일까요?

"그때 일본을 방문하게 될 텐데 그 계기에 일본의 아베 총리와 회담을 할 수 있다면 그것은 좋은 일이라고 생각합니다."

총선, "출마자들은 여유를 두고 의사 밝혀야"

- 내년 총선이 있어서 여쭙겠습니다. 총리를 포함해서 많은 분들, 일부 장관들이 상당히 장수하고 계시는 분들이 있으세요. 총선이 있으면 당에서 요구가 있을 수도 있을 테고 혹시 개각 시점을 생각하시는 게 있으실까요?

"특별히 개각 시기를 생각한 것은 없습니다. 다만 총리님을 비롯해서 장관들이 정치에 나선다면 그것은 전적으로 본인 의사에 달려있는 것이고. 대통령으로서 바라고 싶은 것은 선거에 나갈 생각이 있다면 선거 시기에 임박해서가 아니라 충분한 여유를 두고 의사를 밝히는 것이 바람직하겠다고 생각하고 있습니다. 그것은 선거에 대한 정부의 공정성 이런 부분이라는 면에서도 필요한 일이라고 봅니다. 뿐만 아니라 요즘 유권자들의 요구도 이제는 낙하산으로 공천받아서 내려오는 것이 아니라 지역에서 좀 더 지역주민들하고 밀착되기를 바라기 때문에 그것이 유권자들의 요구이기도 하다고 생각합니다."

"역사는 평범한 민중들이 이끌어, 공정과 평화경제 시대를 국민들이 느끼도록 최선을 다할 것"

- 80분 예정된 시간이 이미 좀 넘어섰습니다. 많은 질문을 드렸는데 오늘 충분히 답변을 하셨는지 모르겠습니다.

마지막 질문입니다. 며칠 전 외신에 평범한 국민이 위대함을 이루었다, 이런 취지의 기고문을 내신 것을 상당히 인상적으로 읽었습니다. 평범한 국민에게 앞으로 3년 후는 어떤 모습일 것이라고 마지막으로 말씀을 좀 해 주신다면 어떤 것인지 마지막 질문으로 여쭙겠습니다.

"우선은 요즘 히어로(Hero), 영웅 이런 것을 다룬 영화들이 인기를 끄는 것 같습니다. 역사를 봐도 영웅들이 역사를 바꾸어온 것처럼 이렇게 느껴지기도 하고요. 그러나 제가 말씀드리고 싶은 것은 결코 그렇지 않다는 것입니다. 우리 한국이 잘 증명하고 있습니다. 3·1독립운동, 지도자들이 이끌었던 것이 아니라 평범한 민중들이 이끌었거든요. 다음에 4·19혁명 그다음에 부마민주항쟁 또 5·18광주민주화운동, 6월항쟁 그리고 또 우리가 지난번에 촛불혁명조차도 전부 다 평범한 시민의 선한 의지가 모여서 이루어낸 것이지 않습니까? 그래서 그 평범한 시민의 선한 의지가 정권교체를 이루어냈고 그다음에 또 그 힘에 의해서 문재인 정부가 탄생한 것이기 때문에 앞으로도 임기 마칠 때까지 우리가 그 촛불정신을 지켜내는 데 온 힘을 다하겠다는 그런 말씀을 드리고요. 보다 구체적으로는 지금까지 우리 경제가 강자의 경제였다면 이제는 공정한 경제로, 그다음에 반칙과 특권이 난무하는 그런 시대였다면 이제는 역시 그런 것이 없는 공정한 사회로, 그다음에 또 양극화가 극심한 그런 사회에서 이제는 함께 잘 사는 그런 시대 경제로, 또 남북 관계도 대립과 전쟁의 시대에서 평화의 시대, 넘어서 협력의 시대로, 나아가서는 평화경제의 시대로 이렇게 발전시켜 나가겠다는 것이 저의 목표입니다. 물론 우리 정부가 그 모든 일을 다 이룰 수 있다고 생각하지는 않습니다. 그러나 확실히 임기가 마칠 때쯤이면 그런 시대가 우리에게 이미 왔다는 것을 국민이 피부로 느끼실 수 있도록 최선을 다하겠습니다."

— 오늘 대통령께서는 국민께 다가가는 시간이었고 또 국민께서는

대통령이 어떤 생각을 하고 계시는지를 좀 더 소상히 이해할 수 있는 그런 시간이었기를 바라봅니다. 긴 시간 감사합니다.

"감사합니다."

부처님 오신 날 봉축법요식 축사

| 2019-05-12 |

존경하는 대한불교조계종 종정 진제 큰스님, 한국불교종단협의회 장 원행스님과 대덕 스님, 전국의 불자 여러분,

불기 2563년 부처님 오신 날을 봉축 드립니다. 불자 여러분이 정성으로 밝힌 연등 덕분에 국민의 마음도 환해지는 듯합니다. 감사의 인사를 함께 전합니다.

올해는 3·1독립운동과 대한민국 임시정부 수립 100주년인 뜻깊은 해입니다. 자랑스러운 우리 독립운동 역사 속에는 불교계의 헌신과 희생이 녹아있습니다. 민족의 지도자셨던 한용운, 백용성 스님은 독립선언에 적극적으로 참여하셨고, 불교계 3·1운동을 주도적으로 이끌었습니다. 옥고를 치르는 와중에도 조선독립은 마땅하며, 만약 몸이 없어진대도 정신은 남아 독립운동을 이어나갈 것이라며 민족의 자부심을 세워주셨습니다.

법정사, 범어사, 해인사, 통도사, 동화사, 대흥사, 화엄사, 김룡사 등 전국의 주요 사찰은 각 지역으로 독립운동을 확산시키는 전진기지였습니다. 스님들은 마을 주민들에게 독립선언서와 태극기를 배포했고, 거리와 장터에는 조국 광복을 염원하는 불자들의 참여가 이어졌습니다. 임시정부의 국내 특파원으로 활동하거나, 군자금을 모아 임시정부를 돕기도 했습니다. 나라가 위기에 처할 때마다 자비와 평등을 실천하며 국민에게 큰 힘이 되어준 불교계에 깊이 감사드립니다.

불교의 정신과 문화는 국민의 삶을 향기롭고 풍성하게 만들고 있습니다. 작년에는 한국의 산사 일곱 곳이 유네스코 세계문화유산으로 등재되어, 세계적으로 가치를 인정받았습니다. 이제 국민들은 불자가 아니더라도, 번잡한 일상을 벗어나 고즈넉한 산사를 찾으며 마음을 맑게 닦습니다. 스님의 법문을 들으며 자신과 이웃의 인연을 깨닫고, 모두를 차별 없이 존중하고 배려하는 자비심을 배웁니다.

특히, 불교의 화합 정신은 지금도 우리에게 큰 울림을 줍니다. 대립과 논쟁을 인정하고 포용하는 '화쟁사상'과 서로 다른 생각을 가져도 화합하고 소통하는 '원융회통' 정신이 어느 때보다 필요한 요즘입니다. 민족과 지역, 성별과 세대 간에 상생과 공존이 이루어지도록 불자 여러분께서 간절한 원력으로 기도해 주시기 바랍니다.

오늘 봉축법요식의 표어인 '마음愛(애) 자비를! 세상愛(애) 평화를' 이 마음에 깊이 와닿습니다. 남과 북이 자비심으로 이어지고, 함께 평화로 나아가도록 지금까지처럼 불교계가 앞장서 주십시오. 대립과 갈등의 시대를 끝내고 평화와 번영의 시대를 열기 위해 정부도 더욱 담대히, 쉬지 않고 노력하겠습니다.

불기 2563년 부처님 오신 날을 다시 한 번 봉축드리며, 불자 여러분의 가정에 부처님의 가피가 함께하기를 기원합니다. 부처님 오신 날을 밝히는 연등처럼, 평화와 화합의 빛이 남북을 하나로 비추길 바랍니다.

제19회 국무회의 모두발언

| 2019-05-14 |

대내외 경제 여건이 악화되고 있는 가운데 미중 무역협상까지 더하여 세계 경제의 불확실성이 커지고 있습니다. 정부는 대외 리스크 관리에 더욱 만전을 기하고, 우리 경제의 활력을 높이기 위한 노력에 더 속도를 내어 주기 바랍니다. 전통 주력 제조업의 혁신, 신산업 육성과 제2의 벤처붐 조성, 규제 샌드박스, 혁신금융 등 정부가 추진하고 있는 정책이 빠르게 성과를 낼 수 있도록 해야 할 것입니다. 관광 활성화와 서비스산업 육성 등 내수 활성화에 힘을 기울이면서 민간 투자 분위기 확산을 위한 현장 소통을 더욱 강화해 주기 바랍니다.

재정의 적극적 역할도 중요합니다. 중앙정부뿐 아니라 지자체도 함께 속도를 맞춰 재정의 조기집행이 이뤄질 수 있도록 각별한 노력을 기울여 줄 것을 당부드립니다. 정부의 노력과 함께 국회의 협력도 절실합니다. 정치가 때론 대립하더라도 국민의 삶과 국가적 문제를 해결하기 위해서 협력할 것은 협력해야 한다는 것이 국민의 바람입니다. 대외경제의 불확실성에 선제적으로 대응하고, 민생에 온기를 넣기 위해서는 여야를 넘어 초당적으로 힘을 모을 필요가 있습니다. 여·야·정 국정상설협의체 개최와 5당 대표 회동으로 막힌 정국의 물꼬를 틀 수 있기를 바랍니다. 여·야·정 국정상설협의체부터 조속히 개최되길 기대합니다. 여·야·정 국정상설협의체는 생산적 협치를 위해 여·야·정이 함께 국민 앞에 한 약속입니다. 대통령과 여야 5당의 합의로 지난해 8월 구성되고, 11월에 공식 출범을 발표했습니다. 협치를 제도화했다는 측면에서 국민들로부터 좋은 평가를 받았습니다.

하지만 올 3월 개최하기로 약속한 2차 회의를 아직 열지 못했습니다. 여·야·정 국정상설협의체의 분기별 정례 개최는 정국 상황이 좋든 나쁘든 그에 좌우되지 않고 정기적으로 운영해 나가자는 뜻으로 합의한 것입니다. 따라서 지켜지지 않는다면 아무런 의미가 없게 됩니다. 늦었지만 이제라도 하루속히 개최하고 정상화해서 국회 정상화와 민생 협력의 길을 열었으면 합니다. 야당이 동의한다면 여·야·정 국정상설협의체에서 의제의 제한 없이 시급한 민생 현안을 논의할 수 있을 것입니다. 무엇보다 정부가 제출한 추경의 신속한 처리를 위한 논의가 시급합니다. 추경은 미세먼지와 재난 예방과 함께 대외경제의 여건 변화에 대응하고, 국내 실물경제와 내수 진작을 위해 긴요합니다. 국민의 삶에 직접적인 영향을 주는 민생 예산입니다. 야당도 협조해 주실 것이라 기대합니다.

민생 입법도 중요한 논의 과제입니다. 지난 4월 임시국회에서 법안이 한 건도 통과되지 못했습니다. 당장 급한 탄력근로제 개편과 최저임금제 결정체계 개편도 미뤄졌습니다. 그동안 야당도 요구했던 법안들입니다. 더 늦기 전에 신속히 처리해서 시장의 불안을 해소해야 할 것입니다. 개인정보보호법, 신용정보보호법, 정보통신망법 등 빅데이터 산업 육성에 필요한 법안도 6개월 동안 국회에 계류돼 있습니다. 금융혁신을 통한 벤처투자를 활성화하는 법안, 유턴기업 지원을 위한 법안, 기업활력제고 특별법 등 경제 활력을 위한 법안들도 때를 놓쳐서는 안 됩니다. 소방공무원의 국가직 전환, 고교 무상교육 실시법 등 민생 법안도 처리해야 합니다.

여·야·정 국정상설협의체에 이어 5당 대표 회동도 열 수 있습니다. 안보 현안과 대북 인도적 식량 지원을 포함한 국정 전반에 대해 논의와 협력의 길을 열었으면 합니다. 정당 대표들과 만나니 우리 정치가 극단적 대립의 정치가 아닌 대화와 소통의 정치로 가는 계기가 되길 기대합니다. 국민의 바람도 같다고 생각합니다.

제39주년 5·18민주화운동 기념식 기념사

| 2019-05-18 |

존경하는 국민 여러분, 광주시민과 전남도민 여러분,

어김없이 오월이 왔습니다. 떠난 분들이 못내 그리운 오월이 왔습니다. 살아있는 오월이 왔습니다. 슬픔이 용기로 피어나는 오월이 왔습니다. 결코 잊을 수 없는 오월 민주 영령들을 기리며, 모진 세월을 살아오신 부상자와 유가족께 위로의 말씀을 드립니다. 진정한 애국이 무엇인지, 삶으로 증명하고 계신 광주시민과 전남도민들께 각별한 존경의 마음을 전합니다.

이제 내년이면 5·18민주화운동 40주년입니다. 그래서 대통령이 그때 그 기념식에 참석하는 것이 좋겠다는 의견들이 많았습니다. 하지만, 저는 올해 기념식에 꼭 참석하고 싶었습니다. 광주 시민들께 너무나 미안하고 너무나 부끄러웠고, 국민들께 호소하고 싶었기 때문입니다. 특히 광주시민 여러분과 전남도민들께 다시 한 번 말씀드리고 싶습니다.

1980년 5월 광주가 피 흘리고 죽어갈 때 광주와 함께하지 못했던 것이 그 시대를 살았던 시민의 한 사람으로 정말 미안합니다. 그때 공권력이 광주에서 자행한 야만적인 폭력과 학살에 대하여 대통령으로서 국민을 대표하여 다시 한 번 깊이 사과드립니다. 아직도 5·18을 부정하고 모욕하는 망언들이, 거리낌 없이 큰 목소리로 외쳐지고 있는 현실이 국민의 한 사람으로서 너무나 부끄럽습니다. 개인적으로는 헌법 전문에 5·18정신을 담겠다고 한 약속을 지금까지 지키지 못하고 있는 것이 송구스럽습니다.

국민 여러분,

1980년 오월, 우리는 광주를 보았습니다. 민주주의를 외치는 광주를 보았고, 철저히 고립된 광주를 보았고, 외롭게 죽어가는 광주를 보았습니다. 전남도청을 사수하던 시민군의 마지막 비명소리와 함께 광주의 오월은 우리에게 깊은 부채의식을 남겼습니다. 오월의 광주와 함께하지 못했다는 것, 학살당하는 광주를 방치했다는 사실이 같은 시대를 살던 우리들에게 지워지지 않는 아픔을 남겼습니다. 그렇게 우리는 광주를 함께 겪었습니다. 그때 우리가 어디에 있었든, 오월의 광주를 일찍 알았든 늦게 알았든 상관없이 광주의 아픔을 함께 겪었습니다. 그 부채의식과 아픔이 1980년대 민주화 운동의 뿌리가 되었고, 광주시민의 외침이 마침내 1987년 6월항쟁으로 이어졌습니다.

6월항쟁은 5·18의 전국적 확산이었습니다. 대한민국의 민주주의는 광주에 너무나 큰 빚을 졌습니다. 대한민국 국민으로서 같은 시대, 같은 아픔을 겪었다면, 그리고 민주화의 열망을 함께 품고 살아왔다면 그 누구도 그 사실을 부정할 수 없을 것입니다. 5·18의 진실은 보수·진보로 나뉠 수가 없습니다. 광주가 지키고자 했던 가치가 바로 '자유'이고 '민주주의'였기 때문입니다. 독재자의 후예가 아니라면 5·18을 다르게 볼 수가 없습니다.

'광주사태'로 불리었던 5·18이 '광주민주화운동'으로 공식적으로 규정된 것은 1988년 노태우 정부 때였습니다. 김영삼 정부는 1995년 특별법에 의해 5·18을 '광주민주화운동'으로 규정했고, 드디어 1997년 5·18을 '국가기념일'로 제정했습니다. 대법원 역시 신군부의 12·12 군사쿠데타부터 5·18광주민주화운동에 대한 진압 과정을 군사 반란과 내란죄로 판결했고, 광주 학살의 주범들을 사법적으로 단죄했습니다.

국민 여러분,

이렇게 우리는 이미 20년도 더 전에 광주 5·18의 역사적 의미와 성격에 대해 국민적 합의를 이루었고, 법률적인 정리까지 마쳤습니다. 이제 이 문제에 대한 더 이상의 논란은 필요하지 않습니다. 의미 없는 소모일 뿐입니다. 우리가 해야 할 일은 민주주의 발전에 기여한 광주 5·18에 감사하면서 우리의 민주주의를 더 좋은 민주주의로 발전시켜 나가는 것입니다. 그럴 때만이 우리는 더 나은 대한민국을 향해 서로 경쟁하면서도 통합하는 사회로 나아갈 수 있을 것입니다. 우리의 역사가 한 페이지씩 매듭을 지어가며 미래로 나아갈 수 있도록 국민 여러분께서 마음을 모아주시기 바랍니다. 하지만 학살의 책임자, 암매장과 성폭력 문제, 헬기 사격 등 밝혀내야 할 진실들이 여전히 많습니다. 아직까지 규명되지 못한 진실을 밝혀내는 것이 지금 우리가 해야 할 일입니다. 광주가 짊어진 무거운 역사의 짐을 내려놓는 일이며, 비극의 오월을 희망의 오월로 바꿔내는 일입니다. 당연히 정치권도 동참해야 할 일입니다. 우리가 모두 함께 광주의 명예를 지키고 남겨진 진실을 밝혀내야 합니다.

우리는 지금 새로운 대한민국으로 가고 있습니다. 5·18 이전, 유신시대와 5공시대에 머무는 지체된 정치의식으로는 단 한 발자국도 새로운 시대로 갈 수 없습니다. 우리는 오월이 지켜낸 민주주의의 토대 위에서 함께 나아가야 합니다. 광주로부터 빚진 마음을 대한민국의 발전으로 갚아야 합니다.

존경하는 국민 여러분, 광주시민과 전남도민 여러분,

지난해 3월, '5·18민주화운동 진상규명 특별법'이 제정되었습니다. 핵심은, 진상조사규명위원회를 설치하여 남겨진 진실을 낱낱이 밝히는 것입니다. 그러나 아직도 위원회가 출범조차 못하고 있습니다. 국회와 정치권이 더 큰 책임감을 가지고 노력해 주실 것을 촉구합니다. 우리 정부는 국방부 자체 5·18특별조사위원회 활동을 통해 계엄군의 헬기 사격과 성폭행과 추행, 성고문 등 여성 인권 침해행위를 확인하였고, 국방부 장관이 공식 사과했습니다. 정부는 특별법에 의한 진상조사 규명 위원회가 출범하면 제 역할을 할 수 있도록 모든 자료를 제공하고 적극 지원할 것을 약속드립니다.

광주시민과 전남도민 여러분,

5·18광주민주화운동 39년이 된 오늘, 광주는 평범한 삶과 평범한 행복을 꿈꿉니다. 그해에 태어나 서른아홉 번의 오월을 보낸 광주의 아

들딸들은 중년의 어른이 되었습니다. 결혼하기도 했을 것이고, 부모가 되기도 했을 것입니다. 진실이 상식이 된 세상에서 광주의 아들딸들이 함께 잘 살아가게 되길 저는 진심으로 바랍니다. 민주주의를 지켜낸 광주는 이제 경제민주주의와 상생을 이끄는 도시가 되었습니다. 노사정 모두가 양보와 나눔으로 사회적 대타협을 이뤄냈고 '광주형 일자리'라는 이름으로 사회통합형 일자리를 만들어냈습니다. 모든 지자체가 부러워하며, 제2, 제3의 '광주형 일자리'를 모색하고 있습니다. '광주형 일자리' 타결로, 국내 완성차 공장이 23년 만에 빛그린 산업단지에 들어서게 되었습니다. 자동차 산업도 혁신의 계기가 될 것입니다. '4차 산업혁명'을 위한 광주의 노력도 눈부십니다. 미래 먹거리로 수소, 데이터, 인공지능(AI) 산업 등을 앞장서 육성하고 있습니다. 지난 3월 국내 최초로 '수소융합에너지 실증센터'를 준공한 데 이어, 국내 최대 규모의 친환경 '수소연료전지 발전소' 건설도 추진 중입니다. 도시문제 해결을 위해 지자체와 민간기업이 함께하는 '스마트시티 챌린지' 공모사업에도 광주가 최종 선정되었습니다.

광주는 '국민 안전'에도 모범이 되고 있습니다. 감염병 대응, 국가안전대진단, 재해 예방 등을 포함한 재난관리평가에서 광주는 올해 17개 광역지자체 중 재난관리 최우수기관으로 선정되었습니다. 교통사고 사망자 수 감소율 전국 1위를 달성하는 성과도 이뤘습니다. 광주시민과 공직자 모두가 '전국에서 가장 안전한 광주 만들기'에 노력한 결과입니다. 아픔을 겪은 광주가 안전한 대한민국을 만드는 데 앞장서 주셔서 고맙습니다. 정부는 광주가 자신의 꿈을 이룰 수 있도록 항상 함께할 것입니다. 국민들도 응원해 주시리라 믿습니다.

존경하는 국민 여러분, 광주시민과 전남도민 여러분,

오늘부터 228번 시내버스가 오월의 주요 사적지인 주남마을과 전남대병원, 옛 도청과 5·18기록관을 운행합니다. 228번은 '대구 2·28민주운동'을 상징하는 번호입니다. 대구에서도 518번 시내버스가 운행되고 있습니다. 대구 달구벌과 광주 빛고을은 '달빛동맹'을 맺었고 정의와 민주주의로 결속했습니다. 광주에 대한 부정과 모욕이 이어지는 상황에서 대구 권영진 시장님은 광주시민들께 사과의 글을 올렸습니다. 두 도시는 역사 왜곡과 분열의 정치를 반대하고 연대와 상생 협력을 실천하고 있습니다. 이것이 우리가 가야 할 용서와 화해의 길입니다.

오월은 더 이상 분노와 슬픔의 오월이 되어서는 안 됩니다. 우리의 오월은 희망의 시작, 통합의 바탕이 되어야 합니다. 진실 앞에서 우리의 마음을 열어놓을 때 용서와 포용의 자리는 커질 것입니다. 진실을 통한 화해만이 진정한 국민통합의 길임을 오늘의 광주가 우리에게 가르쳐주고 있습니다. 광주에는 용기와 부끄러움, 의로움과 수치스러움, 분노와 용서가 함께 있습니다. 광주가 짊어진 역사의 짐이 너무 무겁습니다. 그해 오월, 광주를 보고 겪은 온 국민이 함께 짊어져야 할 짐입니다. 광주의 자부심은 역사의 것이고 대한민국의 것이며 국민 모두의 것입니다. 광주로부터 뿌려진 민주주의의 씨앗을 함께 가꾸고 키워내는 일은 행복한 일이 될 것입니다. 우리의 오월이 해마다 빛나고 모든 국민에게 미래로 가는 힘이 되길 바랍니다.

감사합니다.

수석보좌관회의 모두발언

| 2019-05-20 |

우리나라의 능력과 수준을 정작 우리 자신이 잘 모르는 경우가 많습니다. 바이오헬스 산업 분야의 경쟁력도 그중 하나입니다. 우리나라는 지난해 제약 분야에서 바이오시밀러 세계 시장의 3분의 2를 점유했고, 세계 2위의 바이오의약품 생산능력을 보유하고 있습니다. 지난해 우리나라의 신약 기술 수출액은 5조 4천억 원으로 전년 대비 4배로 늘었습니다. 의료기기 분야에서도 산부인과용 초음파 영상진단기기 세계 1위, 치과 임플란트 세계 5위 등의 세계적 기술경쟁력을 보유하고 있습니다.

또한, 우리는 바이오헬스 산업의 기반에서도 세계 최고 수준의 ICT 기반, 의료시스템과 데이터 등 양질의 인프라를 갖추고 있습니다. 지난 5월 14일, 우리나라가 세계에서 일곱 번째로 EU 화이트리스트에 등재되었습니다. EU에 의약품을 수출할 때, 제조·품질 관리기준 서면 확인서를 제출하지 않아도 되는 나라가 된 것입니다. 우리의 원료의약품 제조 관리 수준과 품질을 세계적으로 인정받게 됨으로써 국산 의약품의 수출 확대와 관련 산업의 성장에 큰 도움이 될 수 있게 되었습니다. 아직 부족한 부분이 많지만 우리 정부가 바이오헬스 산업을 신성장동력으로 삼은 것은 충분한 근거가 있습니다. 곧 발표하게 될 바이오헬스 산업 혁신전략을 관계 장관회의 등을 거쳐서 잘 준비해 주기 바랍니다.

지난달 친환경 차 내수 판매가 지난해에 비해 60%가량, 수출은 40%가량 늘었습니다. 1월부터 4월까지 전기간으로 보더라도 지난해보다 내수와 수출이 모두 30%가량 늘었습니다. 정부의 재정투자와 정책 지원이 산업 초창기에 미래산업을 이끄는 데 큰 역할을 한다는 사실을 확인할 수 있습니다. 그런 면에서 볼 때, 정부의 추경안이 국회에 제출된 지 한 달이 다가오도록 심의가 이뤄지지 않고 있어서 매우 안타깝습니다. 국회 파행이 장기화되면서 정부의 시정연설 기회조차 주어지지 않고 있습니다.

이번 추경은 미세먼지와 강원도 산불, 포항지진 등 재해대책 예산과 경기 대응 예산, 두 가지로 구성되어 있습니다. 어느 것 하나 시급하지 않은 것이 없습니다. 재해대책 예산의 시급성은 정치권에서도 누구도 부정하지 않고 있고, 경기 대응 예산도 1분기의 마이너스 성장으로부터의 회복을 위해 절박한 필요성이 있음을 부정할 수 없을 것입니다. 모두 아시는 바와 같이 IMF는 우리에게 재정 여력이 있음을 이유로 9조 원의 추경을 권고한 바 있지만 정부의 추경안은 그보다 훨씬 적습니다. 국민들 사이에 경제에 대한 걱정이 많은 만큼 국회도 함께 걱정하는 마음으로 추경이 실기하지 않고 제때 효과를 낼 수 있도록 조속한 추경안의 심의와 처리를 요청 드립니다. 특히 세계적인 경제 여건의 악화에 대응하는 차원에서도 우리 경제에 활력을 불어넣기 위한 정부의 노력에 국회가 힘을 더해주시기를 간곡히 부탁드립니다.

바이오헬스 국가비전 선포식 모두발언

| 2019-05-22 |

충북도민 여러분, 지역경제인 여러분, 반갑습니다.

20여 년 전, 이곳 오송의 140만 평 넓은 땅에 국내 최초 생명과학단지의 꿈이 심어졌습니다. 그 꿈이 참여정부의 국가균형발전정책과 만나 식약처 등 6개 국책기관과 연구기관, 첨단업체가 생명과학의 숲을 이루게 되었습니다. 세계적인 바이오클러스터로 나아가고 있는 오송에서 '바이오헬스 산업 혁신전략'을 발표하게 된 것을 매우 기쁘게 생각합니다.

며칠 전, 오송생명과학단지는 또 하나의 큰 성과를 이뤘습니다. 민간기업과 학계, 정부기관이 하나가 되어 세계 7번째로 EU 화이트리스트 등재에 성공했습니다. 우리 바이오·제약 기업들의 유럽 관문 통과가 손쉬워졌으며, 활발한 해외 진출의 길을 열었습니다. 고참 공무원부터, 이제 막 임용된 신임 공무원까지 전력을 다해 준비했습니다. 평가단이 기습적으로 방문한 기업도 흠잡을 데 없이 잘 관리되고 있었을 만큼 기업들도 한마음으로 협력했습니다.

알려지지 않은 이야기입니다만, EU 평가단은 우리나라를 떠날 때 우리 공무원들의 열정과 노력에 감사하는 선물을 남겼고, 보도 시점을 우리 시간에 맞추는 성의까지 보여주었습니다. 기업과 정부가 한마음으로 뛸 때, 우리가 얼마나 많은 성과를 만들어낼 수 있는지, 다시 한 번 느끼게 됩니다. 식약처를 비롯한 공무원들과 기업인 여러분께 격려의 박수를 보냅니다.

국민 여러분,

전 세계적으로 평균수명이 길어지면서 우리의 관심은 '오래 사는 것'에서 '건강하게 오래 사는 것'으로 달라지고 있습니다. 바이오헬스 산업이 계속해서 성장·발전할 수밖에 없는 이유입니다. 이미 2016년 기준, 바이오의약품과 의료기기 분야 세계시장 규모는 1조 8천억 불 수준으로 커졌습니다. 주요 선진국들도 바이오헬스 산업에 주목하고 있습니다. 매년 5% 이상의 성장률 속에서 3만 개 이상의 양질의 일자리가 만들어지고 있습니다. 특히, 연구개발 청년 일자리는 반도체, IT 분야를 훌쩍 뛰어넘고 있습니다.

바이오헬스는 젊은 산업입니다. 현재 바이오의약품은 전체 의약품 시장의 10% 정도이지만, 다른 산업에 비해 빠르게 성장하고 있습니다. 2019년도 미국 최고 대기업 500개 중 21개사가 제약·생명공학회사입니다. 이 중 상당수는 설립된 지 30~40년에 불과한 젊은 기업입니다. 하지만 신흥 제조국에게는 쉽지 않은 분야입니다. 기초 생명과학부터 임상의학, 약학을 비롯한 여러 분야의 수준 높은 연구와 기술력이 필요합니다. 신약 하나 개발에 1조 원 이상의 투자, 10년 이상의 기간이 걸리기도 합니다.

그러나 우리에게는 인재와 기술력이 있습니다. 우리 의학과 약학은 주요 암 생존율에서 OECD 상위권의 실력을 갖췄습니다. 세계 최고 수준의 정보통신 기반과 병원시스템, 의료데이터를 보유하고 있고, 정교한 생산 관리능력과 기술력을 축적하고 있습니다. 선진국을 뛰어넘는 기업의 도전정신도 있습니다. '무모하다'는 영역에 도전하고 성공한 우리 기업들이 있습니다. 벤처기업이 신약을 개발하고, 위탁생산으로 역량을 쌓은 중소기업이 바이오시밀러라는 새로운 세계시장을 선점했습니다. 지난해 바이오시밀러 세계시장의 3분의 2를 국내기업이 점유하고 있고, 바이오의약품 생산량도 세계 두 번째 규모입니다. 지난해에만 48억 불의 신약기술을 해외에 수출했고 의약품과 의료기기 수출도 144억 불로 매년 20%씩 늘어나고 있습니다.

지금이 우리에게는 바이오헬스 세계시장을 앞서갈 최적의 기회입니다. 지금 이 시간에도 우리나라 기업들이 전 세계 곳곳에서 여러 건의 임상시험을 진행하고 있습니다. 머지않아 블록버스터급 국산 신약도 나올 것입니다. 제약과 생명공학 산업이 우리 경제를 이끌어갈 시대도 멀지 않았습니다.

국민 여러분, 충북도민과 지역경제인 여러분,

우리 정부는 바이오헬스 산업을 3대 신산업으로 선정했고, 벤처 창업과 투자가 최근 큰 폭으로 늘고 있습니다. 2030년까지 제약·의료기기 세계시장 점유율 6%, 500억 불 수출, 5대 수출 주력산업으로 육성하고자 합니다. 우리가 바이오헬스 세계시장에서 얼마나 성공할 수 있느냐는 기업과 인재들에게 달려있습니다. 정부는 연구와 빅데이터 활용 등 제약·바이오 분야에 꼭 필요한 전문인력을 키워 바이오헬스 선도국가로의 꿈을 이뤄낼 것입니다.

　여기에 더해 정부가 할 일은 기업과 인재들이 마음껏 도전할 수 있는 길을 닦고, 산업 생태계를 조성하는 것입니다. 오늘 발표하는 바이오헬스 혁신전략은 관련 업계와 여러 차례 간담회를 거쳐 마련됐습니다. 충분한 인프라와 기술력이 있음에도 불구하고 해외 임상 자금력이 부족한 기업들이 있습니다. 사업화를 위한 전문인력이 부족한 기업도 있습니다. 좋은 아이디어를 갖고도 국내 시장과 해외 진출의 벽을 넘지 못한 기업들이 특히 안타까웠습니다. 정부는 민간이 기업가 정신을 발휘할 수 있도록 충분히 뒷받침할 것입니다. 특히, 중견기업과 중소·벤처기업이 산업의 주역으로 우뚝 설 수 있도록 기술 개발부터 인허가, 생산, 시장 출시까지 성장 전 주기에 걸쳐 혁신생태계를 조성하는 데 최선을 다하겠습니다. 자금이 없어서 기술 개발을 중단하는 일이 없도록, 정부 R&D를 2025년까지 연간 4조 원 이상으로 확대하고, 스케일업 전용 펀드를 통해 향후 5년간 2조 원 이상을 바이오헬스 분야에 투자하겠습니다. 기업의 연구개발 투자와 시설투자 비용에 대해서는 세제 혜택도 늘리겠습니다.

　혁신적 신약 개발에 우리가 가진 데이터 강점을 활용할 수 있도록 할 것입니다. 5대 빅데이터 플랫폼을 구축하고, 최고 수준의 기술을 갖춘 우리 의료기관들이 미래의료기술 연구와 기술 사업화의 전초기지가 될 수 있도록 병원을 생태계 혁신거점으로 육성하겠습니다. 세계시장 진출을 고려하여 규제를 글로벌 스탠더드에 부합하게 합리화해 나가겠습니다. 하지만, 국민의 건강과 생명 그리고 나아가 생명윤리는 반드시 지킬 것입니다. 심사의 전문성을 높이고, 심사관을 대폭 확충하는 한편 새로운 기술 제품에 대한 인허가 기간을 더욱 단축하겠습니다. 정부는 또한 선도기업과 창업·벤처기업의 협력체계를 구축하고, 우리의 앞선 의료기술과 IT 기술, 인력과 시스템 등이 해외 시장에 패키지로 수출될 수 있도록 지원할 것입니다.

존경하는 국민 여러분, 충북도민 여러분,

기업의 도전과 투자는 국가의 자산입니다. 이미 익숙한 길에 안주하지 않고, 한발 앞선 투자, 뚝심 있는 도전으로 대한민국 새로운 먹거리를 만들어내고 있는 바이오헬스 기업인을 응원해주시기 바랍니다. 오늘 국가 바이오헬스 혁신 비전 발표에 이어 충청북도가 바이오헬스 육성방안을 발표합니다. 충북은 바이오헬스 분야에서 2030년까지 120개 과제에 8조 2천억 원을 투자하여, 대한민국 바이오헬스 산업을 선도한다는 원대한 목표를 세웠습니다. 정부도 함께 지원해 나가겠습니다. 바이오헬스라는 새로운 영역에서 우리나라가 세계 최고가 된다면, '건강하게 오래 사는' 소망이 가장 먼저 대한민국에서 이뤄질 것입니다 '생명과 태양의 땅' 충북에서 국민 건강의 꿈과 함께 경제 활력의 새로운 바람이 일어나길 기대합니다.

감사합니다.

봉준호 감독님의 제72회 칸영화제
황금종려상 수상을 축하합니다

| 2019-05-26 |

제72회 칸영화제에서 〈기생충〉이 지난 1년 제작된 세계의 모든 영화 중에서 가장 뛰어난 작품으로 인정받았습니다. 매우 영예로운 일입니다. 우리 영화를 아끼는 국민들과 함께 수상을 마음껏 기뻐합니다.

한 편의 영화가 만들어지기까지 감독부터 배우와 스태프, 각본과 제작 모두 얼마나 많은 노력을 기울이는지 잘 알고 있습니다. 〈기생충〉에 쏟은 많은 분들의 열정이 우리 영화에 대한 큰 자부심을 만들어냈습니다. 국민들을 대표해 깊이 감사드리며, 무엇보다 열두 살 시절부터 꾸어온 꿈을 차곡차곡 쌓아 세계적인 감독으로 우뚝 선 '봉준호'라는 이름이 자랑스럽습니다.

봉준호 감독님의 영화는 우리의 일상에서 출발해 그 일상의 역동성과 소중함을 보여줍니다. 아무렇지도 않아 보이는 삶에서 찾아낸 이야기들이 참 대단합니다. 이번 영화 〈기생충〉도 너무 궁금하고 빨리 보고 싶습니다.

올해는 한국영화 100년을 맞는 뜻깊은 해입니다. 오늘 새벽 우리에게 전해진 종려나무 잎사귀는 그동안 우리 영화를 키워온 모든 영화인과 수준 높은 관객으로 영화를 사랑해온 우리 국민들에게 의미있는 선물이 되었습니다. 한류 문화의 위상이 한층 높아졌습니다. 다시 한 번 수상을 축하합니다.

2019년 을지태극
국가안전보장회의 모두발언

| 2019-05-29 |

2017년 이후 2년 만에 민·관·군이 합동으로 국가위기대응과 전시대비 연습을 하게 되었습니다.

올해 처음 시작하는 을지태극연습은 지난 2년간 크게 달라진 한반도 정세변화와 포괄안보로 안보패러다임이 확장되고 있는 시대적 흐름에 맞춰 새롭게 개발되었습니다. 전시대비 위주의 을지연습에서 한 걸음 더 나아가서 대규모 복합위기상황에 대처하는 국가위기대응 연습을 더했고, 전시대비 연습도 우리 군이 단독으로 해오던 태극연습과 연계하여 국가적 차원의 전시대비 역량을 총체적으로 점검할 수 있도록 했습니다. 우리 정부는 한반도 운명의 주인으로서, 평화의 원칙을 일관되게 지키면서, 대화를 통한 한반도 평화구축을 위해 끊임없이 노력해왔습니다.

그 결과 한반도 정세는 크게 달라졌습니다. 남북미 정상의 결단으로 한반도 안보 상황의 근본적인 변화를 도모하는 평화 프로세스가 시작되었고, 남북 간의 군사적 긴장이 완화되었습니다. 우리 국민들이 '비무장지대 평화의 길'을 걸을 수 있는 상황까지 왔습니다. 앞으로도 우리에게 선택권이 있는 한, 평화를 향한 여정을 멈추지 않을 것입니다. 어떠한 어려움도 극복하고 새로운 한반도 시대를 반드시 열어나갈 것입니다.

평화의 여정을 걷는 과정에서도 국가안보에는 한순간도 빈틈이 있어선 안 됩니다. 강력한 방위력을 구축해야 하고 언제 어떤 상황에서나 일어날 수 있는 군사적 위기상황과 국가비상사태에 대비태세를 갖춰야 합니다. 자주국방은 정세의 변화와 상관없이 추구해야 하는, 독립된 국가로서 변함없는 목표입니다. 을지연습과 태극연습을 처음으로 통합하여 실시하는 이번 연습을 향후 전시작전권 전환에 대비하고 자주국방 역량을 굳건히 강화하는 계기로 삼아야 할 것입니다.

이번 을지태극연습이 국민과 정부, 군이 하나가 되어 국가위기에 효과적으로 대응하는 역량을 키우고, 궁극적으로 한반도의 평화와 국민의 안전을 지켜내는 데 실효성이 있는 연습이 될 수 있도록 함께 노력해 주기 바랍니다.

6월

국가유공자 및
보훈가족 초청 오찬 모두발언

| 2019-06-04 |

박종길 회장님, 인사 말씀 감사합니다.

존경하는 국가유공자와 보훈가족 여러분, 반갑습니다.

거동이 불편하신 분들도 계시고, 또 멀리서 오신 분들도 계십니다. 오시는 길이 편안하셨는지 모르겠습니다. 오늘 소중한 걸음을 해 주신 모든 분께 감사드립니다. 3·1독립운동과 대한민국 임시정부 수립 100 주년인 올해는 독립과 애국의 정신을 기념하는 행사가 전국 곳곳에서 이어지고 있습니다. 태극기가 펄럭이고, 애국가가 울릴 때마다 가장 심장이 뛸 분들이 바로 여러분이 아닐까 생각합니다.

국민들은 국가유공자와 보훈가족을 통해 대한민국이 헤쳐온 고난과 역경의 역사를 기억합니다. 우리는 식민지에서 독립을 쟁취했고, 참혹한 전쟁에서 자유와 평화를 지켰습니다. 가난과 독재에서 벗어나 경제

발전과 민주화를 이뤄냈습니다. 기적이란 말로 우리 국민들이 함께 자부심을 가져도 좋을, 위대한 성취입니다.

하지만 우리는 그 기적의 뿌리가 된 수많은 사람들의 땀과 눈물을 결코 잊을 수 없습니다. 대한민국의 오늘을 있게 한 국가유공자들의 희생과 헌신에 경의를 표하고, 사랑하는 가족을 떠나보낸 슬픔을 감내하면서 그 뜻을 이어 애국의 마음을 지켜오신 유가족 여러분께 깊은 위로와 존경의 마음을 바칩니다. 국가유공자는 국가가 위기에 처하고 국민의 생명과 안전이 위협받을 때 자신의 모든 것을 바친 분들입니다. 국가유공자와 가족에 대한 보상과 예우는 개인을 넘어 공동체의 품위를 높이고, 국가 스스로의 가치를 증명하는 일입니다. 정부는 지난 2년 동안 국가유공자와 보훈가족들이 피부로 느끼는 보훈, 국민의 마음을 담은 '따뜻한 보훈'을 실현하기 위해 노력해왔습니다.

그런데, 정부의 노력에 더해 국가유공자들께서도 스스로 보훈을 실천해 주셨습니다. 아까 먼저 인사 말씀을 해주신 박종길 회장님의 무공수훈자회는 지난해 6월부터 장례의전 선양단을 꾸렸습니다. 국가유공자의 장례식에 대통령 근조기와 영구용 태극기를 정중히 전해 드리고 있습니다. 고인의 명예를 높이고, 유가족들께도 큰 위로가 될 것입니다. 김광연 님과 전건식 님을 비롯한 장례의전 선양단 여러분께 감사의 인사를 드립니다. 정부는 국가유공자와 가족, 후손까지 합당하게 예우하기 위해 최선을 다할 것입니다.

국가유공자와 가족이 겪는 생계의 어려움을 해소할 수 있도록 예우와 지원을 늘려가고 있습니다. 올해 신규승계자녀 수당을 두 배 이상 인상했습니다. 생활조정수당도 대폭 증액했고 지급 대상도 5·18민주유공자와 특수임무유공자까지 확대할 예정입니다. 유가족의 취업·창업 지원과 함께 주거지원, 채무감면 등 생계안정을 위한 지원도 강화할 것입니다. 앞으로도 정부는 국가유공자, 또 보훈가족과 함께 희망의 길을 더욱 넓혀가겠습니다.

국가유공자와 보훈가족 여러분,

평화가 절실한 우리에게, 보훈은 제2의 안보입니다. 보훈이 잘 이뤄질 때 국민의 안보의식은 더욱 확고해지고, 평화의 토대도 그만큼 두터워질 것입니다. 이 자리에는 국가를 수호하다가 희생하신 분들의 유족들, 또 국민의 생명을 보호하다 순직한 분들의 유족들이 함께하고 계십니다. 지금 이 시간에도 유공자들의 자랑스러운 후배 군인·경찰·소방공무원이 국민의 생명과 재산을 지키기 위해 땀 흘리고 있습니다.

국가는 복무 중의 장애로 고통 받고 있는 상이자와 가족들이 용기와 희망을 가질 수 있도록 도와줄 의무가 있습니다. 지난해 순직 경찰과 소방공무원들의 사망보상금과 유족연금을 현실화했습니다. 올해는 순직 군인의 보상을 상향하기 위해 '군인재해보상법' 제정을 추진하고 있습니다. 군 복무로 인한 질병이나 부상에 대해 충분히 의료지원을 받을 수 있도록 '병역법' 개정도 추진하고 있습니다. 상이등급 기준도 개선해 장애 판정의 정확성과 신뢰성을 높이도록 하겠습니다. 국가유공자의 평균연령은 74세에 달하고 있습니다. 특히 한국전 참전용사들은 88세에 이릅니다. 보훈병원과 군병원·경찰병원 간 연계 서비스를 확대하고 재가방문서비스를 늘려 어디서나 편안하게 진료를 받을 수 있도록 하겠습니다.

지난해 보훈의학연구소와 인천보훈병원을 개원했고 강원권과 전북권 보훈요양원도 2020년과 2021년에 개원하게 될 것입니다. 국가유공자들을 더 편하게 모시기 위해 올 10월 괴산호국원을 개원하고, 제주국립묘지를 2021년까지 완공할 예정입니다. 국가유공자가 생전에 안장 자격 여부를 확인하실 수 있도록 사전 안장심사제도도 올 7월부터 새로 도입하겠습니다. 아직도 부족한 점들이 많을 것입니다. 국가유공자들이 우리 곁에 계실 때 국가가 할 수 있는 보상과 예우를 다할 수 있도록 제도를 개선하고, 예산을 투입하여 국가유공자와 보훈가족의 마음을 보듬는 정부가 되겠습니다.

존경하는 국가유공자와 보훈가족 여러분,

보훈은 국민통합의 구심점입니다. 정부는 지난해 '국가보훈발전 기본계획'을 수립하면서 '독립'과 '호국'과 '민주'를 선양사업의 핵심으로 선정했습니다. 독립, 호국, 민주는 지금의 대한민국을 만든 애국의 세 기둥입니다. 정부는 올해 제59주년 4·19혁명 기념식에서 4·19혁명 유공자 40명을 새로 포상했습니다. 2012년 이후 7년 만에 이뤄진 포상이었습니다. 또 올해부터 독립·호국·민주유공자에 대한 존경의 마음을 담아 국가유공자의 집을 알리는 명패 달아드리기 사업을 본격적으로 시행하고 있습니다. 가족에게도 명예가 되고, 지역사회에도 자랑이 될 것이라고 믿습니다.

100년 전, 평범한 사람들이 독립군이 되고 광복군이 되었습니다. 광복군의 후예들이 국군이 되어 대한민국을 지켜냈습니다. 선대의 의지를 이어받은 아들딸, 손자손녀들이 4·19혁명을 시작으로 민주화의 여정을 걸어왔고, 국민소득 3만 불의 경제발전을 이뤄냈습니다. 우리 앞에는 더 나은 경제, 더 좋은 민주주의, 더 확고한 평화를 향한, 새로운 100년의 길이 기다리고 있습니다. 지금까지 우리가 성공했듯이, 새로운 100년도 우리는 반드시 성공할 것입니다. 나라와 국민을 위한 참전용사와 민주화유공자의 희생과 헌신이 후손들에게 자랑스러운 유산으로 전해질 때 새로운 100년의 길은 희망의 길이 될 것입니다. 국가를 위해 희생하고 헌신한 여러분의 이야기가 어제의 역사가 아닌 살아 숨 쉬는 오늘의 역사가 되도록 늘 노력하겠습니다. 다시 한 번 국가유공자와 보훈가족 여러분께 깊은 존경의 인사를 드립니다.

감사합니다.

제24회 환경의 날 기념식 축사

| 2019-06-05 |

존경하는 국민 여러분, 함께해주신 창원시민과 경남도민 여러분, 반갑습니다.

오늘은 지구촌 모든 사람이 함께 지구를 걱정하고 생명의 귀중함을 생각하는 '세계 환경의 날'입니다. 2006년 '환경수도 창원'을 선언한 이래 창원시는 노후경유차 조기 폐차, 친환경자동차 보급 확대 등 친환경 정책을 꾸준히 실천해왔습니다. 2016년에는 폐기물처리 최우수도시, 숲 가꾸기 우수도시가 되었고, 2017년에는 한국에너지효율대상, 생태하천 복원 우수상을 받았습니다.

창원시를 명실상부한 '환경수도'로 만들어낸 창원시민들과 함께 오늘 환경의 날 기념식을 갖게 되어 매우 자랑스럽고 뜻깊습니다. 이제 창원시는 우리나라 대표적인 제조업 도시에서 산업과 환경이 공존하는 미래형 도시가 되고 있습니다. 창원시민과 경남도민의 노력에 감사드리며, 응원의 박수를 보냅니다.

깨끗한 환경을 향한 우리 국민의 시민의식은 세계 최고 수준입니다. 세계 경제포럼의 보고서에 의하면, 우리는 음식물 쓰레기 95% 재활용으로 이 분야에서 세계를 선도하고 있습니다. 우리 국민들의 '전기 아껴 쓰기'와 '물 절약하기', '쓰레기 분리수거'와 '일회용품 사용하지 않기'도 상당히 높은 수준입니다. 이러한 노력들은 작아 보이지만 매우 중요한 실천입니다. 일상 속의 작은 행동들이 지구를 오염시켜왔듯이, 일상 속의 작은 실천들이 지구를 되살릴 수 있습니다. 이제 국민들의 노력과 기대수준에 맞게 환경정책을 실현하는 일이 정부의 책임으로 주어졌습니다. 국민의 시민의식과 환경의식에 걸맞은 수준으로 삶의 질을 높일 수 있도록 정부가 최선을 다하겠습니다.

국민 여러분, 오늘 세계 환경의 날의 주제는 깨끗한 공기입니다. 미세먼지는 국민의 건강과 일상을 위협합니다. 아이들과 어르신들은 마음껏 외출을 못하고 각종 질환을 걱정합니다. 실외에서 장시간 활동해야 하는 산업, 제작공정에 먼지가 들어가서는 안 되는 산업 등은 노동자의 건강과 기업의 생산성 저하를 걱정해야 합니다.

깨끗한 공기는 국민의 권리입니다. 정부는 지난 2년간 그 어느 부문보다 미세먼지 해결에 많이 투자하고, 노력해왔습니다. 미세먼지 환경기준을 선진국 수준으로 강화하고, 미세먼지 문제를 사회재난에 포함하여 관계 부처와 지방정부가 매일매일 미세먼지를 점검하고 예보하는 체계를 구축했습니다. 고농도 미세먼지가 발생할 경우, 미세먼지 배출 시설과 공사장 등 개선 조치, 자동차 운행 제한 등 비상저감조치를 시행하여 본격적으로 대응하고 있습니다. 무엇보다, 사후 대응에서 미리 예방하고 상시적으로 관리하는 것으로 정부정책 패러다임을 바꿔, 2022년까지 미세먼지 배출량을 2016년 대비 30% 이상 줄여낼 것입니다.

노후 석탄화력발전소는 미세먼지의 중요 원인입니다. 우리 정부는 탈석탄을 목표로, 앞의 두 정부가 22기의 석탄화력발전소를 허가한 데 비해, 신규 석탄화력발전소 건설을 전면 중단했고, 과거 정부의 석탄화력발전소 6기를 LNG 발전소로 전환했습니다. 또한 노후 석탄화력발전소 10기 중 4기를 폐쇄했고, 남은 6기도 2021년까지 폐쇄할 계획입니다. 특히 봄철에 미세먼지가 많이 발생하기 때문에, 2017년 봄부터 노후 석탄화력발전소 가동정지를 시작했고 올 봄에는 모두 60기 가운데 52기의 가동정지를 시행했습니다. 그 결과 지난해까지 석탄화력발전소가 배출하는 미세먼지는 정책 시행 이전인 2016년에 비해 25% 이상 줄었습니다. 수도권 미세먼지 배출 원인은 대부분 경유자동차를 비롯한 수송분야입니다. 운행 중인 경유차를 조기에 감축하고, 친환경차로 대체하는 정책이 빠르게 시행되고 있습니다.

특히 공공부문에서는 이미 2017년부터 경유 승용차를 빠르게 퇴출하여 늦어도 2030년까지는 경유차 사용을 제로화할 것입니다. 국민들께서도 친환경차를 편하게 이용하실 수 있도록 정부가 지원할 것입니다. 2021년까지 노후 경유차 100만대를 조기 폐차하고 빠르게 친환경차 보급을 확대해 나가겠습니다. 노후 중대형 화물차의 신차 교체와 소형 승합차, 화물차의 LPG 차량 전환도 지원을 확대하고 있습니다. 친환경차는 우리 정부 들어 2016년에 비해 6배 넘게 증가하여 지금 6만 7천여 대가 운행 중입니다. 충전인프라 등을 확충하여 2022년까지 전기차 43만 대, 수소차 6만 7천 대가 운행되도록 할 계획입니다. 수소버스는 미세먼지를 발생시키지 않는 것은 물론 1대가 1km를 주행할 때 4.86kg, 연간 42만kg의 공기정화 효과까지 있다고 합니다. 성인 76명이 1년간 마실 수 있는 공기입니다. 정부는 수소버스의 보급을 2022년까지 시내버스 2,000대로 늘리고, 경찰버스 802대를 순차적으로 수소버스로 교체할 계획입니다.

올해 이곳 창원을 비롯한 7개 도시에서 수소버스 보급 시범사업이 시행됩니다. 특히, 오늘 운행을 시작하는 창원의 수소버스는 전국에서 최초로 실제 운행노선에 투입됩니다. 같이 문을 여는 수소충전소는 국내 최초의 도심 수소충전소이자 전체 부품 중 60%를 국산부품으로 사용한 한국형 패키지 수소충전소입니다. 정부는 2022년까지 전국의 수소충전소를 310개로 늘려나갈 것입니다. 창원은 친환경 수소산업 특별시 건설을 전략으로 삼고 있습니다. 오늘 시작되는 수소버스와 수소충전소는 수소산업 생태계 구축을 위해 창원시민과 창원시가 맺은 첫 결실입니다. 창원시뿐 아니라 우리 모두에게 매우 중요한 도전입니다. 전 국민이 관심을 갖고 지켜보고 있습니다. 친환경차가 참 좋다, 공기도 더 좋아졌다라는 소식이 창원에서 하루빨리 들려오길 바랍니다.

국민 여러분,

탈석탄과 친환경차 정책 외에도 정부는 가정용 보일러, 소규모 사업장, 선박 등 그동안 관리가 소홀했던 배출원에 대한 지원책을 마련하고 있습니다. 한편으로 엄격한 기준을 도입하여 관리를 강화하고, 사물인터넷, 드론과 같은 신기술을 이용해 미세먼지 불법 배출을 과학적으로 측정, 감시하고 있습니다. 반기문 전(前) 유엔사무총장이 위원장을 맡은 국가기후환경회의와 총리실 산하 미세먼지 특별대책위원회, 미세먼지 특별법 등 미세먼지 문제 해결을 위한 기반을 마련하였고, 이웃 나라들과 다양한 형태의 협력과 공동대응도 모색하고 있습니다. 특히 이번에 제출한 추경안에는 미세먼지 정책을 속도 있게 추진하기 위한 미세먼지 예산이 포함되어 있습니다. 환경부를 비롯한 각 부처 61개 사업 총 1조 4,517억 원 규모입니다. 노후경유차 조기폐차, 가스냉방기 버너 보급, 도로 청소차 도입 등 핵심 배출원 저감을 위해 7,800여억 원, 전기차 보급 확대, 신재생에너지 금융, 저상버스 도입, 친환경 공공선박 건조 등 미세먼지 근본적 저감을 위한 환경 신산업 육성에 3,600여억 원을 투입할 예정입니다.

국민 건강 보호를 위한 예산도 중요하게 포함되어 있습니다. 2,200여억 원의 예산을 외부에서 일하는 시간이 긴 노동자들과 저소득층, 어린이와 어르신을 위한 마스크와 공기청정기 설치에 사용할 예정입니다. 이 자리를 빌려, 국회의 협력을 다시 한 번 간곡히 당부드립니다.

존경하는 국민 여러분, 창원시민과 경남도민 여러분,

환경을 살리는 노력은 도전과제이자 동시에 기회입니다. 세계 환경시장은 연평균 3.6%씩 성장하고 있고, 내년에는 총 1조 3,300억 불 규모가 될 것으로 전망합니다. 주요 선진국들은 사물인터넷, 인공지능, ICT, 로봇, 드론 등 4차 산업혁명 핵심기술을 기반으로 환경기술 개발에 국가적 역량을 집중하고 있습니다. 정부는 환경기술에 대한 R&D 투자를 확대하고 수소차 등 친환경차를 비롯한 미세먼지 기술경쟁력을 갖춘 기업의 세계시장 진출을 전략적으로 지원할 것입니다. 특히, 수소산업에서 우리는 이미 세계 최초로 수소차량을 상용화하는 등 세계적인 기술력을 갖고 있습니다. 정부는 2030년 수소차와 연료전지에서 모두 세계시장 점유율 1위를 목표로 삼았습니다. '친환경 수소 산업 특별시 건설'을 목표로 세운 창원시에도 매우 좋은 기회가 될 것입니다.

며칠 전 태국 방콕에서 미세먼지 분야의 낭보가 있었습니다. 우리나라가 주도한 '대기오염 대응을 위한 아태지역 협력 강화' 결의안이 제75차 유엔아시아태평양경제사회위원회(UN ESCAP)에서 회원국들의 전폭적인 지지 속에서 채택되었습니다. 미세먼지 문제를 국제적으로 공동으로 해결해야 한다는 의식이 확산되고 있어서 매우 다행스럽습니다. 미세먼지 문제를 비롯한 환경문제는 한 가지 처방으로 해결할 수 없습니다. 단시간에 속 시원히 해결하기도 어렵습니다. 그러나 정부는 국민과 함께 노력하며, 한 걸음 한 걸음 해결의 길로 다가가고 있습니다. 지금 우리의 실천이 아이들의 미래입니다. 오늘의 한걸음이 우리 아이들의 푸른 하늘, 깨끗한 공기가 되도록 모두 함께해주시기 바랍니다.

감사합니다.

제64회 현충일 추념사

| 2019-06-06 |

존경하는 국민 여러분, 국가유공자와 유가족 여러분,

나라를 지켜낸 아버지의 용기와 가족을 지켜낸 어머니의 고단함을 우리는 기억합니다. 돌아오지 못한 아버지와 남겨진 가족의 삶을 우리는 기억합니다. 우리의 애국은 바로 이 소중한 기억에서 출발합니다. 나라를 위한 일에 헛된 죽음은 없습니다. 나라를 위한 희생은 공동체가 함께 책임져야 할 명예로운 일입니다. 오늘의 우리는 수많은 희생 위에 존재하기 때문입니다. 우리의 보훈은 바로 이 소중한 책임감에서 출발합니다. 우리 모두는 우리 곁을 떠난 이들이 아무 일도 없었던 것처럼 다시 문을 열고 들어오길 바랍니다. 그러나 우리의 현대사는 돌아오지 않은 많은 이들과 큰 아픔을 남겼습니다. 우리의 보훈은 아픈 역사를 다시는 되풀이하지 않겠다는 다짐이기도 합니다.

올해는 3·1독립운동과 대한민국 임시정부수립 100년을 맞는 해입니다. 지난 100년 많은 순국선열들과 국가유공자들께서 우리의 버팀목이 되어주셨습니다. 선열들의 고귀한 희생과 헌신에 경의를 표하며, 유가족들께 깊은 위로의 말씀을 드립니다.

국민 여러분,

이곳 국립서울현충원에는 1956년 1월 16일 무명용사 1위를 최초로 안장한 이후 지금까지 모두 18만 1천여 위가 안장되어 있습니다. 국가원수부터 무명용사까지, 우리 곁을 떠난 독립유공자와 국가유공자, 참전용사, 경찰관과 소방관, 의사자와 국가사회공헌자들이 함께 잠들어 있습니다. 현충원은 살아있는 애국의 현장입니다. 여기 묻힌 한 분 한 분은 그 자체로 역사이며, 애국이란 계급이나 직업, 이념을 초월하는 것이라는 사실을 보여주고 있습니다.

국립서울현충원 2번 묘역은 사병들의 묘역입니다. 8평 장군묘역 대신 이곳 1평 묘역에 잠든 장군이 있습니다. "내가 장군이 된 것은 전쟁터에서 조국을 위해 목숨을 버린 사병들이 있었기 때문이다. 전우들인 사병 묘역에 묻어달라" 유언한 채명신 장군입니다. 장군은 죽음에 이르러서까지 참다운 군인정신을 남겼습니다. 애국의 마음을 살아있는 이야기로, 지금도 들려주고 있습니다. 석주 이상룡 선생과 우당 이회영 선생도 여기에 잠들어 계십니다. 두 분은 노블레스 오블리주를 넘어 스스로 평범한 국민이 되었습니다. 노비 문서를 불태우고 모든 재산을 바쳐 독립운동에 뛰어들었습니다. 뿌리 깊은 양반가문의 정통 유학자였지만 혁신유림의 정신으로 기득권을 버리고, 민주공화국 대한민국의 건국에 이바지했습니다.

　애국 앞에 보수와 진보가 없습니다. 기득권이나 사익이 아니라 국가공동체의 운명을 자신의 운명으로 여기는 마음이 바로 애국입니다. 기득권에 매달린다면 보수든 진보든 진짜가 아닙니다. 우리에게는 사람이나 생각을 보수와 진보로 나누며 대립하던 이념의 시대가 있었습니다. 하지만 오늘의 대한민국에는 보수와 진보의 역사가 모두 함께 어울려 있습니다. 지금 우리가 누리는 독립과 민주주의와 경제발전에는 보수와 진보의 노력이 함께 녹아있습니다. 저는 보수이든 진보이든 모든 애국을 존경합니다. 이제 사회를 보수와 진보, 이분법으로 나눌 수 있는 시대는 지났습니다. 우리는 누구나 보수적이기도 하고 진보적이기도 합니다.

　어떤 때는 안정을 추구하고, 어떤 때는 변화를 추구합니다. 어떤 분야는 안정을 선택하고, 어떤 분야는 변화를 선택하기도 합니다. 스스로를 보수라고 생각하든 진보라고 생각하든 극단에 치우치지 않고 상식의 선 안에서 애국을 생각한다면 우리는 통합된 사회로 발전해 갈 수 있을 것입니다. 그것이야말로 이 시대의 진정한 보훈이라고 믿습니다.

　1945년, 일본이 항복하기까지 마지막 5년 임시정부는 중국 충칭에서 좌우합작을 이뤘고, 광복군을 창설했습니다. 지난 3월 충칭에서 우리는 한국광복군 총사령부 청사복원 기념식을 가졌습니다. 임시정부는 1941년 12월 10일 광복군을 앞세워 일제와의 전면전을 선포했습니다. 광복군에는 무정부주의세력 한국청년전지공작대에 이어 약산 김원봉 선생이 이끌던 조선의용대가 편입되어 마침내 민족의 독립운동역량을 집결했습니다. 그 힘으로 1943년, 영국군과 함께 인도-버마 전선에서 일본군과 맞서 싸웠고, 1945년에는 미국 전략정보국(OSS)과 함께 국내 진공작전을 준비하던 중 광복을 맞았습니다. 김구 선생은 광복군의 국내 진공작전이 이뤄지기 전에 일제가 항복한 것을 두고두고 아쉬워했습니다. 그러나 통합된 광복군 대원들의 불굴의 항쟁의지, 연합군과 함께 기른 군사적 역량은 광복 후 대한민국 국군 창설의 뿌리가 되고, 나아가 한미동맹의 토대가 되었습니다.

지난 4월 11일 대한민국 임시정부 수립 100년을 맞는 뜻깊은 날, 미국 의회에서는 임시정부를 대한민국 건국의 시초로 공식 인정하는 초당적 결의안을 제출했습니다. 대한민국 임시정부 수립이 한국 민주주의의 성공과 번영의 토대가 되었으며, 외교, 경제, 안보에서 한미동맹이 더욱 강화되어야 한다고 강조했습니다.

내년은 한국전쟁 70주년이 되는 해입니다. 유엔의 깃발 아래 22개국 195만 명이 참전했고, 그 가운데 4만여 명이 소중한 목숨을 잃었습니다. 이 땅의 자유와 평화를 위해 가장 큰 희생을 감내한 나라는 미국이었습니다. 미국의 참전용사 3만 3천여 명이 전사했고, 9만 2천여 명이 부상을 입었습니다. 정부는 2022년까지 워싱턴 한국전쟁 기념공원 안에 '추모의 벽'을 건립할 것입니다. 미군 전몰장병 한 분 한 분의 고귀한 희생을 기리고, 한미동맹의 숭고함을 양국 국민의 가슴에 새길 것입니다. 어떤 일이 있어도 조국은 나를 기억하고 헌신에 보답할 것이라는 확고한 믿음에 답하는 것이 국가의 의무입니다. 오늘 국립서울현충원에서 저는 다시 애국을 되새기며, 국가를 위해 희생하신 분들과 유족들께 국가의 의무를 다할 것을 약속드립니다.

국가유공자와 유가족 여러분,

지난해 '공무원 재해보상법'을 제정했습니다. 공무 수행 중 사망한 계약직, 비정규직 근로자도 정규직 공무원들과 동일하게 보훈예우를 받을 수 있게 되었습니다. 순직 경찰과 소방공무원들의 순직연금도 대폭 인상했습니다. 올해는 순직 군인들을 위한 '군인재해보상법' 제정을 추진하고 있습니다. 군 복무로 인한 질병이나 부상을 끝까지 의료지원 받을 수 있도록 '병역법' 개정도 추진하겠습니다.

해외에 계신 독립유공자의 유해도 조국의 품으로 모셔왔습니다. 중국의 김태연 지사, 미국의 강영각 지사와 이재수 지사, 카자흐스탄의 계봉우, 황운정 두 지사와 부인의 유해를 각각 서울현충원과 대전현충원에 안장했습니다. 홍범도 장군의 유해봉환도 계속 추진할 것입니다.

오늘 이재수 지사님의 유지를 되새겨봅니다. "언젠가는 내 조국으로 가서, 새롭고 진정한 민주주의의 나라를 건설하는 봉사자가 되겠다." 그 유언에 당당히 응답하는 대한민국이 되겠습니다. 국가유공자와 유가족들이 자부심을 가질 수 있을 때 비로소 나라다운 나라라고 믿습니다. 지난 1월부터 국가유공자의 집을 알리는 명패 달아드리기 사업을 시행하고 있습니다. 독립유공자와 유족, 참전용사와 상이군경, 민주화운동유공자와 특수임무부상자 등 올해와 내년, 모두 40여만 명의 집에 명패를 달아드릴 것입니다. 가족은 물론 지역 사회가 함께 명예롭게 여겨주면 좋겠습니다. 지자체 등의 행사 때 지역의 국가유공자들이 앞자리에 초청받는 문화가 정착되기를 바랍니다.

정부는 국가유공자와 가족의 예우와 복지를 실질화하고, 보훈 의료

인프라를 확충하는 노력을 계속해 나가겠습니다. 또한, 국가유공자들을 편하게 모시기 위해 올 10월 괴산호국원을 개원하고, 제주국립묘지를 착공해 2021년 개원할 예정입니다. 그동안 국가 관리가 미흡했던 수유리 애국선열 묘역, 효창공원 독립유공자 묘역 등 독립유공자 합동묘역을 국가가 체계적으로 관리하고, 무연고 국가유공자 묘소를 국가가 책임지고 돌보겠습니다. 유족이 없는 복무 중 사망자를 국가가 책임지고 직권 등록하는 방안도 마련하겠습니다. 국가유공자가 생전에 안장 자격 여부를 확인할 수 있는 사전 안장심사제도를 올해 도입하고, 현장 전문가와 일반 시민이 함께하는 '보훈심사 시민참여제도'도 법제화하겠습니다.

우리는 지난 5월 24일, 또 한 명의 장병을 떠나보냈습니다. 청해부대 최영함에 탑승하여 이역만리 소말리아 아덴만에서 파병 임무를 마치고 복귀하는 마지막 순간이었습니다. 국가는 끝내 가족의 품으로 돌아가지 못한 고(故) 최종근 하사를 국립대전현충원에 모셨습니다. 오늘 부모님과 동생 그리고 또 동료들은 이 자리에 함께하고 계십니다. 여러분 최종근 하사의 유족들께 따뜻한 위로의 박수 부탁드립니다.

정부는 '9·19군사합의' 이후 비무장지대 지뢰 제거를 시작으로 유해 67구와 3만여 점의 유품을 발굴했습니다. 이 자리에는 유해발굴을 통해 신원이 확인된 고 김원갑 이등중사님, 고 박재권 이등중사님, 고 한병구 일병님의 유가족들이 함께하고 계십니다. 오늘 그 유족들께 국가유공자 증서를 수여했습니다. 여러분 이분들께도 따뜻한 위로의 박수를 부탁드립니다. 국가를 위해 헌신한 마지막 한 분까지 찾는 것이 국가의 마땅한 책무입니다. 하지만 어렵게 조국의 품으로 돌아온 많은 영웅들이 이름도 가족도 찾지 못한 무명용사로 남겨져 있습니다. 유전자 대조자료가 없어 신원확인을 못 했기 때문입니다. 유가족들께서 더욱 적극적으로 유전자 확보에 협력해 주신다면, 정부가 최선을 다해 가족을 찾아드릴 것을 약속드립니다.

존경하는 국민 여러분, 국가유공자와 유가족 여러분,

지난 100년, 우리는 식민지를 이겨냈고 전쟁의 비통함을 딛고 일어났으며 서로 도와가며 민주주의와 경제성장을 이뤄냈습니다. 그 길은 결코 쉽지 않은 길이었습니다. 독립운동의 길은 자신의 모든 것을 포기하고 나선, 장엄한 길이었습니다. 되찾은 나라를 지키고자 우리는 숭고한 애국심으로 전쟁을 치렀지만, 숱한 고지에 전우를 묻었습니다. 경제성장의 과정에서도 짙은 그늘이 남았습니다.

우리는 미래로 나아가면서도 과거를 잊지 않게 부단히 각성하고 기억해야 합니다. 우리 자신의 뿌리가 어디에서 왔는지 되새기며, 어디로 나아가고 있는지 통찰력을 가지고 바라봐야 합니다. 우리의 가슴에는 수많은 노래가 담겨있습니다. 조국에 대한 노래, 어머니에 대한 노래, 전우에 대한 노래, 이 노래는 멈추지 않고 불릴 것입니다. 우리의 하늘에는 전몰장병들과 순직자의 별들이 영원히 빛날 것입니다. 우리에게 선열들의 정신이 살아있는 한 대한민국은 미래를 향한 전진을 결코 멈추지 않을 것입니다. 모든 국가유공자들께 다시 한 번 깊은 경의를 표합니다.

감사합니다.

6·10민주항쟁 기념사

| 2019-06-10 |

존경하는 국민 여러분,

6·10민주항쟁 32주년이 되었습니다. 전국 곳곳, 6월의 아스팔트는 민주주의의 함성과 함께 뜨겁게 달궈졌고 직업과 계층을 떠나 모든 국민이 항쟁에 참여했습니다. 6·10민주항쟁의 승리로 우리는 대통령을 국민의 손으로 직접 뽑을 수 있게 되었고, 국민의 힘으로 세상을 전진시킬 수 있다는 것을 확인했습니다. 그날 우리의 곁에 있었던, 우리들 모두에게 안부를 묻습니다. 함께해주셔서 우리가 여기까지 왔습니다.

오늘 남영동 대공분실에서 기념식을 하게 되어 마음이 숙연해집니다. 그해 1월 14일, 이곳 509호에서 스물두 살 박종철 열사가 고문 끝에 숨졌습니다. "박종철을 살려내라" 외치던 이한열 열사가 불과 5개월 뒤 모교 정문 앞에서 최루탄에 쓰러졌습니다. 두 청년의 죽음은 민주주의와 인권을 각성시켰고 우리를 거리로 불러냈습니다. 남영동 대공분실은 인권유린과 죽음의 공간이었지만, 32년 만에 우리는 이곳을 민주인권기념관으로 바꿔내고 있습니다.

민주인권기념관은 민주주의를 끊임없이 되살리고자 했던, 많은 분들의 노력으로 건립이 결정되었습니다. 2001년 민주화운동기념사업회법이 제정되고 민주화운동기념관 건립을 목적사업으로 삼았지만 지난해가 되어서야 민주인권기념관 건립을 발표할 수 있었습니다. 민주인권기념관은 2022년 완공을 목표로 하고 있습니다. 건설 과정에 시민들이 참여하고 누구에게나 개방된 시설로 민주주의를 구현해낼 것입니다. 새롭게 태어날 민주인권기념관은 단순한 기념시설을 넘어 민주주의 전당으로 거듭날 것입니다. 박종철 열사와 이한열 열사, 평생 아들의 한을 풀기 위해 애쓰다 돌아가신 박정기 아버님께 달라진 대공분실을 꼭 보여드리고 싶습니다.

존경하는 국민 여러분,

우리의 민주주의는 광장과 거리에서 들꽃처럼 피었습니다. 이제 민주주의의 씨앗은 집에, 공장에, 회사에 심어져야 합니다. 부모와 자식 사이에, 사용자와 노동자 사이에, 직장 동료들 사이에, 사랑하는 사람들 사이에서도 서로를 존중하고 배려하는, 아름다운 꽃으로 피어나야 합니다.

민주주의는 아직 자라고 있습니다. 민주주의를 제도로만 생각하면, 이미 민주주의가 이뤄진 것처럼 생각할지 모릅니다. 민주주의는 제도이기 이전에 우리가 살아가는 방식입니다. 더 자주 실천하고 더 많이 민주주의자가 되어가는 것이 민주주의입니다. 민주주의는 아직 허허벌판에서 바람에 나부끼는 가냘픈 꽃에 불과합니다. 더 많이 햇볕을 받고, 때에 맞춰 물을 주어야 튼튼하게 자라날 수 있습니다.

민주주의는 대화로 시작되어 대화로 끝난다고 해도 과언이 아닙니다. 서로를 이해하기 위해 좋은 말을 골라 사용하는 것도 민주주의의 미덕입니다. 자신이 하고자 하는 일이 공동체에 어떤 영향을 미칠 것인지 생각하는 것도 민주주의입니다. 공동체가 올바른 길로 가기 위해 진실을 이야기하는 것이 민주주의를 위한 실천입니다. 민주주의가 더 커지기 위해서는 불평등을 해소해야 하며 공정한 사회를 만들어야 합니다. 경제에서도 우리는 민주주의를 실현해야 합니다. 우리는 자기 삶에 영향을 주는 결정 과정에 참여해 말할 수 있어야 합니다. 자유를 위해 인내와 희생이 따르고, 평등을 위해 나눔과 배려가 따르듯이, 민주주의를 위해 우리는 한 인간으로서 존엄을 갖추고 정치적으로 각성해야 할 것입니다.

존경하는 국민 여러분,

민주주의가 확산될수록 우리는 더 많이, 더 자주 갈등과 마주합니다. 국민 한 사람 한 사람이 깨어나면서 겪게 되는 당연한 현상이라고 생각합니다. 그만큼 사회갈등에 대한 시민들의 민주적 해결 능력과 타협하는 정신이 필요하며, 이러한 능력과 정신이 성숙해질 때 우리는 포용국가로 갈 수 있습니다.

수많은 이들이 지키고자 애써온 민주주의와 인권이 민주인권기념관의 기초라면 민주시민교육을 위한 기구는 민주주의와 인권의 밭에 내리쬐는 햇볕이고 단비입니다. 우리는 깨어있는 시민들이 없으면 민주주의가 언제라도 과거로 퇴행하고 되돌아갈 수 있음을 촛불혁명을 통해 확인했습니다. 일상 속의 민주주의가 더 튼튼해져야 민주주의의 후퇴를 막을 수 있습니다. 이제 남영동 대공분실은 국가의 이름으로 자행한 국가폭력의 공간에서 모든 인간이 존엄성을 인정받고 존중받는 민주주의의 산실로 새롭게 태어날 것입니다. 민주시민교육을 통해 시민들과 미래 세대들이 일상적으로 민주주의의 소중한 가치를 배우고 체험할 수 있도록 역할을 다해주실 것을 당부드립니다.

우리의 민주주의는 6·10민주항쟁을 기준으로 명징하게 나눠집니다. 그해 6월로부터 우리는 쿠데타, 체육관선거, 보도지침, 계엄령으로 상징되던 군부독재 체제를 청산하고 직선제, 표현의 자유, 민주주의 시대로 나아가기 시작했습니다. 그리고 우리는 다시 촛불혁명을 통해 더 많은 민주주의, 더 다양한 민주주의, 더 좋은 민주주의를 시작했습니다. 6·10민주항쟁 32주년을 계기로 국민들께 새로운 민주주의의 역사를 써나가자고 말씀드리며, 32년 전 오늘 민주주의를 위해 함께했던 모든 분께 존경과 감사의 마음을 전합니다.

감사합니다.

핀란드 니니스퇴 대통령 주최 국빈 만찬 답사

| 2019-06-10 |

존경하는 사울리 니니스퇴 대통령님과 옌니 하우키오 여사님, 내외 귀빈 여러분,

휘바 일따아! (좋은 저녁입니다)

우리 부부와 대표단을 따뜻하게 맞아주시고 성대한 자리를 마련해주셔서 진심으로 감사드립니다.

핀란드의 자연은 참으로 아름답습니다. 끝없이 펼쳐진 자작나무 숲과 하늘빛 호수, 머리 위로 떨어지는 햇살이 모든 이들을 행복하게 만듭니다. 자연의 품에서 공존과 배려의 마음을 기르고, 격조와 매력이 넘치는 문화를 만들어낸 핀란드 국민들께 부러움과 함께 깊은 존경의 인사를 드립니다. 핀란드가 선사한 추억이 북유럽 순방 내내 커다란 활력이 되어줄 것 같습니다.

지난해 2월, 대한민국 평창동계올림픽에서 핀란드 선수단은 한국 국민들에게 강렬한 인상을 남겼습니다. 평창동계올림픽의 대미를 장식한 것은 강원도의 눈길을 힘껏 달린 핀란드의 크로스컨트리 남녀 대표 선수였습니다. 이보 니스카넨과 크리스타 파르마코스키 선수가 세계가 지켜보는 가운데 폐회식 시상대에 올랐습니다. 평창패럴림픽에 출전한 여자 노르딕스키의 시니 피 선수는 장애를 딛고 인간의 한계에 도전한 선수에게 주는 '황연대 성취상'을 받았습니다. 평창 동계올림픽은 핀란드 선수들의 뜨거운 땀과 숨결과 함께하며 성공적인 평화올림픽으로 막을 내렸습니다.

　　내외 귀빈 여러분,

　　핀란드와 한국은 공통점이 많습니다. 양국 국민들은 결코 포기하지 않는 정신을 바탕으로 놀라운 성취의 역사를 써 왔습니다. 양국은 지정학적 여건에 따른 잦은 외세의 침략에도 불구하고 고유의 정체성을 굳건히 지켜왔습니다. 전쟁의 상처와 자원의 빈곤을 딛고 경제성장을 이뤄냈습니다. 핀란드와 한국은 다양한 분야에서 우정과 신뢰의 역사를 쌓아왔습니다. 핀란드에서는 80년 전 한국어가 소개되었고, 명문 헬싱키 대학과 투르쿠 대학 등을 중심으로 한국어와 한국학 연구가 체계적으로 이루어지고 있습니다. 최근 한국 방송에서는 핀란드 청년들의 순박하고 꾸밈없는 매력이 소개되었고 핀란드에 대한 관심을 더욱 높여주었습니다. 지난해 양국 간 교역 규모는 32% 증가했습니다. 인적교류는 15% 증가해, 4만 7천 명을 넘었습니다. 이번에 합의한 부산–헬싱키 간 직항노선이 개설되면 교류가 더욱 촉진될 것입니다. 양국 간 교류는 교육·문화 분야에서도 활발히 이뤄지고 있습니다. 20여 개 한국 대학이 핀란드 대학과 자매결연을 맺고, 학생교류 사업을 진행하고 있습니다.

오늘 니니스퇴 대통령님과 나는 한·핀란드 간 미래 협력기반을 더욱 공고히 하기로 했습니다. 양국은 5G, 인공지능, 사물인터넷, 빅데이터 분야에서 긴밀히 협력하고, 젊은 세대의 교류와 만남을 늘려 양국의 우정과 신뢰를 미래 세대로 이어지게 할 것입니다.

내외 귀빈 여러분,

한국인들은 핀란드라는 나라 이름에서 '행복'이란 단어를 떠올립니다. UN 행복지수 보고서에서 핀란드는 1위를 기록하고 있습니다. 나는 그 비결 중 하나가 혁신을 통해 새로운 성장 동력을 창출하면서, 포용과 복지를 균형 있게 추구해온 덕분이라고 생각합니다. 국민에게 존경과 사랑을 받는 니니스퇴 대통령님의 리더십과 일상의 민주주의를 실천해온 핀란드 국민이 있는 한, 핀란드의 기적은 앞으로도 계속될 것이라 확신합니다.

핀란드를 상징하는 또 다른 단어는 '평화'입니다. '헬싱키 프로세스'는 유럽에서 냉전체제를 걷어내고, '철의 장막'을 무너뜨리는 단초가 되었습니다. 핀란드에서 시작된 소통과 이해의 노력은 평화의 바탕 위에서 경제적 번영을 이루는 유럽통합의 초석이 되었습니다. 한반도에도 평창 동계올림픽의 북한 참가를 시작으로 마지막 남은 냉전을 녹여낼 새로운 바람이 불고 있습니다. 세 차례의 남북 정상회담과 두 차례의 북미 정상회담을 통해, 남·북·미 정상들은 비핵화와 평화를 향한 공감대를 확인했습니다. 상대방을 이해하고 배려하며 소통과 만남의 의지를 잃지 않는다면 한반도의 항구적 평화를 반드시 이룰 수 있을 것입니다.

평화야말로 인간의 잠재력을 꽃피우게 하고, 공동체를 발전시키는 힘입니다. 외세의 지배와 전쟁의 상처를 딛고, 화해와 평화의 장을 연 핀란드가 언제나 함께해주실 것으로 믿습니다. 오늘 우리 두 정상이 심은 우정의 나무가 양국 국민 사이 더 많은 교류와 만남으로 아름답고 건강한 숲을 이루길 기대합니다. 다시 한 번 환대에 감사드리며, 대통령님 내외분의 건강과 행복, 양국의 영원한 우정과 번영을 위해 건배를 제의합니다.

노스따까암메 말리아! (건배)

이희호 여사님을 추모합니다

| 2019-06-11 |

오늘 이희호 여사님께서 김대중 대통령님을 만나러 가셨습니다. 조금만 더 미뤄도 좋았을 텐데, 그리움이 깊으셨나 봅니다. 평생 동지로 살아오신 두 분 사이의 그리움은 우리와는 차원이 다르지 않을까 생각해보았습니다. 여사님, 저는 지금 헬싱키에 있습니다. 부디 영면하시고, 옆에 계신 분들께서 정성을 다해 모셔주시기 바랍니다.

여사님은 정치인 김대중 대통령의 배우자, 영부인이기 이전에 대한민국 1세대 여성운동가입니다. 대한여자청년단, 여성문제연구원 등을 창설해 활동하셨고, YWCA 총무로 여성운동에 헌신하셨습니다. 민주화운동에 함께하셨을 뿐 아니라 김대중 정부의 여성부 설치에도 많은 역할을 하셨습니다.

우리는 오늘 여성을 위해 평생을 살아오신 한명의 위인을 보내드리고 있습니다. 여사님은 "남편이 대통령이 돼 독재를 하면 제가 앞장서서 타도하겠다" 하실 정도로 늘 시민 편이셨고, 정치인 김대중을 '행동하는 양심'으로 만들고 지켜주신 우리시대의 대표적 신앙인, 민주주의자였습니다.

지난해 평양 방문에 여사님의 건강이 여의치 않아 모시고 가지 못해 안타까웠습니다. 평화의 소식을 가장 먼저 알려드리고 싶었는데 벌써 여사님의 빈자리가 느껴집니다. 두 분 만나셔서 많은 이야기를 나누고 계시겠지요. 순방을 마치고 바로 뵙겠습니다. 하늘나라에서 우리의 평화를 위해 두 분께서 늘 응원해 주시리라 믿습니다.

한·핀란드 스타트업 서밋 '혁신성장 포럼' 문재인 대통령 기조연설

| 2019-06-11 |

사울리 니니스퇴 대통령님과 내외 귀빈 여러분, 양국 스타트업과 경제인 여러분,

모이! (안녕하십니까) 따뜻하게 맞아주셔서 감사합니다.

'세계에서 가장 행복한 나라', '세계에서 가장 안전한 나라', '세계에서 가장 높은 수준의 인적자본을 갖춘 나라', 핀란드의 또 다른 이름들입니다.

숲과 호수가 어울린 도시 헬싱키에서 그 이유를 실감합니다. 일과 삶은 균형을 이뤘고, 사람들은 서로를 신뢰합니다. 사회안전망이 든든하여 도전과 실패를 두려워하지 않습니다. 아이들은 창의성을 북돋는 교육 속에서 자라납니다. '복지와 교육, 포용의 나라' 핀란드의 저력이 느껴집니다. '인구 수 대비 스타트업 수가 가장 많은 나라', '세계에서 가장 혁신적인 나라'도 핀란드입니다. 세계 최대 스타트업 축제 '슬러시 (SLUSH)'가 열릴 때면 평소 조용한 이곳 헬싱키가 들썩인다고 들었습니다. '슬러시'라는 명칭에서 뜨거운 벤처의 열기를 느낄 수 있고, 추운 겨울을 녹여낼 수 있다는 핀란드의 자신감이 전해집니다.

저는 어제 '오타니에미 산학연 단지'에서 원천기술 개발부터 상용화, 신산업 육성에 이르기까지 거대한 스타트업의 요람을 직접 보면서 핀란드 성공 스토리가 어떻게 가능했는지 확인할 수 있었습니다. 핀란드가 스타트업 선도국가가 된 것은 혁신의 힘이었습니다. 핀란드는 노키아의 위기를 오히려 기회로 삼아 새롭게 부활했습니다. 노키아의 빈자리를 혁신이 메우고, 수많은 스타트업들이 채우고 있습니다. 이제 핀란드의 대학생이 창업한 스타트업이 인공위성 개발에 성공하는 단계까지 왔습니다. 핀란드의 이러한 변화는, 대기업 중심의 경제구조 속에 있었던 한국에도 큰 공감을 주고 있습니다.

한국 정부 또한 혁신 창업국가를 지향하고 있습니다. 중소벤처기업부를 신설하고, 제2벤처붐 확산 전략을 마련해 추진하는 등 스타트업 지원에 박차를 가하고 있습니다. 이러한 노력에 힘입어, 지난해 세계은행이 발표한 창업환경 순위에서, 한국은 전 세계 190개국 중 11위, 아시아 국가 중 2위를 기록했습니다. 신설 법인 수와 신규 벤처투자액도 사상 최고치를 달성했습니다. 전국 280여 개 대학, 5천여 개 창업동아리와 4만여 명의 예비 청년 창업가들이 창업의 꿈을 키워가고 있습니다. 오늘 이 자리가 양국 스타트업과 경제인들이 '혁신'을 향한 경험과 지혜를 나누는 좋은 기회가 되길 바랍니다.

양국 경제인 여러분,

핀란드와 한국 모두 전쟁의 상처를 딛고 경제 강국으로 도약했습니다. 양국 국민은 포기를 모르는, 끈질긴 국민성을 공유하고 있습니다. 양국의 인연도 오래전부터 시작되었습니다. 핀란드 언어학자 람스테드는 80년 전에 세계 최초로 영어로 된 한국어 문법책을 발간했습니다. 최근 핀란드의 지휘자 오스모 벤스케는 한국의 유명 오케스트라인 서울시향의 음악감독으로 선임되었습니다. 양국은 1993년 투자증진 및 보호 협정을 체결하고 1997년 한·핀란드 경제협력위원회를 설립하는 등 일찍부터 경제협력 기반도 공고히 다져왔습니다. 그 결과, 지난해 양국 간 교역 규모가 전년 대비 32% 증가했고, 인적 교류는 15% 증가했습니다. 어제 양국이 합의한 '부산-헬싱키 간 직항노선'이 개설되면 양국의 인적·물적 교류는 더욱 늘어날 것입니다. 저는 오늘 양국의 협력이 혁신을 통해 더욱 발전해 나갈 것이라 확신하면서 스타트업과 경제협력의 세 가지 방향을 말씀드리고자 합니다.

첫째, 도전과 혁신이 충만한 '스타트업 생태계'를 구축하기 위해 양국 간 협력을 강화할 것입니다. 어제 양국은 '중소기업, 스타트업, 혁신 분야 협력 MOU'를 체결하였고, 핀란드에 '코리아 스타트업센터'를 설치하기로 했습니다. 양국 스타트업 간 교류가 더욱 활발해질 것입니다. 오늘 양국 공공기관은 '공동 벤처투자펀드 조성 등에 관한 MOU'도 체결할 것입니다. 앞으로 공동투자 펀드가 조성되면, 양국 스타트업의 협력을 위한 자금조달에도 물꼬가 트일 것으로 기대합니다. 양국을 대표하는 스타트업 축제 역시 함께할 것입니다.

올해 11월 한국에서 스타트업 축제 '컴업(ComeUp)'이 개최됩니다. 핀란드의 '슬러시'와 협력하여, 양국 스타트업 생태계를 함께 경험하고 배울 수 있는 축제의 장을 제공할 것입니다. 이번 방문을 계기로, 양국의 스타트업 지원 공공기관인 비즈니스 핀란드와 한국의 창업진흥원, 코트라가 함께 스타트업 발굴과 상호 인적교류에 협력하기로 했습니다. 양국 민간단체인 알토이에스와 코리아스타트업 포럼도 스타트업 관련 노하우를 공유하고 협력할 것입니다.

둘째, 양국은 4차 산업혁명에 공동 대응해 나갈 것입니다. 양국은 어제 '4차 산업혁명 공동대응 MOU'에 합의하여 양국이 함께 강점을 갖고 있는 5G, 인공지능을 위한 협력을 더욱 강화하기로 했습니다. 특히, 세계 최초로 5G 상용화에 성공한 한국과 세계 최초로 6G 통신망 연구에 착수한 핀란드는 더없이 좋은 협력 파트너입니다. 양국 간 시너지를 높이기 위해, 어제 '차세대 통신 협력 MOU'를 체결했습니다. 4차 산업혁명 대응을 위한 산학연 협력도 중요합니다. '오타니에미 산학연 단지'와 한국의 '대덕연구개발특구'가 자매결연을 맺어 상호 협력하기로 합의했습니다. 양국 산학연 단지 간 협력을 통해 원천기술에서부터 상용화, 세계시장 공동 진출에 이르기까지 포괄적인 협력이 이루어질 것으로 기대합니다.

셋째, 양국은 창의적 인재육성을 위한 '교육 협력'과 고령사회 적응을 위한 '헬스케어 협력'도 강화해 나갈 것입니다. 핀란드는 초·중등 교육단계부터 창업과 기업가정신을 가르칩니다. 최근에는 '탤런트 부스트(Talent Boost)' 정책과 '스타트업 비자'와 같은 해외 인재 유치 정책을 통해 한국을 비롯한 해외 청년창업에도 문호를 개방하고 있습니다. 양국 정부는 어제 핀란드의 탤런트 부스트와 연계해 한국 청년 인재의 핀란드 진출을 지원하는 '한·핀란드 인재교류협력 MOU'를 체결했습니다. 한국의 우수한 청년 인재의 진출은 핀란드 경제에 도움이 되면서, 한국에게도 스타트업 노하우를 익히는 좋은 기회가 될 것입니다.

양국은 모두 저출산·고령화를 극복하기 위해 노력하고 있습니다. '헬스케어' 분야도 유망한 미래 산업으로서 양국의 협력 잠재력이 큽니다. 이번 방문을 계기로 양국은 '헬스케어 산업협력 MOU'를 체결했습니다. 5G 기술을 응용한 디지털 헬스케어 분야 협력은 양국 국민의 건강을 지킬 뿐 아니라 세계시장 공동 진출로 새로운 성장동력을 만들어줄 것입니다.

양국 스타트업과 경제인 여러분,

이곳 헬싱키는 '평화'의 도시로도 잘 알려져 있습니다. 냉전이 고조되던 1952년, 올림픽의 성공적 개최를 통해 평화와 화합의 메시지를 전 세계에 전했습니다. 1975년 '헬싱키 프로세스'는 유럽의 동서 간 '철의 장막'을 종식시키고 평화의 길로 나아가는 데 크게 기여했습니다. 한국은 한반도 평화를 통해 유라시아 대륙, 북유럽까지 교류하고 협력하고자 합니다. 니니스퇴 대통령님께서도 한반도 평화를 위한 노력을 적극 지지해 주고 계십니다. 한반도의 비핵화와 항구적 평화가 이뤄지면, 양국 간 경제협력도 무궁무진해질 것입니다. 여기 계신 경제인 여러분께도 더 많은 기회가 열릴 것입니다.

'손은 차갑게, 가슴은 따뜻하게'라는 핀란드 속담이 있습니다. 뜨거운 열정을 품고 있으면서 차분하게 실천하는 핀란드의 모습을 잘 나타내 주고 있습니다. 이러한 행동과 마음으로 핀란드는 '혁신'과 함께 '포용'을 이뤘습니다. 한국은 핀란드에서 배우고, 핀란드와 함께 '혁신'과 '포용'을 이루고자 합니다. 한국이 가진 '평화와 공동번영'의 꿈에도 핀란드가 함께해주시길 바랍니다.

끼이또스! (감사합니다)

노르웨이 정부 주최 오찬 답사

| 2019-06-12 |

존경하는 국왕님, 이네 에릭슨 써라이데 장관님과 내외 귀빈 여러분,

우리 대표단을 따뜻하게 환대해 주신 국왕님과 성대한 오찬을 베풀어 주신 노르웨이 정부에 깊이 감사드립니다. 올해는 노르웨이와 한국이 수교를 맺은 지 60주년이 되는 뜻깊은 해입니다. 동양에서는 60살 생일을 특별하게 챙기는 전통이 있습니다. 대한민국 정상으로는 처음으로 노르웨이를 국빈방문해 양국의 60년 우정과 인연을 축하할 수 있어서, 더없이 기쁘게 생각합니다.

어제 오슬로에 도착해 보니, "해외로 나가기엔 노르웨이가 너무 좋다"라고 한 노르웨이 기업가의 말이 생각났습니다. 누구라도 노르웨이에 한 번 오면 오래 머물고 싶을 것 같습니다. 함께 힘을 모아 행복하고 풍요로운 사회를 만들어 온 노르웨이 왕실과 정부, 국민께 경의를 표합니다.

　노르웨이와 한국의 우정은 수교의 역사보다 더 오래되었습니다. 70여 년 전 한국전쟁이 발발하자, 노르웨이 정부는 생면부지의 한국에 623명의 의료지원단을 파견해 수많은 생명을 구했습니다. 전쟁이 끝난 후에도 폐허가 된 서울에 남아 가난하고 아픈 사람들의 치료를 도왔습니다.

　노르웨이가 전해준 것은 사람을 소중히 여기는 인류애와 자신의 신념을 행동으로 옮기는 용기와 힘이었습니다. 노르웨이와 국제사회의 지원으로 한국은 전쟁을 딛고 일어나 민주주의와 경제발전을 이루었고, 원조를 받는 나라에서 주는 나라로 성장했습니다. 한국 국민을 대신해 깊은 감사의 인사를 전합니다.

　사람에 가치를 둔 양국의 우정과 협력은 더 크고 넓게 확대되고 있습니다. 군수지원함, 해상플랫폼 등 조선·해양 분야부터 전기차, 친환경 선박, 청정에너지 등 친환경 협력까지 분야도 다양합니다. 지속가능한 발전을 위해서도 함께하고 있습니다. 스발바르 제도의 다산과학기지는 양국 간 북극 협력의 상징입니다. 해양환경 보호와 기후변화 대응도 양국이 협력해야 할 분야입니다.

　이곳 아케스후스 성은 북유럽의 대표적인 천연 요새로 알려져 있습니다. 직접 와보니, 그 명성이 실감납니다. 어떤 침략도 막아낼 수 있을 정도로 웅장하고 견고하면서, 섬세하고 고풍스러워 더욱 놀랍습니다. 나는 양국의 우정이 아케스후스 성과 같이 단단하고 아름답게 발전해왔다고 생각합니다. 앞으로도 양국의 상생 번영, 인류의 지속가능한 미래를 위해 더욱 긴밀히 협력해 가기를 바랍니다.

양국의 굳건한 우정과 번영을 기원하며, 건배를 제의합니다.

스콜! (건배)

한·노르웨이 공동기자회견

| 2019-06-13 |

안녕하십니까! 나와 우리 대표단을 따뜻하게 맞아주신 국왕님, 에르나 솔베르그 총리님과 노르웨이 국민 여러분께 진심으로 감사드립니다.

작년 평창동계올림픽 이후 솔베르그 총리님을 다시 뵙게 되어 기쁩니다. 총리님의 응원에 힘입어 노르웨이가 종합 1위의 좋은 성적을 거두었습니다. 덕분에 한국 국민들도 노르웨이 선수들의 훌륭한 경기를 즐길 수 있었습니다.

노르웨이는 한국이 어려울 때 도움을 준 오랜 친구입니다. 한국전쟁 당시 의료지원단을 파견하고, 전쟁 후에도 아픈 이들을 치료해 주었습니다. 한국인은 노르웨이에 대한 고마움을 잊지 않고 있습니다. 양국은 북유럽 국가 중 최초로 수교를 맺고, 민주주의와 인권, 사람을 중시하는 공동의 가치와 상호보완적 경제구조에 기반한 협력을 이어왔습니다.

특히, 올해는 양국 수교 60주년을 맞는 뜻깊은 해입니다. 이번 방문은 한국 대통령으로는 첫 국빈방문이어서 더욱 의미가 큽니다. 솔베르그 총리님과 나는 어제 만찬 옆자리에 앉아서 많은 이야기를 나누었고 오늘도 정상회담을 통해서 깊은 대화를 나눌 수 있었습니다. 오늘 솔베르그 총리님과 나는 양국 간 깊은 우정을 재확인하고 미래비전을 논의했습니다. 양국 관계를 한 단계 도약시키기 위한 구체적인 방안들도 논의했습니다.

먼저, 4차 산업혁명 시대를 대비하는 미래지향적 실질 협력을 강화하기로 했습니다. 양국은 세계 최고 수준의 조선 강국입니다. 우리는 양국의 장점을 결합하여 미래형 친환경, 자율운행 선박 개발을 위해 협력해 나가기로 했습니다. 차세대 무공해 에너지원인 수소의 생산과 활용, 저장에 대한 기술개발 등 수소경제 실현을 위해서도 협력하기로 했습니다.

미래협력에 있어 과학기술은 핵심입니다. 우리는 한·노르웨이 과학기술공동위원회를 신설해 양국 간 과학기술 정책을 공유하고 연구자 간 교류를 확대하기로 했습니다. 양국 기업의 연구개발을 함께 지원해 신산업 분야 혁신기술 협력 수준을 높여 나갈 것입니다.

둘째, 우리 두 정상은 지속가능성에 대해서 깊이 있는 이야기를 나누었습니다. 양국은 환경보호와 포용국가 실현을 위해서도 긴밀하게 협력해 나가기로 했습니다. 미래 세대를 위한 의무인 기후변화 대응과 이웃국가에 대한 의무인 개발협력 분야에서도 양국 협력을 더욱 강화해

갈 것입니다. 해양환경 보호를 위한 국제적 노력에도 동참하기로 했습니다. 최근 한국은 국민에게 큰 고통을 주는 미세먼지 문제를 해결하기 위해 노력하고 있습니다. 오늘 솔베르그 총리께서 인접 국가 간 협력을 통해 대기오염 문제를 해결한 북유럽의 경험을 공유해 주셔서 큰 도움이 되었습니다. 한국도 노르웨이의 지혜를 배워, 주변국과의 협력을 더욱 능동적으로 모색해 나가겠습니다. 국민의 복지와 편익 증진을 위해서도 서로 협력하기로 했습니다. 양국 간에 사회보장협정을 체결해 연금 수급권 등 사회보장 혜택을 강화할 것입니다. 아울러, 우리 두 정상은 지속가능한 복지사회 건설을 목표로 성평등과 포용성장 경험을 공유하기로 했습니다.

셋째, 양국관계 발전을 이끌어 온 각 분야의 교류를 더욱 확대하기로 했습니다. 양국 수교 60주년을 기념하는 행사를 다양하게 개최하고, 고위급 인사 교류와 분야별 협의체를 활성화하기로 했습니다. 양국 국민의 서로에 대한 이해와 호감이 더욱 깊어지길 바랍니다. 우리 두 정상은 2006년 한·에프타(EFTA) 자유무역협정 발효 이후 양국 교역이 3배 가까이 증가한 점을 높이 평가했습니다. 우리는 지속적인 교역 확대와 투자 증진을 위해서도 함께 노력해 가기로 했습니다. 오늘 총리님과 사이에 입회 하에 체결한 MOU 외에도 각 장관들 사이에, 각 기업들 사이에 많은 MOU들이 체결됐습니다. 그 점에 대해 모두 관심들 가져주시기 바랍니다.

오늘 솔베르그 총리께서는 한반도의 완전한 비핵화와 항구적 평화 정착에 대한 우리 정부의 노력에 확고한 지지를 보여주셨습니다. 평화를 염원하는 한국 국민에게 국제 평화와 중재에 앞장서 온 노르웨이의 지지와 성원은 큰 도움과 힘이 될 것입니다. 특별한 감사를 드립니다.

나는 오늘 정상회담을 통해 양국의 깊은 우정을 다시 확인할 수 있었습니다. 무엇보다, 양국이 함께 만들어 갈 평화와 번영의 미래에 큰 기대를 갖게 되었습니다. 이번 방문이 양국 관계와 한반도 평화에 중대한 이정표가 될 것이라 확신합니다.

국왕님과 솔베르그 총리님, 노르웨이 국민의 환대에 다시 한 번 감사드립니다.

투슨 탁! (감사합니다)

스웨덴 의회 연설
'한반도 비핵화와 평화를 위한 신뢰'

| 2019-06-14 |

존경하는 국왕님, 안드레아스 노를리엔 의장님, 총리님과 의원 여러분, 내외 귀빈 여러분,

구 모론! (안녕하십니까)

노벨평화상 수상자 알바 뮈르달 여사는 바로 이 자리에서 전 세계 군축을 위해 노력하겠다고, 처음으로 선언했습니다. 한국의 김대중 대통령도 노벨평화상 수상 직후 바로 이 자리에서 한반도 평화 비전을 재차 천명했습니다. 그로부터 19년이 흘렀는데, 한반도 평화에 얼마나 진전이 있었는지 되돌아보게 됩니다.

유서 깊은 스웨덴 의사당에서 연설하게 되어 영광입니다. 따뜻하게 반겨주시고 연설의 기회를 주신 스웨덴 국민과 국왕 내외분, 의원님들께 진심으로 감사드립니다.

스웨덴은 대한민국의 오랜 친구입니다. 한국전쟁 때 야전병원단을 파견해서 2만 5천 명의 UN군과 포로를 치료하고, 한국의 국립중앙의료원 설립을 도왔습니다. 민간 의료진들은 전쟁 후에도 부산에 남아 수교도 맺지 않은 나라의 국민을 치료하고 위로했습니다. 스웨덴은 한국인에게 오랫동안 이상적인 나라였습니다. 1968년, 한국이 전쟁의 상처 속에서 민주주의를 꿈꾸던 시절 한국의 시인 신동엽은 스웨덴을 묘사한 시를 썼습니다. 그 시의 일부를 읽어보겠습니다.

"스칸디나비아라든가 뭐라구 하는 고장에서는

탄광 퇴근하는 광부들의 작업복 뒷주머니마다엔

기름 묻은 책 하이데거, 럿셀, 헤밍웨이, 장자,

휴가 여행을 떠나는 총리는 기차역 대합실 매표구 앞을

뙤약볕 흡쓰며 줄지어 서있을 때,

그걸 본 역장은 기쁘겠소라는 인사 한마디만을 남길 뿐,

평화스러이 자기 사무실 문 열고 들어가더란다.

그 중립국에서는 대통령 이름은 잘 몰라도

새 이름, 꽃 이름, 지휘자 이름, 극작가 이름은 훤하더란다.

자기네 포도밭은 사람 상처 내는

미사일 기지도 탱크 기지도 들어올 수 없는 나라,

황톳빛 노을 물든 석양

대통령이라고 하는 직함을 가진 신사가

자전거 꽁무니에 막걸리 병을 싣고

삼십리 시골길 시인의 집을 놀러가더란다."

한국인들은 이 시를 읽으며 수준 높은 민주주의와 평화, 복지를 상상했습니다. 지금도 스웨덴은 한국인이 매우 사랑하는 나라입니다. 한국인들은 한반도 평화를 돕는 스웨덴의 역할을 매우 고맙게 여기고 신뢰합니다. 스웨덴은 서울과 평양, 판문점 총 3개의 공식 대표부를 둔 세계에서 유일한 나라입니다. 북한 역시 스웨덴의 중립성과 공정함에 신뢰를 보여주고 있습니다. 이 자리를 빌려 지난 70년 동안, 한반도 평화를 위해 변함없는 성의를 보내준 스웨덴 국민과 지도자들께 경의를 표하며, 한국 국민의 뜨거운 우정의 인사를 전합니다.

의원 여러분, 내외 귀빈 여러분,

스웨덴과 대한민국은 유라시아 대륙의 반대편에 위치한, 지리적으로 아주 먼 나라이지만 서로 닮은 점이 많습니다. 대륙과 해양이 만나는 반도에 위치하여 역사적으로 많은 전쟁을 치렀고, 주권을 지키기 위해 부단히 노력해야 했습니다. 스웨덴은 18세기부터 100년간 대기근으로, 한국은 20세기 식민지와 전쟁을 거치며 가난을 극복하기 위해 고군분투한 시기도 있었습니다.

그러나 위대한 국민의 힘으로 어려움을 이겨냈다는 점이 특히 닮았습니다. 근면과 불굴의 의지를 가진 양국 국민은 제조업을 중심으로 가난한 나라를 잘사는 나라로 일으켰습니다. 잘 교육받은 청년들은 혁신과 도전을 두려워하지 않았고, 양국 정부는 이들이 마음껏 도전할 수 있도록 창업과 스타트업을 적극적으로 돕고 있습니다. 문화를 사랑하는 양국 국민이 이룬 예술적 성취 역시 놀랍습니다. 양국의 문화예술은 세계인의 사랑을 받고 있습니다. 세계인은 아바(ABBA)와 방탄소년단(BTS)의

음악을 좋아하고, 스웨덴 작가 린드그렌의《내 이름은 삐삐 롱스타킹》
과 스티그 라르손의《밀레니엄》, 한국 작가 한강의《채식주의자》를 읽습
니다.

무엇보다 두 나라의 가장 큰 공통점은 평화에 대한 강한 의지입니
다. 스웨덴 국민의 훌륭함은 단지 자국의 평화를 지키는 데 그치지 않고,
다른 나라의 평화에도 관심을 가졌다는 점입니다. 스웨덴은 전쟁의 위협
으로부터 인류 사회를 보호하는 국제사회의 평화 수호자가 되었습니다.
고통받는 인류를 향해 기꺼이 손을 내밀어온 스웨덴의 역사는 한반도의
완전한 평화를 꿈꾸는 대한민국 국민에게 많은 영감을 주고 있습니다.

지난해 4월, 스웨덴의 여름만큼 아름답고 화창한 봄날의 판문점을
세계인들이 주시했습니다. 북한의 김정은 위원장이 사상 최초로 군사분
계선을 넘어와 남북의 정상은 10년 만에 다시 얼굴을 마주했습니다. '다
시는 전쟁으로 인한 불행을 겪지 않겠다'는 국민들의 간절한 열망이 분
단의 상징 판문점을 일순간에 평화의 산실로 되돌렸습니다. 어렵사리 만
난 남과 북은 진심을 다해 대화했고, 평화와 번영, 공존의 새로운 길을
열기로 약속했습니다. 남북군사합의서를 체결하여 적대행위 중지, 비행
금지구역 설정, DMZ 내 감시초소 철수와 공동 유해 발굴 등에 합의했
습니다.

그날의 만남으로 드디어 남북 사이에 오솔길이 열렸습니다. 정전협
정 후 65년간 사람의 발길이 닿지 않던 비무장지대의 숲에 11개의 오솔
길이 생겼습니다. 이제 곧 남북 국민들이 오가는 수많은 길이 생기게 될
것입니다. 올해는 DMZ '평화의 길'이 열려 군인이 아니면 갈 수 없었던

비무장지대를 일반인들도 걸을 수 있게 되었습니다. 한국 국민들은 이런 변화가 평화를 바라는 세계인의 지지와 성원, 국제적 연대 덕분이었다는 것을 잘 알고 있습니다. 특히 한반도 평화를 만들 당사국들이 만나고 대화할 수 있는 기회를 마련해 준 스웨덴의 역할에 감사드립니다. 우리는 스웨덴 국민의 응원으로 한반도 평화에 대한 희망을 더욱 크게 키울 수 있었습니다. 2000년 남북 정상회담부터 역사적인 1차, 2차 북미 정상회담까지 스웨덴이 했던 큰 역할을 결코 잊지 않을 것입니다.

의원 여러분, 내외 귀빈 여러분,

스웨덴의 오늘을 만든 힘은 '신뢰'라고 생각합니다. 스웨덴 국민은 서로를 신뢰하고 정부와 기업을 신뢰합니다. 1938년 역사적인 쌀트쉐바덴 협약과 같이 노사가 합의를 거쳐 결정을 도출하고, 결정이 내려지면 모두가 받아들이고 실행하는 지혜가 정착되어 있습니다. 스웨덴의 쉰들러라고 불리는 라울 발렌베리와 '하얀 버스'로 제2차 세계대전 전쟁포로를 구출한 폴케 베나도트의 활약은 개인이 어려움을 겪을 때, 누군가가 나서서 도울 것이라는 믿음을 가져왔습니다.

스웨덴의 국민은 '좋은 사회가 되려면 구성원 모두가 기여해야 한다'는 것에 동의하고, 실천하고 있습니다. 지구촌의 평화도 같다고 생각합니다. 지구촌의 평화를 위해서도 모든 나라의 기여가 필요합니다. 스웨덴은 개발 기술을 가지고 있었지만 핵무기 보유를 포기했습니다. 새로운 전쟁의 위협에 대한 대처 방안으로 핵으로 무장하기보다 평화적인 군축을 제시하고 실천한 것은 스웨덴다운 선택이었습니다. 스웨덴이 어느 국가보다 먼저 핵을 포기할 수 있었던 데는 인류가 새로운 미래를 만들 수 있다는 신뢰를 가졌기 때문입니다. 세계가 궁극적으로 '평화를 통한 번영'을 선택할 것이라는 신뢰였습니다. 핵확산방지 활동, 최고 수준의 공적개발원조(ODA) 등을 통해 스웨덴은 자신의 신뢰를 실천하고 있습니다. 지금 세계는 스웨덴을 따라 서로에 대한 신뢰를 키우고 있습니다. 인류애와 평화에 앞장서고 있는 스웨덴 국민께 경의를 표합니다.

의원 여러분, 내외 귀빈 여러분,

저는 스웨덴의 길을 믿습니다. 한반도 역시 신뢰를 통해 평화를 만들고 평화를 통해 신뢰를 더욱 단단하게 만들어야 합니다. 저는 오늘 이 자리에서 남과 북 간에 세 가지 신뢰를 제안합니다.

첫째, 남과 북 국민 간의 신뢰입니다. 평화롭게 잘 살고자 하는 것은 남북이 똑같습니다. 헤어져서 대립했던 70년의 세월을 하루아침에 이어붙일 수 없는 것도 사실입니다. 차이가 크게 느껴질 때도 있고, 답답할 때도 있을 것입니다. 그러나 남북은 단일민족 국가로서 반만년에 이르는 공통의 역사가 있습니다. 대화의 창을 항상 열어두고, 소통하기를 포기하지 않는다면 오해는 줄이고, 이해는 넓힐 수 있습니다. 세 차례 남북정상회담을 통한 대화는 이미 여러 변화를 만들어내고 있습니다. 군사분계선에서의 적대행위가 중단되었습니다. 남북의 도로와 철도가 연결되고 있습니다. 접경지역의 등대에 다시 불을 밝혀, 어민들이 안전하게 고기잡이에 나설 수 있게 됐습니다. 작지만 구체적인 평화, 평범한 평화가 이뤄지고 있습니다. 이런 평범한 평화가 지속적으로 쌓이면 적대는 사라지고 남과 북의 국민들 모두 평화를 지지하게 될 것입니다. 그것이 항구적이고 완전한 평화의 시작이 될 것입니다.

둘째, 대화에 대한 신뢰입니다. 세계는 남과 북이 평화롭게 공존하기를 원합니다. 어떤 나라도 남북 간의 전쟁을 원하지 않습니다. 한반도의 평화가 무너지면 동북아 전체의 평화와 안정이 무너지고 전 세계에 엄청난 재앙이 될 것입니다. 어떤 전쟁도 평화보다는 비싼 비용을 치르게 된다는 것이 역사를 통해 인류가 터득한 지혜입니다. 한반도의 평화를 지지하는 것은 남북은 물론 세계 전체의 이익이 되는 길입니다. 평화는 평화로운 방법으로만 실현될 수 있습니다. 그것이 대화입니다. 북한의 평화를 지켜주는 것도 핵무기가 아닌 대화입니다. 이는 한국으로서도 마찬가지입니다. 남북 간의 평화를 궁극적으로 지켜주는 것은 군사력이 아니라 대화입니다. 서로의 체제는 존중되어야 하고 보장받아야 합니다. 그것이 평화를 위한 첫 번째이며 변할 수 없는 전제입니다. 북한이 대화의 길을 걸어간다면, 전 세계 어느 누구도 북한의 체제와 안전을 위협하지 않을 것입니다. 북한은 대화를 통한 문제해결을 신뢰하고, 대화 상대방을 신뢰해야 합니다.

신뢰는 상호적이어야 합니다. 그것이 대화의 전제입니다. 한국 국민들도 북한과의 대화를 신뢰해야 합니다. 대화를 불신하는 사람들이 평화를 더디게 만듭니다. 대화만이 평화에 이르는 길임을 남북한 모두 신뢰해야 할 것입니다.

셋째, 국제사회의 신뢰입니다. 반만년 역사에서 남북은 그 어떤 나라도 침략한 적이 없습니다. 서로를 향해 총부리를 겨눈 슬픈 역사를 가졌을 뿐입니다. 그러나 우발적인 충돌과 핵무장에 대한 세계인의 우려는 계속되고 있습니다. 국제사회의 제재를 풀기 위해서는 이 우려를 불식시켜야 합니다. 북한은 완전한 핵폐기와 평화체제 구축 의지를 국제사회에 실질적으로 보여줘야 합니다. 국제사회의 신뢰를 얻을 때까지 양자대화와 다자대화를 가리지 않고 국제사회와 대화를 계속해야 합니다. 다른 한편으로는 남북이 합의한 교류협력 사업의 이행을 통해 안으로부터의 평화를 만들어 증명해야 합니다.

국제사회는 북한이 진정으로 노력하면 이에 대해 즉각적으로 응답할 것입니다. 제재 해제는 물론이고 북한의 안전도 국제적으로 보장할 것입니다. 한국은 국제사회의 신뢰 회복을 위해 북한과 함께 변함없이 노력할 것입니다. 또한 남북 간의 합의를 통해 한국이 한 약속을 철저히 이행함으로써 한반도 평화에 대한 국제사회의 신뢰를 더욱 굳건하게 할 것입니다. 남북이 함께 국제사회의 신뢰를 회복하면 더 많은 가능성이 눈앞의 현실이 될 것입니다.

국제사회의 제재에서 벗어나 남북이 경제공동체로 거듭나면 한반도는 동북아 평화를 촉진하고, 아시아가 가진 잠재력을 실현하는 공간이 될 수 있습니다. 남북은 공동으로 번영할 수 있습니다. 한반도의 완전한 비핵화와 평화는 세계 핵확산방지와 군축의 굳건한 토대가 되고, 국제적·군사적 분쟁을 해결하는 모범사례로 자리 잡을 것입니다. 남과 북은 한반도의 평화를 넘어서서 세계 평화에 기여하게 될 것입니다.

존경하는 국왕님, 안드레아스 노를리엔 의장, 총리님과 의원 여러분, 내외 귀빈 여러분,

'냉전시대의 첫 열전'이었던 한국전쟁으로 남북뿐만 아니라 참전국의 장병들까지 수많은 목숨을 잃었습니다. 전쟁 개시 3년 만에 정전이

성립되었지만, 비극의 전쟁은 끝나지 않았습니다. 종전이 아닌 정전이 지금까지 계속되고 있습니다. 휴전선을 사이에 두고 남북은 냉전에 갇혀 70여 년을 보내야만 했습니다. 평화와 공존을 위한 노력은 냉전질서에 압도돼 번번이 좌절되었고, 한반도의 겨울은 끝나지 않을 것 같았습니다. 그러나 우리는 여전히 평화를 사랑하고 있었습니다.

지난 평창 동계올림픽의 지독한 추위 속에서 한반도의 평화는 시작되었고, 한반도의 봄은 다가오고 있습니다. 스웨덴 국민시인이자, 노벨문학상 수상자인 트란스트뢰메르의 시는 오늘의 우리를 격려하는 듯합니다.

"겨울은 힘들었지만 이제 여름이 오고, 땅은 우리가 똑바로 걷기를 원한다."

트란스트뢰메르가 노래한 것처럼 한반도에 따뜻한 계절이 오고 있습니다. 우리는 국제사회의 신뢰를 저버리지 않기 위해 언제나 똑바로 한반도 평화를 향해 걸어갈 것입니다. 지난 70년간 함께해주신 것처럼 스웨덴 국민께서 함께 걸어주실 것이라고 기대합니다. 경청해 주셔서 감사합니다.

탁 소 뮈케! (감사합니다)

에릭슨 방문, e스포츠 경기 격려 발언

| 2019-06-14 |

여러분, 반갑습니다.

오늘 이렇게 보니 정말 놀랍습니다. 우리 국왕님께서는 다 이해를 하셨는지 모르겠습니다만 제가 이해한 것은 '정말 놀랍다'라는 것뿐입니다. 양국 젊은이들이 어울려서 즐기는 그런 모습을 보고 싶어서 e스포츠 현장을 방문했습니다. 국왕님께서도 함께해주셔서 더욱 뜻깊습니다.

오늘 경기를 직접 관람해 보니까 e스포츠가 전 세계적으로 많은 사랑을 받고 있는 이유를 알 것 같습니다. 처음 봐도 정말 재미가 있습니다. 빠른 판단과 전략으로 박진감 넘치는 경기를 보여준 선수들에게 응원의 박수를 보냅니다. 뿐만 아니라 나는 적어도 게임에서는 대한민국이 최고인 줄 알았는데 스웨덴의 솜씨가 놀랍습니다. e스포츠는 최근 스포츠의 또 다른 종목으로 그 가치를 인정받고 있습니다. 2018년 아시안

게임에서는 e스포츠가 시범종목으로 채택이 되었고, 국제올림픽위원회(IOC)에서도 e스포츠와 전통스포츠의 협력 방안을 모색 중에 있습니다.

오늘 직접 봤습니다만 최근에는 5G의 등장과 함께 더욱 놀라운 속도로 e스포츠가 변화, 발전하고 있습니다. 특히 스웨덴과 한국은 게임산업의 강국이자 5G 시대를 이끄는 선도국입니다. e스포츠를 통해 서로 협력하면서 또 경쟁해 나갈 양국의 관계가 기대가 많이 됩니다. 더욱 의미가 있는 것은 e스포츠를 사랑하는 양국의 팬들이 서로 응원하며 소통하고 있다는 것입니다. 스웨덴 출신의 세계적인 LOL(롤) 선수인 레클레스(Rekkles) 선수는 한국에서 전지훈련을 했었고 또 많은 한국 팬을 가지고 있습니다. 이렇게 언어와 문화가 달라도 가상공간에서 가깝게 만나고 마음을 나눌 수 있다는 것이 e스포츠의 장점이라고 생각합니다.

오늘 만남을 통해 스웨덴과 한국의 젊은이들이 친밀감을 높이고, 또 서로 이해하는 좋은 계기가 되길 기대합니다. 뿐만 아니라 한국과 스웨덴 양국이 혁신적인 첨단산업 분야에서도 계속해서 협력을 이렇게 늘려나가기를 기대합니다.

탁 소 뮈케! (감사합니다)

스웨덴 노르휀 재단 방문 축사

| 2019-06-15 |

존경하는 국왕님, 노르휀 재단 대표님, 양국의 소셜벤처 기업인 여러분,

고 다그! 반갑습니다. 노르휀 재단은 사회적 가치를 추구하는 혁신 창업가를 지원합니다. 정상회담을 마치고 바로 이곳을 찾았습니다. 꼭 한번 와보고 싶었습니다.

오늘 함께한 소셜벤처 기업 중에는 드론을 활용해 네팔 대지진 현장 복구를 도운 기업이 있습니다. 시각장애인의 정보접근권을 위해 점자 스마트워치를 만들어낸 기업, 낙후지역 농민을 위한 일기예보 모델을 개발한 기업, 글로벌 탄소절감을 위한 소프트웨어를 만든 기업도 있습니다. 모두 혁신의 마인드로 사회문제 해결에 앞장선 기업들입니다. 이러한 사회적 혁신기업들에 의해 사회는 발전하고 포용성이 높아집니다. 혁신으로 사회에 공헌하는 기업들의 활동에 감사드립니다. 소셜벤처 기업을 뒤에서 든든히 뒷받침하고 있는 노르휀 재단에도 경의를 표합니다.

여러분,

지금 세계는 기후환경, 양극화 등 공동과제를 해결하기 위해 함께 노력하고 있습니다. 혁신 기술로 참여하는 소셜벤처 기업도 많아지고 있습니다. 매우 고무적인 일입니다. 투자시장에서도 기업의 재무적 성과만 보는 것이 아니라, 기업이 창출하는 사회적 파급효과, 임팩트를 함께 보고 있습니다. 이른바 '임팩트 투자'가 새로운 흐름이 되고 있습니다. 스웨덴이 이러한 변화를 이끌고 있습니다. 스웨덴은 노동인구 9명 중 1명이 사회적 경제활동에 종사하고 있을 정도로 소셜벤처가 매우 발달한 나라입니다. 스웨덴 복지가 궁극적으로는 기업에서 출발한다는 말이 결코 과장이 아닌 것 같습니다.

한국도 최근 서울 성수동 지역을 중심으로 소셜벤처 기업들이 자생적으로 출현하고 있습니다. 저도 얼마 전 그곳을 찾아 '사회적경제 활성화 방안'을 발표한 바 있습니다. 한국 정부도 이러한 민간의 움직임을 적극적으로 뒷받침하여 '혁신적 포용국가'로 빠르게 나아가고자 합니다. 민간의 사회적 경제 투자를 촉진하기 위한 마중물로서 모태펀드를 통한 임팩트펀드를 2022년까지 총 5,000억 원 규모로 조성하고, 신설된 임팩트보증 제도도 더욱 확대할 것입니다.

양국 기업인 여러분,

'소셜벤처'라는 단어 속에는 '포용'과 '혁신'이 그대로 녹아있습니다. 노르휀 재단의 사례는 한국의 소셜벤처 활동을 촉진하는 좋은 모델이 될 것입니다. 한국은 스웨덴에서 배우고, 스웨덴과 함께 '포용'과 '혁신'을 이루고자 합니다. 오늘 이 자리가 양국 소셜벤처 업계가 더 활발히 교류하고 발전하는 계기가 되길 바랍니다.

탁 소 뮈케! (감사합니다)

스웨덴 한국전 참전 기념비 제막식 기념사

| 2019-06-15 |

존경하는 국왕님과 왕비님, 참전용사와 유가족 여러분,

저는 오늘 대한민국의 대통령이자 인류의 한 구성원으로서 깊은 존경심을 안고 여러분 앞에 섰습니다. 스웨덴과 한국의 수교 60주년을 맞아 참전용사의 희생과 헌신에 감사하는 마음으로 기념비를 제막하게 되어 영광입니다. 제막식을 준비하고 행사에 함께해주신 국왕님께 감사드리며, 한국전쟁이 시작된 지 70년이 되어가는데 이제야 참전비를 세우고 그 정신을 기리게 되어 참전용사들과 그 가족들에게 미안한 마음입니다.

1950년 한국의 9월은 참혹했습니다. 스웨덴의 젊은 청년 의사와 간호사 분들은 알지 못하는 이국땅의 전쟁터로 7,300여 km의 먼 길을 달려왔습니다. 부산의 한 상업고등학교에서 문을 연 스웨덴 적십자병원은 전쟁 중의 한국에게 가장 먼저 의료의 도움을 주었고, 정전 후에도 가장 오래도록 남아 활동했습니다. 스웨덴 의료지원단은 6년 6개월 동안 20여 개국의 군인, 포로, 전쟁고아, 민간인 등 200만여 명의 환자를 돌보았고, 북한군과 중국군 등 적군의 전쟁포로도 치료했습니다. 한국은 그 자리에 스웨덴 의무부대 참전비를 세우고 스웨덴 의료지원단의 인도주의 정신을 길이 기억하고 있습니다.

지금 부산은 세계 100개국, 500개 항만의 배들이 오가는 한국에서 가장 역동적인 도시가 되었습니다. 69년 전, 세계 최빈국이었던 대한민국은 수출 6위, 국민소득 3만 달러를 넘는 경제성장을 이뤘으며, 이제는 전쟁과 질병, 가난으로 고통받는 나라들을 돕고 있습니다. 이 모든 성취의 밑바탕에는 스웨덴 의료지원단의 희생과 헌신이 있습니다. 국왕님과 왕비님, 참전용사와 유가족, 후손 여러분께 우리 국민을 대표하여 깊은 존경과 감사의 인사를 드립니다.

스웨덴은 정전 이후 지금까지 중립국감독위원회의 일원으로 한반도 평화에 기여하고 있습니다. 스웨덴 참전용사의 한국에 대한 사랑도 여전합니다. 28세의 젊은 시절 한국전쟁에 참전한 고(故) 셔스틴 요나손 여사는 2011년 스웨덴 왕립공과대학에 전재산을 기부하셨고, 그중 일부를 한국 유학생을 위해 사용하도록 하셨습니다. 외과의사 고(故) 토르 본 슈립 용사는 양국 간 협력에 기여하신 공으로 한국 대통령 표창을 받으셨습니다. 결코 잊지 못할 이름들입니다.

한국은 지금 한반도 평화를 위해 국제사회와 함께 노력하고 있습니다. 스톡홀름 유르고덴 공원의 한국전 참전 기념비는 한반도 비핵화와 항구적 평화를 위한 밑거름이 될 것입니다. 원조를 받던 나라에서 세계의 중심국가로 발돋움한 대한민국은 스웨덴과 함께 세계의 평화와 안정을 위해 노력할 것입니다. 생존해 계시는 참전용사는 50여 분뿐입니다. 그분들께 평화로운 한반도를 꼭 보여드리겠습니다. 기념비 건립을 위해 좋은 장소를 제공해 주시고 구상나무와 울릉마가목을 심어주신 국왕님께 다시 한 번 깊이 감사드립니다.

저는 오늘 북유럽 순방을 마치고 한국으로 돌아갑니다. 여러분을 아주 오랫동안 그리워할 것입니다. 다시 만날 때까지 건강하시길 기원합니다.

뷔 세스! (다음에 다시 만납시다)

탁소 뮈케! (감사합니다)

멋지게 놀고 나온 우리 선수들 자랑스럽습니다

| 2019-06-16 |

대한민국 남자 축구 역사상 첫 FIFA 결승전이었습니다. 스톡홀름의 백야처럼 대한민국의 밤도 낮처럼 환해졌습니다. 북유럽 순방을 마치고 돌아가는 길에 저도 응원의 마음을 보탰습니다. 밤잠을 잊고 경기를 지켜보신 국민들도 아쉽지만 즐거웠으리라 믿습니다.

정정용 감독님이 경기 때마다 했던 말이 있습니다. "멋지게 놀고 나와라." 선수들은 경기를 마음껏 즐겼습니다. 어떤 상황에서도 스스로를 믿고 동료들을 믿었습니다. 젊음을 이해하고 넓게 품어준 감독님과 선수들은 우리 마음에 가장 멋진 팀으로 기억될 것입니다. 자랑스럽습니다.

하나의 팀을 만들어오신 감독님, 코칭스태프, 축구협회 관계자 여러분도 수고 많으셨습니다. 축구 선수 아들을 뒷바라지하느라 애쓰시고 마음 졸여오신 부모님들께도 축하와 감사의 말씀을 드립니다.

하나 된 마음과 서로를 믿는 신뢰는 어떤 상황도 이겨낼 수 있는 우리만의 힘입니다. 오늘 폴란드 우치에서 보내온 소식이 다뉴브강의 눈물과 애통함을 조금이나마 위로해주었으면 합니다. 국민들께서도 유족들이 슬픔을 딛고 다시 일어설 수 있도록 따뜻하게 손잡아주시기 바랍니다.

제4차 반부패정책협의회 모두발언

| 2019-06-20 |

'반부패정책협의회'가 오늘로 네 번째를 맞게 되었습니다. 나는 '반부패정책협의회'를 우리 정부 반부패 개혁의 총본부로 여기고 있습니다. 지난 2년간, 반부패 개혁의 선봉으로 쉼 없이 달려온 위원 여러분께 감사드립니다.

반부패정책협의회가 거둔 성과는 결코 적지 않습니다. 2017년 10월과 2018년 11월 두 차례에 걸쳐 공공기관의 채용실태 전반을 점검해 519건의 채용비리를 적발했습니다. 공공부문 채용비리 근절을 위한 제도개선책을 마련했고 채용비리 피해자들의 억울함을 다소나마 풀었습니다. '청탁금지법' 적용을 강화해서 직무 관련 공직자의 해외출장 지원을 원칙적으로 금지했습니다. '공무원 행동강령'에 민간에 대한 부정청탁 금지를 신설하고, 우월적 지위를 내세운 '갑질' 금지를 강화했습니다.

유치원과 학사 비리, 재건축·재개발 비리, 안전 분야의 부패 등 국민의 삶과 직결된 부패 현안에도 신속히 대응해왔습니다. 그 결과 반부패 개혁에 대한 국제사회의 평가도 크게 개선되었습니다. 2018년 부패인식지수에서 우리나라는 역대 최고 점수를 얻어 6계단 상승한 45위를 기록했습니다.

하지만 국민의 눈높이에서 보면 아직 할 일이 많습니다. 국민들은 독재와 권위주의 시대를 거치며 사회 곳곳에 뿌리내린 반칙과 특권을 일소하고 공정과 정의의 원칙을 확고히 세울 것을 요구하고 있습니다. 부패 사건을 개별적으로 처리하는 것만으로는 충분하지 않습니다. 반부패가 풍토가 되고 문화가 되어야 합니다. 정부 출범 2년이 되는 지금 우리 사회가 얼마나 깨끗해지고 공정해졌는지 다시 한 번 되돌아봐야 할 때입니다.

반칙과 특권은, 국민의 평등권과 행복추구권을 근본부터 부정하는 행위입니다. 기성세대가 '세상은 원래 그런 거'라며 관행으로 여겨온 반칙과 특권은 청년들에게는 꿈을 포기하게 만들고 절망하게 만드는 거대한 벽입니다. 출발선이 아예 다르고, 앞서 나가기 위해 옆구리를 찌르는 것이 허용되는 불공정한 운동장에서 사회적 신뢰는 불가능합니다. 원칙을 지키면 손해를 보고, 반칙을 하면 이득을 보는 사회에서 청년들이 희망을 가질 수 없습니다. 누구나 평등한 기회를 가져야 하고, 실패해도 다시 도전할 수 있어야 합니다. 공정하게 이뤄진 경쟁이 곧 성장의 과정이고, 실패의 경험이 성공의 밑천이 되어야 합니다. 청년들이 두려움 없이 자신의 꿈을 펼치고, 그렇게 펼친 꿈이 공동체 전체의 성장에 기여하는 나라가 우리가 이루고자 하는 혁신적 포용국가의 모습입니다.

오늘 논의되는 사안들은 성실하고 정직하게 살아가는 국민들에게 좌절감을 안겨주고 공동체의 신뢰를 무너뜨리는 '범죄행위'입니다. 공동체에 대한 의무를 고의적으로 면탈하고, '조세정의'의 가치를 무너뜨리는 악의적 고액 상습 체납자는 반드시 엄정하게 대응해야 합니다. '납세의 의무'는 국민이 권리를 누리는 대신 져야 하는 헌법상의 의무입니다. 고액 상습 체납자의 은닉재산을 끝까지 추적하고 더 이상 특권을 누리지 못하도록 국세청과 관련 부처가 가능한 모든 수단을 동원해 주기 바랍니다. 최근 교육부 감사 결과 일부 사학법인의 횡령과 회계부정이 드러났습니다. 학생들에게 시민의 윤리와 책임을 가르치는 학교에서 저질러진 부정이라는 점에서 더 큰 충격을 던지고 있습니다. 회계·채용·입시 부정 등 비리가 발생한 대학에 대한 집중 관리와 대학 자체 감사에 대한 교육부의 감독을 강화해 학생과 학부모의 신뢰를 회복할 수 있도록 해야 합니다. 교육부총리를 중심으로 관계기관과 부처가 힘을 모아 신속한 대응과 함께 근본적인 대책을 제시해 주기 바랍니다.

대한민국은 이미 고령사회로 진입했습니다. 요양원과 방문요양센터 등 요양기관들이 돌보는 어르신만 58만여 명에 이릅니다. 42만여 명의 요양보호사들이 국가를 대신해 어르신들을 돌보고 있습니다. 일부 요양원이 기준 이하의 인력을 배치하고 운영을 속여 부정수급을 하고, 보조금을 착복해온 것으로 드러났습니다. 법적으로 어르신 2.5명을 담당해야 하는 요양보호사가 9명을 담당하는 사례도 언론에 보도된 바 있습니다. 돌봄의 질은 요양보호사들의 노동 환경이 좌우한다고 해도 과언이 아닙니다. 요양보호사들의 노동 강도가 과도하게 높아지면 어르신들의 인권도 훼손됩니다. 요양기관의 회계와 감독, 처벌 규정을 강화하는 한편, 불법을 유발하는 구조적 요인을 과감하게 개선해 주기 바랍니다. 우리 사회에 공정과 정의의 원칙을 바로 세우는 일은 한두 해로 끝날 일이 아닙니다. 지속적이며 상시적인 개혁의 노력이 필요합니다. 국민들이 일상에서 구체적인 성과와 변화를 체감할 수 있어야 반부패 개혁을 끝까지 힘 있게 계속할 수 있습니다.

정의로운 나라를 염원하는 민심의 촛불은 직장과 학교, 일상 곳곳에서 여전히 뜨겁습니다. 국민의 염원과 기대에 반드시 부응해야 한다는 각오를 새롭게 해주시기 바랍니다.

한국자유총연맹 임원 초청 오찬 모두발언

| 2019-06-21 |

박종환 총재님을 비롯해 한국자유총연맹 임원 여러분, 반갑습니다.

한국자유총연맹 창립 65주년을 진심으로 축하합니다. 자유와 민주주의라는 대한민국의 헌법 가치를 소중하게 지켜온 전국의 350만 회원 여러분께도 따뜻한 안부 인사를 전합니다. 저는 지난주에 북유럽 순방을 다녀왔습니다. 서로를 존중하고 배려하는 문화, 양보와 타협을 통해서 갈등을 해결하는 성숙함이 평범한 사람들의 삶 속에 배어있었습니다. 자유와 평등, 민주주의가 가치에 머물지 않고 실천하는 국민들의 일상에 스며들어 있었습니다. 그러한 국민들이 있었고, 또 실천이 있었기에 핀란드와 노르웨이, 스웨덴은 전 세계에서 가장 행복한 나라가 되었습니다.

우리 대한민국도 이에 못지않은 자랑스러운 역사와 전통이 있습니다. 그 나라 정상들은 물론이고 제가 만난 모든 해외 정상들은 대한민국의 오늘을 만든 우리 국민의 저력을 매우 높이 평가합니다. 한국인이라면 누구나 서로 돕고 나누는 상부상조의 마음가짐, 어른을 공경하고 서로 간에 예의를 갖추는 문화가 몸에 배어있습니다. 식민지배와 전쟁, 분단에 이르는 격동의 현대사 속에서도 우리는 스스로의 힘으로 독립을 선포하고, 민주공화정을 세웠습니다. 세계가 놀랄 정도로 빠르게 경제발전과 민주주의를 성취했습니다.

자유와 평등, 민주주의를 온전히 실현하기 위한 노력도 이어졌습니다. 국민들은 나라가 위기에 처할 때마다 행동하는 양심이 되어 촛불을 들었습니다. 가장 평화롭고 아름다운 방법으로 대한민국 헌법에 새겨진 가치를 지켜냈습니다. 평범한 사람들의 하루하루가 모여 나와 이웃의 삶을 더 나아지게 했고, 대한민국의 오늘을 이루었습니다. 우리 국민들이 함께 만든 역사입니다. 감사의 마음을 담아 여러분의 헌신에 큰 박수를 보냅니다.

자유총연맹 임원 여러분,

우리 한 사람 한 사람의 인생이 그러하듯 전통을 지키며 안정을 추구하는 사람들의 노력과 변화와 혁신으로 내일을 준비하는 사람들의 땀이 대한민국 역사에 함께 녹아있습니다. 애국가 앞에서 우리는 항상 함께했습니다. 모두가 같은 대한민국 국민입니다. 군부독재와 권위주의 시대를 지나면서도 국민의 나라, 정의로운 사회, 강한 안보와 같은 대한민국의 핵심 가치를 굳건히 지켜냈습니다.

불확실하지만 반드시 가야 하는 혁신과 포용, 평화와 번영의 미래를 준비하는 데에도 우리는 힘을 모아가고 있습니다. 갈등의 요인이 있더라도 찾아 해결하고, 대한민국 발전을 위한 길이라면 함께해야 합니다. 그것이 우리가 해야 할 역할입니다.

한국자유총연맹은 65년의 긴 역사와 전통을 가지고 있습니다. 한국의 대표적인 보수 국민운동단체이기도 합니다. 1954년 냉전체제가 전 세계를 양분했던 당시 아시아민족반공연맹으로 창립이 되어 대한민국의 자유와 민주주의를 지키기 위해 앞장섰습니다. 1989년에는 한국자유총연맹 시대를 열고, 탈 냉전시대의 대한민국의 가치와 전통을 세우기 위해 노력했습니다. 최근에는 국민의 행복과 국가발전을 뜻하는 '국민민복'을 최고의 목표로 삼고 세대와 계층, 지역 간의 갈등을 치유하며 사회통합을 이루기 위해 힘을 모으고 있습니다. 오로지 국민을 위해 봉사하겠다는 신념으로 정치적 중립을 정관에 명시하기도 했습니다. 국민에게 존경받을 수 있는 진정한 보수의 길을 만들어가고 있는 박종환 총재님과 임원, 회원 여러분께 감사와 격려 인사를 드립니다.

지금 대한민국은 새로운 시대를 열고 있습니다. 국민이 체감하고 국민에게 이익이 되는 평화를 만들어가고자 합니다. 평화는 우리에게 가장 좋은 안보입니다. 평화는 우리 경제에 새로운 성장 활력이 될 수 있습니다. 평화가 서로의 안정과 경제에 도움이 되고, 좋다는 것을 경험하도록 실질적이고 구체적인 성과를 만들기 위해 노력해 나갈 것입니다.

한반도의 항구적 평화를 위해 한국자유총연맹 또한 한반도 숲 가꾸기 사업을 펼치며 적극적으로 평화를 실천하고 있습니다. 시대의 변화에 발맞춰 끊임없이 혁신하고자 노력하고 있는 자유총연맹의 발걸음이 대한민국의 자랑스러운 역사로 남게 될 것입니다. 앞으로도 한반도 평화를 향한 여정에 든든한 동반자가 되어주시길 바랍니다.

풀뿌리 민주주의 확산과 지역사회의 발전을 위해서도 자유총연맹의 역할이 큽니다. 전국 17개 시·도 지부와 228개 시·군·구 지회, 3,300개가 넘는 읍·면·동 분회는 물론 30개의 해외 지부와 청년, 여성, 대학생 등 직능조직은 자유총연맹의 자랑이자 가장 큰 힘입니다. 미래 세대와의 소통을 통해 대한민국의 헌법적 가치를 계승하고 지키는 중요한 역할을 맡아주셔서 감사합니다. 소외 계층을 보듬고, 지역사회의 발전을 위해 묵묵히 봉사하며 세대와 성별, 사회적 갈등과 반목을 해소하는 데도 많은 역할을 해주시길 당부드립니다. 국가와 국민을 위해 봉사하는 한국자유총연맹의 앞길에 정부도 동행할 것입니다.

다시 한 번 창립 65주년을 축하합니다. 대한민국이 세계에서 가장 평화롭고 행복한 나라가 될 때까지 자유총연맹 회원 여러분께서 힘과 지혜를 모아주시길 바랍니다. 한국자유총연맹의 무궁한 발전을 기원합니다.

감사합니다.

국군 및 유엔군 참전유공자 초청 오찬 모두발언

| 2019-06-24 |

존경하는 6·25 참전용사와 가족 여러분, 내외 귀빈 여러분,

더운 날씨에 소중한 걸음을 해주셔서 감사드립니다. 오시는 길이 힘드시지는 않을까 걱정했는데, 이렇게 건강한 모습을 뵙게 되니 마음이 놓입니다. 전쟁의 참화에 맞서 이긴 여러분이 계셨기에 오늘의 대한민국이 있습니다. 참전용사와 가족들을 청와대로 모신 것이 오늘이 처음이라고 합니다. 그동안 참전용사와 가족분들을 외부 행사장에서 뵙고 헤어지는 것이 아쉬웠는데, 이렇게 청와대에 모시게 되어 매우 뜻깊게 생각합니다. 국경과 세대를 넘어 참전용사들의 희생과 헌신을 함께 이야기하고, 애국의 가치와 역사를 되새기는 자리가 되길 바랍니다.

참전용사 여러분,

6·25는 비통한 역사이지만, 북한의 침략을 이겨냄으로써 대한민국

의 정체성을 지켰고 전쟁의 참화를 이겨내려는 노력이 오늘의 대한민국의 발전을 이루었습니다. 누군가의 소중한 아들딸, 자랑스러운 부모였던 사람들이 정든 고향, 사랑하는 이들을 떠나 전선으로 향했습니다. 그 속에는 학도의용군으로 참전한 박동하 님도 계셨습니다. 박동하 님과 전우들은 화살머리고지 전투에서 목숨을 걸고 나라를 지켰습니다. 67년이 흐른 지금도 화살머리고지에는 박동하 님의 전우들, 수많은 용사들이 잠들어 계십니다. 돌아오지 못한 전우들에게 보내는 감동적인 편지를 낭독해 주신 박동하 유공자님께 감사드립니다. 정부는 4월 1일부터 화살머리고지 유해발굴을 시작해 지금까지 유해 72구, 유품 3만3천여 점을 발굴했습니다. 마지막 한 분까지 가족의 품으로 돌아가실 수 있도록 최고의 예우를 갖춰 유해발굴을 계속해갈 것입니다.

고등학생이던 유병추 님은 군번도 계급도 없는 학도병이 되어 전선을 향했습니다. 육군 제1독립 유격대대 소속으로 장사상륙작전에 참전해 인천상륙작전의 성공에 공헌하셨습니다. 박운욱 님을 비롯해 일본에서 살고 있던 642명의 청년들은 참전 의무가 없는데도 조국을 수호하는 전장에 뛰어들었습니다. 많은 분들이 돌아가지 못했습니다. 우리는 그분들을 재일학도의용군이라 부릅니다.

조금 전, 캠벨 에이시아 양이 인터뷰를 통해 소개한 고 김영옥 대령님은 미국 최고의 전쟁영웅 16인 중의 한 분입니다. 제2차 세계대전에서 혁혁한 무공을 세운 뒤 전역하셨지만, 한국전쟁이 발발하자 다시 입대해 조국으로 달려왔습니다. 휴전선 중·동부를 60km나 북상시키는 데 큰 공을 세웠습니다. 전역 후에는 미국 한인사회의 발전을 위해 크게 헌신하셨습니다. 다시 한 번, 김영옥 대령님의 조카 다이앤 맥매스 님과 캠벨 에이시아 양에게 따뜻한 박수를 부탁드립니다.

경찰도 전쟁의 참화에 맞서 나라를 지켰습니다. 고 임진하 경사는 '경찰 화랑부대' 소속으로 미 해병 1사단과 함께 장진호 전투에 참전했습니다. 수류탄 파편 7개가 몸에 박히는 중상을 입고도 전장으로 복귀할 만큼, 투철한 애국심으로 조국을 지켜냈습니다. 이 자리에 배우자이신 정태희 여사님이 함께해주고 계십니다. 따뜻한 환영의 박수를 부탁드립니다.

참전용사는 대한민국의 자부심입니다. 참전용사의 헌신에 보답하고, 명예를 높이는 일은 국가의 책무이며 후손들의 의무입니다. 정부는 지난해 참전명예수당을 역대 정부 최고 수준으로 대폭 인상했습니다. 마지막 가시는 길까지 존경받고 예우받을 수 있도록 대통령 근조기와 영구용 태극기를 정중히 전해드리고 있습니다. 재가복지서비스도 참전유공자가 사망한 경우 배우자까지 확대 시행하고 있습니다. 정부는 계속해서 참전유공자와 가족들의 삶이 더 편안하고 명예로울 수 있도록 노력하겠습니다. 오늘 함께하고 있는 미래 세대가 참전용사들의 희생과 헌신을 소중한 역사로 기억하면서 평화의 미래를 열어나갈 수 있도록 선양과 보훈에 최선을 다할 것입니다.

참전유공자 여러분,

6·25는 자유와 평화를 사랑하는 세계인이 함께 전쟁의 폭력에 맞선, 정의로운 인류의 역사입니다. 저는 지난 북유럽 순방에서 대한민국의 자유와 평화에 담긴 숭고한 인류애를 되새겼습니다. 노르웨이와 스웨

덴은 의료지원단을 파견했고, 많은 소중한 생명을 구했습니다. 전쟁 후에도 남아 민간인을 치료하고 국립중앙의료원의 설립을 도왔습니다. 노르웨이에서는 한국전 참전비에 참배했고, 스웨덴에서는 '한국전 참전 기념비' 제막식이 있었습니다. 참전용사의 헌신에 감사드리고, 양국의 우의를 다졌습니다. 69년 전 세계 22개국 195만 명의 젊은이들이 전쟁이 발발한 대한민국으로 달려왔습니다. 그 중심에 미국이 있었습니다. 가장 많은 장병이 참전했고, 가장 많은 희생을 치렀습니다. 정부는 그 숭고한 희생을 기려 워싱턴 한국 참전 기념공원에 '추모의 벽'을 건립할 예정입니다. 한미 양국은 동맹의 위대함을 기억하며 누구도 가보지 못한 항구적 평화의 길을 함께 열어갈 것입니다.

이제 대한민국은 전쟁의 잿더미에서 수출 세계 6위, 국민소득 3만 불을 넘는 경제강국으로 발전했습니다. 원조를 받던 나라에서 전쟁과 질병, 저개발과 가난의 고통에 시달리는 사람들을 돕는 원조 공여국이 되었습니다. 대한민국은 유엔의 깃발 아래 함께했던 195만 영웅들의 헌신을 변함없이 기억할 것입니다. 자유를 위해 목숨을 바친 세계인에게 평화와 번영을 선사하는 나라가 될 것입니다. 이 자리에 해외에서 오신 유엔군 참전용사 여러분이 계십니다. 여러분, 이분들께 특별히 감사의 큰 박수를 보내주시기 바랍니다.

참전용사와 가족 여러분, 내외 귀빈 여러분,

내년은 6·25 70주년이 되는 해입니다. 1953년 7월 27일, 전쟁의 포연은 가셨지만 아직 완전한 종전은 이뤄지지 않았습니다. 두 번 다시 전쟁 걱정 없는, 평화로운 한반도를 만드는 것이 국내외 참전용사 여러분의 희생과 헌신에 보답하는 길이라 믿습니다. 참전용사들이야말로 누구보다 평화의 소중함을 절실히 느끼고 계실 것입니다. 늘 건강하게 평화의 길을 응원해 주시고, 우리 국민들 곁에 오래오래 함께해주시길 바랍니다. 대한민국의 자유와 평화를 지켜주시고 애국의 참된 가치를 일깨워 주신 모든 참전용사들께 깊은 존경의 마음을 전합니다.

감사합니다.

일상에 함께 살아가기 위하여

| 2019-06-25 |

우리는 그 누구이든 공동체 안에서 자기 역할이 있습니다. 인권을 존중하고 다양성의 가치를 인정할 때 우리 사회는 분명 더 풍요로워질 것입니다. 정부는 7월부터 장애등급제를 단계적으로 폐지합니다. 장애인들이 맞춤형 서비스를 받으며 함께 살아갈 수 있도록 국가의 역할을 다하고자 합니다.

그동안 우리는 장애인의 개인 사정을 고려하지 못했습니다. 장애인마다 장애의 특성과 가구 환경이 다르고, 각자 필요한 서비스가 다름에도 불구하고 획일적인 등급제를 시행해왔습니다.

장애등급제 폐지는 장애인 개개인에 필요한 맞춤형으로 장애인 서비스 지원 체계의 틀을 개선하고자 하는 것입니다. 활동지원 서비스와 같은 일상생활 지원에서부터 시작하여 2022년까지 장애인 일자리, 장애인연금 등 단계적으로 확대해갈 것입니다.

하지만 맞춤형 지원이란 현실적으로 무척 어려운 일입니다. 단숨에 제도를 개선하기란 쉽지가 않습니다. '장애인 서비스지원 종합조사'를 실행하면서 활동지원 서비스가 오히려 축소되지 않을까 걱정하는 분들도 계십니다. 적극적인 보완조치를 마련하여 제도가 변경되는 과정에서 불이익이 생기지 않도록 주의를 기울이겠습니다.

장애등급제가 폐지될 때까지 장애인단체들과 민관협의체, 정부 부처의 노력이 있었습니다. 장애인 인권을 위해 헌신해오신 장애인들과 가족들, 함께 해주신 국민들이 큰 역할을 해주셨습니다. 모든 분들께 감사드립니다. 우리의 마을은 서로가 서로에게 힘이 되고 감동을 주며 더 행복해질 것입니다.

뉴스통신사 합동서면인터뷰

| 2019-06-26 |

북미대화 교착 해소 노력 (AFP, AP, 신화통신)

1. 촉진자로서 한국의 실질적이고 적극적 역할에도 북미 간 핵 외교가 하노이 정상회담 이후 교착상태에 빠져있습니다. 북한 지도자 김정은은 미국이 올 12월 말까지 이런 외교 문제를 해소하기 위해 새로운 제안을 가지고 나와야 한다고 요구해왔습니다. 미국과 북한의 정상회담을 지원했던 당사자로서 핵 외교를 다시 정상으로 복귀시키기 위해 어떤 구체적인 계획을 갖고 계십니까? 현재의 교착상태를 완화하기 위해 할 수 있는 구체적인, 그리고 실질적인 손에 잡히는 조치들이 무엇이라고 보십니까? 한반도 비핵화 추진과 관련해서 한국 정부가 앞으로 어떤 구체적인 조치와 노력을 할 것인지 설명 부탁드립니다.

 - 하노이 정상회담 후 공식 대화가 이루어지지 않고 있는 동안에

도 북미 양 정상의 대화 의지는 퇴색하지 않았다는 점을 먼저 강조하고 싶습니다. 정상들 간의 친서 교환이 그 증거의 하나입니다. 트럼프 대통령과 김정은 위원장은 변함없이 서로에 대한 신뢰를 표명하고 있습니다.

그뿐만 아니라, 양국 간에는 3차 정상회담에 관한 대화가 이루어지고 있습니다. 하노이 회담을 통해 서로의 입장에 대한 이해가 선행된 상태의 물밑대화라는 점에 주목할 필요가 있습니다. 남북 간에도 다양한 경로로 대화를 지속하기 위한 대화가 이루어지고 있습니다. 대화, 그리고 대화를 위한 노력은 한반도 평화 프로세스의 핵심 요소입니다. 한반도의 완전한 비핵화와 항구적 평화체제 구축은 한순간에 이루어질 수 없는 과제이기 때문입니다.

금방 속도가 나지 않는다고 현 상황을 한반도 평화 프로세스의 교착상태로 볼 이유는 없습니다. 김정은 위원장이 트럼프 대통령에게 친서를 보내고, 김여정 제1부부장을 통해 이희호 여사 타계에 조의를 표한 것은 의미 있는 메시지입니다. 지난주 김 위원장이 시진핑 주석과의 회담에서 대화 의지를 재확인한 것도 이러한 진단을 뒷받침합니다. 한반도 평화 프로세스는 이미 많은 진전을 이루었고, 꾸준히 진전을 이루고 있으며, 북미협상의 재개를 통해 다음 단계로 나가게 될 것입니다. 이제 그 시기가 무르익었다고 봅니다.

1-1. 이와 관련, 김정은 위원장을 다시 만나거나 특사를 보낼 의향이 있으신가요? 그렇다면 언제가 4차 남북정상회담을 하거나 특사를 보낼 시기로 적절하다고 보시는지요?

- 김 위원장에게 달려있습니다. 나는 언제든지 김정은 위원장과 만날 준비가 되어있습니다. 이미 여러 차례 말씀드린 바와 같이, 시기와 장소, 형식에 구애받지 않고 언제든지 김 위원장을 직접 만날 준비가 되어 있다는 것은 변함없는 나의 의지입니다.

2. 미국과 북한의 중재 역할을 제안해오셨고 하노이 정상회담에 앞서 대통령께서 북한에 경제적인 양보를 함으로써 미국의 부담을 완화할 용의가 있다고 말씀하셨습니다. 북미 정상회담 합의실패에 부담감이 있으신가요? 한국이 미국의 입장을 북한에 적절히 전달하지 못했고, 이것이 현재 북한 국영 매체의 대남 비난에 반영돼 있다는 견해에 대해 어떻게 생각하시는지요? (Reuters)

- 한반도 평화 프로세스는 말 그대로 과정입니다. 일어나는 현상을 어느 한 단면이 아니라 과정으로서 보는 것이 전제되어야 합니다.

지난해 1차 북미 정상회담은 그 자체로도 역사적 사건이지만, 합의 내용에서도 역사적 이정표를 세우는 것이었습니다. 북한은 핵을 완전히 포기하기로 하고, 그 대신 미국은 북한과 적대관계를 종식하고 북한의 안전을 보장하면서 북미 관계를 정상화하기로 했습니다. 이 합의에 따라 북한은 핵 폐기를 실행해야 하고, 미국은 상응 조치로 여건을 갖춰줘야 합니다. 이 두 가지는 서로 교환해야 하는 것이기 때문에, 트럼프 대통령에게 북한의 비핵화 조치를 이끌기 위한 상응 조치로서 남북경협을 포함해 한국의 역할을 충분히 활용할 수 있다는 제안을 한 것입니다.

이 제안을 북한에 대한 경제적 양보라고 규정하는 것은 적절치 않습니다. 남북경협에 대해서는 두 가지 측면에서 말씀드리고 싶습니다. 우선 남북 관계 측면에서 우리 정부는 남북의 상생과 공동번영을 추구합니다. 이것은 어느 한쪽의 일방적인 양보로 달성할 수 있는 것이 아닙니다. 남북의 경제적 공동번영 추구는 남북 관계의 발전 과정에서 매우 중요한 부분입니다. 나는 이러한 인식을 바탕으로 한반도 신경제구상 등 여러 경제적 측면의 미래 구상을 북측과 공유한 바 있습니다. 물론 완전한 비핵화와 함께 한반도에 평화가 정착되어야 본격적인 경제협력이 이뤄질 수 있다는 점 역시 잘 알고 있습니다.

남북 관계의 증진과 경제협력은 비핵화 협상에도 도움이 됩니다. 남북 관계의 발전은 비핵화를 촉진하는 동력입니다. 남북 관계가 좋을 때 북핵 위협이 줄어든다는 것이 지금까지의 역사적 경험입니다. 경제교류는 사람과 사람, 생활과 생활을 잇는 일입니다. 경제협력이 촘촘하게 이뤄지고 강화될수록 과거의 대결적인 질서로 되돌아가기 힘들어집니다. 남북경제교류의 활성화는 한반도를 넘어 동아시아의 평화와 번영을 견인하는 새로운 협력질서 창출에 이바지할 것입니다.

하노이 회담에 대한 평가에 대해 말씀드리자면, 비록 하노이 정상회담이 합의에는 이르지 못했지만 실패한 회담이라고 보지는 않습니다. 한반도 비핵화와 평화 프로세스는 한두 번의 회담으로 성패를 가늠할 수 없습니다. 하노이 회담을 통해 북미 양국은 서로가 원하는 것을 협상 테이블에 모두 올려놓고 솔직하게 의견을 교환했으며 서로를 더 잘 이해하게 됐습니다. 하노이 정상회담에서 논의된 내용이 다음 단계 협상의 기반이 될 것입니다. 북미 양국 모두 대화의 필요성을 분명하게 인식하고 있습니다.

3. 2월의 북미 하노이 정상회담 이후 북한의 비핵화 의사에 회의적인 시각이 고조되고 있습니다. 대통령님께서는 북한이 핵을 포기할 의향이 있다고 보고 계십니까? 김정은 위원장이 대통령님께 미국과 한국의 안보동맹, 그리고 한국과 일본, 아시아 또는 태평양 어디든 미국의 주둔 상황에 어떤 변화 없이도 기존 핵무기를 포기할 수 있다고 분명하게 이야기한 적이 있습니까? (AFP, 교도통신)

- 핵 대신 경제발전을 선택해서 과거에서 미래로 나아가겠다는 것이 김정은 위원장의 분명한 의지입니다. 김 위원장은 나와 세 차례 회담에서 빠른 시기에 비핵화 과정을 끝내고 경제발전에 집중하고 싶다는 의사를 밝혔습니다. 또한, 김 위원장은 한미동맹이나 주한미군 철수 등을 비핵화와 연계시켜 말한 적도 없습니다. 나는 김 위원장의 비핵화 의지를 믿습니다. 나뿐 아니라 트럼프 대통령, 시진핑 주석, 푸틴 대통령 등 김 위원장을 직접 만난 각국 정상들은 한결같이 김 위원장의 약속에 대한 신뢰를 말하고 있습니다. 신뢰야말로 대화의 전제조건이라고 할 수 있을 것입니다.

북한의 비핵화 의지를 확인하는 것과 함께, 북한이 비핵화 조치에 집중할 수 있는 환경을 만드는 것도 중요합니다. 김정은 위원장이 핵 폐기 의지를 포기하지 않고 그 길을 계속 걸어갈 수 있도록 이끌어야 합니다.

나는 김정은 위원장과 여러 차례 회담에서 김 위원장이 상당히 유연성이 있고 결단력이 있는 인물이라고 느꼈습니다. 예를 들면, 1차 남북정상회담 결과발표를 양 정상이 전 세계에 생중계된 기자회견으로 했는데, 그전까지는 없었던 일입니다. 원래 공동성명 등의 서면 형식으로 하게 되어 있었는데, 회담과 합의의 역사성을 감안해서 기자회견으로 하자는 나의 제안을 김 위원장이 즉석에서 수용했습니다. 나는 김정은 위원장이 비핵화 협상에서도 이런 유연성 있는 결단을 보여주기를 바라고 있고, 그렇게 될 수 있다고 생각합니다. 김 위원장이 우려하지 않고 핵 폐기 실행을 결단할 수 있는 안보환경을 만드는 것이 외교적 방법으로 비핵화를 달성하는 가장 빠른 방법이라고 생각합니다.

한국의 비핵화 달성 구상, 구체적 전략 (AP, 연합뉴스)

4. 하노이 회담의 합의실패 이후 한국은 모든 문제를 한 번에 해결하는 빅딜 가능성에 회의적 입장을 보였고, 대신 협상의 과정을 되돌릴 수 있는 소규모 'good enough deals'나 '조기수확론'을 요구해왔습니다. 그러나 한국은 이런 협상이 어떤 것인지에 대한 구체적인 예를 제시한 적이 없습니다. 한국이 염두에 두고 있는 가능한 협상안은 무엇입니까?

- 북미 양국은 이미 비핵화 대화의 최종 목표에 대해 합의를 이뤘습니다. 요약하면 북한의 완전한 비핵화와 북한 체제에 대한 안전 보장, 적대관계 종식을 맞바꾸기로 한 것입니다. 이 합의는 여전히 유효합니다. 현 단계의 과제는 서로에 대한 이행을 어떤 과정, 어떤 순서로 해나갈 것이냐라는 것입니다. 이것은 북미 양국의 신뢰 수준과 관련이 있습니다. 양국은 70년 넘는 적대관계를 이어왔기 때문에, 단번에 불신의 바

다를 건너기 힘든 것입니다. 또한, 양국 간 합의의 이행을 어느 한순간에 한꺼번에 할 수도 없으니 불가피한 일이기도 합니다.

우리 정부가 협상과 신뢰의 선순환 구조에 강조점을 두는 이유가 바로 이 때문입니다. 대화와 협상을 통해 신뢰를 구축하고, 그렇게 구축된 신뢰가 다시 대화와 협상의 긍정적 결과를 낳을 수 있도록 하자는 것입니다. 이것이야말로 공고하고 가장 빠른 비핵화의 길입니다.

5. 대통령님께서는 최근 스웨덴 의회 연설에서 "북한은 완전한 핵 폐기와 평화체제 구축 의지를 국제사회에 실질적으로 보여줘야 한다"고 말씀하셨는데, 북한의 완전한 핵 폐기 의지를 실질적으로 보여주는 것은 어떤 것인지 설명해주십시오.

- 지난해 북한은 국제사회가 지켜보는 가운데 풍계리 핵 실험장을 폐기했습니다. 북한으로서는 완전한 비핵화를 위한 초기 조치를 시작한 것입니다. 또 동창리 미사일 엔진 시험장과 미사일 발사대도 유관국 전문가들의 참관하에 영구히 폐기했다고 확약했고, 영변 핵시설 폐기 의사도 밝혔습니다.

이 점을 평가하는 가운데서도, 현 상황에서 국제사회가 북한의 완전한 핵 폐기 의지를 분명히 확신하도록 하려면 북한이 하루빨리 대화의 장에 나와야 한다는 점을 말씀드립니다. 미국의 실무협상 제의에 응하는 것 자체도 북한의 비핵화 의지를 보여주게 될 것입니다. 북한이 하노이 회담 이후 취하고 있는 소극적인 자세에서 벗어나 이미 약속한 일을 실행해가면서 협상의 타결을 계속 모색해간다면 국제사회의 신뢰를 얻는 데 도움이 될 것입니다.

5-1. 또 지난해 10월 유럽 순방 때에는 "북한의 비핵화가 되돌릴 수 없는 단계에 왔다는 판단이 서면 비핵화를 촉진하기 위해 제재 완화가 필요하다"고 발언하신 바 있는데, 대통령이 생각하는 '되돌릴 수 없는 단계'란 어느 정도인지, 또 그 조치가 취해졌을 때 이뤄질 수 있는 제재는 어느 수준이라고 생각하시는지요.

- 하노이 회담에서 영변 핵시설의 완전한 폐기가 논의된 바 있습니다. 영변은 북한 핵시설의 근간입니다. 플루토늄 재처리 시설과 우라늄 농축 시설을 포함한 영변의 핵시설 전부가 검증 하에 전면적으로 완전히 폐기된다면, 북한 비핵화는 되돌릴 수 없는 단계로 접어든다고 평가할 수 있을 것입니다. 지난번에는 타협에 이르지 못했지만, 싱가포르와 하노이에서 논의된 사안들을 토대로 차기 협상을 이루어가면 실질적인 진전이 있을 것으로 기대합니다. 북미회담과 비핵화 과정에 실질적인 진전이 있으면, 개성공단 재개 등 남북 경제협력도 탄력을 받을 것이며, 국제사회도 유엔 안보리 제재의 부분적 또는 단계적 완화를 모색할 수 있을 것입니다.

향후 비핵화 협상이 본격화되면 북한이 어떤 조치를 완료했을 때를 실질적인 비핵화가 이루어진 것, 다시 말해 '되돌릴 수 없는 단계'에 도달한 것으로 간주할지를 결정하는 것이 협상의 핵심이 될 것입니다. 하노이 정상회담에서 합의에 이르지 못했던, 이른바 비핵화의 정의를 명확히 하는 것과 연동될 수 있을 것입니다.

핵심은 신뢰입니다. 내가 최근 스웨덴 의회 연설을 통해 한반도 평화와 비핵화를 위한 신뢰를 강조한 것도 그래서입니다. 대화를 통한 해결을 도모한 이상 서로 신뢰하는 자세로 대화에 임해야 합니다. 특히 북한은 핵을 포기할 경우 안전과 밝은 미래를 보장할 것이라는 국제사회의 약속을 신뢰해야 합니다. 물론 신뢰는 상호적이어야 합니다.

이것이 북한이 미국과의 비핵화 협상은 물론이고, 양자·다자대화를 가리지 않고 국제사회와 대화에 적극적으로 나서야 하는 이유입니다. 대화가 신뢰를 늘려가고, 신뢰가 대화를 지속하게 할 것입니다. 남북이 합의한 교류협력사업을 지속하는 것도 중요합니다. 합의의 이행은 평화를 만들어내는 신뢰의 힘을 보여줍니다. 나는 북한과 국제사회 간의 신뢰 회복을 위해 변함없이 함께 노력해 나갈 것입니다.

6. 내년(2020년)으로 6·25전쟁 발발 70주년이 됩니다. 따라서 내년 6월 25일 전까지는 한반도 냉전체제의 완전한 종식이 이뤄졌으면 하는 바람입니다. 북미 핵 협상, 한반도 종전선언, 완전한 비핵화, 평화협정 체결 등으로 이어지는 대통령님의 한반도 평화 로드맵을 소개해 주십시오. 특히 한반도 평화체제 정착에 있어서 대통령님이 임기 안에 꼭 이루고자 하는 목표가 있다면 어떤 것인지 소개해 주십시오. (연합뉴스)

- 한반도 평화 프로세스는 지구상에 마지막 남은 냉전을 해체하는 일이고, 남북미 정상이 함께 걷는 긴 여정입니다. 핵 협상을 거쳐 완전한 비핵화를 달성하고, 종전선언과 평화협정 체결을 거쳐 항구적 평화체제를 구축하는 것이 핵심 내용입니다. 중요한 것은 이 모든 일이 이전에는

누구도 가본 적이 없는 길 위에 있다는 것입니다. 그래서 매 순간, 매 단계 최선을 다해 진지하고 성의 있는 노력을 기울이고 있습니다.

나는 이 길이 옳은 길이라는 확신이 있습니다. 도달해야 할 목표도 분명합니다. 목표를 달성하기 위한 세부적인 이행조치들을 목록화하고 시간 계획을 수립한 로드맵은 당사자 간 협상을 거쳐 마련될 것입니다.

한반도는 65년이 넘게 정전상황에 놓여있습니다. 각고의 노력으로 작년부터 화해와 협력의 국면이 조성되기는 했지만, 우리 국민의 온전한 일상이 훼손될 수 있는 가능성은 여전히 남아있습니다. 지금의 평화는 잠정적입니다. 하지만 지금의 잠정적인 평화만으로도 우리는 평화의 소중함을 다시 확인할 수 있습니다. 전쟁을 겪은 지구상 유일한 분단국가의 대통령인 나에게 평화는 역사적 책무이면서 헌법이 부여한 책무입니다. 임기 내에 모든 것을 이룰 수는 없지만, 한반도 비핵화와 평화의 물길은 이미 흐르고 있습니다. 적어도 임기 중에는, 적어도 그 물결이 되돌아갈 수 없을 정도로 진척되기를 바라는 것이 내 소망입니다.

6-1. 또한, 대통령님께서는 노르웨이 연설에서 '일상을 위한 평화, 국민을 위한 평화' 언급을 하셨는데, 좀 더 구체적으로 구상하고 있는 방안이나 해법을 제시해 주십시오. (연합뉴스)

- 한반도 평화는 세계에서 마지막 남은 냉전 구조가 해체되고 상시적인 전쟁의 위협에서 벗어나는 것을 의미합니다. 이를 위해 완전한 비핵화와 항구적 평화체제 구축에 온 힘을 다하고 있습니다.

더 나아가 평화의 개념이 보다 확장되어야 합니다. 한반도가 하나의 공동체로서 공동번영의 길로 나아가야 합니다. 정치 군사적 문제의 해결뿐만 아니라 경제, 사회, 문화 모든 면에서 민족 구성원 모두의 삶을 윤택하게 하는 방향으로 나아가야 합니다. 그것이 '국민을 위한 평화'입니다.

경제 성장과 번영의 미래를 공동으로 개척하고, 우수한 문화적 가치를 공유하고 누리며, 재난과 질병에 공동으로 대응하는 등의 노력은 남북 구성원 모두의 실생활에 도움을 주는 일입니다. 이런 노력이 쌓이면, 오랫동안 대결 구도가 유지되면서 남북 구성원들 사이에 스며든 마음속의 적대감을 지우고 일상 속에서 평화의 소중함을 느끼게 될 것입니다.

7. 작년에 우리는 한반도에서 군사적 긴장이 완화되는 것을 지켜봤습니다. 최근 북한이 몇 차례 실험했습니다. 하지만 심각한 긴장 고조로 이어지지는 않았습니다. 앞으로 상황이 어떻게 진전될 것으로 보고 계십니까? 한국이 어떤 조치를 취할 것입니까? (타스)

- 한반도에서 군사적 긴장 완화는 두 가지 트랙으로 이뤄집니다. 하나는 북미 대화와 연계된 비핵화이고, 또 하나는 재래식 무기로 인한 군사적 긴장 완화인데 이는 남북 간에 해야 할 일입니다.

작년 9월 평양공동선언을 통해 남북 간에는 초보적인 군사적 긴장 완화 조치가 이루어졌습니다. 현재 남북 간에는 남북군사합의서에 따라 군사분계선 인근의 적대행위 전면중지, 공동경비구역 비무장화, 비무장지대 내 GP 철수, 유해발굴, 한강하구 공동이용을 위한 수로 조사 등이 이뤄지고 있습니다. 남북군사합의서가 비핵화 과정에서 특별히 중요한 것은 남북 간 우발적인 군사적 충돌 가능성을 획기적으로 줄여 비핵화 대화에 우호적인 환경을 조성하고 있다는 점입니다. 북한의 단거리 미사일 발사가 한반도의 긴장을 급격히 고조시키거나 비핵화 대화의 파탄으로 이어지지 않은 것도 그 효과라고 할 수 있습니다.

남북군사합의서가 제대로 잘 이행된다면, 이후에는 남북군사공동위원회를 통해 상호 군사정보를 교환하거나 훈련을 참관하는 등 군사태세에 대한 투명성을 높이는 단계로 발전할 수 있을 것입니다. 더 나아가 비핵화 진전에 따라 우리 수도를 겨냥하고 있는 북한의 장사정포와 남북 간에 보유하고 있는 단거리 미사일 등의 위협적 무기를 감축하는 군축단계로까지 나아갈 수 있을 것입니다.

8. 한국은 여전히 남북한 경제프로젝트 재개(개성공단, 금강산 관광) 와 영변 핵시설 폐쇄조치를 맞교환하는 것이 더 큰 진전을 위한 신뢰와 모멘텀을 만들 수 있는 공정한 거래라고 여기시는지요? 한반도 상황의 포괄적 해결의 주요 요소 중 하나는 남북 관계와 (남북) 접경지 경제프로 젝트입니다. 혹자는 미국과 북한의 협력 교착상태 때문에 이러한 발전이 현재 어렵다고 이야기합니다. 이들 프로젝트의 진전 전망, 어떻게 보십니까? (AP, 타스)

－ 나는 남북한 경제프로젝트 재개와 영변 핵시설 폐쇄조치를 맞교환하자고 주장한 바 없습니다. 다만, 개성공단 재개를 비롯한 남북경제 협력사업은 미국을 비롯한 국제사회의 부담을 줄이면서도 북한이 완전

한 비핵화 이후 맞이하게 될 '밝은 미래'를 선제적으로 제시할 수 있다는 점에서 남북미 모두에게 매력적인 방안이라고 생각합니다. 트럼프 대통령에게 북한의 실질적 비핵화 조치에 대한 상응 조치 중의 하나로서 남북경협을 적극적으로 활용하라고 제안한 이유입니다.

남북 관계가 제대로 발전해가고 관계의 수준을 높이기 위해서는 여러 경제협력으로까지 이어져야 합니다. 그러자면 국제적인 경제 제재가 해제되어야 하고, 경제 제재가 해제되려면 북한의 비핵화에 실질적인 진전이 있어야 하는 것이 지금의 상황입니다.

지금까지 진행되고 있는 모든 남북협력은 단 1건의 위반 사례도 없이 유엔 안보리 결의를 준수하여 추진되고 있으며, 우리 정부는 제재의 틀 안에서 남북 관계를 발전시켜 북미대화를 촉진한다는 방향을 유지하고 있습니다. 한반도의 완전한 비핵화와 항구적 평화체제 구축이라는 긴 여정을 지속해가기 위해서는 공동번영을 위한 구상을 구체화해나가는 것이 꼭 필요합니다. 우리 정부는 될 수 있는 대로 빠르게 그런 상황을 조성하기 위해 노력할 것입니다.

9. 여야의 갈등으로 정치 분열양상이 고조되고 있는데 촛불 시위에 나섰던 사람들의 희망과 열망을 현재까지 임기 중에 이뤄내고 있다고 느끼십니까? 한국 정치에 변화를 주겠다는 공약에 대해서는 어떻게 생각하십니까? (공약은 달성되고 있다고 느끼십니까?) 또 재벌개혁은 어떻게 됐습니까? (AFP)

- 대한민국의 모든 성취는 국민의 힘으로 이룩한 것이고, 촛불은

그런 국민의 힘을 상징합니다. 우리 정부는 촛불에 담긴 국민의 열망과 함께 출범했고, 지금도 우리 정부를 앞으로 나아가게 하는 원동력입니다. 많은 변화가 시작되었고, 진행되고 있습니다. 변화의 핵심에 국민주권의 정신, 공정과 정의의 가치가 있습니다. 국민 위에 군림하던 권력기관의 정상화를 위한 개혁, 더 나아가 국민의 삶을 무너뜨려 온 반칙과 특권, 부조리한 관행을 없애는 반부패 개혁에서도 많은 변화가 이루어졌습니다.

사회·경제적으로도 소수에게 기회와 혜택이 집중되던 과거의 방식을 극복하고 다 함께 잘 사는 나라를 만들기 위해 노력하고 있습니다. 구조적 저성장, 양극화와 불평등 극복이 오늘날 전 세계의 관심사입니다. 한국은 이 점에 있어 혁신적 포용국가를 목표로 삼고 다양한 분야에서 변화를 도모하고 있습니다. 공정한 경제 질서를 세우는 재벌개혁은 그 일환입니다. 한국의 재벌·대기업은 한국의 고성장을 이끌어 왔고, 앞으로도 한국의 경제 성장에 중요한 역할을 할 것입니다. 우리가 개혁하려는 것은 재벌 체제로 인한 경제의 불투명, 불공정한 측면입니다. 이것은 경제에서도 민주주의를 실현해 우리의 민주주의를 더 넓고 깊은, 단단한 민주주의로 만드는 일이기도 합니다. 촛불에 담긴 국민의 열망이 단번에 모두 실현될 수는 없습니다. 그러나 우리 정부는 촛불이 보여준 것처럼 민주적이고 성숙한 방법으로 우리 정부에 주어진 과제와 사명을 끝까지 지켜나갈 것입니다.

10. 강제징용 문제에 관해서 한국 정부는 국제사법재판소(ICJ)에서

판단을 촉구한다거나 피해자 변호인단에 일본기업의 재산 처리를 연기하도록 요청하거나 재단설립 등을 고려하고 계시는지, G20에서 아베 총리에게 어떤 제의를 준비하고 계시는지요. (교도통신)

- 한일 관계에 대해서는 여러 차례 거듭해서 생각을 밝혔습니다. 첫째, 한일 관계는 굉장히 중요하고, 앞으로 더 미래지향적으로 발전해나가야 합니다. 둘째, 과거사 문제로 미래지향적 협력 관계가 손상되지 않도록 양국 정부가 지혜를 모아야 합니다. 이 점은 일본 정부도 다르지 않을 것입니다.

한일 관계의 발전을 위해서는 과거사 문제를 국내 정치에 이용하지 않아야 합니다. 과거사 문제는 한국 정부가 만들어내고 있는 것이 아니라 과거에 엄밀히 존재했던 불행했던 역사 때문에 생긴 것입니다. 비록 한일협정이 체결되기는 했지만, 국제 규범과 인권의식이 높아지면서 그 상처들이 계속해서 나오고 있고, 무엇보다 피해자들의 고통이 아직도 진행 중이라는 사실을 수용해야 합니다. 결국, 양국이 지혜를 모아야 할 지점은 피해자들의 실질적 고통을 어떻게 치유할 것인가입니다.

최근 우리 정부는 강제징용 문제에 대한 현실적인 해결방안을 마련해 일본 정부에 전달했습니다. 민주주의 국가의 정부로서 대법원판결을 존중하고, 이 문제에 오랫동안 관심을 가져온 각계의 의견과 피해자들의 요구까지를 종합했습니다. 당사자들 간의 화해가 이루어지도록 하면서 한일 관계도 한 걸음 나아가게 하도록 하는 조치입니다. 그 문제를 포함하여 한일 관계 발전을 위한 두 정상 간의 협의에 대해 나는 언제든지 대화의 문을 열어두고 있습니다. G20의 기회를 활용할 수 있을지 여부는 일본에 달려있습니다.

11. 시진핑 중국 국가주석이 방북하면서 교착상태에 있던 비핵화 대화가 물꼬를 트는 것이라는 긍정적인 해석이 있습니다. 한편에서는 중국이 북핵 문제를 미·중 갈등의 지렛대로 활용하기로 하면서 북·중 결속이 가속화해 한국의 입지가 더욱 좁아질 것이라는 분석도 나옵니다. 앞서 청와대는 시 주석의 방북을 중국과 긴밀히 협의했다고 밝혔는데요, 진전이 없었던 비핵화 대화와 관련해 시 주석을 통해 남북 간에 메시지 교환이 있었습니까? 있었다면 어떤 내용이었는지 전해주실 수 있을지요. 북한이 아직 비핵화 대화 테이블에 적극적으로 임하지 않는 상황에서 시 주석의 방북 등을 통해 중국에 기대하는 역할이 있었다면 그것도 설명을 부탁드립니다. (연합뉴스)

— 작년 3월 이후 김정은 위원장은 13차례의 정상회담을 개최하였습니다(중국 5회, 한국 3회, 미국 2회, 러시아, 싱가포르, 베트남 각 1회). 우리 정부는 북한이 국제사회와 접촉면을 확대해 나가는 것을 환영합니다. 북한이 국제사회의 일원으로 자리매김하는 것이 평화를 구축하는 과정입니다.

한·중 양국은 수시로 한반도의 완전한 비핵화와 항구적 평화정착을 위한 방안을 협의하고 있습니다. 중국 정부는 한반도 평화 프로세스와 관련한 우리 정부의 생각을 충분히 이해하고 있고, 우리 정부와 긴밀히 협조하고 있습니다. 이러한 맥락에서 우리 정부는 시진핑 주석이 한중회담 전에 북한을 먼저 방문하는 것이 좋겠다는 의견을 제시한 바 있습니다. 하노이 회담 이후 소강 국면에 새로운 전기를 만들기 위해서입니다. 지난주 시진핑 주석의 방북이 남북 간, 북미 간 대화가 재개될 수 있는 전환점이 될 것으로 기대하고 있습니다. 곧 있을 G20 정상회의에서 시진핑 주석을 직접 만나 상세한 방북 결과를 듣게 될 것입니다.

12. 북미협상이 난항을 겪고 있는 상황에서 G20 정상회의를 이용해서 미국, 중국, 러시아, 일본 등 관계국 정상들에게 어떤 조절방안을 촉구하실 계획이신지요. (교도통신)

- 한반도 평화 프로세스는 국제사회의 협력과 지지 속에서 진전되어 왔습니다. 현재도 마찬가지입니다. 한반도의 비핵화와 평화는 지구상에 마지막 남은 냉전체제를 허무는 세계사적 대전환입니다. 이 점에서 나는 국제사회와의 협력, 특히 관계국들과의 협력을 중요하게 여기고 있습니다.

동맹국인 미국과는 북한과의 조기 대화 재개 방안, 북한이 취해야 할 비핵화 조치와 이에 대한 상응 조치 등 모든 부분에 대해 긴밀히 의견을 교환하면서 공동의 입장을 조율해가고 있습니다. G20 정상회의 직후에 예정된 트럼프 대통령의 방한을 계기로 더 깊은 논의가 이루어질 것입니다. 중국과 러시아는 그간 한반도 문제를 평화적으로 해결하기 위해 건설적인 역할을 계속해왔습니다. 북한이 조기에 대화에 복귀하는데 중국과 러시아의 역할을 기대하고 있습니다. 한반도 평화구축 과정에서 북일 관계의 정상화가 반드시 필요합니다. 북한과 조건 없는 대화를 추진한다는 일본 정부의 입장을 지지하며, 북일 정상회담이 성사될 수 있도록 적극 지지하고 협력할 것입니다.

13. 외국에서는 한국의 경제에 대해 '잠재력이 높다'는 평가를 내리고 있는데, 이를 어떻게 생각하는지요. 또 한반도 평화 프로세스가 이런 잠재력을 어떻게 현실화할 수 있을지, 한반도의 번영을 어떻게 견인하고, 국가의 미래 청사진을 어떻게 바꿀 것으로 보시는지 설명해 주십시오. (연합뉴스)

- 대한민국은 역동적인 나라입니다. 전쟁의 폐허 위에서 아주 짧은 시간 안에 경제를 발전시켰고, 민주주의를 함께 발전시켰습니다. 이 역동성을 훼손하고 제약하고 있는 것이 분단구조입니다. 분단과 냉전으로 인한 갈등과 대결이 이념을 앞세운 부패와 특권, 불공정을 용인해왔고, 국민의 삶의 공간과 상상력을 제약하고 있기 때문입니다. 한반도 평화 프로세스는 대한민국 역사에 내장된 역동성을 강화할 수 있는, 새로운 기회입니다.

나는 평화가 곧 경제라는 신념을 갖고 있습니다. 한반도 평화 프로세스는 대륙과 해양을 연결해 한국 경제의 영역을 크게 확장할 것입니다. 또한, 남북이 하나의 경제권으로 발전할 경우, 인구 8천만 명의 단일시장이 되어 영국, 프랑스, 이태리보다 더 많으며 독일과 비슷한 수준의 시장 형성이 가능합니다. 남북한만이 아니라 세계 경제에도 엄청난 성장의 기회가 될 것입니다.

한국은 튼튼한 경제 펀더멘탈과 매력적인 투자여건을 보유하고 있습니다. 한반도의 오랜 정치·군사적 긴장이 가져온 '코리아 디스카운트'

도 지난해 남북정상회담 이후 해소되고 있습니다. 세계적인 신용평가기관들은 한국의 국가신용등급을 역대 최고등급으로 유지하고 있고, 세계 경기 둔화로 많은 국가의 신용위험이 증가하는 속에서도 한국의 외평채 가산금리도 역대 가장 낮은 수준으로 떨어져 있습니다. 외국인 투자 또한 사상 최대를 기록하고 있습니다.

남북경제교류의 활성화는 한반도를 넘어 동아시아의 평화와 공동번영을 견인하는 새로운 협력질서 창출에 이바지할 것입니다. 지난해에 제안한 동북아 6개국과 미국이 함께 참여하는 동아시아철도공동체도 그런 구상 속에서 나왔습니다. 이는 동아시아 에너지공동체, 경제공동체, 다자평화안보협력체제 등으로 발전해갈 수 있을 것입니다.

재일동포 만찬 간담회 격려사

| 2019-06-27 |

동포 여러분, 반갑습니다.

한 시간 반이면 도착하는 거리인데, 찾아뵙기까지 오랜 시간이 걸렸습니다. 해외 순방 때 많은 동포들을 만났지만, 오늘은 그 어느 때보다 각별한 마음이 듭니다. 때로는 차별을 견디며 이곳을 삶의 터전으로 삼아 살아온 지난 세월 힘들고 서러운 일도 많지 않았을까, 짐작만으로도 아픔이 느껴집니다. 그러나 여러분은 아무리 삶이 힘들어도 결코 조국을 잊지 않았습니다. 조국이 못났을 때조차도 조국에 대한 사랑을 버린 적이 없습니다. 윤동주 시인의 시 〈별 헤는 밤〉처럼 별 하나마다 아름다운 말 한마디씩을 불러보고, 어머니를 그리워하며 한국인의 정체성을 지켜왔습니다. 재일동포들은 조국으로부터 혜택 받은 것이 없었어도 조국이 위기에 처할 때면 가장 먼저 달려왔습니다. 재일동포들의 숭고한 희생은 대한민국 역사에 아로새겨져 있습니다.

69년 전, 한국전쟁이 발발하여 조국이 풍전등화의 위기에 처하자 642명의 재일동포 청년들이 포화에 휩싸인 조국을 향했습니다. 자원해서 참전한 재일학도의용군이었습니다. 생업과 학교, 사랑하는 가족을 뒤로한 채 바다 건너 조국의 자유와 평화를 위해 온몸을 던졌습니다. 중동전쟁에 참전하여 세계로부터 애국심을 칭송받았던 해외 거주 이스라엘 유학생들보다 17년이나 앞선 이야기입니다.

그때 참전하신 분들 가운데 지금 생존해 계신 분은 여덟 분밖에 되지 않습니다. 몇 분을 꼭 모시려 했는데 모두 건강이 여의치 않으셨습니다. 숭고한 애국심 앞에 각별한 존경과 감사의 인사를 드립니다.

재일동포들은 대한민국의 경제를 일으키는 데에도 큰 몫을 했습니다. 1965년까지 재일동포들은 조국에 2천만 불을 넘게 투자했습니다. 대한민국의 총 수출액이 연간 1억 불이 채 못 되었을 때의 일입니다. 1970년 이곳 오사카에서 열린 세계박람회에 후원회를 결성해 50만 불의 기금을 모금하고, 한국관 건립을 위해 힘써 준 것도 재일동포들이었습니다.

1988년 서울올림픽에는 재일동포들이 100억 엔을 기부해 성공을 도왔습니다. 1997년 몰아닥친 외환위기 당시, 재일동포들이 외화송금운동을 펼쳐 보내준 780억 엔은 대한민국이 경제 위기를 극복하는 데 큰 도움이 되었습니다. 2002년 한일월드컵은 역사적인 화합의 장이었습니다. 민단과 조총련은 최초로 공동응원단을 구성했고, 하나 된 응원의 함성은 월드컵 4강 신화로 이어졌습니다. 작년에 열린 평창동계올림픽에도 재일동포의 성원이 함께했습니다. 민단을 중심으로 후원금 2억 엔을 모금하고, 응원단을 결성해 평창의 겨울을 뜨겁게 달구었습니다. 이렇게 재일동포는 조국의 운명과 한시도 떨어져 살지 않았습니다. 민단을 중심으로 조국에 커다란 힘이 되어주신 동포 여러분께 깊은 감사와 존경의 인사를 드립니다.

동포 여러분은 경제발전의 든든한 버팀목이 되어주셨을 뿐만 아니라 대한민국의 민주화에도 희생과 헌신으로 함께하셨습니다. 군부 독재 시절, 많은 재일동포 청년들이 공안통치를 위해 조작된 간첩사건의 피해자가 되었습니다. 지난해 12월, '재일동포 유학생 간첩조작 사건' 피해자들이 모여 만든 '재일 한국 양심수 동우회'가 '제3회 민주주의자 김근태상'을 수상했습니다. 올해 초 서울고법에서 간첩단 조작사건의 피해자에게 34번째 무죄가 선고되었습니다. 재심으로 무죄판결이 이어지고 민주화 유공자로 인정받기도 하지만, 마음의 깊은 상처를 치유하고, 빼앗긴 시간을 되돌리기에는 너무나 부족합니다. 정부는 진실을 규명하고, 상처를 치유하기 위한 노력을 계속해 갈 것입니다. 무엇보다 독재권력의 폭력에 깊이 상처 입은 재일동포 조작간첩 피해자분들과 가족들께 대통령으로서 국가를 대표하여 진심 어린 사과와 위로의 말씀을 드립니다.

사랑하는 재일동포 여러분,

동포사회는 지금 다양한 변화에 직면하고 있습니다. 민단과 더불어 신(新)정주자(뉴커머), 귀화자, 차세대 등 다양한 구성원들이 서로를 포용하여 공동체의 외연이 넓어지고 역량이 더욱 커지길 기대합니다. 정부도 재일동포사회의 통합을 위해 필요한 지원을 아끼지 않을 것입니다.

이곳 오사카와 간사이 지역은 일본에서 가장 먼저 자리 잡은 우리 민족 교육의 태동지입니다. 오늘 백두학원, 금강학원, 교토국제학원, 코리아국제학원의 교직원 여러분이 함께해주셨습니다. 우리 모두의 미래 세대를 헌신적으로 길러내고 계신 선생님들께 깊이 감사드립니다.

동포사회의 미래를 이끌 차세대들이 일본 사회에서 민족의 정체성을 지키며 당당한 주류로 성장할 수 있도록, 민족학교와 민족학급에 대한 지원을 강화하겠습니다. 차세대 모국방문 프로그램을 확대해 동포사회는 물론 한일 관계의 발전에 기여할 차세대 인재 육성에 힘을 기울이겠습니다.

이곳 오사카 인근 지역에는 우리 민족의 슬프고 아픈 역사를 간직한 우토로 마을이 있습니다. 우토로는 식민지 시절 강제징용으로 교토군용비행장 건설에 동원되었던 조선인의 집단숙소였습니다. 강제 퇴거의 위기도 있었지만 지금 양국 정부와 시민단체가 힘을 모아 우토로 주민들을 위한 주택을 건설하고 있습니다. 저도 참여정부 시절 한국 정부의 예산 지원에 도움을 주었다 해서 우토로 주민단체로부터 감사패를 받은 일이 있습니다. 3·1운동 및 임시정부 수립 100주년을 맞는 올해에는 우토로 평화기념관 건립을 추진하고 있습니다. 우토로가 평화와 인권을 배우는 역사의 산 교육장이 되기를 바랍니다.

재외국민의 안전은 무엇보다 중요한 정부의 책무입니다. 지난해 해외안전지킴센터를 신설했고, 올해는 '재외국민보호를 위한 영사조력법'을 공포했습니다. 특히 지진과 태풍 등 예기치 못한 재난과 사고를 당할 때 믿고 의지할 수 있는 대한민국이 되겠습니다.

한국과 일본은 1,500년간 문화와 역사를 교류해온 가까운 이웃이 자 오래된 친구입니다. 우리는 이미 우호와 신뢰에 기반한 교류가 양국 의 문화를 꽃피웠다는 사실을 잘 알고 있습니다. 2017년 10월, 양국의 시민단체가 함께 노력하여 '조선통신사'를 유네스코 세계기록유산으로 등재했습니다. 양국 국민 간의 교류와 만남, 이해와 협력은 한일 양국이 미래를 향해 함께 나아가는 디딤돌이 되고 있습니다. 작년 한 해 사상 처 음으로 천만 명이 넘는 양국의 국민들이 오고 갔습니다. 일본 젊은이들 사이에서는 '제3차 한류붐'이 불고 있습니다. 일본의 많은 젊은이들이 방탄소년단과 트와이스에 열광하고 있고, 재일동포들이 밀집해 살고 있 는 오사카 이쿠노구 코리아타운을 찾아 한국의 멋과 맛을 즐기고 있습 니다. 해마다 한국어를 배우려는 학생들도 늘고 있습니다.

또한 한국의 젊은이들도 이미 오래전부터 일본의 대중문화와 일본 의 맛에 익숙하며 일본의 구석구석을 여행하고 있습니다. 재일동포 1세 대들이 어려움 속에서도 면면히 조국의 문화를 지켜왔기에 일본에서 한 류가 더욱 친근하게 다가갈 수 있었습니다. 정부도 여러분이 해오신 것 처럼 어떠한 어려움에도 흔들리지 않는 한일 우호협력 관계를 만들기 위해 노력하겠습니다.

사랑하는 동포 여러분!

내년 도쿄에서 하계올림픽이 개최됩니다. 가까운 이웃인 일본이 올 림픽을 성공적으로 개최할 수 있도록 성의껏 협력할 것입니다. 또한, 내 년 도쿄올림픽에는 남북선수단이 공동으로 입장하고 4개의 종목에서 단일팀이 출전할 예정입니다. 남북 선수단의 하나 된 모습은 전 세계인의 가슴을 다시 한 번 평화의 감동으로 채우게 될 것입니다. 재일동포 사회의 단합은 한반도 평화의 디딤돌이 될 것이라고 믿습니다. 한반도의 평화가 동북아의 평화로 이어지고, 갈등의 시대를 넘어 화해와 협력의 시대로 나아갈 수 있도록 힘을 모아주실 것으로 믿습니다. 여러분이 조국을 사랑해 주신 것에 비해 조국은 여러분에게 부족한 점이 많습니다. 아픔과 상처가 한 순간에 가시지는 않겠지만, 아픔을 조금씩 희망으로 바꾸어 가겠습니다. 이제 여러분에게 진정으로 보답하는 길은 대한민국을 자랑스러운 나라로 만드는 것입니다. 그래 저 나라가 바로 내 조국 대한민국이야 여러분이 누구에게나 자랑할 수 있는 나라, 삶 속에서 힘이 되는 조국이 되도록 노력하겠습니다.

감사합니다.

G20 정상회의 발언문
(1세션 : 세계 경제와 무역투자)

| 2019-06-28 |

의장님, 감사합니다.

G20 정상회의는 '인간 중심 미래사회'를 위해 노력해왔습니다. 한국 정부가 추구하는 '사람 중심 경제'와 '혁신적 포용국가' 비전은 G20의 목표와 함께하고 있습니다. 지난 2년간 한국은 '혁신'과 '포용'을 두 축으로 '함께 잘 사는 나라'를 만들고자 노력해왔습니다. 양극화와 저출산·고령화의 대책으로 고용안전망과 사회안전망 확충, 보육지원 확대, 건강보험 보장성 강화와 같은 경제의 '포용성'을 높이는 데 주력했습니다. 저성장 고착화를 막기 위해 제조업 혁신과 신산업 육성, 제2벤처붐 확산, 혁신금융과 같이 '혁신'에 중점을 두었습니다. 그 결과, 긍정적인 변화가 있었습니다.

신규 벤처투자와 신설법인 수가 역대 최고치를 기록했고 세계 최초로 5G를 상용화하며, 도전과 혁신의 분위기가 확산되고 있습니다. 저임금근로자 비중이 역대 최저수준으로 낮아졌고, 근로자 간 임금격차도 완화되고 있습니다. 그간 부진했던 취업자 증가도 최근 회복되는 모습입니다. 1인당 국민소득 3만 불, 무역 1조 불을 달성하여 우리 경제의 외연도 넓어졌습니다.

그러나, '혁신적 포용국가'를 이루려면 국제사회와 협력해야 합니다. 지금 세계는 새로운 도전과제에 직면해 있습니다. 세계 경제의 불확실성과 하방위험이 커지고 있습니다. 저성장이 고착화된 '뉴노멀(New Normal)' 시대를 넘어, '뉴애브노멀(New Abnormal)' 시대로 가면서 미래 예측조차 어려워졌다는 우려도 있습니다. 최근 IMF와 OECD는 세계 경제 성장률 전망을 낮췄습니다. 그 주요 이유 중 하나로 무역분쟁과 보호무역주의 확산을 들고 있습니다.

G20이 다시 리더십을 발휘해야 합니다. 이러한 도전들은 개별국가 차원에서는 해결할 수 없습니다. 무역분쟁으로 세계 경제가 '축소 균형'을 향해 치닫는 '죄수의 딜레마(prisoner's dilemma)' 상황에서 벗어나야 합니다. 자유무역으로 모두가 이익을 얻는 '확대 균형'으로 다시 나아가야 합니다. G20이 중심적 역할을 할 수 있기를 바랍니다. 또한, G20 국가들은 세계 경제 하방위험에도 선제적으로 대응해야 합니다.

한국 정부도 확장적인 재정 운용을 위해 노력하고 있습니다. 한편으로, 시장의 불확실성에 대비하여 글로벌 금융안전망을 견고하게 만드는 것 역시 매우 중요한 일입니다. 우선, IMF가 대출 여력을 충분히 확보하여 위기의 방파제가 되어주어야 합니다. 각국도 외환시장 건전화 조치를 포함한 금융시장 안정화에 힘을 보태야 할 것입니다. 공정무역을 향한 WTO 개혁에도 함께 노력해야 합니다. 한국은 자유롭고 공정한 무역질서를 위한 WTO 개혁을 지지하고 G20의 논의에 적극 참여할 것입니다.

감사합니다.

G20 정상회의 발언문
(3세션 : 불평등 해소, 포용적이고 지속가능한 세계 실현)

| 2019-06-29 |

의장님, 감사합니다.

우리가 '인간 중심의 미래사회'를 함께 만들려면 불평등을 해소하고, 포용적이고 지속가능한 성장을 추구해야 합니다. 불평등, 양극화, 고령화와 같은 문제들은 한 국가의 노력만으로는 해결하기 어렵습니다. 상황이 더 어려워지기 전에 함께 힘을 모아 선제적으로 대응해야 합니다. G20이 인류에 대한 책임과 사명감을 더 높여야 할 때라고 생각합니다. 정책 사례를 공유하는 것은 협력의 좋은 출발입니다.

한국은 양극화와 고령화 문제를 극복하기 위해, 공존과 상생의 '포용국가 전략'을 제시하고, 고용, 복지, 보건 등 각 분야에서 사회안전망을 확충하고 있습니다. 내년부터 한국형 실업부조제도가 도입됩니다. 미취업 청년, 경력단절 여성, 영세 자영업자 등 고용보험의 혜택을 받지 못하는 사각지대를 해소하기 위한 것입니다. 저소득층 구직자에게 취업지원서비스와 소득지원을 확대할 것입니다.

특별히 여성에 대해서는 여성의 사회참여, 경력단절의 해소, 그리고 여성의 일자리 창출 등을 위해 각별한 노력을 기울여 나갈 것입니다. '지속가능발전 목표'를 실현하기 위한 구체적인 로드맵을 수립하고, 국제적 노력에도 동참하고 있습니다. 개발도상국의 지속가능 발전을 돕기 위해, 2030년까지 ODA 규모를 2배 이상으로 확대할 계획입니다. 또한 사람 중심의 개발 정책을 추진하여 사회적 가치와 환경에 대한 기여수준을 높일 것입니다. G20이 '고품질 인프라 투자 원칙'의 합의에 이른 것을 큰 진전으로 평가합니다.

고령화는 대부분의 나라가 공통으로 안고 있는 문제입니다. 생산가능인구 감소, 성장잠재력 약화, 양극화에 미치는 영향, 재정부담 증가 등 국가경제와 세계 경제에 미치는 영향을 고려할 때, 고령화에 대한 국제협력이 더욱 강화되어야 합니다. 의장국이 인구구조 변화와 고령화 문제에 특별한 관심을 기울인 것을 높이 평가합니다. 'G20 고령화 보고서'가 최초로 발표된 것은 뜻깊은 성과입니다.

고령화 관련 통계와 정책에 관한 비교연구가 G20 차원에서 이루어진다면 더욱 실효성이 높아질 것입니다. 고령화가 피할 수 없는 미래라고 한다면, 새로운 기회로 만들어내는 창의적인 인식 전환도 필요합니다. 우선 국내적으로 회원국별 인구구조 변화에 대응하는 거시적인 노동구조 개혁 정책이 필요합니다. 여성의 경제활동 참여를 높이는 것은 무엇보다 중요한 일입니다. 국제적인 논의와 협력이 이루어진다면 더욱 도움이 될 것입니다. 'G20 고령화 보고서'가 국가 간 협력을 강조한 것을 지지합니다.

정상 여러분,

근본적인 인식 전환과 창의성, 국제공조가 절실하게 요구되는 곳이 또 있습니다. 70여 년간 지속된 냉전구도와 분단을 극복하고, 평화의 시대를 열고 있는 한반도입니다. 국제사회의 전폭적인 지지와 성원에 힘입어 지난 1년 반 동안 많은 진전이 있었습니다. 남·북·미 정상은 직접 만나고 친서 교환을 이어가며, 한반도 평화 프로세스를 진행하고 있습니다. 변함없는 대화와 협상의 의지를 보여주며, 한반도의 완전한 비핵화와 평화 정착을 위해 책임과 역할을 다하고 있는 미국과 일본, 중국과 러시아에 각별히 감사드립니다.

평화는 지속가능한 발전의 초석입니다. 평화가 경제 발전으로 이어지고, 경제가 평화를 더욱 공고히 하는 한반도 평화경제 시대는 모두에게 이익이 될 것입니다. 한반도는 물론, 동북아와 세계 경제에 새로운 성장 동력을 제공하리라 확신합니다. 최근 아베 총리께서 조건 없는 북일 정상회담을 제안하신 것처럼 다양한 대화와 협력 채널이 가동될 때 평화가 서로의 안정과 경제에 도움이 되고 자국에 이익이 된다는 인식이 확산될 것입니다. 인류의 지속가능발전을 위해 G20 차원의 지혜와 의지를 모아가길 기대합니다.

감사합니다.

한·미국 공동기자회견 모두발언

| 2019-06-30 |

　오늘 한반도는 트럼프 대통령님과 함께 지구상에서 가장 주목받는 땅이 되었습니다. 정전선언이 있은 후 66년 만에 판문점에서 미국과 북한이 만납니다. 사상 최초로 미국과 북한의 정상이 분단의 상징 판문점에서 마주 서서 평화를 위한 악수를 하게 될 것입니다. 서로 소통하고 대화하면 최선의 상황으로 다가갈 수 있다는 것을 우리는 오늘 볼 수 있게 되었습니다. 남과 북은 평화를 확신할 수 있게 될 것이며, 세계는 트럼프 대통령님과 김정은 위원장에게 기대에 가득 찬 응원을 보내줄 것입니다.

　우리가 진정으로 원하는 것은 한반도의 항구적 평화입니다. 저는 진심으로 트럼프 대통령님이 한반도의 평화 이뤄낸 대통령으로 역사에 기록되길 바랍니다. 평화는 분쟁보다 더 많은 용기를 필요로 합니다. 용기를 내주신 두 분 정상에 감사드리며, 오늘 평화로 가는 방법을 한반도가 증명할 수 있게 돼 저는 매우 마음이 벅찹니다.

지속적인 대화는 한반도의 완전한 비핵화를 이루는 현실성 있는 유일한 방법입니다. 오늘 트럼프 대통령님과 나는 비핵화와 관련한 양국의 입장이 일치하며, 동일한 목표를 갖고 있음을 다시 한 번 확인했습니다. 특히 한반도의 완전한 비핵화와 평화 구축, 북미 관계 정상화를 공약한 싱가포르 합의를 동시 병행적으로 이행하는 것이 매우 중요하다는 데 의견을 같이했습니다. 오늘 두 정상의 만남에서 진전이 있기를 대한민국 국민들과 함께 기원합니다.

한미 동맹은 안보뿐 아니라 경제와 지역, 글로벌 이슈에서 협력을 강화하는 포괄적 전략 동맹으로 확고히 자리 잡았습니다. 오늘은 우리는 굳건한 한미 동맹을 역내 평화와 안정, 번영의 핵심축으로 삼아 양국 공조를 긴밀히 이어가기로 했습니다.

최근 양국 교역과 투자가 활발히 이뤄지고 있고 경제 관계가 균형적, 호혜적으로 발전하고 있습니다. 특히 트럼프 대통령님 취임 이후 우리 기업의 대미 투자가 크게 늘었습니다. 한미 FTA 개정 등으로 협력의 제도적 틀도 공고해졌습니다. 트럼프 대통령님 말씀처럼 양국 모두의 승리라고 생각합니다. 오늘 우리 두 정상은 교역 투자 확대 모멘텀을 더욱 가속화해 한미 동맹을 호혜적 경제동맹으로 확대 발전시키기로 했습니다.

지역 글로벌 이슈에서도 한미 양국은 동맹국으로 적극 협력할 것입니다. 아시아 태평양은 양국 평화와 번영 유지에 핵심적 지역입니다. 우리는 개방성, 포용성, 투명성이라는 역내 협력원칙에 따라 한국의 신남방정책과 미국의 인도태평양 정책 간 조화로운 협력을 추진하기로 했습니다.

한편, 우리 두 정상은 최근 발생한 유조선 피격 사건 등 중동 긴장고조 상황에 대한 우려에 공감했습니다. 오만 해역에서의 통항의 자유는 국제 에너지 안보와 중동지역 안정을 위해 매우 중요합니다. 트럼프 대통령님께서 보여주신 신중하고 절제된 대응을 높이 평가합니다. 우리는 중동정세 안정을 위해 앞으로도 계속 긴밀히 협조하기로 했습니다.

트럼프 대통령님과 나는 위대한 동맹의 역사와 정신을 잊지 않고, 또 한미 양국은 동맹국으로서 적극 협력할 것입니다. 이번 트럼프 대통령님의 방한으로 한미 공동 목표와 전략을 다시 확인하게 돼 매우 기쁘고 든든합니다. 앞으로도 우리는 모든 사안에 대해 긴밀하고 진솔하게 대화하면서 한미 동맹을 더욱 견고하게 발전시켜 나갈 것입니다.

트럼프 대통령님이야말로 한반도 평화 프로세스의 주인공, 한반도의 피스메이커입니다. 오늘 김정은 국무위원장과의 판문점 상봉이 남과 북 국민 모두에게 희망이 되고 평화를 향한 인류 역사의 이정표가 되길 바랍니다. 다시 한 번 트럼프 대통령님의 대한민국 방문을 환영합니다. 한미 양국과 트럼프 대통령님과 나의 우정은 초여름 짙어가는 녹음처럼 더욱 깊어질 것입니다.

감사합니다.

7월

제26회 국무회의 모두발언

| 2019-07-02 |

　지난 일요일 우리 국민들과 전 세계인들은 판문점에서 일어나는 역사적인 장면을 지켜봤습니다. 정전협정 66년 만에 사상 최초로 당사국인 북한과 미국의 정상이 군사분계선에서 두 손을 마주 잡았고, 미국의 정상이 특별한 경호 조치 없이 북한 정상의 안내로 군사분계선을 넘어 북한 땅을 밟았습니다.

　같은 시간 같은 곳에서 남북미 정상의 3자 회동도 이루어졌습니다. 이로써 남북에 이어 북미 간에도 문서상의 서명은 아니지만 사실상의 행동으로 적대관계의 종식과 새로운 평화 시대의 본격적인 시작을 선언했다고 말할 수 있을 것입니다. 앞으로 이어질 북미대화에 있어서 늘 그 사실을 상기하고, 그 의미를 되새기면서 대화의 토대로 삼아나간다면 반드시 훌륭한 결실이 맺어질 것이라고 믿습니다. 그에 앞서 저는 트럼프 대통령과 함께 군사분계선으로부터 불과 25m 거리에 있는 최전방 GP를 방문했습니다. 한미 양국의 대통령이 함께 DMZ를 방문한 것은 사상 최초입니다. 국민들께서 의미 있게 보셨는지 모르지만 양국 대통령이 군복이나 방탄복이 아닌 양복과 넥타이 차림으로 최전방 GP를 방문한 것도 사상 최초입니다. 현지 미군 지휘관은 트럼프 대통령에게 남북 간 9·19군사합의 이전의 군사분계선 일대에서의 긴장되었던 상황과 그 이후의 평화로워진 상황을 비교하여 설명했습니다. 저는 트럼프 대통령에게 군사분계선으로부터 불과 40km 거리의 서울과 수도권에 대한민국 인구의 절반이 거주하고 있으며 서울에만 10만 명 이상의 미국인이 상시적으로 거주하고 있다는 상황을 설명했고, 아울러 눈앞에 빤히 보이는 개성공단이 남북 경제와 우리의 안보에 가져다주었던 긍정적인 효과에 대해서도 설명할 수 있는 기회를 가졌습니다. 트럼프 대통령은 이어서 지금 화살머리고지에서 진행 중인 유해 발굴 작업에서 발굴된 유품들을 함께 참관했고, 대한민국에 있어서 안보와 평화의 절박함에 대해 공감을 표했습니다.

그 모든 일들은 정상들 간의 신뢰뿐 아니라 판문점 일대 공동경비구역이 비무장화되는 등 남북 간의 군사적 긴장이 크게 완화되었기 때문에 가능한 일이었습니다. 제가 평소에 늘 강조해왔던 것처럼 남북관계의 개선과 북미 대화의 진전이 서로 선순환 관계에 있다는 사실을 다시 한 번 강조하고 싶습니다.

세계를 감동시킨 북미 정상 간의 판문점 회동은 트럼프 대통령의 SNS를 통한 파격적인 제안과 김정은 위원장의 과감한 호응으로 이루어졌습니다. 그 파격적인 제안과 과감한 호응은 상식을 뛰어넘는 놀라운 상상력의 산물입니다. 기존의 외교문법 속에서 생각하면 결코 일어날 수 없는 일입니다. 그 상상력이 세계를 놀라게 했고, 감동시켰으며, 역사를 진전시킬 힘을 만들어냈습니다.

이렇게 상상력은 문화예술이나 과학기술 분야뿐 아니라 정치 외교에도 못지않게 필요합니다. 특히 중대한 국면의 해결을 위해서는 상식을 뛰어넘는 상상력이 필요합니다. 한반도의 완전한 비핵화와 항구적 평화체제 구축이라는 실로 어려운 역사적 과제의 해결을 위해서도 끊임없는 상상력의 발동이 필요할 것입니다. 저도 포함되지만 우리 정치에 있어서도 부족한 것이 상상력이라고 생각합니다. 과거의 정치문법과 정책을 과감히 뛰어넘는 풍부한 상상력의 정치를 기대해 봅니다. 정부 각 부처에서도 우리 경제와 민생의 어려움을 타개하기 위해 많은 노력을 기울이고 있는데, 선의를 가지고 열심히 하는 것을 넘어서서 과감한 정책적 상상력을 좀 더 풍부하게 발휘해 줄 것을 당부하고자 합니다.

한국교회 주요 교단장 초청
오찬간담회 인사말

| 2019-07-03 |

　　우리 한국 기독교계를 대표하고 또 이끌어주시는 우리 각 교단의 교단장님들, 또 대표분님들 이렇게 모실 수 있게 되어서 아주 기쁩니다. 멀리서 부산, 대구, 광주, 전주, 멀리서도 오신 분들도 계시다고 하는데 정말 감사합니다.

　　우리 한국 사회에서 기독교가 차지하는 비중, 또 영향력이 아주 큽니다. 교인들 수가 많기도 하지만 우리나라, 또 우리 사회가 발전해온 과정에서 기독교가 해왔던 역할이 그만큼 컸습니다. 우리나라에 처음으로 기독교 복음이 전파된 게 135년쯤 되는데, 그때 알렌 선교사가 부산으로 입국해서 제물포로 갔기 때문에 제가 2014년에 기독교 선교 130주년을 기념하는 그 예배가 부산에서, 거의 대부분의 교단이 참여한 가운데 아주 성대하게 열렸는데, 그때 제가 참석해 축사를 한 적이 있어서 이런 기독교의 전파 역사를 조금은 기억하고 있습니다.

그런데 그때만 해도 우리 사회가 근대화되기 이전이기 때문에 선교사님들은 우리나라에 단지 기독교 신앙을 전파하는 데 그친 것이 아니라 학교를 짓고 병원을 짓고 하면서 근대문명을 전해주었고, '하나님 앞에 누구나 평등하게 존귀하다' 이런 정신을 가르치면서 한국의 민주주의, 그리고 또 인권이라는 의식도 함께 전해주었습니다. 그래서 그것이 우리 일제시대 때 독립운동의 중요한 정신적인 지주가 됐고요. 실제로 3·1독립선언 대표자의 상당수가 우리 기독교인들이었습니다.

대한민국 임시정부의 국체를 말하자면 국민들이 주권을 가지는 민주공화정으로 이렇게 결정하는 과정에서도 큰 역할을 했다고 생각합니다. 도산 안창호 선생이 임시정부 신년회의 인사 말씀에서 이런 말씀을 하신 적이 있습니다. "대한민국의 주인이 있느냐? 있다. 누구냐? 국민 모두가 주인이다. 과거에는 대한민국의 국왕이 한 사람이었지만 지금은 국민 모두가 국왕이다." 확실하게 이렇게 민주주의 원리를 말씀해 주신 것이죠.

그렇게 우리 대한민국의 독립에 기독교가 큰 역할을 했을 뿐만 아니라 해방 이후에도 우리나라의 근대화, 그를 통한 산업화, 그래서 그걸 통한 경제발전과 함께 민주주의와 인권의 발전에도 큰 역할을 해주었습니다. 실제로 그런 경제활동에 직접 참여하시기도 하고, 민주주의나 인권 면에서는 많은 기독교 목회자님들, 또 기독교 단체, 기독교 교인들이 중심적인 역할을 하면서 한국의 민주화, 인권 향상에 크게 기여를 했습니다.

또 한 가지 복지라는 면에서도 6·25전쟁 이후에 아주 우리가 황폐화되고, 또 많은 국민들이 피난민으로 삶의 터전을 잃고, 많은 전쟁고아가 생겨나고 했을 때 그 사람들을 위한 어떤 복지, 이런 면에서도 기독교가 아주 중심적인 역할을 했습니다. 그렇게 지금까지 대한민국의 독립, 경제발전, 민주주의, 인권, 복지, 이런 면에 이렇게 헌신해 주시고 이끌어주신 우리 기독교계 대표님들께 정말 감사 말씀을 드리고 싶습니다.

그렇게 대한민국이 발전하면서 기독교도 함께 크게 성장을 했습니다. 지금은 무려 150여 개국에 2만 명이 훨씬 넘는 선교사들을 파송하는 나라가 되었습니다. 그것을 통해서 우리 대한민국을 알리고, 대한민국의 위상을 이렇게 높여주고 있는 것이죠. 또 그런 기독교의 활동에 대해서도 다시 한 번 감사 말씀을 드리고 싶습니다.

저는 기독교에 바라는 점이 좀 더 있습니다. 지금까지 해오셨던 역할에 더해서 첫째, 한 가지는 평화를 위한 그런 역할을 좀 더 해주셨으면 하는 것입니다. 기독교에서 이미 북한에 대한 인도적인 지원이라든지, 북한과의 종교 교류, 이런 활동들을 하고 있습니다. 지금 평화를 놓고 보면 우리가 불과 2017년까지 그때 북한의 핵실험이라든지 중장거리 미사일 실험 이런 것 때문에 우리 한반도에 조성됐던 아주 높은 군사적 긴장, 전쟁의 어떤 위협, 생생히 기억하고 있지 않습니까. 그 이후 지금 1년 6개월 이상 지속되고 있는 평화하고 이렇게 비교만 하더라도 우리가 가야 될 길이 어딘가라는 것은 자명하다고 생각합니다. 이렇게 평화를 만들어내고, 또 남북 간에 동질성을 회복해서 다시 하나가 되어 나가고 하는 과정에 우리 기독교계가 좀 더 앞장서 주셨으면 하는 그런 당부 말씀을 드리고요.

또 하나 당부드리고 싶은 것은 통합입니다. 민주주의의 초기는 권력을 독점하거나 과점하는 데서 모든 국민들이 다 주권을 가지는 이런 사회로 발전하는 것이지만 그보다 더 높은 수준의 민주주의는 국민들 간에 서로 통합된 그런 민주주의라고 생각합니다. 과거처럼 독재·반독재, 민주·비민주가 아니라 함께 이제는 새로운 시대를 향해서 손잡고 나아가는 그런 통합된 시대, 통합의 민주주의가 필요한데, 아시다시피 그게 지금 잘 되는 것 같지 않습니다. 정치가 해야 될 책무입니다만 정치가 스스로 통합의 정치를 이렇게 하지 못하고 있으니 우리 종교계에서, 특히 기독교에서 통합의 정치를 위해서 더 이렇게 역할을 해주신다면 정말 고맙겠습니다.

오늘 저는 이 정도로 인사 말씀을 줄이고요. 우리 정부의 발전을 위해서, 꼭 우리 정부의 발전이 아니더라도 결국은 정부가 성공하는 것이 국민들이 또 잘되는 길이기 때문에 그렇게 될 수 있도록 여러 가지 도움되는 말씀들 오늘 허심탄회하게 해주시기 바랍니다.

감사합니다.

제2회 대한민국 사회적경제 박람회 격려사

| 2019-07-05 |

사회적 가치와 함께하는 경제인 여러분, 반갑습니다.

사회적경제 박람회를 준비해 주신 허태정 대전시장님과 김인선 한국사회적기업진흥원장님을 비롯해 관계자 여러분께 감사드립니다. 오늘 수상하신 사회적경제 유공자분들도 축하드립니다. 국민훈장을 받으신 이인동 원장님은 우리나라 최초의 의료협동조합을 창립하여 사회적경제의 모범이 되셨습니다. 국민포장을 받으신 김해옥 대표님, 손병완 대표님, 오미예 이사장님, 이은애 센터장님은 다양한 분야에서 사회적경제를 성장시켜 주셨고, 대통령 표창을 받으신 열두 분과 국무총리 표창을 받으신 열여덟 분 모두 취약계층 지원과 사회적경제 발전에 큰 기여를 해주셨습니다. '나보다 우리'를, '소유보다 나눔'을 실천하신 사회적경제인 모두에게 존경의 박수를 보냅니다.

10년 전 무렵만 해도, 사회적기업이라는 이름이 낯설었습니다. 사회적경제를 사회주의라고 생각하는 사람도 있었습니다. "사회적으로 좋은 일을 하면서 이익을 낸다는 것이 과연 가능할까?" "영리기업도 살아남기 힘든데 사회적기업이 성공할 수 있을까?"라는 회의가 지금도 많습니다. 그러나 어느덧 우리나라에도 사회적경제가 괄목할 만큼 성장했습니다. 지난해 사회적경제 기업이 2만 5천 개에 이르렀고, 25만 명이 넘는 일자리를 만들었습니다. 2007년 50여 개로 출발한 인증 사회적기업도 지난해 2천 개를 돌파하며 마흔 배 넘게 커졌습니다. 협동조합도 1만 4천 개를 넘어 지역민과 취약계층 곁으로 더 가까이 다가갔습니다.

특히, 사회적경제는 취약계층 일자리를 만드는 데 큰 역할을 했습니다. 사회적기업의 고용인원 60% 이상이 취약계층입니다. 사회적협동조합 '구두 만드는 풍경'에서는 한 손에는 구두망치를, 한 손에는 희망을 들고 11명의 청각장애인들이 수제구두를 만들고 있습니다. 사회적기업 '동구밭'은 발달장애인들과 함께 천연비누를 만듭니다. 직원 32명 중 20명이 취약계층입니다. 전통적인 사회적경제 기업의 역할도 커지고 있습니다. 얼마 전 농협은 167명의 장애인을 특별채용하여 일자리를 제공했습니다. 신협도 최근, 긴급 생계자금이 필요한 자영업자·소상공인·실직 가장을 대상으로 1,000억 원 규모의 무담보·무이자 대출을 실시했습니다. '혁신'을 통해 사회문제를 해결하는 소셜벤처들도 발전하고 있습니다. 시각장애인을 위해 점자 스마트워치를 만들어낸 기업과 폐식용유를 재활용해 고효율 램프를 개발해낸 기업이 있습니다. 드론을 활용해 네팔 대지진 현장 복구를 도운 기업도 있습니다. 모두 '혁신'의 마인드로 사회

문제 해결에 앞장선 기업들입니다. 사회적경제 기업은 우리 사회의 크고 작은 문제들을 해결하는 데 앞장서며 취약계층의 든든한 버팀목이 되어 주고 있습니다. 여러분 모두에게 깊이 감사드립니다.

사회적 가치와 함께하는 경제인 여러분,

전쟁의 폐허 속에서 아시아 최빈국이었던 우리는 반세기 만에 세계 11위 경제대국으로 우뚝 섰습니다. 국민 모두가 이룬 값진 결과입니다. 그러나 빠른 성장 과정에서 우리 사회에 어두운 그늘도 함께 만들어졌습니다. 불평등과 양극화, 환경파괴와 같은 다양한 사회적 문제가 발생했습니다. 시장경제는 이러한 문제를 스스로 치유할 만큼 완벽하지 못합니다. 사회적경제는 바로 이런 고민에서 출발했습니다. 이윤을 앞세우는 시장경제의 약점과 공백을 사회적 가치를 함께 생각하는 경제로 메워주는 것이 사회적경제입니다.

유럽과 캐나다에서는 사회적경제가 경제의 중요한 축이 된 지 오래입니다. 제가 지난달 방문했던 스웨덴은 노동인구 중 11%가 사회적경제에 종사하고 있습니다. EU 국가 전체의 평균 고용비중도 6.3%에 달합니다. 캐나다 퀘벡지역은 사회적경제 기업의 매출이 퀘벡주 전체 GDP의 약 8%를 차지할 정도로 규모가 큽니다. 우리의 사회적경제 기업 고용비중이 아직도 1%를 넘지 못하는 것을 감안하면, 우리에게는 더욱 많은 발전가능성이 남겨져 있다고 말할 수 있을 것입니다. 그에 따라 우리나라에서도 장애인 등 취약계층과 함께 일하고, 나눔의 가치를 우선하는 기업들이 갈수록 많아지고 있습니다. 최근 서울 성수동 지역을 중심으로 소셜벤처 기업들이 자생적으로 늘고 있습니다.

사회적경제는 우리 정부가 추구하는 '사람 중심 경제'와 '포용국가'의 중요한 한 축입니다. 스페인 몬드라곤 협동조합을 만든 호세마리아 신부는 "협동조합의 가장 중요한 가치는 '사람'이고 사람의 존엄성을 지키는 것"이라고 했습니다. 우리 경제도 사회적경제를 통해 '이윤'보다 '사람'을 중심으로 성장해가고 있습니다. 우리 정부는 출범 초부터 사회적경제의 가치에 주목했습니다.

'사회적경제 활성화'를 국정과제로 채택했고, 청와대에 '사회적경제비서관'을 신설했습니다. 일자리위원회에 '사회적경제 전문위원회'를 두었고, 그간 여러 부처가 각각 열었던 행사들을 합쳐 오늘 '사회적경제 박람회'를 열게 되었습니다. 정부 출범 5개월이던 2017년 10월, 저는 한국의 소셜벤처 밸리라고 할 수 있는 성수동 헤이그라운드를 찾아 '사회적경제 활성화 종합대책'을 발표했습니다. 중소기업기본법 등 7개 법령을 개정하여 사회적경제 기업들의 비즈니스 환경도 크게 개선했습니다. 정부는 앞으로도 이러한 노력을, '지역기반', '민간주도', '정부 뒷받침'의 원칙하에 더욱 강화해 나갈 것입니다.

우선, 사회적경제의 성장인프라를 더욱 확충할 것입니다. 올해 중 원주·광주·울산·서울 4개 지역에 '사회적기업 성장지원센터'를 추가 설치하고, 군산·창원에 '사회적경제 혁신타운'을 시범 조성하여 지역기반 사회적경제 인프라를 늘려 나가겠습니다.

금융지원도 확대할 것입니다. 지난해 사회적경제에 대한 정책금융 지원이 1,937억 원으로 목표 1,000억 원을 크게 초과했습니다. 올해 정책금융 지원 규모는 3,230억 원으로 작년보다 67%까지 대폭 늘리겠습니다. 올해 1월에는 '한국사회가치연대기금'이 새롭게 출범하여 민간 중심 사회적 금융의 기반을 조성했습니다. 기업의 사회적 파급효과(임팩트)를 보고 투자하는 '임팩트 투자'를 촉진하기 위해, 임팩트펀드를 2022년까지 5,000억 원 규모로 조성하겠습니다. 임팩트보증 제도도 2022년까지 1,500억 원으로 확대할 것입니다.

사회적경제 기업의 판로 확대에도 노력할 것입니다. 입찰 가점·수의계약 대상 확대를 통해 정부조달에서 사회적경제 기업을 우대하고, 공공기관 평가항목에 '사회적경제 기업 제품 구매'를 반영하여 사회적경제 기업의 공공 판로 확대를 지원하겠습니다. 성장성이 높은 소셜벤처 등 사회적경제기업에 대해 R&D, 컨설팅 지원도 확대하겠습니다.

둘째, 사회적경제를 통해 취약계층 일자리를 지원하고 다양한 사회적경제 모델을 발굴하겠습니다. 올해 사회적기업과 협동조합을 중심으로 한 '청년 창업 860팀'의 창업과, 5,840개의 지역 주도형 청년 일자리를 지원할 것입니다. '사회적경제 인재양성 종합대책'을 차질 없이 추진하여 사회적경제의 지속성장을 이끌 인적 토대도 강화할 것입니다. 도시재생 사업과 연계하여, 지역 자원을 활용한 지역 일자리를 만들고, 그 수익을 지역에 재투자하는 '지역 순환형 경제모델'을 도입하겠습니다. 연구자와 일반시민, 사회적경제 조직들과 지역 대학이 함께 참여하는 '사회문제 해결형 R&D'도 추진하겠습니다.

그러나, 정부의 노력만으로 모두 이룰 수 없습니다. '사회적경제 3법'이 오랫동안 국회에 계류되어 있습니다. 국회의 협조와 조속한 처리를 부탁드립니다. 정책은 결국 지역에서 실행되기 때문에 지자체와의 협력도 빼놓을 수 없습니다. 무엇보다 중요한 것은 민간의 자발적 참여입니다. 강한 의지와 열정을 가진 분들이 더 많이 동참하셔야 사회적경제가 더 깊게 뿌리내릴 수 있습니다. 정부가 함께하고, 응원하겠습니다.

사회적 가치와 함께하는 경제인 여러분,

"빵을 팔기 위해 고용하는 게 아니라, 고용하기 위해서 빵을 판다." 미국의 대표적 사회적기업, '루비콘 베이커리' 슬로건입니다. 사회적경제에서의 '빵'은 먹거리이면서 동시에 모두의 꿈입니다. '이익'보다는 '꿈'에, '이윤'보다는 '사람'에 투자하는 것이 얼마나 값진 것인지 '루비콘 베이커리'의 슬로건이 잘 보여주고 있습니다. 그 누구도 희망으로부터 소외되어서는 안 됩니다. 희망이 큰 사회가 따뜻하고도 강한 사회입니다. 우리 사회를 좀 더 따뜻하게 만드는 데 여러분께서 앞으로도 변함없이 노력해 주시기 바랍니다. 정부는 여러분의 노력이 보람으로 이어지도록 지원을 아끼지 않겠습니다. 우리는 '함께 잘 사는 대한민국', '사람 중심 경제'를 만들 수 있습니다. 가치 있는 삶, 꿈이 있는 사회를 함께 만들어갑시다.

감사합니다.

공정경제 성과 보고회의 모두발언

| 2019-07-09 |

여러분, 반갑습니다.

공정경제는 공정과 정의가 경제 생태계 속에서 구현되는 것입니다. 그래야만 국민들이 경제생활 속에서 공정과 정의를 체감할 수 있습니다. 공정경제는 또한 혁신성장과 포용성장의 토대입니다. 공정경제 없이는 혁신도, 포용도 불가능합니다.

그동안 두 차례 공정경제 전략회의를 가졌습니다. 그에 따라 공공기관들부터 먼저 공정경제 성과 보고회의를 갖게 되어 기쁘게 생각합니다. 민간 부문에서 이룬 성과들에 대해서도 따로 국민들께 보고드릴 기회가 있었으면 좋겠습니다. 시장의 바탕은 신뢰입니다. 투명하고 자유로운 시장이 가장 좋은 시장입니다. 반칙과 특권이 사라지고 공정이 자리잡아야 중소기업들이 더 좋은 제품에 열정을 쏟을 수 있습니다. 기업의 성장을 위해 도전하고 혁신할 수 있습니다. 대기업도 더욱 경쟁력을 높일 수 있고, 사회로부터 존경받을 수 있습니다. 소비자들은 더 좋은 제품, 더 좋은 서비스에 신뢰를 갖게 됩니다. 공정한 경쟁이 보장되어야 혁신과 포용 속에서 경제활력이 살아나고 우리 경제의 잠재성장률도 그만큼 높아질 것입니다.

시장의 신뢰는 하루아침에 만들어낼 수 없습니다. '공정한 시장을 위한 규칙'을 만들어 꾸준히 관리해야 '신뢰할 수 있는 시장'이 만들어집니다. 우리 정부는 지난 2년간, 공정경제를 위한 시장의 새로운 규칙과 기반을 만들어왔습니다. 입법이 늦어지는 가운데에서도 정부가 할 수 있는 제도적 기반을 쌓아왔습니다. 국민연금 스튜어드십 코드를 도입했고, 순환출자고리는 대부분 해소되었습니다. 하도급·가맹·유통 분야 종사자 여러분은 거래 관행이 개선되었다고 느끼고 계십니다. 생계형 적합업종 특별법이 제정되고, 성과공유제를 도입한 기업이 50% 가까이 증가하는 등 대·중소기업 간 상생 협력 기반도 마련되었습니다.

정부가 앞장서서 실천적인 노력을 기울일 수 있는 분야가 공공기관입니다. 무엇보다 국민들의 삶과 밀접한 공공기관에서부터 공정경제의 모범을 보일 필요가 있습니다. 먹고사는 데 꼭 필요한 물, 가스, 전기부터 건강보험을 비롯한 종합병원, 도로, 철도, 항만, 공항과 같은 교통 분야에 이르기까지 공공기관이 없는 삶은 상상하기 어렵습니다.

또한 공공기관은 경제주체로서 비중이 매우 큽니다. 공공기관 예산은 GDP 대비 35~40% 수준인 600조 원 이상으로 수많은 협력업체와 하도급 업체가 공공기관과 직·간접적으로 거래 관계를 맺고 있습니다. 특히 대규모 투자가 필요한 분야에서 여러 산업 생태계의 최상위에 있기 때문에 공정거래 확산에 큰 역할을 할 수 있습니다. 이른바 '룰메이커'로 경제행태, 거래행태를 바꿀 수 있습니다.

역대 정부는 공공기관의 공정거래 관행 정착을 위해 많은 노력을 기울였지만 기대에 미치지 못했습니다. 우리 정부는 완전히 새로운 패러다임을 추진해왔습니다. 과거처럼 일률적인 기준과 제재 위주의 방식이 아니라, 사업의 특성을 고려하여 자율적으로, 그리고 맞춤형으로 거래관행을 개선하는 방식입니다. 예를 들어, 가스공사가 속한 에너지시장과 한국토지주택공사가 속한 건설시장은 공정거래의 관행이 같을 수가 없습니다. 시장 상황에 적합하면서도 유연한 방식이 필요합니다.

정부는 사업특성을 고려한 맞춤형 개선 방안을 통해 공공기관이 자발적이고 지속적으로 관행을 개선해 나가도록 했습니다. 오늘 소개될 모델들은 각 공공기관들이 공정거래를 위해 업무방식과 규정, 계약서 등을 자율적으로 바꿔낸 사례들입니다. 바람직한 거래의 모습을 담은 '모범거래 모델(Best Practice Model)'도 함께 제시했습니다. 국민의 이익과 경제활력을 높여줄 것으로 기대를 합니다.

첫째, 공공서비스의 소비자이며 공공시설의 임차인인 국민의 이익을 키웠습니다. 공공기관에게 일방적으로 유리한 계약 조항과 면책 규정을 삭제하거나 개선했고, 소비자와 임차인에게 일방적으로 부담이 전가되지 않도록 엄격하게 제한하고 사전협의를 거치도록 했습니다.

둘째, 협력업체에게 위험이나 비용 부담을 부당하게 떠넘기지 못하도록 하여, 정당한 대가지급을 보장했습니다. 국민의 안전과 노동자의 정당한 권리를 지키면서 공공기관과 협력업체가 이익과 부담을 공정하게 나누는 규칙입니다. 최저가 외에도 합리적인 시장가격을 적용할 수 있게 했고, 금액을 과도하게 깎는 행위, 공사기간을 과도하게 줄이는 행위, 책임을 떠넘기는 행위를 제한했습니다. 기술과 정보에 대한 소유와 사용 권한을 정할 때 협의를 거쳐 정당하게 대가를 지급하게 하고, 불가항력의 이유로 인한 손해의 범위를 넓혀 협력업체의 이익과 노동자의 안전을 확보했습니다.

셋째, 공공기관과 거래 당사자인 민간기업 사이에도 불공정 행위를 차단했습니다. 하도급 관계가 구조적으로 형성되지 않도록 공동도급방식을 비롯한 수평적 계약방식을 도입했습니다. 하도급 대금과 노동자 임금이 체불되지 않도록 공공기관이 직접 지급하게 하고, 입찰에 담합한 업체들에 대해서는 손해배상 책임을 신속하게 물을 수 있는 장치를 마련했습니다. 공공기관의 거래조건은 민간기업들 간의 거래에도 중요한 근거나 기준이 되기 때문에, 장에 미치는 파급 효과가 매우 큽니다. 공공기관은 공정경제 실현의 마중물로서 민간기업의 불공정 거래를 줄이도록 앞장서서 노력해야 할 책임이 있습니다. 정부는 공공기관의 맞춤형 거래관행 개선을 시범 적용을 거쳐 모든 공공기관으로 확대하고, 나아가 민간까지 확산되도록 할 계획입니다. 공정거래 원칙을 준수하는 것이 공공기관에게도 이익이 되도록, 공공기관과 임직원의 성과 평가에도 반영하도록 하겠습니다.

공공기관의 공정거래는 우리 경제가 공정경제로 가는 출발점입니다. '시장의 신뢰'를 세우는 일입니다. 길게 보면서 차근차근 추진해 나갈 수 있도록 모든 관계 기관의 협력을 당부합니다. 국회에 계류 중인 공정경제 법안들의 신속한 처리를 위해서도 당정이 적극 협력해 주시기 바랍니다. 입법과제까지 이루어져야 우리가 공정경제의 성과를 더욱 자신 있게 말할 수 있을 것입니다.

감사합니다.

경제계 주요 인사 초청 간담회 인사말

| 2019-07-10 |

여러분, 반갑습니다.

우리 경제가 엄중한 상황 속에서 우리 경제를 대표하는 최고 경영자 여러분을 모시고 함께 대책을 논의하는 그런 시간을 갖게 되었습니다. 갑작스런 요청이었는데 이렇게 응해주셔서 감사드립니다. 오늘은 여러분들 말씀을 듣는 그런 자리이기 때문에 제 인사말은 가급적 짧게 하겠습니다.

단도직입적으로 말씀을 드리자면 우리 경제는 내부적인 요인에 더해서 대외적인 어려움이 가중되고 있습니다. 보호무역주의와 강대국 간의 무역 갈등이 국제 교역을 위축시키고, 또 세계 경제의 둔화 폭을 더 키우고 있습니다. 그것만으로도 무역 의존도가 매우 높은 우리 경제를 어렵게 만들고 있는데, 거기에 일본의 수출 제한 조치가 더해졌습니다.

우리 정부는 일본의 부당한 수출 제한 조치의 철회와 대응책 마련에 비상한 각오로 임하고 있습니다. 무엇보다 정부는 외교적 해결을 위해 최선을 다하고 있습니다. 일본 정부도 화답해 주기를 바랍니다. 더 이상 막다른 길로만 가지 않기를 바랍니다. 일본 정부가 정치적 목적을 위해 우리 경제에 타격을 주는 조치를 취하고, 아무런 근거 없이 대북 제재와 연결시키는 발언을 하는 것은 양국의 우호와 안보 협력 관계에 결코 바람직하지 않습니다. 양국의 경제에도 이롭지 않은 것은 물론입니다. 당연히 세계 경제에도 악영향을 미치게 될 것이므로 우리는 국제적인 공조도 함께 추진할 것입니다.

우리의 외교적 노력에도 불구하고 사태가 장기화될 가능성을 배제할 수 없습니다. 매우 유감스러운 상황이지만, 모든 가능성에 대비하지 않으면 안 됩니다. 이러한 상황을 어떻게 대응하고 타개해 나갈지 여러분의 말씀을 경청하고자 합니다. 정부와 기업 간에 허심탄회하게 의견을 나누는 자리가 되기를 바랍니다. 제 생각을 먼저 간단히 말씀드리자면 전례 없는 비상 상황입니다. 그런 만큼 무엇보다 정부와 기업이 상시적으로 소통하고 협력하는 민관 비상 대응체제를 갖출 필요가 있다고 생각합니다. 주요 그룹 최고경영자와 경제부총리, 청와대 정책실장이 상시 소통체제를 구축하고, 장·차관급 범정부지원체계를 운영해서 단기적 대책과 근본적 대책을 함께 세우고 협력해 나가자는 것입니다. 단기적 대책으로는, 우리 기업의 피해가 최소화되도록 수입처의 다변화와 국내 생산의 확대, 또 해외 원천기술의 도입 등을 정부가 적극 지원하겠습니다. 인허가 등 행정절차가 필요할 경우 그 절차를 최소화하고, 최대한 신속하게 진행되도록 하겠습니다. 빠른 기술개발과 실증, 또 공정테스트 등을 위해서 시급히 필요한 예산은 국회의 협조를 구해 이번 추경예산에 반영하겠습니다. 국회도 필요한 협력을 해 주시리라고 믿습니다.

근본적인 대책으로는 이번 일이 어떻게 끝나든, 이번 일을 우리 주력산업의 핵심기술, 핵심부품, 소재, 장비의 국산화 비율을 획기적으로 높여 해외 의존도를 낮추는 계기로 삼아야 할 것입니다. 특히 특정국가 의존형 산업구조를 반드시 개선해야 합니다. 정부는 부품·소재, 장비산업의 육성과 국산화를 위해 관련 예산을 크게 늘리겠습니다. 세제와 금융 등의 가용자원도 총동원할 것입니다.

정부만으로는 안 되고, 기업이 중심이 되어야 합니다. 특히 대기업의 협력을 당부드립니다. 부품·소재 공동 개발이나 공동 구입을 비롯한 수요기업 간 협력과 부품·소재를 국산화하는 중소기업과의 협력을 더욱 확대해 주시기 바랍니다. 기업과 정부가 힘을 모은다면 지금의 어려움은 반드시 극복하고, 오히려 우리 경제를 한 단계 더 발전시키는 계기로 삼을 수 있을 것입니다. 오늘 우리의 만남이 걱정하시는 국민들에게 희망이 되었으면 좋겠습니다. 지금까지 우리 경제가 늘 그래왔듯이 함께 힘을 모아 위기를 기회로 바꾸어낼 수 있기를 바랍니다.

감사합니다. 오늘 좋은 의견들 편하게 말씀해 주시기 바랍니다.

전남 블루이코노미 경제비전 선포식

| 2019-07-12 |

존경하는 전남도민 여러분,

무안은 가장 한국적인, 아름다운 자연을 가지고 있고 남도를 대표하는 문화유적지입니다. 서해안고속도로가 뚫리고, 도청이 이전하고, 국제공항이 개항하면서 지금 무안은 서해안 시대를 열고 있습니다. 오늘 자연과 전통을 지키며 미래를 열고 있는 이곳 무안에서 여러분을 뵙게 되어 매우 반갑습니다.

전남의 정신은 넉넉하면서 강인합니다. 무안의 갯벌은 바다가 키운 모든 것을 내어주고 다도해의 주민들은 바다를 이겨내며 삶을 지켜냈습니다. 그 넉넉하며 강인한 정신으로 전남은 역사의 물줄기를 바로잡아 왔습니다. 전남은 충무공 이순신 장군의 호국정신이 서린 곳입니다. 전남의 주민들이 이순신 장군과 함께 불과 열두 척의 배로 나라를 지켜냈습니다. 전남인들은 3·1독립운동, 광주학생독립운동의 주역이었고, 4·19혁명, 5·18민주화운동, 유월민주항쟁, 촛불혁명까지 역사의 고비마다 정의를 바로 세웠습니다. '난세'를 이기는 힘이 평범한 사람들에게 있다는 사실을 일깨워주었습니다. 대한민국을 지키고, 역사의 정의를 바로 세워온 전남도민 여러분께 깊은 존경과 감사의 인사를 드립니다.

저는 1978년, 해남 대흥사에서 전남과 인연을 맺었습니다. 그때 주민등록을 옮기고, 예비군도 옮겨서 훈련을 받았으니 법적으로 한때 전남도민이었습니다. 그 시절 보고 겪었던 전남의 아름다운 자연과 정이 많은 인심은 제게 깊이 각인되어 있습니다.

작년, 2018년은 전라도 정도 천년이었습니다. 올해는 새로운 천년이 시작되는 원년입니다. 오늘 새천년의 출발을 선언하는 비전 선포식에 함께하게 되어 참으로 뜻깊고 감회가 새롭습니다. 이제 전남은 천년을 이어온 도전정신으로 새로운 역사를 써나갈 준비를 마쳤습니다. 오늘 전남은 섬, 해양, 하늘, 바람, 천연자원 등 전남이 가지고 있는 풍부한 자연자원을 기반으로 '블루 이코노미(Blue Economy) 전남'을 향한 원대한 비전을 발표합니다. '블루 이코노미'가 전남 발전과 대한민국 경제 활력의 '블루칩'이 될 것으로 기대합니다.

전남도민 여러분,

전남은 '글로벌 에너지 신산업 수도'라는 이름에 걸맞게 재생에너지 발전량 전국 1위로 에너지신산업을 이끌고 있습니다. 전국 최고 수준의 일사량과 해상풍력 등 재생에너지의 성장 잠재력도 매우 큽니다. 전통 에너지원뿐만 아니라 신에너지원을 아우르는 명실상부한 대한민국에너지 중심지가 될 것으로 확신합니다. 정부도 나주 빛가람혁신도시를 에너지밸리로 특화시키고, 에너지밸리가 차세대 에너지신산업의 거점으로서 성장하도록 최대한 지원할 것입니다. 드론과 미래차는 우리 정부의 혁신성장 8대 선도 산업 중 하나입니다. 고흥에 드론을 비롯한 무인기 국가종합성능시험장이 건설될 예정입니다. 나로우주센터와 드론을 중심으로 고흥과 전남이 항공우주산업의 혁신을 선도하게 될 것입니다.

전남은 480억 원 규모의 초소형 전기차 실증사업을 유치해 미래자동차 산업의 한 축을 담당하게 되었습니다. 중소·중견기업 중심의 미래자동차 산업을 선도하는 중심지가 될 것입니다. 전남은 우리 국민들이 가장 가고 싶어 하고, 체험하고, 느끼고, 즐길 곳이 많은 그런 곳입니다. 천혜의 해양 관광·문화 자원과 청정한 환경, 안전하고 맛있는 친환경 먹거리가 풍부한 전남은 세계적으로도 손색없는 매력 만점의 관광지입니다. 지난 4월 개통한 천사대교는 이미 100만 명 이상의 관광객이 찾았습니다. 신안과 여수 지역의 연도교가 계획대로 건설되면 섬 주민들의 삶의 질을 높이는 것과 동시에 이 지역을 찾고 싶어 하는 관광객들의 발걸음을 더욱 편하게 할 것입니다. 더 많은 사람들이 전남의 아름다움을 즐길 수 있도록 교통 인프라를 지속적으로 개선해 나겠습니다. 무안공항을 경유하는 호남고속철도를 조속히 완공하고, 호남고속철도와 경전선을 연계하여 무안공항을 편리하게 이용할 수 있도록 하겠습니다. 이순신 장군의 유적지를 포함한 서남해안 관광·휴양벨트 조성사업과 남해안 관광활성화 사업을 지원해 전남 관광 6천만 시대를 여는 데 정부가 함께하겠습니다.

바이오헬스 산업은 혁신성장의 3대 선도 산업입니다. 우리 정부는 2030년까지 제약·의료기기 세계 시장 점유율 6%, 500억 불 수출을 목표로 하고 있습니다. 전남 역시 백신산업 인프라 확충을 전략적으로 추진하고 있습니다. 정부의 '바이오헬스 산업 혁신전략'과 전남의 바이오 산업 비전을 연계해 국민 건강 100세 시대를 함께 만들어가겠습니다. 전남도가 추진하는 '바이오 메디컬 허브, 전남' 실현을 위해 정부가 함께 하겠다는 약속을 드립니다. 전남은 화순백신산업특구를 기반으로 장흥, 장성, 완도 등 최고 수준의 의료와 의약, 자연 치유 환경을 연계하는 의료 융복합 클러스터를 조성하고 있습니다. 2021년 화순 백신 위탁생산 시설이 완공되면 백신 공정개발, 임상시험용 시제품 생산이 가능해져 우리 중소·벤처기업들의 경쟁력도 그만큼 강화될 것입니다.

존경하는 전남도민 여러분,

전남의 발전과 대한민국 발전은 하나입니다. 지난 10일, 국가균형발전위원회는 한전공대 설립 기본계획을 심의·의결했습니다. 예정대로 2022년에 개교할 수 있도록 계속 관심을 가지고 지원하겠습니다. 국가가 필요로 하는 전문인력의 양성은 물론 지역균형발전에 큰 역할을 하게 되리라 믿습니다. 광주 송정에서 순천까지의 경전선 전철화도 차질 없이 진행되도록 준비하겠습니다. 이 사업이 완료되면 부산까지 운행 시간이 5시간 30분에서 2시간대로 단축되어, 호남과 영남 사이에 더 많은 사람과 물류가 오가고 전남과 경남이 함께 성장하게 될 것입니다.

전남의 하늘길도 활짝 열겠습니다. 무안국제공항 활주로 연장 사업을 시작으로 무안국제공항을 지역균형발전을 이끄는 거점 관문공항으로 성장시키겠습니다. 지금 전남은 대담한 변화와 혁신의 길에 서 있습니다. 풍요로운 대지와 광활한 바다는 전남의 새로운 천년이 펼쳐지는 무대가 될 것입니다. 도전정신과 강인함, 의로운 기개는 천년을 흘러 굳건하게 자리 잡은 전남인의 자긍심이며 저력입니다. 유감없이 발휘해 주시기를 기대합니다. 우리 미래 세대들이 전남의 오늘을 대한민국의 새로운 내일이 시작된 날로 기억하게 될 것입니다.

전남이 아름다운 대한민국, 발전하는 대한민국의 미래를 보여주길 바랍니다. 항상 함께하겠습니다.

감사합니다.

루벤 리블린 이스라엘 대통령
공식방한 오찬사

| 2019-07-15 |

존경하는 루벤 리블린 대통령님, 이스라엘 대표단 여러분,

한국에 오신 것을 환영합니다. 얼마 전 영면하신 네하마 리블린 여사님께서는 평소 환경문제와 아동 지원 등 다양한 자선활동을 하시며 이스라엘 국민의 존경과 사랑을 받으셨다고 들었습니다. 삼가 고인의 명복을 빌며 대통령님께 위로의 마음을 전합니다.

1962년 수교 이후 이어진 양국의 관계는 해를 거듭할수록 더욱 깊어지고 있습니다. 양국의 교역량은 지난해 사상 최고치인 27억 불을 기록했습니다. 문화에 대한 관심도 높아지고 있습니다. 한국 국민은 성서의 배경인 예루살렘을 동경하고 탈무드를 읽으며, 지난해 4만 5천 명이 넘는 국민이 이스라엘을 방문했습니다. 세계적인 작가 아모스 오즈의 소설은 한국에서도 번역되어 문학을 사랑하는 한국인들의 마음을 울립니다. 이스라엘에서도 K-팝(K-POP)에 대한 애정이 한국어와 한국 음식으로 이어지고 있습니다. 한국 자동차와 가전제품도 큰 사랑을 받는다고 하니 무척 반가운 일입니다. 서로 사랑하는 국민들의 마음은 양국 관계 발전에 큰 원동력이 될 것입니다.

나는 오늘 리블린 대통령님과 함께 진솔하고 유익한 대화를 나눴습니다. 특히 4차 산업혁명 시대를 함께 열어갈 양국의 잠재력과 가능성을 확인할 수 있었습니다. 이스라엘이 가지고 있는 첨단산업 분야의 뛰어난 기술력과 한국의 정보통신기술 및 제조업 융합 능력이 결합된다면 양국은 4차 산업혁명 시대에 앞서갈 수 있을 것입니다.

이번 대통령님의 방한으로 혁신·창업을 비롯한 경제 협력이 더욱 확대되고, 양국 간 FTA 체결로 이어지는 기회가 되길 기대합니다. 세계 각지에서 이주한 이스라엘의 국민들은 다양한 사회·종교·문화적 배경을 가지고 있습니다. 이스라엘에서 태어난 유대인을 흔히 선인장의 열매를 뜻하는 '사브라'라고 부른다고 들었습니다. 2천 년 동안 이산 속에서도 민족의 정체성과 전통을 유지하며 다양성을 포용하는 통합의 정신이야말로 이스라엘의 힘입니다.

'4대 부족 비전'으로 통합의 이스라엘로 번영의 시대를 열고 계신 리블린 대통령님의 리더십에 경의를 표합니다. 대통령님의 건강과 두 나라의 영원한 우정을 위하여 건배를 제의합니다.

레하임! (건배)

수석보좌관회의 모두발언

| 2019-07-15 |

　과거사 문제는 한일 관계에서 주머니 속의 송곳과 같습니다. 때때로 우리를 아프게 찌릅니다. 그러나 지금까지 양국은 과거사 문제를 별도로 관리하면서 그로 인해 경제, 문화, 외교, 안보 분야의 협력이 훼손되지 않도록 지혜를 모아왔습니다. 저 역시 여러 차례 과거사 문제는 과거사 문제대로 지혜를 모아 해결해 나가면서 양국 관계의 미래지향적 발전을 위해 함께 협력해 나가야 한다고 강조해왔습니다.

　일본이 이번에 전례 없이 과거사 문제를 경제 문제와 연계시킨 것은 양국 관계 발전의 역사에 역행하는, 대단히 현명하지 못한 처사라는 점을 먼저 지적합니다. 우리 정부는 강제징용 피해자들에 대한 대법원 판결 이행 문제의 원만한 외교적 해결 방안을 일본 정부에 제시하였습니다. 우리 정부는 우리가 제시한 방안이 유일한 해법이라고 주장한 바

없습니다. 양국 국민들과 피해자들의 공감을 얻을 수 있는 합리적인 방안을 함께 논의해 보자는 것이었습니다. 그러나 일본 정부는 아무런 외교적 협의나 노력 없이 일방적인 조치를 전격적으로 취했습니다. 일본 정부는 일방적인 압박을 거두고, 이제라도 외교적 해결의 장으로 돌아오기 바랍니다.

일본은 당초 강제징용에 대한 우리 대법원의 판결을 조치의 이유로 내세웠다가 개인과 기업 간의 민사판결을 통상 문제로 연계시키는 데 대해 국제사회의 지지를 얻지 못하자 우리에게 전략물자 밀반출과 대북제재 이행 위반의 의혹이 있기 때문인 양 말을 바꾸었습니다. 그러나 이는 4대 국제수출통제체제를 모범적으로 이행하고 있을 뿐만 아니라 유엔 안보리 결의를 준수하고 제재의 틀 안에서 남북관계 발전과 한반도 평화를 위해 총력을 다하고 있는 우리 정부에 대한 중대한 도전입니다.

또한, 우리 정부의 노력을 지지하며 한반도 평화 프로세스에 동참하고 있는 국제사회의 공동노력에 대해 불신을 야기하는 것이기도 합니다. 일본이 그런 의혹을 실제로 가지고 있었다면 우방국으로서 한국에 먼저 문제제기를 하거나 국제감시기구에 문제제기를 하면 될 터인데, 사전에 아무 말이 없었다가 느닷없는 의혹을 제기했습니다. 논란의 과정에서 오히려 일본의 수출통제에 문제가 있었음이 드러나기도 했습니다. 이점에 대해서는 양국이 더 이상 소모적인 논쟁을 할 필요가 없다고 봅니다. 일본이 의혹을 철회할 생각이 없다면 이미 우리 정부가 제안한 대로 양국이 함께 국제기구의 검증을 받아 의혹을 해소하고, 그 결과에 따르면 될 일입니다.

한국 경제와 일본 경제는 깊이 맞물려 있습니다. 국교 정상화 이후 양국은 서로 도우며 함께 경제를 발전시켜왔습니다. 특히 제조업 분야는 한국이 막대한 무역수지 적자를 겪으면서도 국제분업질서 속에서 부품·소재부터 완성품 생산까지 전 과정이 긴밀하게 연계되어 함께 성장해왔습니다. 이번 일본의 수출제한 조치는 상호의존과 상호공생으로 반세기 간 축적해온 한일 경제협력의 틀을 깨는 것입니다. 우리가 일본 정부의 수출제한 조치를 엄중하게 바라볼 수밖에 없는 이유가 여기에 있습니다.

더구나 일본의 수출제한 조치는 자국 산업의 피해를 막기 위한 통상적인 보호무역 조치와는 방법도, 목적도 다릅니다. 우리는 일본 정부의 이번 조치가 한국 경제의 핵심 경쟁력인 반도체 소재에 대한 수출제한으로 시작했다는 점에 주목하지 않을 수 없습니다. 이는 우리 경제가 한 단계 높은 성장을 도모하는 시기에 우리 경제의 성장을 가로막고 나선 것이나 다름없습니다. 일본의 의도가 거기에 있다면 결코 성공하지 못할 것입니다. 우리 기업들이 일시 어려움을 겪을 수 있지만 우리는 과거 여러 차례 전 국민의 단합된 힘으로 경제위기를 극복했듯이 이번에도 어려움을 이겨낼 것입니다. 오히려 일본과의 제조업 분업체계에 대한 신뢰를 깨뜨려 우리 기업들은 일본의 소재, 부품, 장비에 대한 의존에서 벗어나 수입처를 다변화하거나 국산화의 길을 걸어갈 것입니다. 결국에는 일본 경제에 더 큰 피해가 갈 것임을 경고해 둡니다.

이번 일을 우리 경제의 전화위복 기회로 삼겠다는 정부의 의지는 확고합니다. 정부는 외교적 해결을 위해 모든 노력을 다할 것이지만 한편으로 기업이 이 상황을 자신감 있게 대응해 나갈 수 있도록 필요한 모든 지원을 아끼지 않을 것입니다. 기왕에 추진해오던 경제 체질 개선 노력에도 더욱 박차를 가할 것입니다.

우리는 어떤 경우에도 이 상황을 극복할 것입니다. 국민 여러분께서도 자신감을 가지고 기업들이 어려움을 헤쳐갈 수 있도록 힘을 모아주시기 바랍니다. 우리의 국력은 숱한 위기를 극복하며 키워온 것입니다. 우리는 지금보다 더 어려운 도전들을 이겨내면서 오늘의 대한민국에 이르렀습니다. 숱한 고비와 도전을 이겨온 것은 언제나 국민의 힘이었습니다. 저와 정부는 변함없이 국민의 힘을 믿고 엄중한 상황을 헤쳐 나갈 것입니다. 국회와 정치권의 초당적인 협력도 당부드립니다. 지금의 경제 상황을 엄중하게 본다면 그럴수록 협력을 서둘러주실 것을 간곡하게 당부드립니다. 그것이야말로 정부와 우리 기업들이 엄중한 상황을 극복할 수 있는 가장 큰 힘이 될 것입니다.

시·도지사 간담회 모두발언

| 2019-07-24 |

시·도지사님들, 반갑습니다.

민선 7기, 새로운 지방정부 1년이 지났습니다. 오늘 다섯 번째 시·도지사 간담회를 맞아 풀뿌리 민주주의를 실현하고, 지역경제와 복지에서 혁신적인 모델을 만들고 계신 우리 시도지사님들의 노고에 깊이 감사드립니다.

지역 발전이 곧 국가 발전입니다. 정부는 지방정부가 더 많은 자율권을 갖고 일할 수 있도록 실질적인 행정, 또 재정 권한을 나누기 위해 지속적으로 노력하고 있습니다. 지역의 성과를 전국으로 확산하는 일에도 지방정부와 항상 함께하겠습니다. 최근 미중 무역 갈등과 일본의 수출 규제로 주력산업이 어려운 환경에 놓여있습니다. 모두 힘을 합쳐야 하는 매우 엄중한 상황입니다. 부품·소재 국산화와 수입선 다변화는 어려워도 반드시 가야 할 길입니다. 4차 산업혁명 시대의 변화에도 선도적으로 대처해야 합니다. 국정운영의 동반자로서 지방정부의 역할이 매우 중요합니다. 미래로 나가기 위해서는 과감한 변화와 혁신이 필요하며 중앙정부가 발 빠르게 하지 못하는 선제적인 실험, 또 혁신적인 도전이 절실합니다.

세계에서 가장 혁신적인 성장이 우리의 목표입니다. 이를 위해 세계에서 가장 먼저 새로운 기술이 개발되고 사용될 수 있는 환경을 조성해야 합니다. 오늘 발표하는 규제자유특구는 지역의 혁신 의지와 결합되어야만 성과를 가져올 것입니다. 규제혁신과 혁신성장을 위해 지방정부와 중앙정부가 함께 의지를 다지는 자리가 되길 바랍니다. 산업화 시대의 규제혁신은 선택의 문제였지만, 업종과 권역이 융합하는 4차 산업혁명 시대의 규제혁신은 생존의 문제입니다. 우리 정부는 '규제혁신'을 국정의 최우선 순위에 두고 4차 산업혁명 시대에 대응하고 기업의 새로운 도전을 응원하고 있습니다. 올해 1월부터 시작된 규제 샌드박스 제도는 규제를 처리하는 범위와 속도에서 세계 어느 나라보다 앞섭니다. 새로운 제품과 서비스의 안전성을 테스트하기 위한 실증특례를 제공하고, 적극적 법령해석을 통해 규제를 최소화하고 있습니다. 또한 임시허가를 통해 시장 출시 시기를 앞당기고 있습니다.

법령으로 새롭게 신설되는 규제는 '원칙적 허용, 예외적 금지'를 우선 적용하도록 제도화했습니다. 규제를 존치해야 하는 이유를 공직자가 입증하도록 하는 '규제입증책임제도'를 도입하고, 적극 행정을 장려하여 공직자들의 행태도 개선하고 있습니다. 그러나, 우리 국민과 기업들은 더 과감한 '규제혁신'을 요구하고 있습니다. 기업들은 여전히 규제로 인해서 새로운 기술을 수용하기가 어렵다고 호소합니다. 신산업의 진입 규제장벽 때문에 국내 시장을 포기하고 해외로 나가는 그런 사례도 있습니다. 국민과 기업이 "이 정도면 됐다"고 느낄 수 있는 혁신의 비등점에 도달하려면, 상징성이 큰 규제의 개선과 함께 규제를 담당하는 일선 행정에서의 변화가 더 필요합니다.

정부는 규제 샌드박스에 더해 올해 4월 규제자유특구제도를 도입했고 오늘 최초로 7개 지자체에 '규제자유특구'를 지정했습니다. 규제자유특구는 규제 샌드박스를 통해 규제를 해소하면서 신기술 실증과 사업화를 통해 혁신성장을 지방의 성장으로 확산시킬 것입니다. 기업의 본격적인 혁신성장과 실질적인 규제혁신 성과를 체감하게 되길 기대합니다. 특히 의료 분야와 블록체인 분야에서 그동안 하지 못했던 서비스를 제공하게 될 것입니다.

'디지털 헬스케어 특구'로 지정된 강원도에서는 1차 의료기관의 의사와 환자 간 원격모니터링이 가능해졌고, 간호사의 방문을 통해 의사와 환자 간 진단과 처방을 지원하는 원격 협진이 실시가 됩니다. 고혈압과 당뇨병, 만성질환에 한해 제한된 범위에서 시작을 하지만 드디어 원격진료의 첫발을 내디딘 것입니다. 좋은 성과를 바탕으로 광범위하게 확산되어 1차 병원의 이용과 어르신들의 진료비 절감에 크게 기여하게 될 것입니다.

'블록체인' 특구 부산에서는, 데이터의 위·변조가 불가능한 블록체인 기술을 관광, 금융, 물류 등 다양한 분야에 접목할 예정입니다. 블록체인을 이용하면서 동시에 개인정보를 보호할 수 있는 기술을 실증하게 되면, 블록체인 활용에 있어서 세계에서 가장 앞서가게 될 것입니다. 기존의 지역 금융인프라와 연계하여 지역경제 활성화에도 큰 도움이 될 것입니다. 신시장 개척을 위한 다양한 실증사업들도 추진됩니다.

'스마트웰니스' 특구로 지정된 대구에서는 인체콜라겐을 활용한 화상치료용 인공피부를 테스트합니다. 'e - 모빌리티' 특구인 전남은 초소형 전기차와 전기자전거, 퀵보드 등을, 세종시는 자율주행 버스 운행을 실증할 예정입니다. 환경과 안전을 위한 신기술 기준도 마련하게 되었습니다. 경북은 전기차 배터리의 재활용으로 전기자전거 등의 응용제품을 만들고, 충북은 스마트 안전제어시스템을 도입해서 세계 최초로 가스 기기 무선차단제어 기술표준을 선도할 계획입니다. '규제자유특구'는 이제 시작 단계입니다. 더 빠른 규제혁신을 위해 규제혁신 방법의 혁신이 필요합니다.

우리의 경쟁상대는 글로벌 시장입니다. 해외로 가는 국내 기업의 발걸음을 돌리고, 외국의 우수한 기업과 자본을 유치할 수 있는 보다 과감한 규제 개선과 지원 방안이 마련되어야 할 것입니다. 지역에서 검증된 신기술이 대한민국 전역과 글로벌 시장으로 빠르게 제품과 서비스가 출시될 수 있도록 후속 조치에도 각별한 노력을 기울여 주시기 바랍니다. 또한 이번에 규제자유특구로 선정되지 못한 지자체도 계속될 2차 선정 사업에서 조기에 추가 선정될 수 있도록 지자체와 관련 부처가 함께 협력해서 노력해 주시기 바랍니다.

최근 입국장 면세점을 도입했습니다. 그동안 세관의 통제가 편리한 출국장에만 면세점을 두었지만, 이제 입국장 면세점이 생겨 출국장 면세점에서 산 상품을 여행 내내 휴대하는 불편함이 없어졌습니다. 국민의 입장에서 생각한 규제혁신의 대표적인 사례라고 생각합니다. 국민의 삶을 바꿀 수 있어야 진정한 규제혁신이며, 이러한 관점의 변화가 규제혁신의 시작입니다. 국민의 삶을 개선하기 위해 함께 더욱 노력해 나갑시다.

감사합니다.

상생형 구미 일자리 투자 협약식 축사

| 2019-07-25 |

존경하는 국민 여러분, 구미시민 여러분, 이철우 지사님과 장세용 시장님을 비롯한 내외 귀빈 여러분, 반갑습니다.

LG화학과 구미시, 경상북도가 일자리 투자 협약서에 서명했습니다. 협상 시작 반년 만에 이끌어낸 노사민정 합의입니다. 단시일 내에 이런 성과를 내기까지 경제 활력을 되찾겠다는 구미시민, 경북도민의 의지가 제일 큰 힘이 되었습니다. LG화학은 지역과 상생하겠다는 각오로 과감히 투자를 결정했습니다. 지자체와 정부도 적극적인 지원으로 함께했습니다.

일본의 수출 규제가 이어지고 있는 가운데, '우리는 할 수 있다'라는 자신감을 다시 한 번 확인할 수 있었습니다. 국민 여러분께 좋은 소식을 전하게 되어 매우 기쁩니다.

특히, 올해 반세기를 맞은 구미국가산업단지가 새로운 도약의 기회를 갖게 된 것을 진심으로 축하합니다. 대한민국 산업 발전과 고도성장을 이끌었던 구미시의 저력이 다시 한 번 발휘됐습니다. 구미의 역사는 대한민국 산업화의 역사입니다. 우리나라가 전체 수출액 1억 불을 달성한 지 불과 11년 만인 1975년, 구미시는 단독으로 수출 1억 불을 이뤄냈습니다. 이곳 구미시청에서 멀지 않은 곳에 위치한 '수출산업의 탑'에는 구미가 한국경제의 성장엔진이라는 자부심이 담겨 있습니다. 구미의 역사는 1, 2차 석유파동, IMF 외환위기, 글로벌 금융위기 등 대한민국 경제의 위기를 이겨내고 고도화한 역사이기도 합니다. 세계 경제의 불확실성이 커지고, 일본 수출 규제 등 우리 경제의 대내외적 조건이 어려운 이때, 구미는 상생형 지역 일자리로 경제활력의 새로운 돌파구를 제시했습니다.

성숙한 역량을 보여주신 경북도민, 그리고 구미시민 여러분께 경의를 표합니다. 더불어, 해외 진출의 방향을 바꿔 국내에서 과감한 투자를 결정해 주신 LG화학, 또 다양한 이해관계를 조정하느라 애써주신 김동의 한국노총 구미지부 의장 등 노동계와 시민사회 여러분께도 진심으로 감사드립니다.

구미시민 여러분,

1982년, 구미의 전자기술연구소와 서울대 컴퓨터가 인터넷으로 연결됐습니다. 국산 컴퓨터도 없던 시절, 미국에 이은 세계 두 번째, 자체개발로 세계를 놀라게 했습니다. 세계 최고 수준인 우리의 ICT 산업은 2000년대에 꽃피기 시작했지만, 그 씨앗은 이미 그 20년 전에 뿌려졌습니다. 대담한 상상과 창의적인 실행이 우리 경제를 성장시켜온 힘입니다. 구미형 일자리는 세계 두 번째 인터넷망 연결처럼, 새로운 상상력과 실행력에 기반하고 있습니다. 광주형 일자리에 이어 구미형 일자리가 상생형 일자리의 또 다른 모델이 되어 제2, 제3의 구미형 일자리가 우리 경제의 새로운 동력이 되길 기대합니다. 구미형 일자리는 상생형 일자리 중 최초로 4차 산업혁명 시대의 제조업 부흥을 이끌 신산업에 대한 투자입니다.

이차전지는 소형과 중대형시장을 포함해 2025년까지 연평균 16% 이상, 관련 소재·부품 산업은 연평균 30% 가까이 성장할 것으로 전망됩니다. 현재 이차전지 소형시장과 ESS 분야는 2011년 이후 우리가 부동의 세계 1위를 차지하고 있지만, 아직 전기차 시장과 소재시장에서는 상대적으로 점유율이 낮은 편입니다.

LG화학은 4차 산업혁명의 핵심 분야로 부상한 이차전지 시장 선점을 위해 핵심소재인 양극재 생산 신규투자를 결정했습니다. 구미국가 산업단지 제5단지에 2024년까지 5,000억 원을 투자하여 연간 6만 톤의 양극재를 생산할 예정입니다. 핵심소재의 해외 의존도를 줄이는 것이 국가적 과제인 지금, 구미형 일자리 협약은 우리 산업의 경쟁력 제고를 바라는 산업계와 국민들의 기대에 부응하는 계기가 될 것입니다. 노사민정의 타협과 양보, 거기에 정부의 지원이 더해지면 기술경쟁력이 있는 기업의 국내 복귀는 물론 신규투자도 매력적일 수 있다는 점을 증명했습니다. 구미형 일자리가 광주형 일자리와 함께 해외 진출기업의 국내 복귀와 신규투자 활성화의 마중물이 되기를 기대합니다.

무엇보다 지역이 주도하여, 지역의 특성을 살리면서, 지역의 경제활력을 되찾고, 양질의 일자리를 많이 창출하는 새로운 투자모델을 제시한 것에 박수를 보냅니다. 잘 아시는 것처럼 구미는 전자산업을 중심으로 발전해왔습니다. 가전제품에서 시작해 반도체, 모바일, 디스플레이 등으로 산업의 영역을 확대해왔지만, 최근 활력을 잃어왔던 것도 사실입니다. 이번 상생형 지역일자리 협약을 통해 4차 산업혁명 시대에 급성장이 예상되는 이차전지 소재 공장을 유치하여 구미의 새로운 도약이 가능해졌습니다. 연관산업들의 유치와 투자 확대로 '전기차 배터리 메카'로 성장하는 것도 가능해졌습니다. 또한, 1,000여 개의 직간접 일자리가 새로 생깁니다. 이차전지 맞춤형 전문학과 등 지역 거점대학과의 상생협력은 우수한 지역 청년 인재들에게 좋은 일자리를 갖게 해줄 것입니다. 정부도 구미형 일자리의 성공을 위해 최선을 다하겠습니다. 제2, 제3의 구미형 일자리가 나올 수 있도록 문화·체육·보육·복지시설을 비롯한 생활기반을 향상시키는데 힘을 더하겠습니다.

존경하는 국민 여러분, 구미시민 여러분,

'광주형 일자리'가 처음 논의되던 5년 전만 해도 '가능할까'라는 회의가 많았습니다. 이 담대한 상상력이 '조금씩 양보하면서 함께 가자'는 사회적 합의를 통해 지난 1월 실현되었고, 이후 변화의 물결이 전국 곳곳에 번져나가고 있습니다. 광주에서 시작된 상생의 노력이 밀양으로, 구미로 이어졌습니다. 지금 이 순간에도 전북과 강원을 비롯한 여러 지역에서 상생형 지역일자리가 추진되고 있습니다. 광주형 일자리가 상생형 지역일자리의 영감을 주었다면 구미형 일자리는 이를 큰 흐름으로 만들었습니다. 상생형 지역일자리는 지역경제 활성화와 우리 제조업을 일으켜 세우는 길입니다. 함께 잘 사는 혁신적 포용국가로 가는 길입니다. 노사가 상생하고, 원·하청이 상생하고, 기업과 지역이 상생하는 길입니다. 상생형 지역일자리의 법적 지원근거와 체계를 확보하여 더욱 박차를 가하려면 국가균형특별법의 개정이 반드시 필요합니다. 국회의 협력을 다시 한 번 당부드립니다. 구미형 일자리의 탄생을 국민과 함께 축하합니다. 대한민국 경제가 구미에서부터 다시 활력을 되찾게 되길 기대합니다.

감사합니다.

한국불교 지도자 초청 오찬 간담회 모두발언

| 2019-07-26 |

한국 불교를 대표하는 각 종단의 큰 스님들 이렇게 청와대에 모시게 되어서 아주 기쁩니다.

저는 불교 신도는 아니지만 불교와 인연은 좀 있습니다. 옛날에 젊은 시절에 고시공부를 할 때 해남 대흥사에서 몇 달 공부한 일이 있었고, 또 서울 진관외동 선림사에서도 한 몇 달 그렇게 공부를 한 적이 있었습니다. 그 후에도 좀 마음이 어지러울 때면 이렇게 절을 찾거나 또는 불교 서적을 보면 마음이 편안해지는 것을 느낍니다.

작년 이맘때도 여름휴가를 떠나면서 첫 행선지로 안동의 봉정사를 찾았는데, 당시 6월 달에 한국의 산사 7곳이 한꺼번에 유네스코 문화유산으로 등재가 됐었기 때문에 그 사실을 국민들께 알리기도 하고, 또 여름휴가철에 외국에만 가지 말고 그런 한국의 문화유산으로 등재된 사찰도 찾았으면 하는 마음으로 갔던 건데, 그런 목적과 상관없이 정말 참 좋았습니다. 떠나기가 싫을 정도로 참으로 편안한 마음을 느꼈습니다.

제가 생각할 때 우리 한국인들의 DNA 속에는 어떤 불교 신자가 아니라 하더라도 불교적인 어떤 인생관, 불교적인 세계관, 이런 것이 아주 짙게 배어있는 것이 아닌가 그렇게 생각합니다. 저 자신도 그렇게 느끼고 있습니다. 그래서 불교의 가르침에서 늘 인제 교훈을 많이 받습니다. 특히 '탐진치(貪瞋癡)' 3독으로부터 벗어나라는 그런 불교의 가르침은 저를 이 자리에 올 때까지 계속해서 각성하게 해준 아주 매우 큰 가르침이었습니다.

아시다시피 요즘 세상사가 쉬울 때가 없지만 요즘 또 우리 국민들 아주 힘듭니다. 우선 경제가 힘들고, 그다음에 세계 경제 여건이 좋지 않고, 거기에 일본의 수출 규제까지 더해져서 당장 현실적인 피해가 생긴 것은 아니지만 국민들께서 심리적으로 아주 위기감을 느끼고 있습니다. 우리 정부가 역점을 둬서 추진하고 있는 한반도의 완전한 비핵화와 항구적인 평화 구축, 이 부분은 우리 불교계에서도 북한과의 교류 사업을 많이 해 주면서 정부를 지원해 주고 있습니다만 지금까지 남북관계나 또 북미관계에서 많은 진전이 있었지만 여전히 아직도 갈 길은 먼 그런 상황에 놓여있습니다.

제일 큰 어려움은 역시 국민 통합 문제라고 생각합니다. 국민들의 마음이 하나로 모아지기만 하면 하늘이 무너지는 일이 있더라도 함께 다 이겨낼 수 있다고 생각하는데, 그렇게 하나로 마음이 모이기가 참 쉽지 않습니다. 이렇게 요즘 같은 세상에 국민들 마음이 다 같을 순 없겠습니다. 정치적인 생각이 다르고, 또 지지하는 정당도 다르고, 그래서 생각의 차이가 있고 갈등이 있을 수밖에는 없는 것이지만 그런 가운데서도 어떤 국가적인 어려움이라든지 또는 국가의 운명을 결정하는 그런 일에 대해서는 함께 이렇게 마음들이 모이면 좋겠다는 생각이 드는데, 그게 참 간절한 희망인데, 그렇게 참 잘 되지가 않습니다.

우리 불교의 화쟁사상처럼 논쟁하더라도 결국에는 하나로 화합하는 그런 교훈을 얻었으면 하는 그런 마음입니다. 우리가 처해있는 여러 가지 어려운 일들, 또 우리 국가가 발전해 나가야 될 그 방향들, 이런 것에 대해서 우리 큰스님들께서 오늘 좋은 말씀들 많이 해주시기 바랍니다. 경청하겠습니다.

감사합니다.

국민과 함께하는 저도 산책 인사말

| 2019-07-30 |

여러분, 반갑습니다.

김경수 지사님, 그리고 변광용 시장님 함께해주셔서 감사드립니다. 오늘 날씨가 아주 더운데 여기까지 오시느라고 수고들 많으셨습니다.

여러분은 오늘 아주 특별한 주인공들이십니다.

첫 번째로는 여기 저도가 그동안 대통령 별장, 또는 대통령 휴양지라는 이유로 일반 국민들의 출입이 금지가 돼 있었는데, 그것을 국민들에게 돌려드리기 위한 첫 번째 시범 개방 행사의 어떤 주인공이 되셨습니다.

두 번째로는 오늘 시범 행사 중의 하나로 다들 함께 아까 우리 사령관님이 설명해 주신 탐방로, '저도 둘레길'을 걸어서 저도를 한 바퀴 돌아볼 텐데, 저도 함께 걸을 생각입니다. 그래서 대통령과 함께 저도를 함께 돌아보는 특별한 추억을 만드시게 되었습니다. 모두 축하드립니다.

저도는 역사적 의미가 매우 큰 곳입니다. 저도 일대 바다는 옛날 임진왜란 때 이순신 장군께서 첫 승리를 거둔 옥포해전이 있었던 곳입니다. 그리고 일제시대 때는 일본군의 군사시설 있었고, 6·25전쟁 기간 동안에는 유엔군 군사시설이 있었고, 휴전 후에 우리 한국 해군이 인수한 후로는 이승만 대통령 별장지로 사용되고, 또 박정희 대통령 때는 정식으로 '청해대'라는 이름을 붙여서 공식적으로 대통령 별장으로 그렇게 지정이 됐습니다.

지금은 대통령 별장에서 해제가 되고, 또 앞 주변 바다도 다 개방이 됐습니다만 그 이후에도 여전히 역대 대통령들이 때때로 휴양지로 사용도 하고 있고, 또 군사시설이 이렇게 있기 때문에 지금까지 일반인들 출입은 금지를 해왔습니다. 박근혜 대통령 때 박근혜 대통령이 이곳에서 휴가를 보내는 모습을 '저도의 추억' 이렇게 해서 방영하신 것 아마 보셨을 겁니다.

저도 여름휴가를 여기서 보낸 적이 있습니다. 제가 여기에서 휴가를 보내면서 보니까 정말 아름다운 그런 곳이고, 또 특별한 곳이어서 이런 곳을 대통령 혼자서 즐길 것이 아니라 대통령과 국민들이 함께 즐겨야겠다라는 생각을 더욱 굳히게 되었습니다. 그래서 저도를 국민들께 완전히 개방하기로 하고, 우선 여기에 있는 군사시설에 대한 보호 장치, 유람선이 접안할 수 있는 선착장, 이런 시설들이 갖춰질 때까지는 시범 개방을 해 나가다가 준비가 갖춰지면 완전히 전면적으로, 그리고 본격적으로 그렇게 개방을 할 생각입니다.

아마도 대통령 별장이란 곳이 어떤 곳인지, 또 대통령들이 휴가를 보낸 곳이 어떤 곳인지 아주 궁금해하시는 국민들이 많으실 텐데, 우리 거제시와 또 경남도가 잘 활용해서 이곳을 정말 새로운 관광 자원으로, 특히 남해안 해안관광의 하나의 중심지로 잘 활용했으면 좋겠다라는 바람이 있습니다. 그리고 저로서도 '저도를 국민들께 돌려드리겠다'라고 지난번 대선 때 했던 공약을 지킬 수 있게 되어서 정말 기쁩니다. 아까 소개가 되었습니다만 이곳의 원주민이셨던 윤연순 할머니와 그 가족들이 함께해주셔서 더욱 뜻이 깊습니다. 다시 옛날의 추억을 되새겨보는 아주 좋은 시간이 됐으면 좋겠습니다. 여러분 함께 걸으면서 함께 즐거운 시간을 갖게 되기 바랍니다.

감사합니다.

8월

부품·소재기업 현장방문 모두발언

| 2019-08-07 |

여러분, 반갑습니다. SBB테크는 2017년 우리 정부 출범 첫해에 로봇 핵심부품 국산화로 산업포장을 받았습니다. 오늘 여러분이 흘린 땀의 결실들을 살펴보고 또 축하와 격려의 말씀을 드릴 수 있게 되어서 아주 기쁩니다. 방금 류재완 대표께서 아주 자신만만한 그런 말씀을 해주셨는데, 우리 다함께 자축과 또 격려의 의미로 박수 한번 칠까요?

다 아시는 바와 같이 일본이 우리나라를 '백색국가'에서 배제를 하면서 우리 국민들과 정부, 그리고 대기업을 가리지 않고 우리 부품·소재기업, 특히 강소기업의 소중함을 더 절실하게 느끼게 되었습니다.

SBB테크는 원래 해오던 베어링, 특히 볼베어링 시장이 크게 성장을 하고 있는 그런 사이에도 눈앞의 이익만 보지 않고 기술 자립을 도모했습니다. 제조업 경쟁력을 향상시켜야 한다는 그런 일념으로 오랫동안 로봇 원천기술을 확보하기 위한 R&D를 자체적으로 진행했습니다. 그 노력의 결실로 세계에서 두 번째 정밀제어용 감속기를 개발하는 데 성공해서 로봇 부품 자립화의 기반을 만들었고, 우리 제조업의 경쟁력 강화에도 아주 큰 힘이 되고 있습니다. SBB테크 임직원 여러분의 의지와 노력이 이런 어떤 비상한 시기를 맞아서 모범 사례로 더욱 주목을 받게 되었습니다. 진심으로 감사를 드립니다. 대통령으로서 여러분께 감사 박수를 한번…….

기술력이 한 나라를 먹여 살립니다. 그래서 동서고금 없이 모든 나라가 기술력 강화에 힘씁니다. 스위스가 지금도 시계를 포함한 정밀기계 산업의 메카처럼 된 것은 종교 박해를 피해서 스위스로 이주했던 기술자들을 스위스가 잘 활용했던 덕분입니다. 영국과 독일이 산업혁명을 가장 먼저 이렇게 이끌어 갈 수 있었던 것도 유럽 전역의 기술자들을 적극적으로 유치를 했기 때문이죠. 임진왜란 때 일본이 가장 탐을 냈던 것도 우리의 도예가, 그리고 도공들이었다고 합니다.

우리가 식민지와 전쟁을 겪으면서 우리 경제를 발전시킬 수 있었던 원동력도 바로 기술력입니다. 개발도상국 시절에 선진국 제품들의 조립에만 머물지 않고 자체 기술을 개발하고 또 과학자와 기술자들을 키워내면서 신생 독립국 가운데 유일하게 선진국으로 도약할 수 있었습니다.

우리에게는 SBB테크처럼 순수 국내기술로 4차 산업혁명을 주도하는 강소기업, 또 기술력이 강한 그런 중소기업들이 많이 있습니다. 아마 오늘도 들었습니다만 기술을 개발하더라도 국내에서 판매처를 확보를 하지 못해서 고전하는 일들이 많았는데, 이번 일본의 '백색국가 제외 조치'로 우리 제품으로 대체하려는 기업들이 늘고 있습니다. 일본의 부품·소재에 대한 의존도가 컸던 기업들에게 당장 어려움이 되고 있지만 길게 보고 우리의 산업생태계를 바꾸는 기회로 삼아나갔으면 합니다. 정부도 적극적으로 지원하겠다는 것을 약속을 드립니다.

도전이 닥칠 때마다 오히려 그 도전을 기회로 만들어서 도약을 해온 우리 국민들과 기업들이 참으로 존경스럽습니다. 우리가 그렇게 위기를 기회로 바꿔올 수 있었던 것은 여기 SBB 임직원 여러분들처럼 늘 기술 개발에 힘을 쏟으면서 세계 시장을 선도하려는 그런 기업들의 도전이 부단하게 있었던 덕분입니다. 이번 일본의 '백색국가 제외 조치'의 부당성은 반드시 우리가 따져야 될 그런 문제입니다. 그러나 그와 별개로 우리 국민들과 기업들은 이번에도 반드시 전화위복의 계기로 삼아서 우리 경제와 산업을 더 키워내실 것이라고 그렇게 믿습니다. 정부도 단기 대책부터 중장기 대책까지 최선의 노력을 다하겠습니다.

그러나 정부가 하는 것은 지원입니다. 대기업을 포함한 우리 기업들이 국산 부품·소재 구입과 공동개발, 또 원천기술 도입 등 상생의 노력을 해 주실 때 우리 기술력도 성장하고, 또 우리 기업들이 그만큼 커질 수가 있습니다. 우리 제조업의 경쟁력이 더 커져야만 우리 경제도 지속적으로 성장해 나갈 수 있습니다. 정부가 적극적으로 뒷받침하겠습니다.

산업포장에 빛나는 SBB테크의 성과를 보면서 그 성과를 만들어낸 또 여러분을 이렇게 만나서 이야기를 들으면서 여러분의 성과가 정말 자랑스럽고 '우리도 할 수 있다'라는 자신감이 더 커집니다. 오늘 그 경험담과 고충을 직접 듣고, 또 정부와 우리 경제계가 어떤 노력을 해 나가야 할지 의견을 나누는 그런 좋은 시간이 되기를 기대합니다. 잘 경청하고, 참고하고, 정책에 반영할 것을 약속합니다. 편하게 이야기 해주시기 바랍니다.

감사합니다.

국민경제자문회의 모두발언

| 2019-08-08 |

여러분, 반갑습니다.

국민경제자문회의 전체회의를 열게 되었습니다. 제2기 국민경제자문회의로서는 처음입니다. 우리 경제가 엄중한 시기여서 의미가 더욱 특별합니다. 이제민 부의장님을 비롯해 각 분야 최고 전문가분들을 2기 자문위원으로 모셨습니다. 잘 부탁드립니다.

여러분의 지혜가 어느 때보다 절실한 상황입니다. 강대국 간 무역 갈등과 보호무역주의 확산으로 수출 의존도가 높은 우리 경제가 큰 어려움을 겪고 있습니다. 여기에 일본의 부당한 수출규제 조치가 더해졌습니다. 8월 2일 일본은 '백색국가'에서 한국을 배제하면서 사태를 더욱 악화시키고 있습니다. 일본이 이 사태를 어디까지 끌고 갈지는 좀 더 지켜보아야 합니다. 그러나 지금까지 한 조치만으로도 양국 경제와 양국 국민 모두에게 이롭지 않습니다. 자유무역 질서와 국제분업 구조의 신뢰를 무너뜨리는 조치로써 전 세계도 우려를 표하고 있습니다.

일본은 자유무역 질서의 혜택을 가장 많이 본 나라이고, 자국에게 필요할 때는 자유무역주의를 적극 주장해온 나라이므로 이번 일본의 조치는 매우 이율배반적입니다. 일본이 일방적인 무역 조치로 얻는 이익이 무엇인지 모르겠습니다. 설령 이익이 있다 해도 일시적인 것에 지나지 않습니다. 결국은 일본 자신을 포함한 모두가 피해자가 되는 승자 없는 게임입니다.

지금은 국제적으로 고도의 분업체계 시대입니다. 나라마다 강점을 가진 분야가 있고 아닌 분야가 있는데 어느 나라든 자국이 우위에 있는 부문을 무기화한다면, 평화로운 국제 자유무역 질서가 훼손되게 됩니다. 결국 일본은 국제사회에서 신뢰를 잃게 될 것입니다. 일본의 기업들도 수요처를 잃는 피해를 입게 될 것입니다. 일본은 부당한 수출규제 조치를 하루속히 철회해야 할 것입니다.

일본은 당초 우리 대법원의 강제징용 판결을 이유로 내세웠다가, (그)후 전략물자 수출관리 미비 때문이라고 그때그때 말을 바꿨습니다. 그러니 진짜 의도가 무엇인지 의문을 갖게 됩니다. 일본의 주장과 달리, 국제평가기관은 한국이 일본보다 전략물자 수출관리를 훨씬 엄격하게 잘하고 있다고 평가하고 있습니다. 미국 과학국제안보연구소(ISIS)가 올해 전 세계 200개국을 대상으로 전략물자 무역관리를 평가한 순위에서 한국은 17위를 차지하여 36위의 일본보다 높은 평가를 받고 있습니다. 변명을 어떻게 바꾸든, 일본의 조치는 우리 대법원의 강제징용 판결에 대한 경제보복입니다. 이는 다른 주권국가 사법부의 판결을 경제문제와 연결시킨 것으로서, 민주주의 대원칙인 '삼권분립'에도 위반이 되는 행위입니다.

우리는 이번 사태를 통해 냉정하게 우리 경제를 돌아보고, 우리 경제의 체질과 산업생태계를 개선하여 새롭게 도약하는 계기로 만들어내야 합니다. 당장 기업의 피해를 최소화하는 단기 대책부터 시작해서 우리 부품·소재 산업의 국산화 등 경쟁력을 높이고, 더 나아가서는 전반적으로 위축된 우리 경제의 활력을 되살리는 보다 종합적이고 근본적인 대책까지 필요한 시점입니다. 정부는 그에 맞춰 단기 대책과 중·장기 대책을 발표했습니다. 그 전반에 대해 국민경제자문회의가 살펴주시기 바랍니다. 일본의 조치에 대한 대책과 함께 한국 경제 전반에 대해서도 고견을 주시기 바랍니다.

감사합니다.

국무회의 모두발언

| 2019-08-13 |

　　미국과 중국의 무역 갈등이 지속되고 있는 가운데 일본의 경제보복까지 더해져 여러모로 우리 경제 상황이 녹록하지 않습니다. 정부는 비상한 각오로 엄중한 경제 상황에 냉정하게 대처하되, 근거 없는 가짜뉴스나 허위 정보, 그리고 과장된 전망으로 시장의 불안감을 키우는 것을 경계해야 합니다. 올바른 진단이 아닐 뿐만 아니라 오히려 우리 경제에 해를 끼치는 일입니다.

　　세계적인 신용평가기관들의 일치된 평가가 보여주듯이 우리 경제의 기초체력은 튼튼합니다. 지난달 무디스에 이어 며칠 전 피치에서도 우리나라의 신용등급을 일본보다 두 단계 높은 AA - (더블에이 마이너스)로 유지했고, 안정적 전망으로 평가했습니다.

　　대외경제의 불확실성 확대로 성장 모멘텀이 둔화되었으나 우리 경제의 근본적인 성장세는 건전하며, 낮은 국가부채 비율에 따른 재정 건전성과 통화·금융까지를 모두 고려하여 한국경제에 대한 신인도는 여전히 좋다고 평가한 것입니다. 그런 만큼 정부는 중심을 확고히 잡으면서, 지금의 대외적 도전을 우리 경제의 내실을 기하고 산업경쟁력을 높이는 기회로 삼기 위해 의지를 가다듬어야 할 것입니다.

특히 강조하고 싶은 것은, 시간은 우리를 기다려주지 않는다는 것입니다. 기득권과 이해관계에 부딪혀 머뭇거린다면, 세계 각국이 사활을 걸고 뛰고 있고 빠르게 변화하는 글로벌 시장에서 우리 경제와 산업의 경쟁력을 키우는 것이 그만큼 어려워집니다. 정부부터 의사결정과 정책 추진에 속도를 내야 합니다. 부처 간에 협업을 강화하고 신속한 결정과 실행으로 산업경쟁력 강화와 새로운 먹거리 창출 환경을 만들고, 기업의 노력을 적극적으로 지원해 주기 바랍니다.

또한, 일본의 수출규제에 범국가적 역량을 모아 대응하면서도 우리 경제 전반에 활력을 높이기 위한 정책을 함께 차질 없이 실행해야 합니다. 투자, 소비, 수출 분야에 대한 점검을 강화하고 서비스산업 육성 등 내수 진작에 힘을 쏟으면서, 3단계 기업투자 프로젝트의 조기 착공을 지원하는 등 투자 활성화에 속도를 내주시기 바랍니다. 특히 생활 SOC 투자에 더 큰 노력을 기울여주기 바랍니다. 생활 SOC 투자는 상하수도·가스·전기 등 기초인프라를 개선하여 국민의 안전한 생활을 보장하고 문화와 복지 등 국민 생활의 편익을 높이는 정책수단입니다. 국민의 삶의 질을 높이고, 지역경제 활성화와 일자리 창출에 기여하는 일석삼조의 효과가 분명하므로 지자체와 협력하여 역점사업으로 추진해 주기 바랍니다.

경제 상황이 엄중할수록 정부는 민생을 꼼꼼히 챙기고 어려운 처지에 있는 국민의 삶을 챙기는 데 최선을 다해야 합니다. 올해 들어 정부의 정책적 효과로 일자리 지표가 개선되고 있고, 고용안전망의 테두리 안으로 들어오는 고용보험 가입자 수가 크게 늘고 있으며, 실업급여 수혜자와 수혜금액이 늘어나는 등 고용 안전망이 훨씬 강화되고 있습니다. 또한, 근로장려금을 대폭 확대하면서 노동빈곤층의 소득향상에도 크게 도움이 되고 있습니다.

그러나 여전히 부족합니다. 노인과 저소득층, 청년일자리 창출 노력을 더욱 강화하고, 고용보험 사각지대에 있는 분들의 취업과 생계지원을 위한 한국형 실업부조제도인 '국민취업지원제도' 도입에 속도를 내는 등 저소득층 생활 안정과 소득지원 정책에 한층 더 힘을 쏟아야 할 것입니다. 아울러, 공공임대주택 확대, 건강보험 보장성 강화, 고교무상교육, 국공립 보육시설 확충과 온종일돌봄 정책 등 생계비 절감 대책도 차질 없이 추진해 주기 바랍니다.

공정경제의 기반을 튼튼히 하고 국민의 생명과 안전, 환경을 지키는 정부의 역할에 소홀함이 없어야 한다는 것도 재차 강조합니다. 내년도 예산편성 작업이 막바지에 있습니다. 부품·소재 산업을 비롯한 제조업 등 산업경쟁력을 강화하고 경제 체질을 개선하기 위해서나 대외경제 하방리스크에 대응하여 경제활력을 높이기 위해서, 또 사회안전망을 확충하는 등 포용적 성장을 위해서도 지금 시점에서 재정의 역할이 매우 중요합니다. 엄중한 경제 상황에 대처하는 것은 물론 경제활성화를 위한 정부의 정책 의지가 예산을 통해 분명히 나타나도록 준비를 잘해주시기 바랍니다.

개각이 발표되어 임기가 얼마 남지 않은 장관님들과 위원장님들이 계십니다. 그동안의 헌신과 수고에 깊이 감사드리며, 특별히 비상한 시기인 만큼 후임자의 임명절차가 완료될 때까지 작은 업무 공백도 생기지 않도록 끝까지 최선을 다해주시기를 당부드립니다.

독립유공자 및 후손 초청 오찬사

| 2019-08-13 |

광복절을 앞두고 독립유공자와 유족들을 청와대에 모시게 되어 반갑습니다. 특히 독립유공자들께서는 연세가 많으신데, 오늘 건강하신 모습을 직접 뵙고, 나라를 위한 귀한 말씀을 듣는 자리를 갖게 되어 매우 기쁩니다.

방금 전 인터뷰를 통해서 독립유공자 후손 세 분의 말씀을 들었습니다. 안중근 의사의 외손녀 황은주 여사님의 이야기에서 독립을 넘어 아시아와 세계의 평화를 꿈꿨던 안중근 의사의 높은 기개와 사상을 다시 떠올리게 됩니다. 부친인 홍재하 선생의 독립운동 이야기를 들려주신 장자크 홍푸앙 님께도 깊이 감사드립니다.

이번 광복절에 홍재하 선생을 독립유공자로 포상하게 되어 매우 뜻깊습니다. 어머님이신 심명철 지사의 이야기와 함께 '대한이 살았다'를 낭송해 주신 문수일 님께도 깊이 감사드립니다. 서대문형무소 여옥사 8호실에 유관순 열사께서 옥고를 치르신 그 방입니다. 그 방에서 울려 퍼진 '대한이 살았다'의 노랫말이 오래도록 국민들의 가슴에 남을 것 같습니다. 세 분의 말씀에서 독립의 역사가 과거가 아닌 오늘의 역사라는 사실을 다시 한 번 깨닫게 됩니다. 귀한 말씀을 들려주신 세 분께 다시한 번 큰 박수를 부탁드립니다. 해외 독립유공자 후손들께서도 함께해주셨습니다. 미국, 중국, 러시아, 호주와 카자흐스탄 또 프랑스에서 와주신 독립유공자 후손들께 감사와 환영의 인사를 드립니다.

이틀 후면 일흔네 번째 광복절을 맞이합니다. 3·1독립운동과 임시정부 수립 100주년에 맞는 광복절이기에 더욱 각별하게 우리에게 다가옵니다. 100년 전, 선조들은 3·1독립운동으로 자주독립의 의지와 역량을 세계에 알렸고, 그 의지와 역량을 모아 대한민국 임시정부를 수립했습니다. 3·1독립운동으로 우리 국민들은 왕정과 식민지의 백성에서 공화국의 국민이 되었고, 임시정부를 중심으로 기어코 독립을 이뤄냈습니다. 이제 우리는 당당한 경제력을 갖춘 나라가 되었습니다. 성숙한 민주주의를 실현한 나라로 동북아에 평화와 번영의 새로운 질서를 만들어가고 있습니다. 우리 국민들의 자부심에 원천이 되어주신 독립유공자들께 깊은 존경과 감사의 인사를 드립니다.

존경하는 독립유공자와 유가족 여러분,

74년 전 우리는 광복을 맞아 새로운 나라를 꿈꿨습니다. 과거에 머물지 않고 미래를 향해 쉬지 않고 달렸습니다. 일본과도 미래지향적인 우호협력의 관계를 맺어왔습니다. 일본이 잘못된 역사를 깊이 성찰하길 바라며, 평화와 번영의 미래를 함께 열기 위해 노력했습니다.

그러나 최근 일본 정부는 수출규제에 이어 우리나라를 백색국가에서 배제하는 결정을 내렸습니다. 양국이 함께해온 우호·협력의 노력에 비추어, 참으로 실망스럽고 안타까운 일입니다. 정부는 우리 기업과 국민의 피해를 최소화하는 방안을 마련해가며, 외교적 해결을 위한 노력을 계속할 것입니다.

국민들도 우리 경제를 흔들려는 일본의 경제보복에 단호하면서도 두 나라 국민들 사이의 우호관계를 훼손하지 않으려는 의연하고 성숙한 대응을 하고 있습니다. 100년 전 독립운동의 길에 나선 우리의 선조들은 "일본이 잘못된 길에서 빠져나와 동양에 대한 책임을 다하게 하는 일"이라고 선언했습니다. 아주 준엄하면서도 품위 있는 자세였다고 생각합니다. 우리는 사람과 사람, 민족과 민족, 나라와 나라 사이의 공존과 상생, 평화와 번영이라는 인류 보편의 가치를 잊지 않습니다. 우리에게 역사를 성찰하는 힘이 있는 한, 오늘의 어려움은 우리가 남에게 휘둘리지 않는 나라로 발전해가는 디딤돌이 될 것이라 확신합니다.

존경하는 독립유공자와 유가족 여러분,

독립유공자와 후손들을 제대로 예우하는 일은 한시도 게을리 할 수 없는 정부의 책무입니다. 독립유공자들은 우리 국민 모두의 자부심입니다. 정부는 7월까지 5만 4,000여 유공자와 유족의 집에 국가유공자 명패를 달아드렸습니다. 국가유공자들에 대한 국민들의 존경의 표현입니다. 아직 못 달아드린 댁에도 명패가 모두 달리면 나라와 이웃을 위한 희생의 숭고한 가치가 더 많은 국민께 알려지게 될 것입니다. 애국지사의 예우금도 올렸습니다. 평생에 걸친 헌신을 돈으로 환산할 수는 없지만, 국민들과 정부의 효성이라고 생각해 주시기 바랍니다. 형편이 어려운 독립유공자 자녀와 손자녀들에게도 생활지원금을 드리고 있습니다. 보훈 가족의 자택을 방문하는 보훈복지서비스를 시작했습니다. 좋아들 하신다고 들었습니다. 유족 한 분께만 적용하던 것을 모든 독립유공자 유족으로 확대했습니다.

국내로 영주 귀국한 모든 해외 독립유공자의 유족들께는 주택을 지원할 수 있도록 법령을 개정했습니다. 우리 미래 세대들이 역사에서 긍지를 느끼고, 나라를 더욱 사랑하게 만드는 힘은 바로 보훈에 있습니다. 정부는 항상 존경심을 담아 보훈에 최선을 다하겠습니다. 100년 전, 선조들의 뜻과 이상은 아직 완전히 실현되지 못했습니다. 평화와 번영의 한반도라는 중대한 과제가 우리 앞에 놓여 있고, 광복을 완성하기 위해 우리는 분단을 극복해 나가야 합니다. 국민의 하나 된 힘이 절실합니다.

독립유공자와 유족들께서 언제나처럼 우리 국민의 힘이 되어주시고 통합의 구심점이 되어주시길 바랍니다. 독립유공자 어르신들의 살아생전에 평화와 번영의 한반도를 꼭 보여드리고 싶습니다. 항상 건강하시길 기원합니다.

감사합니다.

일본군 위안부 피해자 기림의 날

| 2019-08-14 |

오늘은 '일본군 위안부 피해자 기림의 날'입니다. 작년 처음으로 국가기념일로 지정했고, 두 번째 기림의 날을 맞았습니다. 우리가 오늘 '위안부' 피해자 할머니들을 기릴 수 있었던 것은 28년 전 오늘, 고(故) 김학순 할머니의 피해사실 첫 증언이 있었기 때문입니다. 그날 할머니는 "내가 살아있는 증거입니다"라는 말씀으로 오랜 침묵의 벽을 깨셨습니다.

김학순 할머니의 용기에 힘입어 슬픔과 고통을 세상에 드러낸 할머니들께서는 그러나, 피해자로 머물지 않으셨습니다. 여성인권과 평화를 위해 연대하는 인권운동가가 되셨고, 오늘 1,400회를 맞는 수요집회를 이끌며 국민들과 함께 하셨습니다. 정부는 일본군 '위안부' 피해자들의 존엄과 명예를 회복하기 위해 최선을 다할 것입니다. 인류 보편적 관점에서 일본군 '위안부' 문제를 평화와 여성인권에 대한 메시지로서 국제 사회에 공유하고 확산해 나가겠습니다.

할머니들의 노력에 감사드립니다. 할머니들이 계셔서 우리도 진실과 마주할 수 있었습니다. 세계 시민사회와 연대하여 다른 나라의 피해자들에게도 희망을 주셨던 수많은 할머니들과 김복동 할머니를 기억하겠습니다. 평화로운 한반도를 만들어가는 것이 할머니들의 희망을 이어나가는 것입니다. 오늘 기림의 날, 항상 슬픔이 희망으로 승화되길 바랍니다.

역사를 두렵게 여기는 진정한 용기

| 2019-08-18 |

김대중 대통령님이 떠난 지 10년이 흘렀지만, 우리는 여전히 삶의 곳곳에서 당신을 만납니다. 국민의 손을 잡고 반발씩, 끝내 민주주의와 평화를 전진시킨 김대중 대통령님이 계셨기에 오늘 우리는 더 많은 희망을 가질 수 있게 되었습니다.

김대중 대통령님이 1990년 13일 목숨을 건 단식으로 다시 열어낸 지방자치는 지금 국가균형발전의 초석이 되고 있습니다. "복지는 인권이다"라는 신념으로 이뤄낸 국민기초생활보장법과 건강보험의 통합은 '전국민 전생애 건강보장'으로 이어지고 있습니다. 1998년 세계 최초 초고속 인터넷 상용화로 시작한 IT강국 대한민국은 또 한번 세계 최초 5G 상용화에 성공하며 4차 산업혁명 시대를 선도하고 있습니다.

2000년 남북정상회담과 6·15공동선언은 오직 국가의 미래를 생각했기에 가능한 일이었습니다. 그때 한반도 평화의 새로운 지평을 열어놓았기에 우리는 평창동계올림픽을 성공적인 평화올림픽으로 치러낼 수 있었고, 한반도 비핵화와 평화경제라는 담대한 상상력을 발휘하며 함께 잘 사는 길에 용기있게 나설 수 있었습니다. 김대중 대통령님은 한국과 일본이 걸어갈 우호·협력의 길에도 새로운 이정표를 세웠습니다. 1998년 오부치 총리와 함께 발표한 '21세기의 새로운 한일 파트너십 공동선언'은 과거사에 대한 일본의 '통절한 반성과 마음으로부터의 사죄'를 명문화했고, 양국 국민이 역사의 교훈을 공유하며 평화와 번영의 미래를 함께 열어가자는 약속이었습니다.

오늘 저는 김대중 대통령님을 추모하며, '역사를 두렵게 여기는 진정한 용기'를 되새깁니다. 국민이 잘 사는 길, 항구적 평화를 이루는 길, 한일간 협력의 길 모두 전진시켜야 할 역사의 길입니다. 전진해야 할 때 주저하지 않고, 인내할 때 초조해하지 말며, 후회할 때 낙심하지 않겠습니다.

국민들의 마음속에 대통령님은 영원히 인동초이며 행동하는 양심입니다. 이희호 여사님의 손을 꼭 잡고, 여전히 대한민국을 걱정하실 것이라 생각합니다. 국민들과 함께 평화와 번영의 한반도를 꼭 보여드리겠습니다.

탄소섬유 신규 투자 협약식 축사

| 2019-08-20 |

여러분, 반갑습니다.

오늘 탄소섬유 신규 투자 협약식에 관련 기업들과 연구기관에서 함께해주셨습니다. 특별히 탄소공학, 또 신소재학과 학생들과 마이스터고 학생들도 참석을 했습니다. 우리 학생들에게 희망을 주는 협약식이 되길 바랍니다.

오늘 효성과 전라북도가 8개 라인 공장증설을 포함한 총 1조 원 규모의 탄소섬유 신규 투자 협약서에 서명을 합니다. 효성은 첨단소재 해외 의존을 탈피하고 자립화하겠다는 각오로 과감한 투자를 결정했습니다. 지자체와 정부도 적극 뒷받침했습니다. 조현준 효성 회장님과 송하진 전북도지사를 비롯해 노력해 주신 여러분께 감사드립니다.

핵심 첨단소재인 탄소섬유 분야에서 민간이 과감히 선제 투자를 한 것은 의미가 남다릅니다. 위기를 새로운 도약의 기회로 삼는, 비상한 각오와 자신감이 느껴집니다. 핵심소재의 국산화뿐 아니라, 지역경제 활성화와 일자리 창출에도 기여하는 '일석삼조'의 투자 효과가 기대됩니다. 광복절 직후, 국민 여러분께 좋은 소식을 전하게 되어 매우 기쁩니다.

전북도민 여러분,

탄소섬유는 철보다 4배 가벼우면서도 강도는 10배 더 강해, '꿈의 첨단소재'로 불립니다. 철이 사용되는 모든 곳을 탄소섬유가 대체할 수 있어 가능성이 무궁무진합니다. 벌써 우리 생활 가까이에서 쓰이고 있습니다. 지난해 이곳 전북에서 열린 전국장애인 체육대회에서 탄소섬유로 만든 성화봉이 사용되었습니다. 2016년 리우올림픽 때 우리 양궁대표팀을 우승으로 이끈 활과 화살도 탄소 소재로 만든 것입니다. 보잉, 에어버스와 같은 최신 여객기의 동체와 날개에도 우리 업체들이 생산한 탄소섬유 부품이 들어갑니다.

앞으로의 가능성은 더욱 큽니다. 탄소섬유는 수소차, 풍력발전, 방산 등 다양한 산업에 접목되어 제조업의 패러다임을 바꾸게 될 것입니다. 2015년 30조 원 수준이었던 탄소섬유와 복합소재의 세계시장 규모가 2025년에는 2배 이상 확대될 것으로 예상됩니다.

그러나 탄소섬유 분야에서 우리는 아직 후발 주자입니다. 수많은 시행착오를 겪으며 기술을 개발해왔지만 아직 경쟁력이 뒤집니다. 다행히 2011년 효성이 마침내 국산화 개발에 성공했고 2013년 첫 양산을 시작했습니다. 우리는 수소차, 방산 등 세계 최고 수준의 탄소섬유 수요기업을 보유한 강점을 가지고 있습니다. 탄소섬유 수출도 매년 20% 이상 크게 늘고 있습니다. 인근에 '탄소소재 국가산업단지'도 곧 조성될 예정입니다. 탄소소재 연관기업과 연구기관의 입주를 통해 명실상부한 '탄소소재 복합 클러스터'가 구축될 것입니다.

오늘 효성의 탄소섬유 투자계획 발표와, 수요기업과 공급기업 간 협력 MOU 체결은 탄소소재 자급화를 위해 의미가 매우 큽니다. 수요기업과 공급기업, 정부가 힘을 합하고 클러스터에서 산학연 간 시너지 효과가 발휘된다면, 머지않아 우리가 세계시장에서 앞서갈 수 있을 것입니다. 오늘 투자 협약식이 첨단소재 강국으로 도약하는 출발점이 될 것입니다. 앞으로 더 많은 소재부품 산업의 민간투자가 전국 곳곳에서 활발히 일어나길 기대합니다.

전북도민 여러분, 기업인 여러분,

우리 경제의 지속적인 성장을 위해서는 새로운 성장동력 산업이 필요합니다. 수소경제와 탄소섬유 산업이 그 해답 중 하나입니다. 지금 수소차는 세계적으로 앞서가기 위한 경쟁이 치열한데 그 핵심소재가 바로 탄소섬유입니다. 미래 자동차로서 수소차의 수요가 늘면서 탄소섬유의 수요도 크게 늘어날 것입니다. 효성은 1개 생산 라인 연 2천 톤 규모에서 10개 생산 라인 연 2만 4천 톤 규모로 지금보다 10배 이상 생산을 늘리기로 했고, 현재 세계 11위 수준에서 2028년에는 세계 3위 탄소섬유 생산기업으로 도약하겠다는 야심찬 목표를 세웠습니다. 신규 고용 창출도 2,300명에 달할 것으로 예상됩니다. 탄소섬유는 그 자체로 고성장 산업이며 연계된 수요산업의 경쟁력도 크게 높일 수 있습니다. 철을 대체하는 미래 제조업의 핵심소재 산업이 될 것입니다. 효성의 담대한 도전과 과감한 실행을 정부도 적극 뒷받침하겠습니다.

첫째, 탄소섬유 등 소재 산업의 핵심 전략품목에 과감한 지원을 하겠습니다. 특정국가 의존형 산업구조를 개선해야 합니다. 탄소섬유 등 100대 핵심 전략품목을 선정하여 향후 7년간 7조~8조 원 이상의 대규모 예산을 투자할 것입니다. 자립화가 시급한 핵심 R&D에 대해서는 '예타(예비 타당성 조사) 면제'도 추진할 것입니다. 신속한 기술개발이 가능한 소재·부품 분야는 재정·세제·금융·규제완화 등 전방위적인 지원으로 빠르게 육성하고, 해외 기술도입이 필요한 분야는 M&A를 통해 핵심 기술을 확보하는 노력도 병행할 것입니다. 특히 방산, 로봇, 우주산업과 같은 고부가가치 산업에 사용될 초고강도, 초고탄성 탄소섬유 개발도 적극 지원하겠습니다.

둘째, 수요기업과 공급기업 간 협력모델을 구축하여 국내 탄소섬유 산업의 생태계를 개선해가겠습니다. 자동차·항공 등 수요기업과 탄소섬유 공급기업이 공동개발 등의 상생협력 모델을 만들면 정부가 금융·세제 등의 뒷받침으로 경쟁력을 높일 수 있는 생태계를 구축할 것입니다. 다양한 실증사업과 테스트베드 구축도 지원하여 국내 소재 산업의 경쟁력을 키우겠습니다.

셋째, 탄소산업 전문인력 양성에 힘을 쏟겠습니다. 향후 10년간 학부, 석박사, 재직자 교육을 통해 약 9천 명 규모의 탄소 연구인력과 산업인력을 배출하여 탄소섬유가 중소기업에 이르기까지 우리 산업에 완전히 뿌리내릴 수 있도록 하겠습니다.

전북도민 여러분,

이제 시작입니다. 제조업 강국 한국의 저력을 다시 보여줄 수 있습니다. 지난주 광복절 경축사에서 말씀드린 것처럼 '아무도 흔들 수 없는 나라', 책임 있는 경제 강국이 되기 위해서는 핵심소재의 특정국가 의존도를 줄여야 합니다. 나아가서 '제조업 르네상스 전략'을 통해 주력산업의 경쟁력을 더욱 높이고, 시스템반도체, 바이오헬스, 미래차, 수소경제와 같은 미래 신산업을 적극 육성해 4차 산업혁명을 선도해야 합니다.

탄소섬유는 미래 신산업의 뿌리에 해당하는 핵심 첨단소재입니다. 뿌리가 튼튼해야 흔들리지 않습니다. 오늘 탄소섬유 신규 투자가 우리 첨단소재 산업의 경쟁력 제고와 함께, 다양한 분야의 신규 투자를 촉진하는 마중물이 되기를 바랍니다. 효성과 전라북도는 탄소산업 클러스터 조성을 위해 꾸준한 투자와 기술개발을 함께해왔습니다. 오늘을 계기로 전북의 새로운 도약도 가능해졌습니다. 연관 산업들의 유치와 투자확대로 '전북을 탄소 산업 메카로 만들겠다'는 비전과 공약을 지킬 수 있게 되었습니다. 탄소섬유 신규투자와 공장증설을 다시 한 번 국민들과 함께 축하합니다. 대한민국 경제가 이곳, 전북에서부터 다시 활력을 찾아 미래로 뻗어가길 기대합니다.

감사합니다.

식품산업 활성화 기업 현장방문

| 2019-08-20 |

여러분, 반갑습니다.

하림 공장에서 대규모 투자가 이루어진다는 기쁜 소식을 듣고 이곳을 찾았습니다. 하림의 임직원 여러분께 축하와 함께 격려의 말씀을 드립니다.

전북은 2년 전, 현대중공업 군산조선소가 가동 중지된 데 이어서 작년엔 한국GM 공장이 폐쇄되며 지역경제가 큰 어려움을 겪었습니다. 이런 시기에 과감한 투자를 단행한 하림 김홍국 회장님의 결단에 감사드립니다. 땀 흘려 일한 성과로 투자가 가능하도록 만들어준 임직원 여러분께도 큰 박수를 보냅니다. 대부분의 대기업과 달리 하림은 인구 30만이 안 되는 익산에 본사를 두고 있습니다. 수도권 집중화 속에서 오히려 지역 소도시에 있는 본사를 확장하며 국가균형발전에 새로운 모범이 되어주었습니다.

더욱이, 2024년까지 이곳에 총 8,800억 원의 규모의 대규모 투자를 결정했습니다. 어려운 시기, 전북의 중점산업인 식품산업에 민간기업이 과감한 선제 투자를 한 것은 의미가 남다릅니다. 2,000명에 달하는 신규 고용 창출과 함께 지역경제 활성화에도 큰 기여를 할 것으로 기대가 됩니다. 식품산업에 대한 여러분의 애정과 노력이 이런 비상한 시기에 투자 확대라는 결실로 나타난 것이라고 생각합니다. 최근 식품산업은 간편 가공식품, 펫푸드와 같은 고부가가치 분야를 중심으로 크게 성장하고 있습니다.

ICT 기술을 활용한 스마트 축산·가공도 확산되고 있습니다. 이러한 식품산업 혁신의 과정에서 '사료-축산-가공-제조-유통' 전 분야를 아우르고 있는 하림이 중심적인 역할을 해주고 있습니다. 지자체도 이에 화답했습니다. 전북은 일찍부터 식품산업 발전에 많은 노력을 기울여왔고, 이곳 익산의 '국가식품클러스터'를 R&D 연구기관과 관련 기업이 집적된 식품산업 혁신성장의 메카로 육성하고 있습니다. 전주혁신도시에는 농업 관련 공공기관들이 들어섰고, 전북 각지에 '아시아 스마트 농생명 밸리'를 만들고 있습니다.

또한, 이번 달에는 새만금 산업단지를 일반단지에서 국가산업단지로 전환하고 기업투자 유치를 위한 지원을 대폭 강화했습니다. 하림도 익산의 '국가식품클러스터'와 계약을 체결하여 신사업을 구상하고 있다고 들었습니다. 이를 계기로, 더 많은 기업들의 투자가 활발하게 일어나길 기대합니다. 이곳 익산공장에서 여러분을 직접 만나 보니, 그간 얼마나 많은 땀을 흘렸을지 상상이 됩니다. 우리가 위기를 기회로 바꿔올 수 있었던 것은 여러분처럼 늘 기술개발에 힘을 쏟으며 혁신하려는 그런 이들의 땀과 도전이 있었던 덕분입니다. 앞으로도 지역상생의 노력과 함께, 가축질병 예방, 깨끗한 축산과 같은 사회문제 해결에도 더욱 힘써주실 것을 당부드립니다. 익산공장 신규 투자를 다시 한 번 전북도민과 함께 축하합니다. 우리 식품산업, 더 나아가 대한민국 경제가 이곳, 익산에서부터 다시 활력을 되찾길 기대합니다.

감사합니다.

국립대 총장 초청 오찬 간담회 모두발언

| 2019-08-22 |

국립대 총장님들, 아주 반갑습니다.

아마 전국 각지에 국립대 총장님들을 이렇게 함께 청와대에 모시는 것이 처음이 아닌가 싶습니다. 아주 귀한 시간 내주셔서 감사드립니다. 오늘 이렇게 모신 뜻은 우리 총장님들 말씀을 듣고 싶어서입니다. 우리 대학 교육에 대해서, 또는 국립대학의 역할에 관해서건 정책적인 의견들을 말씀해 주시면 당장 대답해 드릴 수 있는 문제들은 우리 유은혜 사회부총리가 답변을 드리고, 또 검토가 필요한 부분들은 우리가 좀 더 시간을 가지고 검토해서 앞으로 정책을 만들거나 또 정책을 집행할 때 반영하도록 하겠습니다. 오늘 편한 시간되시길 바라고요.

제가 먼저 인사 말씀을 겸해서 몇 가지 당부 말씀을 드리고 싶습니다. 우선은 대학은 미래를 준비하는 곳이라고 그렇게 생각을 합니다. 미래를 위한 연구, 또 미래를 위한 교육, 또 미래를 위한 인재양성, 이미 인제 각 대학에서 역할을 많이 해주시고 계시고, 특히 국립대학이 더 이렇게 많은 역할을 해주고 계신데, 그에 관해서 크게 두 가지 정도 당부 말씀을 드리고 싶습니다.

우선 첫 번째는, 각 지역에 소재한 국립대학들이 지역 혁신의 거점이 되어 주십사라는 당부 말씀을 드립니다. 지금도 이미 지역거점 국립대학이나 또 지역 중심 국립대학들이 지역 혁신의 거점역할들을 하고 계십니다. 그에 대해서는 감사를 드리고요. 저는 더더욱 좀 더 적극적인 그런 역할을 해주십사라는 당부 말씀을 드리고 싶습니다. 지역의 모든 혁신은 지역의 국립대학으로부터 시작이 된다라는 것이 확실히 지역민들에게 체감이 될 수 있도록 보다 활발하고 적극적인 그런 역할을 해주시기 바랍니다. 정부도 적극적으로 뒷받침을 하겠습니다.

지역의 국립대학과 지자체가 중심이 되고, 그다음에 또 지역사회와 지역의 산업계가 이렇게 협력을 할 때 지역 혁신도 가능하고, 또 지역이 필요로 하는 지역 인재 양성도 가능하고, 또 국가 균형발전도 가능하다고 생각합니다. 그런 지역의 혁신들이 모두 모인, 더해지는 총합이 바로 대한민국의 혁신을 만드는 것이라고 생각합니다. 그 점에서 우리 지역의 국립대학들이 우리 정부와 동반자 관계로 함께 노력해 나가자는 그런 말씀을 드리고 싶습니다.

두 번째로는, 지금 우리가 4차 산업혁명 시대를 맞이해서 우리 사회나 경제나 모든 면에서 너무나 빠르게 변화를 하고 있는데. 이런 시대에 필요한 것이 바로 미래융합형 연구, 그리고 또 미래융합형 인재양성이라고 생각합니다. 학문 간 또는 전공 간 심지어는 문과, 이과 같은 이런 큰 영역의 어떤 벽도 좀 무너뜨린 그런 융합이 필요하다고 봅니다. 이미 각 대학들이 많은 노력들을 하고 계십니다. 그러나 아직도 충분하지는 않다고 생각합니다. 학과별, 전공별, 이런 칸막이를 낮춰야만, 더 낮춰야만 이런 융합형 연구가 가능할 것 같습니다.

사실은 이제 이 부분은 우리 정부도 똑같이 문제를 느끼고 있는 부분입니다. 이미 다 국정을 경험해 보신 분들도 계십니다만, 요즘은 정부의 국정과제도 보면 이제는 거의 대부분이 어느 한 부처만의 어떤 과제가 아니라 여러 부처들이 협업해야 되는 그런 융합형 과제들인데, 정부 부처는 옛날처럼, 옛날의 기준으로 이렇게 업무가 딱 분장이 되어 있기 때문에 사실은 이 부처 간의 칸막이, 이것이 어떤 국정 전체를 위한 협업에 굉장히 큰 애로로 작용할 때가 많이 있습니다. 그래서 정부도 그런 부처 간의 칸막이를 이렇게 좀 낮추는 것이 큰 과제이고, 저는 대학도 학문 간, 전공 간 칸막이를 낮추는 것이 아주 큰 과제라고 생각합니다. 그 점에 대해서도 함께 노력해 나갔으면 하고요. 또 정부의 정책적인 지원이 필요하다면 정부도 더욱더 과감하게 지원하겠다는 말씀을 드립니다.

현안에 대한 당부도 좀 하고 싶은데, 아시다시피 요즘 우리 기술의 국산화, 또 소재부품 중소기업들의 원천기술 개발에 대한 지원, 이런 것이 지금 매우 중요한 국가적인 과제가 되어 있습니다. 지금 여러 대학들이 그런 기술지원단을 만들기도 하고, 또는 개발지원단을 구성하기도 하고 해서 많은 역할을 해주고 계십니다. 그 점에 대해서 감사를 드립니다. 그리고 그런 활동을 더욱더 적극적이고 활발하게 해주시라는 당부 말씀을 드리고, 그 점에 대해서도 필요하다면 정부가 R&D 등, 또는 대학에 대한 지원 예산 등을 통해서 최대한 지원하겠다는 약속 말씀을 드리겠습니다.

또 하나는 지금 강사법이 2학기부터 시작이 되는데, 시간강사들의 신분을 보장하고 처우를 개선하자는 그 취지인데, 지금 역설적으로 오히려 그게 강사들의 일자리를 줄이는 그런 식의 결과가 빚어지고 있어서 걱정들이 많습니다. 그 점에 대해서도 우리 국립대학들이 앞장서서 최대한 강사들의 고용을 유지하고 있고, 그리고 고용감소율이 사립대학에 비하면 우리 국립대학들이 현저하게 적습니다. 그만큼 많은 노력을 해주고 계신데요, 그 점에 대해서도 감사를 드리면서 더욱더 관심을 가져주십사, 그런 시간강사들의 고용 유지를 위해서 함께 노력을 해나갔으면 하는 말씀을 드리겠습니다.

우리 국내에서는 우리 교육에 대해서 참 문제가 많다는 비판들이 많습니다. 그러나 그럼에도 불구하고 지금 한국의 발전을 이끌어온 것이 우리 교육의 힘이었다라는 사실만큼은 부인할 수 없을 것 같습니다. 아무런 자원이 없는 그런 나라에서 우리 교육이 만들어낸 인적 자원, 그 힘으로 대한민국이 여기까지 발전해왔다고 생각합니다. 그리고 그 중심에 우리 대학들이 있었습니다. 대학의 역할에 대해서 다시 한 번 감사드리고, 또 경의를 표하고 싶습니다.

우리 한국 교육의 성과에 대해서는 좀 세계적으로도 인정을 합니다. 한국 교육을 말할 때 한국 교육을 아주 성공적인 사례로 미국의 오바마 전(前) 대통령이 늘 이제 한국 교육을 인용해서 그게 꽤 유명한 이야기가 되었습니다만, 지난번에 핀란드에 갔을 때도 핀란드 사람들이, 핀란드와 한국이 서로 접근 방법은 전혀 다른 것 같지만 어쨌든 교육의 성과라는 면에서는 세계적으로 높은 성과를 내고 있고, 그 교육을 통해서 말하자면 양성한 인적 자원의 힘으로 두 나라 모두 자원 빈국인데, 그 힘으로 또 높은 경제 발전을 이루었다는 점에 대해서 양국이 참 공통점이 많다 그런 이야기들을 많이 했습니다.

그러나 지금까지 우리 교육이 잘해왔다 해서 앞으로 4차 산업혁명 시대를 이끌어 나가는 역할을 교육이 계속한다는, 해낼 수 있다는 보장은 없을 것 같습니다. 교육 스스로도 많이 혁신하고 변화해 나가야만 그런 역할을 충분히 감당해낼 수 있지 않을까 생각하고요. 역시 그 중심적인 역할은 국립대학, 또 국립대학 총장님들께서 해주셔야 할 것이라고 생각합니다.

오늘 이 자리에 이렇게 함께해주셔서 다시 한 번 감사드리고요. 허심탄회하게 우리 교육을 발전시키는 데 도움이 되는 말씀들 많이 해주시기 바랍니다.

감사합니다.

중앙경찰학교 제296기 졸업식 축사

| 2019-08-23 |

존경하는 국민 여러분,

오늘 중앙경찰학교 제296기, 2,762명의 청년들이 졸업과 함께 자랑스러운 대한민국 경찰관으로 첫걸음을 내딛습니다. 청년들은 국민과 국가를 위해 헌신하는 삶을 선택했습니다. 국민들께서 함께 축하해 주시기 바랍니다. 귀한 아들딸, 남편과 아내의 선택을 응원하고 뒷바라지 해주신 가족들께도 감사 인사를 드립니다. 한 명 한 명 열성을 다해 사명감과 열정 넘치는 경찰관으로 키워주신 이은정 중앙경찰학교장을 비롯한 교직원 여러분도 수고 많으셨습니다.

청년경찰 여러분,

경찰은 국민과 가장 가까이 있는 정부이며 국가입니다. 지구대와 치안센터, 순찰차, 해외 주재원으로 최일선에서 국민을 만나는 법집행자입니다. 경찰특공대, 독도수비대와 같이 이웃의 안전과 우리 영토를 지키는, 가장 가까운 곳의 '안보'입니다. 국민들은 어려운 일이 생기면 제일 먼저 여러분에게 도움을 구합니다. 지난 한 해에만 국민 열 명 중 네명, 2천만 명에 가까운 국민이 112를 통해 경찰에 도움을 요청했습니다. 그리고 여러분은 거기에 응답했습니다. 납치된 딸을 애타게 찾는 어머니의 신고에 순찰차와 헬기까지 동원해 딸을 무사히 어머니 품에 안겨드렸습니다. 자다가 호흡이 멈춘 16개월 아기는 행여나 다칠까 두 손가락으로 세심히 심폐소생술을 실행한 젊은 경찰들의 품에서 의식을 되찾았습니다. 절망의 끝에 선 시민을 구하기 위해 여러분은 차가운 강물에 뛰어들기도 하고, 고층 건물 난간에 조심스럽게 다가가기도 합니다. 그래서 여러분은 우리의 영웅입니다. 우리 국민은 여러분의 용기를 믿고 있습니다.

'우리나라가 안전하다'고 느끼는 국민이 2015년 69%에서 올해 75%로 늘었습니다. 우리 경찰의 치안 능력은 갈수록 더욱 강해지고 전세계에서 인정받고 있습니다. 범죄와 교통사고 사망자가 해마다 감소하고 살인·강도·성폭력 범죄의 검거율은 95%가 넘습니다. 우리의 우수한 치안시스템을 세계 110개국에 전수하고 있으며, 최고 수준의 '사이버범죄 대응 기법'을 배우기 위해 매년 천 명이 넘는 외국 요원들이 한국을 찾고 있습니다. 인터폴 총재를 배출하고, 국제범죄 공조가 갈수록 확대되는 등 대한민국 경찰의 위상은 나날이 높아지고 있습니다.

한국을 방문한 외국인 관광객들은 늦은 밤거리를 마음 편히 다닐 수 있는 치안이 부럽다고 합니다. 평창동계올림픽 때 한국을 방문한 외빈들은 대회 기간 내내 한국의 경찰이 무장 없이 질서를 유지하는 모습에 감명을 받았다고 말했습니다. 모두 여러분의 헌신 덕분입니다. 감사드립니다.

오늘 이 자리에는 고등학교 졸업 후 바로 경찰에 입문한 19세 청년이 있고 '아빠가 경찰이면 좋겠다'는 딸의 소원에 늦깎이 경찰이 된 45세 가장도 있습니다. 여러분의 가슴은 자부심과 열정으로 가득하지만, 앞으로 걷는 길이 편하지만은 않을 것입니다. 피곤한 몸으로 밤을 지새우고 위험을 무릅써야 하는 날도 있을 것입니다. 보이스피싱을 비롯한 금융사기 범죄를 추적하고 불법촬영·데이트 폭력 등 악질적인 성범죄, 살인과 마약을 비롯한 각종 강력범죄에 맞닥뜨려 극한 직업을 실감해야 하는 날이 비일비재할 것입니다.

그러나 그 모든 순간이야말로 국민이 여러분을 가장 필요로 하는 순간입니다. 어려움에 처한 이웃에게는 하염없는 따뜻함으로, 법을 무시하고 선량한 이웃에 피해를 주는 사람에게는 지위고하를 막론하고 추상같은 엄정함으로 대할 것을 당부합니다.

존경하는 국민 여러분, 청년경찰 여러분,

올해로 대한민국 임시정부 수립 100주년을 맞았습니다. 대한민국 경찰도 100주년을 맞았습니다. 100년 전인 1919년 4월 25일, 임시정부 경무국이 설치되고 임시정부의 문지기를 자처했던 백범 김구 선생이 초대 경무국장으로 취임했습니다. 백범 선생의 '애국안민' 정신은 우리 경찰의 뿌리가 되었습니다. 광복 후에는 많은 독립운동가들이 경찰에 투신하여 민주경찰의 역사를 이었습니다. 도산 안창호 선생의 조카이자 독

립운동단체 결백단에서 활동한 안맥결 제3대 서울여자경찰서장, 함흥
3·1운동의 주역 전창신 인천여자경찰서장, 광복단 군자금을 모았던 최
철룡 경남경찰국장을 비롯하여 지금까지 모두 쉰한 분의 독립운동가 출
신 경찰이 확인되고 있습니다.

국민과 조국의 미래를 위해 헌신한 선구자들의 정신은 민간인 총살
명령을 거부하고 수많은 목숨을 구해낸 제주 4·3 시기 문형순 제주 성
산포 서장, 신군부의 시민 발포 명령을 거부한 1980년 5월 광주 안병하
치안감으로 이어졌습니다.

국민의 뜻과는 다르게 권력을 남용하고 인권을 탄압하기도 했던 어
두운 시기도 있었지만, 우리 국민은 국민의 경찰, 민주경찰, 인권경찰로
경찰 스스로 거듭날 수 있도록 꾸준히 기다려주셨습니다. 국민들의 기대
와 지지 속에서 경찰은 스스로 변화하는 용기를 보여주었습니다. 권력기
관 중 가장 먼저 개혁위원회를 발족하고 국민의 바람을 담은 권고안을
수용하며, 가장 빠른 속도로 개혁을 실천했습니다. 경찰서마다 '현장인
권상담센터'를 설치하여 인권 보호를 실천하고 있고, 인권침해 사건 진
상위원회를 설치하여 총 열 건의 사건을 조사하고 공식적으로 사과드렸
습니다. 피해자와 가족, 국민께 위로와 희망의 첫걸음이 되었습니다. 국
민의 기대에 혁신으로 부응하고 있는 오늘의 경찰을 진심으로 치하합
니다.

이제 수사권 조정 법안과 한국형 자치경찰제 도입이 입법을 기다리
고 있습니다. 수사권이 조정되고 자치경찰이 도입되면 시민과의 거리는
한층 가까워지고, 치안서비스의 질이 보다 높아질 것입니다. 수사권 조

정과 자치경찰 도입 법안을 국회에서 조속히 매듭지어 주기를 당부드립니다. 그러나 무엇보다 중요한 것은 경찰이 국민의 지지와 신뢰를 얻는 것임을 잊지 말아야 할 것입니다.

사랑하는 청년경찰 여러분,

국민의 안전과 삶의 질을 높이기 위해서는 경찰 여러분의 처우와 복지가 중요합니다. 정부는 인력과 예산을 확충해 치안 업무에 집중할 수 있는 환경을 만들어가고 있습니다. 우리 정부 출범 후 지금까지 경찰관 8,572명을 증원했고, 국민께 약속드린 대로 2만 명까지 늘려갈 예정입니다. 현장에서 꼭 필요한 수사비 예산도 현실화하고 있습니다.

강도 높은 업무의 특성에 맞춰 건강검진과 트라우마 치유를 포함한 건강관리 인프라도 강화하고 있습니다. 특히, 위험을 무릅쓴 직무 수행 중 질병이나 부상을 당하거나 순직할 경우 보상을 강화했습니다. 경찰 복지가 국민 복지의 첫걸음이라는 자세로 더욱 촘촘히 발전시켜 나가겠습니다.

어려운 여건 속에서 국민의 부름에 묵묵히 책임을 다해 온 현장 경찰관 여러분께 늘 고맙고 애틋한 마음입니다. 임시정부에 뿌리를 둔 자랑스러운 역사도, 과거의 아픈 역사도 모두 경찰의 역사입니다.

앞으로의 경찰 역사는 바로 여러분의 손에 달려있습니다. 법 앞에 누구나 공정한, 정의로운 사회를 이끄는 경찰로 새로운 100년의 역사를 써 나가기를 기대합니다.

국민과 이웃이 여러분을 믿는 만큼 여러분도 국민을 믿고 국민의 곁으로 더 가까이 다가가주시기 바랍니다. 정부도 여러분이 대한민국 경찰관이라는 긍지와 자부심을 가질 수 있도록 모든 노력을 다하겠습니다.
대한민국 대통령으로서 여러분을 자랑스럽게 생각합니다.

감사합니다.

'필승코리아 펀드' 가입

| 2019-08-26 |

아시는 바와 같이 일본이 소재·부품·장비 산업의 어떤 우위를 배경으로 우리 주력 산업의 발전을 가로막을 수도 있는 무역 보복 조치를 취해왔죠. 그래서 우리 소재·부품·장비산업의 경쟁력을 높이는 것이 매우 중요한 시기가 되었습니다.

우리 스스로 원천기술을 개발해서 소재·부품·장비산업의 국산화율을 높이기도 하고, 그다음에 또 그 수입선을 다변화하기도 하고, 또 해외에서 기술도입이 필요할 때는 M&A 등을 통해서 해외의 원천기술을 도입하기도 하는 노력들이 아주 절실한 시점이 되었습니다.

그것은 일본의 무역 보복에 대한 어떤 대응 조치로서뿐만 아니라 우리 제조업의 경쟁력을 높이는 데에도 매우 필요한 일입니다. 그동안 우리 경쟁력이 세계적으로 높은 수준으로 평가받았지만, 소재·부품·

장비에서는 외국에 많이 의존하고 있었기 때문에 우리 경쟁력을 더 높여 나가는 데 좀 부족한 부분이 있었고, 또 우리 제조업의 수익성을 높이는 데에도 한계가 있었거든요. 소재·부품산업의 우리 경쟁력을 높인다면 그것은 곧바로 우리 제조업 전체의 경쟁력을 높이고, 또 제조업의 수익성을 높이는 일이 될 것이라고 생각합니다. 마침 그런 시기에 소재·부품·장비산업에 투자하는 펀드가 우리 농협에서 만들어져서 아주 기쁘게 생각을 했고요. 그래서 저도 가입해서 힘을 보태야겠다라는 생각을 했습니다. 또 많은 국민들께서 이렇게 함께 참여해서 힘을 보태 주시기를 바라겠습니다.

이번에 이 펀드는 아까 말씀하신 대로 위험부담이 없지 않은 그런 펀드입니다. 이미 성공한 그런 기업에 투자를 하는 것이 아니라 말하자면 기업의 미래 발전 가능성을 보고 투자를 하는 것이기 때문에 위험부담도 없지 않은데, 그러나 우리 농협에서는 판매 보수나 운용 보수를 대폭 인하함으로써 가급적 가입한 고객들에게 이익이 돌아가도록 했고, 또 얻어지는 운용 보수의 절반은 소재·부품·장비에 대한 어떤 연구기관 등에 지원하는 것으로, 그렇기 때문에 아주 정말 착한 펀드입니다.

오늘 말씀들 들어보니까 정말 아주 잘될 것 같습니다. 반드시 성공시켜서 가급적 많은 분들이 참여할 수 있도록 그렇게 해주시고, 나아가서는 제2, 제3의 이런 소재·부품·장비산업 펀드가 만들어질 수 있도록 그렇게 또 앞장서서 노력해 주시기를 당부드리겠습니다.

'아비' 에티오피아 총리를 위한 공식만찬 만찬사

| 2019-08-26 |

엔데민 아메샤츄. (안녕하십니까)

존경하는 아비 총리님, 에티오피아 대표단 여러분,

우리 정부 들어 최초로 아프리카 정상을 맞이하게 되었습니다. 한국에 대해 깊은 애정을 갖고 계신 총리님을 한국에서 뵙게 되어 매우 기쁘게 생각하며 우리 국민들과 함께 환영합니다.

에티오피아는 한국인들에게 오래전부터 친근한 나라입니다. 에티오피아는 가장 오래된 인류의 화석, '루시'가 발견된 곳입니다. 한국인들은 세계에서 가장 유서 깊고 향기로운 에티오피아의 커피를 즐기며 고대 악숨 왕국이 남긴 문화유산과 아름다운 자연을 좋아합니다.

에티오피아는 한국전쟁 당시 아프리카 나라 가운데 유일하게 지상군 강뉴 부대를 파병하였고, 열대의 병사들은 살을 에는 추위를 견디며 대한민국의 자유를 함께 지켜주었습니다. 에티오피아 용사들은 전쟁 후에도 고아원을 설립하여 전쟁통에 부모를 잃은 아이들을 보살펴주었습니다. 우리는 강원도 춘천에 '에티오피아 한국전 참전기념관'을 지어 에티오피아의 고마움을 기념하고 있습니다. 또한 참전용사들과 후손들을 위해 초청사업, 장학사업, 복지관 건립 사업 등을 하고 있습니다.

이렇게 우리는 지리적으로는 멀지만, 피로 맺어진 우정을 나누는 사이입니다. 양국은 평화의 가치를 공유하고 있습니다. 세계는 지금 에리트레아와 역사적인 평화협정을 체결하고, 아프리카 대륙의 평화와 번영을 선도하고 있는 총리님과 에티오피아에 축복의 박수를 보내고 있습니다.

총리님은 "평화는 분쟁의 부재가 아니라, 서로에 대한 이해와 신뢰"라고 하셨습니다. 한반도의 평화를 위해 대화하고 있는 우리에게도 큰 가르침이 되는 말씀입니다.

오늘 아비 총리님과 나는 개발, 과학기술, 4차 산업혁명, 무역·투자, 중소기업 등 다양한 방면에서 양국이 긴밀히 협력해 나가자고 뜻을 함께 했습니다. 인천-아디스아바바 직항 노선으로 양 국민들 간에 교류가 확대되고 우정이 깊어질 것입니다. 양국은 호혜적이고 지속 가능한 동반자로서 새로운 번영의 미래를 함께 열어나갈 것입니다.

다시 한 번 총리님의 방한을 환영하면서 양국의 우정과 평화를 기원하는 건배를 제의합니다.

건배!

현대모비스 친환경차 부품 울산공장 기공식 및 투자양해각서 체결식

| 2019-08-28 |

울산시민 여러분, 내외 귀빈 여러분, 반갑습니다.

오늘 울산에서 '현대모비스 친환경차 부품공장 기공식과 부품기업 국내 복귀 투자양해각서 체결식'을 갖게 되었습니다. 현대모비스가 대기업으로는 처음으로 해외사업장을 국내로 복귀시켜 울산으로 이전하고, 5개의 자동차 부품기업도 함께 돌아옵니다. 우리 경제의 활력을 살리고, 새로운 일자리를 만들 수 있어 매우 반가운 소식입니다.

뜻깊은 결정을 내려주신, 각 업체 대표님들과 송철호 울산시장님을 비롯한 관계자들께 감사의 말씀을 드립니다. 현대모비스는 울산에 부품공장을 신설하여 2021년부터 배터리 모듈 등 전기차 부품을 생산합니다. 중소·중견 자동차 부품업체들도 울산, 경북, 인천, 충남에 생산라인을 늘려 차세대 자동차 핵심 부품을 양산하게 됩니다. 모두 3,600억 원 이상을 투자하여 730여 개의 고용을 창출할 계획입니다. 2013년, 해외 진출기업 국내 복귀 지원법을 제정하여 해외 진출기업의 유턴을 추진한 이래 양과 질 모두에서 최고입니다. 미래차의 경쟁력도 높일 수 있게 되었습니다.

기업들의 결단을 중심으로 정부와 울산시의 적극적인 지원이 더해져 오늘의 협약식이 만들어졌습니다. 광주형 일자리와 구미형 일자리에 이은 또 하나의 상생협력 모델입니다. 자유롭고 공정한 무역체제가 흔들리고 정치적 목적의 무역 보복이 일어나는 시기에 우리 경제는 우리 스스로 지킬 수밖에 없습니다. 어려운 시기에 유망한 기업들의 국내 유턴은 우리 경제에 희망을 줍니다. 앞으로도 정부는 국내 복귀를 위해 투자하는 기업들에게 아낌없는 지지와 응원을 보낼 것입니다.

울산시민 여러분,

기업들은 저렴한 인건비를 찾거나 무역장벽을 넘기 위해 해외로 공장을 이전해왔습니다. 우리의 해외투자는 계속 늘고 있고, 제조업 부문이 약 3분의 1을 차지합니다.

우리 기업이 해외투자로 경쟁력을 확보하고 외국 기업이 우리나라에 투자하는 것은 매우 자연스러운 일입니다. 하지만 영업의 확장을 위해서가 아니라 국내에서 경쟁력을 확보할 수가 없어서 해외로 기업을 옮겨간다면 안타까운 일입니다. 제조업 해외투자액의 10%만 국내로 돌려도, 연간 약 2조 원의 투자와 많은 일자리가 생깁니다. 국내에서도 얼마든지 기업 경쟁력을 높일 수 있는 여건이 조성되어야 합니다.

미국, 독일 등 선진국들도 과감한 인센티브와 규제개혁으로 복귀하는 기업 수를 늘리고 있습니다.

저임금, 저숙련 기술은 해외에 두고, 첨단산업, 연구·개발 등 기술 혁신이 필요한 부문을 국내로 돌리기도 합니다. 4차 산업혁명을 맞아 기술이 곧 경쟁력인 시대에, 유턴 투자를 장려하는 것은 우리의 세계 4대 제조 강국 도약을 위해서도 매우 중요합니다.

정부는 국내에서 기업의 경쟁력을 높이기 위해 '유턴 기업 종합 지원 대책'을 마련했습니다.

먼저, 유턴 기업 지원의 기준을 넓히고, 유사한 품목으로 전환하는 기업도 지원 대상에 포함시켰습니다. 해외에서 유선전화기를 제조하던 업체가 국내로 돌아와 스마트폰 부품을 생산해도 유턴 기업으로 인정받게 되었습니다. 기업의 편의와 혜택도 늘렸습니다. 요건과 절차를 완화하고, 대기업도 세금 감면과 보조금을 지원받도록 하여 지방 복귀를 유도했습니다. 외국인투자기업이 누려온 농어촌특별세 감면 혜택을 국내 복귀 기업에도 적용했습니다. 초기 시설투자에 필요한 자금과 스마트 공장 신설 자금은 정책금융을 통해 지원하고 있습니다. 유턴 기업 지원제도가 마중물이 되어 더 많은 기업의 국내 복귀가 실현되기를 바랍니다.

이번에 돌아오는 자동차 부품회사들도 달라진 지원제도와 정부의 친환경차 비전을 보고 국내 복귀를 결정했습니다. 정부는 신산업 육성과 규제혁신, 혁신 인재양성으로 유턴 투자를 더욱 촉진하겠습니다. 내년에 시스템반도체, 바이오헬스, 미래차 등 3대 신산업과 인공지능, 데이터, 5G 분야에 4조 7천억 원의 예산을 투입하여 R&D 투자와 시장 창출을 지원하고, 2023년까지 총 20만 명 이상의 전문인력을 양성할 것입니다.

정부의 혁신성장 비전과 전략을 믿고 많은 기업들이 국내 투자에 동참해 주시길 기대합니다. 고용 유발 효과가 큰 지식서비스업을 포함하는 등 유턴 투자 활성화를 위한 법률 개정안이 국회에 계류되어 있습니다. 경제를 살리고 일자리를 늘리기 위해 국회의 각별한 관심과 협조를 당부드립니다.

존경하는 울산시민 여러분, 내외 귀빈 여러분,

오늘 자동차 부품기업들의 투자 협약식이 대한민국 자동차 산업의 성공신화를 일군 울산에서 열리게 된 것을 매우 뜻깊게 생각합니다. 수소경제와 친환경차 육성을 향한 울산의 도전은 지역경제와 자동차 산업에 새로운 희망입니다. 울산은 2030년까지 수소차 50만 대의 제조와 6만 7천 대의 자체 보급을 목표로 '세계 최고의 수소도시'가 된다는 비전을 갖고 있습니다. 현대모비스의 전기차 부품공장 신설로 수소차에 이어 전기차 생산플랫폼도 갖추게 되었습니다. 규제자유특구 지정 등 규제혁신 노력이 더해진다면, 울산의 경제는 새롭게 도약할 것입니다. 지역 청년들에게도 일자리와 희망을 주게 될 것입니다.

오늘 울산의 유턴 투자가 제2, 제3의 대규모 유턴 투자를 이끌어 다른 지역으로 확산되길 기대합니다. 지금 국가경제를 위해 국민과 기업이 뜻을 모으고 있습니다. 지금 우리에게 필요한 것은 우리 스스로 우리 경제를 지키자는 의지와 자신감입니다.

저는 오늘 국민 여러분과 기업이 만들어주신 우리 경제의 희망을 보았습니다. 새로운 미래를 향한 우리의 발걸음을 그 누구도 늦출 수 없습니다. 정부는 국민과 함께, 그리고 지역과 함께, 대한민국의 경제활력을 반드시 되살려내겠습니다.

감사합니다.

제37회 임시 국무회의 모두발언

| 2019-08-29 |

　오늘 국무회의는 내년도 예산안과 중기재정계획 국회 제출을 앞두고 정부안을 확정하기 위해 소집했습니다.

　결국 일본의 백색국가 제외 조치가 시행됐습니다. 일본 정부의 태도가 매우 유감스럽지만 우리는 이 상황을 능히 헤쳐 나갈 수 있습니다. 정부는 그동안 다각도에서 대비책을 준비해왔습니다. 우리 경제와 기업의 피해가 최소화되도록 준비한 대책을 빈틈없이 시행해 나가겠습니다. 근본적으로는 제조업 등 산업경쟁력을 강화하여 우리 경제를 한 단계 도약시키는 기회로 삼을 것이며, 일본의 부당한 경제보복에 대응하는 조치도 주권국가로서 당당하게 실행해 나가겠습니다.

　일본은 정직해야 합니다. 일본은 경제보복의 이유조차도 정직하게 밝히지 않고 있습니다. 근거 없이 수시로 말을 바꾸며 경제보복을 합리화하려고 하고 있습니다. 일본 정부가 어떤 이유로 변명하든 과거사 문제를 경제 문제와 연계시킨 것이 분명한데도 대단히 솔직하지 못한 태도라 하지 않을 수 없습니다.

과거사 문제를 대하는 태도 또한 정직하지 못합니다. 한국뿐 아니라 아시아 여러 나라에 불행한 과거 역사가 있었고, 그 가해자가 일본이라는 것은 움직일 수 없는 역사적 사실입니다. 과거의 잘못을 인정도 반성도 하지 않고 역사를 왜곡하는 일본 정부의 태도가 피해자들의 상처와 아픔을 덧내고 있습니다.

일본 제국주의 침략의 첫 희생이 되었던 독도를 자신의 영토라고 하는 터무니없는 주장도 변함이 없습니다. 일본은 과거를 직시하는 것에서부터 출발하여 세계와 협력하고 미래로 나아가야 합니다. 과거를 기억하고 성찰하는 것은 결코 부끄러운 일이 아닙니다.

모든 나라가 부끄러운 역사를 가지고 있습니다. 한국도 외세에 의해서뿐만 아니라 스스로 부끄러운 역사가 있습니다. 그러나 과거를 기억하고 성찰할 때 우리는 거듭날 수 있습니다. 과거를 기억하고 성찰한다는 것은 끝이 없는 일입니다. 한 번 반성을 말했으니 반성은 끝났다거나, 한 번 합의했으니 과거는 모두 지나갔다는 식으로 끝낼 수 있는 일이 아닙니다.

독일이 과거에 대해 진솔하게 반성하고 과거의 잘못에 대해 시시때때로 확인하며 이웃 유럽 국가들과 화해하고 협력함으로써 국제사회에서 신뢰받는 나라가 되었다는 교훈을 일본은 깊이 새겨야 할 것입니다.

지금 그 어느 때보다 재정의 역할이 중요합니다. 무엇보다 우리 경제를 둘러싼 대외 여건의 불확실성을 극복해야 합니다. 예상보다 빠르게 진행되고 있는 세계 경기 하강과 미중 무역 갈등, 여기에 더해진 일본의 경제보복이 우리 경제의 불확실성을 키우고 있습니다.

수출 의존도가 매우 높은 우리나라가 대외 충격을 흡수하기 위해서는 혁신성장에 박차를 가하고, 선도형 경제로 체질을 전환하는 것이 시급합니다. 이를 위해 재정이 과감하고 적극적인 역할을 해야 합니다. 초석을 놓기 시작한 포용국가의 기반을 더욱 단단히 다지는 것도 중단할 수 없는 과제입니다. 경제가 어려워질 때 재정지출을 늘려 취약계층을 보호하고, 저소득 국민의 소득을 늘리는 것은 재정 본연의 기능입니다.

지난 2년간 정부의 재정투자는 많은 긍정적 변화를 이끌었습니다. 4차 산업혁명의 핵심 인프라인 데이터·네트워크·AI 지원예산의 확대가 글로벌 5G 시장의 선점으로 이어지고, 창업 지원예산이 역대 최고 수준의 벤처투자 활성화와 유니콘기업의 증가로 이어졌습니다.

일자리 예산 증가가 취약계층의 고용 상황 악화를 방지하는 버팀목이 됐고, 구직활동을 하는 청년들에게 실질적인 도움이 됐습니다. 적시의 재정투자가 성장의 기회를 살리고 함께 잘 사는 지속 가능한 미래를 만들기 위한 중요한 수단이라는 것을 확인해 주는 결과입니다. 이러한 성과를 더욱 확산시켜 나가야 할 것입니다.

정부는 우리가 당면한 대내외적 상황과 재정 여건까지를 종합적으로 고려하여 확장적으로 내년도 예산을 편성했습니다. IMF와 OECD 등 국제기구에서는 우리에게 계속해서 확장 재정을 권고하고 있습니다. 국가채무비율이 평균 110%가 넘는 OECD 나라들에 비해 국가채무비율이 크게 양호한 우리나라는 그럴 만한 여력이 충분히 있습니다.

이번에 정부가 편성한 예산은 아무도 흔들 수 없는, 강한 경제, 강한 나라로 가는 발판을 만드는 데 특별히 주안점을 두었습니다. 미래 먹거리가 될 신산업 육성 예산과 미래성장동력 중심으로 국가 R&D 예산을 대폭 확대하는 등 혁신성장의 속도를 높이는 재정투자에 역점을 두었습니다.

특히, 일본의 수출 규제와 경제보복 조치에 맞서 소재·부품·장비 산업의 경쟁력 강화를 뒷받침하는 데 올해보다 두 배 이상 늘어난 2조 1천억 원을 집중 투자하기로 했습니다. 경제 활력을 되살리기 위한 지원도 대폭 확대했습니다. 수출 지원 무역금융과 투자 활성화 정책자금을 통해 기업의 노력에 힘을 보태고, 제조업 등 주력산업의 경쟁력을 강화하는 예산도 대폭 늘렸습니다.

지역경제가 살아야 국가경제 전체에 활력이 생깁니다. 지역경제 활력을 위한 생활 SOC 예산과 함께, 내년부터 33개 국가균형발전프로젝트가 전면적으로 착수될 수 있도록 예산을 반영했고, 규제자유특구로 지정된 지역에 대해서도 맞춤형으로 지원 예산을 담았습니다.

강한 나라의 기반인 자주국방 역량과 외교 역량 강화를 뒷받침하기 위한 예산도 늘렸습니다. 국방예산은 올해 대비 7.4%가 늘어나 사상 최초로 50조 원이 넘게 책정됐습니다. 무기체계의 국산화·과학화를 최우선의 목표로 차세대 국산 잠수함 건조 등을 통해 전력을 보강하고, 국방 분야 R&D를 대폭 확대해 핵심기술을 확보할 것입니다. 방산이 민간경제에 도움이 되도록 하는 데 역점을 두겠습니다.

4대 강국과 신남방·신북방 등 전략 지역을 중심으로 공공외교와 정부개발원조, ODA의 규모도 확대했습니다. 국제사회와의 협력을 강화하고, 우리 국민과 기업의 해외 진출을 뒷받침하는 예산으로 앞으로도 계속 더 늘려나갈 계획입니다. 국민 생활과 직결되는 예산에도 공을 들였습니다. 사회안전망과 고용안전망의 사각지대를 최대한 줄이기 위해 기초생활보장제도 부양의무자 기준 추가 완화와 국민취업지원제도 시행 예산을 반영했습니다.

고교 무상교육도 확대했습니다. 어르신과 청년, 영세 자영업자들에 대한 지원도 확대합니다. 노인 일자리를 74만 개로 늘리고, 기초연금을 30만 원으로 인상했습니다. 청년 주거 지원을 강화하고, 추가 고용장려금과 청년내일채움공제 수혜대상을 대폭 늘려 일자리 지원을 확대하겠습니다. 영세 자영업자와 소상공인을 위한 융자지원을 확대하고, 골목상권 활성화를 위해 지역사랑상품권과 온누리상품권 발행 규모를 확대했습니다.

국민 안전 예산도 대폭 늘렸습니다. 미세먼지 저감을 위한 예산을 두 배 이상 늘렸고, 붉은 수돗물 문제 해소를 위해 스마트상수도 관리시스템을 도입했습니다. 재정은 국가정책을 실현하는 수단이고 예산안에는 우리 사회가 가야 할 방향과 목표가 담겨있습니다. 일본의 경제보복 와중에 강한 경제, 강한 나라로 가기 위한 정부의 특별한 의지를 담아 예산안을 편성한 만큼 앞으로의 과정이 중요합니다. 사실 일본의 경제보복이 아니더라도 우리 경제가 가야 할 방향이었습니다. 일본의 경제보복이 그 방향을 더욱 선명하게 보여주었을 뿐입니다.

내년도 예산안에 대한 폭넓은 국민적 공감대를 형성하고, 앞으로 있을 국회의 예산심사가 국민의 눈높이에서 원만하게 이루어지도록 국회의 이해와 협조를 구하는 데 최선을 다해주시기 바랍니다.

9월

한·태국 정상회담 모두발언

| 2019-09-02 |

　존경하는 쁘라윳 총리님과 '미소의 나라' 태국 국민들의 따뜻한 환대에 감사드립니다. 먼저 태국의 성공적인 신정부 출범을 축하드리며, 신정부의 첫 외국 정상 방문으로 나를 맞아주셔서 더욱 뜻깊게 생각합니다. 지난해 아셈 정상회의 때 총리님과 양국 수교 60년을 기념하는 정상회담을 갖고 양국의 오랜 우호협력의 역사를 확인했습니다. 새로운 60년의 우정을 시작하는 올해, 태국을 방문하여 양국의 미래 발전방안을 협의할 수 있게 되어서 매우 기쁩니다.

　태국은 한국전 당시 미국에 이어 두 번째로, 그리고 아시아에서 처음으로 파병 결정을 해준 고마운 나라입니다. 한국의 평화와 자유를 함께 지켜준 태국의 헌신과 희생을 우리 국민들은 결코 잊지 않을 것입니다. 특히, 한국전 참전부대인 21연대에서 연대장을 역임하신 쁘라윳 총리님을 한국인들은 각별한 인연으로 생각하고 있습니다.

아까 총리님께서 〈태양의 후예〉라는 한국 드라마를 재밌게 보셨다고 하셨는데 제가 바로 그 드라마에서 다뤄진 그 특전사 출신입니다. 태국은 우리 정부가 적극 추진 중인 신남방정책의 가장 중요한 협력 파트너입니다. 태국이 아세안 의장국으로서 한국과 아세안 간의 관계 발전을 적극 지원하고, 또 올해 한국에서 열리는 '한·아세안 특별정상회의'의 성공을 위해서 다방면으로 도와주고 계신 것을 깊이 감사드립니다.

총리님이 제4차 산업혁명 대응을 위해 적극적으로 추진하고 계신 '태국 4.0(Thailand 4.0)' 정책과 한국의 신남방정책이 연계된다면 양국은 미래의 성장을 함께 동반해갈 수 있을 것이라고 믿습니다. 오늘 총리님과의 회담을 통해 태국과 한국 간에, 그리고 아세안과 한국 간에 혁신과 포용의 미래를 함께 만들어가길 바라며, '한·아세안 특별정상회의'를 계기로 제 고향 부산에서 총리님과 다시 만나길 기대합니다.

감사합니다.

한·태국 공동언론발표문

| 2019-09-02 |

싸왓디 크랍! (안녕하십니까)

신정부 출범 이후 첫 정상방문으로 초청해 주시고, 나와 우리 대표단을 따뜻하게 환대해 주신 쁘라윳 총리님과 태국 국민들께 진심으로 감사드립니다.

나는 동남아시아 지역에 깊은 관심과 애정을 가지고 최초로 취임 후 아세안에 특사를 파견했습니다. 임기 중 아세안 10개국을 모두 방문하겠다고 약속드렸는데, 아세안 의장국인 태국 방문을 시작으로 한 이번 순방으로 그 약속을 지키게 되어 뜻깊습니다. 지난해, 양국 교역액은 사상 최대인 141억 불을 달성했고, 인적교류는 236만 명을 넘어섰습니다. 양국 관계의 놀라운 발전은 한국이 어려울 때 가장 먼저 달려와준 태국 참전 용사들의 희생에서 시작한 것입니다. 한국 국민들을 대표하여 참전용사들께 경의를 표하며, 피로 맺어진 신뢰와 우의를 기반으로 양국 관계가 더욱 깊어질 것이라 확신합니다.

오늘 회담에서 쁘라윳 총리님과 나는 '전략적 동반자 관계'를 더욱 심화시켜 동아시아 평화와 상생번영의 미래를 함께 열어나가기로 했습니다.

첫째, 과학기술, 신산업 분야로 협력의 지평을 확대해 4차 산업혁명 시대를 함께 준비해가기로 했습니다. 우리는 인프라, 물관리·환경 분야의 협력을 높이 평가하고, 미래차, 로봇, 바이오 등 신산업 분야에서도 협력을 강화하기로 했습니다. 총리님이 4차 산업혁명에 대응해 적극 추진 중인 '태국 4.0' 정책과 우리의 '혁신성장 정책'을 연계하여 혁신과 포용의 미래를 함께 만들어나가기로 했습니다. 스타트업과 디지털 경제 육성을 위한 양국 간 협력을 더욱 활성화하고, 의학과 나노 산업에 있어 핵심기술인 방사광 가속기와 연구용 원자로, 과학위성 등 순수·응용과학 분야에서도 협력을 강화하기로 했습니다. 특히, 세계 3번째로 4세대 방사광 가속기를 개발한 한국이 태국이 추진 중인 가속기 구축사업에 함께하기를 희망합니다.

둘째, 우리 두 정상은 양 국민이 더 가까워지도록 함께 노력하기로 했습니다. 아세안 중 태국 국민이 한국을 가장 많이 방문합니다. 한국 국민들도 지난해 180여만 명 태국을 방문했습니다. 태국에 진출한 400여 개의 한국 기업들은 양국의 공동번영을 이뤄내고 있습니다. 우리가 서로 더 많이 가까워지는 만큼, 더 안전하게 지낼 수 있도록, 제도적 기반을 마련하자는 데 뜻을 모았습니다.

셋째, 한반도와 동아시아, 세계 평화와 안정을 위해 보다 긴밀히 협력해 나가기로 했습니다.

이번 방문 기간 중 '한·태국 군사비밀정보보호협정'이 체결된 것을 기쁘게 생각하며, 이를 통해 양국은 국방·방산 분야에서 더욱 굳건히 협력할 것입니다. 나는 비핵화를 통한 한반도 평화정착으로 평화경제를 구축하고, 더 나아가 상생과 번영의 동아시아를 그리는 우리 정부의 비전을 말씀드렸고, 쁘라윳 총리님은 한국의 '신남방정책'을 적극 지지해 주셨습니다. 우리 두 정상은 올해 한국 부산에서 열리는 '한·아세안 특별정상회의'와 '제1차 한·메콩 정상회의'가 한국과 아세안의 우호협력을 더욱 심화시키는 계기가 되도록 긴밀히 협력할 것입니다.

특히, '한·메콩 정상회의'는 태국이 주도하고, 한국이 개발파트너로 참여하는 메콩 지역경제협력체 '애크멕스(ACMECS)' 차원의 협력을 구체화하여 한·메콩 상생협력의 새로운 장을 여는 계기가 될 것입니다.

다시 한 번, 쁘라윳 총리님과 태국 국민들의 환대에 감사드리며, 올해 말 부산에서 뵙기를 고대합니다.

감사합니다.

태국 총리 주최 공식오찬 답사

| 2019-09-02 |

싸왓디 크랍! (안녕하십니까)

우리 부부와 대표단을 따뜻하게 맞아주신 쁘라윳 총리님과 나라펀 여사님, 태국 국민들께 감사드립니다. 나는 동남아시아 지역에 깊은 관심과 애정을 가지고 최초로 취임 후 아세안에 특사를 파견했습니다. 임기 중 아세안 10개국을 모두 방문하겠다고 약속드렸는데, 태국에서 시작하는 이번 방문으로 그 약속을 지키게 되어 기쁩니다. 천사의 도시, 위대한 도시, 영원한 보석의 도시, 인드라가 내리고 비슈바카르만이 세운 도시, 쁘라윳 총리께서 쓰신 시처럼 방콕은 이름부터 한 편의 시를 읽는 느낌입니다. 나는 오늘 태국 국민들의 따뜻한 미소를 마주하면서 과연 방콕이 '천사의 도시'임을 알 수 있었습니다.

한국인들은 태국을 좋아합니다. 한국의 초등학생들은 《카티의 행복》을 읽습니다. 청년들은 똠양꿍과 파파야 샐러드를 먹고, 무에타이를 배웁니다. 한국인은 모두 태국 참전용사들의 고귀한 희생과 헌신을 잊지 않고 고마워합니다. 태국은 아세안의 한류 중심지이며 태국 청년 닉쿤, 리사, 뱀뱀은 한류의 주인공입니다. 아세안 최초로 한국어를 대학입학시험 제2외국어 과목으로 채택할 만큼 태국도 한국과 가깝습니다. 서로 좋아하는 마음이 양국의 미래를 여는 힘입니다. 우리 정부의 '신남방정책'도 사람과 사람이 만나, 평화롭게 함께 잘 살자는 마음으로 시작되었습니다. 동남아의 십자로인 태국과, 대륙과 해양을 잇는 한국이 함께 노력하면 동아시아에 평화와 번영이 꽃필 것입니다.

오늘 쁘라윳 총리님과 나는 교역·투자·문화·인프라와 4차 산업혁명 분야에서 협력하고 '전략적 동반자 관계'를 더욱 발전시켜 나가기로 했습니다. ASEAN 의장국으로 역내 지속가능한 발전을 주도하고 있는 태국과 한·아세안, 한·메콩 협력 방향에 대해서도 논의했습니다. 올해 한국에서 열릴 '한·아세안 특별정상회의'에서 총리님 내외분을 다시 뵙고 환대에 보답하기를 희망합니다.

쁘라윳 총리님의 환대에 다시 한 번 감사드리며, 국왕님과 왕비님의 건강과 행복, 양국의 영원한 우정과 태국의 무궁한 발전을 위해 건배를 제의합니다.

차이요! (위하여)

컵쿤 막 크랍! (대단히 고맙습니다)

한·태국 비즈니스 포럼 기조연설

| 2019-09-02 |

존경하는 쁘라윳 총리님과 내외 귀빈 여러분,

둥짜이 태국 투자청장님과 박용만 대한상의 회장님을 비롯한 양국 경제인 여러분,

싸왓디 크랍! (안녕하십니까) '미소의 나라' 태국의 따뜻한 환대에 감사드립니다. 태국은 아름답고 역동적입니다. 높이 솟은 스카이라인이 불야성을 이루고 황금빛 사원과 떠들썩한 야시장 불빛이 어우러진 '천사의 도시' 방콕의 모습은 너무나 인상적이었습니다. 태국은 인도차이나의 중심국가로 '바트화' 경제권을 주도하고 있습니다. 농업, 제조업, 관광업 등 1·2·3차 산업이 골고루 발달한 '아세안 제2의 경제대국'입니다. '아세안 최대의 자동차 생산국', '동남아 제1의 관광대국', '세계의 부엌', 모두 태국의 다른 이름들입니다.

태국은 여기에 안주하지 않고, 쁘라윳 총리님을 중심으로 '태국 4.0' 정책과 '동부경제회랑(EEC)' 개발과 같은 미래 신산업 육성과 국가 개발에 박차를 가하고 있습니다. 역동적인 힘으로 최근 세계 경제 둔화 속에서도 4%가 넘는 성장을 달성하고 있습니다. 경제인 여러분이 그 주역입니다. 여러분의 노력에 존경과 찬사를 보냅니다.

내외 귀빈과 경제인 여러분,

양국은 오래전부터 깊은 인연을 맺어왔습니다. 14세기 태국의 옛 왕조 씨암국과 한국의 고려 왕조 사이에 사신단을 교환했다는 기록이 한국의 역사서에 남아있습니다. 1950년 한국전쟁 때는 아시아 처음으로, 세계에서는 미국 다음 두 번째로 참전을 결정했습니다. 아시아 국가 중 유일하게 육·해·공군을 모두 파병했습니다.

특히, 쁘라윳 총리님은 한국전 참전부대인 21연대의 연대장을 역임하셔서 한국인들은 특별한 인연으로 여기고 있습니다. '작은 호랑이(little tiger)'라고 불릴 만큼 용맹한 태국 참전용사들은 낯선 동방의 나라를 위해 목숨 바쳐 싸웠습니다. 한국전에 참전한 태국의 한 작곡가는 '아리당'이라는 노래를 만들어 태국에 한국을 알렸습니다. 어려울 때 도와준 태국의 고마움을 한국인들은 결코 잊지 않을 것입니다.

1965년에는 태국 최초의 고속도로 '빠타니 - 나라티왓 고속도로' 건설에 한국이 함께 참여하면서 양국은 서로에게 중요한 경제파트너가 되었습니다. 최근에는 한국의 최영석 감독이 이끄는 태국 태권도 국가대표팀이 2016년 리우올림픽 남자 태권도 종목에서 최초의 은메달을 따냈습니다. 태국 출신의 한류스타들도 양국뿐만 아니라 세계적으로 큰 인기를 얻고 있습니다.

이제 연간 230만 명이 넘는 양국 국민들이 상호방문하며 서로의 문화를 공유하고 있습니다. 양국 간 교역액도 지난해 역대 최고 수준인 140억 불을 달성했습니다. 태국 국민들은 한류 문화를 사랑하고, 한국 국민들은 태국의 음식과 문화를 사랑합니다. 한국에서 땀 흘려 일하는 8만여 명의 태국 근로자들과 태국에 계신 2만여 명의 한국 동포 여러분께서도 양국의 마음과 마음을 이어주고 계십니다.

존경하는 양국 경제인 여러분,

저는 대통령 취임 직후 함께 잘 사는, 사람 중심의 평화공동체를 만들어가자는 '한·아세안 미래공동체 구상'을 발표했습니다. 태국 등 아세안 국가들과의 관계를 한반도 주변 4대 강국 수준으로 끌어올려 함께 협력하려는 '신남방정책'도 추진하고 있습니다. 이를 위해 저는 아세안 10개국을 임기 내 모두 방문하겠다고 약속했는데, 그 마지막 여정을 아세안을 창립한 이곳 방콕에서 시작하게 되어 감회가 깊습니다. '한·아세안 미래공동체 구상'과 '신남방정책'을 실현하는 데 아세안의 선도국이자, 의장국인 태국이 큰 역할을 해줄 것이라 기대합니다. 오늘 저는 양국 관계를 한 단계 도약시키기 위한 미래지향적 협력 방향 세 가지를 강조하고 싶습니다.

첫째, 우리 양국은 4차 산업혁명에 공동 대응해 나갈 것입니다.

쁘라윳 총리님과 저는 조금 전 '한·태국 4차 산업혁명 쇼케이스'에 다녀왔습니다. 양국 기업이 공동 개발한 배터리팩을 달고 방콕 시내 곳곳을 돌아다니는 미래차 '전기뚝뚝이'를 시승했고, 태국 병원에서 한국 모바일 앱으로 건강을 체크하는 환자들을 만났습니다. 양국이 함께 만들어갈 미래를 체험할 수 있었습니다. 태국은 농업·제조업·서비스업 전반에 ICT 기술을 접목한 12대 신산업을 중점 육성하는 '태국 4.0' 정책을 추진하고 있습니다. 한국도 시스템반도체, 미래차, 바이오헬스와 같은 3대 핵심 신산업 육성과 혁신성장에 박차를 가하고 있습니다. 이러한 공동 목표를 위해 오늘 양국은 '4차 산업협력 양해각서'를 체결했습니다. 미래차, 로봇, 바이오 등 미래 신산업 분야에서 함께 힘을 모으기로 했습니다. 양국의 혁신 역량과 기술력이 결합하면 큰 시너지 효과를 낼 것입니다.

둘째, 스타트업 생태계 구축을 위한 협력을 강화할 것입니다.

태국은 스타트업에게 '기회의 땅'입니다. 태국은 스마트 비자와 민간 기술인큐베이터와 같은 우수한 스타트업 생태계와 동남아 최대의 스타트업 협업 공간 '허바(HUBBA)'를 보유하고 있습니다. 양국 스타트업 간 협력도 확대되고 있습니다. 작년 12월 양국의 스타트업에 투자하기 위한 '민간 벤처 공동펀드'가 설립되어 운영 중입니다. 이번 방문을 계기로, '스타트업 협력 양해각서'도 체결할 것입니다.

오늘 '4차 산업혁명 쇼케이스'에 참여한 양국 스타트업 간에도 다수의 계약이 체결되었다는 기쁜 소식을 들었습니다. 태국의 스타트업 수는 최근 5년 사이에 30배가량 늘며 크게 성장하고 있습니다. 한국도 혁신 창업이 사상 최대를 기록하고 있고, 세계에서 여섯 번째로 많은 아홉 개의 유니콘기업을 보유하고 있습니다. 양국 스타트업 간 교류와 투자가 확대된다면 서로에게 큰 기회가 될 것입니다. 잠시 후에는 한국 중소기업 국가대표 브랜드인 '브랜드 K(케이)'가 방콕에서 론칭합니다. 한류를 활용한 양국 유통업체 간 협력을 통해 우수한 품질의 한국 중소기업 혁신제품들이 양국 소비자들에게 보다 가까이 다가가게 될 것입니다.

셋째, 자유롭고 공정한 세계 무역질서를 위해 함께 협력하겠습니다. 시장개방과 자유로운 무역은 태국과 한국이 과거 가난한 농업 국가에서 아시아를 대표하는 제조 강국으로 성장할 수 있었던 원동력이었습니다. 세계 경제의 불확실성을 높이고 '축소균형'을 낳는 보호무역주의에 함께 맞서는 것은, 자유무역의 혜택을 누려온 양국의 책무이기도 합니다. 양국은 '역내포괄적경제동반자협정(RCEP)'의 조속한 타결에 협력하고, 개방적이고 포용적이며 투명하고 규칙에 기초한 다자무역체제를 강력히 지지하는 데 힘을 모을 것입니다. 한국은 메콩 국가들과의 협력에도 적극 참여할 것입니다. 태국은 메콩 국가 간 경제협력기구 '애크멕스(ACMECS)'를 주도하면서 역내 경제협력을 이끌고 있습니다. 한국은 지난 5월 '애크멕스(ACMECS)'의 개발파트너로 참여했고, '한·메콩 협력기금'을 조성하여 연 100만 불 규모의 협력 사업을 추진할 예정입니다. 올 11월에는 한국 부산에서 '한·아세안 특별정상회의'와 '한·메콩 정상회의'가 개최됩니다. 한국과 메콩 국가들의 공동번영을 이루는 소중한 계기가 되길 희망합니다.

존경하는 쁘라윳 총리님과 내외 귀빈 여러분, 양국 경제인 여러분,

지난 6월, 남북 분단의 상징 판문점에서 트럼프 대통령과 김정은 위원장의 만남이 성공적으로 이루어졌습니다. 사상 최초로 미국 대통령이 북한 땅을 밟기도 했습니다. 미국과 북한의 대화에 대한 의지는 확고하

다고 믿습니다. 3차 북미회담에 대한 기대 또한 매우 높습니다.

한반도의 항구적 평화가 실현된다면 한국전쟁에 참전한 태국에게도 큰 보람이 될 것입니다. 저는 지난 한국의 광복절 경축사에서 평화가 새로운 성장동력을 만들고, 경제성장이 평화를 지속가능하게 하는 한반도 '평화경제'를 말씀드렸습니다. 한반도에 평화가 구축되면, 우리 양국 간 경제협력에도 새로운 지평이 열리고, 경제인 여러분께 더 많은 기회가 찾아올 것입니다. "진정한 친구는 변함없는 황금과 같다"는 태국의 속담을 들었습니다. 태국은 어려울 때 힘이 되어준 한국의 진정한 친구입니다. 급변하는 환경 속에서도 양국 간 우정은 변함없는 황금처럼 오래도록, 가치 있게 이어질 것입니다.

컵쿤 크랍! (감사합니다)

'브랜드K'론칭쇼축사

| 2019-09-02 |

싸왓디 크랍! (안녕하십니까)

K-팝과 연계한 '브랜드K' 팝쇼를 축하합니다. 양국 기업인을 비롯해 함께해주신 모든 분께 감사드립니다.

이 자리에는 특히 양국에서 사랑받는 K-팝 스타 위키미키, 방금 공연 보셨죠? 베리베리, 산들, 에일리 님, 그리고 세계적인 축구 스타 박지성 님도 함께하고 있습니다. 아마도 이 자리에 계신 많은 분들이 저를 보러 오신 것이 아니라 아마 이분들을 보러 오시지 않았을까 싶습니다. 모두 어디 계시죠? 팬들 향해서 손 한번 흔들어주시기 바랍니다.

태국과 한국 두 나라 국민을 더욱 가깝게 이어주는 원동력이 바로 '한류' 같습니다. K-팝과 K-드라마에서 시작된 한류 열풍은 K-뷰티, K-푸드로 이어지며 태국 문화와 만나고 있습니다. 저는 문화와 관광대국, 태국이 가진 포용성으로 인해 한류가 태국에서 꽃피울 수 있었다고 생각합니다. 한국 문화를 사랑해 주신 태국 국민들께 다시 한 번 감사드립니다.

오늘 한류의 중심지, 태국에서 한국 중소기업 국가대표 브랜드인 '브랜드 K'를 론칭합니다. K-뷰티, 생활용품 등 40여 개 중소기업 제품들이 '브랜드 K'라는 한국의 국가인증 상표를 달고 이곳 방콕에서 첫선을 보입니다. 한국의 최고의 쇼호스트 이민웅, 인기 아나운서 박지윤 씨가 '브랜드 K'를 잘 소개해 주실 것입니다. 참석하신 여러분께서도 이곳에 전시되어 있는 '브랜드 K' 제품들을 둘러보시고 그 우수함을 직접 체험해 보시길 바랍니다.

그간 한국의 중소기업 제품들은 우수한 품질에도 불구하고, 독자적인 브랜드 파워가 부족하여 해외 판로를 개척하는 데 어려움을 겪었습니다. 이제 중소기업이 달성한 '혁신'을 '브랜드'로 바꿔, 세계에 널리 알릴 수 있게 되었습니다. 엄격한 기준을 통해 '브랜드 K'를 선정함으로써, 양국 소비자들이 믿고 구입할 수 있도록 할 것입니다.

오늘 양국 기업들 간에 '중소기업 브랜드 K 판로확대를 위한 업무협약'을 체결합니다. 한류를 활용한 양국 유통업체 간 협력을 통해 우수한 중소기업 제품들이 양국 소비자들에게 보다 가까이 다가가게 될 것입니다.

오늘 브랜드 K 팝쇼는 양국 경제협력의 무한한 가능성을 확인하는 자리입니다. 경제협력개발기구는(OECD)는 2030년경, 세계 중산층 소비의 59%가 동남아 소비층이 될 것으로 전망하고 있습니다. 이미 아세안은 한국 제2의 교역 대상국이며 그 핵심 국가가 바로 태국입니다. 문화와 관광 산업의 허브 태국과 세계적 경쟁력을 갖춘 한국의 한류가 만나면 서로에게 매우 큰 시너지 효과가 있을 것입니다. 오늘 행사가 양국 경제 모두에게 이익이 되는, '한류 경제공동체'로 가는 첫 단추가 되었으면 합니다.

양국은 수교한 지 벌써 60년이 넘었습니다. 이제 두 나라는 지금까지의 협력을 바탕으로 문화와 경제가 함께 어우러지는 새로운 시대로 나갈 것입니다. 오늘 K-팝 쇼가 그 시작이 되길 바랍니다. 즐거운 시간 되시길 바랍니다.

컵쿤 크랍! (감사합니다)

한·태국 우호협력 증진을 위한
동포간담회 인사말

| 2019-09-02 |

황주연 회장님 감사합니다. 동포 여러분, 반갑습니다.

세계인이 사랑하는 '미소의 나라' 태국답게 태국에 사시는 동포 여러분의 미소도 아주 따뜻합니다.

오늘 치앙마이, 또 푸껫에서도 귀한 걸음을 해주셨습니다. 진심으로 감사드립니다. 오늘 오전, 한국전쟁에 참전하신 태국의 참전 용사들을 만나고, 우리 국민들을 대표해 '평화의 사도 메달'을 드렸습니다.

태국은 아시아에서는 가장 먼저, 세계에서는 미국에 이어 두 번째로 한국전에 참전한 오랜 우방입니다. 육·해·공군 6천여 명의 '리틀 타이거' 한 분 한 분이 대한민국의 자유와 평화를 위해 함께 피 흘려 싸웠습니다. 피로 맺은 인연으로 양국은, 가장 친밀한 나라가 되었습니다.

지난해 양국 간 교역액은 141억 불로 사상 최대를 기록했고, 240만 명의 양국 국민이 오고 갔습니다. 오늘 거리에서 만난 태국 국민의 따뜻한 환대는 양국의 깊은 관계를 느끼기에 충분했습니다. 방콕 곳곳에서 한국어와 한류 연예인이 등장하는 광고를 보면서, 아세안과 한국을 이어주는 K-팝과 한류 문화의 힘을 생생히 느낄 수 있었습니다.

닉쿤, 리사, 뱀뱀 등 태국의 청년들이 우리와 함께 한류를 만들고 있다는 점이 더욱 멋집니다. 양국이 함께 만들고 있는 한류의 인기가 놀랍고, 세계에서 제일 많은 4만여 명의 중등학생들이 한국어를 배울 정도로 뜨거운 한국어 학습 열기 또한 놀랍습니다.

모두 다 우리 동포들이 훌륭한 가교역할을 해주신 덕분입니다. 남자현 의사의 증손자이신 김종식 교수님은 치앙마이 파얍대에서 한국어 교육에 열의를 다하고 있습니다. 전 민주평통 고성용 자문위원님은 치앙마이 호프라 중등학교의 한글학과 개설에 힘쓰고, 운동복을 기증하며 꾸준한 인연을 이어가고 있습니다.

오늘 이 자리에는 태국의 교육자들께서도 참석해 주셨습니다.

태국 대학 최초의 한국어과 정교수로 임용되신 빠릿(Parit) 송클라대 인문대 학장님, 한국 정부 초청 장학생 출신으로 태국 중등학생 한국어 공식 교과서를 집필한 수파펀(Supapurn) 출라롱컨대 교수님, 그 밖에 많은 분들이 함께하고 계십니다. 여러분, 감사와 격려의 박수 부탁드립니다.

존경하는 동포 여러분,

1960년대 100여 명 남짓했던 태국 동포사회는 오늘날 2만 명에 이르는 공동체가 되었습니다.

2004년 쓰나미와 2011년 대홍수를 비롯한 크고 작은 어려움을 함께 이겨내며 더욱 튼튼해졌습니다.

처음 이 땅에 정착한 동포들은 식당을 운영하고 관광업에 종사하며 기반을 마련했고, 이제 건설업, 체육, 문화, 언론 분야 등 활동 영역을 넓혀 태국 사회 전반에서 뛰어난 활약을 하고 계십니다. 최영석 태권도 감독님은 4회 연속 올림픽 메달을 이끌어내며 한국인 최초로 태국왕실훈장을 받았습니다. 태국 대표 관광상품을 만든 김환 대표님, 호텔 두짓타니 하송희 이사님 등 차세대 동포들도 큰 활약을 보여주고 있습니다.

무엇보다도 동포 여러분께서 양국 사이를 더 가깝게 이어주고 계셔서 감사드립니다. 덕분에 한국과 태국은 평화와 번영을 위한 신남방정책의 핵심 파트너로 함께할 수 있게 되었습니다. 이번 방문을 통해 양국은 교역·투자 확대뿐만 아니라, 인프라, 과학기술, ICT, 방산 등 더 많은 분야에서 실질 협력을 확대하기로 합의했습니다. 양국이 가까워질수록 우리 동포들에게도 더 많은 기회가 열릴 것이라 기대합니다. 동포들께서 안전하게 생활하고 동포사회가 지속가능하게 발전할 수 있도록 정부도 힘을 보탤 것입니다.

정부는 지난해부터 해외 사건사고와 재난에 대응하는 '해외안전지킴센터'를 24시간 365일 가동하고 있습니다. 올해는 '재외국민보호를 위한 영사조력법'을 제정해서, 보다 신속한 현장 대응체계를 갖췄습니다. 한·태국 간 영사협력협정 체결도 추진 중에 있습니다. 정부는 여러분의 생명과 안전을 지키기 위해 최선을 다할 것입니다.

차세대 동포 교육도 중요합니다. 1964년 우리 대사관 지하에서 열린 토요한글학교는 동포 원로들의 자발적인 봉사와 후원으로 시작되었고 태국 내 한글 교육의 시초가 되었습니다. 차세대들이 우리의 정체성을 지키며 글로벌 인재로 성장하도록 이제 정부가 나서서 적극적으로 도울 것입니다. 정규학교인 방콕 한국국제학교는 동포들의 노력과 정부의 지원이 보태져 도심으로 이전을 준비하고 있습니다. 먼 거리를 오가느라 고생들 하셨는데, 정말 반가운 소식입니다. 앞으로 직업연수와 우수 인재 장학금 지원사업으로 차세대 동포 지원을 확대해 나가겠습니다.

사랑하는 동포 여러분,

한국과 태국은 새로운 도약을 앞두고 있습니다. 지난해 양국 수교 60주년에 이어, 올해는 한·아세안 대화 관계 수립 30주년이 되는 해입니다. 11월에는 우리나라 부산에서 '한·아세안 특별정상회의'와 '한·메콩 정상회의'가 열립니다.

아세안 의장국이자 '한·메콩 정상회의' 공동의장국인 태국의 역할이 어느 때보다 중요하며, 양국 관계가 더욱 크게 발전하는 계기가 될 것입니다. 동포 여러분들께서도 든든한 가교 역할을 계속해 주시기 바랍니다. 정부도 여러분의 성원에 보답하고, 여러분이 자랑스러워할 수 있는 조국을 만들기 위해 최선을 다하겠습니다. 여러분들의 조국은, 조국을 잊지 않는 여러분들이 계시기에 결코 흔들리지 않습니다.

감사합니다.

태국을 떠나며

| 2019-09-03 |

　　방콕은 활기가 넘칩니다. 짜오프라야강에는 많은 배가 오가고, 사원의 고요함과 시장의 떠들썩함이 조화롭게 어울리고 있었습니다. 곳곳에서 관광대국 태국의 매력이 느껴졌습니다. 태국은 한국전쟁 참전국으로 우리의 영원한 우방입니다. 양국은 미래산업 분야뿐 아니라 국방과 방산 분야에서도 협력하기로 약속하며 더욱 긴밀한 관계가 되었습니다.

　　태국 순방 중 특별히 인상에 남는 행사는 국가인증 상표를 단 우리 중소기업 제품을 태국 국민들에게 소개하는 '브랜드 K' 론칭 행사였습니다. 한류문화가 더해준 우리의 경쟁력을 다시 한 번 확인할 수 있었습니다. 한류문화를 통해 우리 제품을 좋아하고, 한글을 공부하고, 한국을 사랑하게 만들었습니다. 쁘라윳 총리님은 우리 드라마 〈태양의 후예〉를 재미있게 보셨다고 하셨고, '아리랑'을 흥얼거리기도 하셨습니다.

우리 중소기업 제품의 우수성도 자랑스러웠습니다. 중소기업이라 브랜드 파워에서 밀렸지만, 이제 국가인증 브랜드로 당당하게 경쟁할 수 있게 되었습니다. 그 바탕에 '메이드 인 코리아'에 대한 신뢰가 있습니다. 문화예술인들은 즐겁게 드라마와 K-팝을 만들고, 기업인들은 우수한 제품을 생산하고, 정부는 신뢰 있는 외교관계를 맺는다면 서로 어울려 어떤 일도 가능하게 바꿔낼 수 있을 것입니다.

태국에서 참전용사들께 '평화의 사도 메달'을 달아드릴 수 있어, 매우 기뻤습니다. 따뜻하게 맞아주신 쁘라윳 총리님 내외와 태국 국민들의 미소가 오래 기억날 것입니다.

한·미얀마 정상회담 모두발언

| 2019-09-03 |

밍글라바! (안녕하십니까)

나와 우리 대표단을 따뜻하게 맞아주신 도 아웅산 수치 국가고문님과 미얀마 국민들께 진심으로 감사드립니다. 천불천탑의 나라 미얀마에 오게 돼 기쁩니다. 미얀마 국민들의 미소는 온화하고, 황금빛 거리는 경건합니다. 찬란한 문화유산, 아름다운 자연 속에서 높은 경제성장을 이루고 있는 미얀마의 역동성도 느꼈습니다.

한국과 미얀마는 역사적, 문화적, 정서적으로 공통점이 많습니다. 양국은 모두 식민지배의 아픔과 민주화 투쟁을 겪었습니다. 역경을 극복해낸 자부심과 협력을 소중히 여기는 문화도 양국을 더욱 가깝게 느끼게 합니다.

지향하는 가치도 다르지 않습니다. 미얀마의 '지속가능 발전 계획'

과 우리의 '신남방정책'은 모두 '사람, 평화, 번영'이라는 핵심가치를 지니고 있습니다. 미얀마 민족 간 화해와 번영을 이루기 위한 '미얀마 평화 프로세스'와 남북 간 분열과 대립의 역사를 넘어 평화와 번영을 이루려는 '한반도 평화 프로세스'는 서로에게 영감과 용기를 주며 계속 전진해갈 것입니다.

오늘 양국의 발전비전을 연계하고, 다양한 상생 협력방안을 논의해 양국이 함께 성장하는 토대를 마련하길 희망합니다. 양국의 발전은 물론 아시아 지역의 평화와 번영을 함께 이뤄갈 수 있을 것이라 믿습니다.

한·미얀마 공동언론발표문

| 2019-09-03 |

밍글라바! (안녕하십니까)

지난달 몬주 폭우로 큰 피해를 입은 미얀마 국민들께 진심어린 애도와 위로의 마음을 전합니다.

어려운 시기인데도 따뜻한 미소로 나와 우리 대표단을 맞아주신 미얀마 국민들과 도 아웅산 수치 국가고문님, 우 윈 민 대통령님께 진심으로 감사드립니다.

한국은 미얀마로부터 큰 도움을 받았던 역사가 있습니다. 한국전쟁 당시 미얀마가 지원해 준 5만 불 규모의 쌀은 전쟁으로 고통받던 한국 국민들에게 따뜻한 마음으로 다가왔습니다. 한국은 미얀마를 비롯한 국제사회의 도움으로 어려움을 이겨낼 수 있었습니다. 이제 한국 국민들은 미얀마 국민들에게 그 고마운 마음을 '딴요진'으로 보답하려 합니다.

오늘 도 아웅산 수치 국가고문님과 나는 마음과 마음이 이어진 양국의 국민들과 함께 경제, 문화, 개발 등 여러 분야에서 협력하기로 했고, 번영의 미래를 위해 구체적인 방안을 협의했습니다. 또한 미얀마의 '지속가능 발전계획'과 한국의 '신남방정책'이 '사람, 평화, 번영'이라는 공통의 가치를 추구하고 있어 많은 분야에서 시너지 효과를 낼 수 있다는 데 주목하며 세 가지 발전 방향에 합의했습니다.

첫째, 양국 간의 경제협력을 효율적으로 확대하기 위해 인프라를 구축하고 제도적 기반을 다지기로 했습니다. '한·미얀마 경제협력 산업단지'는 양국 간 대표적인 경제협력프로젝트로, 한국 기업의 미얀마 투자를 촉진하며, 양국의 동반성장에 크게 기여할 것입니다. 산업단지에는 미얀마 정부의 세심한 지원으로 '원스톱서비스센터'가 설치됩니다. 우리 기업의 진출과 투자확대에 큰 도움이 될 것으로 기대합니다. 이번 방문을 계기로 미얀마 정부 내에 설치하는 'Korea Desk'는 한국 기업의 애로사항을 전담 처리하고, 양국 간 장관급 경제협의체인 '한·미얀마 통상산업협력공동위'는 경제협력 사업의 안정적 제도적 기반을 마련해 줄 것입니다.

둘째, 양국은 개발 분야에서 활발한 협력을 통해 상생번영을 촉진하기로 했습니다. 한국은 미얀마에 대한 대외경제협력기금(EDCF)을 10억 불로 확대하여 안정적 개발 협력을 위한 기반을 마련했고, 미얀마 개발연구원(MDI), 무역진흥기구(MYANTRADE) 등과 함께 한국의 경제발전 경험을 공유하게 될 것입니다. 우리 두 정상은 한국 정부의 '미얀마 농촌공동체 개발사업'이 미얀마 농촌을 발전시키고 양국 간 상생협력의 모범사례가 된 것을 높이 평가하며, 농촌 개발사업을 강화해 나가기로 했습니다. 환경 협력과 기술 인력 양성, 장학사업, 스쿨버스 지원도 더욱 확대하기로 했습니다.

셋째, 양국은 역내 평화와 번영을 위해 긴밀히 협력하기로 했습니다. 미얀마 정부는 남북 정상회담과 북미 정상회담 등 '한반도 평화 프로세스'가 한발 한발 앞으로 나아갈 때마다 적극적인 지지를 보내주셨습니다. 이 자리를 빌려 다시 한 번 감사의 말씀을 드립니다. 우리 두 정상은 한반도의 완전한 비핵화와 평화 정착을 위해 국제사회의 단합된 노력이 중요하다는 점에 공감하고, 앞으로도 양국이 함께 노력해 나가기로 했습니다. 미얀마 정부도 '미얀마 평화 프로세스'를 국가 최우선 과제로 삼고, 라카인 문제 해결과 같은 민족 간 화합, 국가 통합을 위해 노력하고 계신 것으로 알고 있습니다. 양국이 서로 도우며 함께 나아갈 수 있기를 바랍니다.

특별히 도 아웅산 수치 국가 고문께서는 올해 11월 부산에서 열리는 '한·아세안 특별정상회의'와 '제1차 한·메콩 정상회의'의 성공적 개최를 위해 적극 협력해 주시기로 했습니다. 지난 7월에 미얀마의 '바간 불교 유적'과 한국의 '서원'이 함께 유네스코 세계유산으로 등재되는 기쁜 일이 있었습니다. 앞으로 미얀마와 한국이 협력해 나갈수록 기쁜 일이 더 많아질 것입니다. 오늘 회담이 내년 양국 수교 45주년을 앞두고 한–미얀마 관계 발전의 새로운 이정표가 되기를 기대합니다.

감사합니다.

대통령 주최 미얀마 국빈만찬 답사

| 2019-09-03 |

밍글라바! (안녕하십니까)

우리 부부와 대표단을 따뜻하게 맞아 주신 우 윈 민 대통령님, 도 초초 여사님, 도 아웅산 수치 국가고문님, 미얀마 국민들께 감사드립니다. 오늘 아침 미얀마에 도착하여 네피도를 둘러보며, 미얀마의 매력에 푹 빠졌습니다. 네피도의 평화로운 기운과 미얀마 국민들의 따뜻한 미소에서 부처님의 자비가 느껴집니다.

미얀마는 '세계 1위의 기부 국가'라고 들었습니다. 70여 년 전 한국전쟁 당시 미얀마가 한국에 지원해 준 5만 불 규모의 쌀은, 전쟁의 폐허 속에서 매 끼니를 걱정해야 했던 한국 국민들에게 큰 도움이 되었습니다. 한국은 아직도 그 고마움을 잊지 않고 있습니다. 대통령님과 국가고문님은 과감한 경제개혁을 추진하여 연 6% 이상의 고속성장을 이끌고 계십니다. '한강의 기적'에 이은 '에야와디강의 기적'을 기원하며, 한국도 미얀마의 노력에 언제나 함께할 것을 약속드립니다.

양국은 서로를 아끼고 좋아합니다. 한국인들은 위빳사나 명상센터에서 마음을 수련하고, 미얀마 국민들은 한국 드라마와 케이팝 등 한류를 사랑합니다. 최근에는 양국의 풍경을 배경으로, 미얀마 마웅마웅 감독이 영화 〈구름 위의 꽃〉을 제작하기 시작했으며, 미얀마에 대한 한국 국민의 높아진 관심으로 미얀마 방문객 수는 올해 상반기에만 약 6만여 명으로 작년 같은 기간에 비해 85%나 증가했습니다.

오늘 나는 대통령님, 또 국가고문님과 사람 중심의 평화와 번영을 위한 공통된 입장을 확인하고, 농업, 교육, 과학기술, 스타트업, 인프라 등 다양한 분야의 협력을 강화하기로 했습니다. 한·아세안, 한·메콩 협력 방향에 대해서도 논의했으며, 미얀마 평화 프로세스와 한반도 평화 프로세스가 아시아를 넘어 세계 평화에 기여할 수 있다는 데 의견을 같이했습니다. 올해 11월 한국 부산에서 열릴 '한·아세안 특별정상회의'와 '한·메콩 정상회의'를 계기로 양국의 협력은 한층 더 도약할 것입니다. 부산에서 다시 뵙길 기원하며, 양국의 우정과 미얀마의 번영을 위해 건배를 제의합니다.

알롱 쨤마바제! (모두들 건강하세요)

경제협력 산업단지 기공식 및
비즈니스 포럼 기조연설

| 2019-09-04 |

우 민 쉐 부통령님과 우 조 민원 미얀마 연방 상공회의소 회장님,

김영주 한국무역협회 회장님과 내외 귀빈 여러분, 양국 경제인 여러분,

밍글라바! (안녕하십니까)

한·미얀마 경제협력산업단지 기공식과 비즈니스 포럼 개최를 축하

합니다.

미얀마 경제수도인 양곤 인근에 섬유·봉제, 건설, 정보통신 등 다양

한 업종의 기업들과 산업 인프라를 갖춘 대규모 단지가 조성되게 되었

습니다. 양국 정부의 노력으로 맺어진 뜻깊은 결실입니다. 미얀마와 한

국이 함께 아시아를 넘어, 세계 시장에 진출할 수 있게 되었습니다. 미얀

마 경제의 힘찬 도약에 한국이 함께할 수 있어 기쁩니다. 경제협력산업

단지 출범을 위해 노력해 주신 미얀마 건설부와 한국토지주택공사를 비

롯한 양국 관계자께 감사의 말씀을 드립니다.

미얀마는 중국, 인도와 아세안 34억 명의 소비자를 연결하는 중심지입니다. 5,300만 명의 인구와 30세 미만 젊은 층이 인구의 절반을 차지하는 젊고 역동적인 나라입니다. 미얀마 정부의 경제개혁으로 매년 6~7%의 빠른 성장을 달성하고 있으며, 호텔, 쇼핑몰들이 분주히 들어서면서 이곳 양곤의 스카이라인도 하루가 다르게 변하고 있습니다. 미얀마라는 국호에 걸맞게 나날이 빠르고, 강하게 약진하고 있습니다. 모두 여기 계신 경제인 여러분들이 만들어내는 성과입니다. 저는 오늘 한·미얀마 경제협력산업단지가 한국이 경제성장으로 '한강의 기적'을 만든 것처럼, 미얀마의 젖줄 '에야와디강의 기적'을 만드는 디딤돌이 되길 희망합니다.

양국 경제인 여러분,

70여 년 전 한국전쟁 당시 미얀마가 한국에 지원해 준 5만 불 규모의 쌀은 전쟁의 폐허 속에서 매 끼니를 걱정해야 했던 한국 국민들에게 큰 도움이 되었습니다. 지금 한국은 미얀마의 여섯 번째 투자국으로, 의류·봉제업, 가스, 금융 등 다양한 분야에서 협력하고 있습니다. 양국 교역은 7년 연속 10억 불을 넘기고 있으며, 상호 보완적인 관계를 형성해 왔습니다. 양국은 문화적으로도 공통점이 많습니다. 함께 밥을 나눠 먹고, 공덕을 쌓는 미얀마의 대중 공양은 한국의 불교 문화와 닮았습니다. 그것이 요즘은 나눔의 문화로 발전하고 있습니다. 어른을 공경하고 예절을 중시하는 미풍양속도 매우 비슷합니다. 미얀마와 한국은 소중한 인연을 시작으로 가까워졌고, 문화와 정서를 공유하면서 더 돈독한 경제협력 관계를 만들 수 있었습니다. 미얀마 "지속가능 발전계획"은, '평화와 안정', '번영과 파트너십', '사람과 지구'를 3대 축으로 합니다. 아세안과 함께 번영하기 위한 한국의 신남방정책도 '사람, 상생 번영, 평화를 위한 협력'으로 미얀마의 발전계획과 같은 의미를 담고 있습니다. 이러한 공통 목표에 기반하여 나는 오늘 양국의 미래지향적 협력 방향 세 가지를 강조하고 싶습니다.

첫째, 지식과 경험을 공유하는 사람 간의 협력을 강화할 것입니다. 미얀마의 높은 교육열과 우수한 인적자원은 새로운 경제를 이끌어갈 주 춧돌입니다. 고등교육역량 강화와 직업교육 협력으로 미얀마 교육혁신에 함께 하겠습니다. 미얀마 경제발전의 중추적 역할을 담당할 연구개발원과 무역투자진흥기구가 성공적으로 운영되도록, 양국은 경험을 공유하고 협력할 것입니다. 이번에 합의한 과학기술협력과 스타트업 부문 협력은 바이오·나노, 우주·원자력 등 미래 유망사업을 발굴하고 함께 육성하는 계기가 될 것입니다.

둘째, 국민 생활과 산업에 도움이 되는 인프라 구축 협력을 강화할 것입니다. 양국은 한·미얀마 우정의 다리 건설과 송전망 구축, 철도 개보수, 교량 건설 등 인프라 구축에 협력해왔습니다. 이번에 양국이 합의한 10억 불 규모의 대외경제협력기금을 통해 항만, 도로 건설 등 새로운 협력을 기대합니다. 경제협력산업단지는 기업들에게 인프라가 완비된 부지를 제공해 안정적으로 기업을 운영할 수 있도록 도울 것입니다. 한국기업 전담지원 창구 '코리아 데스크'가 설치되면 수출금융지원, 투자보장협정의 발효로 기업의 투자와 진출이 더욱 확대될 것입니다.

셋째, 문화 교류를 활성화하고, 생활용품에서부터 협력을 확대할 것입니다. 한국의 케이팝 오디션 프로그램이 미얀마 갤럭시 스타로 만들어지고, 한국과 미얀마의 합작 영화 제작이 추진되는 등 양국의 문화콘텐츠 교류가 활발합니다. 도 아웅산 수치 국가고문님은 "영화가 단합의 힘을 가지고 있다"고 했습니다. 서로를 깊게 이해하는 데 문화가 많은 역할을 할 것입니다.

음식, 화장품, 패션 등 한국 생활용품에 대한 미얀마의 관심도 양국 사이를 가깝게 합니다. 이번에 미얀마 최대 쇼핑몰에 한국의 프랜차이즈 업체 전용 공간이 마련되어, 미얀마 소비자들에게 한국을 더 많이 알릴 수 있게 되었습니다. 새로운 품목과 서비스로 교류가 확장되길 바라며, 한국 국민들에게도 미얀마의 문화와 생활용품이 소개되어 사랑받길 기대합니다.

우 민 쉐 부통령님, 양국 경제인 여러분,

한국은 아세안과 대화 관계 30주년을 기념하여 오는 11월 한국의 부산에서 '한·아세안 특별정상회의'와 '한·메콩 정상회의'를 개최합니다. 한국과 미얀마의 협력이 더욱 활성화되는 자리가 될 것입니다. 그곳에서 여러분을 다시 뵈면 좋겠습니다. "같은 배를 타면 같은 곳으로 간다"는 미얀마 속담처럼 오늘 이 자리가 양국 경제인들의 우정을 다지고, 평화와 번영을 위해 같은 배를 타는 자리가 되길 희망합니다. 한·미얀마 경제협력산업단지가 우리의 출발지입니다. 서로 돕고 배우며 미래를 향해 함께 갑시다.

쩨주 띤바대! (감사합니다)

미얀마를 떠나며

| 2019-09-05 |

양곤에 내리는 비는 벼이삭을 적시고, 열기를 식히고, 우리 일행들의 마음에 잠시 여유를 주었습니다. 골고루 나누어주는 비처럼, 미얀마 사람들은 나눔으로 공덕을 쌓고 어른을 공경하며 서로 협력하며 살아갑니다. 우리네 고향마을 이웃들 같았습니다.

윈뚯쪼 장학회를 아십니까? 미얀마 이주노동자 윈뚯쪼 씨는 작업 도중 불의의 사고로 뇌사상태가 되었지만 네 명의 우리 국민에게 장기 기증으로 새 생명을 나눠주었습니다. 유가족들은 정부가 지급한 장례비를 한국 고아원에 기부했습니다. 미얀마 한인회는 그 뜻이 너무 고마워 '윈뚯쪼 장학회'를 세워 고인의 숭고한 정신을 기려주고 계십니다. 지금까지 26명에게 장학금을 지급했고, 더 확대할 것이라 합니다.

미얀마는 한국전쟁 때 쌀을 보내 우리에게 폐허를 딛고 일어날 힘을 주었습니다. 미얀마와의 협력은 서로의 성장을 돕는 길이면서 동시에 미덕을 나누는 일입니다. 양곤 인근에 건설될 경제협력산업단지는 빠르게 성장 중인 미얀마 경제에 가속을 붙이고 우리 기업들에게도 새로운 기회를 선사할 것입니다. 한국의 경험과 미얀마의 가능성이 만났습니다. 우리는 닮은 만큼 서로 신뢰하는 동반자가 될 것입니다.

아웅산 묘역에는 35년이 지난 지금까지 잊을 수 없는 아픔이 남겨져 있습니다. '대한민국 순국사절 추모비'에 헌화하며 북한의 폭탄테러로 희생된 우리 외교 사절단을 기리고, 유가족들의 슬픔을 되새겼습니다. 우리가 온전히 극복해야 할, 대결의 시대가 남긴 고통이 아닐 수 없습니다.

따뜻하게 맞아주신 미얀마 국민들과 우 윈 민 대통령님, 도 아웅산 수치 국가고문님께 감사드립니다. 이제 '한강의 기적'은 '양곤강의 기적'으로 이어질 것입니다.

우리 국민 여러분, 태풍에 잘 대비하시기 바랍니다.

한·라오스 정상회담 모두발언

| 2019-09-05 |

따뜻한 환대에 감사드립니다.

평생을 라오스 발전과 함께해오신 분냥 대통령님을 뵙게 되어 매우 기쁩니다.

내년에 재수교 25주년을 맞는 지금 양국은 그 어느 때보다 긴밀히 협력하고 있으며, 메콩지역 협력을 위해 더욱 가까워지고 있습니다. 한·메콩 협력의 새로운 전기를 마련하기 위해 11월 한국에서 개최되는 '한·메콩 정상회의'를 앞두고 라오스를 국빈 방문하게 되어 더욱 뜻깊게 생각합니다.

라오스는 자원이 풍부하고, 아세안 물류허브, 아세안의 배터리로 불릴 정도로 성장잠재력이 큰 나라입니다. 여기에 대통령님의 '비전 2030' 정책과 '5개년 국가사회경제개발계획'이 더해져 높은 경제성장을 이루

고 있습니다. 대통령님의 뛰어난 리더십에 경의를 표합니다. 한국은 성
장잠재력이 무한한 아세안 국가들과 '사람 중심의 평화와 번영의 공동
체'를 구현하길 희망하며, 라오스의 국가 발전전략과 한국의 신남방정책
을 잘 조화하여 양국의 공동번영을 이뤄나가길 바랍니다.

대통령님은 2002년 총리 재직 당시 한국을 방문하여 첫 최고위급
인사교류로 양국 관계의 새로운 장을 열어주셨습니다. 동시에 북한을 방
문해 남북 간 가교역할을 해주셨고, 지금까지 한반도 평화를 위한 우리
정부의 노력에 일관되게 지지해 주신 것에 감사드립니다. 오늘 정상회담
으로 양국 국민 간 신뢰가 더욱 돈독해지고, 상생·번영의 파트너십이 더
욱 강화되길 바랍니다.

한·메콩 비전 발표

| 2019-09-05 |

분냥 대통령님, 내외 귀빈 여러분,

양국 간 우정의 상징인 '메콩강변 종합 관리사업' 현장을 분냥 대통령님과 함께 둘러보게 되어 기쁩니다. 메콩강은 인도차이나의 삶과 생명이며 이름처럼, 인접한 국가들을 공평히 적셔주는 '모든 강의 어머니'입니다. 특히 메콩강을 가장 많이 품은 나라 라오스에서 한국과 메콩이 함께 그려갈 미래를 이야기할 수 있게 되어 의미가 깊습니다.

한국과 메콩 국가가 걸어온 길은 닮았습니다. 식민지배의 아픔을 딛고 일어났으며, 냉전 시대 강대국의 틈바구니 속에서 생존과 자존을 지키며 성장했습니다. 한국은 전쟁의 폐허를 딛고 '한강의 기적'을 이뤘고, 메콩 국가들은 연 6%가 넘는 고성장을 달성하며 아시아 경제를 이끌고 있습니다.

지금 전 세계는 메콩 지역 발전에 주목합니다.

메콩 국가들이 가진 역동성과 성장 가능성, 무엇보다 상호 존중의 정신은 지구촌의 미래를 새롭게 열어줄 것입니다. 한국은 메콩 국가들과 함께 번영하길 바라며, '한강의 기적'이 '메콩강의 기적'으로 이어지기를 기대합니다. 이를 위해, 나는 오늘 메콩 국가들과 함께 할 세 가지 공동 번영 방안을 제안 드립니다.

첫째, '경험을 공유하는 번영'입니다. 한국은 농촌 발전의 경험이 풍부합니다. 한국은 메콩 국가들이 농촌 발전을 통해 경제성장의 동력을 가질 수 있도록 KOICA를 중심으로 농촌 개발 사업을 지원하고 있습니다. 또한 미래 인재양성과 성장의 비전을 나누고, 기술공유를 통한 산업발전과 4차 산업혁명에도 함께 대응해 나갈 것입니다. 한국은 한국개발연구원(KDI)과 미얀마개발연구원(MDI), 대한무역투자진흥공사(KOTRA)와 미얀마무역진흥기구(MYANTRADE), 그리고 한국의 카이스트와 베트남의 한-베트남과학기술연구원(VKIST)의 협력으로, 한국의 개발 경험을 적극 공유할 것입니다.

둘째, '지속가능한 번영'입니다. 메콩강을 기후변화와 자연재해로부터 지켜내고 메콩의 풍부한 생명자원을 바이오·의료와 같은 녹색성장으로 연결할 때 지속가능한 발전으로 이어질 것입니다. 한국은 메콩의 생물다양성 보존을 위해 국경을 넘어 협력할 것이며, 산림보존, 수자원 관리에도 함께할 것입니다.

셋째, '동아시아 평화와 상생번영'입니다. 메콩 국가들은 공동번영을 위해 연계성을 강화하고 있습니다. 한국도 국가들 간의 평등한 협력으로 공동번영을 추구합니다. 메콩 지역의 발전을 위해서는 개발격차를 줄여야 하며, 이를 위해 다양한 인프라 구축이 우선되어야 합니다. 한국은 메콩 국가들 사이의 도로·교량·철도·항만 건설을 지원하고, 연계성 강화에 함께할 것입니다. 한국은 메콩 국가들과 경제협력을 넘어 평화와 번영의 동반자가 되고자 하며, 인프라 구축, 농업과 ICT 협력, 인적자원 개발의 기반 위에 인적 교류와 문화관광 협력으로 서로에 대한 이해를 넓히고, 아세안의 평화를 위한 협력도 함께할 것입니다.

올 11월에는 부산에서 '제1차 한·메콩 정상회의'가 '한·아세안 특별정상회의'와 함께 열립니다.

지난 10년간 메콩과 한국이 함께한 길을 평가하고 오늘 나눈 메콩 비전에 대해 더 깊은 논의가 이뤄지기를 기대합니다. 오늘 나는 분냥 대통령님과 마이카늉(Mai Kha nhung)나무를 심습니다.

'국민에게 유용하다'는 나무의 뜻처럼, 메콩의 '국민 모두에게 도움이 되는' 한·메콩 협력이 이뤄지길 희망합니다.

감사합니다.

라오스 국빈만찬 답사

| 2019-09-05 |

싸바이디! (안녕하십니까)

우리 부부와 대표단을 따뜻하게 맞아주신 분냥 보라칫 대통령님과 캄뭉보라칫 여사님, 통룬 시술릿 총리님, 파니 야토투 국회의장님, 또 라오스 국민들께 깊이 감사드립니다.

라오스 국민의 미소와 환대에 고향 같은 친밀감과 편안함을 느꼈습니다.

오늘 분냥 대통령님과 양국의 우호협력과 공동번영의 길을 논의하며, 대통령님의 국민들에 대한 사랑과 헌신, 국가발전에 대한 뜨거운 열정을 느꼈습니다. 대통령님의 리더십과 라오스 정부의 청사진을 토대로 꾸준한 경제성장과 국가발전을 이루고 있는 라오스 국민들의 역량도 확인할 수 있었습니다.

라오스는 함께 번영하는 미래를 향해 가고 있습니다. 분냥 대통령님과 통룬 총리님의 뜻처럼 2030년까지 라오스는 반드시 농촌과 도시의 조화로운 발전을 통해 중진국의 대열에 오를 것이라 확신합니다. 한국도 '농촌공동체 개발사업', 보건의료와 교육 사업, 인프라 건설 등을 통해 라오스 경제성장과 국가발전의 여정에 함께하고자 합니다.

해가 갈수록 더 많은 한국 국민이 라오스의 아름다운 자연과 행복을 만나고 있습니다. 지난해 17만 5천 명의 우리 국민이 라오스를 찾았습니다. 우리 국민을 따뜻한 우정으로 맞아주시는 라오스 국민들께 감사드립니다. 오늘 분냥 대통령님과 나는 양국의 우의와 공동번영을 기원하는 식수를 하고, '지속가능한 평화와 번영'의 꿈이 담긴 '메콩 비전'을 발표했습니다.

라오스는 메콩강의 지속가능한 개발을 추진하며, 다른 메콩 국가들과의 연결성을 강화해왔습니다.

메콩 국가들과 협력을 강화해 상생번영을 이루고자 하는 한국 정부의 한·메콩 비전과도 맞닿아 있습니다. 오는 11월, 한국에서 열리는 '한·아세안 특별정상회의'와 '한·메콩 정상회의'가 라오스의 '내륙연계 국가전략'과 '메콩 비전'을 더욱 발전시키는 계기가 되길 희망합니다.

내일 저는 2017년부터 이어진 아세안 10개국 방문의 긴 여정을 라오스에서 마무리하고 한국으로 돌아갑니다. 아세안과 한국의 협력을 도모하는 저의 아세안 방문이 이곳 라오스에서 완성할 수 있게 되어 영광입니다.

메남콩을 젖줄 삼아 농부들이 정성껏 길러낸 쌀과 어부들이 힘차게 건져 올린 생선이 오랫동안 라오스를 그리워하게 할 것 같습니다. 대통령님과 여사님의 건강과 행복, 양국의 영원한 우정과 라오스의 무궁한 발전을 위해 건배를 제의합니다.

썬 녹쩍! (건배합시다)

라오스를 떠나며

| 2019-09-06 |

아세안 나라들은 메콩강의 잉어처럼 힘차게 도약하고 있습니다. 모두 젊고 역동적이어서 미래가 밝습니다. 조화와 나눔의 문화로 서로의 나라를 존중하면서 발전하는, 새로운 세계질서를 만들어낼 것입니다.

우리에게 아세안과의 협력은 경험과 가능성을 나누며 지속가능한 성장기반을 만드는 일입니다. 특정국가에 대한 의존도를 줄여 수출을 다변화하고 자유무역의 영역을 확대하는 길이기도 합니다. 대륙과 해양을 잇는, 진정한 '교량국가'가 되기 위해 우리는 아세안과 굳게 손을 잡아야 합니다.

라오스 분냥 대통령님과의 정상회담으로 아세안 열 개 나라 정상들을 모두 만났습니다. 한결같이 우리와의 협력을 반가워했고 한반도 평화를 지지해주셨습니다. 그 사이, 베트남에서는 LNG 수입기지인 티바이

LNG 터미널을 수주했고, 말레이시아에서는 스마트시티 시범사업을 시작했으며, 다른 많은 사업들이 성과를 거두고 있습니다. 무엇보다 힘이 되었던 것은 순방 때마다 만난 현지의 우리 기업, 교민들과 아세안을 찾는 우리 국민들이었습니다. 아세안이 사랑하는 한류 문화의 저력도 실감했습니다. 대한민국의 위상을 높여주신 우리 국민들께 진심으로 감사드립니다.

올해 11월 부산에서 개최되는 '한·아세안 특별정상회의'와 최초로 열리는 '한·메콩 정상회의'는 결코 의례적인 국제회의가 아닙니다. 자연과 사람이 함께 번영하는 인도네시아, 아세안의 미래 필리핀, 아세안 경제의 심장 베트남, 개방과 포용의 나라 싱가포르, 아시아 문화융합의 힘 말레이시아, 메콩강의 도약 캄보디아, 번영의 인프라를 놓는 브루나이, 문화교류와 관광을 선도하는 태국, 나눔으로 번영을 꿈꾸는 미얀마, 아세안의 배터리 라오스, 이 소중한 나라들과 우정을 쌓고 공동번영의 씨앗을 심는 매우 중요한 회의입니다. 우리 국민들께서 함께해주셔야 성공할 수 있습니다.

라오스는 '모든 강의 어머니' 메콩을 가장 길게 품고 아세안의 물류 허브로 성장하고 있는 나라입니다. 저는 분냥 대통령과 메콩 강가에 '우의와 공동번영의 나무'를 심었습니다. 라오스와 아세안을 사랑하는 우리의 마음처럼 잘 자라길 기원합니다.

아세안 열 개 나라 순방을 잘 마쳤습니다. 조용한 미소와 세심한 배려로 맞아주신 라오스 국민들께 다시 만나자는 인사를 드립니다. 우리 경제의 희망을 안고 돌아갑니다.

장관·장관급 인사 임명장 수여식

| 2019-09-09 |

오늘 장관 4명과 장관급 위원장 3명의 임명장을 수여하면서 국민들께 먼저 송구스럽다는 말씀을 드립니다. 이번에도 6명의 인사에 대해 국회로부터 인사청문회경과보고서를 송부 받지 못한 채 임명하게 되었습니다.

헌법상 국회의 동의를 요하지 않고 대통령에게 임명권이 있는 각 부처 장관과 장관급 인사에 대해 국회의 인사청문 절차를 거치도록 한 취지는 청와대의 자체 인사 검증만으로 충분하지 않을 수 있으므로 국회와 함께 한번 더 살펴봄으로써 더 좋은 인재를 발탁하기 위한 것이라고 생각합니다.

그러나 이번 인사 대상자 7명 중 관료 출신으로 현직 차관이었던 농식품부 장관 후보자 한 명에 대해서만 인사청문경과보고서를 송부 받았을 뿐 외부 발탁 후보자 6명에 대해서는 끝내 인사청문경과보고서를 송부 받지 못했습니다. 이런 일이 문재인 정부 들어 거듭되고 있고, 특히 개혁성이 강한 인사일수록 인사청문 과정에 어려움을 겪고 있습니다. 이에 대해 대통령으로서 큰 책임감을 느낀다는 말씀과 함께 국회의 인사청문 절차가 제도의 취지대로 운용되지 않고 있고, 국민 통합과 좋은 인재 발탁에 큰 어려움이 되고 있다는 답답함을 토로하고 싶습니다.

조국 법무부 장관의 경우 의혹 제기가 많았고, 배우자가 기소되기도 했으며 임명 찬성과 반대의 격렬한 대립이 있었습니다. 자칫 국민 분열로 이어질 수도 있는 상황을 보면서 대통령으로서 깊은 고민을 하지 않을 수 없었습니다. 그러나 저는 원칙과 일관성을 지키는 것이 더욱 중요하다고 생각했습니다. 인사청문회까지 마쳐 절차적 요건을 모두 갖춘 상태에서 본인이 책임져야 할 명백한 위법 행위가 확인되지 않았는데도 의혹만으로 임명하지 않는다면 나쁜 선례가 될 것입니다.

대통령은 국민으로부터 선출된 국정운영 책임자로서 선출될 때 국민들께 약속한 공약을 최대한 성실하게 이행할 책무가 있습니다. 저는 지난 대선 때 권력기관 개혁을 가장 중요한 공약 중 하나로 내세웠고, 그 공약은 국민들로부터 지지받았습니다. 저는 대통령 취임 후 그 공약을 성실하게 실천했고, 적어도 대통령과 권력기관들이 스스로 할 수 있는 개혁에 있어서는 많은 성과가 있었음을 국민들께서 인정해 주시리라고 믿습니다.

이제 남은 과제는 권력기관의 정치적 중립을 보장하고, 국민의 기관으로 위상을 확고히 하는 것을 정권의 선의에만 맡기지 않고 법제도적으로 완성하는 일입니다. 저는 저를 보좌하여 저와 함께 권력기관 개혁을 위해 매진했고, 성과를 보여준 조국 장관에게 그 마무리를 맡기고자 한다는 발탁 이유를 분명하게 밝힌 바 있습니다. 그 의지가 좌초되어서는 안 된다고 생각합니다. 이 점에서 국민들의 넓은 이해와 지지를 당부드립니다.

가족이 수사 대상이 되고, 일부 기소까지 된 상황에서 장관으로 임명될 경우 엄정한 수사에 장애가 되거나 장관으로서 직무 수행에 어려움이 있지 않을까라는 염려가 많다는 것도 잘 알고 있습니다. 그러나 검찰은 이미 엄정한 수사 의지를 행동을 통해 의심할 여지없이 분명하게 보여주었습니다.

검찰은 검찰이 해야 할 일을 하고, 장관은 장관이 해야 할 일을 해 나간다면 그 역시 권력기관의 개혁과 민주주의의 발전을 분명하게 보여주는 일이 될 것입니다. 이번 과정을 통해 공평과 공정의 가치에 대한 국민의 요구와 평범한 국민들이 느끼는 상대적 상실감을 다시 한 번 절감할 수 있었습니다. 무거운 마음입니다. 정부는 국민의 요구를 깊이 받들 것입니다.

정부는 우리 사회에 만연한 특권과 반칙, 불공정을 바로잡기 위해 노력해 왔습니다. 그러나 국민의 요구는 그에서 더 나아가 제도에 내재된 불공정과 특권적 요소까지 없애달라는 것이었습니다. 국민을 좌절시키는 기득권과 불합리의 원천이 되는 제도까지 개혁해 나가겠습니다. 고교서열화와 대학입시의 공정성 등 기회의 공정성을 해치는 제도부터 다시 한 번 살피고, 특히 교육 분야의 개혁을 강력히 추진해 나가겠습니다.

국무회의 모두발언

| 2019-09-10 |

오늘 국무회의는 아무도 흔들 수 없는 강한 경제를 만들겠다는 비상한 각오와 의지를 담아 한국과학기술연구원에서 열게 되었습니다. 지난 2월 새로운 100년의 미래를 다짐하며 백범기념관에서 국무회의를 한 후 두 번째 현장 국무회의입니다.

한국과학기술연구원은 대한민국 과학기술의 산실입니다. 우리나라가 과학기술의 불모지나 다름없던 시절 과학입국, 기술자립을 기치로 설립되어 기술의 국산화와 자립화에 매진해 왔습니다. 철강, 조선, 반도체, 자동차 등 '한강의 기적'을 이끈 우리 산업의 청사진이 이곳에서 마련되었습니다.

지금은 선진국의 기술을 따라가는 것을 넘어서 세계를 이끌어 갈 원천기술 개발을 선도하고 있습니다. 미래형 로봇 분야의 로봇·미디어

연구소나 조금 전 다녀온 차세대반도체연구센터가 그 현장입니다. 경제 강국 건설의 원동력이 되는 과학기술 현장에서 국무회의를 여는 그 의미를 각별하게 여겨주기 바랍니다. 소재·부품·장비 산업 경쟁력 강화는 경제강국을 위한 국가전략 과제입니다. 한일 관계 차원을 뛰어넘어 한국 경제 100년의 기틀을 세우는 일입니다. 소재·부품·장비 산업의 경쟁력 강화는 제조업을 혁신하고, 제조강국으로 재도약하는 길입니다. 제조업 경쟁력의 핵심 요소입니다.

특히 소재·부품·장비 산업의 근본적 경쟁력을 높이기 위해서는 핵심기술의 자립화에 속도를 높여야 합니다. 소재·부품·장비 생산 기업은 전체 제조업 생산과 고용의 절반을 차지합니다. 대부분 중소·중견기업입니다. 소재·부품·장비 산업을 키우는 것은 곧 중소·중견기업을 키우는 것이고, 대·중소기업이 협력하는 산업생태계를 만드는 것입니다. 이는 장기간 누적되어온 우리 경제의 구조적 문제를 해결해 지속적인 성장기반을 만드는 일입니다.

소재·부품·장비 산업 경쟁력 강화는 또한 세계 경제와 교역 환경의 변화에 대한 능동적 대응 전략입니다. 보호무역주의 강화와 불확실성 확대, 나아가 국제 분업 구조의 변화까지도 대비하며 추진해야 합니다.

지난 두 달여 소재·부품·장비 산업 경쟁력 강화는 명실상부한 국가전략 과제로서 추진 동력을 확보하였습니다. 대기업과 중소기업, 산학연에, 시민들의 격려와 응원까지 보태져 범국민적 차원에서 공감대가 형성되었습니다. 전에 없던 일로 큰 힘이 되고 있습니다.

이를 바탕으로 정부는 모든 가용자원을 동원해 기술 국산화와 공급

안정성 확보, 산업의 경쟁력 강화를 동시에 추진하고 있습니다.

이미 구체적인 변화가 시작되었습니다. 국산품 대체를 목표로 특정 국가 의존도가 높은 25개 핵심 품목의 기술 개발에 착수했습니다. 반도체 분야에서 소재의 국산화가 가시화되고 있고, 대기업과 국산 부품 양산에 성공한 중소기업이 상생형 스마트공장 구축에 힘을 모았습니다. 국민적 공감대, 정부 정책, 산업 현장의 변화가 선순환을 시작했다고 봐도 좋을 것입니다. 정부는 과거와는 다른 접근과 특단의 대책으로 이 같은 긍정적 변화에 속도를 더해 나가겠습니다.

첫째, 여러 번 강조했듯이 정부 투자를 과감하게 늘리겠습니다. 소재·부품·장비의 기술 경쟁력은 긴 호흡의 투자와 연구·개발이 뒷받침되어야 합니다. 내년도 예산안에 소재·부품·장비 자립화 예산을 올해보다 두 배 이상 대폭 확대했고, 향후 3년간 5조 원을 집중 투자할 것입니다. 소재부품특별법 제정 이후 지난 19년간 투입된 5조4천억 원에 버금가는 규모입니다.

핵심 품목의 신속한 기술 개발을 위해 2조 원 규모의 연구·개발 사업에 대한 예비타당성 조사 면제도 확정했습니다.

둘째, 기업 간 협력 관계를 구축하고 연구·개발과 생산을 연계하는 데 특별히 역점을 두겠습니다. 소재·부품·장비 산업의 특성상 제품 개발 기획단계부터 안정적 판매까지 전과정에서 수요-공급 기업 간 긴밀한 협력이 중요합니다. 세제, 금융, 입지, 규제 특례를 패키지로 지원해 기업 간 협력을 촉진하고, 공급기업의 기술 개발과 수요기업의 적용을 연결하는 실증 양산 테스트 베드를 확충하겠습니다. 성장 잠재력을 가진 강소기업과 스타트업을 지원하여 글로벌 수준의 부품·소재·장비 전문 기업으로 육성해 나갈 것입니다.

셋째, 강력한 추진 체계로 현장의 변화를 촉진하고 지원하겠습니다. 오늘 국무회의에서 의결할 소재·부품·장비 경쟁력 위원회가 컨트롤타워가 되어 기업 간 협력 모델 정착과 제도 개선을 중점 추진할 것입니다. 한시법으로 소재·부품에만 적용되는 현행법을 장비까지 확장하고, 상시법으로 전면 개편하여 법적 기반을 더욱 강화하겠습니다.

지난주 태국, 미얀마, 라오스 3개국 순방을 마쳤습니다. 이로써 조기에 아세안 10개국 순방을 완성하게 되었습니다. 태국과는 한국전 참전국의 우의를 바탕으로 국방·방산 분야의 협력을 더욱 강화하고, 우리의 혁신성장 전략과 태국의 산업고도화 전략을 연계하며 첨단 산업 분야까지 협력을 확대하기로 했습니다. 높은 성장 잠재력을 가진 미얀마와는 지속적이고 안정적인 경제협력의 기반을 마련했습니다. 한·미얀마 경제협력 산업단지가 그 출발지가 될 것입니다

한국 대통령으로서 처음 국빈 방문한 라오스에서는 수자원 협력 확대와 농업·보건 분야 협력 강화에 뜻을 모았습니다. 라오스에서 발표한 '한·메콩 비전'은 메콩 국가들과의 관계를 한층 높이는 이정표가 될 것입니다. 한·아세안 관계 수립 30주년이 되는 올해에 아세안 10개국 순방을 완성하게 되어 더욱 뜻깊습니다. 한반도 평화와 지속가능한 번영을 위해 아세안 국가들과의 협력 강화는 선택이 아니라 필수입니다, 이제 아세안과 우리는 공동의 미래를 위해 서로의 경험과 가능성을 나누는 뗄 수 없는 친구입니다.

아세안과의 협력은 대한민국 경제의 새로운 활력을 가져올 것입니다. 또한 외교·안보 등 전방위적 분야에서 협력을 높여갈 것입니다. 아세안 10개국 순방을 마치면서 한·아세안이 함께 잘 사는 미래에 대한 희망이 더 커졌습니다. 아세안의 역동성과 성장 잠재력을 보았고, 우리의 신남방정책에 대한 적극적인 지지를 확인했습니다. 사람 중심의 평화번영 공동체로써 한·아세안의 미래도 함께 그렸습니다.

오는 11월 부산에서 개최되는 한·아세안 특별정상회의와 제1회 한·메콩 정상회의는 이 같은 협력 의지를 더욱 구체화하면서 공동번영의 미래를 함께 여는 중요한 계기가 될 것입니다. 얼마 남지 않았습니다. 우리 정부 들어 국내에서 개최되는 최대 규모의 다자정상회의입니다. 국민적 관심과 성원 속에 성공적으로 개최될 수 있도록 개최지인 부산시와 모든 부처가 함께 최선을 다해주길 바랍니다.

추석 내내 반가운 마음 가득하길 기원합니다

| 2019-09-11 |

국민 여러분, 해외 동포 여러분,

정겨운 가족 친지들과 행복한 시간 보내고 계십니까?

태풍으로 피해 입은 분들께 위로의 말씀을 드리며, 서로를 격려하고 기쁜 소식을 나누는, 따뜻한 명절이 되길 바랍니다. 고향의 달은 유난히 더 크고 밝습니다. 우리를 기다리며 더 커지고, 골고루 빛을 나눠주기 위해 더 밝아졌습니다.

우리 주변에도 보름달 같은 분들이 많습니다. 어려운 이웃들과 마음을 나누고 계신 분들, 연휴 동안에도 국민의 안전을 위해 일하시는 분들께 깊이 감사드립니다.

활력 있는 경제가 서로를 넉넉하게 하고 공정한 사회가 서로에게 믿음을 주며 평화로운 한반도가 서로의 손을 잡게 할 것입니다. 우리는 지금 '함께 잘 사는' 나라를 위해 새로운 길을 가고 있습니다. 그 길 끝에 더도 말고 덜도 말고 한가위만 같은 날이 있으리라 확신합니다.

보름달이 어머니의 굽은 등과 작은 창문에까지 세상을 골고루 비추듯이, 국민 모두에게 공평한 나라를 소망합니다. 함께 웃을 수 있는 날을 위해 항상 노력하겠습니다. 추석 내내 반가운 마음 가득하길 기원합니다.

감사합니다.

콘텐츠산업 3대 혁신전략 발표회

| 2019-09-17 |

존경하는 국민 여러분,

우리가 만든 콘텐츠가 세계를 행복하게 만듭니다. 외국 정상들을 만날 때마다 빠지지 않는 대화 소재가 K-팝과 K-드라마입니다. 방문하는 나라마다 우리 노래를 따라 부르고 우리 게임과 웹툰, 캐릭터, 드라마와 영화를 즐기는 젊은이들을 만날 수 있었습니다. 한국어를 배우려는 열기도 빠르게 확산되고 있습니다.

우리 콘텐츠를 즐기며 삶의 희망을 키우는 세계의 청소년들을 보면서 자랑스러움을 느낍니다. 우리 콘텐츠를 만든 문화예술인들과 창작자들에게 감사하지 않을 수 없습니다. 여러분, 고맙습니다. 한국콘텐츠진흥원의 콘텐츠인재캠퍼스는 우리 콘텐츠의 미래를 책임질 인재들의 요람입니다. 이곳에서 오늘, 콘텐츠와 문화의 힘으로 혁신성장을 이루기 위한 콘텐츠산업 3대 혁신전략을 보고드리게 되어 매우 기쁩니다. 우리 콘텐츠가 국경을 넘어 '한류'를 만들어낸 지 20년. 처음에는 특정 지역의 잠깐의 열풍이거니 했는데, 어느덧 우리는 지역과 장르를 넘어 세계인들의 소통과 공감을 이끌어내는 나라가 되었습니다.

우리 콘텐츠산업의 경쟁력도 높아졌습니다. 문화를 수입하던 나라에서 수출하는 나라가 되었고, 2012년 드디어 처음으로 문화산업 흑자 국가로 탈바꿈했습니다. 문화콘텐츠 수출은 최근 5년간 연평균 16% 이상 성장하며, 작년 한 해에만 100억 불의 수출의 성과를 올렸고, 세계 7위의 콘텐츠 강국으로 발돋움했습니다. 분야별로는 반도체 다음 가는 성장세입니다. 고용 면에서도 65만 명이 넘는 인재들이 콘텐츠산업에 종사하고 있고, 일자리 확대의 중요 산업이 되고 있습니다. 한류 콘텐츠와 연관된 소비재와 관광 수출액도 50억 불이 넘었습니다. 한류 문화로 연결되는 우리 음식과 화장품, 자동차, 핸드폰, 가전제품 등도 매력적인 상품이 되면서 세계인의 생활에 스며들고 있습니다.

지난해 e-스포츠 대회를 관람하거나 케이팝 스타들의 고향을 직접 보기 위해 140만 명이 넘는 한류팬이 한국을 찾았고, 한류 문화를 중심으로 한 '국경 없는 문화공동체'도 등장하고 있습니다.

콘텐츠 상품 100달러를 수출할 때, 소비재와 서비스를 비롯한 연관산업 수출이 그 2배가 넘는 248달러에 달한다는 연구도 있습니다. 실제로 작년 한 해 한류가 만들어낸 생산 유발 효과는 무려 20조 원에 가깝습니다. 콘텐츠는 문화를 넘어 대한민국 경제를 살리는 중요한 산업이 되었습니다.

국민 여러분,

우리가 문화 후진국을 벗어나 콘텐츠 강국이 된 것은 창의성과 혁신적 기술, 기업가 정신을 갖고 도전한 수많은 창작자의 노력이 있었기 때문입니다. 세계 최고 수준의 초고속인터넷망을 활용하여 온라인게임을 만들고 수출한 게임 개발자들이 있었기에 우리는 e-스포츠 세계 1위의 위상을 갖게 됐습니다. 방탄소년단은 팬과 직접 소통하는 혁신적인 비즈니스 모델을 개척했고 우리 나영석 PD의 〈꽃보다 할배〉 같은 그런 콘텐츠들은 아까 직접 말씀하셨듯이 한국형 콘텐츠로서 '포맷' 자체를 수출하고 있습니다.

4차 산업혁명 시대에도 발 빠르게 적응하여 한류 멀티 콘텐츠, 1인 크리에이터들이 만든 창작 콘텐츠들은 글로벌 플랫폼과 세계 최초 5G 상용화 기술에 실려 전 세계에서 동시에 즐길 수 있게 됐습니다. 정부는 우리 콘텐츠의 강점을 살려, 창의적인 아이디어와 혁신적인 기술을 가진 창작자들이 얼마든지 도전하고 성공할 수 있도록 뒷받침하고자 합니다. 콘텐츠산업 3대 혁신전략을 통해 창작자들의 노력에 날개를 달아드리겠습니다.

첫째, 아이디어와 기술만 가지고도 새로운 스타기업이 될 수 있도록, 정책금융으로 뒷받침하겠습니다. '콘텐츠 모험투자 펀드'를 신설하고 '콘텐츠 기업보증'을 확대하여 향후 3년간 콘텐츠산업 지원 투자금액을 기존 계획보다 1조 원 이상 추가 확대하겠습니다. 불확실성으로 투자받기가 힘들었던 기획개발, 제작 초기, 소외 장르에 집중 투자하여 실적이 없어도 성장할 수 있도록 돕고, 실패하더라도 다시 도전할 수 있는 기회를 만들겠습니다. 아직 시장이 충분히 형성되지 않은, 실험적인 분야에 대한 지원도 확대할 것입니다.

둘째, 가상현실, 증강현실과 혼합현실을 활용한 실감콘텐츠를 육성하여 미래성장동력을 확보하겠습니다. 실감콘텐츠 분야는 본격적으로 시장이 활성화되지 않았기 때문에 과감한 투자로 글로벌 시장을 선점할 수 있는 분야입니다. 홀로그램, 가상현실 교육과 훈련 콘텐츠를 비롯한 실감콘텐츠를 정부와 공공 분야에서 먼저 도입하고 활용하여 시장을 빠르게 활성화시키겠습니다.

가상현실로 동대문시장의 옷을 입어보고 바로 살 수 있는 실감쇼핑몰 구축, 방에서도 석굴암을 현장에서 보는 것처럼 체험하거나 K-팝 공연을 증강현실로 생중계하는 등의 문화 관광 실감콘텐츠를 더욱 빠르게 실현할 수 있을 것입니다. 게임이나 음악 콘텐츠와 신기술을 융합하는 한류 실감콘텐츠도 가능할 것입니다. 창작자들과 기업들은 역량을 강화하고, 국민들은 쉽게 체감하고 활용할 수 있는 아시아 최대 규모의 실감콘텐츠 인프라를 구축하고 핵심인재를 키워나가겠습니다.

셋째, 신한류를 활용하여 연관 산업의 성장을 견인하겠습니다. 얼마 전 태국에서 정부가 보증하는 우리 중소기업 제품을 K-팝과 연계하여 '브랜드 K'로 론칭하는 행사를 했는데, 출시제품들이 완판될 정도로 큰 인기를 끌었습니다. 우수한 제품들의 해외 판로를 한류 콘텐츠 기업과 정부가 함께 개척한 좋은 사례가 될 것입니다. 정부는 한류의 지속적인 발전을 위해 한국어 교육 지원과 문화 교류를 확대하고, 해외시장 정보와 번역, 온라인 마케팅 지원 등으로 콘텐츠 수출 역량을 강화하겠습니다.

태국에서 한 것처럼 우수중소기업 소비재 산업의 한류 마케팅 기회를 늘리고, 한류 상설공연장 확충 등 한류 콘텐츠를 관광자원화하여 한류 관광객 유치에 정부가 적극 나서겠습니다. 불법 복제나 한류 위조상품 등으로 피해 보는 일이 없도록 저작권을 국제적으로 보호하고, 공정한 제작환경을 만드는 데에도 관심을 기울이겠습니다.

존경하는 국민 여러분,

산업화와 민주화 위에 콘텐츠와 문화의 힘이 더해지면서 대한민국의 자긍심은 한층 커졌습니다. 콘텐츠는 우리의 삶을 더욱 풍요롭게 하고, 중요한 우리의 미래 먹거리가 될 것입니다. 우리에게는 자랑스러운 전통문화유산이 있고, 신명과 끼, 창의성이 있는 국민이 있으며 꿈을 가진 청소년도 많습니다. 마음껏 상상하고, 도전하길 바랍니다. 우리가 함께 상상하고 만드는 콘텐츠가 세계를 이끌게 될 것입니다. 세계 최고의 콘텐츠 강국, 바로 여기서 시작합시다. 정부가 기회의 문을 열겠습니다.

감사합니다.

10·16부마민주항쟁이 공식적으로
국가기념일로 지정됐습니다

| 2019-09-17 |

10·16부마민주항쟁이 공식적으로 국가기념일로 지정됐습니다. 부마민주항쟁 40주년을 맞은 올해, 국민의 힘으로 유신독재를 무너뜨린 위대한 역사를 마침내 모두 함께 기릴 수 있게 되어 매우 뜻깊습니다.

국민이 걸어온 민주주의의 길을 기리고, 국민이 세운 민주공화국의 이정표를 올바로 기념하는 일은 정부가 마땅히 해야 할 책무입니다. 지난해에는 2·28대구민주운동과 3·8대전민주의거를 국가기념일로 지정했습니다. 오늘로 대한민국 민주주의의 초석인 4·19혁명, 5·18광주민주화운동, 6·10민주항쟁, 그리고 부마민주항쟁 모두가 국가기념일이 되었습니다.

우리의 민주주의는 국민 모두의 힘으로 이뤄낸 민주주의입니다. 부산과 창원, 경남의 시민들은 부마민주항쟁에 대한 자부심으로 하나가 되어 국가기념일 제정 서명운동을 펼쳤고, 60만 명의 국민이 함께해주셨습니다. '부마민주항쟁기념재단'을 비롯해 국가기념일 지정을 위해 애써오신 시민 여러분께 깊이 감사드립니다.

정부는 40년 전, 민주주의를 향한 부산·창원, 경남의 함성이 국민 모두의 가슴에 생생한 울림으로 되살아날 수 있도록 노력하겠습니다. 부마민주항쟁의 국가기념일 지정이 국민주권의 역사를 더욱 굳건히 하고, 더 좋은 민주주의를 향한 국민의 쉼 없는 여정에 힘이 되길 바랍니다.

국경없는기자회(RSF) 사무총장 접견

| 2019-09-18 |

국경없는기자회의 크리스토프 들루아르 사무총장님 방한을 환영합니다. 그리고 세드릭 알비아니 동아시아 지부장님, 그리고 우리 정규성 한국기자협회장님, 역시 반갑습니다. 국경없는기자회가 그동안 전 세계 언론 자유의 옹호를 위해서 아주 큰 공헌을 해주신 것을 아주 높이 평가하고 치하 말씀을 드립니다. 또한 우리 한국의 언론자유수호운동에 대해서도 늘 관심을 가져 주시고, 또 적극적으로 지지해 주신 점에 감사드립니다.

나는 언론 자유야말로 민주주의의 근간이라고, 또 민주주의의 기본이라고 그렇게 생각합니다. 뿐만 아니라 언론이 자유로우면서도 공정한 언론으로서 역할을 다할 때 사회가 건강하게 발전해 나갈 수 있을 것이라고 믿습니다.

그동안 국경없는기자회의 노력 덕분에 정치권력으로부터 언론의 자유를 지켜내는 그런 문제는 많은 발전이 있었다고 생각이 됩니다. 그러나 언론의 자유를 이렇게 침해하는 것은 그뿐만이 아니라고 봅니다. 우선 언론 자본, 또는 광고 자본의 문제, 그리고 또 속보 경쟁, 그리고 서로 아주 극단적인 입장의 대립, 생각이 다른 사람들 간의 아주 증오와 혐오, 그리고 또 너무나 빠르게 확산되는 가짜뉴스나 허위정보, 이런 것들이 공정한 언론을 해치고 있다고 생각합니다.

앞으로도 국경없는기자회가 언론의 자유를 옹호하면서 또 한편으로 언론이 공정한 언론으로서 사명과 역할을 다하도록 하는 데 계속해서 큰 역할을 해주시기를 당부드립니다.

200만 호 특허증 및
100만 호 디자인등록증 수여식

| 2019-09-19 |

　　모두 축하드립니다. 우리 이승주 대표님, 대한민국 200만 호 특허 권자가 되셨고, 또 우리 김용성 교수님은 그 특허권을 발명하신 분이십 니다. 그리고 또 우리 한형섭 대표님은 100만 호 디자인등록권자시고, 또 우리 김관명 교수님은 그 디자인을 창작하신 분입니다. 또 두 분 특허 심사관, 디자인심사관도 수고하셨고요.

　　우리가 1948년에 제1호 특허가 됐었거든요. 200만 호 특허까지 70 년 정도 걸렸습니다. 굉장히 빠른 속도, 우리가 200만 호 특허를 한 것도 세계에서 일곱 번째입니다. 대단한 성과죠. 근래에 특히 특허 속도가 빨 라져서 최근 100만 호, 100만 건은 9년 동안 이루어졌습니다. 1년에 21 만 건 정도 특허가 이루어지고 있는데, 그 건수로 치면 세계 4위에 해당 하는, 그리고 GDP당 특허 건수로서는 세계 1위, 또 국민 1인당 특허 건수로도 세계 1위, 우리가 아주 당당한 세계 4위 특허강국이 된 것이죠.

물론 아직도 과제들은 많습니다. 가장 많이 제기되는 과제들은 아직도 우리 특허가 어떤 원천기술, 소재·부품 이런 쪽으로 나아가지 못해서 아주 건수는 많지만 질적으로는 조금 부족한 부분들이 있다, 그래서 아직도 지식재산권 무역수지에서는 우리가 지속적으로 적자를 보고 있습니다. 다행스러운 것은 그 적자의 폭이 갈수록 빠르게 줄어들고 있어서 조만간 우리가 흑자로 전환할 수 있을 것이라는 그런 자신감을 가집니다.

요즘 일본과의 사이에 소재·부품·장비 이런 국산화, 자립화 이런 과제가 우리 경제에 가장 중요한 그런 화두로 그렇게 대두가 됐는데, 그 문제도 따지고 보면 이른바 이게 특허기술을 둘러싼 일종의 기술패권, 다툼이라고 할 수 있습니다. 소재·부품·장비 이런 부분에서 일본이 압도적으로 많은 특허를 출원해 두었기 때문에 말하자면 후발주자들의 기술성장 같은 것에 대해서는 하나의 장벽이 되고 있는 거죠.

우리가 기술 자립화를 하려면 단지 그냥 R&D 열심히 해서 연구하는 것으로만 되는 것이 아니라 기존의 특허를 회피하고, 또 그에 대해서 우리가 새로운 기술이나 제품들을 개발했을 경우에 특허분쟁이 일어난다면 그 특허분쟁에 대해서 우리가 이길 수 있도록 정부가 충분히 뒷받침해서 지원을 해주고, 또 우리가 새로운 기술을 확보했을 경우에 그것을 빨리 특허출원, 국내에서뿐만 아니라 해외에서까지 특허출원을 해서 우리 기술이 보호받는 이런 노력들을 해주셔야 되는데, 이 부분들은 다 우리 특허청이 중심이 돼서 하셔야 될 것 같습니다.

오늘 이 두 분의 두 건의 200만 호 특허와 100만 호 디자인등록은 정말 각별히 생각되는 것이 200만 호, 100만 호라는 기념비적인 호수도 중요하지만 특허의 경우에는 암 종양세포의 성장을 억제해서 말하자면 암 치료에 도움을 주는 그런 원천 바이오기술을 특허 낸 것이었고, 그다음에 또 디자인등록의 경우에는 생체신호, 뇌파 말씀하시는 것이죠? 이런 뇌파를 중심으로 한 생체신호를 모니터링해서 산업재해를 예방하는 스마트 안전모에 대해서 등록을 한 것이어서 모두 암 치료에 도움이 되거나 또는 국민들의 안전에 도움이 되는 기술과 디자인으로 200만 호, 100만 호를 기록했다는 것이 더더욱 아주 뜻깊게 생각이 됩니다.

이런 중소기업들이, 특히 벤처기업들이 열심히 노력해서 이렇게 특허나 지식재산권을 확보를 할 경우에 그것이 좀 제대로 평가될 수 있는 그런 것이 필요할 것 같습니다. 우선 대기업들이 함부로 기술을 탈취하지 못하게 그 기술을 보호하는 조치가 필요하고, 그다음에 또 그런 좋은 아이디어가 특허로까지 활용이 되었지만 다른 마케팅 능력이나 자금 능력은 떨어지는 경우가 많으니까 그런 특허 같은 것을 좀 담보로 충분히 평가해서 벤처기업의 초기 운용비용으로 충분히 사용될 수 있도록 하면 벤처기업들의 육성에도 아주 큰 도움이 될 것 같습니다.

우리나라가 국내 출원은 아주 왕성한데 해외 출원은 상당히 약한 편이에요, 우리의 수출 규모에 비한다면. 그래서 우리 특허기술을 가지고 있는 기업들이나 또 특허권자들이 그 기술을 해외에서도 특허출원을 할 수 있도록 그 부분도 우리 특허청에서 각별히 뒷받침해 주시기 바랍니다.

기후행동 정상회의 기조연설

| 2019-09-23 |

존경하는 사무총장과 각국 대표 여러분,

2020년 파리협정 이행을 앞두고, '행동'으로 실천하는 방법을 함께 모색하게 되어 뜻깊게 생각합니다. 한국은 국경을 넘어, 인류의 포용성을 강화하기 위해 다자주의적 노력에 함께하고 있습니다. 오늘 나는 '지속가능 발전과 기후환경변화 대응'을 위해 국제사회에 세 가지의 약속과 한 가지의 제안을 드리고자 합니다.

첫째, 한국형 지속가능발전목표 수립을 비롯하여 지속가능한 저탄소 경제로 조기에 전환하기 위해 다양한 방안을 모색해 나가겠습니다. 한국은 파리협정을 충실히 이행하고 있습니다. 동아시아 최초로 전국 단위 배출권 거래제를 시행하고 있으며, 석탄화력발전소 4기를 감축했고, 2022년까지 6기를 더 감축할 예정입니다. 올해 1월에는 수소경제 로드맵을 발표하였고, 재생에너지와 수소에너지 확대를 도모하고 있습니다. 내년에 제출할 '온실가스감축목표'와 '2050년 장기 저탄소 발전전략'에 이러한 한국의 의지를 적극적으로 반영할 예정입니다.

둘째, 녹색기후기금 공여액을 두 배로 늘리겠습니다. 2019년 유엔 개발계획 집행이사회 의장국으로 활동해온 것처럼 국제사회의 일원으로서 책임을 다하고자 합니다. 한국의 기여가 녹색기후기금 활동을 더욱 활성화하는 계기가 되길 바랍니다.

셋째, 내년도 '제2회 P4G 정상회의' 한국 개최를 선언합니다. 내년 6월 한국의 서울에서 개최되는 'P4G 정상회의'는 파리협정과 지속가능목표 이행을 위해 국제사회의 결속을 강화하는 계기가 될 것입니다. P4G와 한국에 본부를 둔 녹색기후기금과 글로벌 녹색성장연구소 간의 협력이 강화되면 개발도상국 지원이 한층 확대될 것입니다.

마지막으로, '세계 푸른 하늘의 날' 지정을 제안합니다. 세계보건기구에 의하면 매년 700만 명 이상 대기오염으로 조기사망하고 있습니다. 대기질 개선을 위해서는 공동연구와 기술적 지원을 포함한 초국경적인 국제협력과 공동대응이 반드시 필요합니다. 한국은 반기문 전(前) 유엔 사무총장을 위원장으로 하는 '국가기후 환경회의'를 설립하여 국내적인 노력과 함께 국제사회와의 협력을 강화하고 있습니다. 대기질 개선을 위한 국제사회의 협력은 저탄소 시대를 촉진하는 길이기도 합니다. 회원국들의 적극적인 참여와 지지를 당부드립니다. 기후행동 정상회의를 주최한 사무총장의 노력과 리더십에 경의를 표합니다.

대단히 감사합니다.

한·미 정상회담 모두발언

| 2019-09-23 |

　3개월 만에 대통령님을 다시 뵙게 되어서 정말 반갑습니다. 지난번 대통령님의 판문점 방문은 행동으로 평화를 보여주신 아주 세계사적인 장면이었습니다. 대통령님의 상상력과 또 대담한 결단력이 놀랍습니다.

　대통령님의 리더십에 의해서 남북관계는 크게 발전했고, 또 북미 대화가 이어지고 있습니다. 조만간 제3차 북미 정상회담을 준비하기 위한 북미 간의 실무 협상이 열리리라고 기대를 합니다. 제3차 북미 정상회담이 열린다면 아마도 한반도에 비핵화의 새로운 질서가 만들어지는 아주 세계사적인 대전환, 업적이 될 것이라고 믿습니다.

　대통령님과 함께하는 동안 한미동맹은 아주 위대한 동맹으로 발전하고 있습니다. 경제적인 면에 있어서도 한미 FTA 개정 협상이 성공적으로 마무리됐고, 또 많은 한국 기업들이 미국에 대한 투자를 늘려 나가고 있습니다.

이번 방문 기회에도 미국의 LNG 가스에 대한 한국의 수입을 추가하는 그런 결정이 이루어지고, 또한 한국의 자동차 업계와 미국의 자율운행 기업 간의 합작투자가 이루어지게 됐는데 이 모두가 한미동맹을 더욱 더 든든하게 발전시키는 것이라고 믿습니다. 그밖에도 한미동맹을 더욱 발전시킬 수 있는 다양한 방안에 대해서 오늘 허심탄회한 그런 대화를 나누기를 기대합니다.

P4G 정상회의 준비행사 기조연설

| 2019-09-23 |

프레데릭센 총리님과 내외 귀빈 여러분,

P4G 정상회의 준비행사에 함께해주셔서 감사합니다.

올해는 덴마크와 한국 수교 60주년이자, 상호 문화의 해입니다. 오랜 인연을 기념하는 해에 '지속가능성을 함께 달성하기 위한 실천'을 양국 정부와 민간이 함께 논의하게 되어 매우 기쁘게 생각합니다. 먼저 덴마크의 성공적인 신정부 출범을 축하드립니다. 기후변화 대응과 지속가능발전을 위한 신정부의 적극적인 노력은 전략적 동반자이자 녹색성장 동맹국인 한국 국민에게 깊은 인상을 주고 있습니다. 프레데릭센 총리님의 유연하고 역동적인 리더십에 경의를 표합니다.

내외 귀빈 여러분,

나는 오늘 '기후행동정상회의'에서 내년도 '제2차 P4G 정상회의'

한국 개최를 공식 선언했습니다. 덴마크는 1970년대부터 재생에너지로의 전환을 모색하고, 2050년까지 화석연료 사용을 제로화하겠다는 국가 비전을 제시했습니다. 한국도 덴마크로부터 많이 배우고 싶습니다. 기후변화와 지속가능발전 과제에 선도적으로 대응하고 있는 덴마크의 앞선 노력들 덕분에 'P4G 정상회의'가 지속될 수 있었습니다. 덴마크와 한국은 한국에 본부를 둔 녹색기후기금과 글로벌 녹색성장연구소 설립에 힘을 모았으며, 파리협정과 지속가능발전목표(SDGs) 이행에도 함께하고 있습니다.

내년은 '탈탄소화를 위한 실천 10년'이 시작되는 해입니다. 한국도 행동과 이행으로 동참할 것입니다. '제2차 P4G 정상회의'를 통해 덴마크가 지난해 개최한 '제1차 P4G 정상회의'의 성과가 더 심화·발전되고 실질적인 행동과 성공으로 이어질 수 있도록 노력하겠습니다. 앞선 경험을 가진 덴마크가 적극적으로 협력해 주시길 바랍니다. 한국은 '참여와 행동'이라는 P4G의 기본정신이 더욱 확대·발전될 수 있도록 프로그램을 구상하고 있습니다.

첫째, 환경산업, 기후변화와 관련한 기업·전문가·시민사회가 함께할 수 있는 행사로 만들겠습니다.

제1차 P4G 정상회의에서 글로벌 목표 달성을 위해 17개 민관 파트너십이 선정되었으며, 올해는 한국 기업과 기관이 참여한 파트너십을 포함해 18개 파트너십이 선정되었습니다. 이제 2년째에 접어든 짧은 시간이지만, 협력 주체가 다변화되고 범위가 확산되는 성과를 거두고 있습니다. 내년 '제2차 P4G 정상회의'의 민간 참여 행사는 참여하는 정부와 민간 파트너들에게 우수한 환경기술들을 소개하고 기업 간 기술을 교류하는 좋은 기회가 될 것입니다.

둘째, 물, 식량·농업, 에너지, 도시, 순환경제의 5개 분야별로 목표와 전략을 구체화하여 '서울 선언문'을 채택하고자 합니다. '제1차 P4G 정상회의'에서 '코펜하겐 행동선언'이라는 성과가 있었습니다. '서울 선언문' 채택으로 '코펜하겐 행동선언'을 심화·발전시키겠습니다. 또한 '미세먼지 대응', '스마트시티', '청년과 여성의 참여'에 대한 논의를 시작하겠습니다.

지구 온난화와 기후변화에 따른 폭염, 홍수, 태풍, 대기질 문제는 이제 '기후위기'라 할 정도로 심각합니다. 세계가 공동으로 구체적인 목표와 전략을 세우고, '비상한 행동'에 나서야 할 때입니다. 인류가 함께 행동하며 실천할 수 있는 전환점이 마련될 수 있도록 개최국으로서 최선을 다하겠습니다.

존경하는 내외 귀빈 여러분,

한국은 기후변화 대응에 책임을 다하고 지속가능 발전을 위한 성장모델을 제시하여 인류 공동번영의 길을 찾는 데 앞장서고자 합니다. 한국은 개발도상국에서 책임 있는 중견국가로 성장하는 과정에서 녹색성장과 지속가능 발전을 추진해온 경험이 있습니다. 한국은 그 경험을 공유하면서 P4G와 녹색기후기금, 글로벌 녹색성장연구소를 연계하여 개발도상국의 지속가능 발전을 지원하겠습니다.

유엔 사막화방지 협약 당사국 총회에서 한국이 발표한 '평화산림 이니셔티브'는 '접경위원회'를 통해 국경지대 환경오염에 공동대응하자는 것입니다. 장기적인 신뢰를 쌓아 평화를 만들어낸 동·서독의 사례처럼 산림협력은 평화를 증진하는 힘이 될 것입니다. '기후변화 대응과 지속가능발전'처럼 어려운 과제도 부담을 나누고 힘을 합하면 반드시 해결할 수 있습니다.

한국의 특별한 친구 국가 덴마크와 여러분이 함께해주셔서 '제2차 P4G 정상회의'를 잘 치러낼 수 있다는 자신감이 생깁니다. 한국의 P4G 국내플랫폼을 강화하여 다양한 기업과 시민사회가 P4G 파트너십에 동참할 수 있도록 독려하겠습니다. 한국의 6월은 봄이 지나고 여름이 시작되는 계절로 봄꽃들과 여름꽃들이 함께 어우러진 아름다운 달입니다. 내년 6월, 여러분을 서울에서 다시 뵐 수 있기를 기원합니다.

감사합니다.

IOC 위원장 접견

| 2019-09-24 |

바흐 위원장님, 다시 뵙게 돼서 반갑습니다.

작년 평창 동계올림픽을 되돌아보면 대회가 열리기 직전까지만 해도 안전이나 진행을 우려했었는데 결과적으로는 사상 가장 많은 나라들이 참여하고, 또 사상 가장 많은 선수들이 참여한 아주 대화합의 장이 됐습니다.

또한 북한이 참가하여 남북한의 동시입장이 이뤄졌고, 또 단일팀이 이뤄짐으로써 가장 성공적인 평화올림픽이 됐습니다. 그리고 남북대화와 북미대화로 이어지는 아주 결정적인 계기가 되었습니다. 기적 같은 일은 전적으로 우리 바흐 위원장님과 IOC의 아주 적극적인 지원과 협력 덕분이었습니다. 다시 한 번 감사드립니다.

한국은 작년 평창동계올림픽부터 시작해서 내년 도쿄하계올림픽,

2022년 베이징올림픽으로 이어지는 동아시아 릴레이 올림픽이 화합의 장이 되고 동아시아의 공동번영을 이끌어 나가는 아주 그런 성공적인 대회가 되도록 적극적으로 함께 노력하고 참여할 계획입니다. 특히 동아시아 국가들 간에 우호 협력 관계가 더욱 강화될 수 있도록 안전하고 평화로운 올림픽이 될 수 있도록 IOC에서도 적극적으로 격려하고 지원해 주시기 바랍니다.

한국은 작년 평창에서 시작된 평화의 열기가 2032년 남북공동올림픽으로 이어져서 우리 한반도의 완전한 평화로 완성되기를 바라마지 않습니다. 그렇게 될 수 있도록 위원장님과 IOC에 부탁을 드리고, 올림픽의 정신이 인류의 화합과 평화이듯이 우리 한반도에서 IOC와 함께하겠습니다.

간디 탄생 150주년 기념행사 기조연설

| 2019-09-24 |

귀한 자리에 초대해 주신 나렌드라 모디 총리님과 각국 정상 여러 분, 반갑습니다.

유엔은 제2차 세계대전의 참화를 딛고, 억압받는 민족들의 독립과 세계평화를 위해 탄생했습니다.

자유와 평화를 위한 비폭력 저항의 상징, 마하트마 간디를 기리는 행사가 유엔에서 개최되어 매우 뜻깊습니다. "평화로 가는 길은 없다, 평화가 길이다"는 간디의 가르침은 유엔의 정신이자 '한반도 평화'의 나침반이 되었습니다. 항구적 평화의 시대를 열고 있는 한국인들에게 간디는 지혜와 용기를 주는 위대한 스승입니다.

간디 탄생 150주년인 올해는 한국의 3·1독립운동 100주년이기도 합니다. 1919년 3월 1일 시작된 한국의 독립만세운동은 당시 인구의

10%인 200만 명이 참가한 대규모 항쟁이었습니다. 이름도 알려지지 않은 평범한 사람들이 비폭력의 힘으로 일제에 맞섰고, 평범한 사람들이 세운 3·1독립운동의 정신은 민주공화국의 기초가 되었습니다.

100년 전 한국인들은 같은 시대의 간디와 인도인들과 함께 동지적 유대감과 희망을 나눴습니다.

'사티아그라하'로 인도를 이끄는 간디에게 '존경과 축복'을 보냈고 한 걸음씩 독립을 향해 나아가고 있는 인도 국민에게 각별한 신뢰와 기대를 걸었습니다. 1923년 2월, 한국인들은 언론을 통해 간디의 영국 상품 불매운동 소식을 접했고, 그해 여름, 한국의 '물산장려 운동' 역시 절정에 달했습니다.

간디는 비협조하는 학생들을 감옥에 가둔 일제를 비판했고 1927년 1월 5일, "절대적으로 참되고 무저항적인 수단으로 조선이 조선의 것이 되기를 바랍니다"라는 격려의 글을 보내기도 했습니다. 한국의 신문들은 1930년 3월, 간디의 '소금 행진'을 23일간 매일 보도했습니다. 한국 인들은 간디가 이끄는 인도의 비폭력 불복종운동에 깊이 공감했고, 3·1 독립운동의 감동을 전한 타고르의 시와 동병상련의 메시지를 담은 나이두의 시를 사랑했습니다.

나렌드라 모디 총리님과 각국 정상 여러분,

식민지의 고난을 겪은 인도와 한국은 서로에게 영감과 용기를 준 해방의 동반자였습니다. 지금 인도와 한국은 양국이 공유하는 민주주의와 공동번영의 가치를 기반으로 '특별 전략적 동반자 관계'를 더욱 발전시켜 나가고 있습니다.

세계는 간디의 정신과 함께 더 나아지고 있습니다.

포용과 진실의 힘으로 '아파르트헤이트'를 극복한 넬슨 만델라, 1955년 몽고메리 버스 보이콧을 시작한 로자 파크스와 흑인인권운동을 이끌었던 마틴 루터 킹, 1974년 벌목회사에 맞서 나무를 껴안고 노래를 불렀던 '칩코운동(껴안기 운동)'의 히말라야 지방의 여성들, 자신과 공동체, 자연과 생명의 존엄을 지키기 위해 비폭력의 힘으로 폭력에 맞선 모든 이들이 '위대한 영혼' 간디의 후예들입니다.

평범한 사람들이 자기 자신과 공동체의 운명을 스스로 결정하는 권리를 갖도록 하는 것, 이것이 민주주의의 출발점입니다. "희망을 가지지 않으면 아무것도 가질 수가 없다"는 간디의 말처럼 모든 사람들이 일상 속에서 희망을 간직하고 키워갈 수 있어야 우리는 행복해질 수 있습니다. 오늘 간디 탄생 150주년 행사가 간디가 우리에게 남긴 정신을 되새기며 서로를 포용하는 세계로 나아가는 데 많은 영감을 주길 바랍니다. 각별한 마음으로 초대해주신 모디 총리께 감사드리며, 한국인들이 간디를 존경하고 사랑하는 만큼 인도와 한국의 관계도 더 깊어질 것이라 확신합니다.

감사합니다.

뉴욕을 떠나며

| 2019-09-25 |

유엔총회에 3년을 계속해서 참석했습니다. 국제사회에 우리의 의지를 전달하고 함께 행동해야 할 일이 많아졌기 때문입니다. 2017년 첫해는 전쟁위기라는 말이 나올 정도로 고조된 한반도의 군사적 긴장을 해소하기 위한 대화의 문을 여는 것이 절실한 과제였습니다. 유엔은 2018년 중점과제로 한반도 비핵화를 선정했고, 유엔의 '휴전 결의안'은 평창동계올림픽을 성공적인 평화올림픽으로 치르는 데 큰 힘이 되었습니다.

남북정상회담과 북미정상회담이 이룬 결과는 세계인들에게 대화로 평화를 만들어낼 수 있다는 희망을 주었습니다. 지난해 유엔총회는 한반도 평화프로세스에 대한 국제적 지지를 더욱 높이는 자리였습니다.

올해 저는 두 개의 목표를 가지고 유엔총회에 참석했습니다.

첫째는 국제사회로부터 우리가 받은 이상으로 책임을 다하는 모습을 보여주는 것이었습니다. 전쟁을 이겨내고 중견국가가 되기까지 유엔으로부터 많은 도움을 받았지만 이제 많은 역할을 할 정도로 우리는 성장했습니다. 기후행동과 지속가능 발전을 위한 다자주의적 노력에 우리의 몫을 다할 것입니다.

둘째는 한반도 비핵화와 평화를 위한 새로운 제안입니다. 기조연설에서 밝힌 비무장지대의 국제평화지대화가 그것입니다. 북한이 진정성 있게 실천할 경우 유엔이 할 수 있는 상응조치입니다. 비무장지대의 국제평화지대화는 북한의 안전을 보장하면서 동시에 우리의 안전을 보장받는 방법입니다. 구테흐스 사무총장을 비롯해 많은 호응이 있었습니다.

국제회의에 참석할 때마다 우리의 위상을 실감합니다. 우리나라에 대한 관심과 기대는 오직 우리 국민들이 이뤄낸 성취입니다. 평화도 경제활력도 개혁도 변화의 몸살을 겪어내야 더 나아지는 방향으로 갈 수 있다고 믿습니다. 나라다운 나라에 우리는 아직 도달하지 못했습니다. 우리의 위상을 높이는 것은 남이 아닌 바로 우리 자신입니다.

뉴욕은 다양한 사람들이 다양한 힘을 쏟아내는 곳입니다. 세계를 이끄는 미국의 힘을 느낍니다. 하지만 역동성에서는 우리도 결코 뒤지지 않습니다. 우리는 반드시 희망을 현실로 만들어낼 것입니다.

제19기 민주평화통일자문회의
출범식 개회사

| 2019-09-30 |

제19기 민주평통 자문위원 여러분, 내외 귀빈 여러분, 반갑습니다.

한반도 평화와 통일의 길을 앞장서 열고 계신 자문위원들을 뵈니 참으로 든든합니다. 740만 해외동포의 평화통일의 꿈을 안고, 41개국 의 해외 자문위원님들도 함께하셨습니다. 뜨거운 환영의 박수 부탁드립 니다.

아프리카돼지열병 방역에 총력을 기울이는 상황에서 더 많은 자문 위원들을 모시지 못해 아쉽지만, 전국 곳곳, 세계 각지에서 평화통일의 의지를 모아오신 민주평통의 열기는 그 여느 때 못지않게 뜨겁습니다. 참석하지 못한 자문위원님들의 몫까지 더해 제19기 민주평통의 단합을 위해 서로에게 큰 격려의 박수를 부탁합니다.

자문위원 여러분,

민주평통이 국민과 함께 내디딘 발걸음은 그대로 평화와 통일을 향한 역사가 되었습니다. 2년 전, 제18기 민주평통 전체회의는 역대 최초로 서울을 벗어나 강원도 강릉에서 개최되었습니다. 한반도의 군사적 긴장이 최고에 달하고, 한반도가 지구상에서 전쟁위험이 가장 높은 지역이라고 말하던 당시 자문위원들은 평창 동계올림픽을 평화의 올림픽으로 반드시 성공시키겠다는 결의를 다졌습니다. 한미 군사훈련 연기, 북한 선수단의 참가와 북한 고위급 인사의 개·폐막식 참석 등 18기 민주평통 특별위원회의 정책 건의는 모두 그대로 실현되었고, 남북 대화와 북미 대화로 이어지는 가장 성공적인 '평화올림픽'을 만들어냈습니다.

민주평통의 힘은 이념과 지역, 세대와 계층을 아우르는 데 있습니다. 국내외 613개 지역·시민 단체, 19개 대학과 함께 '평화통일 원탁회의'를 열어온 민주평통의 역할이 있었기에 평화통일에 대한 국민적 공감대와 사회적 합의를 이룰 수 있었습니다. 그리고 그 힘으로 남북 간에 과감한 합의와 실천을 할 수 있었습니다. 판문점은 권총 한 자루 없는 대화와 만남의 장소가 되었고, 비무장지대는 GP 철거와 함께 '평화의 길'이 열렸습니다.

민주평통은 전쟁의 먹구름이 드리워진 어려운 상황을 타개하고 국민과 함께 평화의 길을 열었습니다. 진심으로 감사의 마음을 전합니다.

존경하는 자문위원 여러분,

오늘 우리는 지금까지의 민주평통의 성취를 바탕으로 한반도의 항구적 평화와 공동번영을 향한 또 한 번의 담대한 발걸음을 내딛고자 합니다. 제19기 민주평통은 더 많은 국민의 폭넓은 참여를 위해 과감한 변화를 시도했습니다.

역대 최초로 실시된 '국민참여공모제'를 통해 평화와 통일을 위해 다양한 활동을 펼쳐온 국민들을 자문위원으로 위촉했습니다. 여성과 청년의 참여비율도 대폭 늘어났고, '통일공공외교'를 담당할 해외 자문위원 위촉 국가 수도 사상 최대인 124개국에 달합니다. 이제 국민들은 지역과 성별, 세대, 각계각층을 아우르는 민주평통을 통해 평화통일에 대한 희망을 더 크게 키울 수 있게 되었습니다. 출범 이후 한 달이라는 짧은 기간 동안 제19기 민주평통의 기틀을 단단히 세워주신 정세현 수석부의장님과 이승환 사무처장님, 운영위원과 상임위원 여러분의 노고에 감사드립니다.

저는 지난주 유엔 총회에 참석했습니다. 트럼프 대통령과 만나 북미 실무회담과 3차 북미 정상회담까지 이어지는 비핵화와 항구적 평화구축의 실질적 진전 방안을 깊이 있게 논의했고, 유엔 총회에서는 '비무장지대의 국제평화지대화'를 제안했습니다. 북한이 진정성 있게 비핵화를 실천하면, 우리와 국제사회도 이에 상응하는 행동을 보여주어야 합니다. 비무장지대를 국제평화지대로 만드는 일은 북한의 행동에 화답하는 행동으로 신뢰를 쌓는 일이며 비무장지대 내의 활동에 국제사회가 참여함으로써 남과 북 상호 간의 안전을 보장하게 될 것입니다.

'국제평화지대'로 변모하는 비무장지대 인근 접경지역은 국제적 경제특구를 만들어 본격적인 '평화경제'의 시대를 열어갈 수 있을 것입니다. 평화경제는 70년 넘는 대결의 시대를 끝내고, 남북이 서로에게 이익이 되는 상생의 시대를 여는 일입니다. 평화가 경제협력을 이끌고 경제

협력이 평화를 더욱 굳건히 하는 선순환을 이루자는 것입니다. 한반도가 대륙과 해양을 연결하는, 진정한 교량국가로 발전하는 길이기도 합니다. 민주평통과 함께 '비극의 땅' DMZ를 '축복의 땅'으로 바꿔낼 수 있기를 바랍니다.

2032년 서울·평양 공동올림픽은 한반도가 평화를 넘어 하나가 되어가는 또 하나의 꿈입니다. 토마스 바흐 IOC 위원장은 "한반도의 평화에 기여하는 것은 IOC의 사명"이라고 했고, 협력을 약속했습니다. 2032년 서울·평양 공동올림픽은 한반도의 평화 위에 남북의 협력과 단합을 세계에 선포하는 행사가 될 것입니다. 제19기 민주평통이 2032년 서울·평양 공동올림픽의 실현을 위해 힘을 모아줄 것을 당부드립니다.

존경하는 자문위원 여러분, 내외 귀빈 여러분,

한반도의 비핵화와 항구적 평화의 시대를 가리키는 시계가 다시 움직이고 있습니다. 제3차 북미 정상회담을 준비하기 위한, 북미 간 실무협상을 위한 발걸음이 바빠지고 있습니다. 때를 놓치지 않는 지혜와 결단력, 담대한 실행력이 중요합니다. 제19기 민주평통이 국민의 목소리를 폭넓게 수용하면서 이 시기에 필요한 정책 대안들을 제시해 주시기 바랍니다. 정부도 민주평통이 추진하는 평화통일 사업에 대한 지원을 아끼지 않겠습니다. 평화와 번영의 길은 국민 모두의 지혜와 역량을 하나로 모아야만 도달할 수 있는 길입니다. 그 길은 한반도를 넘어 아시아와 세계의 공동번영으로 이어질 것입니다. 민주평통과 우리 국민의 저력을 믿습니다. 평화와 번영의 한반도를 향해 지치지 말고 나아갑시다.

감사합니다.

검찰 개혁을 요구하는
국민들 목소리가 매우 높습니다

| 2019-09-30 |

검찰 개혁을 요구하는 국민들 목소리가 매우 높습니다.

우리 정부 들어 검찰의 수사권 독립은 대폭 강화된 반면에 검찰권 행사의 방식이나 수사 관행, 또 조직문화 등에 있어서는 개선이 부족하다는 지적이 많습니다.

모든 공권력은 국민 앞에 겸손해야 합니다. 특히 권력기관일수록 더 강한 민주적 통제를 받아야 합니다. 검찰은 행정부를 구성하는 정부기관입니다. 따라서 검찰 개혁을 요구하는 국민의 목소리에 대해 검찰은 물론 법무부와 대통령도 겸허하게 받아들이고 부족했던 점을 반성해야 할 것입니다.

오늘 법무부 장관이 보고한 검찰의 형사부, 공판부 강화와 피의사실 공보준칙의 개정 등은 모두 검찰 개혁을 위해 필요한 방안들이라고 생각합니다. 다만 당장 그 내용을 확정하고 추진할 경우 현재 진행 중인 검찰 수사를 위축시킨다는 오해가 있을 수 있습니다. 따라서 법무·검찰 개혁위원회와 검찰개혁단 등을 통해 검찰 구성원들과 시민사회의 의견을 더 수렴하고, 내용을 보완하여 장관과 관련된 수사가 종료되는 대로 내용을 확정하고 시행할 수 있도록 그렇게 준비해 주기 바랍니다.

검찰 개혁에 관하여 법무부와 검찰은 함께 개혁의 주체이고, 또 함께 노력해야 합니다. 법 제도적 개혁에 관하여는 법무부가 중심적인 역할을 해야 하고, 검찰권의 행사 방식, 수사 관행, 조직문화 등에서는 검찰이 앞장서서 개혁의 주체가 되어야 할 것입니다.

따라서 검찰총장에게도 지시합니다. 검찰 개혁을 요구하는 국민들의 목소리에 귀를 기울이면서 검찰 내부의 젊은 검사들, 여성 검사들, 형사부와 공판부 검사들 등 다양한 의견을 수렴하여 국민으로부터 신뢰받는 권력기관이 될 수 있는 방안을 조속히 마련해 제시해 주길 바랍니다.

10월

제71주년 국군의 날 기념식 기념사

| 2019-10-01 |

존경하는 국민 여러분, 국군장병 여러분,

조금 전 동북아 최강의 전폭기 F-15K가 우리 땅 독도와 서해 직도, 남해 제주도의 초계임무를 이상 없이 마치고 복귀 보고를 했습니다. 오늘 처음 공개한 F-35A 스텔스 전투기를 비롯한 최신 장비와 막강한 전력으로 무장한 우리 국군의 위용에 마음이 든든합니다. 국민들께서도 매우 자랑스러울 것입니다.

오늘 제71주년 국군의 날을 축하하며, 국군장병 모두에게 박수를 보냅니다. 재외국민 보호와 세계 평화 수호를 위해 임무에 매진하고 있을 파병부대원들에게도 특별한 격려를 전합니다. 호국영령들과 참전유공자들이 계셨기에 오늘의 대한민국이 있습니다. 군 원로와 퇴역 장성들, 주한미군 장병들의 노고가 있었기에 우리는 안보를 지키면서, 세계 7위의 군사강국이 될 수 있었습니다. 유공자와 유가족께 깊은 경의를 표하며 강군을 만들어낸 우리 군을 치하합니다. 한반도에 사는 누구나 자자손손 평화와 번영을 누리며 살아야 합니다. 우리 군의 강한 힘이 그 꿈을 지켜주고 있습니다.

평화는 지키는 것이 아니라 만들어내는 것입니다. 우리 군의 철통같은 안보가 대화와 협력을 뒷받침하고 항구적 평화를 향해 담대하게 걸을 수 있게 합니다. 우리 군의 용기와 헌신이 있었기에 우리는 비무장지대 내 초소를 철거하고, JSA를 완전한 비무장 구역으로 만들 수 있었습니다. 오랜 세월 가족의 품으로 돌아가지 못한 국군의 유해를 발굴할 수 있었던 것도, 분단의 상징이었던 판문점에서 남·북·미 정상이 만날 수 있었던 것도, 미국의 현직 대통령이 사상 최초로 군사분계선을 넘어 북한 땅을 밟을 수 있었던 것도, 모두 남북 군사합의를 이끌어내고 실천한 군의 결단이 있었기에 가능했습니다.

저는 강한 국방력을 가진 우리 군을 믿고 지난 유엔 총회에서 전쟁 불용을 선언할 수 있었습니다. 비무장지대로부터 새로운 평화의 길을 열어온 우리 군에 자부심을 갖고 비무장지대의 국제 평화지대화를 제안할 수 있었습니다. 오늘 늠름한 국군의 모습을 보며, 한반도 평화와 번영에 대한 우리 국민들의 자신이 더욱 커질 것입니다.

존경하는 국민 여러분,

역대 처음으로 대한민국 안보의 전략적 요충지이자 애국의 도시 대구에서 국군의 날을 기념하게 되었습니다. 1914년 노백린 장군은 공군의 중요성을 역설했습니다. "제공권을 확보하지 않고는 독립전쟁에서 결코 승리할 수 없다"는 신념으로 최초의 한인 비행학교인 '윌로우스 비행학교'를 임시정부 수립 이듬해 설립했습니다. 대한민국 공군의 시작입니다. 항공 선각자들의 의지와 노력이 광복 직후 공군 창군으로 이어졌습니다.

한국전쟁이 발발했을 때 우리 공군은 고작 경비행기 스무 대로 지상군 지원 작전에 참여했습니다. 조종석 뒷자리에서 관측사가 손으로 폭탄을 투하해야 했지만, 나라를 지키기 위해 혼신의 힘을 다했습니다. 그해 7월 2일, 이곳 대구 공항으로 무스탕기 10대가 우리 공군에 인도되었습니다. 우리 공군은 바로 다음날부터 무스탕 전투기에 올라 연일 출격하며 혁혁한 전공을 세웠습니다. 이후 69년간 이곳 대구공항은 영남 내륙지방의 관문이자 공군의 핵심기지로 영공 수호의 핵심 임무를 수행해 왔습니다. 대구공항의 역사는 오랜 시간 불편을 감내한, 대구시민들의 애국의 역사이기도 합니다.

독립유공자로 선정된 분만 지금까지 1만 4,545명, 국채보상운동의 발원지, 대한광복회 결성지, 한국전쟁 당시 반격의 교두보를 마련한 다부동 전투까지 나라가 어려울 때면 항상 대구시민들은 놀라운 애국심을 보여주셨습니다. 99년 전 독립을 위해 탄생한 공군이 대구시민들의 애국심 위에서 '창공의 신화'를 써내려 올 수 있었다고 생각합니다. 이 자리를 빌려 대구시민 여러분께 진심으로 감사드립니다.

존경하는 국민 여러분, 국군장병 여러분,

100여 년 전 '신흥무관학교'에서 시작한 육군, 대한민국 임시정부 비행학교로부터 시작한 공군, 독립운동가와 민간 상선사관들이 자발적으로 모여 만든 해군까지 국군의 뿌리는 독립운동과 애국에 있습니다. 무장독립투쟁부터 한국전쟁, 그리고 그 이후의 전쟁 억제에 이르기까지 우리 군은 언제나 본연의 임무를 완벽히 수행해왔습니다.

그러나 안보 환경은 늘 변화무쌍합니다. 얼마 전 중동지역에서 있었던 드론 공격의 위력이 전 세계에 보여주었듯이, 앞으로 우리에게 닥칠 도전들도 과거와 다른 다양한 유형이 될 것입니다. 미래의 전쟁은 우리 국민의 안전과 재산을 위협하고 침해하는 모든 세력과의 '과학전', '정보전'이 될 것입니다. 미래 전쟁의 승패도, 안보의 힘도 혁신에 달려 있다고 해도 과언이 아닙니다. 우리 군은 언제나 새로운 시대에 맞게 혁신해왔습니다. 재래식 전력을 굳건하게 하는 한편, 최신 국방과학기술을 방위력에 빠르게 적용하기 위해 노력해왔습니다. 지상작전사령부를 창설해 작전지휘의 효율성과 전투력을 더욱 높였습니다. 과학적이고 첨단적인 국방력을 위해 '4차 산업혁명 스마트 국방혁신 추진단'을 출범시켰으며, 사이버안보체계를 마련하고 무인전투체계와 자동화를 적극적으로 도입하여 전력체계를 혁신하고 있습니다. 대구·경북 지역의 선진 로봇을 비롯한 우리의 앞선 4차 산업혁명 기술을 국방 분야에 접목하면 '강하고 스마트한 군'의 꿈을 실현하면서, 민간기업의 성장에도 큰 도움을 줄 것입니다.

'국방개혁 2.0'의 완수는 우리 정부의 핵심 목표입니다. 역대 최초로 내년도 국방예산을 50조 원 넘게 편성했습니다. 방위력개선비는 지난 3년간 41조 원을 투입한 데 이어, 내년도에도 16조 7천여 억 원을 투입할 예정입니다. 더 강력하고 정확한 미사일방어체계, 신형잠수함과 경항모급 상륙함, 군사위성을 비롯한 최첨단 방위체계로 우리 군은 어떠한 잠재적 안보 위협에도 주도적으로 대응하게 될 것입니다.

우리 국군 장병 한 명 한 명은 소중한 일상을 뒤로하고 기꺼이 조국 수호를 위해 군복을 입었습니다. 더 나은 환경에서 사기충천한 군인으로 복무할 수 있어야 합니다. 우리의 아들딸들이 입은 군복이 긍지와 자부심이 되도록 하겠습니다. 복무 중에도 개인의 꿈과 역량을 키울 수 있도록 돕고, 국방의무가 사회 단절로 이어지지 않도록 취업을 지원하겠습니다. 병장 기준 40만 6천 원인 봉급을 54만 1천 원으로 인상하고, 건강하게 복무하고 가족의 품에 돌아갈 수 있도록 군 의료지원체계를 더욱 획기적으로 개선해 나갈 것입니다. 생활환경 개선, 육아여건 보장, 성차별 해소를 비롯하여 장병들의 삶 하나하나를 더욱 세심히 살피겠습니다.

존경하는 국민 여러분,

우리 국군은 독립운동에 뿌리를 둔 '애국의 군대'이며, 남북 화해와 협력을 이끄는 '평화의 군대'입니다. 또한, 국민이 어려움을 겪을 때 앞장서는 '국민의 군대'입니다. 3·1독립운동과 대한민국 임시정부 수립 100년의 뜻깊은 해를 맞아, 자랑스러운 우리 군의 최고통수권자로서 국민 여러분께 보고 드립니다. 누구도 넘볼 수 없는 안보태세를 갖추겠습니다. 평화와 번영의 초석이 되겠습니다. 함께 잘 사는, 새로운 100년을 우리 군과 함께 만들어가겠습니다. 국민들께서도 자부심을 갖고 우리 국군에 신뢰와 애정을 보내주시길 바랍니다.

감사합니다.

제23회 노인의 날 축사

| 2019-10-02 |

존경하는 어르신 여러분,

'제23회 노인의 날'을 진심으로 축하드립니다. 어르신들은 우리 사회의 진정한 뿌리이자 버팀목이십니다. '노인의 날'을 맞이하여 어르신들의 삶을 귀히 여기고, 공경하는 마음을 새길 수 있어 매우 뜻깊게 생각합니다. 어르신들은 식민지와 전쟁의 고통을 겪으셨고 민주화와 경제 성장을 일구신, 우리의 살아있는 역사입니다. 긴 세월 동안 흘리신 땀과 눈물을 존경하며, 그 마음을 담아 올해 100세 이상 어르신 1천 550분께 청려장을 드립니다. 어르신들의 안녕과 복지에 헌신해오신 대한노인회와 유공자 여러분께도 감사의 말씀을 올립니다.

인간은 모두 행복하고 건강하게 살 권리가 있습니다. 유엔(UN)은 '노인의 날'을 지정하고 어르신의 삶에 관심을 가질 것을 촉구해왔습니다. 한국은 2026년이 되면 65세 이상 어르신이 전체 인구의 20%를 차지하는 초고령사회에 진입하게 됩니다. 정부는 어르신들이 행복한 사회를 만들기 위해 더 많은 준비와 노력을 하고 있습니다.

우리 정부는 '건강하고 품위 있는 노후 생활 보장'을 국정과제로 삼고, 존경의 마음을 담아 지원책을 마련했습니다. 생활에 조금이라도 보탬이 되고자, 기초연금을 올해 최대 30만 원으로 올렸습니다. 활기차고 보람 있게 사시는 데 일자리만큼 좋은 복지가 없을 것입니다. 어르신 일자리는 작년까지 51만 개를 마련했고, 올해 13만 개 더 늘릴 계획입니다. 건강이 허락되시는 한 계속 일하실 수 있도록 더욱 챙기겠습니다. 정규적인 일자리에도 더 오래 종사하실 수 있도록 정년을 늘려나가겠습니다.

혼자 사시는 분들, 몸이 불편하신 분들의 생활의 편의를 위해서도 최선을 다하겠습니다. 전국 보건소에서 의료비 걱정을 덜어드리고 치매안심센터도 운영하고 있습니다. 아직 많이 부족하지만, 어르신 관련 내년 정부 예산을 올해보다 18% 이상 증가한 16조 6천억 원을 편성했습니다. 100세 시대를 맞아 어르신들이 더 오랫동안 사회활동에 참여하실 수 있도록 바꿔가겠습니다.

어르신들이 행복해야 가정도 나라도 행복합니다. 어르신들의 경륜과 지혜를 국가 발전의 밑거름으로 삼고, 행복하게 사실 수 있도록 잘 모시겠습니다. 늘 건강하시길 바랍니다.

태풍 피해 관련 대통령 메시지

| 2019-10-03 |

태풍피해가 심각합니다. 특히 인명피해가 적지 않아 가슴 아픕니다. 침수 피해로 이재민도 많습니다. 정부는 가용한 장비와 행정력을 총동원하여 피해 복구에 만전을 기하고 있습니다.

국민들께서도 함께 아픔을 겪는 심정으로 위로와 격려에 마음을 모아주시기 바랍니다. 아프리카 돼지열병의 확산을 막는 데도 정부와 지자체, 축산농가, 국민들께서 한마음이 되어 비상한 각오로 임해주실 것을 당부드립니다.

제13회 세계한인의 날 기념식 기념사

| 2019-10-05 |

사랑하는 동포 여러분,

올해로 열세 번째를 맞이하는 750만 재외동포의 축제, '세계한인의 날' 개최를 축하합니다.

3·1독립운동과 대한민국 임시정부 수립 100주년을 맞아 '세계한인의 날'이 더욱 뜻깊게 다가옵니다. 각지에서 춤, 노래, 그림, 행진으로 함께 기념해 주신 동포 여러분께 감사드리며, 각 지역 한인회를 대표하여 방문하신 77개국 400여 명의 한인회장님들을 환영합니다. 또한 '세계한인회장대회'가 함께 개최되어 '세계한인의 날'이 더욱 풍성해졌다는 감사 말씀을 드립니다.

해외 동포들의 삶은 그 자체로 대한민국 독립운동의 역사이고, 눈물과 영광이 함께 배어있는 우리의 근현대사입니다. 1919년 일본에서 한인 유학생들이 발표했던 2·8독립선언서는 3·1운동의 기폭제가 되었습니다. 하와이 사탕수수 농장과 말레이시아 고무농장에서 보내온 우리 노동자들의 피와 땀이 담긴 독립운동 자금과, 멀리 쿠바 에네켄 농장의 동포들이 십시일반 운동으로 모은 돈은 임시정부에 큰 힘이 되었습니다.

광복 이후에도 동포들은 조국의 경제발전을 위해 투자하고, 올림픽, 외환위기 등 주요 계기마다 성금을 보냈습니다. 진정한 애국과 독립운동은 함께 잘 사는 것에 있다고 믿으며 이민 생활의 경험을 공유하고 서로 도왔습니다. 이역만리의 식당, 농장, 공장, 탄광, 병원, 세탁소에서 근면성실함과 정직함으로 모국의 성장을 도운 여러분이 있었기에 우리는 1인당 국민소득 3만 달러의 경제대국이 될 수 있었습니다. 맨주먹으로 세계로 나아간 재외동포 1세대의 애국과 그 후손들의 다양한 분야 활약이 있었기에 우리는 한류와 다양한 문화 콘텐츠로 전 세계를 감동시키는 문화강국이 될 수 있었습니다.

오늘 동포들이 민족 정체성을 잊지 않도록 차세대 동포들의 교육 진흥과 단합에 이바지하고, 한인 동포사회의 경제발전과 권익 보호에 앞장서 주신 분들께 훈·포장과 표창을 수여했습니다. 여러분 모두가 함께 받아야 할 상이라고 생각합니다. 영예로운 훈·포장·표창을 수상하신 여섯 분께 각별한 축하와 존경의 말씀을 드립니다.

자랑스러운 동포 여러분,

해외 순방 때마다 동포 여러분을 뵙는 것이 큰 기쁨입니다. 해외 순방은 언제나 긴장되고 힘이 드는 일이지만 그곳에서 이미 자리를 잡고, 조국을 사랑하며, 대통령을 응원해 주는 우리 동포들이 큰 힘이 됩니다.

참으로 자랑스럽습니다. 이 자리를 빌려 다시 한 번 감사 말씀을 드립니다. 2년 전, 이 자리에서 저는 동포들의 안전과 권익을 지키겠다고 말씀드렸습니다. 후손들의 민족 정체성을 지켜 나가며, 동포사회와 대한민국의 공동발전을 위해 노력하겠다고 약속했습니다.

지난해 해외안전지킴센터를 개소하여 365일 24시간 실시간으로 안전정보를 제공하고 있습니다. 태풍, 쓰나미, 지진과 같은 자연재해에 신속대응팀을 파견하고, 선박사고나 인질, 테러 상황이 발생했을 때 신속하고 안전하게 우리 국민을 구출했습니다. 위기에 처한 국민을 국내에 이송하는 시간은 통상 일주일이 걸리던 과거에 비해 30시간으로 획기적으로 줄었습니다. 역대 최초로 사건사고만을 담당하는 영사를 선발하여 2018년 28개국 32개 공관에 배치했습니다. 올해 9월 기준으로 84개 공관에 총 117명이 활동 중이며, 앞으로도 계속해서 늘려나갈 예정입니다.

법적 제도적 체계도 마련했습니다. '재외국민보호를 위한 영사조력법'을 제정하여 영사조력의 범위와 의무, 법적 근거를 구체화했고, 올해 7월에는 재외동포 관련 법령을 개정하여 더 많은 동포들이 세대 제한 없이 재외동포 체류자격을 받을 수 있게 했습니다. 또한, 재외국민을 위한 통합전자행정시스템 사업을 통해 영사 민원서비스를 더 쉽게 개선해 가고 있습니다. 미래의 주역인 차세대가 한민족의 자긍심을 가질 때 동포사회는 더 크고 지속적으로 발전할 수 있을 것입니다.

학생들의 모국 초청 인원과 예산을 해마다 늘리고 있습니다. 한글학교 지원과 한글학교 교사 연수를 늘렸습니다. 동포사회와 대한민국의 공동발전을 위해, 동포간담회 현장의 생생한 건의에도 귀를 기울였습니다. 뉴욕 한인 이민사 박물관 건립과 베트남 다낭총영사관 신설, 프랑스 한인이민 100년사 발간과 태국 방콕 한국국제학교 이전, 인도 고용비자 체류 기간 확대 등은 동포들의 제안으로 이뤄진 성과입니다.

사랑하는 동포 여러분,

대한민국이 지난 100년 이뤄낸 성취에는 동포들의 애국과 헌신이 담겨있습니다. 앞으로 대한민국의 새로운 100년에도 750만 재외동포의 역할이 매우 중요합니다. 100년 전 각지에서 휘날리던 태극기가 우리를 하나로 뭉치게 해주었듯이 저는 오늘 동포 여러분께 다시 한 번 평화와 번영의 한반도를 위해 함께해주시길 요청드립니다. 동포들의 애정 어린 노력이 평창 동계올림픽을 성공적인 평화올림픽으로 만들어냈듯 2032년 서울·평양 공동올림픽을 개최하는 데에도 동포들께서 힘을 보태주시길 기대합니다. 지난 100년 동포들의 노력에 진정으로 보답하는 길은 대한민국을 자랑스러운 나라로 만드는 것입니다. 아무도 흔들 수 없는 나라, 함께 잘 사는 나라, 온 겨레가 하나가 되는 나라, 삶 속에서 힘이 되는 조국이 되도록 노력하겠습니다. 동포들이 믿고 기댈 수 있는 '나라다운 나라'를 만들겠습니다. 대한민국 새로운 100년, 동포여러분들이 계셔서 정말 든든합니다.

감사합니다.

수석보좌관회의 모두발언

| 2019-10-07 |

태풍 피해가 심각합니다. 인명피해가 컸고, 이재민도 적지 않습니다. 사망자와 유가족, 아직 찾지 못한 실종자 가족들께 깊은 애도와 위로의 말씀을 드립니다. 정부는 지자체와 함께 신속한 복구와 구호에 만전을 기하고 있습니다. 공공시설뿐 아니라 사유시설의 응급복구에도 행정력을 충분히 지원하고, 이재민들의 긴급구호에 최선을 다하겠습니다. 특히 특별재난지역 선포를 서둘러 정부 지원이 조기에 이루어질 수 있도록 하겠습니다. 국민들께서도 피해지역 주민들과 아픔을 함께 나누고, 위로와 힘이 되어주시길 바랍니다.

이번 태풍 피해에서 가장 두드러지는 것은 가을 태풍의 집중호우에 따른 축대 붕괴와 산사태 등이 큰 인명피해로 이어졌다는 점입니다. 기후변화 속에서 가을 태풍은 늘어날 전망이고, 집중호우도 갈수록 빈도와 강도가 심해질 것으로 예상됩니다. 정부는 지자체와 협력하여 집중호우에 취약한 지역과 시설에 대한 대대적인 점검과 함께 안전관리를 전반적으로 강화하는 대책을 실효성 있게 세워주기 바랍니다.

정부는 아프리카돼지열병 확산을 막기 위해 총력 대응하고 있습니다. 현장의 노고가 큽니다. 방역 담당자들과 관계 공무원들의 밤낮 없는 수고에 격려와 감사의 마음을 전합니다. 살처분, 이동제한 등 정부의 방역대책에 적극적으로 협력하며 고통을 감내하고 계신 축산 농가 여러분들께도 감사와 위로의 말씀을 드립니다. 최우선 과제는 다른 지역, 특히 남쪽으로 확산을 막는 것입니다. 이를 위해 정부는 강화, 김포, 파주, 연천 등 발생 지역에서 사육하는 모든 돼지를 예방적 살처분을 넘어 전량 수매 비축하는 등 전에 없던 과감한 조치를 시행하고 있습니다.

또한 유엔군 사령부와의 협의와 북측에 대한 통보절차를 거쳐 DMZ를 포함한 민간인 통제선 이북 전 접경지역에 군 헬기 항공방제를 실시하고 있습니다. 중장기적인 대책도 필요합니다. 양돈 농가의 피해를 최소화하기 위해 보상금 지급과 생계 안정 자금 지원이 원활하게 이뤄질 수 있도록 세심하게 챙기기 바랍니다. 상대적으로 질병관리가 쉬운 스마트 축사 등 축산 시스템을 선진화하는 방안도 더 속도 있게 추진해주기 바랍니다. 가축전염병은 축산 농가만의 문제가 아닙니다. 축산 가공 등 관련 산업의 수출과 관광산업, 소비 위축 등 국가경제 전반에 영향을 미칩니다.

우리 정부는 선제적 방역과 발 빠른 대응으로 매년 발생하던 조류독감과 구제역의 피해를 최소화하고, 조기에 차단한 경험이 있습니다.

이번 기회에 국가 가축전염병 대응 체계를 획기적으로 강화할 필요가 있습니다. 가축전염병 바이러스 연구와 백신 개발, 역학조사 등을 종합적으로 수행하는 연구기관 설립을 포함하여 다양한 방안을 국가적 과제로 검토해 주기 바랍니다.

최근 표출된 국민들의 다양한 목소리를 엄중한 마음으로 들었습니다. 정치적 사안에 대해 국민의 의견이 나뉘는 것은 있을 수 있는 일이며 이를 국론 분열이라고 생각하지 않습니다. 특히 대의정치가 충분히 민의를 반영하지 못한다고 생각할 때 국민들이 직접 정치적 의사표시를 하는 것은 대의민주주의를 보완하는 직접 민주주의 행위로서 긍정적인 측면도 있다고 봅니다. 그런 측면에서 자신의 소중한 시간과 비용을 들여 직접 목소리를 내주신 국민들께 감사드립니다.

다만 정치적 의견의 차이가 활발한 토론 차원을 넘어서서 깊은 대립의 골에 빠져들거나 모든 정치가 그에 매몰되는 것은 결코 바람직하지 않을 것입니다. 많은 국민들께서 의견을 표현하셨고, 온 사회가 경청하는 시간도 가진 만큼 이제 문제를 절차에 따라 해결해 나갈 수 있도록 지혜를 모아주시기 바랍니다.

정치권에서도 산적한 국정과 민생 전반을 함께 살펴달라는 당부 말씀을 드립니다. 다양한 의견 속에서도 하나로 모아지는 국민의 뜻은 검찰의 정치적 중립보장 못지않게 검찰 개혁이 시급하고 절실하다는 것입니다. 정부와 국회 모두 이 목소리에 귀를 기울여야 할 것입니다. 국회는 공수처법과 수사권 조정 법안 등 검찰 개혁과 관련된 법안들을 조속히 처리해 주시길 당부드립니다.

법무부와 검찰도 엄정한 수사를 보장하는 한편 법 개정 없이 할 수 있는 개혁에 대해서는 속도를 내주시기 바랍니다. 특히 검찰 개혁에 있어서 법무부와 검찰은 각자 역할이 다를 수는 있지만 크게 보면 한몸이라는 사실을 유념해 주실 것을 특별히 당부합니다.

국무회의 모두발언

| 2019-10-08 |

제43회 국무회의를 시작하겠습니다.

세계 무역 갈등 심화와 세계 경기 하강이 우리 경제에 어려움을 주는 상황이 지속되고 있습니다. 그런 가운데 정부는 경제의 역동성을 높이는 데 특별히 역점을 두고 신성장 동력 창출과 경제 활력 제고에 매진하고 있습니다. 정부는 제조업 르네상스 전략과 신산업 육성, 제2벤처붐 확산에 정책 역량을 집중하고 있습니다. 대·중소기업 상생과 노사 협력 분위기를 조성하고, 공정경제 생태계를 추진하는 것도 경제 역동성을 위한 환경과 조건을 마련하는 일입니다.

포용성 강화로 양극화와 불평등을 해소하고, 사회통합의 기반을 강화하는 것도 지속가능한 역동적인 경제로 나아가는 방향입니다. 역동적인 경제로 가려면 무엇보다 민간에 활력이 생겨야 합니다. 이를 위해 정부는 기업의 목소리를 경청하고 애로를 해소하는 노력을 보다 적극적으로 기울일 필요가 있습니다.

노동시간 단축에 대해서도 300인 이상 기업들의 경우 비교적 성공적으로 안착한 것으로 보이지만 내년도 50인 이상 기업으로 확대 시행되는 것에 대해서는 경제계의 우려가 큽니다. 기업들이 대비를 위해 탄력근로제 등 보완 입법의 국회 통과가 시급합니다. 당정 협의와 대국회 설득 등을 통해 조속한 입법을 위해 최선을 다해주기 바랍니다. 뿐만 아니라 만에 하나 입법이 안 될 경우도 생각해두지 않으면 안 됩니다. 정부가 시행한 실태조사를 바탕으로 국회의 입법 없이 정부가 할 수 있는 대책들을 미리 모색해 주기 바랍니다.

규제 혁신에도 더욱 속도를 내야 합니다. 데이터 3법 등 핵심 법안의 입법이 지연되고 있는 상황이 안타깝지만 법률 통과 이전이라도 하위 법령의 우선 정비, 적극적인 유권해석과 지침 개정 등을 통해 실질적 효과를 창출하는 방안을 강구해 줄 것을 특별히 당부합니다.

며칠 후면 일본의 수출 규제가 시작된 지 100일이 넘어갑니다. 정부와 기업의 신속하고 전방위적인 대응, 여기에 국민의 응원까지 한데 모여서 지금까지는 대체로 잘 대처해왔고, 수입선 다변화와 기술 자립화, 대·중소기업 상생 협력 등 여러 면에서 의미 있는 성과도 만들어내고 있습니다. 도전을 기회로 만들어 우리 산업구조를 근본적으로 바꾸는 전환점이 된다면 우리 경제의 체질과 경쟁력을 강화하는 데 큰 도움이 될 것입니다.

더욱 속도를 내주기 바랍니다. 소재·부품·장비 특별법이 신속히 국회를 통과할 수 있도록 국회와 소통을 강화하고, 기업에 대한 재정, 세제, 금융 지원에도 전방위로 나서야 할 것입니다.

사흘 후면 경제부총리를 사령탑으로 하는 소재·부품·장비 경쟁력 위원회가 본격적으로 가동됩니다. 정부 정책과 산업 현장을 연결하며 힘을 모으는 컨트롤 타워로서 핵심 산업의 경쟁력을 획기적으로 높이는 데 최선을 다해주기를 당부드립니다.

3·1 독립운동 100주년, 대한민국 임시정부 100주년에 맞는 뜻깊은 한글날입니다

| 2019-10-09 |

　3·1독립운동 100주년, 대한민국 임시정부 100주년에 맞는 뜻깊은 한글날입니다. 573년 전 한글을 창제한 세종대왕의 애민정신과 일제강점기 한글을 지켜낸 독립운동가들의 민족정신을 되새깁니다. 일제강점기에는 한글을 지키는 것이 곧 독립운동이었습니다. 주시경 선생과 조선어연구회 선각자들은 고문과 옥살이를 감수하며 한글을 연구했고, 끝내 1947년 《우리말큰사전》을 편찬했습니다. "말은 사람의 특징이오, 겨레의 보람이오, 문화의 표상이다"라고, 선생들은 머리말에 적었습니다.

　한글만이 우리의 생각을 온전히 담아낼 수 있습니다. 김소월의 〈진달래꽃〉, 윤동주의 〈별 헤는 밤〉, 방정환 선생의 순수아동잡지 《어린이》, 항일 언론 《대한매일신보》는 순 우리글로 쓰였습니다. 우리글을 쓰고 읽을 수 있었기 때문에 우리는 삼천리강산을 잊지 않을 수 있었습니다. 한

글은 배우기 쉽고 아름다운 글입니다. 1945년 무려 78%였던 문맹률은 13년이 지난 1958년 4.1%로 줄었고, 글을 깨친 힘으로 산업화와 민주화를 동시에 이끌 수 있었습니다. 국어학자들이 목숨으로 지킨 한글이 새로운 나라를 만드는 마중물이 되었던 것입니다.

한글이 대한민국이며 한글이 우리를 세계와 연결합니다. 간도, 연해주, 중앙아시아, 하와이를 비롯해 우리 민족이 새로 터를 잡은 곳에서는 어디든지 학교부터 세워 한글을 가르쳤습니다. 지금도 전 세계 180개 세종학당에서 한글을 배우려는 열기가 아주 뜨겁습니다. 국경을 넘는 한류의 밑바탕에 한글이 있었습니다. 우리말 노래를 따라 부르는 젊은이들을 만날 때마다 한글에 대한 자긍심을 느꼈습니다.

우리 아이들은 '엄마, 아빠' 우리말로 세상과 처음 만납니다. 우리 역사와 우리 것에 대한 소중함, 미래의 희망이 한글에 담겨 있습니다. 한글 탄생의 애틋한 마음을 되새기며, 573돌 한글날을 함께 축하합니다. 우리말과 글을 지키고 가꿔온 모든 분께 감사드립니다.

삼성디스플레이 신규투자 및 상생협력 협약식

| 2019-10-10 |

존경하는 국민 여러분, 충남도민 여러분,

오늘 삼성디스플레이와 충청남도가 총 13조 1천억 원 규모의 차세대 디스플레이 신규투자 협약서에 서명합니다. 삼성디스플레이는 디스플레이 산업을 OLED 중심으로 재편하여 세계시장에서 압도적 1위를 지키겠다는 각오로 과감한 투자를 결정했습니다. 지자체도 인프라 구축과 정주여건 개선을 지원하는 것으로 화답했습니다. 지난 월요일이 '디스플레이의 날'이었는데, 오늘 협약식이 '디스플레이의 날' 10주년을 축하하는 듯하여 더욱 의미가 깊습니다. 국민들께 좋은 소식을 전해주신 이재용 삼성 부회장, 이동훈 삼성디스플레이 대표이사, 양승조 충남도지사를 비롯해 함께해주신 기업인, 대학, 연구기관, 관계자 여러분께 감사드립니다.

국민 여러분,

1966년 진공관 흑백 TV에서 시작한 우리나라 디스플레이 산업은 2000년대 들어 LCD 같은 평판디스플레이가 등장하면서 차원이 달라졌습니다. 당시 우리는 글로벌 디스플레이 시장이 LCD로 재편되는 변화의 흐름을 미리 읽고 과감한 투자를 했기 때문에 디스플레이 세계시장 점유율 1위를 달성할 수 있었습니다.

지금 우리 디스플레이 산업은 다시 한 번 새로운 도전으로 세계시장에서 앞서가고 있습니다. LCD에 대한 후발국의 추격이 거세고 글로벌 과잉공급으로 단가 하락이 더해지고 있는 가운데 부가가치가 높은 OLED로 주력 제품을 바꿔냈습니다. OLED 시장 형성 초기에 과감한 투자로 2018년 세계시장 점유율 96%라는 놀라운 기록을 세웠습니다.

이제 세계 디스플레이 시장의 판도를 바꾸며 1위를 지켜내는 것이 중요합니다. 지난 7월 LG디스플레이의 대형 OLED 3조 원 투자 발표에 이어, 오늘 삼성디스플레이의 신규투자 발표로 그 전망이 매우 밝아졌습니다. 세계시장의 흐름을 제때 읽고 변화를 선도해온 우리 기업에 존경과 감사의 말씀을 드립니다. 디스플레이 산업의 잠재력은 무궁무진합니다. 글로벌 OLED 수요가 지난해 232억 불에서 2024년에는 2배로 늘어날 것으로 전망됩니다. 빠르게 성장하는 블루오션 시장입니다.

4차 산업혁명의 핵심 분야이기도 합니다. 디스플레이는 스마트폰과 TV의 주요 부품이자 다른 산업과의 융합이 핵심인 분야입니다. 오늘 삼성디스플레이와 소재·부품·장비 분야 중소기업 간에 상생 협력 MOU가 체결됩니다. 특정국 의존도가 높은 디스플레이 핵심소재·부품·장비의 자립화를 위한 중요한 계기가 될 것입니다. 삼성디스플레이와의 협력을 통해 디스플레이 핵심장비를 국산화한 중소기업, '그린광학'의 사례는 핵심부품·장비의 자립화라는 면에서도, 대·중소기업 상생 협력이란 면에서도, 좋은 모범이 되었습니다.

오늘 신규투자 협약식은 세계 1위 디스플레이 경쟁력을 지키면서 핵심소재·부품·장비를 자립화하여, '누구도 넘볼 수 없는 디스플레이, 제조 강국'으로 가는 출발점이 될 것입니다. 정부는 삼성디스플레이의 과감한 도전을 응원하며, 디스플레이 산업혁신으로 기업들의 노력에 함께하겠습니다.

첫째, 차세대 디스플레이 기술개발을 위해 과감하게 지원하겠습니다. 조금 전 저는 폴더블, 롤러블, 스트레쳐블과 같은 최신 디스플레이 제품의 시연을 보았습니다. SF영화에서 보던 모습을 현실 속에서 보았습니다. 우리는 세계 1위의 OLED 경쟁력을 바탕으로, 차세대 디스플레이 시장도 선점해야 합니다. 정부는 이를 위해 향후 7년간 4천억 원의 대규모 예산을 차세대 디스플레이 기술개발에 투자할 것입니다. 이것이 마중물이 되어 민간의 투자가 더욱 활성화되기를 기대합니다.

둘째, 소재·부품·장비 기업에 대한 지원을 확대하고 상생 협력모델을 구축하여, 디스플레이 산업의 생태계를 혁신하겠습니다. 충남 천안에, 신기술을 실증·평가하는 '디스플레이 혁신공정 테스트베드'를 구축하여 소재·부품·장비 기업이 개발한 신기술이 빠르게 상품화되도록 하겠습니다. OLED 장비의 핵심 부품 개발에 대한 지원도 강화할 것입니다. 디스플레이 대기업과 소재·부품 중소기업 간 공동개발 등 상생 협력에 대한 지원도 아끼지 않을 것입니다.

셋째, 디스플레이 전문인력 양성에 힘을 쏟겠습니다. 향후 4년간 2천 명 규모의 차세대 디스플레이 연구인력과 산업인력을 배출하여 세계 1위의 경쟁력을 지키겠습니다. 또한 중소·중견기업에 대해 맞춤형 기술인력 보호를 지원하겠습니다.

존경하는 국민 여러분, 충남도민 여러분,

디스플레이 산업은 우리나라 제조업 혁신의 근간입니다. 최근 출시된 '갤럭시 폴드'와 같은 획기적인 제품도 우리의 디스플레이 경쟁력이 없었다면 세상에 빛을 보기 어려웠을 것입니다. 이미 우리에게는 어려운 상황 속에서도 변화의 흐름을 읽고 과감한 투자를 실행해 세계 최고의 자리에 오른 경험과 자신감이 있습니다. 다시 한 번 차세대 디스플레이 시장을 선점하여 시장의 판도를 바꿔나간다면, 우리는 세계 1위 디스플레이 경쟁력을 확고히 유지할 수 있을 것입니다.

오늘 삼성의 신규투자를 계기로 충남의 새로운 도약도 가능해졌습니다. 오늘 행사가 지역경제와 일자리, 더 나아가 충남이 혁신성장의 중심지가 되는데 큰 도움이 될 것입니다. 디스플레이 신규투자를 국민과 함께 축하하며, 대한민국 경제가 충남에서부터 다시 활력을 찾아 미래로 뻗어가길 기대합니다.

감사합니다.

해양신산업 발전전략 보고회 모두발언

| 2019-10-10 |

존경하는 국민 여러분, 충남도민 여러분,

환황해권의 중심, 충남에서 '해양수산 신산업 혁신전략'을 보고드리게 되어 매우 기쁘게 생각합니다.

충남은 개방과 교류의 고장입니다. 이미 2천 년 전부터 백제가 새로운 문물을 받아들이면서 부여와 공주에서 문화의 꽃을 피웠고 일본에 전수했습니다. 앞서가는 문화에 대한 자부심과 깨어있는 도민들의 정신은 많은 충절지사와 애국지사를 배출한 원동력이 되었습니다. 이제 충남은 고대 해상교류 허브였던 백제의 꿈을 이어받아, 환황해 해양경제권의 중심으로 거듭나고 있습니다.

충남은 수도권과 가깝고, 중국과 마주하여 교역·투자의 잠재력이 매우 큽니다. 국립해양생물자원관과 생태국가산업단지가 조성되어 해양생태 연구와 산업이 유기적으로 연계되어 있습니다. 미래 먹거리가 될 해양바이오산업을 선도하는 수많은 기업이 이곳 충남에 있습니다. 또한 세계적으로 다섯 손가락에 꼽히는 서해안 갯벌과 국내 유일의 해양생물 보호구역인 '가로림만' 등 해양관광 자원도 풍부합니다. 무엇보다, 바다를 통해 미래를 열어가겠다는 충남도민의 의지가 가장 훌륭한 역량입니다. 정부도 충남의 의지를 적극 지원할 것입니다.

충남도민 여러분,

바다는 우리의 미래입니다. 해운·수산과 같은 전통 해양산업뿐만 아니라 에너지, 환경, 관광, 해양치유, 해양바이오, 극지 연구에 이르기까지 바다의 중요성은 날로 커지고 있습니다. 해양 신산업의 세계 시장 규모가 매년 8.5%씩 빠르게 성장 중입니다. 그리고 충남은 해양 신산업에서 최적의 여건을 보유하고 있습니다. 정부는 그동안 해양산업 활성화와 어촌의 활력, 깨끗한 바다를 위해 노력해왔습니다.

저는 2017년 5월 '바다의 날', 해운산업을 되살리겠다고 약속드렸으며 '해운재건 5개년 계획' 수립에 이어 '해양진흥공사'를 출범시켰습니다. 초대형 컨테이너선 20척 등에 대한 6,400억 원 규모의 지원도 이루어졌습니다. 그 결과, 2016년 당시 29조 원 수준이었던 외항선사 매출액이 지난해는 34조 원으로 크게 증가했습니다.

어촌의 정주 여건을 개선하는 '어촌뉴딜 300'도 시작했습니다. 수산업 혁신을 위한 '수산혁신 2030'도 추진 중입니다. 이를 통해, 2030년까지 수산업 매출액 100조 원, 어가 소득 8천만 원 시대를 열어갈 것입니다.

또한, 올해를 '해양플라스틱 제로화 원년'으로 선언했습니다. 2030년까지 해양플라스틱의 50%를 저감하고, 해양쓰레기로 몸살을 앓고 있는 우리 바다를 되살리겠습니다. 우리의 해양산업 주력분야는 컨테이너 물동량 세계 4위, 해운선복량 5위, 양식생산량 7위로 이미 세계적 수준입니다. 여기에 육지면적의 4.4배에 이르는 광대한 해양관할권과 해양생물 다양성 세계 1위에 빛나는 해양자원이 있습니다. 해양바이오, 해양에너지 관련 신산업 역량도 풍부합니다. 정부는 이러한 역량들을 모아 '해양수산 신산업 혁신전략'으로 글로벌 해양부국을 실현해 나가겠습니다. 첫째, 해양바이오, 해양관광, 친환경선박, 첨단해양장비, 해양에너지 등 5대 핵심 해양 신산업을 적극 육성할 것입니다. 현재 3조 원 수준인 우리 해양 신산업 시장을 2030년 11조 원 수준으로 끌어올리고, 매출 1천억 원이 넘는 해양 스타트업, '오션스타' 기업도 2030년까지 20개를 발굴, 성장을 돕겠습니다. '해양바이오 산업 클러스터'를 구축하여 유망한 기업과 인재들이 모이게 하고, 연안 중심의 해역 조사를 배타적 경제수역으로 확대하여 해양자원을 확보하겠습니다. 보령의 해양 머드, 태안·서천의 해송휴양림과 같은 해양관광도 활성화하여 지역발전을 이끌겠습니다. 수중건설로봇, 조류발전시스템, LNG 선박과 같은 첨단 해양장비, 해양에너지, 친환경선박 분야에 대한 지원도 아끼지 않겠습니다.

둘째, 기존의 해양수산업을 스마트화할 것입니다. '스마트항만'을 구축하고, '자율운항선박'을 개발하여 해운·항만 산업의 경쟁력을 한층 강화하겠습니다. '지능형 해상교통 정보서비스'를 도입하여 바다의 안전을 지키고 세계 시장으로 진출하겠습니다. 올해 처음 조성한 '해양모

태펀드'를 통해 해양수산 분야 민간 투자를 촉진하고, 빅데이터와 인공지능을 결합한 스마트 수산양식 분야도 세계에서 앞서갈 수 있도록 적극 지원하겠습니다. 국가 해양력의 원천은 과학기술입니다. 현재 국가 R&D의 3% 수준인 해양수산 R&D를 2022년까지 5%인 1조 원까지 대폭 확대할 것입니다.

충남도민 여러분,

충남은 명실공히 대한민국을 대표하는 혁신성장 중심지로 거듭나고 있습니다. 저는 오늘, 삼성디스플레이 신규투자 발표 현장을 다녀왔습니다. 충남은 '디스플레이 혁신공정 플랫폼 구축사업'을 추진하며 민간의 혁신과 함께하고 있습니다. 충남의 혁신 노력은 디스플레이 경쟁력 강화와 부품·소재·장비의 자립화에 큰 힘이 될 것이며 해양 신산업에서도 역량을 발휘할 것입니다.

지난 2007년, 태안 유류 피해 현장은 살면서 처음 본, 결코 잊지 못할 광경이었습니다. 그때 태안은 검은 재앙으로 뒤덮여 있었고, 제 모습을 되찾으려면 적어도 20년은 걸릴 거라고 했습니다. 그러나 123만 자원봉사자로 국민들이 힘을 모았고 충남도민들은 끝내 바다를 되살려냈습니다. 2년 전, 다시 태안에 왔을 때 방제작업을 위해 만들었던 작업로는 어느새 솔향기 가득한 해변 길로 탈바꿈했고, 바다에는 생명이 넘실거리고 있었습니다.

충남은 세계가 놀란, '서해의 기적'을 만들어냈습니다. 그 힘으로 다시 한 번, 바다에서 우리 경제에 희망을 건져주시길 바랍니다. 정부도 힘껏 응원하고 지원하겠습니다. 감사합니다.

수석보좌관회의 모두발언

| 2019-10-14 |

저는 조국 법무부 장관과 윤석열 검찰총장의 환상적인 조합에 의한 검찰 개혁을 희망했습니다. 꿈같은 희망이 되고 말았습니다. 결과적으로 국민들 사이에 많은 갈등을 야기한 점에 대해 매우 송구스럽게 생각합니다.

그러나 결코 헛된 꿈으로 끝나지는 않았습니다. 검찰 개혁에 대한 조국 장관의 뜨거운 의지와 이를 위해 온갖 어려움을 묵묵히 견디는 자세는 많은 국민들에게 다시 한 번 검찰 개혁의 절실함에 대한 공감을 불러일으켰고, 검찰 개혁의 큰 동력이 되었습니다.

오늘 조국 법무부 장관이 발표한 검찰 개혁 방안은 역대 정부에서 오랜 세월 요구되어 왔지만 누구도 해내지 못했던 검찰 개혁의 큰 발걸음을 떼는 일입니다. 국회의 입법과제까지 이뤄지면 이것으로 검찰 개혁의 기본이 만들어지는 것이라고 생각합니다.

특히 검찰 개혁 방안의 결정 과정에 검찰이 참여함으로써 검찰이 개혁의 대상에 머물지 않고 개혁의 주체가 된 점에 큰 의미를 부여하고 싶습니다. 검찰이 스스로 개혁의 주체라는 자세를 유지해 나갈 때 검찰 개혁은 보다 실효성이 생길 뿐 아니라 앞으로도 검찰 개혁이 중단 없이 발전해 나갈 것이라는 기대를 가질 수 있게 될 것입니다.

특히 공정한 수사관행, 인권보호 수사, 모든 검사들에 대한 공평한 인사, 검찰 내부의 잘못에 대한 강력한 자기정화, 조직이 아니라 국민을 중심에 놓는 검찰문화의 확립, 전관예우에 의한 특권의 폐지 등은 검찰 스스로 개혁 의지를 가져야만 제대로 된 개혁이 가능할 것입니다. 법무부는 오늘 발표한 검찰 개혁 과제에 대해 10월 안으로 규정의 제정이나 개정, 필요한 경우 국무회의 의결까지 마쳐주기 바랍니다.

이번에 우리 사회는 큰 진통을 겪었습니다. 그 사실 자체만으로도 대통령으로서 국민들께 매우 송구스러운 마음입니다. 그런 가운데에서도 의미가 있었던 것은 검찰 개혁과 공정의 가치, 언론의 역할에 대해 다시 한 번 깊이 생각할 수 있는 소중한 기회가 되었다는 점입니다. 검찰 개혁과 공정의 가치는 우리 정부의 가장 중요한 국정목표이며 국정과제이기도 합니다. 정부는 그 두 가치의 온전한 실현을 위해 국민의 뜻을 받들고, 부족한 점을 살펴가면서 끝까지 매진하겠다는 의지를 다시 한 번 천명합니다. 언론의 역할에 대해서는 정부가 개입할 수 있는 영역이 아닙니다. 언론 스스로 그 절박함에 대해 깊이 성찰하면서 신뢰받는 언론을 위해 자기 개혁의 노력을 해주실 것을 당부드립니다.

광장에서 국민들이 보여주신 민주적 역량과 참여 에너지에 대해 다시 한 번 감사드립니다. 그리고 이제는 그 역량과 에너지가 통합과 민생, 경제로 모일 수 있도록 마음들을 모아주시기 바랍니다. 저부터 최선을 다하겠습니다.

감사합니다.

미래차산업 국가비전 선포식 모두발언

| 2019-10-15 |

존경하는 국민 여러분,

오늘 현대자동차 남양연구소 현장에서 미래 자동차 산업의 주역들과 함께 '미래차 국가비전 선포식'을 갖게 되었습니다. 현대차는 1997년부터 친환경차 연구개발에 돌입하여 세계 최초로 수소차 양산에 성공했습니다. 현대차의 친환경차 누적 판매량 100만 대 돌파는 이곳 연구원들의 공이 큽니다. 대통령으로서 박수를 보냅니다.

우리는 산업화의 과정에서 위대한 발명을 한 위인들의 이야기를 읽으며 자랐습니다. 최초의 증기기관을 만든 와트, 최초의 비행기 라이트 형제, 에디슨의 전기 발명 등을 읽으며 꿈을 키우기도 하고, 부러워하기도 했습니다. 그렇지만 이제 우리나라에서도 '세계 최초'라는 말이 낯설지 않게 되었습니다. 우리는 이미 여러 분야에서 '세계 최초'의 주인공이 되고 있습니다. 자동차 관련 분야만 하더라도 세계 최초 리튬 전기차 배터리와 세계 최초 수소차 양산, 그리고 세계 최초 5G 상용화의 주인공이 바로 대한민국의 과학자, 기술자들입니다.

우리는 산업화를 일찍 시작한 나라들을 뒤쫓기 위해 쉼 없이 달려왔습니다. 그 결과 연간 자동차 생산 400만 대, 세계 7위의 자동차 생산 강국이 되었습니다. 하지만 추격형 경제는 분명히 한계가 있습니다. 미래차 시대에 우리는 더 이상 추격자가 되지 않아도 됩니다. 동등한 출발점에 설 수 있게 되었기 때문입니다. 드디어 추격자가 아니라 기술 선도국이 될 수 있는 기회를 맞았습니다. 우리는 이 기회를 살려야 합니다.

우리는 이미 세계 최고의 전기차·수소차 기술력을 입증했고 올해 수소차 판매 세계 1위를 달성했습니다. 수출형 수소트럭 1,600대를 스위스로 수출하게 됐다는 기쁜 소식도 들었습니다. 전기차에 있어서도 우리는 세계 최고 수준의 전비(電費)를 달성하고 있습니다. 미래차의 핵심인 배터리, 반도체, IT 기술도 세계 최고입니다. 여기에 세계에서 가장 빠른 이동통신망을 결합하면 자율주행을 선도하고, 미래차 시장을 선점할 수 있습니다. 우리의 기준이 국제표준이 될 수 있는 시대가 결코 꿈이 아닙니다.

국민 여러분,

2030년, 신규 차량의 30%는 수소차와 전기차로 생산되고, 50% 이상이 자율주행차로 만들어질 것입니다. 이동서비스 시장은 1조 5천억 불로 성장할 것입니다. 기후변화 대응을 위해, 이미 일부 유럽 국가들은 2025년부터 내연기관차 판매 금지를 발표했고, 글로벌 자동차 회사들도 친환경차 개발에 집중하는 등, 친환경차는 '선택'이 아닌 '필수'가 되고 있습니다.

자율주행차는 이용의 편의를 넘어, 교통사고를 획기적으로 줄이고 교통약자들의 안전한 이동권을 실현해 줄 수 있습니다. 독일은 2030년까지 완전자율주행 상용화 계획을 발표했고, 미국도 자율주행 시범도시를 운영하는 등, 세계 각국이 자율주행에도 속도를 내고 있습니다. 하늘을 나는 이동수단 '플라잉카'까지 개발되어 미래차 서비스 시장은 매년 30% 성장할 전망입니다. 우리의 목표는, 2030년까지 미래차 경쟁력 1등 국가가 되는 것입니다. 이를 위해 정부는 세 가지 정책 방향을 마련했습니다.

첫째, 전기차·수소차의 신차 판매 비중을 2030년 33%, 세계 1위 수준으로 늘리고, 세계 시장점유율 10%를 달성하겠습니다. 자동차 제조사에 대한 친환경차 보급목표제를 시행하고, 소형차량, 버스, 택시, 트럭 등 물류수단과 대중교통을 중심으로 내수시장을 확대하겠습니다.

또한 수요 확대에 맞춰, 2025년까지 전기차 급속충전기 1만 5천 기를 설치하여 주유소보다 더 쉽게 이용할 수 있도록 하고, 2030년까지 총 660기의 수소충전소를 구축하여 어디에서나 20분 안에 도달할 수 있도록 하겠습니다. 미래차는 미세먼지와 온실가스를 줄이는 친환경차이며 특히 수소차는 '달리는 공기청정기'입니다. 미래차 신차 판매율 33%가 달성되면, 온실가스 36%, 미세먼지 11%를 감축하는 효과도 얻게 될 것입니다.

둘째, 세계에서 가장 먼저 자율주행을 상용화하겠습니다. 그동안 자율주행 정책은 특정 구간에서만 자율주행이 가능하고 운전자가 운행에 관여하는 레벨 3이 중심이었지만, 주요 도로에서 운전자의 관여 없이 자동차 스스로 운행하는 완전자율주행 상용화로 목표를 높였습니다. 목표 시기도 2030년에서 2027년, 3년 앞당겨 실현할 계획입니다.

이를 위해 법·제도와 함께 자동차와 도로 간 무선통신망, 3차원 정밀지도, 통합관제시스템, 도로 표지 등 4대 인프라를 주요 도로에서 2024년까지 완비하겠습니다. 자동차가 운전자가 되는 시대에 맞게 안전 기준, 보험제도 등 관련 법규를 정비하여 안전과 사고 책임에 혼란이 없도록 할 것입니다.

복잡한 시내 주행까지 할 수 있는 기술 확보를 위해, 공공부문을 중심으로 시범서비스를 확대하겠습니다. 고령자와 교통 소외지역을 중심으로 자율주행 셔틀, 로봇 택시를 시범 운행하고, 교통 모니터링, 차량 고장 긴급대응, 자동순찰 등 9대 공공서비스를 중심으로, 필요한 기술 개발과 실증 사업을 확대해 나가겠습니다.

자율주행 서비스 시장은 경제 활력을 살리고, 새로운 일자리를 만들 황금시장입니다. 규제 샌드박스, 규제자유특구를 통해 규제 완화에 더욱 속도를 내겠습니다. 내년에 자율주행 여객·물류 시범운행지구를 선정하여, 시범지구 내에서 운수사업을 허용하겠습니다. 우리가 2030년 자율주행차 보급률 54%를 달성하면, 연간 교통사고 사망자가 3천 8백여 명에서 천 명 이하로 줄고, 교통정체에 따른 통행시간을 30% 줄일 수 있을 것입니다.

셋째, 미래차 산업을 이끌어갈 혁신하고 상생하는 생태계를 만들겠습니다.

우리 기업들은 미래차 분야에 앞으로 10년간 60조 원을 투자하여 세계를 선도할 핵심 기술을 확보할 계획입니다. 정부도 미래차 부품·소재 기술 개발과 실증에 2조 2천억 원을 투자하여 기업의 혁신을 뒷받침하겠습니다. 수소차, 자율차의 기술 개발 성과를 국제표준으로 제안하여 우리 기술이 세계 표준이 될 수 있도록 추진하겠습니다. 업종 간 융합을 통한 혁신이 미래차 경쟁력의 핵심입니다. 미래차에 필요한 여러 분야의 전문인력을 양성하고, 자동차, 반도체, IT, 인공지능, 서비스 등 서로 다른 업종과 대·중소기업이 협력하는 개방형 생태계를 만들어 우리 실력과 기술로 미래차 산업을 이끌겠습니다.

스마트 시티는 '대규모 미래차 실험장'이 되어 국민들이 미래차 서비스를 체감하고, 기업들이 제품의 성능과 안전성을 테스트할 수 있는 기회를 제공할 것입니다. 또한 지역 거점별 기술 실증단지를 조성하여 중소·중견기업과 벤처기업들이 마음껏 이용할 수 있게 하겠습니다. 미래차 시대가 본격적으로 열리면, 기존의 자동차 산업과 부품·소재 산업에서 많은 일자리가 줄어들 것이라는 우려에도 대비해야 합니다.

정부는 기존 부품업계의 사업 전환을 적극 지원할 것입니다. 또한 규제혁신으로 융합부품, 서비스, 소프트웨어 같은 새로운 시장을 열어 신규 일자리로 전체 일자리가 늘어날 수 있도록 하겠습니다. 자동차 업계와 노조가 함께 미래차 시대에 대비하는 일자리 상생협력도 필요하다는 말씀을 드립니다.

존경하는 국민 여러분,

우리는 미래차에서 '세계 최초', '세계 최고'가 될 것입니다. 작년 2월 자율주행 수소차의 경부고속도로 시험주행에 시승했는데, 자동차 스스로 속도를 조절하여 차간 거리를 유지하고 차선을 변경하는 것을 보며 우리의 자율주행 기술 수준을 확인할 수 있었습니다. 제가 오늘 이 행사장에 타고 온 대통령 전용차도 우리의 수소차 넥쏘입니다.

미래차로 4차 산업혁명 시대를 선도하겠습니다. 우리는 새로운 기술 시대를 선도할 만큼 준비되어 있고, 열정이 있습니다. 국민들께서 응원해 주신다면, 머지않아 미래차 1등 국가 대한민국을 반드시 보게 될 것입니다.

감사합니다.

제40주년 부마민주항쟁 기념식 기념사

| 2019-10-16 |

존경하는 국민 여러분, 창원과 부산, 경남 시민 여러분,

지난 9월 부마민주항쟁이 국가기념일로 지정되고 오늘 처음으로 40주년 만에 정부 주관 기념식이 열립니다. 4·19혁명과 5·18광주민주화운동, 6·10민주항쟁과 함께 민주주의를 상징하는 국가기념일로 기리게 되어 국민들께서도, 또 시민들께서도 더욱 자부심을 가질 수 있게 되었습니다. 특히 마산 민주항쟁의 발원지였던 바로 이곳 경남대학교 교정에서 창원과 부산, 경남 모두의 마음을 모은 통합 기념식을 치르게 되어 더욱 뜻깊습니다.

지난 10월, 고(故) 유치준 님이 40년이 지나서야 부마민주항쟁 관련 사망자로 공식 인정되었습니다. 그동안 국가가 피해자들의 고통을 돌보지 못했던 시간이 너무 길었습니다. 유가족께 깊은 위로의 말씀을 드리며, 유신독재의 가혹한 폭력으로 인권을 유린당한 피해자들 모두에게 대통령으로서 깊은 위로와 사과의 말씀을 드립니다.

국가가 부마민주항쟁을 기리지 못하는 동안에도 부산, 창원 시민들은 줄기차게 항쟁기념일을 지켜왔습니다. 저 자신도 부마민주항쟁 기념사업회에서 활동했고, 부산에서는 물론 이곳 경남대 교정에서 열린 기념식에서 기념사를 한 적이 있습니다. 부마민주항쟁의 역사적 의미를 알리고, 국가기념일로 지정하기 위해 애쓰신 모든 분들께 깊이 감사드립니다.

국민 여러분,

우리의 민주주의는 쉬지 않고 발전되어 왔고 더욱 커지고 있습니다. 민주주의가 위기를 맞을 때마다 국민들은 행동으로 민주주의를 살려냈고, 정치적 민주주의로 시작된 거대한 흐름은 직장과 가정, 생활 속 민주주의로 확대되어 가고 있습니다. 부마민주항쟁은 우리 역사상 가장 길고, 엄혹하고, 끝이 보이지 않았던 유신독재를 무너뜨림으로써 민주주의의 새벽을 연 위대한 항쟁이었습니다. 비록 신군부의 등장으로 어둠이 다시 짙어졌지만, 이번엔 광주 시민들이 엄청난 희생을 치르며 치열한 항쟁을 펼쳤고, 마침내 국민들은 1987년 6월항쟁에 이르러 민주주의의 영원한 승리를 이루었습니다.

부·마는 대한민국 민주주의의 성지입니다. 3·15의거로 4·19혁명의 도화선이 된 곳도, 1987년 6월항쟁의 열기가 주춤해졌을 때 항쟁의 불꽃을 되살려 끝내 승리로 이끈 곳도 바로 이곳 부·마입니다. 이제 민주주의의 하늘에는 부산의 아들 박종철과 광주의 아들 이한열이 함께 빛나고 우리는 국민의 이름으로 민주주의의 또 다른 역사를 쓰고 있습니다. 민주주의를 통해 많은 국민들이 자신의 목소리를 갖게 되었습니다. 각자의 목소리를 분출하며 민주주의는 더 다양해지고, 자신의 목소리가 중요한 만큼 다른 이들의 목소리도 중요하다는 것을 깨달아가고 있습니다.

민주주의는 완성되는 것이 아니라, 끊임없이 실천하는 가운데 확장되는 것입니다. 우리가 오늘 부마민주항쟁을 기념하는 것도 민주주의를 위한 어제의 노력이 더 발전된 민주주의로 확장되기를 희망하기 때문입니다. 오늘 저는 언제나 행동으로 민주주의를 살려온 우리 국민들께 진심으로 감사드리며, 이제 우리의 민주주의가 양보하고 나누며, 상생하고 통합하는 더욱 성숙한 민주주의로 발전하길 희망합니다.

존경하는 국민 여러분, 창원과 부산, 경남 시민 여러분,

정부는 부마민주항쟁의 진상규명과 피해자들의 명예회복, 보상에 더욱 힘을 쏟을 것입니다. 숫자로만 남아있는 항쟁의 주역들과 피해자들이 자신의 이름을 찾고 명예를 회복하도록 할 것이며, 국가폭력 가해자들의 책임 소재도 철저히 규명하겠습니다. 이제 와서 문책을 하자는 것이 아니라 역사의 정의를 바로 세우고자 하는 것입니다.

정부는 작년 설립된 '부마민주항쟁기념재단'이 잘 뿌리내려 부마민주항쟁의 정신이 꽃필 수 있도록 돕고, '부산 민주공원 기록관'과 '창원 민주주의 전당'을 통해 더 많은 국민들이 일상에서 항쟁의 역사를 보고 기억할 수 있도록 하겠습니다. 저는 지난해 발의한 개헌안에서 헌법전문에 4·19혁명에 이어 부마민주항쟁과 5·18광주민주화운동, 6·10항쟁

의 민주이념 계승을 담고자 했습니다. 비록 개헌은 좌절되었지만 그 뜻은 계속 살려나갈 것입니다.

또한, 국회에 계류 중인 부마민주항쟁의 진상조사 기간 연장과 관련자 예우에 대한 법률 제·개정안의 조속한 통과를 위해서도 노력하겠습니다. 창원, 부산, 경남의 시민들은 그동안 정치적 민주화의 열망뿐 아니라, 독재정권의 가혹한 노동통제와 저임금에 기반한 불평등 성장정책, 재벌중심의 특권적 경제구조를 바꾸고자 하는 데에도 가장 앞장서 왔습니다.

지난 40여 년간 창원은 온갖 어려움 속에서도 국가산업단지를 중심으로 우리나라의 경제발전을 선도하고 견인해왔습니다. 2006년 '환경수도 창원'을 선언한 창원시는 지금 산업과 환경이 공존하는 미래형 도시로 발전하고 있으며, 지난해 11월에는 전국 최초로 수소산업 특별시를 선포하고, 수소버스 운행을 시작했습니다. 민주주의의 성지 창원시가 추진하는 '사회적경제 활성화'에 거는 기대가 아주 큽니다. 이윤만이 아니라 사회적 가치를 함께 생각하는 '사회적경제 혁신타운' 조성을 적극 지원해 지역주민의 일자리를 늘리고, 더불어 사는 공동체 정신을 다지는 좋은 사례를 창원시와 함께 만들어내겠습니다.

부산은 '동북아 해양수도'로의 도약을 준비하고 있습니다. 지난 7월 '블록체인 규제자유특구'로 선정되어 블록체인을 기반으로 한 물류, 관광, 금융산업의 육성과 생활 밀착형 블록체인 산업의 성장을 이끌 것으로 기대합니다. 지난 10월 '제2차 규제자유특구 심의 대상'으로 선정된 경남의 '무인선박 규제자유특구'도 경남의 풍부한 조선산업 인프라를 활용하고 되살리며 더욱 발전시킬 기회가 될 것입니다. 정부는 40일 앞으로 다가온 '한·아세안 특별정상회의'와 '제1차 한·메콩 정상회의' 준비에 만전을 기하고, 범정부 차원의 '2030년 부산월드엑스포 유치' 전담 조직을 조속히 구성해 세계를 향한 창원과 부산, 경남의 도약을 힘껏 돕겠습니다. 부마민주항쟁의 자부심으로 시민들께서 적극적으로 참여해 주시길 바랍니다.

존경하는 국민 여러분,

4·19혁명, 부마민주항쟁, 5·18광주민주화운동, 6·10민주항쟁과 2016년 촛불혁명에 이르기까지 우리에게 민주항쟁의 위대한 역사가 있는 한, 어떤 권력도 국민 위에 군림할 수 없습니다. 지금 국민은 더 많은 민주주의와 더 좋은 민주주의를 요구하고 있습니다. 모든 권력기관은 조직 자체를 위해서가 아니라 국민을 위해서 존재한다는, 민주주의의 상식을 명심해야 할 것입니다.

100년 전, 3·1독립운동과 임시정부의 선조들이 꿈꿨던 진정한 민주공화국, 평범한 사람들이 진정으로 나라의 주인이 되는 민주주의, 국가적 성취가 국민의 생활로 완성되는 민주주의를 향해 국민과 함께 나아가겠습니다. 오늘 마침내 모두의 역사로 되살아나 우리 곁에 와있는 부마민주항쟁의 정신이 국민 모두에게 군건한 힘과 용기가 되어주리라 믿습니다.

감사합니다.

법무부 차관 및 검찰국장 면담 모두발언

| 2019-10-16 |

어려운 상황 속에서 법무부를 이끄는 데 우리 차관께서 아주 보좌를 잘해주셨다고 들었습니다. 뿐만 아니라 조국 장관이 검찰 개혁 방안을 만드는 과정에서도 우리 차관께서 법무·검찰개혁위원회, 그리고 또 검찰 쪽 의견을 잘 수렴해서 아주 개혁적이면서도 합리적인 방안을 만들 수 있도록 아주 큰 역할을 하셨다고 들었습니다. 치하 말씀드리고요. 앞으로도 장관 부재 중에 법무부를 잘 이끌어주시기를 바랍니다.

아시는 바와 같이 후임 장관을 인선하는 데 시간이 적지 않게 걸립니다. 그 반면에 지금 검찰 개혁은 아주 시급한 과제가 되었습니다. 그래서 후임 장관이 임명될 때까지 부처를 흔들림 없이 잘 관리한다라는 차원을 넘어서서 장관 대행으로서 내가 장관으로서 역할을 다한다, 그래서 말하자면 장관 부재라는 그런 느낌이 들지 않을 정도로 그 역할을 다해

주시기를 당부드립니다.

　우선 시급한 것은 조국 장관이 사퇴 전에 발표한 검찰 개혁 방안, 그것이 어떤 것은 장관 훈령으로, 또 어떤 것은 시행령으로 국무회의 의결을 거쳐야 되는데, 그중에서는 이미 이루어진 것도 있고 또 앞으로 해야 될 과제들이 있습니다. 그런 국무회의 의결까지 규정을 완결하는 절차, 그 부분을 적어도 10월 중에 다 끝날 수 있도록 해주시기 바라고, 이미 발표된 개혁 방안 외에도 추가적으로 어떤 개혁위를 취하겠다라고 생각하는 방안들이 있다면 또 법무·검찰개혁위원회에서도 추가적인 방안들을 제시할 테고, 또 검찰에서도 이런저런 개혁 방안을 스스로 내놓을 수도 있는데, 그런 부분들이 있다면 직접 저에게 보고도 해주시고, 또 그 과정에서 검찰 의견도 잘 수렴해서 추가적인 개혁 방안까지도 잘될 수 있도록 차관께서 중심이 되어주시기 바랍니다.

　제가 생각할 때는 가장 중요한 것 중의 하나가 지금 대검에도 대검 자체의 감찰 기능이 있고, 또 우리 법무부에도 이차적인 그런 감찰 기능이 있는데 지금까지 보면 대검의 감찰 기능도, 또 법무부의 감찰기능도 그렇게 크게 실효성 있게 작동되어 왔던 것 같지가 않습니다. 그래서 대검의 감찰 방안, 법무부의 이차적인 감찰 방안들이 좀 실효적으로 작동할 수 있도록, 그리고 활성화될 수 있도록, 그래서 그것이 검찰 내에 어떤 아주 강력한 자기정화 기능이 될 수 있도록 하는 방안에 대해서도 잘 마련하셔서 준비가 되면 저에게 한번 직접 보고를 이렇게 해 주시면 좋겠습니다.

경제장관회의 모두발언

| 2019-10-17 |

여러분, 반갑습니다. 화상으로 회의에 참석하시는 장관님도 계시죠? 모두 반갑습니다.

지금 우리는 경제와 민생에 힘을 모을 때입니다. 올해 세계 경제는 글로벌 금융위기 직후인 2009년 이후 가장 낮은 성장률을 기록할 것으로 전망되고 있습니다. 무역 갈등의 심화와 세계 제조업 경기의 급격한 위축으로 전 세계 대부분의 나라가 성장 둔화를 겪고 있는 상황입니다. 우리나라처럼 제조업 기반의 대외 의존도가 높은 나라일수록 이 같은 흐름에 영향을 더 크게 받을 수밖에 없습니다. 정부가 중심을 잡고 경제 활력과 민생 안정에 최선을 다해야 합니다.

이런 의미에서 오늘 회의는 경제장관들과 함께 국내외 경제상황을 짚어보고, 앞으로의 대응을 논의하기 위해 마련했습니다. 무엇보다 민간 활력이 높아져야 경제가 힘을 낼 수 있습니다. 세계경기 둔화로 인한 수출과 투자 감소를 타개하기 위해 수출기업에 대한 지원을 강화하고, 민간투자가 활성화 될 수 있도록 정부가 적극적으로 나서야 합니다.

최근 기업들이 시스템반도체, 디스플레이, 미래차, 바이오헬스 등 신산업 분야에서 투자를 대폭 확대하고 있습니다. 벤처 투자도 사상 최대로 늘어났습니다. 우리 경제에 아주 좋은 소식입니다. 이 흐름을 잘 살려가야 합니다. 기업투자를 격려하고 지원하며 규제혁신에 속도를 내는 등 기업이 투자할 수 있는 환경 마련에 최선을 다해야 할 것입니다.

민간 활력을 높이는 데 건설 투자의 역할도 큽니다. 우리 정부는 인위적 경기부양책을 쓰는 대신에 국민생활 여건을 개선하는 건설 투자에 주력해왔습니다. 이 방향을 견지하면서 필요한 건설투자는 확대해 나가야 합니다. 서민 주거문제 해결을 위한 주택공급을 최대한 앞당기고, 교통난 해소를 위한 광역교통망을 조기 착공해야 할 것입니다. 정부가 역점을 두고 추진하고 있는 교육, 복지, 문화, 인프라 구축과 노후, SOC 개선 등 생활 SOC 투자도 더욱 속도를 내야 할 것입니다.

경기가 어려울 때 재정 지출을 확대해 경기를 보강하고, 경제에 힘을 불어넣는 것은 정부가 반드시 해야 할 일입니다. 그동안 정부는 적극적 재정 정책을 통해 경기의 급격한 위축을 막고 경기 반등 여건을 조성하는 노력을 기울여왔습니다. 이러한 노력을 더욱 확대해야 합니다. 확장기조로 편성된 내년 예산안이 잘 처리될 수 있도록 국회의 협조를 구하면서 올해 본예산과 추가경정예산의 집행률을 철저히 관리해 이월하거나 불용하는 예산을 최대한 줄여야 할 것입니다. 지자체도 최대한 협조해 주시기 바랍니다.

　정부 정책이 충분한 효과를 내려면 시간이 필요합니다. 일자리정책만 하더라도 초기에는 어려움이 있었지만 정부가 정책 일관성을 지키며 꾸준히 노력한 결과 제조업 구조조정, 고령화, 생산가능인구 감소와 같은 어려운 여건 속에서도 고용 개선 흐름이 뚜렷해지고 있습니다. 같은 달 기준으로 두 달 연속 역대 최고의 고용률을 기록했고, 청년 고용률이 16개월 연속 상승하고 있습니다. 여성과 고령층 고용도 꾸준히 개선되고 있습니다. 상용직 근로자 수가 계속해서 큰 폭으로 증가하는 등 고용의 질도 개선되고 있고, 고용보험 가입자 수 증가와 함께 실업급여 수혜자와 수혜금액이 늘어나는 등 고용 안정망도 훨씬 튼튼해지고 있습니다.

　이런 성과를 지속적으로 확대하는 노력과 함께 여전히 미흡한 연령대와 제조업, 자영업 분야 등의 고용 문제 해결을 위해 정부 정책 역량을 집중해야 할 것입니다. 엄중한 상황일수록 정부 부처 간 협업 강화가 필수적입니다. 이번에 일본의 수출 규제에 대응하는 과정에서 범부처 간의 협업이 소재·부품·장비산업의 경쟁력 강화에 큰 힘이 되고 있습니다. 이 경험을 확대해 나가야 합니다. 과거의 틀과 방식으로는 산업구조와 인구구조의 변화 등에 능동적으로 대처하기가 어렵습니다. 부처 간 칸막이를 해소하고, 정보를 적극적으로 공유하며 종합적으로 해결책을 모색하는 범부처 차원의 통합적 노력이 있어야 어려운 과제들을 해결하고 의미 있는 성과를 창출할 수 있습니다.

　경제와 민생을 위해 모두가 한마음으로 뛰고 있습니다. 정부와 기업이 적극적으로 협력하고 있고, 대·중소기업 간 상생 협력 생태계도 구축되고 있습니다. 올 초부터 성과를 내기 시작한 상생형 지역 일자리도 전국적으로 확산되고 있습니다. 국회의 협조도 절실합니다. 국민의 삶을 개선하고, 민간의 활력을 지원하는 일에 국회가 입법으로 함께해주시면 큰 힘이 될 것입니다.

주한외교단 초청 리셉션 환영사

| 2019-10-18 |

모하메드 알-하르씨 외교단장님과 주한외교단 여러분, 내외 귀빈 여러분, 반갑습니다.

한국에 대해 따뜻한 애정을 가지고 계시며 많은 도움을 주신 것을 잘 알고 있습니다. 참석해 주신 모든 분들께 깊이 감사드립니다. 그동안 여러 나라를 방문하고, 한국에 오신 국가 지도자들을 만날 때마다 함께 해결하고 함께 협력해야 할 일이 많다는 것을 느꼈습니다. 특히, 공정하고 자유로운 무역을 통해 세계 경기를 살리고, 기후변화에 대응하는 것은 국제적 협력이 있어야만 가능한 일입니다. 그만큼 외교의 역할이 더욱 막중해지고 있습니다.

평창동계올림픽이 평화올림픽으로 성공적으로 치러지면서 한반도 평화를 위한 환경이 극적으로 달라진 것도 전적으로 국제사회의 협력이 있었기 때문입니다. 한국도 2020년 도쿄하계올림픽, 2022년 베이징동계올림픽으로 이어지는 동아시아 릴레이 올림픽의 연속적인 성공을 위해 최선을 다할 것입니다. 아울러 평창으로 모아주신 평화와 화합의 열기가 2032년 서울·평양 공동올림픽까지 계속될 수 있도록 여러분의 변함없는 관심과 지지를 당부드립니다.

한국은 지금 한반도 비핵화와 항구적 평화라는 역사적인 변화에 도전하고 있습니다. 우리는 지금 그 마지막 벽을 마주하고 있습니다. 그 벽을 넘어야만 대결의 시대로 되돌아가지 않고 밝은 미래를 펼칠 수 있습니다. 남북미 간의 노력이 우선이지만 국제사회의 지지와 협력이 반드시 필요합니다.

주한외교단 여러분께서 지난 6월 '9·19남북군사합의'에 따라 개방한 비무장지대 평화의 길을 다녀오셨다는 보도를 보았습니다. 지난 유엔총회 연설에서 저는 한반도 비무장지대를 국제평화지대로 만들자고 제안했습니다. 비무장지대에서 공동으로 지뢰를 제거하고 UN기구 등 국제기구를 설치하는 일은 국제사회가 행동으로 평화를 만들어내는 길이라고 믿습니다. 주한외교단이 직접 걸었던 평화의 길이 이름 그대로 한반도 비핵화와 항구적 평화로 이어지는 길이 되도록 역사적인 여정에 함께해주시기를 희망합니다.

올해 11월 부산에서 열리는 '한·아세안 특별정상회의'와 '한·메콩 정상회의'는 아세안 국가들의 협력으로 세계와 상생·번영하고자 하는 회의입니다. 내년 6월 한국에서 열릴 '제2차 P4G 정상회의'는 기후변화 대응과 지속가능한 발전을 위해 다시 한 번 국제사회의 힘을 모으는 계기가 될 것입니다. 주한외교단의 많은 관심과 성원을 부탁합니다.

외교관은 임지에 따라 생활환경이 바뀌는 어려움이 크지 않을까 생각합니다. 그러나 다양한 문화를 경험해 볼 수 있는 기회이기도 할 것입니다. 한국에 머무시는 동안 한국의 자연과 문화와 한국인들의 우정을 듬뿍 느끼시기 바랍니다. 다시 한 번 청와대에 오신 것을 환영하며, 녹지원의 가을을 만끽하시길 바랍니다.

감사합니다.

조코 위도도 인도네시아 대통령님의
취임을 축하합니다

| 2019-10-20 |

소중한 친구 조코 위도도 인도네시아 대통령님의 취임을 축하합니다. 인도네시아는 조코위 대통령님을 다시 선택했고, 대통령님의 포용적 리더십과 함께 인도네시아는 더욱 역동적으로 발전할 것입니다.

대통령님께서 보여주신 우정과 신뢰 덕분에 인도네시아와 한국은 아세안에서 유일한 '특별전략적동반자 관계'로 발전할 수 있었습니다. 앞으로도 대통령님의 '진보하는 인도네시아' 비전과 한국의 신남방정책을 잘 조화하여 양국이 공동번영을 이뤄가기를 희망합니다.

각별한 우정의 마음을 담아 경축특사를 파견했습니다. 새정부 출범을 계기로 양국 국민들 간의 협력이 더욱 긴밀해지길 바라며, 조코위 대통령님과 직접 만나 축하할 날을 기다립니다.

7대 종단 지도자 초청 오찬 간담회 모두발언

| 2019-10-21 |

원행 조계종 총무원장스님, 김희중 주교회의 의장님, 이홍정 총무님, 김성복 대표님, 오도철 교정원장님, 김영근 성균관장님, 송범두 교령님, 모두 귀한 걸음해 주셔서 감사드립니다. 이번에 송범두 천도교 교령님은 처음 모시게 됐는데, 지난 4월에 취임을 하셨습니다. 취임을 축하드립니다. 그리고 또 박우균 민족종교협의회 회장님께서 이런 자리가 있을 때마다 꼭 함께해주셨는데 워낙 고령이셔서 거동이 불편하셔서 이번에 오시지 못했습니다. 지난 2월에만 해도 아주 청와대에서 정정한 모습을 뵐 수 있었는데 오래오래 건강하시기를 기원하겠습니다.

이렇게 모시고 보니 제가 2017년에 처음 종교 지도자님들을 모셨던 때가 기억납니다. 그때는 북한의 핵실험과 미사일 실험 때문에 전쟁의 불안이 아주 고조되고 있던 때였는데, 그때 제가 우리 지도자님들께 그런 당부 말씀을 드렸었습니다. 아무리 어려운 상황이라도 국민통합이 제대로 이뤄지면 어떤 어려움도 우리가 이겨낼 수 있는데, "우리 정치가 국민통합을 이끌어내는 데 부족한 점이 많으니 종교 지도자님들께서 우리 국민들의 통합과 화합을 위해서 좀 큰 역할을 해 주십시오" 그런 당부 말씀을 드렸었습니다.

지금 2년 가까이 흘렀는데, 국민통합이라는 면에서는 우리들 나름대로는 협치를 위한 노력을 하기도 하고, 또 많은 분야에서 통합적인 정책을 시행하면서 나름대로 노력을 해왔지만 그러나 뭐 크게 그렇게 진척이 없는 것 같습니다. 지금은 검찰 개혁이라든지 공수처 설치라든지, 개혁을 위해서 반드시 필요한 어떤 조치로 국민들이 공감을 모으고 있었던 그런 사안들도 그게 정치적인 공방이 이뤄지면서 국민들 사이에서도 그것을 놓고 갈등이 일어나고 있는 그런 상황입니다.

아마 앞으로 또 총선이 점점 다가오기 때문에 이런 정치적 갈등은 더 높아지고, 또 그 정치적 갈등은 곧바로 국민들 사이의 갈등으로 증폭될 그런, 말하자면 가능성도 있다고 생각이 됩니다. 한편으로 이번에 우리가 또 하나 소중한 기회가 되기도 한 것은 국민들 사이에 공정에 대한 요구가 아주 높다는 점을 다시 확인한 점이라고 할 수 있겠습니다. 우리 정부는 아시다시피 집권 후부터 나라다운 나라, 정의로운 대한민국을 최고의 국정목표로 세우면서 공정한 사회를 위한 많은 노력을 기울여왔습니다. 그래서 각 분야 분야별로 특권이나 반칙을 청산하기 위한 그런 노력들을 많이 기울였고, 또 나름대로 성과도 있었다고 생각합니다.

그런데 이번에 국민들의 목소리를 들어보니 공정에 대한 국민들의 요구는 그보다 훨씬 높았습니다. 불법적인 반칙이나 특권뿐만 아니라 합법적인 제도 속에 내재되어 있는 그런 불공정까지 모두 다 해소해 달라는 것이 국민들의 요구였습니다. 우리 정치가 아주 귀를 기울여야 한다고 생각합니다. 또 그렇게 된다면 우리 사회의 공정을 한 단계 더 높일 수 있는 좋은 계기도 될 수 있다고 생각합니다.

그런데 실제에 있어서는 그 점에 있어서도, 그러면 제도 속에 어떤 불공정한 요인이 내포되어 있는지 이런 것들을 우리가 찾아내고, 그걸 어떻게 고쳐나갈 것인지, 이렇게 건강한 논의들이 이뤄져야 되는데, 공정에 대해서도 여전히 구체적인 논의는 없는 가운데 말하자면 정치적인 공방거리만 되고 있는 그런 실정입니다.

그래서 정말 다시 한 번 당부드리고 싶습니다. 우리 국민통합과 화합을 위해서 대통령인 저부터, 또 우리 정치 모두가 더 많은 노력을 기울여야겠지만 역시 종교 지도자들께서 더 큰 역할을 해주셔야겠다는 그런 말씀을 꼭 드리고 싶습니다. 뿐만 아니라 우리 사회에 어려운 점들이 많습니다. 세계경기가 아주 빠르게 하강하는 가운데 우리 경제도 여전히 많은 어려움 겪고 있는 상태고요. 또 남북관계도 북미 대화가 지금 막히면서 남북관계도 말하자면 진도를 더 빠르게 내지 못하고 있는 그런 상황입니다. 평소에 늘 생각해 오셨던 여러 가지 문제들에 대해서도 오늘 지혜로운 말씀을 청하고 싶습니다.

감사합니다.

2020년도 예산안 시정연설

| 2019-10-22 |

존경하는 국민 여러분, 국회의장과 국회의원 여러분,

저는 오늘 지난 2년 반 동안의 재정운영 성과와 2020년도 예산안을 국민과 국회에 설명드리고, 협조를 부탁드리고자 합니다. 지난 2년 반 동안 정부는 우리 경제와 사회의 질서를 '사람' 중심으로 바꾸고, 안착시키기 위해서 노력해왔습니다. '잘 사는 시대'를 넘어 '함께 잘 사는 시대'로 가기 위해 '혁신적 포용국가'의 초석을 놓았습니다. 지금까지 우리 사회는 시대에 역동적으로 대처하며 발전해왔습니다.

부모세대가 이룩한 경제적 토대 위에, 아들딸 세대들이 민주주의의 가치를 정립했습니다. 우리가 책임 있는 중견국가, 민주국가로 성장한 것은 모든 세대, 모든 국민의 땀방울이 모아진 결과입니다. 우리 사회는 지금 개인의 가치가 커지고, 인권의 중요성이 자리 잡아가고 있습니다.

모든 사람의 노력을 보장하는 '공정한 사회'를 추구하고 있습니다. 그만큼 다양한 목소리가 나오기 시작했고, 서로에 대한 이해와 다름에 대한 관용과 다양함 속의 협력이 어느 때보다 절실한 시대가 되었습니다.

지금은 우리가 가야 할 목표에 대해 다시 한 번 마음을 모을 때입니다. 수십 년 동안 못해왔던 우리 소재·부품·장비 산업의 국산화와 수입 다변화에서 불과 100일 만에 의미 있는 성과가 나타나고 있습니다. 대기업이 중소기업에 먼저 손을 내밀어 함께 맞잡았고, 국민들의 응원으로 잠재되어 있던 우리 과학기술이 기지개를 켰습니다. 새로운 시도는 낯설고, 두려울 수 있지만 우리의 의지가 모아지면 무엇이든 해낼 수 있다는 것을 우리는 확인했습니다.

이제 우리 정부 남은 2년 반을 준비해야 할 시점입니다. 혁신적이고, 포용적이고, 공정하고, 평화적인 경제로 '함께 잘 사는 나라'를 만드는 것이 우리가 가야 할 길이라고 믿습니다. 이러한 방향으로 마련한 내년도 예산안에 대해 국회가 함께 지혜를 모아주시기 바랍니다.

존경하는 국민 여러분, 의원 여러분,

재정의 과감한 역할이 어느 때보다 요구됩니다. 저성장과 양극화, 일자리, 저출산·고령화 등 우리 사회의 구조적 문제 해결에 재정이 앞장서야 합니다. 미·중 무역 분쟁과 보호무역주의 확산으로 세계 경제가 빠르게 악화되고, 무역의존도가 높은 우리 경제도 엄중한 상황을 맞고 있습니다. 재정이 적극적인 역할을 하여 대외충격의 파고를 막는 '방파제' 역할을 해야 합니다. 나아가서 우리 경제의 활력을 살리는 마중물 역할을 해야 합니다. 재정 건전성을 우려하는 분도 계십니다. 우리가 계속해서 관심을 가지고 중요하게 여겨야 할 점입니다.

하지만 대한민국의 재정과 경제력은 더 많은 국민이 더 높은 삶의 질을 누릴 수 있도록 하는 데 충분할 정도로 성장했고, 매우 건전합니다. 정부 예산안대로 해도 내년도 국가채무비율은 GDP 대비 40%를 넘지 않습니다. OECD 평균 110%에 비해 비교할 수 없을 만큼 낮은 수준이고, 재정 건전성 면에서 최상위 수준입니다.

최근 IMF는 올해 세계 경제 성장률이 2009년 글로벌 금융위기 이후 최저를 기록할 것이라고 전망하면서, 세계적 경기하강을 극복하기 위해 재정지출을 과감하게 늘리라고 각 나라에 권고했습니다. 특히 독일과 네덜란드와 우리나라를 재정 여력이 충분해서, 재정 확대로 경기에 대응할 수 있는 나라로 지목했습니다.

세계 경제포럼(WEF)의 국가경쟁력 평가에서도 한국은 141개국 가운데 13위를 기록했습니다. 2016년 26위에서 크게 올라갔고, 우리 정부 출범 이후 2017년부터 올해까지 3년간 연속해서 17위, 15위, 13위로 상승하고 있습니다. 특히, 우리는 거시경제 안정성과 정보통신 분야에서 2년 연속 1위를 차지했습니다. 또한, 3대 국제신용평가기관 모두 한국의 국가신용등급을 일본, 중국보다 높게 유지하고 있습니다. 우리 경제의 견실함은 우리 자신들보다도 오히려 세계에서 높이 평가하고 있는 것입니다. 우리 정부는 최근 2년간 세수 호조로 국채발행 규모를 당초 계획보다 28조 원 축소하여 재정 여력을 비축했습니다. 내년에 적자국채 발행 한도를 26조 원 늘리는 것도 이미 비축한 재정 여력의 범위 안이라는 말씀을 드립니다.

지난 2년 반 동안 재정의 많은 역할로 '혁신적 포용국가'의 초석을 놓았습니다. 재정이 마중물이 되었고 민간이 확산시켰습니다. 그러나 이제 겨우 정책의 성과가 나타나기 시작했을 뿐입니다. 우리 경제가 대외 파고를 넘어 활력을 되찾고, 국민들께서도 삶이 나아졌다고 체감할 때까지 재정의 역할은 계속되어야 합니다. 우리가 지금 제대로 대응하지 않으면 머지않은 미래에 더 큰 비용을 치르게 될 것입니다. 내년도 확장예산이 선택이 아닌 필수인 이유입니다.

존경하는 국민 여러분, 의원 여러분,

재정은 국가 정책을 실현하는 수단입니다. 특히, 예산안과 세법개정안에는 우리 사회가 가야 할 방향과 목표가 담겨있습니다. 내년도 예산안과 세법개정안에는 더 활력 있는 경제를 위한 '혁신', 더 따뜻한 사회를 위한 '포용', 더 정의로운 나라를 위한 '공정', 더 밝은 미래를 위한 '평화', 네 가지 목표가 담겨있습니다. 이를 위해, 정부는 총지출을 올해보다 9.3% 늘어난 513조 5천억 원 규모로, 총수입은 1.2% 늘어난 482조 원으로 편성했습니다.

첫째, 우리 경제의 '혁신의 힘'을 키우는 재정입니다.

4차 산업혁명 시대, '혁신의 힘'은 땅속에 매장된 '유전'보다 가치가 큽니다. 혁신역량이 곧 국가경쟁력의 핵심입니다. 창의를 북돋고, 도전을 응원하며, 실패를 두려워하지 않는 열정에 의해 미래의 성장동력이 만들어집니다. 전 세계가 '혁신의 힘'을 키우기 위해 총성 없는 전쟁을 치르고 있는 것도 이 때문입니다. 지난 2년 반 동안, 정부는 '혁신을 응원하는 창업국가'를 국정과제로 삼고, 신성장 산업전략, 제2벤처붐 확산

전략, 수소경제 로드맵, 혁신금융 비전 등을 추진하며 혁신역량을 키우기 위해 투자해왔습니다.

그 결과, '혁신의 힘'이 살아나고 있습니다. 지난해 신규 벤처투자가 사상 최대치인 3조 4천억 원에 달했고, 올해도 4조 원에 이를 것으로 예상됩니다. 신설법인 수도 지난해 10만 개를 돌파했고, 올해 더 늘고 있습니다. 유니콘기업 수도 2016년 2개에서 올해 9개로 늘어 세계 6위를 기록했습니다. 새로운 도전을 향한 혁신의 분위기가 확산되고 있습니다.

그러나 아직도 제2벤처붐의 성공을 말하기에는 이릅니다. 내년에는 우리 경제, '혁신의 힘'을 더욱 키울 것입니다. 4차 산업혁명의 핵심인 데이터, 네트워크, 인공지능 분야에 1조 7천억 원, 시스템반도체, 바이오헬스, 미래차 등 신성장 산업에 3조 원을 투자하고, 핵심소재·부품·장비 산업의 자립화에도 2조 1천억 원을 배정하여 올해보다 크게 늘렸습니다.

세계 경제 둔화에 따른 수출·투자 부진을 타개하기 위해, 무역금융을 4조 원 이상 확대하고 기업투자에 더 많은 세제 인센티브를 부여하겠습니다. 지역에서부터 혁신과 경제활력이 살아나도록 생활 SOC, 국가균형발전프로젝트, 규제자유특구 등 '지역경제 활력 3대 프로젝트'도 본격 추진할 것입니다.

둘째, 우리 사회의 '포용의 힘'과 '공정의 힘'을 키우는 재정입니다.

우리 사회의 그늘을 보듬고, 갈등을 줄이며, 혁신의 과실을 모두가 함께 누리게 될 때, 국가사회의 역량도 더불어 높아집니다. 그것이 포용입니다. 공정은 혁신과 포용을 가능하게 하는 기반입니다. 정부는 취약계층에 대한 사회안전망을 강화하고 청년·여성·신중년에 대한 맞춤형 일자리를 확대하는 등 포용국가 기반을 마련하는 데 아낌없이 투자해왔습니다. 그 결과, '포용의 힘'이 곳곳에 닿고 있습니다.

먼저, 소득여건이 개선되고 있습니다. 올해 2분기 가계소득과 근로소득 모두 최근 5년 사이에 가장 높은 증가율을 보였습니다. 특히 고령화의 영향으로 계속 떨어져서 걱정이던 1분위 계층의 소득이 증가로 전환되었습니다. 근로장려금 확대 등의 정책효과로 1분위와 2분위 계층의 소득이 더욱 개선되기를 기대합니다.

일자리도 회복세를 지속하고 있습니다. 올해 9월까지의 평균 고용률이 66.7%로 역대 최고 수준이고, 청년 고용률도 12년 만에 최고치를 보였습니다. 8월과 9월 취업자 수가 45만 명과 34만 명 넘게 증가하여, 연간 취업자 수가 목표치 15만 명을 크게 웃도는 20만 명대 중반이 될 것으로 전망됩니다. 상용직 비중도 올해 평균 69.5%로 최고치를 기록했고, 고용보험 가입자도 50만 명 이상 늘어 일자리의 질도 개선되고 있습니다. 그러나 아직도 더 많은 노력이 필요합니다. 일자리의 질이 더 좋아져야 하고, 제조업과 40대의 고용 하락을 막아야 합니다. 우리 사회의 '포용의 힘'과 '공정의 힘'을 더욱 키워야 합니다.

먼저, 사회안전망을 더욱 촘촘히 보강하겠습니다. 기초생활보장제도의 사각지대를 줄여 7만 9천 가구가 추가로 기초생활보장의 혜택을 받고, 고용보험을 받지 못하는 구직자 20만 명에게 한국형 실업부조로 구직촉진수당과 취업지원서비스를 지원하는 '국민취업지원제도'를 본격 시행하겠습니다. 교육의 공정성과 포용성을 높이기 위해 올해 고3부터 시작한 고교무상교육을 내년에는 고2까지 확대하고, 내후년에는 전 학년에 적용하여 고교 무상교육을 완성하겠습니다.

청년은 우리 사회의 미래입니다. 청년 임대주택 2만 9천 호를 공급하고, 청년층 추가고용장려금과 청년내일채움공제를 더욱 확대하겠습니다. 여성의 사회참여가 높아질수록 사회는 더욱 성숙하고 발전합니다. 고령화의 대안이기도 합니다. 경력단절 여성의 재취업에 대해, 소득세 감면 지원을 더 넓히겠습니다. 고령화시대의 어르신은 더 오래 사회발전의 동력이 되고, 일하는 복지를 누릴 수 있어야 합니다. 어르신들의 좋은 일자리를 위해 더 많은 재정을 투입하겠습니다. 공익형 등 어르신 일자리도 13만 개 더해 74만 개로 늘리고 기간도 연장하겠습니다. 재정으로 단시간 일자리를 만든다는 비판이 있지만 일하는 복지가 더 낫다는 데는 의문의 여지가 없을 것입니다. 그와 함께 내년부터 저소득층 어르신 157만 명에 대해 추가로 기초연금을 30만 원으로 인상하겠습니다.

자영업자와 소상공인은 우리 경제의 당당한 주체입니다. 긴급경영 안정자금 융자와 특례신용보증을 대폭 늘리는 한편, 온누리상품권과 지역사랑상품권도 크게 늘려 총 5조 5천억 원 발행하겠습니다.

셋째, 우리 미래, '평화의 힘'을 키우는 재정입니다.

한반도는 지금 항구적 평화로 가기 위한, 마지막 고비를 마주하고 있습니다. 우리가 함께 넘어야 할 비핵화의 벽입니다. 대화만이 그 벽을 무너뜨릴 수 있습니다. 상대가 있는 일이고, 국제사회와 함께 가야 하기 때문에 우리 맘대로 속도를 낼 수 없지만, 핵과 미사일 위협이 전쟁의 불안으로 증폭되던 불과 2년 전과 비교해보면 우리가 가야 할 길은 명백합니다. 우리는 역사발전을 믿으면서, 평화를 위해 할 수 있는 대화의 노력을 다해야 합니다.

우리의 운명을 남에게 맡기지 않고 우리 스스로 결정하기 위해 반드시 필요한 것이 강한 안보입니다. 지금 우리의 안보 중점은 대북억지력이지만, 언젠가 통일이 된다 해도 열강 속에서 당당한 주권국가가 되기 위해선 강한 안보능력을 갖춰야 합니다. 국방비를 내년 예산에 50조 원 이상으로 책정했습니다. 차세대 국산 잠수함, 정찰위성 등 핵심 방어체계를 보강하는 한편, 병사 월급을 병장 기준으로 41만 원에서 54만 원으로 33% 인상해 국방의무를 보상하겠습니다.

국제사회에 책임 있는 역할을 다하고 지지와 협력을 넓혀가기 위해서도 최선을 다하겠습니다. 공공 외교와 ODA 예산을 대폭 늘려 평화와 개발의 선순환, 지속가능한 성장을 지원하겠습니다. 특히 4대 강국과 신남방, 신북방과 같은 전략 지역을 중심으로 집중 증액하겠습니다. 한반도에 평화가 정착되면, 우리 경제는 새로운 기회를 맞게 될 것입니다. 남북 간 철도와 도로를 연결하고 경제·문화·인적교류를 더욱 확대하는 등 한반도 평화와 경제협력이 선순환하는 '평화경제' 기반 구축에도 힘쓰겠습니다. 북한의 밝은 미래도 그 토대 위에서만 가능할 것입니다. 북한의 호응을 촉구합니다.

존경하는 국민 여러분,

국민의 다양한 목소리를 엄중한 마음으로 들었습니다. '공정'과 '개혁'에 대한 국민의 열망을 다시 한 번 절감했습니다. 정부는 그동안 우리 사회에 만연한 특권과 반칙, 불공정을 없애기 위해 노력해왔지만, 국민의 요구는 그보다 훨씬 높았습니다.

국민의 요구는 제도에 내재된 합법적인 불공정과 특권까지 근본적으로 바꿔내자는 것이었습니다. 사회지도층일수록 더 높은 공정성을 발휘하라는 것이었습니다. 대통령으로서 무거운 책임감을 갖겠습니다. '공정'이 바탕이 되어야 '혁신'도 있고 '포용'도 있고 '평화'도 있을 수 있습니다. 경제뿐 아니라 사회·교육·문화 전반에서, '공정'이 새롭게 구축되어야 합니다. 국민의 요구를 깊이 받들어 '공정'을 위한 '개혁'을 더욱 강력히 추진하겠습니다. '공정사회를 향한 반부패 정책협의회'를 중심으로 공정이 우리 사회에 뿌리내리도록 새로운 각오로 임할 것입니다.

공정경제는 '혁신적 포용국가'의 핵심 기반입니다. 그동안 갑을문제 해소로 거래관행이 개선되고, 기업지배구조 개선과 골목상권 보호 등 상생협력을 이뤘지만 여전히 부족합니다. 상법과 공정거래법, 하도급거래공정화법, 금융소비자보호법 등 공정경제 관련 법안 통과에 힘쓰며 현장에서 공정경제의 성과가 체감되도록 더욱 노력하겠습니다.

국민들께서 가장 가슴 아파하는 것이 교육에서의 불공정입니다. 최근 시작한 학생부종합전형 전면 실태조사를 엄정하게 추진하고, 고교서열화 해소를 위한 방안도 강구할 것입니다. 정시비중 상향을 포함한 '입시제도 개편안'도 마련하겠습니다. 채용과 관련해서는 공공기관 채용실태 조사와 감사원 감사를 진행했고, 공공기관 블라인드 채용과 정규직 전환 등을 통해 공정채용과 채용비리 근절을 추진하고 있습니다. 앞으로 채용비리가 완전히 사라질 때까지 강도 높은 조사와 함께 엄정한 조치를 취하고, 피해자를 구제하면서 지속적으로 제도개선을 추진하겠습니다. 탈세, 병역, 직장 내 차별 등 국민의 삶 속에 존재하는 모든 불공정을 과감하게 개선하여 국민의 기대에 부응하겠습니다.

존경하는 국민 여러분, 의원 여러분,

최근 다양한 의견 속에서도 국민의 뜻이 하나로 수렴하는 부분은 검찰 개혁이 시급하다는 점입니다. 어떤 권력기관도 '국민' 위에 존재할 수는 없습니다. 엄정하면서도 국민의 인권을 존중하는, 절제된 검찰권 행사를 위해 잘못된 관행을 바로잡아야 합니다. 지난주 정부는 법 개정 없이 정부가 할 수 있는 검찰 개혁방안을 국민께 이미 보고드렸습니다. 심야조사와 부당한 별건수사 금지 등을 포함한 '인권보호 수사규칙'과 수사 과정에서의 인권침해를 방지하기 위한 '형사사건 공개금지에 관한 규정'도 10월 안에 제정하겠습니다.

검찰에 대한 실효성 있는 감찰과 공평한 인사 등 검찰이 더 이상 무소불위의 권력이 아니라 국민을 위한 기관이라는 평가를 받을 수 있을 때까지 개혁을 멈추지 않겠습니다. 국민들뿐 아니라 대다수 검사들도 바라마지 않는 검찰의 모습이라고 믿습니다. 국회도 검찰 개혁을 위해 가장 중요한 역할을 맡아주시기 바랍니다. '공수처법'과 '수사권 조정법안' 등 검찰 개혁과 관련된 법안들을 조속히 처리해 주시길 당부드립니다.

공수처의 필요성에 대해 이견도 있지만, 검찰 내부의 비리에 대해 지난날처럼 검찰이 스스로 엄정한 문책을 하지 않을 경우 우리에게 어떤 대안이 있는지 묻고 싶습니다. 공수처는 대통령의 친인척과 특수 관계자를 비롯한 권력형 비리에 대한 특별사정 기구로서도 의미가 매우 큽니다. 권력형 비리에 대한 엄정한 사정기능이 있었다면 국정농단사건은 없었을 것입니다. '공수처법'은 우리 정부부터 시작해서 고위공직자들을 더 긴장시키고, 보다 청렴하고 건강하게 만드는 역할을 하게 될 것입니다. '민생'과 '안전'에 대한 국민의 요구도 미룰 수 없습니다.

내년에 근로시간 단축이 확대 시행됨에 따라 '탄력근로제 등 보완입법'이 시급합니다. 그래야 기업이 예측가능성을 가질 수 있습니다. 4차 산업혁명에 대응하기 위한 '데이터 3법'과 기술 자립화를 위한 '소재·부품·장비 특별법'도 시급히 처리되어야 합니다. '벤처투자촉진법', '농업소득보전법', '소상공인기본법', '유치원 3법' 등 많은 민생법안들도 국회에 계류 중입니다.

국민 안전과 재난대응 강화를 위한 '소방공무원국가직전환법'과 청년, 여성들을 위한 '청년기본법', '가정폭력처벌법' 등 안전관련 법안들과 국회 선진화를 위한 '국회법'도 계류 중입니다. '민생'과 '안전'이라는 국민의 요구에 국회가 더 큰 관심을 기울여주시길 바랍니다. 최근 야당에서 입시제도, 공공기관 채용·승진, 낙하산 인사, 노조의 고용세습, 병역·납세제도 개혁, 대·중소기업 공정거래, 비정규직의 정규직 전환, 부동산 문제 해결 등 공정과 관련한 다양한 의제를 제시했습니다.

여·야·정이 마주 앉아 함께 논의하면 충분히 성과를 낼 수 있는 부분이 많습니다. 국회의 입법 없이는 민생 정책들이 국민의 삶 속으로 스며들 수 없습니다. 특히 국민통합을 위해서라도, 얽힌 국정의 실타래를 풀기 위해 '여·야·정 국정상설협의체'를 약속대로 가동하고 '여·야 정당대표들과 회동'도 활성화하여 협치를 복원하고 20대 국회 유종의 미를 거두게 되길 바랍니다.

존경하는 국민 여러분, 국회의장과 국회의원 여러분,

저는 '함께 잘 사는 대한민국'을 생각합니다. 우리 모두가 함께 노력해 이뤄낸 성과를 더욱 발전시켜 나가야 합니다. 보수적인 생각과 진보적인 생각이 실용적으로 조화를 이루어야 새로운 시대로 갈 수 있을 것입니다.

정치는 항상 국민을 두려워해야 한다고 믿습니다. 저 자신부터, 다른 생각을 가진 분들의 의견을 경청하고 같은 생각을 가진 분들과 함께 스스로를 성찰하겠습니다. 과거의 가치와 이념이 더 이상 통하지 않는 시대가 되었습니다. 어떤 일은 과감하게 밀어붙여야 하고 아쉽지만 다음으로 미루거나 속도를 조절해야 할 일도 있습니다. 제때에 맞는 판단을 위해 함께 의논하고 협력해야 합니다. 더 많이, 더 자주 국민의 소리를 듣고 국회와 함께하고 싶습니다.

마지막 정기국회를 맞이한 만큼, 산적한 민생법안들을 조속히 매듭짓고, 내년도 예산안과 세법개정안도 법정 기한 내에 처리하여, 20대 국회가 '민생국회'로 평가받길 기대합니다. '혁신의 힘', '포용의 힘', '공정의 힘', '평화의 힘'을 키우고 '함께 잘 사는 나라', '아무도 흔들 수 없는 강한 경제'가 민의의 전당 국회에서부터 실현되길 희망합니다.

감사합니다.

한·스페인 정상회담 모두발언

| 2019-10-23 |

국왕님께서 왕세자 시절, 1988년 서울올림픽 때 방한하시고 31년 만에 다시 한국에 오신 것을 진심으로 환영합니다. 국왕님의 포용적 리더십으로 스페인은 왕실 개혁과 국가 통합을 지속하면서 EU의 핵심 주도국으로서 산업 혁신과 첨단 과학기술을 선도하는 국가가 되고 있습니다.

특히 국왕님께서 다보스포럼에 직접 참석하시고 여러 나라에서 다양한 경제, 통상 행사를 여시는 등 스페인의 국제 협력과 경제 발전에 탁월한 리더십을 보여주신 데 대해 경의를 표합니다.

양국은 함께 협력할 분야가 매우 많습니다. 스페인은 산업연결 4.0 정책을 통해 산업의 디지털화를 추구하고, 한국도 미래차, 시스템반도체, 바이오헬스 같은 신산업 분야를 중심으로 혁신성장의 길을 걷고 있습니다. 자율주행차, 스마트 시티와 같은 5G 핵심 서비스 분야에서 서로 협력한다면 큰 시너지 효과를 낼 수 있을 것입니다.

특별히 내년 양국 수교 70주년을 맞아 한국이 주빈국으로 참석하는 스페인의 산업연결 4.0 컨퍼런스와 국제관광박람회가 양국의 우호 협력을 더욱 촉진하는 계기가 되기를 기대합니다. 국왕님의 국빈 방문이 양국의 공동 번영을 위해 새로운 70년을 여는 자리가 되길 바랍니다.

감사합니다.

펠리페 6세 스페인 국왕 내외를 위한 국빈만찬 환영사

| 2019-10-23 |

존경하는 국왕님, 왕비님, 스페인 대표단 여러분, 환영합니다. 비엔 베니도스 아 꼬레아! (한국 방문을 환영합니다)

스페인 국왕으로서 부친이신 후안 카를로스 1세 국왕님의 방한 이후 23년 만에 국빈으로 한국에 오셨습니다. 내년 양국 수교 70주년을 앞두고 있어 더욱 뜻깊게 생각합니다.

한국인들은 스페인을 좋아합니다. 세르반테스, 피카소, 가우디 등 스페인의 예술을 좋아하고, 기독교 문화와 이슬람 문화가 공존하는 스페인의 모습을 좋아하고, 열정적인 스페인의 축구를 좋아합니다. 지난해 50만 명이 넘는 한국인들이 스페인을 방문했습니다. 세계 제2위의 관광 대국 스페인의 오늘은 인류의 정신을 풍요롭게 만들어온 결과입니다. 스페인 국민들의 상상력과 도전정신은 국왕님의 뛰어난 리더십 아래 산업

혁신과 첨단과학기술을 선도하고 있습니다. 역동적인 경제 발전과 함께 유럽과 중남미를 아울러 폭넓은 협력을 이끌고 계신 국왕님께 경의를 표합니다.

오늘 국왕님과 나는 양국이 4차 산업혁명 대응을 위한 협력을 강화하고, 건설·인프라 분야에서 제3국 공동 진출을 더욱 확대하기로 했습니다. 관광과 인적 교류 협력을 더욱 증진하고, 기후변화 같은 국제 현안에도 긴밀히 공조할 것입니다.

내년은 양국이 수교 70년을 맞는 특별한 해입니다. 한국의 15개 대학에서 스페인어와 문학을 가르치고, 스페인 5개 대학에서 한국어와 한국학을 배우고 있습니다. 서로의 문화에 대한 이해와 함께 양국 간 경제 협력의 규모와 범위도 커지고 있습니다. 70년의 역사를 함께 해왔듯 앞으로도 양국은 더욱 성숙한 동반자로서 협력 관계를 발전시켜 나갈 것입니다.

지난 5년간, 2만 3천여 명의 한국인이 산티아고 순례길을 찾아 평화와 치유의 시간을 가졌습니다. 한반도에 평화가 정착된다면 한반도의 허리를 가로지르는 비무장지대에도 '평화의 길'이 하나로 이어져 세계인들이 함께 걷게 되길 바라며 한반도 평화를 위한 스페인의 변함없는 지지와 협력을 부탁드립니다. 양국 간의 영원한 우정과 함께 국왕님 내외분의 건강과 스페인의 무궁한 발전을 위해 건배를 제의합니다.

살룻! (건배)

한·스페인 비즈니스 포럼 기조연설

| 2019-10-24 |

존경하는 국왕님, 호세 루이스 보넷 스페인 상공회의소 회장님, 박용만 대한상공회의소 회장님, 내외 귀빈 여러분, 그리고 양국 경제인 여러분, 엔깐따도! (반갑습니다)

국왕님은 새로운 과학기술 발전과 스페인의 경제 진흥을 직접 챙기고 계십니다. 오늘 비즈니스 포럼은 국왕님의 격려 덕분에 양국 경제인들의 협력이 더 잘 이뤄질 것 같습니다. 스페인은 세계를 통상의 시대로 이끈 역사를 가지고 있습니다. 인류 역사상 최초로 '해가 지지 않는 나라'로 불렸던 저력은 5대양 6대주를 넘나드는 오늘의 스페인으로 이어지고 있습니다. 유럽이 바다를 통해 다른 지역으로 나아가려면 반드시 거쳐야 했던 나라가 바로 스페인이었습니다. 서쪽으로는 중남미와 혈연·종교·언어로 긴밀하게 이어졌고, 남쪽으로는 북아프리카까지 연결되어 있습니다. 우리나라를 비롯한 아시아 국가와도 '아시아 전략적 비전'을 통해 협력이 깊어지고 있습니다.

대륙과 해양을 잇는 교량국가로서의 스페인은 우리 한국이 꿈꾸는 모습입니다. 한국 또한 반도국이라는 지정학적 강점을 살려 대륙과 해양을 잇고, 그 힘으로 평화와 번영을 이루고자 합니다. 한국의 신북방정책은 중국과 러시아를 거쳐 중앙아시아와 유럽으로 협력의 기반을 넓히려는 것이며, 신남방정책은 아세안과 인도, 태평양 연안의 나라들과 공동번영의 협력관계를 발전시키고자 하는 것입니다.

스페인과 한국은 대륙과 해양이 만나는 관문이자 허브입니다. 공통의 지정학적 강점을 기반으로 협력할 분야가 매우 많습니다. 유라시아 서쪽 끝 스페인과 동쪽 끝 대한민국이 서로 긴밀히 협력한다면 양국의 공동번영이 보다 빠르게 실현될 것이라 확신합니다.

양국 경제인 여러분,

2011년 한·EU FTA 발효 이후 양국 간 교역은 꾸준히 증가하여 지난해에는 역대 최고 수준인 55억 불을 달성했습니다. 올해 9월 현재, 양국이 공동으로 제3국으로 진출한 사업 규모는 130억 불에 육박합니다. 지난해 증편된 양국 간 직항노선은 양국을 더 가깝게 만들었습니다. 지난 7년간 스페인을 방문한 한국인의 수는 약 7배가 늘어 지난해 50만 명을 넘었습니다. 반세기 전, 스페인령 카나리아제도 라스팔마스섬에서 한국이 원양어업 기지를 열 때, 그곳은 아주 먼 곳이었지만 지금은 바로 옆 테네리페섬에서 한국의 예능 프로그램을 촬영할 정도로 가까워졌습니다.

한국인들은 오래전부터 스페인을 좋아합니다. 세르반테스, 피카소, 가우디 등 스페인의 예술을 사랑하고, 기독교 문화와 이슬람 문화가 공존하는 스페인의 모습에 매료되고, 열정적인 스페인의 축구를 부러워합니다. 스페인에서도 지금 K-팝, 한국영화, 한식을 즐기는 국민이 많아지고, 올림픽에서 6개의 메달을 획득했을 정도로 태권도 강국으로 도약하고 있습니다. 양국은 빠르게 가까워지고 있으며, 지금보다 앞으로 협력할 것이 더 많아지고 있습니다. 저는 오늘 양국의 상생번영을 위해 세 가지 협력 방안을 제시하고자 합니다.

첫째, 4차 산업혁명 시대의 디지털경제 협력입니다.

스페인과 한국은 올해 5G 서비스를 상용화할 정도로 양국 모두 우수한 ICT 기술력과 인프라를 보유하고 있습니다. 자율주행차, 스마트시티와 같은 5G 핵심서비스 분야에서 더욱 협력을 강화할 수 있을 것입니다. 스페인은 제조업과 ICT 기술을 결합해 생산성을 높이는 '산업연결 4.0' 정책을 추진하고 있습니다. 한국도 4차 산업혁명 시대 신산업 육성과 기존 산업의 혁신을 위한 '제조업 르네상스 비전과 전략'을 추진하고 있습니다. 같은 비전을 가지고 있는 양국이 공통의 관심 사항을 토대로 협력을 확대해 나간다면 서로의 제조업 혁신에서 시너지 효과를 낼 수 있을 것입니다. 다음 달 개최될 '제3차 스페인 산업연결 4.0 컨퍼런스'에 한국이 주빈국으로 참가합니다. 4차 산업혁명시대, 양국의 협력을 더욱 긴밀하게 할 출발점이 될 것이라 기대합니다.

둘째, 기후변화에 대응한 친환경 에너지 협력입니다.

화석 연료를 줄이고 재생에너지를 확대하는 일은 제조업을 기반으로 하는 양국에게 도전이자 기회입니다. 스페인은 친환경 경제로의 전환을 위해 2050년 재생에너지 발전 비중 100%를 목표로 하는 '기후변화 및 에너지 변환 로드맵'을 마련했습니다. 스페인은 이미 태양열발전 세계 1위, 풍력발전 세계 5위, 태양광발전 세계 10위를 기록하고 있는 신재생에너지 선진국입니다.

한국도 지속가능발전을 위해 재생에너지 비중을 빠르게 늘리려는 목표를 가지고 있기 때문에 스페인으로부터 배울 점이 많습니다. 양국 모두 우수한 기술과 경험을 축적해왔으며, 스페인 기업은 한국에서 성공적으로 풍력발전 단지를 조성했고, 한국 기업 또한 스페인에서 1,000메가와트급 대규모 태양광 발전사업을 추진 중입니다. 향후 양국 기업들 간 투자와 교류가 확대된다면 더 큰 기회의 문이 열릴 것입니다.

셋째, 건설·인프라의 제3국 공동 진출 협력의 다변화입니다. 경제 성장의 기반을 구축하기 위해 세계 곳곳에서 건설·인프라 수요가 증가하고 있습니다. 스페인은 사업 발굴, 설계, 시설 운영과 유지 보수에서, 한국은 시공과 금융조달 분야에서 강점을 가지고 있으며 양국 기업들은 제3국에 공동 진출해, 많은 성과를 이뤄가고 있습니다. 양국은 올해 초, 해외 건설 분야에서 중남미, 아시아 지역의 공동 진출을 촉진하고 철도, 항공을 비롯한 교통 분야에서 공기업 간 협력을 확대하기로 했습니다. 스페인과 한국이 건설한 도로와 철도가 세계 경제 활성화에 기여하게 되기를 희망하며, 어제 체결한 '무역투자협력 MOU'가 양국 간 민간 협력과 투자를 더욱 확대하는 마중물이 되기를 바랍니다.

존경하는 국왕님, 양국 경제인 여러분,

스페인의 작가 발타사르 그라시안은 "친구를 갖는다는 것은 또 하나의 인생을 갖는다는 것이다"라고 했습니다. 양국은 역사적 어려움을 극복하고 높은 경제발전과 성숙된 민주주의를 이뤘습니다. 양국은 많이 닮았고, 진정한 친구가 되었습니다. 4차 산업혁명, 기후변화, 양극화를 비롯하여 전 세계가 직면한 도전 앞에서도 양국은 서로를 통해 이겨낼 수 있는 용기와 힘을 더하게 될 것입니다. 내년이면 양국 수교 70년이 됩니다. 양국 간 우정은 앞으로도 오랫동안 더욱 단단하게 이어질 것이며, 서로를 통해 새로운 세계를 갖게 될 것입니다.

무차스 그라시아스! (대단히 감사합니다)

전북 군산형 일자리 상생 협약식 축사

| 2019-10-24 |

존경하는 국민 여러분, 군산시민 여러분,

군산에 매우 반가운 소식을 가지고 왔습니다. 현대조선소 가동중단과 한국지엠 공장 폐쇄 때문에 지역에서도, 정부에서도 걱정이 많았습니다. 오늘 군산의 경제를 다시 일으킬 군산형 일자리 상생협약을 체결합니다. 군산 경제의 새로운 도약이 되길 희망합니다.

오늘 협약식은 광주, 밀양, 대구, 구미, 횡성에 이어 또 하나의 상생형 일자리 모델을 만드는 것입니다. 군산 자동차 기업들의 노와 사, 지역 양대 노총, 시민사회, 전라북도와 군산시, 새만금개발청과 군산대학교 등 군산을 아끼고, 군산의 미래를 만들어 갈 군산의 역량들이 총망라되어 함께하고 있습니다.

이제 군산과 새만금 일대에 전기차 클러스터가 새롭게 조성되고,

2022년까지 4,122억 원의 투자와 함께 1,900여 개의 직접고용 일자리가 만들어집니다. 가동을 멈춘 자동차 공장에서 전기차 생산라인이 다시 힘차게 돌아가게 될 것입니다. 군산형 일자리를 위해 과감한 결단을 내려주신 자동차 기업 노사와 성공적인 합의를 이끌어주신 양대노총 고진곤 지부 의장님과 최재춘 지부장님, 송하진 지사님과 강임준 시장님을 비롯한 전북도와 군산시 관계자들께 깊은 감사와 존경의 말씀을 드립니다.

군산시민 여러분,

군산은 언제나 과감한 결단으로 새로운 미래를 열었습니다. 우리나라 최초의 민족기업 '경성고무', 호남 곡창지대 쌀을 전국 제일의 술로 빚어낸 '백화양조', 전국의 신문발행을 좌지우지했던 제지회사 '세대제지'는 한국의 근대산업을 일으킨 군산의 기업들입니다. 1920년대 군산항의 노동자들은 "먹드래도 같이 먹고 굶드래도 같이 굶자!"는 정신으로 노동조합을 결성하여 전국 노동운동의 중심이 되었습니다.

군산이 통 큰 양보와 고통 분담을 통해 기업과 노조, 지자체가 상생하는 방안을 찾을 수 있었던 것은 기업가 정신을 태동시키고 노동권을 지킨, 군산의 자랑스러운 전통이 있었기 때문입니다. 산업화 시기에는 바다를 매립하여 산업단지를 조성한 '과감한 결단'이 있었습니다.

서해안의 지리적 이점을 활용한 제조업의 수출은 군산과 전북, 나아가 한국 경제의 힘이 되었습니다. 군산의 수출은 2001년 약 10억 불에서 10년 만에 74억 불로 7배 넘게 성장했고, 전북 수출의 절반 이상을 이끌었습니다. 오늘 군산은 또다시 모든 어려움을 극복하고 주력산업을

'전기차'로 전환하는 과감한 결단을 내렸습니다. 정부는 얼마 전 2030년 미래차 세계 1위 국가를 목표로 '미래차 국가 비전'을 발표했습니다. 세계 전기차 시장은 2018년 640억 불에서 2030년 5,250억 불로 7배 이상 성장이 예상됩니다. 군산형 일자리는 대한민국을 넘어 세계 '전기차' 시대의 주인공이 될 것입니다.

군산은 전기차 육성을 위한 최적의 장소입니다. 자동차융합기술원과 새만금 자율주행시험장과 함께 자율자동차 테스트베드가 건립되고 있으며, 군산대학교에서는 전기차 전문인력이 자라고 있습니다. 전기차 개발, 시험과 양산에 매우 좋은 환경을 두루 갖추고 있습니다.

새만금 신항만과 국제공항이 완공되면 군산항과 함께 전기차 최대 시장인 중국과 유럽으로 전기차를 수출할 최고의 물류 인프라도 구축될 것입니다. '규모는 작지만 강한' 기업들은 군산형 일자리의 또 다른 강점입니다. 명신, 에디슨모터스, 대창모터스, 엠피에스코리아는, 전기 승용차, 버스와 트럭, 전기 카트 등 거의 전 품목에서 독보적인 경쟁력을 가지고 있습니다. 지역의 신산업 육성 의지, 노사민정의 대타협, 그리고 정부의 지원이 더해져 군산은 전기차 메카로 우뚝 서게 될 것입니다.

국민 여러분,

오늘 군산형 일자리가 무엇보다 희망적인 것은 '상생'의 수준이 최고라는 점입니다. 상생형 일자리 중 직접고용 규모가 가장 많고, 정규직 채용 비중이 높으며, 직무와 성과 중심의 선진형 임금체계가 도입됩니다. '상생협약'의 새로운 기준도 제시했습니다. 완성차-부품업체 관계가 '수평적 협력관계'로 명시되어, 공정경제와 상생협력을 선도하는, 자동차 원-하청의 성숙한 관계를 만들었습니다. 기준임금의 가이드라인을 정하는 '지역 공동교섭'이 전국 최초로 시작되었고, 사업장별 임금 격차를 최소화하는 적정임금체계가 마련되었습니다. 노사가 5년간 중재위원회의 조정안을 수용하기로 해 '노사협력'의 모범도 보여주고 있습니다. 지역 양대 노총이 함께 참여하여, 양보를 통한 상생의 역량을 보여준 덕분입니다.

군산형 일자리는 지역의 일자리를 넘어 제조업의 일자리를 지키는 역할도 하고 있습니다. 전북의 자동차 부품회사들과 뿌리산업이 완성차업체와 함께 전기차를 생산할 기회가 생겼습니다.

협약식에 참여한 코스텍은 내연기관차 부품에서 전기차, 자율차용 전장부품으로 생산라인을 전환했습니다. 앞으로 더 많은 부품회사들이 미래차로 전환하여 일자리를 지키고 경쟁력도 높이길 기대합니다.

존경하는 국민 여러분, 군산시민 여러분,

광주에서 시작된 상생형 일자리는 1년도 되지 않아 6개 지역으로 확대되었습니다. 각 지역의 특성을 살린 상생형 일자리로 지역경제, 일자리, 노사관계에서 긍정적인 결과들이 나타나고 '상생'의 수준도 갈수록 높아지고 있습니다. 각 지역 상생형 일자리의 장점들이 모여 오늘 군산형 일자리가 상생형 일자리의 더욱 발전된 모델을 만들 수 있었습니다. 이제 초심대로 협력하여 성공의 신화를 만들어낼 일만 남았습니다. 규제자유특구 지정 등 전북의 규제혁신 노력이 더해지면 군산과 전북 경제가 미래차 중심지로 더 크게 도약할 것입니다.

정부도 '상생형 지역일자리 지원센터'를 통해 지역에 도움을 드리고, 기업과 노동자에게 더 좋은 환경을 제공하겠습니다. 상생형 일자리로 지역의 미래는 더 밝아지고, 우리는 '함께', '더 크게' 성장할 것입니다. 정부는 지역과 함께, 국민과 함께 상생형 일자리를 응원합니다. 오늘 군산형 일자리가 전국 곳곳으로 희망을 키워주길 바랍니다.

감사합니다.

교육개혁 관계장관회의 모두발언

| 2019-10-25 |

교육에서 공정의 가치를 실현하는 것은 국민의 절실한 요구입니다. 정부는 그 뜻을 무겁게 받아들여야 할 것입니다. 우리 교육은 지금 신뢰의 위기에 직면해 있습니다. 교육이 부모의 사회경제적 지위와 특권을 대물림하는 수단으로 전락했다는 상실감이 커지고 있습니다. 교육이 공정하지 않다는 국민의 냉엄한 평가를 회피하고, 미래로 가는 교육 혁신을 얘기할 수 없습니다. 공정한 교육제도로 국민의 신뢰를 회복하는 것이 지금 이 시기 가장 중요한 교육 개혁 과제입니다.

국민의 관심이 가장 높은 대입제도부터 공정성을 확립해야 합니다. 참으로 어려운 문제입니다. 이해관계가 엇갈리고 가치가 충돌하며 이상과 현실 사이의 괴리도 있습니다. 역대 정부는 대입제도의 공정성을 높이기 위해 많은 노력을 기울여왔습니다. 많은 교육 전문가들의 의견에 따라 점수 중심의 평가에서 벗어나 학생마다 소질과 적성이 다른 점을 반영하는 다양한 전형으로 입시의 공정성을 높이고자 하였습니다.

그러나 학생부종합전형 위주의 수시전형은 입시의 공정성이라는 면에서 사회적 신뢰를 얻지 못하고 있습니다. 성적 일변도의 평가에서 벗어나 개인의 소질과 적성을 종합적으로 고려하여 선발한다는 제도의 취지에도 불구하고 공정성에 대한 의문이 끊임없이 제기되고, 국민적 불신이 커지고 있는 것이 엄연한 현실입니다. 입시 당사자인 학생의 역량과 노력보다는 부모의 배경과 능력, 출신 고등학교 같은 외부요인이 입시 결과에 결정적 영향을 미치고, 과정마저 투명하지 않아 깜깜이 전형으로 불릴 정도입니다. 제도에 숨어있는 불공정 요소가 특권이 대물림되는 불평등의 악순환으로 이어지고, 누구도 그 결과를 신뢰하기 어렵게 만든 것입니다. 위법이 아니더라도 더 이상 특권과 불공정은 용납해서 안 된다는 국민의 뜻을 존중해야 할 것입니다.

따라서 입시의 공정성을 위해 우선적으로 기울여야 할 노력은 학생부종합전형을 획기적으로 개선하는 것입니다. 전형 자료인 학생부의 공정성과 투명성을 높이는 동시에 대학이 전형을 투명하게 운영하도록 하는 방안이 필요합니다. 현재 진행 중인 실태조사를 철저히 하고, 결과를 잘 분석하여 11월 중에 국민들께서 납득할 만한 개선 방안을 마련해 주기 바랍니다. '단순한 것이 가장 공정하다'는 국민의 요구대로 누구나 쉽게 제도를 이해할 수 있도록 입시 전형을 단순화하는 과제와 사회 배려계층의 대학 교육 기회를 확대하는 과제도 일관된 방향에서 추진해 주기 바랍니다.

수시전형 불공정의 배경이 되고 또 다른 교육특권으로 인식되고 있는 것이 고교 서열화 문제입니다. 자사고, 외고, 국제고 등을 중심으로 사실상 서열화된 고교 체계가 수시전형의 공정성에 대한 불신뿐 아니라 과도한 교육 경쟁, 조기 선행 교육과 높은 교육비 부담에 따른 교육 불평등, 입시 위주 교육으로 인한 일반 고교와의 격차를 낳고 있습니다. 이 문제의 해결 방안을 마련하는 것도 더 이상 미룰 수 있는 일이 아닙니다. 이 역시 이해관계가 크게 엇갈리는 문제이지만 반드시 해결해야 할 과제입니다.

고교 서열화를 해소하고 일반고가 고등학교 교육의 중심이 되려면 다각도의 정책적 노력이 뒷받침되어야 합니다. 학생의 적성과 학습능력에 따른 수월성 교육부터 진로에 따른 다양한 맞춤형 교육까지 제공해야 할 것입니다. 공교육을 획기적으로 강화하여 사교육비의 증가를 막아야 합니다. 우수한 교원 확충과 미래형 학교 구축 등 일반고의 교육 역량을 획기적으로 높이는 것을 역점 과제로 삼아 힘 있게 추진해 주기 바랍니다.

학생부종합전형에 대한 불신이 큰 상황에서 수시 비중을 확대하는 것은 바람직하지 않습니다. 학생부의 공정성과 투명성, 대학의 평가에 대한 신뢰가 먼저 쌓인 후에야 추진할 일입니다. 그때까지는 정시가 능사는 아닌 줄은 알지만 그래도 지금으로서는 차라리 정시가 수시보다 공정하다라는 입시 당사자들과 학부모들의 목소리에 귀를 기울여야 합니다. 결국 핵심적인 문제는 입시의 영향력이 크고 경쟁이 몰려있는 서울의 상위권 대학의 학생부종합전형 비중이 그 신뢰도에 비해 지나치게 높다는 데 있을 것입니다. 대학들도 좋은 학생들을 선발하기 위한 것이었다 하더라도 결과적으로 대학 입시에 대한 신뢰를 떨어뜨렸다는 점에 대한 성찰이 필요할 것입니다.

정부는 이 문제를 해결하기 위해 이들 대학에 정시 비중을 일정 수준 이상 지켜줄 것을 권고한 바 있지만 그것만으로 부족하다는 것이 국민의 시각입니다. 수시에 대한 신뢰가 형성될 때까지 서울의 주요 대학을 중심으로 수시와 정시 비중의 지나친 불균형을 해소할 방안을 조속히 마련해 주기 바랍니다.

졸업 후 대학에 진학하지 않는 학생들의 진로에 대해서도 각별한 관심이 필요합니다. 정부가 이미 고졸 취업 활성화 방안과 직업계고 현장실습 보완 방안을 마련했고, 내년도 직업교육 관련 예산도 늘려서 편성해두고 있지만 고등학생들의 입장에서 보면 아직 한참 부족합니다. 현장실습과 고졸 채용에 우수기업이 참여할 수 있도록 인센티브를 마련하거나 '선취업 후학습'의 기회와 지원을 대폭 확대하는 방안을 조속히 준비해 주기 바랍니다. 학생들의 안전과 권익까지 보호할 수 있도록 교육부는 물론 기재부, 고용노동부, 산업부, 중소벤처기업부 등 범정부 차원에서 긴밀한 협력으로 눈에 띄는 변화를 만들어 주기 바랍니다.

마지막으로 매우 중요한 문제라고 생각합니다. 교육의 공정성은 채용의 공정까지 이어져야 비로소 완성될 것입니다. 앞으로 채용의 공정성을 확보하는 방안까지도 범부처적으로 함께 모색해 주기 바랍니다.

청와대 출입기자단 초청 행사 모두발언

| 2019-10-25 |

춘추관 기자님들 환영합니다. 여기 녹지원은 청와대에서 가장 아름다운 곳입니다. 외국에서 오는 손님들도 녹지원의 아름다움에 대해서는 한결같이 칭찬들을 합니다. 그리고 우리 녹지원은 또 사계절 가운데에서 지금 가을이 가장 아름답습니다. 오늘은 날씨도 아주 청명합니다. 이 아름다운 계절에, 또 아름다운 이곳 녹지원으로 우리 춘추관 기자님들을 모시게 되어서 아주 기쁩니다.

우리 기자들을 자주 만나고, 또 자주 소통해야 한다고 생각하는데, 그게 참 쉽지 않습니다. 늘 일정에 허덕이다 보면 그럴 만한 계기를 번번이 놓치게 되고요. 또 잦은 해외 순방도 애로로 많이 작용합니다. 우리 기자단 규모도 아주 커져서 오붓한 자리를 만든다는 것이 참으로 쉽지 않습니다. 그래서 오늘 이 자리는 그동안 우리 기자님들을 자주 만나지 못한 것에 대한 보상으로 그렇게 마련된 자리라고 여겨주시면 고맙겠습니다.

언론은 '제4부'라고 합니다. 입법, 행정, 사법 3부 더하기 언론 4부, 이렇게 함께 국가를 움직여갑니다. 당연히 지금까지 우리나라를 발전시켜온 데도 각각 독립된 네 영역의 큰 기여가 있었습니다. 우리 언론에서도 그동안 많은 기여를 해주셨습니다. 또 앞으로도 많은 기여를 해주셔야 될 아주 막중한 역할과 책임이 언론에게 있다고 생각합니다.

입법, 행정, 사법, 이렇게 3부는 현실적인 권력이 힘입니다. 언론은 그런 현실적인 권력은 없지만 그러나 진실이 가장 큰 힘이라고 생각을 합니다. 과거에 우리 여러분들의 선배 언론인들 시절에, 독재 그 시대에는 진실을 제대로 알리지 못하는 때도 있었습니다. 늘 눈에 보이지 않게 권력의 통제가 진실을 알리는 것을 가로막았고, 때로는 검열이라든지 보도지침 같은 것이 노골적으로 이렇게 작동되기도 했습니다.

그러나 그 시절 언론인들은 국민들로부터 신뢰를 받았습니다. 비록 진실은 알리지 못하더라도 여러 가지 현실적인 어려움 때문에, 그러나 할 수만 있다면 1단 기사를 통해서라도, 또는 하다못해 행간을 통해서라도 진실을 알리려고 노력하고 있다라는 것을 국민들이 잘 알고 있었기 때문입니다.

다행스럽게 지금은 그런 언론이 진실을 알리는 것을 가로막는 어떤 권력의 작용은 전혀 없었습니다. 이제 마음껏 진실을 알릴 수 있게 되었고, 오로지 과연 이것이 진실인가, 또 우리가 진실을 균형 있게 이렇게 알리고 있는가라는 어떤 스스로의 성찰이나 노력, 이런 것이 필요할 뿐입니다. 어쨌든 지금까지 이 진실을 알리는 노력을 통해서 지금 국정의 동반자가 되어주신 우리 춘추관 기자님 여러분들께 다시 한 번 깊은 감사 말씀을 드립니다.

그리고 우리 정부가 출범할 때 천명했듯이 우리가 좀 더 나라다운 나라를 만들어 나가는 그 역사적인 과업에 있어서도 우리 언론인 여러분들, 또 기자님들이 끝까지 동반자가 되어주시기를 부탁드리겠습니다.

2019년 전국새마을지도자대회 축사

| 2019-10-29 |

존경하는 국민 여러분, 새마을지도자 여러분, 내외 귀빈 여러분,

오늘의 대한민국 밑바탕에는 '새마을운동'이 있습니다.

'새마을운동'은 나눔과 봉사의 운동이며, 두레, 향약, 품앗이 같은 우리의 전통적인 협동 정신을 오늘에 되살린 운동입니다. '새마을운동'으로 우리는 '잘살아보자'는 열망과 '우리도 할 수 있다'는 자신감을 갖게 되었습니다.

오늘 우리가 기적이란 말을 들을 만큼 고속 성장을 이루고, 국민소득 3만 불의 경제 강국이 된 것은 농촌에서 도시로, 가정에서 직장으로 들불처럼 번져간 '새마을운동'이 있었기 때문입니다. 전국 3만 3천여 마을에서 '새마을운동'에 함께한 이웃들이 있었고 앞장서 범국민적 실천의 물결로 만들어낸 새마을지도자들이 있었기 때문입니다.

오늘 전국 200만 새마을 가족을 대표해 함께해주신 새마을지도자 한 분 한 분은 모두 대한민국 발전의 숨은 주역들입니다. '2019년 전국 새마을지도자 대회'를 진심으로 축하하며, 새마을지도자들께 존경의 인사를 드립니다. 대회를 훌륭하게 준비해 주신 경기도 새마을회 여러분, 감사합니다. 자리를 빛내주신 각국 대사 여러분, 환영합니다. '새마을운동'에 기여한 공로로 수상하신 유공자 여러분과 가족들께도 축하의 박수를 보냅니다. 새마을지도자는 공무원증을 가지지 않았지만, 가장 헌신적인 공직자입니다. 우리 국민의 마음속에 새마을지도자는 마을의 중심이며, 협동의 구심점이고 믿고 따르는 공공의 지도자입니다. 새마을지도자가 나서면 이웃이 함께했고, 합심하여 불가능한 일도 가능한 일로 바꿔냈습니다.

1970년대에는 64만 헥타르에 이르는 민둥산에 앞장서 나무를 심었습니다. 국토 곳곳에 흘린 땀은 OECD 국가 중 산림면적 비율 4위의 '산림강국'을 키우는 밑거름이 되었습니다. 1997년 외환위기 때 '금 모으기 운동'의 기적을 이끈 것도 새마을지도자들이었습니다. 특히 전국 새마을부녀회는 '애국 가락지 모으기 운동'으로 무려 370만 돈의 금을 모았고, 이는 전국적인 금 모으기 캠페인으로 이어졌습니다. 2007년 12월, 태안기름유출 사고 때는 절망으로 얼룩진 지역민과 어민들의 마음을 닦아주었고, '세월호 사고' 때는 팽목항에서 유가족들의 식사를 챙기며 슬픔을 함께 나눴습니다. 지난 4월 강원도에 산불이 발생했을 때도 피해지역 복구와 이재민 구호에 앞장서는 등 큰 재난에는 항상 새마을회의 자원봉사가 있었습니다. 국민들은 새마을지도자들의 헌신을 결코 잊지 않을 것입니다. 지역발전의 주역이 돼주셨고, 국민이 아플 때 가장 먼저 달려와 손을 잡아주신 새마을지도자와 가족 여러분께 대통령으로서 깊이 감사드립니다.

국민 여러분,

'새마을운동'은 나에게서 우리로, 마을에서 국가로, 나아가 세계로 퍼진 '공동체운동'입니다. 세계는 우리 '새마을운동'이 이룬 기적 같은 성과에 주목하고 있습니다. 2013년 유네스코는 '새마을운동'의 기록물을 '인류사의 소중한 자산'으로 평가해 세계기록유산으로 지정했습니다. 2015년 지속가능개발목표를 위해 열린 유엔 개발정상회의는 빈곤 타파, 기아 종식을 위한 최적의 수단으로 '새마을운동'을 꼽았습니다. 2017년 아세안정상회의에서 미얀마의 아웅산 수치 국가고문을 비롯한 각국의 정상들은 '새마을운동'을 통한 농촌개발 지원에 감사를 표시했고, 필리핀 농업부도 지난해, 새마을 ODA 사업을 최우수 사업으로 선정했습니다.

특히 '새마을운동'의 전파는 메콩국가들과 깊은 우정을 쌓을 수 있는 토대가 되었습니다. '새마을운동'의 전파로 우리는 경제발전의 경험을 개발도상국과 공유하면서, 잘살 수 있다는 자신감을 갖도록 돕고 있습니다. 앞으로도 국제사회의 책임 있는 중견국가로서 지구촌이 함께 잘살 수 있도록 계속 지원해 나갈 것입니다. 내년부터 라오스와의 '농촌공동체 개발사업'을 확대 시행할 예정입니다. 올해 최초로 중남미 온두라스에 네 개의 시범마을을 조성하고, 내년에는 남태평양의 피지에, 2021년에는 아프리카 잠비아 등지에 '새마을운동'을 전파하고 확산할 것입니다.

특히, 다음 달 개최되는 '한·아세안 특별정상회의'와 '한·메콩 정상회의'는 역동적으로 성장하고 있는 동남아 국가들과 다양한 '새마을운동' 관련 협력을 강화하는 계기가 될 것입니다. 앞으로도 새마을지도자 여러분과 함께 아시아와 중남미, 아프리카를 비롯한 지구촌 국가들과 '새마을운동'을 통한 우리의 발전 경험을 나누고, 함께 평화와 번영의 길로 나아가겠습니다.

존경하는 새마을지도자 여러분,

저는 오늘 여러분께 '새마을운동'의 현대적 의미를 계승하여 발전시켜 나가자고 말씀드리고 싶습니다. 우리는 지금 '잘사는 나라'를 넘어 '함께 잘 사는 나라'를 향해 새로운 길을 가고 있습니다. 나눔과 협동의 중심인 새마을지도자들이 이끌어주셔야 할 길입니다. 국제적인 경기침체 등으로 경제 상황이 좋지 않지만 저는 우리 국민의 저력을 믿습니다. 새로운 미래를 개척해온 '새마을운동'의 정신을 믿습니다.

그런 면에서 볼 때, '새마을운동'이 조직 내부의 충분한 합의와 민주적 절차를 통해 '생명·평화·공경운동'으로 역사적인 대전환에 나선 것은 참으로 반가운 일입니다. 새마을중앙회는 이미 '유기농 태양광발전소'를 설치하는 한편, 에너지 절약을 생활화해서 전기·가스·수도 사용량을 20% 가까이 절감하고 있습니다. 에너지 20% 절감에 국민 모두가 동참한다면 석탄화력발전소 열다섯 개를 줄일 수 있는, 새로운 차원의, '새마을운동'의 시작이 아닐 수 없습니다. 18만 새마을지도자들과 200만 회원들께 진심어린 격려의 박수를 보냅니다. 여러분은 새로운 공동체의 역사를 쓰고 있습니다. 정부도 여러분과 함께 노력하겠습니다.

존경하는 국민 여러분, 새마을지도자 여러분,

'새마을운동'은 과거의 운동이 아니라, 살아있는 운동이 되어야 합니다. 우리는 함께 가난과 고난을 이겨냈습니다. 우리는 다시, 서로 돕고 힘을 모아 '함께 잘 사는 나라'를 완성해야 합니다. 새마을지도자 여러분이 마을과 지역의 새로운 성장을 뒷받침하는 버팀목이 되어주실 때 대한민국의 미래도 함께 열리리라고 믿습니다. '새마을운동'이 우리 모두의 운동이 되도록 다시 한 번 국민의 마음을 모아주시기 바랍니다. 상생과 협력, 국민통합과 주민참여의 주역이 되어 주시고, 미래에 대한 희망을 키워주시길 바랍니다.

감사합니다.

아세안+3 정상회의 모두발언

| 2019-11-04 |

존경하는 의장님, 정상 여러분,

"새들은 바람이 강하게 부는 날 집을 짓습니다. 강한 바람에도 견딜 수 있는 튼튼한 집을 짓기 위해서입니다". 20여 년 전 우리가 그랬습니다. 아시아 외환위기의 폭풍이 몰아칠 때 아세안+3가 처음으로 한자리에 모였습니다. 위기 속에 하나가 되어, 우리는 세계 경제 규모의 30%를 차지하는 튼튼한 경제권을 만들어냈습니다.

20여 년이 지난 지금, 다시 '보호무역주의'의 바람이 거셉니다. 교역 위축으로, 전 세계 90% 국가들이 동반 성장둔화를 겪을 것이라는 IMF의 우려도 있었습니다. '자유무역 질서'가 외풍에 흔들리지 않도록 지켜내고, '축소 균형'을 향해 치닫는 세계 경제를 '확대 균형'의 길로 다시 되돌려놓아야 합니다. 아세안+3가 협력의 중심적 역할을 할 수 있기를 바랍니다.

'RCEP(알셉, 역내포괄적경제동반자협정)' 타결은 역내 자유로운 무역과 투자 확대는 물론 동아시아 평화와 공동 번영에도 기여하게 될 것입니다.

오늘 회의가 우리의 협력을 강화하고, '자유무역 질서'를 지켜내며, '동아시아 공동체'의 초석을 놓는 계기가 되길 바랍니다. 이달 한국에서 열리는 '한·아세안 특별정상회의'와 '한·메콩 정상회의'에서 오늘의 논의를 더욱 구체화하고 결실을 맺을 수 있기를 기대합니다.

감사합니다.

지속가능발전 관련 특별 오찬

| 2019-11-04 |

'특별 오찬'을 마련해 주신 쁘라윳 총리님께 감사드립니다.

태국에는 "연꽃을 따되 상하지 않게 하고, 물도 흐리지 않게 한다"는 속담이 있습니다. 포용과 상생의 정신으로 공동번영을 추구해온 태국의 정신이 담긴 말이라고 생각합니다. '배제하지 않는 포용'은 아시아의 오랜 전통입니다. 아시아인이 수천 년간 지켜온 포용의 정신이 '지속가능 발전을 위한 파트너십'으로 이어졌습니다. 역내 포용성을 강화하기 위한 동아시아의 다자주의적 노력을 적극 지지하며 한국도 주어진 책임을 다하겠습니다.

한국은 아시아 최초로 '전국 단위 배출권 거래제'를 시행하는 것을 비롯해 파리협정을 충실히 이행하고 있습니다. 지난해 '한국형 지속가능 발전목표'를 수립했고, 친환경 에너지와 수소경제 로드맵으로 저탄소 경제로 나아가고 있습니다.

사람·평화·상생번영의 아세안을 함께 만드는 협력에도 적극 참여하겠습니다. 특히, 한국이 장점을 가지고 있는 수소경제, 미래자동차, 스마트시티, 물관리, 인프라를 비롯한 분야에서 아세안과 협력을 더욱 넓히겠습니다. 2022년까지 신남방 지역에 대한 ODA 규모를 두 배 이상 확대하여 인간과 자연이 조화를 이루면서 상생번영하는 길을 아세안과 함께 걷겠습니다.

내년 6월, 한국에서 '제2차 P4G 정상회의'가 개최됩니다. 기후변화 대응과 경제성장을 균형 있게 추구해온 아세안 각국이 서로의 성공사례를 공유하는 기회가 될 것입니다. 많은 관심과 참여를 부탁드립니다.

훌륭한 특별오찬으로 아세안의 지속기능한 발전과 상생번영을 위한 발걸음에 박차를 가하는 자리를 마련해 주신 쁘라윳 총리님의 리더십에 경의를 표합니다.

감사합니다.

제14차 동아시아정상회의(EAS) 모두발언

| 2019-11-04 |

존경하는 의장님, 정상 여러분,

EAS는 '극단주의', '화학무기', '감염병', '해양플라스틱 폐기물'과 같이 새로운 도전이 닥쳐올 때마다 방향을 제시했고, 구체적인 행동으로 동아시아를 변화시켰습니다. 특별히 올해, 지속가능 발전을 목표로 국경을 초월한 범죄에 대응하고 불법약물의 확산을 방지하는 세 건의 정상성명을 채택하게 되어 매우 기쁩니다. 한국은 '국경을 초월한 범죄 대응 협력 성명'에 공동제안국으로 참여했으며, '한·아세안 초국가범죄 장관급회의'를 최초로 개최합니다. 앞으로도 동아시아가 마주한 도전에 EAS와 함께 대응해 나갈 것입니다.

의장님, 정상 여러분,

작년 이 자리에서 한반도 비핵화를 위해 나눈 정상들의 의견은 한반도 평화 프로세스에 많은 도움을 주었고, 남북 간, 북미 간 정상회담 계기에 동아시아의 정상과 장관님들이 발표해 주신 의장성명, 환영성명 도 큰 힘이 되었습니다. 그러나 한반도 비핵화와 평화구축을 위한 전체 과정에서 가장 중대한 고비가 남아있습니다. 북미 간 실무협상과 3차 북미 정상회담을 통해 지금까지의 노력이 결실을 보게 되길 기대합니다.

한반도 비핵화와 항구적 평화는 국제사회의 지지와 협력 없이 이뤄 질 수 없습니다. 북한이 진정성 있는 조치를 취한다면, 국제사회도 이에 맞는 행동을 보여주어야 한다고 생각합니다. 나는 지난 유엔총회 연설 에서 한반도의 허리를 가로지르는 비무장지대의 '국제평화지대화'를 제 안했습니다. 국제사회가 비무장지대의 지뢰를 함께 제거하고, 유엔 기구 등 국제기구가 들어서게 되면 한반도에서 안전보장의 기능을 수행할 수 있을 것입니다. 북한의 안전을 제도와 현실로 보장하고 동시에 한국도 항구적인 평화를 얻게 될 것입니다. 한반도의 평화는 동북아시아와 아 세안, 태평양 연안국의 평화와 번영에 기여하게 될 것입니다. EAS가 비 무장지대의 '국제평화지대화'를 위해 공동행동으로 함께해주길 부탁합 니다.

의장님, 정상 여러분,

한국은 올해 6월 아세안 정상들이 채택한 '인도 – 태평양에 대한 아 세안(AOIP)의 관점'을 환영하고 아세안 중심성, 개방성, 포용성, 투명성 과 국제규범 존중 원칙을 지지합니다. 특별히 '연계성, 해양, 경제, 지속 가능발전'을 우선 협력 분야로 선정한 것이 매우 뜻깊습니다. 한국은 '신 남방정책'으로 아세안, 인도, 태평양 연안의 나라들과 공동번영을 이루고자 하며, 부산에서 열리는 '한·아세안 특별정상회의'와 '제1차 한·메콩 정상회의'를 통해 아세안과의 연계성을 더욱 강화하고자 합니다.

또한, 한국은 지난해 '환인도양연합(IORA)'의 대화상대국으로 가입했고, 태평양 도서국들과 '무역관광 진흥프로그램'을 출범했습니다. 다양한 지역협력 구상과 연계하여 인도 태평양의 상생협력에 힘을 보태겠습니다. 해양에서의 평화를 위해 역내 핵심 해상교통로인 남중국해가 비군사화되고, 자유로운 항행과 상공비행이 이뤄지는 것이 중요합니다. 실효적인 남중국해 행동규칙(CoC)이 국제법과 모든 국가들의 권익을 존중하는 방향으로 논의되길 바랍니다.

동아시아 대부분 국가들이 바다를 통한 자유무역을 통해 성장했다는 것을 강조하고 싶습니다. 한국은 자유롭고 공정하며 규범에 기반한 무역체제가 지속가능 발전의 유일한 길이라고 믿으며, 이를 위한 EAS의 노력에 함께하겠습니다. EAS에서 평화와 번영에 대해 지혜를 나누면서 우리는 함께 당면한 도전을 넘어왔습니다. 역내 국가 간 긴밀한 협력이 지속될 때, 동아시아의 역동성과 잠재력이 빠르게 번영으로 이어질 것입니다.

감사합니다.

역내포괄적경제동반자협정(RCEP) 정상회의 모두발언

| 2019-11-04 |

오늘 역내포괄적경제동반자협정(RCEP) 협정문이 15개국 간 타결되어 매우 기쁘게 생각합니다. 남은 시장 개방 협상이 완료되고 인도도 참여해 내년에 16개국 모두 함께 서명하기를 기대합니다. RCEP 협정문 타결로 세계 인구의 절반, 세계 총생산의 3분의 1을 차지하는 세계 최대 규모의 자유무역이 시작됐습니다. 아세안을 중심으로 젊고 역동적인 시장이 하나가 되었습니다.

서로의 경제발전 수준, 문화와 시스템의 다양성을 존중하면서, 하나의 경제협력지대를 만들게 되었습니다. '연대'와 '협력'의 힘으로 자유무역을 실행으로 옮긴 정상들께 경의를 표합니다. 이제 무역장벽은 낮아지고, 규범은 조화를 이루고, 교류와 협력은 더욱 깊어질 것입니다. 세계 경기하강을 함께 극복하면서 '자유무역'의 가치가 더욱 확산되길 기대합니다.

　동아시아는 오래전부터 교류와 협력을 이어왔고, 문명의 발전을 이룬 자랑스러운 역사가 있습니다. RCEP이 교역을 넘어 경제, 사회, 문화 전반의 협력으로 함께 발전하는 공동체가 될 것으로 확신합니다. 한국도 그 노력에 항상 함께하겠습니다.

　감사합니다.

아시아·태평양 통신사기구(OANA) 대표단
접견 모두발언

| 2019-11-07 |

여러분, 반갑습니다. OANA 대표단 여러분의 청와대 방문을 환영합니다. 대표단 구성을 보니 가까이에서는 중국, 일본, 또 아세안, 호주, 몽골, 그리고 멀리서는 러시아와 서남아, 중앙아, 중동, 그리고 더 멀리는 유럽과 아프리카에서도 이렇게 오셨습니다.

며칠 전 태국에서 열린 아세안+3 정상회의와 EAS 정상회의, RCEP 정상회의에서 각국 정상을 만났는데 오늘 아시아·태평양 지역의 통신사 대표님들을 이렇게 만나게 되어서 더욱 반가운 마음입니다. 이번 RCEP 정상회의에서 세계 최대의 메가 FTA인 RCEP 협정문을 타결하고 내년에 최종 서명하기로 했는데, 역내 자유무역의 확대와 공동 번영을 위해 매우 중요한 의미가 있습니다. 호혜적이고 개방적인 무역체제, 격차 없는 경제발전과 또 경제공동체로 나아가는 아주 중요한 디딤돌이 될 것이라는 측면에서도 매우 큰 성과입니다.

우리 정부가 추구하는 사람 중심 상생 번영의 평화 공동체, 그 정신과도 일치합니다. 신북방정책과 신남방정책은 이러한 비전을 이루기 위한 우리 정부의 구체적인 노력입니다. 이달 25일 부산에서 한·아세안 특별정상회의와 한·메콩 정상회의가 개최됩니다. 미래 동반성장의 파트너인 아세안과 메콩과의 협력을 획기적으로 발전시키고, 연계성을 더욱 강화하며 공동 번영을 위한 협력을 논의하는 뜻깊은 자리가 될 것입니다. 사람 중심 상생 번영의 평화 공동체를 아시아로 확장시키는 계기가 될 것이며 아태 지역의 평화와 번영에도 크게 기여할 것입니다. 아태 지역을 대표하는 통신사 여러분들의 많은 관심과 성원을 부탁드립니다.

한반도 평화는 상생 번영의 평화 공동체를 이뤄나가는 출발점입니다. 여기 계신 분들은 뜻깊은 평화올림픽이 된 작년의 평창 동계올림픽 이후 한반도의 평화를 위한 노력들을 전 세계에 전해주셨습니다. 세 차례의 남북 정상회담과 두 차례의 북미 정상회담, 또 판문점에서의 남북미 정상 회동과 트럼프 대통령이 군사분계선을 넘는 모습까지 한반도 평화를 향한 역사적인 장면들을 전 세계에 전해주셨습니다.

아직도 많은 고비가 남았지만 한반도와 동아시아, 더 나아가 세계 평화를 위해 반드시 가야 할 길입니다. 여러분들의 관심과 성원이 평화를 향한 새로운 역사를 만들어 나가는 데 큰 도움이 될 것이라고 믿습니다.

내일 서울에서 OANA 총회가 개최되어 저널리즘에 대한 새로운 도전, 기술혁신과 신뢰의 문제를 논의한다고 들었습니다. 매우 환영하며 기대가 큽니다. 이 시대 전 세계 언론이 당면하고 있는 과제라고 생각합니다. 많은 성과 거두시기 바라며 OANA의 지속적인 발전을 기원합니다.

감사합니다.

수석보좌관회의 모두발언

| 2019-11-11 |

정부가 출범한 지 어느새 절반의 시간이 지났습니다. 한결같이 성원해 주신 국민들께 깊이 감사드립니다. 앞으로 남은 절반의 임기, 국민들께 더 낮고 더 가까이 다가가겠습니다. 국민들의 격려와 질책 모두 귀기울이며 무거운 책임감으로 국정에 임하겠습니다.

지난 2년 반은 넘어서야 할 과거를 극복하고 새로운 미래로 나아가는 전환의 시간이었습니다. 현실에 안주하지 않고 우리 사회에 변화의 씨앗을 뿌리고 희망을 키우고자 노력했습니다. 정부는 시작부터 무너진 나라를 다시 세워 국가를 정상화했고, 정의와 공정의 가치를 사회의 전 영역으로 확산시켜 나가고 있습니다.

경제·사회적으로는 우리 경제를 구조적으로 병들게 만들었던 양극화와 불평등의 경제를 사람 중심 경제로 전환하여 함께 잘 사는 나라로 가는 기반을 구축하고자 노력을 기울였습니다. 미래 신산업 육성과 벤처 붐 확산 등 추격형 경제를 선도형 경제로 바꿔나가며 우리 대한민국의 미래 먹거리를 만드는 데 주력해왔습니다.

한편으로는 포용성을 획기적으로 높이고 있습니다. 건강보험 보장성을 강화하고, 치매국가책임제를 시행하는 등 전국민 전생애 건강보장 시대를 열었습니다. 고용안전망을 확충하고 기초연금 인상, 아동수당 도입, 고교 무상교육 시행 등 맞춤형 복지도 확대하고 있습니다. 한반도 정세의 기적 같은 변화도 만들어냈습니다. 한반도에서 전쟁의 위험을 제거하고, 대화와 외교를 통해 평화와 번영의 새로운 질서로 대전환하는 중대한 역사적 도전에 나서고 있습니다. 우리 외교도 새로운 변화를 만들고 있습니다. 국익 중심의 4강 외교를 강화하면서 외교의 다변화를 꾸준히 추진해 외교의 지평을 넓혔고, 신남방·신북방으로 교류 협력과 경제 영역을 확장했습니다.

일본의 수출 규제에는 의연하고 당당히 대응해 소재·부품·장비 산업의 경쟁력을 강화하는 계기로 삼고 있고, 아무도 흔들 수 없는 나라로 가는 초석을 다지고 있습니다. 이와 같은 전환의 과정에서 논란도 많았고 현실적인 어려움도 적지 않았습니다. 정치적 갈등도 많았고 필요한 입법이 늦어지는 일도 자주 있었습니다. 국민들께 드린 불편함이나 고통도 있었을 것입니다. 과거의 익숙함과 결별하고 새로운 길을 찾는 것이기 때문입니다.

하지만 대한민국의 미래를 위해 어렵더라도 반드시 가야만 하는 길이었습니다. 그 길을 지난 2년 반 동안 열심히 달려온 결과 새로운 대한민국으로 나아가는 토대가 구축되고 있고, 확실한 변화로 가는 기반이 만들어지고 있다고 믿습니다. 이제 앞으로 남은 절반의 시간이 더욱 중요해졌습니다. 임기 전반기에 씨를 뿌리고 싹을 키웠다면, 임기 후반기는 꽃을 피우고 열매를 맺어야만 문재인 정부의 성공을 말할 수 있을 것입니다. 국민이 변화를 확실히 체감할 때까지 정부는 일관성을 갖고 혁신, 포용, 공정, 평화의 길을 흔들림 없이 달려가겠습니다.

혁신은 우리의 미래를 창출하는 것입니다. 더욱 속도를 내 우리 경제 전반의 역동성을 살리는 확실한 변화를 일궈야 할 것입니다. 포용은 끝이 없는 과제입니다. 지금의 성과와 변화에 머물지 말고 심각한 양극화와 불평등이 해소되고, 따뜻하고 안전한 사회가 될 때까지 중단없이 나아가고자 합니다.

공정은 거스를 수 없는 대세입니다. 제도 안에 숨겨진 특권과 불공정 요소까지 바로잡아 누구나 공평한 기회와 과정을 가질 수 있도록 사회 전 분야의 개혁의 고삐를 늦추지 말아야 할 것입니다.

평화는 한반도의 운명을 결정하는 일입니다. 지금까지의 기적 같은 변화도 시작에 불과합니다. 아직 결과를 장담하거나 낙관할 수 없습니다. 여전히 많은 어려운 과정이 남아있을 것은 분명합니다. 그러나 우리에게 다른 선택의 여지는 없습니다. 평화 번영의 새로운 한반도 시대가 열릴 때까지 변함없는 의지로 담대하게 나아가서 반드시 성공시켜내야 할 것입니다.

앞으로 2년 반, 국민들에게나 국가적으로 대단히 중대한 시기입니다. 임기 후반기를 맞이하는 저와 정부의 각오와 다짐이 더욱 굳고 새로울 수밖에 없습니다. 국민이 바라는 진정한 변화를 만들어내겠습니다. 국민과 시대가 요구하는 대통령의 소임을 최선을 다해 완수하겠습니다. 그 과정에서 더욱 폭넓게 소통하고, 다른 의견들에 대해서도 귀를 기울이면서 공감을 넓혀나가겠습니다.

언제나 국민의 지지가 힘입니다. 국민들께서도 함께해주시길 바랍니다.

감사합니다.

국무회의 모두발언

| 2019-11-12 |

제48회 국무회의를 시작하겠습니다.

오는 11월 25일부터 이곳 부산에서 한·아세안 대화관계 수립 30주년을 기념하는 한·아세안 특별정상회의와 제1차 한·메콩 정상회의가 열립니다. 우리 정부 들어 국내에서 열리는 최대 규모 다자 정상회의이자 한·아세안의 공동 번영을 위한 중요한 외교 행사입니다. 범정부 차원의 역량을 결집하고, 국민적 관심과 성원을 모으는 한편, 준비상황을 점검하기 위해 개최 도시 부산에서 현장 국무회의를 열게 되었습니다. 백범기념관, 한국과학기술연구원에 이은 세 번째 현장 국무회의입니다.

우리 정부의 외교정책은 두 가지 점에서 과거 정부와 다른 큰 변화를 실천하고 있습니다. 하나는 대화와 외교를 통한 한반도 문제 해결을 추구하는 것이고, 다른 하나는 기존의 4대국 중심 외교에 머물지 않고 아세안 지역과의 외교와 교역관계를 크게 도약시키는 것입니다. 그 일환으로 정부는 출범 이후 아세안 국가들과의 협력 강화에 꾸준한 노력을 기울여왔습니다. 정부 출범 직후 처음으로 아세안에 특사를 파견하여 협력 강화 의지를 밝힌 것을 시작으로 올해까지 아세안 10개국 순방을 마쳤습니다.

아세안 국가들과의 협력관계는 외교, 경제, 인적·문화적 교류 등 모든 면에서 전에 없이 빠른 속도로 발전하고 있으며 사람, 상생번영, 평화를 핵심 가치로 하는 공동번영의 미래를 여는 기반도 단단해지고 있습니다. 지난주 태국 방콕에서 열린 아세안 관련 정상회의는 이를 재확인하는 기회였습니다. 우리의 신남방정책에 대한 적극적인 지지와 협력 확대 의지가 한·아세안 특별정상회의에 대한 높은 기대감으로 이어지고 있었고, 한반도 평화에 대한 굳건한 지지 역시 변함이 없다는 것을 확인할 수 있었습니다.

특히 우리와 아세안 10개국이 모두 참여하고 중국, 일본, 호주, 뉴질랜드까지 포괄하는 RCEP 협정문이 타결된 것은 매우 의미가 큽니다. RCEP은 세계 인구의 절반 GDP의 1/3, 교역의 30%를 차지하는 세계 최대의 메가 FTA입니다. 내년에 있을 최종 서명에 인도까지 참여한다면 그 의미는 더욱 커질 것입니다.

우리 경제의 외연 확대와 한·아세안 상생 번영을 위해 자유무역 증진은 필수입니다. 이 점에서 RCEP 타결은 우리와 아세안 간의 투자교역 여건을 개선하고, 신남방정책을 더욱 가속화하는 계기가 될 것입니다. 내년 최종 서명을 통해 세계 최대 규모의 자유무역시장이 열리고, 자유무역 가치의 확산에 큰 역할을 하게 되기를 기대합니다.

한·아세안 특별정상회의와 한·메콩 정상회의는 지난 2년 반 동안 우리 정부가 진심과 성의를 다해 추진해온 신남방정책의 중간 결산입니다. 신남방정책은 대한민국 국가 발전 전략의 핵심입니다. 아세안은 세계 어느 지역보다 성장이 빠르고, 앞으로 성장 잠재력도 매우 큽니다. 우리는 아세안과 함께 아시아의 평화와 공동번영의 미래를 열어야 합니다.

이번 한·아세안 특별정상회의로 한국은 자국에서 아세안과 세 차례 이상 특별정상회의를 개최하는 최초의 나라가 됩니다. 아세안과의 두터운 신뢰를 바탕으로 미래 동반 성장의 상생 협력을 획기적으로 강화하는 계기로 삼아야 할 것입니다. 한·메콩 정상회의는 그동안 외교장관 회의로 개최해온 것을 정상회의로 격상하여 처음으로 열리는 것입니다. 제가 지난 9월 메콩 국가 순방에서 발표한 '한·메콩 비전'을 구체화하고, 앞으로 협력의 폭을 더욱 넓혀나가게 될 것입니다.

그동안 각 부처와 부산시에서 열심히 준비해왔지만 행사를 앞두고 특별히 당부하고 싶은 것이 있습니다. 신남방정책은 아세안 나라들과의 협력 속에서 완성됩니다. 아세안 각국의 국가발전 전략과 조화를 추구하는 신남방정책의 정신이 이번 특별정상회의의 행사들뿐만 아니라 다양한 협력 성과를 통해서도 잘 반영될 수 있도록 각별한 노력을 기울여주시기 바랍니다. 특히 아세안의 입장에서 함께 생각할 때 미래지향적이고 호혜적이며 지속가능한 협력의 토대를 쌓을 수 있다는 점을 특별히 강조합니다.

우리에게는 신북방정책과 신남방정책을 통해 대륙과 해양을 연결하는 교량국가로서 평화와 번영을 선도하겠다는 포부가 있습니다. 이곳 부산은 아세안으로 향하는 바닷길과 항공길이 시작되는 곳입니다. 대륙과 해양을 잇는 부산에서 공동 번영과 평화를 실현하기 위한 한국과 아세안의 지혜와 역량이 하나로 모이기를 기대합니다. 특별히 부산 시민들은 물론 국민들께서도 관심과 성원을 당부드립니다. 정상회의가 성공적으로 개최될 수 있도록 응원해 주시면서 다채롭게 마련된 부대행사에도 많은 국민들께서 참여해 함께 즐겨주시기를 기대합니다. 이번 행사가 국가적으로 중요한 외교행사이면서 우리 국민들과 아세안 국민들의 축제의 장이 되길 기원합니다.

전태일 열사를 생각합니다

| 2019-11-13 |

전태일 열사를 생각합니다.

평화시장, 열악한 다락방 작업실에서의 노동과 어린 여공들의 배를 채우던 붕어빵을 생각합니다. 근로기준법과 노동자의 권리, 인간답게 사는 게 무엇인지 생각했던 아름다운 청년을 생각합니다. 그의 외침으로 국민들은 비로소 노동의 가치에 대해 생각하게 되었습니다.

대한민국의 오늘은 무수한 땀방울이 모인 결과물입니다. 전장에 바친 목숨과 논밭을 일군 주름진 손, 공장의 잔업과 철야가 쌓여 우리는 이만큼 잘살게 되었습니다. 누구 한 사람 예외 없이 존경받아야 할 것입니다.

열사의 뜻은 '함께 잘 사는 나라'였다고 믿습니다. 열사가 산화한 지 49년, 아직도 우리가 일군 성장의 크기만큼 차별과 격차를 줄이지 못해 아쉽습니다. 노동이 존중받는 사회, 모두가 공정한 사회로 열사의 뜻을 계승하겠습니다.

수능을 앞둔 수험생 여러분,
공부하느라 고생 많았습니다.

| 2019-11-13 |

"힘들었지? 수고했어."

수능을 앞둔 수험생 여러분, 공부하느라 고생 많았습니다. 결과에 대해서는 걱정하지 말고 하던 대로 해주길 바랍니다.

나무는 크게 자라기까지 따뜻한 햇빛을 많이 받아야 하고, 더 깊이 뿌리를 내리기 위해 숱한 비바람을 견뎌내야 합니다. 수험생을 묵묵히 지켜주신 부모님들께 감사드리며, 하루하루를 꿋꿋하게 이겨낸 수험생들이 자랑스럽습니다.

내일은 여러분의 날입니다. 최선을 다한 만큼 반드시 꿈은 이뤄질 것입니다. 편안하게 잘 치러내길 바랍니다.

소방공무원 국가직 전환을 축하합니다

| 2019-11-20 |

"소방공무원 국가직 전환을 축하합니다."

소방공무원 국가직 전환의 반가운 소식을, 응급환자를 구조하던 도중 우리 곁을 떠난 박단비, 배혁, 김종필, 이종후, 서정용 소방대원과 윤영호, 박기동 님께 가장 먼저 전하고 싶습니다.

소방공무원의 국가직 전환은 단지 소방관들만의 염원이 아니라 국민 모두가 바라던 것이었습니다. 소방관들의 진정어리고 헌신적인 활동과 숭고한 희생이 비로소 제자리를 찾았습니다. 너무 늦게 이뤄져 대통령으로서 죄송한 마음입니다.

전국 각지에서 강원도 산불현장으로 달려와 일사불란하게 진화 작전을 펼치던 모습, 헝가리 유람선 침몰사고 현장에 파견되어 19명의 실종자를 가족 품으로 돌려 보내드린 구조 활동을 결코 잊을 수 없습니다.

소방관이 아니면 보여줄 수 없는 감동의 현장이었습니다.

소방공무원의 국가직 전환은 새로운 시작입니다. 이제 국민 안전에 지역 격차가 있을 수 없으며, 재난현장에서도 국가가 중심이 되어 총력 대응할 수 있게 되었습니다. 국민들이 사랑하고 굳게 믿는 만큼 소방공무원들도 자부심을 가지고 국민 안전과 행복에 더욱 힘써주시기 바랍니다. 안전의 수호자로 먼저 가신 소방관들을 애도하며, 멀리서나마 함께 축하하고 계시리라 믿습니다.

엠이엠씨코리아 실리콘웨이퍼
제2공장 준공식 축사

| 2019-11-22 |

존경하는 국민 여러분, 충남도민 여러분,

오늘 엠이엠씨(MEMC)코리아의 '반도체 실리콘웨이퍼 제2공장 준공식'을 국민과 함께 축하합니다.

오늘 준공식에 함께해주신 대만 글로벌 웨이퍼스사(社), 도리스 슈 회장님을 환영하며, 1만 평방미터 규모의 제2공장 건설을 완료한 엠이엠씨코리아, 조찬래 사장님을 비롯한 임직원 여러분, 정말 수고하셨습니다.

엠이엠씨코리아와 글로벌 웨이퍼스사는 제2공장을 통해 생산을 두 배 확대한다는 목표로, 내년까지 총 4억 6천만 불의 과감한 투자를 결정했습니다. 핵심소재인 '반도체 실리콘웨이퍼' 분야에서 민간기업, 특히 글로벌 외국기업이 국내에 과감한 선제 투자를 한 것은 의미가 남다

롭니다. 핵심소재 공급의 안정성 확보는 물론 지역경제 활성화와 일자리 창출에 더해, 국내 투자환경의 매력을 전 세계에 알리는 '일석삼조'의 투자 효과가 기대됩니다. 적극적으로 뒷받침한 양승조 충남도지사님과 충남도, 그리고 천안시에 감사드리며, 국민들께 좋은 소식을 전해주신 관계자 여러분 모두에게 격려의 박수를 보냅니다.

국민 여러분,

'실리콘웨이퍼'는 반도체 집적회로를 그리는 원판입니다. 반도체가 산업의 '쌀'이라면 웨이퍼는 '논'입니다. 반도체를 만들어내는 핵심소재입니다. 하지만 지금까지 해외수입에 크게 의존해왔습니다. 지금 우리 반도체 생산 기업들이 실리콘웨이퍼의 65%를 해외에서 수입해오지만, 엠이엠씨코리아 제2공장에서 생산을 확대하면 해외수입분 가운데 9%를 국내생산으로 대체할 수 있습니다. 반도체 핵심소재의 자급을 확대하는 매우 중요한 계기가 될 것입니다.

이번 투자와 제2공장 준공을 계기로 앞으로 더 많은 소재·부품·장비 산업의 민간투자가 전국 곳곳에서 활발히 일어나길 기대합니다. 오늘 엠이엠씨코리아 제2공장 준공에는 또 하나의 큰 의미가 있습니다. 외국 투자기업이 핵심소재 관련 국내 공장 증설에 투자했다는 사실입니다. 한국에 투자하는 것이 매력적이고 안전하다는 것을 전 세계에 알리게 되었습니다.

올해 초 외국인투자 기업인들과 대화 자리에서, "외국기업도 우리나라에 투자하면 우리 기업이다"라고 말씀드린 바 있습니다. 우리 정부는 외국인투자기업도 우리 기업이라는 마음으로 특별히 우대하고 있습니다. 외국인투자지역에서 부지 임대료를 무상으로 제공하고 해외 전문인력에 대한 세제 지원과 체류 절차 간소화 등 다양한 인센티브를 마련해 지원하고 있습니다. 특별히 소재·부품·장비 분야의 외국인투자를 크게 환영하며, 현금지원 비율을 투자금의 40%까지 확대했습니다.

그 결과, 지난해 전 세계 외국인투자가 감소하는 가운데에서도 우리나라에 대한 외국인투자는 269억 불로 사상 최대치를 기록했습니다. 소재·부품·장비 분야 외국인투자기업의 투자도 늘고 있어 고무적입니다. 올해 투자유치 목표 200억 불도 달성할 것으로 전망합니다. 한국은 외국인투자기업에게 활짝 열려있습니다. 언제나 환영하며 함께할 것을 다시 한 번 약속합니다.

국민 여러분,

지난 4개월, 우리 기업과 정부는 핵심소재·부품·장비 수급이 안정적으로 유지되도록 국내 생산 확대와 수입 대체 노력에 박차를 가했습니다. 액체 불화수소의 국내 생산능력이 두 배로 늘었고, 수요기업이 실증 테스트를 진행하고 있습니다. 불화수소가스와 불화 폴리이미드는 연내 완공을 목표로 신규 생산공장을 짓고 있고, 곧 완공되어 내년부터 양산에 들어갈 예정입니다. 블랭크 마스크는 신규공장이 완공되어 이미 시제품을 생산하고 있습니다.

정부도 기업의 수급 안정성을 위해 최선을 다하고 있습니다. '수급 대응지원센터'를 즉시 설치하였고 특별연장근로, 공장 신증설 인·허가, 자금지원 등 기업의 어려움을 빠르게 해결하고 있습니다. '소재·부품·장비 특별법' 개정으로 '소재·부품·장비 특별회계'를 신설하고, 내년도 관련 예산을 올해보다 2배 이상 늘린 2조 1천억 원으로 편성했습니다. 지난 10월 출범한 '소재·부품·장비 경쟁력위원회'를 중심으로 기업 간 협력모델 구축과 제도 개선도 강력히 추진할 것입니다. 정부의 '소재·부품·장비 산업 지원대책'은 외국인투자기업에도 똑같이 적용됩니다. 한국에 더 많이 투자하고 생산과 연구개발 활동을 더 많이 해주시길 기대합니다.

존경하는 국민 여러분, 충남도민 여러분,

반도체 산업은 우리나라 제조업의 버팀목입니다. 한국은 메모리와 시스템반도체를 아우르는 '종합반도체 강국'으로 도약할 것이며, 반도체 소재·부품·장비 기업들에게 세계 최대의 수요시장이 될 것입니다. 우리의 반도체 산업 경쟁력에 더해 소재·부품·장비의 공급이 안정적으로 뒷받침된다면, 반도체 제조 강국 대한민국을 아무도 흔들 수 없을 것입니다. 오늘 천안의 제2공장 준공을 계기로 충남의 일자리가 늘어나고, 경제가 더 활발해졌습니다. 충남은 이제 글로벌 외국기업들도 탐내는 '매력 있는 투자처'가 되었습니다. 한국의 잠재력을 인정하고, 한국 반도체 산업의 성장 가능성을 보고 투자한 엠이엠씨코리아와 글로벌 웨이퍼스사(社)에 다시 한 번 감사드립니다. 반도체 소재뿐 아니라, 다양한 분야로 투자가 더욱 확산되길 바랍니다. 대한민국 경제의 활력이 이곳 충남에서부터 힘차게 뻗어나가길 기대합니다.

감사합니다.

한·싱가포르 정상회담 모두발언

| 2019-11-23 |

2013년 이후에 6년 만의 공식 방한을 진심으로 환영합니다. 지난해 7월 베풀어주신 따뜻한 환대에 조금이나마 보답할 수 있게 되어 기쁩니다. 오랜 벗과 같은 총리님과의 정상회담으로 한·아세안 특별정상회의 일정을 시작하게 되어 더욱 뜻깊습니다. 싱가포르는 국가 전체를 스마트시티로 개발하는 '스마트네이션' 전략을 국가 비전으로 채택하고 역량을 결집해 왔습니다. 미래지향적 국가 정책으로 싱가포르를 4차 산업혁명 선도국으로 이끌고 계신 총리님의 리더십에 경의를 표합니다.

양국은 경제 협력을 통해 공동 번영을 이루어왔습니다. 아세안 국가 가운데 싱가포르는 한국의 제3위 교역국이고 가장 많은 우리 건설기업이 진출해 있습니다. 싱가포르 역시 한국에 많이 투자하고 있고, 한국과의 교역 비중이 높습니다. 양국의 인적 교류도 해마다 늘어 지난해 역대 최다인 86만 명을 기록했습니다. 올해 5월 부산 – 싱가포르 간 직항노선을 개설하여 더 많은 양국 국민이 오갈 수 있게 되었습니다.

싱가포르가 지난해 역사적인 제1차 북미 정상회담으로 한반도와 세계에 평화의 이정표를 선사해 주신 것과 아세안 의장국으로서 한·아세안 특별정상회의 개최에 적극 협력해 주신 것에 대해 총리님과 싱가포르 정부에 다시 한 번 각별한 감사의 말씀을 드립니다. 지난해 7월 양국은 역내 평화와 번영을 위해 더욱 긴밀히 협력하고, 4차 산업혁명 시대를 함께 열어가기로 뜻을 모았습니다. 스마트시티, 중소기업과 스타트업, 바이오 의료 분야에서 실질 협력 방안들이 만들어지길 기대합니다. 양국의 협력 성과가 아세안 전체의 역량 강화로 이어지기 바랍니다.

감사합니다.

한·브루나이 정상회담 모두발언

| 2019-11-24 |

하싸날 볼키아 국왕님, 양국 수교 35주년이 되는 뜻깊은 해에 한국을 국빈 방문해 주셨습니다. 국민과 함께 환영합니다.

지난 3월 브루나이 방문 때 국왕님께서 베풀어주셨던 세심한 환대를 기억합니다. 특히 한국 대표단 전원을 국빈 만찬에 초청해 주신 일은 한국 언론에 크게 보도될 정도로 특별한 우정의 표시였습니다. 환대에 보답할 기회를 갖게 되어 매우 기쁩니다. 양국은 지난 35년간 신뢰와 우정의 토대 위에 인프라와 에너지 협력을 이어왔습니다. 양국 협력의 상징인 리파스 대교가 개통된 데 이어 브루나이 최대 규모의 템부롱 대교 건설에도 우리 기업이 참여하고 있습니다. 브루나이의 미래와 함께하고 있어 자랑스럽습니다.

앞으로 양국이 협력할 분야는 더욱 많습니다. ICT, 스마트시티, 전자정부 등 첨단산업과 국방, 방산 분야에 이르기까지 양국 간 협력의 잠재력은 무궁무진합니다. 특히 브루나이는 자원부국을 넘어 새로운 성장 동력을 만드는 '비전 2035'를 추진 중입니다. 비전 2035와 우리의 신남방정책이 조화롭게 추진된다면 미래 신산업 분야까지 협력의 지평을 넓히고, 공동 번영을 이룰 수 있을 것입니다.

한·아세안 대화조정국으로서 한·아세안 특별정상회의의 준비에 큰 역할을 해주신 것에 다시 한 번 감사드립니다. 국왕님의 오늘 국빈 방문이 양국은 물론 아세안의 공동 번영으로 나아가는 중요한 계기가 되길 바랍니다.

부산 스마트시티 시범도시 착공식 기념사

| 2019-11-24 |

존경하는 태국 쁘라윳 총리님, 베트남 푹 총리님, 라오스 통룬 총리님, 림 족 호이 아세안 사무총장님을 비롯한 아세안 대표단 여러분,

부산 에코델타 스마트시티 착공식에 함께해주셔서 진심으로 감사드립니다.

아세안은 전 세계에서 가장 젊고, 가장 역동적이고, 가장 빠르게 성장하는 지역입니다. 아세안의 도시들은 하루가 다르게 변모하여, 마닐라와 자카르타는 이미 인구 천만을 넘는 국제도시가 되었습니다. UN환경계획(UNEP)에 따르면, 2030년 방콕과 호치민시는 인구 천만 명에 육박하는 메가시티로 성장하고, 인도네시아 바탐, 라오스 비엔티엔을 비롯해 인구 200만 규모의 도시도 더 많아질 것입니다.

이곳 부산도 급격하게 성장한 도시입니다. 1945년 28만 명이던 인구가 지금은 350만 명에 이르렀습니다. 우리는 경험했습니다. 도시의 급격한 성장은 많은 부작용이 따릅니다. 도시계획이 인구 증가속도를 쫓아가지 못하면서 산 중턱까지 주거지가 밀집하고, 도로가 도시의 팽창을 따라잡지 못해 극심한 교통혼잡이 초래됐습니다. 공공행정과 의료·보건, 상하수도와 치안과 같은 필수 인프라가 부족하고 환경오염도 심각해질 수밖에 없었습니다. 그 때문에 한국은 일찍부터 도시문제 해결을 위해 노력해왔습니다. 서울과 인천, 부산에 이르기까지 인근의 신도시 건설과 구도심의 재생, 기반시설의 고도화로 도시의 지속가능성을 높이고 있습니다.

이제 한국은 새로운 접근을 하고자 합니다. 4차 산업혁명 기술의 토대 위에서 도시문제를 해결하고 혁신성장의 플랫폼이 될 새로운 미래도시를 설계하는 것입니다. 그 결과가 오늘 부산 에코델타 스마트시티로 현실이 되고 있습니다.

아세안 정상과 대표단 여러분,

한국은 도시의 비대화 속에서 겪었던 교통혼잡, 환경오염, 재난재해의 경험 위에서 이를 해결하기 위한 방법을 스마트시티에 모두 담았습니다. 아세안 도시들도 같은 경험을 겪고 있고, 같은 해답을 모색하고 있습니다. '한국형 스마트시티'가 하나의 모델을 보여줄 수 있다고 생각합니다.

이곳 낙동강변의 허허벌판은 도시의 모든 인프라가 4차 산업혁명 혁신기술로 연결되고 시민의 삶을 풍요롭게 바꾸는 새로운 도시가 될 것입니다. 신재생에너지 중심의 지속가능한 도시 기반 위에 배움, 일, 놀이가 한곳에서 이루어지는 복합공간과 지능형 재난재해 예측, 신속·정확한 안전서비스를 시민들에게 제공할 것입니다. 스마트시티를 건설하며 축적한 기술과 경험은 단지 신도시를 만드는 데 그치지 않습니다. 기존 도시, 원도심들이 겪는 문제를 해결하는 데 적용해 원도심과 신도시가 함께 잘 사는, 또 하나의 미래형 도시를 만들어낼 것입니다.

저는 스마트시티 분야에서의 아세안의 가능성에 주목합니다. 아세안 각국이 마련하고 있는 인프라 분야에 공동의 스마트시티 플랫폼을 구축해 나간다면 지역 내 '연계성'을 높이며, '상생발전'을 앞당길 수 있을 것입니다.

아세안 도시들의 '다양성'도 중요한 장점입니다. 아세안 스마트시티 네트워크(ASCN)가 선정한 10개국 26개 도시에서 진행하고 있는 스마트시티 시범사업만 보더라도 교통, 관광, 건설, 무역, 행정, 재난대응, 수자원 관리, 환경 등 사업의 종류가 매우 다양합니다.

수백, 수천 년의 유서 깊은 아세안의 도시들은 도시의 역사성과 정체성을 지켜내면서 동시에 지속가능한 발전을 이뤄내야 합니다. 한국은 아세안의 도시들과 함께하겠습니다. 부산 에코델타 스마트시티의 건설과 운영 경험을 공유하며, 아세안 도시들과 협업 체제를 구축하겠습니다. 이번 '한·아세안 특별정상회의'를 계기로 우리의 스마트시티 협력이 더 긴밀해지고 있습니다. 싱가포르 스마트네이션, 미얀마 달라 신도시, 말레이시아 코타키나발루 스마트 신도시와 협력하여 세계 스마트시티의 미래를 열고자 합니다.

존경하는 아세안 정상과 대표단 여러분,

자연과 조화를 이루며 사는 도시, 풍요로운 삶을 누리는 도시, 이웃 도시, 이웃 국가와 함께 잘 사는 도시가 진정한 스마트시티입니다. 그런 의미에서 스마트시티는 자연과 사람, 누구도 배제하지 않고 포용하는 '아시아의 정신'이 집약된 터전입니다. 스마트시티는 혁신적인 미래 기술과 신산업을 담아내는 새로운 플랫폼입니다. 여기에 아세안과 한국이 '아시아 정신'을 담아낸다면 세계 스마트시티를 선도하게 될 것입니다. 그 첫 번째 성공모델을 부산 에코델타 스마트시티에서 시작할 수 있도록 관심과 협력을 당부드립니다.

감사합니다.

한·태국 정상회담 모두발언

| 2019-11-25 |

쁘라윳 총리님, 제 고향 부산에 오신 것을 환영합니다. 올해 두 차례 태국을 방문했는데 총리님의 환대와 태국 국민들의 환한 미소를 잊지 못합니다 우리 드라마 〈태양의 후예〉를 재밌게 보셨다는 말씀과 아리랑을 흥얼거리셨던 기억도 생생합니다. 환대에 조금이나마 보답할 기회를 갖게 되어 매우 기쁩니다.

아세안 의장국으로서 태국이 이번 한·아세안 특별정상회의와 제1차 한·메콩 정상회의의 성공적 개최를 위해 많은 도움을 주신 데 대해 깊은 감사를 드립니다. 태국은 한국의 영원한 우방입니다. 한국전쟁 참전은 한국 국민들에게 깊은 감명을 주었습니다. 피로 맺어진 우의는 결코 퇴색하지 않을 것이며 새로운 60년 양국 관계는 더욱 깊어질 것입니다.

태국은 아세안 제2의 경제대국입니다. 세계 경제의 둔화 속에서도 지난해 4%가 넘는 성장을 달성했고, '태국 4.0' 정책과 '동부경제회랑' 개발과 같은 미래신산업 육성과 국가 개발에 박차를 가하고 있습니다. 태국을 역동적으로 이끌고 계신 총리님의 지도력에 경의를 표합니다. 태국은 우리 정부가 추진 중인 신남방정책의 가장 중요한 협력 파트너입니다. 국방과 방산, 물 관리, 과학기술, 인프라, 인적 교류 협력 등 다양한 분야로 양국 간 협력이 확대되길 기대합니다. 앞으로 사흘간 총리님과 한·아세안의 새로운 30년을 열고, 한·메콩 협력의 지평을 확대하는 논의를 함께 이끌어갈 것입니다. 총리님과 함께하게 되어 아주 든든합니다.

감사합니다.

한·아세안 CEO 서밋 기조연설

| 2019-11-25 |

존경하는 아세안 정상 여러분, 경제계 지도자 여러분,

한국 제1의 항구도시, 부산에 오신 것을 환영합니다.

오늘 아세안과 한국의 최고경영자들을 모시고, '모두를 위한 번영'을 주제로 한·아세안 경제협력 비전을 말씀드리게 된 것을 매우 뜻깊게 생각합니다. 동아시아의 바다는 삶과 문명을 연결하는 통로였고, 교역의 길이 되며 해양과 무역의 시대를 열었습니다. 자바의 상인, 아유타야와 마자빠힛 왕국의 상인들은 일찍이 중국을 거치거나 바닷길로 한국을 찾았습니다. 동아시아 상인들은 17세기 후반 은(銀)으로 가격을 통일하여 교역을 확대했고, 세계 '해상무역'의 주역이 되었습니다.

이제 수백 년을 이어온 교류의 역사는 또 다시 동아시아를 세계 경제의 중심으로 서서히 떠밀고 있습니다. 30년 전 '한·아세안 대화관계'

수립과 12년 전 '한·아세안 FTA' 발효는 동아시아의 역사에 살아있는 교류의 결과입니다. 오래전 바다를 오간 상인들이 해양제국을 건설했듯, 오늘날에는 국경을 초월하여 활동하는 기업인들이 아시아와 세계 경제를 이끄는 주역입니다. 우리는 '역내포괄적경제동반자협정(RCEP)'의 협정문을 타결함으로써, '동아시아 무역 네트워크'의 시대를 예고하고 있습니다. 저는 오늘 대륙과 해양을 잇는 부산에서 동아시아의 기업인들과 함께 새로운 교역의 시대를 이야기할 수 있어 기쁩니다.

경제계 지도자 여러분,

아세안과 한국의 경제는 빠르게 가까워지고 있습니다.

교역 규모는 1,600억 불로 늘었고, 상호 투자액도 연간 100억 불이 넘습니다. 아세안은 한국의 제2위 교역상대이자 제3위 투자대상이며, 한국은 아세안에게 다섯 번째로 큰 교역 파트너입니다. 브루나이 최대 규모의 템부롱 대교, 베트남 최초의 LNG 터미널, 인도네시아의 대규모 화학단지 건설과 철강산업에 한국의 대림산업, 삼성물산, 롯데케미컬, 포스코가 힘을 보태고 있습니다. 바이오·의료와 정보통신 분야의 공동 기술개발, 경제협력산업단지 조성, 스타트업 협력으로 싱가포르, 그리고 미얀마와 상생 협업체계가 더욱 견고해지고 있습니다.

정부 간 협력의 폭도 넓어지고 있습니다.

외교, 통상, 무역, 투자에서 인프라, 문화, 국방, 환경 등으로 협력이 확대되고, 깊어지고 있습니다.

한국은 아세안의 친구를 넘어서 아세안과 '함께 성장하는 공동체'가 될 것입니다. 한국 국민들은 아세안의 음식과 풍경을 사랑하고, 아세안 국민들은 한류를 사랑합니다. 연간 천백만 명이 넘는 국민들이 서로를 방문하며, 매주 1,200번 이상 항공이 오고 갑니다. 아세안은 6억 5천만 인구의 거대 시장과 풍부한 천연자원을 가지고 있으며, 매년 5%의 높은 성장을 달성하고 있습니다. 한국은 식민지배와 전쟁을 이겨내고 제조업과 무역으로 경제구조를 바꿔 성공한 경험이 있습니다. IT 강국으로 도약해 세계 최초 5G 상용화, 최신 반도체·휴대폰 기술로 첨단산업 분야의 노하우를 갖췄습니다.

한국과 아세안은 역사적으로도 문화적으로도 가장 닮았습니다. 발전 가능성이 무궁무진하며 평균연령 29세의 젊은 아세안에게 한국은 믿을 만한 최적의 파트너가 아닐 수 없습니다. 한국과 함께라면 더 빨리, 더 멀리 '함께 성장하는 공동체'가 될 것입니다. 우리는 '아시아의 정신'도 공유하고 있습니다. 자연을 아끼고, 조화롭게 다양한 종교와 인종, 문화와 정치체제를 이끌어온 아세안은 포용적이고 지속가능한 세계로 가는 해답을 갖고 있습니다. 한국은 아세안과 함께 새로운 세계질서를 만드는 데에도 항상 함께할 것입니다.

경제계 지도자 여러분, 저는 오늘 '함께 성장하는 공동체'를 위해 세 가지 협력 방향을 제안합니다.

첫째, '사람 중심의 포용적 협력'입니다. 사람이야말로 성장의 핵심 동력입니다. 아세안 경제의 99%를 차지하는 중소기업의 역량 강화를 위해 '직업기술교육 훈련(TVET)'을 확대하고, 장학사업과 고등교육사업으로 고급인재 육성에 힘쓰겠습니다. 베트남 과학기술연구소(V-KIST), 미얀마 개발연구원(MDI)과 같은 교육·연구기관 설립을 지원하여 경제발전 경험을 나누겠습니다. 새마을 운동의 '할 수 있다'는 자신감이 '메콩강의 기적'으로 이어지도록, 메콩 국가와 농촌개발 협력도 강화하겠습니다.

둘째, '상생번영과 혁신성장 협력'입니다. 기술협력과 교역기반 확대로 4차 산업혁명 시대에 함께 경쟁력을 높일 것입니다. 한·아세안 스타트업 협력은 4차 산업혁명 시대를 선도하는 힘이 될 것입니다. 스타트업 공동펀드, 스타트업 생태계 조성으로 더 많은 유니콘기업들이 나오길 기대합니다. 내년에 만들어지는 '신남방비즈니스협력센터'는, 한국 기업의 아세안 진출을 촉진하고, 아세안 기업의 경쟁력을 강화하는 주춧돌이 될 것입니다. 역내포괄적경제동반자협정(RCEP)과 이번에 타결된 한·인니 CEPA 협정을 비롯하여, 말레이시아, 필리핀, 캄보디아 등 아세안 국가들과 양자 FTA 네트워크를 계속 확대하겠습니다.

셋째, '연계성 강화를 위한 협력'입니다. 아세안은 연계성 강화에 많은 노력을 기울이고 있습니다. 한국이 보유한 교통, 에너지, 스마트시티 분야의 강점을 활용하여 아세안의 인프라 건설을 돕겠습니다. 글로벌 인프라 협력 컨퍼런스(GICC), 한·아세안 인프라 차관회의 등을 통해 아세안의 수요에 맞는 협력방식을 찾겠습니다. 아세안과 메콩 지역의 협력 자금도 더 늘릴 것입니다. 한·아세안 협력기금은 올해부터 연간 1,400만 불로 두 배 늘렸고, 한·메콩 협력기금은 내년까지 연간 3백만 불로 확대할 것입니다.

한반도 평화는 동아시아의 평화이며, 동아시아 경제를 하나로 연결하는 시작입니다. 아세안지역안보포럼(ARF)에서 북한을 공동체의 일원으로 받아들인, 아세안의 포용 정신이 계속되길 기대합니다. 한반도의 완전한 비핵화와 항구적 평화정착을 위해 제3차 북미 정상회담 등 앞으로 남아있는 고비를 잘 넘는다면, 동아시아는 진정한 하나의 공동체로 거듭날 것입니다.

존경하는 아세안 정상 여러분, 경제계 지도자 여러분,

많은 피난민들이 모여 살았던 부산은, 어려운 사람들이 서로를 끌어안은 포용의 도시였습니다. 한국전쟁 참전과 어려울 때 쌀과 물자를 보내준 아세안은 부산의 또 다른 이웃이었습니다. 아세안은 한국의 영원한 친구이며 운명공동체입니다. 아세안의 발전이 한국의 발전이라는 생각으로 언제나 함께해나갈 것입니다.

아시아가 세계의 미래입니다. 한·아세안 특별정상회의를 계기로 우리의 우정이 더 깊어지고, 우리의 책임감이 더 커지길 바랍니다. 상생번영의 미래를 우리가 함께 만들어가길 기대합니다. 다시 한 번, 부산에서 함께해주신 아세안 정상들과 경제계 지도자 여러분께 깊이 감사드립니다.

감사합니다.

한·아세안 문화혁신포럼 환영사

| 2019-11-25 |

존경하는 태국 쁘라윳 짠오차 총리님, 라오스 통룬 시술릿 총리님, 미얀마 아웅산 수치 국가고문님,

한국은 지금 겨울의 초입에 있습니다. 과거 동아시아는 여름의 남서풍과 겨울의 북동풍이란 계절풍을 이용해 바닷길을 오갔습니다. 북동풍의 계절은 동북아가 동남아를 향해 항해하는 계절이었습니다.

오늘 동남아로 향하는 관문 부산에서 한반도의 오랜 조상들이 그랬듯, 아세안을 만나는 설렘으로 '한·아세안 문화혁신포럼'에 오신 아세안 정상들을 뜨겁게 환영합니다. 나는 지난 2년간 아세안 10개국을 모두 방문하며 다양한 민족, 언어, 종교, 문화가 조화롭게 공존하는 것을 보았고, 아세안 문화예술의 포용성과 역동성을 피부로 느꼈습니다.

아세안의 향신료가 세계인의 식탁과 교역의 역사를 바꿔놓았듯, 열

개 나라의 색과 멋이 입혀져 다채로운 문화의 향연으로 변모한 K-컬처는 새로운 문화콘텐츠가 되었고, 아세안 국가의 콘텐츠 시장은 매년 8% 이상 성장하며 미래 세대의 꿈을 담아내고 있습니다. 아세안의 문화는 다양하면서도 조화롭습니다. 아세안의 문화가 더 많이 알려질수록 세계인의 삶은 그만큼 더 풍요롭고 행복해질 것입니다. 아세안의 문화는 이미 세계적이며, 잠재력이 무궁무진합니다. 1978년 필리핀 가수 프레디 아길라가 모국어인 타칼로그어로 부른 〈아낙〉은 한국 국민은 물론 세계인의 사랑을 받았습니다. 태국의 아핏차퐁 감독은 2010년 칸영화제 황금종려상을 수상해 아시아 영화의 역량을 세계에 알렸습니다.

아세안 정상 여러분,

아세안과 한국이 만나면 아세안의 문화는 곧 세계문화가 될 수 있습니다. 저는 오늘 'K-컬처'에서 '아세안-컬처'로 세계를 향해 함께 나가자고 제안합니다. 한국은 1990년대 시작된 한류의 힘을 바탕으로 세계 7위의 콘텐츠 강국으로 발돋움했습니다. 문화콘텐츠 수출은 최근 5년간 연평균 16% 이상 성장하며, 지난해 수출 100억 불을 달성했습니다.

한류의 시작은 아시아였습니다. 가장 한국적인 콘텐츠를 아시아가 먼저 공감해 주었고, 아세안이 그 중심에 있었습니다. 한국의 문화콘텐츠는 아세안의 사랑을 기반으로 세계 전역으로 퍼져나갈 수 있었습니다. 문화콘텐츠는 이제 문화를 넘어 가장 유망한 성장산업입니다. 한국이 같은 문화적 정체성 위에서 아세안 문화콘텐츠의 동반자가 되겠습니다.

오늘 '한·아세안 특별정상회의'를 기념해 마련한 문화혁신포럼도 내년부터 정례적으로 개최하고자 합니다. 아세안과 협력해 글로벌 문화

시장 진출을 모색하고, 미래 세대의 상호이해와 우정을 깊게 다지는 문화교류의 협력 플랫폼으로 발전시켜 나가겠습니다. '한·아세안 센터', '아시아문화전당', 역외 유일한 '아세안문화원'을 중심으로 아세안의 찬란한 문화를 알리는 '쌍방향 문화교류'를 적극 추진하겠습니다.

문화 다양성과 창의성을 살리는 데도 노력하겠습니다. 한·아세안 영화협력 촉진을 위한 기구를 설립해 역동적으로 성장하는 아세안의 영화산업을 뒷받침하겠습니다. '예술과 함께하는 미래 캠페인'을 통해 청소년 문화예술 교육 협력도 확대해 나갈 것입니다. 아세안과 한국은 모두 사람을 소중히 여기며 평화와 포용, 혁신을 추구해왔습니다. 지속가능한 세계를 만드는 길도 아시아의 문화에 있습니다. 우리의 문화협력이 새로운 경제적 가치를 만들어낼 뿐 아니라 새로운 시대를 여는 힘이 될 것이라 믿습니다.

감사합니다.

한·인도네시아 정상회담 모두발언

| 2019-11-25 |

　소중한 친구 조코위 대통령님을 제 고향 부산에서 만나게 되어 매우 기쁩니다.

　지난달 인도네시아 대통령으로 연임하게 되신 것을 다시 한 번 축하합니다. 대통령님 포용적 리더십으로 인도네시아는 더욱 역동적으로 발전할 것입니다. 한국은 동남아 국가들 가운데 유일하게 인도네시아와 특별 전략적 동반자 관계를 수립했습니다. 양국은 상호 국빈 방문을 포함하여 매년 정상회담을 갖고, 전례 없이 긴밀하고 특별한 관계를 구축하고 있습니다.

　양국은 이제 서로에게 꼭 필요한 나라로 공동 번영을 추구하고 있습니다. 지난해 교역 규모 200억 불에 도달했고, CEPA 협정의 최종 타결로 양국의 교역이 더욱 활발해질 것입니다. 오늘 회담으로 양국 간 실질 협력 방안은 물론, 국제안보에 이바지하는 협력에 대해서도 깊이 있게 논의하는 자리가 되기를 기대합니다. 아세안의 공동 번영을 위해 양국의 우정이 많은 역할을 할 것이라고 확신합니다.

감사합니다.

한·필리핀 정상회담 모두발언

| 2019-11-25 |

두테르테 대통령님, 양국 수교 70주년을 맞는 뜻깊은 해에 방한해 주신 것을 국민들과 함께 진심으로 환영합니다. 대통령님의 지난해 방한 때 2019년을 '한·필리핀 상호교류의 해'로 지정한 데 따라 한국에서는 올해 콘서트, 영화제, 전시회를 비롯하여 필리핀과의 다양한 문화교류 행사가 열렸고, 한국인들이 필리핀과 더욱 친밀해지는 계기가 되었습니다.

필리핀은 우리와 아세안 국가 중 최초로 수교를 맺었고, 아세안 국가 중 처음으로 한국전에 참전해 준 혈맹입니다. 지난 70년간 변함없는 우정을 보여주신 필리핀 국민들과 또 항상 한국에 각별한 애정을 보여주신 대통령님께 각별한 감사의 말씀을 드립니다. 한국인들도 필리핀을 사랑합니다. 필리핀을 가장 많이 방문하는 나라가 바로 한국이며 양국

간 교역액은 지난해 사상 처음으로 150억 불을 돌파했습니다. 에너지, 전기, 전자, 섬유, 조선뿐 아니라 SOC 건설에 이르기까지 많은 한국 기업들이 필리핀에 진출해 있습니다.

이제 양국은 우정과 신뢰의 역사를 바탕으로 전략적 동반자 관계로의 격상을 검토할 여건이 성숙되었습니다. 관계 격상을 통해 양국은 더 많은 협력으로 상생 번영하게 될 것입니다. 대통령님의 탁월한 지도력으로 연간 6%대의 높은 경제성장을 기록하고 있는 필리핀은 아세안의 미래입니다. 오늘 회담을 통해 대통령님과의 우정을 더욱 돈독히 하고, 필리핀과 한국의 협력으로 아시안의 발전에 함께 기여하게 되기를 기대합니다.

감사합니다.

한·아세안 특별정상회의 환영 만찬사

| 2019-11-25 |

존경하는 아세안 정상 내외 여러분, 각국 대표단 여러분,

오늘 정말 귀한 손님들이 부산에 오셨습니다. 취임 후 2년간, 아세안 10개국을 모두 방문하며 제 고향 부산에서 다시 만날 날을 기대했는데, 이렇게 실현되고 보니 참으로 기쁩니다. 한국 국민들과 함께 환영의 인사를 드립니다.

대화 관계 수립 30주년을 기념한 이번 '한·아세안 특별정상회의'는 아세안 대화 상대국 중에서는 최초로 자국에서 3회를 맞습니다. 우리의 협력이 공동번영으로 이어질 것이라는 믿음으로 아세안 정상들께서 세 번째 특별정상회의 개최를 결정해 주셨습니다. 아세안 정상들의 우정에 진심으로 감사드리며 대화조정국으로서 큰 도움을 주신 브루나이 볼키아 국왕님과 공동의장을 맡아 주신 태국 쁘라윳 총리님께 각별한 마음을 전합니다. 이곳 부산은, 아세안을 향한 바닷길이 시작되고 대륙과 해양, 아시아와 태평양이 만나는 곳입니다. 아세안과 한국의 마음이 만나 서로의 우정이 더욱 깊어지는 밤이 되길 바랍니다.

내외 귀빈 여러분,

어제와 오늘, 우리는 '부산 에코델타 스마트시티 착공식', 'CEO 서밋', '문화혁신포럼'을 성공적으로 마쳤습니다. 내일은 '스타트업 서밋', '혁신성장 쇼케이스'를 비롯한 부대행사가 준비되어 있습니다.

경제와 문화에서 4차 산업혁명에 이르기까지 아세안과 한국의 협력 분야가 다양해지고, 더욱 긴밀하게 연결되고 있습니다. 지난 30년간 우리는 우정과 신뢰를 바탕으로 '최적의 동반자'가 되었고 이제 새로운 도약의 기회를 맞고 있습니다. 아세안과 한국의 협력은 공동번영을 넘어 지속가능한 세계의 희망을 인류에게 주고 있습니다. 나눔과 상호존중의 '아시아 정신'이 우리의 뿌리에 있습니다.

아세안의 꿈이 한국의 꿈입니다. 이번 '한·아세안 특별정상회의'는 '하나의 공동체'를 향해 우리가 같은 꿈을 꾸고 있다는 것을 보여줄 것입니다.

존경하는 아세안 정상 내외 여러분, 함께해주신 각국 대표단 여러분,

아세안과 한국을 잇는 가장 오랜 전통은 쌀이라고 생각합니다. 오늘 환영 만찬을 위해 아세안 10개국과 한국의 농부들이 정성껏 수확한 쌀로 쌀독을 가득 채워주셨습니다. 메콩강이 키운 쌀과 한강이 키운 쌀이 하나가 되어 디저트로 올라올 것입니다. 우리는 다양하지만 이렇게

같은 뿌리의 정체성을 가지고 있습니다. 그래서 우리는 다양함을 존중하면서도 긴밀히 협력할 수 있습니다. 활엽수와 침엽수가 어울려 오색으로 산을 물들이는 한국의 가을은 아름답습니다. 한국의 겨울은 매섭지만, 그렇기에 서로에게 따뜻함을 전할 수 있는 계절입니다.

한국의 추운 날씨까지 즐거운 경험이 되길 바라며, 아세안과 한국의 영원한 우정과 정상 내외분들의 건강과 행복을 위해 건배를 제의하겠습니다.

건배!

한·아세안 특별정상회의 발언문

| 2019-11-26 |

아세안 정상 여러분,

한국의 해양수도, 부산에서 아세안 정상들을 뵙게 되어 기쁩니다. 한국은 사계절이 뚜렷한 나라입니다. 이제 겨울에 들어섰지만, 아세안과 다른 계절을 즐겁게 느껴 주시길 바랍니다.

먼저, 아세안+3 정상회의를 성공적으로 마친 태국 쁘라윳 총리님께 축하의 말씀을 드리며, 대화조정국으로서 큰 역할을 해주신 브루나이 볼키아 국왕님께 감사드립니다. 1989년 한·아세안 대화 관계 수립은 당시 지도자들의 혜안으로 이뤄졌습니다. 아세안과 한국은 아시아·태평양 시대를 준비하며 상생번영의 관계를 만들어왔습니다. 나는 우리의 협력이 경제·통상을 넘어 정치·안보·사회·문화 전 영역으로 확대된 것을 아주 높게 평가하며, 동아시아 외환위기와 글로벌 금융위기를 극복할 수 있었던 것도 우리가 만들어온 관계와 신뢰의 힘이었다고 생각합니다.

아세안은 한국의 소중한 동반자입니다. 우리 정부는 출범 직후 아세안 특사를 파견한 데 이어, 아세안과 '사람 중심의 평화·번영의 공동체'를 함께 이루기 위해 '신남방정책'을 발표했습니다. 대한민국 대통령으로서는 처음으로 아세안 10개국을 2년 만에 모두 방문했으며, 대통령 직속 '신남방정책 특별위원회'를 설치하고 '한·아세안 협력기금'을 올해 두 배로 증액했습니다. 이곳 부산에 '아세안문화원'을 설립하여 문화협력도 강화했습니다. 한·아세안 관계 30년이 지난 지금 교역은 20배, 투자는 70배, 인적교류는 40배 이상 크게 늘었습니다.

이제 우리는 서로에게 없어서는 안 될 친구가 되었고, 함께 새로운 꿈을 꾸며 하나씩 현실로 만들어가고 있습니다. 포용적이고 지속가능한 세계는 아시아의 협력에 달려있습니다. 우리의 목표는 아시아를 넘어 인류 모두에게 희망이 될 것입니다. 오늘 한·아세안 관계의 지나온 성과를 기반으로 미래를 향한 새로운 협력의 문이 더 활짝 열리길 기대합니다.

정상 여러분,

우리는 보호무역주의와 초국경범죄, 4차 산업혁명 같은 새로운 도전에 직면해 있습니다. 우리의 협력과 연대만이 그 도전들을 이겨낼 수 있습니다. 특히 4차 산업혁명의 시대가 가져올 미래를 우리는 다 알지 못합니다. 협력과 연대를 더욱 강화해야 합니다. 다가올 30년, 지금보다 더 단단한 관계를 만들어 "평화를 향해 동행하고, 모두를 위해 번영"하는 상생의 공동체가 되어야 합니다.

21세기는 '아시아의 시대'입니다. 자연, 사람, 국가 누구도 배제하지 않고 포용하는 '아시아의 정신'은 아시아가 전 세계에 제시하는 지혜입니다. '아시아 정신'을 공유한 한·아세안이 하나로 뭉친다면, 새로운 도전을 얼마든지 성공으로 이끌 수 있습니다. 부산은 대륙과 해양이 만나고 이어지는 관문입니다. 아세안과 한국이 이곳 부산에서 하나의 공동체로 거듭나길 희망합니다.

감사합니다.

한·아세안 스타트업 서밋 및
혁신성장 쇼케이스 기조연설

| 2019-11-26 |

존경하는 아세안 정상 여러분, 아세안 스타트업과 경제인 여러분,

대륙과 해양을 잇는 한·아세안의 관문, 부산에 오신 것을 환영합니다. 오늘 특별히 한·아세안의 '혁신' 주역들과 아세안 10개국 정상 모두를 모신 자리에서 '한·아세안 스타트업 서밋'을 개최하게 되어 매우 기쁩니다.

아세안은 젊고 역동적입니다. 인구의 60%가 35세 이하의 청년층이고 매년 5%의 높은 성장률을 달성하고 있습니다. '혁신'과 '스타트업'의 열기도 뜨겁습니다. 선발주자가 경험한 발전단계를 혁신을 통해 훌쩍 뛰어넘어 따라잡고 있습니다. '립프로깅(leapfrogging)'이 아세안의 익숙한 모습이 되어가고 있습니다.

마케팅 분야의 세계적 권위자, 필립 코틀러 교수는 "아세안이 4차 산업혁명의 최적지"라고 주장을 했습니다. 아세안의 자신감과 잠재력을 보았기 때문입니다. 한국도 대기업 중심의 경제에서 혁신 중소기업과 스타트업 중심 경제로 탈바꿈하고, 추격형 경제에서 선도형 경제로 가기 위해 신산업을 육성하고 있습니다. 오늘 행사의 슬로건처럼, 스타트업이 한·아세안의 미래를 부흥시킬 것입니다. 아세안과 한국이 협력하면 할 수 있습니다. 함께 스타트업을 일으키고 세계 경제를 선도합시다.

정상 여러분, 혁신 경제인 여러분,

나는 아세안의 발전이 한국의 발전이라 생각하며 '신남방정책'을 추진하고 있습니다. 취임 2년 만에 아세안 10개국을 모두 방문했고 아세안 곳곳에서 '혁신'과 '기회', '희망'을 보았습니다. 필리핀의 유니콘기업, '레볼루션 프리크래프티드(Revolution Precrafted)'는 '모듈러 주택'이라는 '혁신'적 기술을 개발했습니다. 더욱 발전된 조립 주택 방식으로 부동산 개발을 글로벌 사업화하는 데 성공했고 주택 패러다임을 바꾸는, '혁신'으로 이어지고 있습니다.

인도네시아 '고젝(Go-Jek)'의 CEO 나딤 마카림은 오토바이 택시 '오젝(Ojek)'의 문제점을 느끼며 오히려 기회를 포착했습니다. 인도네시아 공유차량 '고젝'은 유니콘을 넘어 데카콘 기업으로 성장했고, 인도네시아 국민들의 일상생활을 완전히 바꿔놓고 있습니다. 싱가포르의 유니콘기업, '그랩(Grab)'은 온오프라인을 통합한 '오투오(O2O) 서비스 플랫폼'으로 국민 생활을 더욱 편리하게 만들었습니다. 공유경제 활성화로 새로운 일자리를 창출했고 소규모 자영업자들은 '그랩'을 통해 소득이 늘어나고 있습니다.

캄보디아의 스타트업, '북미버스(BookMeBus)'도 운송시장에 '공유경제 기반 디지털 플랫폼'을 도입하여, 영세 운송업체들이 더 많은 고객을 유치할 수 있게 했습니다. 스타트업은 그 자체로 '혁신'이며 누구에게나 열린 '기회'이고 '희망'을 공유합니다. 아세안이 가는 스타트업의 길에 한국이 동행하겠습니다.

한국 정부는 '혁신 창업국가'를 국정과제로 삼았습니다. 제2벤처붐 확산 전략, 혁신금융 비전을 추진하며 스타트업 육성에 박차를 가하고 있습니다. 한국의 신설법인 수는 지난해 사상 최초로 10만 개를 돌파했습니다. 유니콘기업 수도 2016년 두 개에서 올해 열 개로 늘어 세계 6위를 기록하며, 혁신의 분위기가 확산되고 있습니다.

'혁신'에는 국경이 없습니다. 융합의 4차 산업혁명 시대, 경계는 무의미합니다. 개별 국가 차원의 스타트업 정책도 중요하지만, 이제는 스타트업 정책도 국가 간 협력이 필수입니다. 앞서 홀로그램 퍼포먼스에서 보신대로, 유니콘들이 마음껏 뛰놀 수 있도록 한·아세안 11개국이 하나가 된 스타트업 생태계를 조성해야 합니다. 말레이시아의 '글로벌 창업 혁신센터', 브루나이의 '중소벤처청(DARe)'의 비전을 응원합니다.

베트남의 '스타트업 생태계 혁신 2025' 전략, 인도네시아의 '2020 고 디지털 비전(Go Digital Vision)', 태국의 '태국 4.0'과 캄보디아의 'ICT 마스터플랜', 싱가포르의 '스마트네이션 전략'과 미얀마의 '지속가능 발전계획', 필리핀의 '국가비전 2040'과 라오스의 '국가사회경제 발전계획', 모두와 지혜를 나누고 경험을 공유하겠습니다.

아세안 정상 여러분, 아세안 스타트업과 경제인 여러분,

한·아세안의 '스타트업 파트너십' 합의는 매우 고무적인 일입니다. '한·아세안 특별정상회의'를 계기로 개최한 '한·아세안 스타트업 엑스포, 컴업(ComeUp)'을 연례행사로 만들어, 스타트업 간 '교류의 장'을 제공하겠습니다. '스타트업 중장기 로드맵'을 공동 수립하여 벤처투자자들에게 스타트업 정책과 정보를 알리고, 함께 투자할 수 있도록 네트워크를 구축하겠습니다. '한·아세안 스타트업 장관회의'를 구성하여 이를 뒷받침하는 협력 체계도 마련할 것입니다.

오늘 '스타트업 서밋'은 한·아세안 간 스타트업 협력과 연대를 처음으로 선언하는 자리입니다. 매우 중요한 날인만큼, 특별한 손님들이 계십니다. 한국 진출에 관심을 가지고 한국에 오셔서 인큐베이팅 프로그램에 참여 중이신 아세안 스타트업 40개사의 대표분들입니다. 한·아세안 스타트업 협력과 생태계를 이끌어갈 주역들입니다. 2024년 '한·아세안 스타트업 서밋'에서는 유니콘기업으로 성장한 여러분을 특별 연사로 모실 수 있게 되길 바랍니다.

곧이어, '한·아세안 혁신성장 쇼케이스'가 열립니다. 아세안과 한국의 스타트업들이 함께 만든 '혁신의 장'을 만나실 수 있습니다. 오늘을 계기로, 하나의 생태계 속에서 아세안과 한국의 스타트업들이 협력하고 새로운 30년, '모두를 위한 번영'을 이끌어가길 기대합니다. 아세안 정상들께서도 힘을 모아주시기 바랍니다. 함께 힘차게 '스타트업(start up)' 합시다!

감사합니다.

한·아세안 특별정상회의 공동언론발표

| 2019-11-26 |

'한·아세안 특별정상회의'를 성공적으로 마무리했습니다. 아세안 정상들께 깊이 감사드립니다.

추울수록, 함께하는 친구의 온기가 더 고맙게 느껴집니다. 저와 함께 회의를 주재해 주신 쁘라윳 총리님 덕분에 내내 마음 든든하고 따뜻했습니다. 공동의장 쁘라윳 총리님과 사무총장님께 각별하게 감사의 말씀을 드립니다.

아세안의 발전이 곧 한국의 발전입니다. 우정과 신뢰로 협력한 지난 30년 우리는 외환위기와 금융위기를 극복하며 '아시아의 저력'을 보여주었습니다. 이제 우리는 나눔과 포용의 '아시아 정신'으로 지구촌 미래에 새로운 답을 제시할 수 있다는 '자신감'도 갖게 되었습니다. 오늘 회의에서 우리 정상들은 '아시아의 협력'을 통해 평화와 번영의 동아시아 시대를 만들어가기로 했고, 다음과 같은 미래 청사진에 합의했습니다.

첫째, 아세안과 한국은 인적·문화적 교류를 확대하고 '사람 중심의 공동체'를 실현하기로 했습니다. 모든 관계 발전의 시작은 사람입니다. 우리는 1,100만 명을 넘어선 한·아세안의 인적교류가 더욱 자유롭게 확대될 수 있도록 비자 제도 간소화, 항공 자유화 등 각종 제도개선을 추진하기로 했습니다. 또한 한국은 2022년까지 아세안 장학생을 2배 이상 규모로 확대하고, 아세안의 미래인재 육성에도 기여할 것입니다.

활발한 문화교류 또한 한·아세안 우호관계 조성에 중요합니다. 이곳 부산에 소재한 아세안문화원과 태국 아세안 문화센터 간 협력 강화를 통해 한·아세안 문화교류가 더욱 활발해질 것으로 기대합니다. 이번 회의에서 아세안은 한국의 아세안 문화유산에 대한 디지털 콘텐츠 개발에 기여한 노력을 평가하였으며, 한국은 아세안 지역에서 한국어 교육 강화를 위한 협력을 더욱 강화하기로 했습니다.

한국에 거주 중인 아세안 국민은 60만 명이 넘습니다. 우리 정부는 다문화 가정과 근로자 등 한국에 체류하고 있는 아세안 국민들의 편익을 증진하고 공동체의 일원으로 성장하도록 더욱 관심을 가지고 적극적으로 지원해나갈 계획입니다. 아세안 내 우리 국민에 대한 지원과 보호를 위해 각 나라와 긴밀히 협력하여 상생의 가치를 실현할 것입니다.

둘째, 한국과 아세안은 자유무역을 바탕으로 '상생번영의 혁신공동체'로 나아갈 것입니다. 전 세계적으로 보호무역주의에 대한 우려가 커지는 가운데, 우리는 자유무역이 공동번영의 길이라는 것을 재확인했습니다. 우리는 역내포괄적경제동반자협정(RCEP)의 협정문 타결을 환영하고, 한·아세안 FTA를 바탕으로 자유무역을 지켜 나가기로 했습니다. 우리는 4차 산업혁명 시대도 함께 열어가기로 했습니다. 과학기술 협력센터와 표준화, 산업혁신 분야의 협력센터를 아세안에 설립하고, 스타트업 파트너십도 강화할 것입니다.

한국과 아세안의 지속가능한 번영을 위해서는 아세안의 연계성 증진이 필수입니다. 우리는 '아세안 연계성 마스터플랜 2025'의 이행을 위해 인프라, 스마트시티, 금융, 환경 분야의 협력을 강화해 나가기로 했습니다. 한국은 올해 한·아세안 협력기금을 2배 증액하고, 2022년까지 신남방지역에 대한 ODA를 2배 이상 확대할 것입니다. 한국의 우수한 디지털 기술을 활용한 고등교육, 농촌개발, 교통, 공공행정 등 다양한 분야에서의 개발 협력을 강화해 나가겠습니다.

셋째, 우리는 '평화로운 동아시아 공동체'를 위해 더욱 긴밀히 협력하기로 했습니다. 우리 정상들은 한반도를 포함한 동북아의 평화와 안정이 동남아시아 안보와 연계되어 있다는 데 인식을 같이하고, 역내 평화 구축을 위한 협력을 강화하기로 했습니다. 한국은 올해 6월 아세안 국가들이 발표한 '인도·태평양에 대한 아세안 관점'을 환영하며, 아세안 중심성을 바탕으로 한 지역 협력에 함께할 것입니다. 아세안은 한반도의 완전한 비핵화와 항구적 평화 구축을 위해 아세안지역안보포럼(ARF) 등 아세안 주도 지역 협의체를 활용하여 한반도 평화와 안정을 위해 협력해 나가기로 했습니다. 특히 우리 정부의 비무장지대 국제평화지대화 구상을 지지하고 공동연락사무소와 같은 구체적인 방안을 논의했습니다.

테러리즘과 초국경범죄, 사이버안보와 자연재해, 기후변화와 해양 쓰레기 관리 등 날로 증가하는 비전통적 안보위협에 대응하기 위한 협력도 강화하기로 했습니다. 올해 새로이 출범하는 한·아세안 초국가범죄 장관회의를 환영하며, 비전통적 안보 분야에서 역량을 강화하기 위한 협력사업을 지속해 나갈 예정입니다. '평화를 향한 동행, 모두를 위한 번영'이라는 이번 회의의 슬로건과 같이 한국은 아세안과 더욱 풍요롭고 평화로운 미래를 만들어나갈 것입니다.

오늘 한국과 아세안은 '평화, 번영과 동반자 관계를 위한 한·아세안 공동 비전성명'과 '공동의장 성명'을 채택했습니다. 한국과 아세안이 맞이할 사람, 상생번영, 평화의 미래를 위한 훌륭한 이정표가 될 것으로 기대합니다. 다시 한 번, 한·아세안 특별정상회의에 함께해주신 아세안 정상 여러분께 깊이 감사드립니다. 추운 겨울에 나눈 '아시아의 지혜'는 아시아와 인류 모두를 따뜻하게 만들어줄 것입니다.

감사합니다.

한·미얀마 정상회담 모두발언

| 2019-11-26 |

아웅산 수치 국가고문님, 양국 수교 45주년을 앞두고 한국에서 다시 뵙게 되어 반갑습니다.

지난 9월 미얀마를 방문했을 때 양곤에 우뚝 솟은 쉐다곤 파고다의 경건함과 나눔으로 공덕을 삼는 수준 높은 불교문화에서 미얀마의 위대한 역사와 전통을 느꼈습니다. 한국 전쟁 당시 미얀마가 우리에게 쌀을 보내준 것도 자신에게 가장 귀한 것을 보시하는 숭고한 행동이었습니다. 서로 믿고 의지할 수 있는 이웃이 되어주신 미얀마 국민들과 국가고문님께 깊이 감사드립니다.

양국은 지난 정상회담에서 미얀마의 지속가능발전 계획과 한국의 신남방정책을 연계하기로 했으며, 경제협력산업단지 건설을 시작으로 다양한 경제 협력의 기반을 마련했습니다. 직업, 교육, 환경, 수산 부문으로 양국의 협력을 더욱 확대해 우리의 우정이 더욱 굳건해지길 기대합니다.

어제 문화혁신포럼에서 국가고문님께서 해주신 기조연설 덕분에 한층 격조 있고 성공적인 행사가 될 수 있었습니다. 오늘 회담이 양국은 물론 한국과 메콩 국가의 공동 번영 시대를 여는 소중한 계기가 되길 바랍니다.

감사합니다.

한·라오스 정상회담 모두발언

| 2019-11-26 |

통룬 시술릿 총리님께서는 그동안 여러 차례 한국을 방문해 주셨고, 이곳 부산도 세 번째 방문이라고 들었습니다. 한국과 각별한 인연에 감사드리며 총리 취임 이후 첫 방한을 국민들과 함께 환영합니다.

총리님과 나의 만남도 올해만 세 번째로, 라오스와 한국이 그만큼 가까워진 것 같아 기쁩니다. 총리님과 나는 라오스 국빈 방문 때 라오스 정부의 국가 발전 전략과 한국의 신남방정책을 연계하여 다양한 분야의 협력을 확대하기로 약속했습니다. 특히 메콩 강변에서 '한·메콩 비전'을 발표하여 더 폭넓은 협력의 계기를 마련할 수 있었던 것을 매우 뜻깊게 생각합니다.

양국은 기존의 협력 사업들을 빠르게 실현해 나가면서 농업 협력, ICT, 스타트업을 비롯한 미래지향적인 분야로 협력을 넓히고 있습니다.

라오스 경제 발전과 양국 관계 발전을 함께 이끌어주신 총리님의 리더십에 경의를 표합니다.

내년은 라오스와 한국의 재수교 25주년입니다. 앞으로 새롭게 열어갈 25년을 앞두고 오늘 양국 관계 발전에 대해 논의할 수 있게 되어 아주 기대가 큽니다. 양국의 더욱 굳건한 우정으로 아세안의 공동 번영과 메콩 비전을 함께 실현해 나가길 바랍니다.

한·메콩 환영 만찬사

| 2019-11-26 |

　　메콩의 힘찬 도약을 함께 이끌고 계신 우리 정상 내외분들을 이렇게 한자리에 모시게 되어서 정말 영광입니다. 쁘라윳 태국 총리님과 나라펀 여사님, 푹 베트남 총리님과 투 여사님, 통룬 라오스 총리님과 날리 여사님, 또 아웅산 수치 미얀마 국가고문님, 쁘락 소콘 캄보디아 부총리님, 다시 한 번 특별히 환영합니다.

　　우리 내외를 따뜻하게 맞아주셨던 메콩 정상들께 보답하는 기회를 제 고향 부산에서 갖게 되어 더욱 기쁩니다. 이곳 부산은 메콩 국가들과 깊은 인연이 있는 도시입니다. 천오백 년 전, 메콩 유역의 불교가 이곳 부산과 인근 지역으로 전해져 한반도로 퍼져갔습니다. 그 인연은 지금 한국 최초 상좌부불교의 도량인 부산의 태종사로 이어지고 있습니다. 그보다 더 오랜 세월 이어온 메콩 국민의 정신처럼, 우리 한국인들의 마음

깊은 곳에도 생명을 소중히 여기고, 자연과 함께 더불어 살아가는 나눔과 상생의 정신이 깊이 남아있습니다.

　서로 닮은 점이 많기 때문에 한국인들은 메콩 국가를 아주 가깝고 편하게 느낍니다. 지난해 사상 최대인 580만 명의 한국인이 메콩 지역을 방문해 메콩의 따스한 미소를 만났습니다. 한국에서 쌀국수 같은 메콩 국가들의 전통음식을 맛보기 위해 줄지어 기다리는 모습은 아주 익숙한 풍경입니다. 메콩과 한국은 서로를 깊이 이해하고, 마음과 마음이 통하는 친구가 되고 있습니다. 방금 우리에게 자기 나라 문화예술을 소개해 준 학생들처럼 젊은이들이 양국을 잇는 가교 역할을 하고 있어 더욱 기쁩니다.

　한국과 메콩은 걸어온 길도 닮았습니다. 제국주의 시대의 어려움을 이겨냈으며, 냉전 시대 강대국들의 틈바구니 속에서 생존과 자존을 지키며 성장했습니다. 한국은 '한강의 기적'을 이뤘고, 메콩은 '메콩강의 기적'을 쓰고 있습니다. 메콩강의 역동성과 한국의 경험이 만나 '모두의 기적'을 이룰 것으로 확신합니다.

　메콩, '어머니 강'의 가르침대로 서로 포용하고 의지하며 성장하고 있는 메콩 국가들은 한반도 평화의 동반자이기도 합니다. 메콩 국가들은 역내 평화와 안정을 지키고, 북한을 국제사회 일원으로 이끌어내 한반도 긴장을 완화하는 데 큰 역할을 해주셨습니다. 북한이 비핵화를 통해 세계 속으로 나온다면, 경험을 나누며 가장 잘 도와줄 수 있는 나라도 메콩 국가들입니다. 정상 여러분의 지지와 성원으로 언젠가 남북의 정상이 메콩 정상들과 함께 식사 자리를 가질 수 있게 되길 바랍니다.

나는 지난 9월 라오스에서 '한·메콩 발전 비전'을 발표했습니다. 내일 열릴 '한·메콩 정상회의'가 '경험을 공유하는 번영', '지속가능한 번영', '동아시아 평화와 상생번영'을 실현하는 첫걸음이 되길 바랍니다. 정상 내외분들의 건강과 행복을 기원하며, 한·메콩의 영원한 우정과 공동번영의 미래를 위해 건배를 제의합니다.

건배!

한·메콩 정상회의 모두발언

| 2019-11-27 |

우리 메콩 정상님들 여러 번 뵈니까 더욱 반갑습니다. 이제 정말 역사적인 제1회 한·메콩 정상회의를 시작하겠습니다.

존경하는 메콩 정상 여러분,

'한·아세안 대화관계' 수립 30주년인 올해, 최초의 '한·메콩 정상회의'가 열리게 되어 매우 기쁩니다. '한·메콩 정상회의'의 공동의장을 맡아 주신 쁘라윳 총리님께 감사의 말씀을 드리며, 이 자리에 못 오셨지만 정상회의 개최를 제안해 주신 훈센 총리님과 함께해주신 정상들께 깊은 감사의 마음을 전합니다.

메콩강은 위대한 어머니의 강입니다. 수많은 생물이 사람과 어우러진 삶의 터전입니다. 캄보디아의 톤레삽 호수와 베트남의 메콩 델타로 흘러들어가 쌀을 키우고, 라오스의 수력발전을 돕고 있습니다. 메콩 국가들은 오래전부터 메콩강처럼 모든 것을 품고 조화를 이루며 살아왔습니다.

　메콩은 이제 기회의 땅이 되었습니다. 1980년대 개방의 바람과 함께 시작된 메콩 협력은 하루가 다르게 삶을 변화시키고 있습니다. 교량 국가로 대륙과 해양의 공동번영을 추구한 한국의 꿈도 오래전부터 메콩의 역동성과 만났습니다. 아시아태평양 시대를 준비하며 아세안과 상생 번영의 관계를 맺었던 한국은 이제 메콩의 특별한 친구가 되었습니다. 나라 간 개발 격차를 줄여 통합된 공동체로 발전하기 위한 아세안과 메콩의 꿈은 곧 한국의 꿈입니다.

　한·메콩 교역은 지난해 845억 불로 8년 사이에 2.4배 증가했고 투자는 38억 불로 1.7배 늘어났습니다. 인적교류도 세 배가량 증가한 700만 명에 달합니다. 메콩은 한국 ODA 자금의 20% 이상을 공여하는 핵심적인 개발 협력 파트너가 되었습니다.

　2011년 '한강 선언'의 채택과 함께 수자원 관리, 정보통신, 에너지 등으로 협력이 폭넓게 확대되었습니다. '한·메콩 협력기금'을 조성하고 '비즈니스 포럼'을 매년 개최하면서 우리의 협력은 더욱 깊어지고 있습니다. 메콩 국가들은 연 6% 이상 고성장을 달성하면서도, 사람과 자연이 조화를 이뤄 지속가능한 발전을 만들어내며, 나눔과 상호존중의 '아시아 정신'으로 새로운 질서를 만들어내고 있습니다. 황하 문명과 인더스 문명을 연결한 문명의 중심지였고, 앙코르와트, 바간, 왓푸의 자부심과 아유타야 왕국, 참파 왕국의 해상무역 역사가 되살아나며 새로운 번영의 시대를 예고하고 있습니다. 한국의 경험이 메콩의 역동성과 손을 잡으면

'한강의 기적'이 '메콩강의 기적'으로 이어질 것입니다. 한국은 메콩의 발전이 곧 한국의 발전이라는 믿음으로 메콩과 함께할 것입니다.

　　감사합니다.

제1차 한·메콩 정상회의 공동언론발표

| 2019-11-27 |

　　한·아세안 대화관계 30주년을 맞는 올해 최초로 '한·메콩 정상회의'를 한국에서 개최했습니다. 한·아세안 특별정상회의에 이어 공동의 장으로 수고해 주신 쁘라윳 총리님과 한·메콩 협력을 정상급으로 격상해 주신 메콩 국가 정상들께 감사드립니다.

　　세계는 지금 메콩 국가들의 역동성과 성장 잠재력에 주목하고 있습니다. 보호주의 여파에도 불구하고, 높은 경제성장률로 역내 발전을 주도하고 있습니다. 한국은 메콩 국가들의 성장과 함께하고, 미래 상생번영을 위해 신뢰할 수 있는 파트너가 되기를 희망하며 협력을 계속해왔습니다.

　　지난해 한·메콩 무역 규모는 2011년 대비 2.4배가 증가한 845억 불을 돌파하였고, 상호 인적교류는 3배가량 증가한 700만 명에 육박했습니다. 한·메콩 협력기금을 통한 사업들도 규모를 점차 확대해 왔습니다. 오늘 우리 정상들은 한·메콩 협력이 성숙해졌고, 제도적으로 더욱 단단해지고 있음을 확인하는 동시에 앞으로 더 협력해야 할 분야가 무궁무진하다는 점도 공유했습니다. 메콩 정상들은 한국의 신남방정책에 대해 적극적인 지지를 표명하였고, '한·메콩 비전'을 바탕으로, '사람 중심의 평화와 번영의 한·메콩 동반자' 관계 구축을 위한 세 가지 발전 방향에 대해 협의했습니다.

첫째, 메콩과 한국은 상호 경험을 공유하며, 공동 번영을 향해 나아갈 것입니다.

한국개발연구원(KDI), 한국과학기술연구원(KIST)은 한국 경제발전의 초석이 되었던 연구기관들입니다. 이를 모델로 삼아 메콩 국가에 공공 연구기관을 설립하고, 공공행정 분야 협력을 강화해 나가기로 했습니다. 4차 산업혁명에 함께 대응하며 교육, 신성장산업, 산림보존 등 분야에서 ICT를 바탕으로 한 협력사업을 진행하고, 미래 혁신 인재를 함께 양성하기로 했습니다. 한국의 새마을운동을 전파한 농촌 개발사업과 미래 협력의 주역인 차세대 역량 강화를 위한 다양한 사업들도 함께 전개해 나갈 것입니다.

둘째, 우리는 지속 가능한 번영을 위해 더욱 긴밀히 협력하기로 했습니다.

우리는 메콩강 유역을 둘러싼 초국경 위협에 공동대응하고, 생물다양성, 수자원, 산림 분야 협력을 강화하기로 했습니다. 메콩 국가에 설립될 '한·메콩 생물다양성 센터'를 통해 메콩의 풍부한 생물자원을 보존하고, 유용생물자원을 발굴해 바이오산업의 신성장 동력을 마련할 것입니다. 한국수자원공사에 설치될 '한·메콩 수자원 공동연구센터'는 메콩강의 풍부한 수자원을 안전하고 효율적으로 활용할 수 있는 기반이 될 것입니다. '한·메콩 미래 평화공동체 조성사업'은 메콩 농촌 지역의 지뢰와 불발탄을 제거하고, 피해자에 대한 지원과 농촌 공동체 개발로 지역 주민의 삶이 행복해지도록 도울 것입니다. 메콩 정상들은 산림협력을 통한 평화를 위해 한국의 '평화산림 이니셔티브(PFI)'를 지지해 주었습니다. 우리는 '한·메콩 산림협력센터'와 '아시아산림협력기구(AFoCO)'를 통해 산림협력 사업을 계속해 나가기로 했습니다.

셋째, 메콩과 한국은 사람이 행복한 '평화와 상생번영의 동아시아'를 실현해 나갈 것입니다.

3억 명에 달하는 메콩과 한국의 국민들이 서로 긴밀히 교류하며 함께 잘 사는 것이 우리의 공동 목표입니다. 한·메콩 장관급 협력 10주년을 맞는 2021년을 '한·메콩 교류의 해'로 지정하는 것을 정상들 모두 환영해 주었습니다. 한·메콩 국민들이 더 자주 교류하고, 서로의 문화에 대한 이해를 증진하는 계기가 될 것입니다. 메콩 지역의 발전은 개발 격차를 줄이는 것으로부터 시작합니다. 한국은 한·미얀마 우정의 다리 건설사업과 같은 도로, 교량, 철도, 항만 등 인프라 확충을 통해 역내 연계성 강화에 기여해 나가기로 했습니다. 메콩 정상들은 한반도의 평화와 안정이 한·메콩 공동 번영에 필수적이라는 데에 공감하였습니다. 비무장지대(DMZ)의 '국제평화지대화' 구상을 공유하였고, 한반도의 완전한 비핵화와 항구적 평화를 위해 함께 노력하기로 했습니다.

한·메콩 협력의 새로운 원년으로 기억될 오늘, 우리는 한·메콩 관계를 획기적으로 발전시켜 나갈 초석을 마련했습니다. 정상회의의 결과 문서로 채택한 '한강·메콩강 선언'은 경제협력을 넘어 '사람 중심의 평화와 번영의 동반자'로 가는 이정표가 되어줄 것입니다. 함께해주신 메콩 5개국 정상 여러분께 각별한 감사 인사를 전하며, 내년 베트남에서 다시 만나기를 기대합니다.

감사합니다.

한·아세안 특별정상회의와
한·메콩 정상회의를 마치며

| 2019-11-27 |

　　우리는 국토를 넓힐 수 없지만, 삶과 생각의 영역은 얼마든지 넓힐 수 있습니다. 서로를 존중하고, 연계하고, 협력한다면 경제와 문화의 영역 또한 경계가 없습니다. 수평선 너머 아세안이 이번 두 정상회의를 통해 우리 국민들에게 더 가까워지고, 삶의 공간으로 인식되길 바랍니다. 아세안의 나라들은 젊고 역동적이며 성장 잠재력이 매우 큽니다. 그럼에도 이 나라들은 고유한 문화를 간직하며 자신의 방식대로 한발 한발 성장하길 원합니다. 강대국들 사이에서 정체성을 지키며, 경제성장과 민주주의를 동시에 이룬 우리의 경험이 아세안에게 매력적인 이유입니다. 아세안과의 경제협력은 서로의 미래 세대에게까지 많은 혜택이 돌아갈 것입니다.

　　아세안의 나라들은 조화를 중시하며 포용적입니다. 양극화와 기후환경, 국제적 분쟁 같이 우리가 공동으로 해결해야 할 문제들이 많아지고 있지만 일찍부터 아세안은 대화를 통해 해법을 찾아가고 있습니다. 상생을 미덕으로 삼는 '아시아의 정신'이 그 밑바탕에 있기 때문일 것입니다. 21세기는 아시아의 지혜로 인류에게 희망을 줄 수 있을 것입니다.

부산은 대륙과 해양이 만나는 곳입니다. 우리의 오래된 꿈은 대륙과 해양을 잇는 교량국가로, 양쪽의 장점을 흡수하고 연결하는 것입니다. 아세안 열 개 나라들과 우정을 쌓으며 우리는 더 많은 바닷길을 열었습니다. 이제 부산에서부터 육로로 대륙을 가로지르는 일이 남았습니다. 어려운 고비와 갖은 난관이 우리 앞에 있더라도 교량국가의 꿈을 포기할 수 없습니다. 우리는 강대국들 사이에서 어려움을 겪는 나라가 아니라, 강대국들을 서로 이어주며 평화와 번영을 만드는 나라가 될 수 있습니다. 부산이 그 출발지입니다. 국민들과 함께 그 꿈을 실현하고 싶습니다.

이제 귀한 손님들을 배웅합니다. 지난 나흘은 '아세안의 꿈'이 곧 '한국의 꿈'이었음을 확인하는 시간이었습니다. 아세안의 정상들께서 이번 회의에서 보여주신 배려와 의지는 아시아를 넘어 세계를 더 따뜻하고 더 역동적이며 더 평화로운 곳으로 변화시킬 것입니다. 함께해주셔서 감사합니다. 모쪼록 좋은 기억을 가지고 돌아가시길 기원합니다.

한·베트남 정상회담 모두발언

| 2019-11-27 |

 푹 총리님, 한·메콩 정상회의를 마치고 서울에서 다시 뵈니 더욱 반갑습니다. 총리님은 아세안 정상들 가운데 제가 처음으로 정상회담을 가진 분입니다. 지난 1년간 여덟 차례의 국제회의에 함께 참여하게 되어 더욱 가깝게 느껴집니다. 한국에 대한 남다른 애정을 갖고 계신 총리님의 첫 공식 방한을 우리 국민들과 함께 환영합니다.

 베트남은 연 7%가 넘는 놀라운 경제성장을 하고 있습니다. 세계 경제포럼도 올해 베트남의 국가 경쟁력을 작년보다 무려 열 계단이나 높게 평가했습니다. 총리님의 신년사대로 올 한 해 최고의 성취를 이루고 있는 총리님의 지도력에 경의를 표합니다. 1992년 수교 이래 베트남과 한국은 상생 발전했습니다. 당시 5억 불에 불과하던 교역은 683억 불로 2천만 불도 되지 않던 투자는 32억 불로 늘어났습니다. 인적 교류는

500배가량 늘어나 연간 400만 명에 달합니다. 베트남 축구팀과 박항서 감독의 만남은 전 세계의 환호를 불러왔고 6만 가구가 넘는 베트남과 한국 부부의 탄생으로 양국은 이제 가족이 되었습니다.

올해 양국은 전략적 협력 동반자 관계 10주년을 맞습니다. 베트남의 산업국가 목표와 한국의 신남방정책의 시너지 효과를 한 차원 더 높여 나가길 바랍니다. 제2차 북미 정상회담의 성사를 위해 노력해 주신 베트남에 감사드리며 내년 아세안 의장국과 한·아세안, 한·메콩 공동 의장국, 유엔 안보리 비상임이사국을 맡게 된 것을 축하합니다. 국제무대에서 한국과 베트남이 협력할 분야도 더욱 많아질 것입니다.

총리님 존함의 뜻이 '봄에 찾아오는 복'이라고 들었습니다. 한국인들에게도 매우 정겨운 이름입니다. 양국의 협력이 양국 모두에게 호혜적인 복으로 돌아올 것이라고 확신합니다.

감사합니다.

베트남 총리 내외를 위한 공식만찬 만찬사

| 2019-11-27 |

존경하는 푹 총리님, 투 여사님, 베트남 대표단 여러분, 환영합니다.

지난해 베트남 국빈 방문에서 베풀어주신 환대에 보답할 수 있게 되어 매우 기쁩니다. 특히 투 여사님, 한복이 정말 잘 어울리고 아름다우십니다. 여러분, 우리 여사님께 큰 박수 부탁드립니다.

하노이에 흐르던 천년 역사의 장엄함, 호치민 주석님의 발자취를 밟으며 느꼈던 애민정신, 쌀국수집에서 느낀 베트남 국민들의 일상이 생생합니다. 쌀국수집 사장님이 선물해 주신 젓가락도 잘 간직하고 있습니다.

올해는 호치민 주석 서거 50주년이자 대한민국 임시정부 수립 100주년을 맞는 중요한 해입니다. 100년 전 호치민 주석과 우리 임시정부 독립운동가들이 프랑스 파리에서 교류했다는 문건이 지난해 발견되어 오늘날 양국 간 협력이 더 의미 있게 다가옵니다.

양국의 독립운동가들은 화합과 평화, 공존과 번영의 아시아를 함께 꿈꿨습니다. 오늘날 여전히 보호무역주의, 자국우선주의가 남아있지만 푹 총리님의 말씀대로 '국제 관계의 기본 방향은 여전히 평화와 협력'입니다. 총리님과 나는 오늘 평화의 아시아를 위해 협력하고, 교역과 투자, 인프라, 스마트시티 협력으로 상생번영을 추구하기로 뜻을 모았습니다.

지금까지 양국은 대륙과 해양이 만나는 지정학적 조건으로 모두 침략의 역사를 겪었습니다. 그러나 오늘 양국은 대륙과 해양을 잇는 교량 국가로 발전하고 있습니다. 한국의 '신남방정책'은 100년 전 양국이 바라던 '평등한 국가들의 협력이 꽃피는 아시아'를 위한 것입니다. 한국은 베트남과 함께 동아시아 평화와 번영의 역사를 이루어 나갈 것입니다.

지난달, 한국어를 배우는 베트남 학생들의 연극에서 '또바기'라는 말을 사용했다는 기사를 보았습니다. '또바기'는 '언제나 한결같이 꼭 그렇게'라는 순한글입니다. 베트남과 한국의 우정을 표현하는 말 같습니다. 양국이 아시아의 평화와 번영을 위해 '또바기'로 함께하길 바라며 건배를 제안합니다.

쭉 하잉 푹! (행복을 기원합니다)

한·말레이시아 정상회담 모두발언

| 2019-11-28 |

존경하는 마하티르 총리님,

한·아세안 특별정상회의 주간을 총리님과의 회담으로 완성하게 되어 기쁩니다. 지난 3월 말레이시아 신정부의 첫 국빈으로 저를 환대해 주신 것을 보답할 수 있게 되어 감사한 마음입니다. 총리님께서 한국을 여러 번 방문하셨지만 총리로 재취임하신 이후 첫 공식 방한이어서 더욱 뜻깊게 생각하며 진심으로 환영합니다.

총리님은 시대를 선도하는 혜안으로 말레이시아의 역동적인 발전을 이끌어오셨습니다. 총리님의 지도력 아래 1인당 국민소득이 2배 넘게 상승했고, 90년대에는 평균 9%에 달하는 고도성장을 이루었습니다. 지난해 재취임하시면서 말레이시아는 인구 1000만 이상 아세안 국가 중 유일하게 1인당 GDP가 1만 달러가 넘는 아세안의 경제 심장이 되었습니다. 총리님의 지도력에 경의를 표합니다.

내년 수교 60주년을 맞는 양국은 서로 영감을 주며 함께 발전해왔습니다. 말레이시아의 조화와 통합의 정신은 한국에 영향을 주었고, 한국의 새마을운동은 말레이시아의 볼레(Boleh)로 이어졌습니다. 지난해 양국 간 무역 규모가 200억불에 달하고, 인적 교류도 100만 명을 넘을 만큼 서로 가까워졌습니다. 말레이시아의 동방정책과 한국의 신남방정책은 조화롭게 접목되어 4차 산업혁명 공동 대응, 스마트시티, 할랄산업처럼 국민들이 체감할 수 있는 협력을 확대하고 있습니다. ICT, 방산, 보건, 중소기업 등 구체적인 분야에서 협력을 더욱 발전시켜 나가길 희망합니다.

최근 총리님께서 발표하신 말레이시아의 '공동번영 비전 2030' 로드맵은 다양성을 존중하는 가운데 국민통합과 지속가능 성장으로 나아가는 깊은 통찰력을 보여줍니다. 한국의 혁신적 포용국가 정책도 같은 목표를 갖고 있으므로 오늘 회담에서 함께 논의하면 좋겠습니다. 아시아는 총리님을 아세안의 현인으로 존경합니다. 한반도 평화를 위한 지혜도 나눠주시길 바라며 양국의 협력이 아세안 전체의 번영으로 이어지길 기대합니다.

말레이시아 총리 내외를 위한 공식 오찬사

| 2019-11-28 |

존경하는 마하티르 총리님, 시티 여사님, 말레이시아 대표단 여러분,

슬라맛 다땅 끄 코리아! (한국에 오신 것을 환영합니다)

말레이시아 신정부의 첫 국빈으로 우리 내외를 맞아주신 환대에 보답하게 되어 기쁘게 생각합니다. 말레이시아 중학생들이 부른 한국 노래는 깊은 감동으로 남았습니다. 양국 우정의 상징인 페낭대교와 페트로나스 트윈 타워는 굳건했고, '한류 - 할랄 전시회'에서 양국 경제협력의 무한한 가능성도 확인했습니다.

무엇보다 아시아의 색, 맛, 소리가 하나의 강처럼 흐르는 쿠알라룸푸르에서 통합의 아시아를 생생히 느낄 수 있었습니다. 저는 총리님을 뵐 때마다 '아시아의 현인'이라는 말에 깊이 공감하게 됩니다. 총리님은 한반도 문제에도 많은 지혜를 주셨습니다. 우리 정부의 한반도 비무장지대 '국제평화지대화' 구상에도 많은 영감을 주고 응원해 주셨습니다. 특별히 감사드립니다.

'진정한 아시아' 말레이시아는 총리님과 함께 만들어졌다 해도 과언이 아닙니다. '올해 타임지가 선정한 세계에서 가장 영향력 있는 100인', '아시아의 대변자', '동방정책의 창시자', 총리님에 대한 다양한 호칭은 그냥 생긴 것이 아닙니다.

총리님으로부터 동아시아의 개념이 시작되었고 '동아시아 경제회의(EAEC)', '동아시아 무역결제수단'과 같은 총리님의 새로운 아이디어는 아시아의 저력을 일깨우면서, 아시아를 통합의 길로 이끌었습니다. 오늘 '한·아세안 특별정상회의' 주간의 피날레를 '아시아 정신'의 창시자인 총리님과 함께하게 된 것이 저로서는 매우 기쁩니다.

양국은 내년 수교 60주년을 기념해 양국 관계를 '전략적 동반자 관계'로 격상시키기로 했습니다. 말레이시아의 '동방정책'과 '공동번영 비전 2030', 한국의 '신남방정책'과 '혁신적 포용국가 비전'은 목표가 같습니다. 우리가 함께할 때, 양국의 협력을 넘어 동아시아의 더 굳건한 통합으로 이어지리라 확신합니다.

총리님의 '동방정책'으로 '말레이 딜레마(Malay Dilemma)'는 '말레이시아, 볼레(할 수 있다!)'로 바뀌었습니다. 양국이 '아시아의 정신'으로 함께 협력할 때, '경제는 성장하지만 정치·외교는 어려움을 겪을 것'이라는 '아시아 패러독스(Asia Paradox)'도 뛰어넘을 수 있습니다. '아시아의 가치'가 지속 가능한 세계를 만들 수 있을 것이라 믿습니다. 양국이 변화시킬 미래를 위해 건배를 제의합니다.

건배!

뜨리마 까씨. (감사합니다)

12월

수석보좌관회의 모두발언

| 2019-12-02 |

한·아세안 특별 정상회의와 한·메콩 정상회의를 성공적으로 마무리했습니다. 평화와 공동 번영의 미래를 함께 만들기 위해 뜻을 모아 주신 아세안 정상들께 깊이 감사드립니다. 성공적인 행사를 위해 최선을 다해준 정부 부처와 부산시, 관계 기관 여러분 모두 수고 많았습니다. 국민들께서 큰 관심으로 함께해주셨고, 특히 여러 불편함을 견디며 적극적으로 협조해 주신 부산 시민들께도 특별히 감사의 말씀을 드립니다. 덕분에 우리를 찾은 각국 정상들과 손님들이 따뜻한 마음을 안고 돌아가실 수 있었습니다.

이번 두 정상회의로 아세안과 우리의 관계는 더욱 가까워지고 깊어졌습니다. 부산을 찾은 아세안 정상들이 한 목소리로 고마움을 표명할 정도로 서로 간의 우정과 신뢰가 깊어졌고 경제, 사회·문화, 평화·안보·외교 등 전 분야에 걸쳐 협력을 구체화할 수 있었습니다. 특히 우리의 국가적 과제인 외교 다변화와 무역 다변화를 위해서도 매우 의미가 큽니다.

한국과 아세안 각국은 기존의 한·아세안 FTA와 RCEP에서 더 나아가 양자 FTA 네트워크를 확대하기로 뜻을 모았고, 제조업부터 첨단 과학기술산업, 금융, 스마트시티, 도로·철도·항만 등 인프라, 농업, 해양수산, 스타트업과 중소기업에 이르기까지 모든 분야에서 경제 협력의 폭과 규모를 키우기로 했습니다. 특히 아세안의 성장을 주도하고 있는 메콩 국가들과는 최초로 별도의 정상회의를 가졌습니다. 메콩 국가들의 잠재력과 우리의 경험이 합쳐질 때 함께 나눌 무궁무진한 미래가 열린다는 것을 확인했고, 앞으로 매년 정상회의를 열어 협력을 강화하기로 했습니다. 오가는 사람이 늘수록 한·아세안 관계의 뿌리가 튼튼해집니다. 비자제도 개선과 항공확대, 청년 교류와 한국어 교육 강화, 다문화 가족 지원, 치안 협력 등 인적·문화적 교류와 협력을 확대하기로 했습니다.

지난 30년간의 한·아세안 대화에서 최초로 한반도 문제를 특별히 논의하는 별도의 프로그램을 가진 것도 의미가 큽니다. 아세안 정상들은 한결같이 한반도의 평화를 위한 우리 정부 노력과 비무장지대의 국제평화지대 구상을 지지했습니다. 아세안의 지지는 앞으로도 한반도 평화 프로세스의 든든한 힘이 될 것입니다.

또한 국방과 방산 협력, 전통·비전통 안보 위협에 대한 협력을 더욱 강화하기로 한 것도 우리의 안보와 국익에 큰 도움이 될 것입니다. 이제 신남방정책은 본궤도에 안착했고, 아세안과 우리의 협력은 더욱 넓어지고 깊어질 것입니다. 아세안의 역동성과 성장 잠재력은 우리에게 새로운 기회가 될 것이고, 우리의 경험과 의지는 아세안의 성취로 이어질 것입니다. 특별히 강조하고 싶은 것은 아세안은 단순한 협력의 대상이 아니라 함께 살아갈 친구이고, 상생번영의 파트너라는 점입니다. 우리의 미래 세대에게도 더욱 중요해질 것입니다. 신남방정책의 가장 큰 동력도 아세안과 우리를 함께 하나로 묶어줄 가장 단단한 힘도 존중과 배려, 이해에 있다는 점을 거듭 강조합니다.

지금 우리에게는 지금까지의 성과를 바탕으로 신남방정책을 더욱 성숙시키는 한편 신남방·신북방 정책의 두 축을 함께 발전시켜 나갈 과제가 남았습니다. 우리의 미래가 달린 일입니다. 국민 여러분의 더 큰 관심과 성원을 당부드립니다. 20대 마지막 정기국회가 마비사태에 놓여 있습니다. 입법과 예산의 결실을 거둬야 할 시점에 벌어지고 있는 대단히 유감스러운 상황입니다. 20대 국회는 파행으로 일관했습니다. 민생보다 정쟁을 앞세우고, 국민보다 당리당략을 우선시하는 잘못된 정치가 정상적인 정치를 도태시켰습니다.

국회 선진화를 위한 법이 오히려 후진적인 발목잡기 정치에 악용되는 현실을 국민과 함께 우려하지 않을 수 없습니다. 국민을 위해 꼭 필요한 법안들을 정치적 사안과 연계하여 흥정거리로 전락시키는 것은 있을 수 없는 일입니다. 안타까운 사고로 아이들을 떠나보낸 것도 원통한데 "우리 아이들을 협상카드로 사용하지 말라"는 절규까지 하게 만들어선 안 됩니다. 아이 부모들의 절절한 외침을 무겁게 받아들이는 국회가 되어야 할 것입니다. 국민의 생명과 안전, 민생과 경제를 위한 법안들 하나

하나가 국민들에게 소중한 법안들입니다. 하루속히 처리하여 국민이 걱정하는 국회가 아니라 국민을 걱정하는 국회로 돌아와주길 간곡히 당부드립니다. 특히 쟁점 없는 법안들조차 정쟁과 연계시키는 정치문화는 이제 제발 그만두었으면 합니다.

오늘은 국회의 예산안 처리 법정 기한이기도 합니다. 그러나 이번에도 기한을 넘기게 되었습니다. 법을 만드는 국회가 법을 지키지 않는 위법을 반복하는 셈입니다. 국가 예산은 우리 경제와 국민의 삶에 지대한 영향을 미칩니다. 처리가 늦어지면 적시에 효율적으로 예산을 집행하기가 어렵습니다. 특히 대내외적 도전을 이겨나가는 데 힘을 보태며 최근 살아나고 있는 국민과 기업의 경제심리에 활력을 불어넣고, 경기회복에 속도를 높이기 위해서라도 신속한 예산안 처리에 국회가 힘을 모아주시길 바랍니다.

국무회의 모두발언

| 2019-12-03 |

제51회 국무회의를 시작하겠습니다.

오늘 약간 궁금해하실 것 같은데요. 이달 1일부터 미세먼지 계절관리제가 시행되었습니다. 고농도 미세먼지의 발생을 막기 위해 최초로 시행하는 특단의 대책이라고 할 수 있습니다. 그 대책의 실효성을 위해 오늘 국무회의에 특별히 박원순 서울시장님, 이재명 경기도지사님, 박남춘 인천시장님, 세 분 광역단체장님이 참석했습니다. 서울시장 외의 광역단체장들이 함께 국무회의에 참석한 것은 오늘이 처음입니다. 세 분께 감사드립니다.

우리 정부는 미세먼지를 사회 재난에 포함시켜 국가적 의제로 관리하기 시작했습니다. 미세먼지 특별법을 제정하고, 국가기후환경회의를 설치했으며 대응 예산도 대폭 확대해왔습니다. 다각도에서 저감 조치를 시행하는 것과 함께 중국과의 환경 협력도 강화하고 있습니다. 이러한 노력으로 연평균 미세먼지 농도가 개선되고 있지만 미세먼지 고농도 발생률과 연속 발생률은 지난 겨울 오히려 늘었습니다. 이 문제를 해결하기 위해 국가기후환경회의의 국민정책 제안을 수용하여 특별대책을 마련한 것이 계절관리제입니다. 고농도 미세먼지가 발생한 후의 비상저감 조치로는 한계가 있었기 때문에 선제적으로 미세먼지 저감 조치를 강화하여 고농도 발생 빈도 자체를 줄이자는 취지입니다.

12월부터 3월까지 기존에는 비상저감 조치 발령 때만 적용했던 노후경유차 등 배출가스 5등급 차량의 운행 제한을 보다 강화해 평시에도 수도권 지역 운행을 제안합니다. 공공 부분은 공용 차량뿐만 아니라 직원 차량까지 차량 2부제를 상시 실시합니다. 석탄발전소 가동 중단을 대폭 확대하고, 가동률을 제한하는 것과 함께 드론과 이동식 측정 차량 등을 이용해 사업장의 미세먼지 배출을 집중적으로 단속하고, 굴뚝과 건설 공사장 등의 미세먼지 측정 결과를 실시간으로 공개하는 등 배출 저감을 위한 다각도의 조치를 단행합니다. 총리실을 중심으로 시행 준비에 만전을 기해온 만큼 주무 부처인 환경부를 비롯하여 모든 부처가 힘을 모아 차질 없이 시행해 주길 바랍니다.

미세먼지 특별법 개정이 안 된 상황에서 계절관리제가 현장에서 효과를 발휘하려면 특별히 지자체의 협력과 역할이 중요합니다. 이번에 도입된 계절관리제는 서울시와 경기도, 인천시 등 수도권 3개 지자체의 협력과 공동 의지가 바탕이 되었습니다. 다른 시도보다 앞서서 많은 노력을 기울여왔던 3개 지자체의 경험과 성과가 전국으로 확대될 수 있도록 중심적인 역할을 해주시기 바랍니다.

국회에도 당부드립니다. 미세먼지는 국민의 건강권을 지키는 핵심적인 민생 문제입니다. 정부와 지자체가 특별대책을 시행한다 하더라도 5등급 차량의 운행 제한 등 계절관리제가 안착하려면 법적 뒷받침이 필요합니다. 미세먼지 특별법의 조속한 개정을 기대합니다. 국민 여러분의 참여와 협조도 당부드립니다. 정부는 상세한 안내와 함께 매연저감장치 비용 지원 등 국민 부담이 최소화되도록 최대한 지원하겠습니다. 많은 불편함이 있겠지만 국민 모두의 건강을 위한 일이므로 계절관리제에 적극적으로 동참해 주실 것을 부탁드립니다.

오늘 소방관들의 국가직 전환을 위한 법률들이 공포됩니다. 드디어 국가소방공무원 시대가 열리게 됐습니다. 대국민 소방안전서비스가 크게 향상될 수 있게 되었습니다. 지금까지는 지자체의 재정 여건에 따라 소방 인력과 장비 처우가 달라지고, 결과적으로 지역에 따라 소방안전서비스의 차등이 있었습니다. 이제 소방공무원의 신분을 국가공무원으로 일원화함으로써 소방서비스에 대한 국가의 책임성을 높이게 되었습니다. 각 지자체의 소방안전서비스를 골고루 향상시켜 국민 누구나 사는 곳에 상관없이 공평한 소방서비스를 받을 수 있게 될 것입니다.

소방관의 국가직 전환은 대형재난과 복합재난이 증가하는 상황에서 재난에 대한 국가대응 체계를 강화하는 의미도 큽니다. 우리 정부는 출범과 함께 소방청을 독립기관으로 승격시켰습니다. 이제 여기서 한발 더 나아가 소방청의 대형재난 현장의 컨트롤타워 역할을 부여합니다. 대형재난이 발생할 경우 소방청장이 소방본부장과 소방서장을 직접 지휘

감독할 수 있게 되었습니다.

시도단위의 광역 대응 체계를 국가단위의 총력 대응 체계로 전환함으로써 권역을 뛰어넘는 가까운 거리 현장 출동과 소방헬기 국가통합 관리 등 재난 대응을 보다 효율적으로 할 수 있을 것입니다.

열악한 근무 환경에 시달리는 소방관들의 처우도 개선할 수 있게 되었습니다. 소방관들은 국민의 생명과 안전을 최일선에서 지키고 있지만 정작 자신들은 높은 위험에 노출되어 있고, 인력 부족에 따른 어려움까지 겪고 있습니다. 하지만 지자제의 힘만으로는 처우 개선에 한계가 있었습니다. 이제 소방관들의 건강과 안전을 지키는데도 국가가 필요한 역할을 하게 됩니다. 우리 정부 임기 내 소방 현장 인력 2만 명 확충과 처우 개선, 소방관 복합치유센터의 건립을 차질 없이 이행해 나갈 것입니다.

법률 시행일인 내년 4월 이전에 시행령 등 하위법령 개정, 지방소방조직의 표준 직제안 마련 등 국가직 전환에 필요한 모든 조치를 차질 없이 진행해 주기 바랍니다. 또한 골든타임 도착률을 높이고, 소방관 인건비 지원을 위해 소방안전교부세를 확대하는 문제까지 빈틈없이 준비해 주기 바랍니다.

국가기후환경회의 격려 오찬사

| 2019-12-03 |

　반기문 위원장님, 국가기후환경회의 위원님들과 국민정책참여단 여러분, 정말 반갑습니다. 고농도 미세먼지 문제를 해결하기 위해 많은 대책들을 마련해 주신 여러분의 헌신과 노고에 진심으로 감사드립니다.

　우리 국민의 높은 시민의식은 환경 분야에서도 세계 최고라고 자부할 만합니다. 지난해 '일회용품 사용하지 않기'를 도입할 때 이게 과연 제대로 실행될 것인가, 그런 회의적인 시각이 많았었는데 불과 1년 만에 커피점 일회용품 수거량은 72%나 줄어들고, 제과점 비닐봉투는 79%가 줄어들었습니다. 환경 문제 해결을 위해서 기꺼이 불편을 감수하면서 실천에 동참하는 우리 국민들이 참으로 대단하다고 생각합니다. 자발적인 협약에 참여해 주신 업체들께도 아주 감사를 표하고 싶습니다.

　국민정책참여단 여러분은 높은 환경의식을 가진 우리 국민들의 눈높이에 맞춰서 그 눈높이에 따라서 미세먼지 정책들을 찾아주셨습니다. 미세먼지 쉼터를 지정하고, 실시간 정보를 제공하는 그런 정책과 또 보건용 마스크의 건강보험을 적용하고, 국가건강검진의 폐기능 검사를 도입하는 그런 정책이 국민정책참여단에 의해 태어났습니다. 생활 속에서 체감할 수 있는 정책들이어서 더욱 더 소중하다고 생각합니다. 공장굴뚝 자동 측정 결과와 공사장 미세먼지 농도 실시간 공개, 또 노후 경유차와 건설기계 사용 제한은 미세먼지 저감을 위한 새로운 기준과 정책들이었습니다. 국민정책참여단과 위원 여러분 덕분에 1차 정책 제안이 성공적으로 이뤄진 것에 진심으로 감사드립니다.

정부는 국가기후환경회의가 제안한 미세먼지 저감 대책들을 적극적으로 수용하고 있습니다. 산업 발전 수송 분야 저감 대책과 생활 속 저감 대책, 또 국민건강 보호, 국제 협력 예보 강화의 7개 분야 단기 핵심 과제가 정부 정책에 즉각적으로 반영되었습니다. 특히 국민정책 제안의 핵심이라고 할 수 있는 12월부터 3월까지의 미세먼지 계절관리제도 수용하여 이달 1일자로 시행이 되었습니다. 방금 국무회의에서도 미세먼지 계절관리제에 대해서 국무위원들은 물론이고 서울특별시장, 인천광역시장, 그다음에 경기도지사, 세 분의 수도권 광역단체장들까지 이렇게 참석을 해서 이것이 실효성이 있는 대책이 될 수 있도록 하는 그런 논의를 모은 바 있습니다. 계절관리제의 차질 없는 이행으로 해마다 미세먼지의 고통이 컸던 기간의 미세먼지 농도가 대폭 저감되기를 기대합니다.

국가기후환경회의가 아이디어를 낸 '세계 푸른 하늘의 날'은 제가 지난 9월, 그 자리에 우리 반기문 위원장님도 계셨습니다만 유엔기후행동정상회의에서 공식 제안을 했고, 또 지난달 26일 모든 회원국들의 만장일치로 채택이 되었습니다. 이제 세계인들을 매년 9월 7일 '세계 푸른 하늘의 날'을 맞으면서 더 적극적으로 대기오염 문제를 고민하고, 또 해법을 모색하게 될 것입니다. 반기문 위원장님과 국가기후환경회의 여러분의 노력의 결과라고 말씀드릴 수 있습니다. 특별히 감사와 격려의 말씀을 드립니다.

국민들은 인접 국가와의 협력에도 관심이 많습니다. 우리 정부는 2017년 중국과의 정상회담에서 미세먼지 문제 공동 협력에 합의를 한 후에 정보 공유, 기술 협력, 정책 교류를 비롯한 협력을 확대해 왔습니다. 지난달 한중일 3국간 미세먼지 영향 공동연구 보고서를 펴내서 국가 간 미세먼지 영향을 최초로 공식적으로 확인했습니다. 이웃 국가들 사이에 미세먼지 공동 책임을 부분적으로나마 인정하면서 공동 대응의 길이 열리게 되었습니다. 정부는 3국 환경장관들이 논의한 협력 과제들을 실행하면서 이웃 국가들과의 공동 노력을 이끌어내기 위해서 더욱 노력하겠습니다.

내년 6월 서울에서 개최될 P4G 정상회의에서 미세먼지 문제를 포함하여 기후변화 대응과 지속가능 발전을 위한 국제 협력이 강화될 수 있도록 국가기후환경회의에서 더욱 더 적극적인 활동으로 뒷받침해 주시기를 부탁드리겠습니다. 기후환경회의가 준비중인 2차 국민정책 제안도 내년 6월 발표를 목표로 하고 있습니다. 더 많은 국민들의 참여 속에 미세먼지 문제의 근원적인 해법을 마련할 수 있도록 노력해 주시기 바랍니다.

국가기후환경회의의 가장 의미 있는 성과 중 하나는 국가적 과제를 해결하기 위해서 우리 국민들뿐만 아니라, 또 전문가들뿐만 아니라, 또 시민사회뿐만 아니라 우리 정치권까지도 모두 하나가 되었다는 점입니다. 국민정책참여단의 정책 제안은 여야 국회의원들의 도움을 거쳐서 관련 법안과 예산으로 뒷받침될 수가 있습니다. 함께해주신 국회의원 여러분께도 감사를 드립니다. 그리고 고농도 계절관리제 시행을 위한 법적 기반을 마련하는 데, 미세먼지특별법을 개정하는 데에도 우선적으로 힘을 모아주실 것을 당부드리겠습니다.

국민과 정부, 국회, 지자체, 기업이 모두 한 마음으로 머리를 맞대고 힘을 모은다면 미세먼지 문제도 차근차근 해결해 나갈 수 있을 것이라고 믿습니다. 오늘 편하고 자유로운 대화 시간이 되시기를 바랍니다.

감사합니다.

제56회 무역의 날 기념식 축사

| 2019-12-05 |

존경하는 국민 여러분, 무역인 여러분,

우리에게는 무역의 피가 흐릅니다. 사마르칸트 아프로시압 벽화에는 중앙아시아와 교류했던 고구려 사신의 모습이 새겨져 있고, 신라인들은 중국에 신라방을 세워 당나라와 교역했습니다. 고려시대 벽란도는 멀리 아라비아 상인들까지 오고 간 국제 무역항이었습니다. 우리는 대륙과 해양을 이어가며 무역을 했고, 개방국가로 무역이 활발할 때 경제도, 문화도 찬란하게 빛났습니다.

오늘 56회 무역의 날은 대한민국 경제를 일으킨 무역의 역사를 돌아보고 교량국가 대한민국의 미래를 만들어낼, 무역의 힘을 확인하는 자리입니다. 1964년, 수출 1억 불 달성을 기념해 '수출의 날'을 처음 만들 때 우리는 철광, 중석 같은 원재료를 수출하는 나라였습니다. 1990년,

'수출의 날'이 '무역의 날'로 이름을 바꿀 때 우리는 반도체, 가전제품, 자동차를 수출하는 나라가 되었습니다.

우리는 세계 시장에 도전하기 위해 끊임없이 우리 자신을 변화시켰습니다. 무역 장벽을 낮추며 새로운 기술을 개발하고 혁신을 일으켰습니다. 어려운 고비마다 우리를 다시 일으켜 세운 것도 무역이었습니다. 1960년대 해외 차관으로 공업화를 추진할 때, 수출은 원금 상환과 새로운 차관 도입의 발판이 되어 '한강의 기적'을 이끌었습니다. 1997년의 외환위기를 빠르게 극복할 수 있었던 힘도 수출의 증가에 의한 외화 유입이었습니다. 지금 우리 경제의 미래를 낙관할 수 있는 것도 무역의 힘이 굳건하기 때문입니다. 미·중 무역분쟁과 세계 경제 둔화의 어려움 속에서 세계 10대 수출국 모두 수출 감소를 겪고 있지만, 우리는 올해 '3년 연속 무역 1조 불'을 달성했고, '11년 연속 무역 흑자'라는 값진 성과를 이뤘습니다.

또한, 무역 1조 불 이상을 달성한 국가 가운데 제조업을 기반으로 흑자를 이룬 국가는 우리나라와 독일, 중국, 세 개 나라에 불과합니다. 그만큼 우리 경제의 기초가 튼튼하다는 것입니다. 우리는 기업인들과 과학기술인, 국민들이 단결하여 일본의 수출규제도 이겨내고 있습니다. 소재·부품·장비의 국산화와 수입 다변화를 이루면서 오히려 우리 산업의 경쟁력을 높이는 기회로 삼고 있습니다.

엄중한 국제경제 상황에서, 무역 강국의 위상을 유지하며 우리 경제를 지켜주신 무역인들과 국민 여러분께 감사의 말씀을 드립니다.

무역인 여러분,

우리는 새로운 도전에 직면했습니다. 4차 산업혁명 시대를 선도하고, 보호무역주의의 거센 파고를 넘어가야 합니다. 주력산업의 경쟁력을 유지하면서, 새로운 수출동력을 확보해야 합니다. 다행히 곳곳에서 저력이 발휘되고 있습니다. 주력산업의 경쟁력은 빠르게 회복 중입니다. 자동차는 미국, EU, 아세안에서 수출이 고르게 늘었고, 선박은 올해 세계 LNG운반선의 90% 이상을 수주하여 2년 연속 세계 수주 1위를 이어가고 있습니다.

새로운 수출동력도 빠르게 성장하고 있습니다. 전기차는 지난해보다 두 배 이상, 수소차는 세 배 이상 수출 대수가 크게 늘었습니다. 바이오헬스는 9년 연속, 이차전지는 3년 연속 수출이 증가했고, 식품 수출은 가전제품 수출 규모를 넘어서고 있습니다. 무역 시장의 다변화도 희망을 키우고 있습니다. 신남방 지역 수출 비중은 올해 처음으로 20%를 돌파했으며, 아세안은 제2의 교역 상대이자 핵심 파트너로 발전하고 있습니다. 러시아를 포함한 구소련연방 국가로의 수출도 지난해보다 24% 성장했습니다.

중소기업의 약진도 두드러집니다. 1,300개의 중소기업이 올해 새로 수출을 시작하여 수출 중소기업이 9만여 개에 이르고, 수출 비중도 20%대 진입을 눈앞에 두고 있습니다. 세계 최초로 1초대 부팅 블랙박스를 개발한 '엠티오메가', K-팝 문화 콘텐츠를 수출한 '에이치엠인터내셔널', 자가혈당측정기를 개발하여 100개국 이상에 수출한 '아이센스', 유아용품 제조업체로 장애인 고용에 앞장선 '앙쥬'는 기술과 실력으로 세계에 진출한 대한민국의 미래입니다.

자랑스러운 무역인 여러분,

더 많은 기업이 더 넓은 시장으로 진출하고 있습니다. 우리는 함께 성장하고 함께 이익을 나누는, 새로운 시대로 가고 있습니다. 대기업과 중소기업이 상생 협력으로 경쟁력을 높여 변화의 파고에 흔들리지 않는 무역 강국의 시대를 열고 있습니다. 우리 국민들은 한 건의 계약을 성사시키기 위해 대륙을 건너고 바다를 건너 낯선 곳을 개척한 여러분의 열정을 잘 알고 있습니다. 정부도 같은 열정으로 여러분과 함께하겠습니다.

지난 한·아세안 특별정상회의와 한·메콩 정상회의는 무한한 협력 가능성을 확인한 자리였습니다. 인프라, 스마트시티, 환경, 금융, 농업에서 출발하여 아세안의 꿈과 더불어 한국도 함께 성장할 것입니다. 세계 최대 규모 다자 FTA인 RCEP 협정, 인도네시아와의 CEPA 협정과 함께 말레이시아, 필리핀, 러시아, 우즈베키스탄과 양자 FTA를 확대하여, 신남방, 신북방을 잇는 성장 기반을 구축하겠습니다. 남미공동시장인 메르코수르와의 FTA 협상에도 속도를 내어, 우리의 FTA 네트워크를 세계 GDP의 77%에서 2022년까지 90%로 끌어올릴 것입니다. 자유무역과 함께 규제개혁은 신산업의 경쟁력 강화를 위해 반드시 필요합니다. 시스템반도체, 바이오헬스, 미래차 등 3대 신산업과 화장품, 이차전지, 식품 산업을 미래 수출동력으로 키우겠습니다. 규제 샌드박스와 규제자유특구를 통해 신기술 혁신과 신제품이 성공할 수 있는 기반을 넓혀 나갈 것입니다.

소재·부품·장비 산업의 육성은 기술 자립을 실현하는 길입니다.

국내 기업들이 빠르게 적응하면서 상생협력을 확대하고 있습니다. 솔브레인과 효성첨단소재, 영진아이엔디, 희성전자는 소재·부품·장비 국산화와 함께 수출 실적도 올렸습니다. 소재·부품·장비 특별법 개정이 국회에서 통과되어 지원대책과 추진체계가 법제화되었습니다. 관련 예산도 내년에 올해보다 두 배 이상 확대된 2조 1천억 원을 편성했고, 향후 5년간 기술개발에 8조 7천억 원을 투입할 계획입니다. 더 많은 기업들이 국산화를 넘어 세계 시장으로 진출하게 될 것입니다.

중소기업은 미래 수출의 주역입니다. 스타트업과 중소기업에 대한 특별보증지원을 올해보다 네 배 이상 확대한 2천억 원으로 늘리고, 무역금융도 30% 이상 늘린 8조 2천억 원을 공급하여 신흥시장 진출을 도울 것입니다. 해외 전시회 참가와 한류 마케팅과 결합한 '브랜드 K' 지원을 강화하여, 해외 판로 개척에도 함께하겠습니다.

존경하는 국민 여러분, 무역인 여러분,

우리는 무역으로 오늘의 대한민국을 이뤘습니다. 한국의 기업환경은 세계 5위권에 들었고, G20 국가 중에서는 가장 우수하다는 평가를 받고 있습니다. 한국의 국가경쟁력도 3년 연속 상승하며 세계 10위권 진입을 눈앞에 두고 있습니다. 개방과 포용으로 성장을 이끌어온 무역이 우리의 가장 강력한 힘입니다. 우리가 지금까지 세계를 무대로 경제를 발전시켜왔듯, 새로운 시대 또한 무역이 만들어갈 것입니다.

나라에는 영토가 있지만, 무역에는 영토가 없습니다. 우리의 선조들이 대륙으로, 해양으로 교류와 교역의 영역을 넓혀갔을 때 세계의 문명과 함께 발전할 수 있었습니다. 우리의 기술과 상품에 자긍심을 가지고 무역인들이 세계 구석구석 더욱 활발하게 진출할 수 있도록, 정부는 여러분과 항상 함께하겠습니다. 2030년 세계 4대 수출 강국이 되는 그날까지 우리는 멈추지 않을 것입니다. 여러분과 함께 새로운 미래를 향해 힘차게 뛰겠습니다.

　　감사합니다.

'왕이' 중국 국무위원 겸
외교부장 접견 모두발언

| 2019-12-05 |

외교부장의 방한을 환영합니다. 한국을 여러 번 방문하셨지만 국무위원으로 취임하신 후로는 첫 방문이어서 더욱 반갑고, 또 기대가 큽니다. 올해는 신중국 건설 70주년이자 또 대한민국 임시정부 수립 100주년이 되는 해여서 양국 모두에게 아주 중요한 해였습니다. 이 중요한 해에 양국 관계에도 많은 발전이 있었습니다.

시진핑 주석과 오사카 정상회담을 비롯해서 양국의 외교, 국방 등 다양한 분야에서 고위급 교류와 소통이 꾸준하게 이루어지고 있는 것을 아주 기쁘게 생각합니다. 양국 간의 긴밀한 대화와 협력은 동북아의 안보를 안정시키고, 또 세계 경제의 불확실한 상황을 함께 이겨낼 수 있는 그런 힘이 될 것입니다. 이번 달에 예정되어 있는 한중일 정상회담 계기에 양국 간의 대화와 협력이 더욱더 깊어지길 기대합니다. 특별히 우리 한반도의 평화를 위한 여정에 중국 정부가 아주 긍정적인 역할과 기여를 해주고 계신 것에 대해서 감사드립니다.

지금 한반도의 완전한 비핵화와 항구적인 평화 구축을 위한 프로세스가 중요한 기로를 맞이하게 있다고 생각합니다. 핵 없고 평화로운 한반도라는 새로운 한반도 시대가 열릴 때까지 중국 정부가 지속적으로 관심을 가지고 지원해 주실 것을 당부합니다. 시진핑 주석께 각별한 안부를 전해주시기 바랍니다. 지난달 APEC 회의가 연기되는 바람에 만날 수 없게 되어 아쉬웠는데, 곧 만나 뵐 수 있게 될 것으로 고대하고 있습니다.

아울러 우리 왕이 위원께서도 한중 양국 관계의 발전을 위해서 많은 역할을 해주시기를 당부드립니다.

'보노' 록밴드 U2 리더·인도주의 활동가
접견 모두발언

| 2019-12-09 |

우선은 우리 U2의 한국 첫 공연 환영합니다. 그리고 그 공연을 봤던 제 아내 말에 의하면 아주 대단한 공연이었다고 합니다. 우리 U2의 음악도 훌륭했고, 또 고척스카이돔을 가득 채운 4만 5천 명 한국의 팬들이 우리 U2의 노래를 따라부르면서 아주 열광했다고 들었습니다. 한국 공연의 성공을 축하드립니다.

오프닝곡으로 〈Sunday Bloody Sunday〉, 그리고 엔딩곡으로 〈One〉을 불렀다고 들었는데, 아주 음악적으로도 훌륭하지만 우리 한국인들로서는 아주 공감할 수 있는 메시지가 담긴 노래라고 생각합니다. 〈Sunday Bloody Sunday〉는 아일랜드의 상황을 노래했던 것이었지만 우리 한국전쟁이 발발한 날도 일요일이었습니다. 독일의 통일 이후 우리 한국 국민들도 남북 평화와 통일을 바라는 그런 열망이 더욱 강해졌습니다.

어제 훌륭한 공연뿐만 아니라 공연 도중에 메시지로도 우리 남북 간의 평화와 통일을 바라는 메시지를 내주시고, 특히 아직도 완전히 평등하다고 볼 수 없는 여성들을 위해서 '모두가 평등할 때까지는 아무도 평등한 것이 아니라'는 메시지, 그렇게 내주신 것에 대해서 아주 공감하면서도 감사를 드리고 싶습니다.

U2가 지난 40년간 세계 최고의 록밴드의 위상을 지켜왔는데, 아주 훌륭한 음악적인 활동뿐만 아니라 또 그 음악 활동을 매개로 해서 평화, 인권, 그리고 또 기아나 질병 퇴치 같은 그런 사회운동까지 함께 전개하시고 또 아주 많은 성과를 내신 것에 대해서 아주 경의를 표합니다.

순직 소방항공대원 합동 영결식 추도사

| 2019-12-10 |

유가족 여러분, 국민 여러분,

우리는 오늘 다섯 분의 영웅과 작별합니다. 사랑하는 아들이었고, 딸이었고, 아버지였고, 남편이었고, 누구보다 믿음직한 소방대원이었으며 친구였던, 김종필, 서정용, 이종후, 배혁, 박단비 다섯 분의 이름을 우리 가슴에 단단히 새길 시간이 되었습니다.

10월 31일, 다섯 대원은 어두운 밤, 멀리 바다 건너 우리땅 동쪽 끝에서 구조를 기다리는 국민을 위해 한 치 망설임 없이 임무에 나섰습니다. 국민의 생명을 구하는 소명감으로, 어떤 어려움도 헤쳐 나갈 수 있도록 훈련받고, 동료애로 뭉친 다섯 대원은 신속한 응급처치로 위기를 넘겼습니다. 그러나 우리의 영웅들은 그날 밤 우리 곁으로 돌아오지 못했습니다. 무사 귀환의 임무를 남겨놓은 채 거친 바다 깊이 잠들고 말았습니다.

저는 오늘 용감했던 다섯 대원의 숭고한 정신을 국민과 함께 영원히 기리고자 합니다. 또한 언제 겪을지 모를 위험을 안고 묵묵히 헌신하는 전국의 모든 소방관들과 함께 슬픔과 위로를 나누고자 합니다. 비통함과 슬픔으로 가슴이 무너졌을 가족들께 깊은 애도의 말씀을 드리며, 동료를 가족의 품으로 돌려보내기 위해 끝까지 최선을 다한 소방 잠수사들, 해군과 해경 대원들의 노고에도 감사와 격려의 말씀을 전합니다.

유가족 여러분, 국민 여러분,

국민들은 재난에서 안전할 권리, 위험에서 보호받을 권리가 있습니다. 국가는 국민의 생명과 안전을 지키기 위해 존재하며, 소방관들은 재난현장에서 구조를 기다리는 국민들에게 국가 그 자체입니다. 국민들은 119를 부를 수만 있다면 언제 어디서든 구조될 수 있다고 믿습니다. 고인들은 국가를 대표해 그 믿음에 부응했습니다.

김종필 기장은 20년 경력의 베테랑 조종사입니다. 끊임없이 역량을 기르면서 주위 사람들까지 알뜰히 챙기는 듬직한 동료였고, 세 아이의 자랑스러운 아버지였습니다.

서정용 검사관은 국내 최고의 대형헬기 검사관입니다. 후배들에게 경험과 지식을 아낌없이 나눠주는 탁월한 선임이었고, 아들과 딸을 사랑하는 따뜻한 가장이었습니다.

이종후 부기장은 '닥터헬기' 조종 경험을 가진 믿음직한 조종사이자, 동료들을 세심하게 챙기는 '항공팀 살림꾼'이었습니다. 더욱 안타까운 것은, 둘째 아들을 먼저 잃은 아버지와 어머니에게 너무나 귀한 아들이었습니다.

이곳 계명대를 졸업한 배혁 구조대원은 결혼한 지 갓 두 달 된 새신랑입니다. 해군 해난구조대원으로 활약한 경력으로 소방관이 되어, 지난 5월, 헝가리 유람선 침몰사고 현장에 파견돼 힘든 수중 수색 업무에 투입됐던 유능하고 헌신적인 구조대원이었습니다.

박단비 구급대원은 늘 밝게 웃던 1년 차 새내기 구급대원이었습니다. 쉬는 날 집에서도 훈련을 계속하면서, 만약 자신이 세상에 진 빚이 있다면 국민의 생명을 구하는 것으로 갚겠다고 했던 진정한 소방관이었습니다.

다섯 분 모두 자신의 삶과 일에 충실했고 가족과 동료들에게 커다란 사랑을 주었습니다. 언제나 최선을 다한 헌신이 생사의 기로에 선 국민의 손을 잡아준 힘이 되었습니다. 다섯 분의 헌신과 희생에 깊은 존경의 마음을 바치며, 다급하고 간절한 국민의 부름에 가장 앞장섰던 고인들처럼 국민의 안전에 대해 대통령으로서 무한한 책임감을 가지겠습니다. 또한 소방관들의 안전과 행복을 지키는 것 역시 국가의 몫임을 잊지 않겠습니다.

국민 여러분, 소방관 여러분,

모든 소방가족들의 염원이었던 소방관 국가직 전환 법률이 마침내 공포되었습니다. 오늘 다섯 분의 영정 앞에서 국가가 소방관들의 건강과 안전, 자부심과 긍지를 더욱 확고하게 지키겠다고 약속드립니다. 이제 우리는 안전한 대한민국의 이름으로 다섯 분의 헌신과 희생을 기려야 할 것입니다. 이번 사고의 원인을 철저히 규명하고, 소방헬기의 관리

운영을 전국단위로 통합해 소방의 질을 높이면서 소방관들의 안전도 더 굳게 다지겠습니다. 다섯 분의 희생이 영원히 빛나도록 보훈에도 힘쓰겠습니다. 가족들이 슬픔을 딛고 일어서 소방가족이었음을 자랑스럽게 여길 수 있도록 국가의 책임을 다하겠습니다. 국민을 위한 다섯 소방항공대원의 삶은 우리 영토의 동쪽 끝 독도에서 영원할 것입니다. 아침 해가 뜰 때마다 우리 가슴에 생명의 소중함을 되새겨줄 것입니다.

이제 고(故) 김종필, 고(故) 서정용, 고(故) 이종후, 고(故) 배혁, 고(故) 박단비 님을 떠나보냅니다. 같은 사고로 함께 희생된 고(故) 윤영호 님과 고(故) 박기동 님의 유가족들께도 깊은 위로의 말씀을 드립니다.

일곱 분 모두의 영원한 안식을 기원합니다.

농정틀 전환을 위한
2019 타운홀미팅 보고대회 모두발언

| 2019-12-12 |

존경하는 국민 여러분, 농어민 여러분,

'농정틀 전환을 위한 2019 타운홀미팅 보고대회'를 전통과 한식의 도시 전주에서 열게 되어 매우 뜻깊게 생각합니다. 특별히 농어업 인재 양성의 산실, 한국농수산대학의 젊은 후계자들과 함께하여 더욱 기쁩니다. 우리 농어업의 새로운 미래가 청년들에게 희망이 되기를 기대합니다. 우리는 모두 농어민의 자손입니다.

우리는 선사시대부터 벼농사와 어업을 함께하는 농경사회를 이루었고, 농어업을 통해 자연의 섭리를 배웠습니다. 우리가 어른을 공경하고 공동체를 중요하게 여기는 우수한 민족이 된 것도 농어업으로 형성된 협동 정신이 있었기 때문입니다. 우리 민족의 정신과 뿌리도 농어촌에 있습니다. 전라북도에서 시작한 동학농민혁명은 농민 스스로 일어나

나라를 개혁하고자 했고, 그 정신이 의병활동과 3·1독립운동으로 이어져 대한민국 임시정부 수립과 민주공화국 수립의 근간이 되었습니다. 많은 애국지사들이 나라의 주인이 농민임을 천명하며, 농촌계몽운동으로 근대문명과 독립의 힘을 키웠습니다.

대한민국 발전의 근간도 농어촌이었습니다. 오늘 우리가 이룩한 눈부신 산업의 발전도 농어촌의 뒷받침이 있었기에 가능했습니다. 하지만 그 과정에서 농어촌은 피폐해지고 도시와 격차가 커져온 것이 사실입니다. 우리는 이제 그 반성 위에서 농어업의 가치를 새롭게 인식하고, 새로운 농어업시대를 열고자 합니다.

농어민 여러분,

'농어촌 발전'은 1992년 리우지구정상회의 이후 경제, 사회, 환경에 기여하는 '공익'으로 평가되었습니다. EU는 1996년 '코크선언(Cork Declaration)'으로 '사회 속에서 농업의 중요성'을 강조했습니다. 우리 국민들에게도 농어촌의 미래가치는 자연과 인간이 조화를 이루며 도시와 상생하는, 혁신 공동체로 인식되고 있고, 식량안보와 함께 안전하고 건강한 먹거리와 환경이라는 관점의 기대도 갈수록 커지고 있습니다.

정부의 생각과 목표도 같습니다. 정부는 농어촌의 미래가 곧 대한민국의 미래라는 비상한 각오로 '사람이 돌아오는 농산어촌'을 국정과제로 삼고, 대통령직속 '농어업·농어촌 특별대책위원회'를 만들어 농어촌 발전을 위해 더욱 노력하고 있습니다. 현재 쌀값은 폭락했던 가격을 회복해 19만 원대로 안정세를 유지하고 있습니다. 또한 5년에 걸친 쌀 관세율 협상을 성공적으로 마무리하여 513%의 관세율로 쌀 산업을 보호할 수 있게 되었습니다.

가축방역을 대폭 강화하여 구제역과 조류독감 발생이 현저히 감소했고, 아프리카돼지열병도 강력한 초동대응으로 추가 확산을 막았습니다. 작년에 우리 농가소득은 사상 처음 4천만 원을 넘은 4천 2백만 원을 기록했고, 어가소득은 5천만 원을 돌파했습니다. 지금도 논과 밭, 바다에서 구슬땀을 흘리고 계시는 243만 농어민들께서 이뤄낸 결과입니다. 깊은 감사의 말씀을 드립니다. 전국을 순회하며 농어민들과 직접 소통하면서 농정틀 전환에 앞장서 주신 농어업·농어촌 특별위원회 박진도 위원장님과 위원 여러분께도 격려의 말씀을 드립니다.

농어민 여러분,

땅과 바다에 흘리는 농어민의 땀은 정직합니다. 자연의 섭리를 거스르지 않는 농어민의 삶은 숭고합니다. 정부의 농어업 정책은 농어민의 정직함과 숭고함에 대답해야 합니다. 정부는 지속가능한 농정의 가치를 실현하면서, 혁신과 성장의 혜택이 고루 돌아가도록, 농정의 틀을 과감히 전환하겠습니다.

첫째, 사람과 환경 중심의 농정을 구현하겠습니다. 공익형 직불제는 지속가능한 농정의 핵심입니다. 쌀에 편중된 직불제를 개편하여 논농사와 밭농사 모두 직불제 혜택을 받도록 하고, 중소 농민을 더욱 배려하여 영농 규모에 따른 격차를 줄이겠습니다. 환경친화적인 농어업 정착에도 힘쓰겠습니다. 농업 직불제는 환경과 경관을 보존하는 방식으로 전환하고, 자율휴어, 친환경 양식과 같이 환경보호를 위한 수산직불제 개선도 모색하겠습니다.

둘째, 살고 싶은 농어촌을 만들겠습니다. 농어촌은 농어민의 삶의 터전이자 국민 모두의 쉼터입니다. 2022년까지 읍면 소재지에 생활 SOC를 900곳 이상으로 늘려, 어디서나 30분 안에 보육·보건 서비스에 접근하고, 60분 안에 문화·여가 서비스를 누리고, 5분 안에 응급상황에 대응할 수 있는, 3·6·5 생활권을 구축하겠습니다. 수산혁신 2030, 어촌뉴딜 300으로 어촌 현대화와 함께, 해양공간계획을 조기에 마련하겠습니다. 바다둘레길, 해양치유센터 조성 등 관광자원 개발로 어촌의 활력을 높이겠습니다. 농어촌 그린뉴딜 정책에도 역점을 두겠습니다. 신안군 휴암마을 태양광 사업처럼, 재생에너지로 주민의 소득을 높이는 주민주도형 협동조합을 확산하겠습니다. 6천 개의 농어촌 사회적 경제 조직을 활성화하고, 현재 250여 개의 로컬푸드 직매장을 2022년까지 1,200개 이상으로 늘릴 것입니다. 귀농·귀어·귀촌 통합 플랫폼을 마련해 원스톱 서비스를 제공하겠습니다. 농수산대학을 청년농 사관학교로 육성하며, 청년창업농과 여성 농업인 지원으로 농어촌의 희망을 키우겠습니다. 또한 농어업회의소를 활성화하여 지역 농정의 협치시대를 열겠습니다.

셋째, 농수산물 수급관리와 가격시스템을 선진화하겠습니다. 농산물의 적절한 수급조절을 위해 생산자조직이 사전에 재배면적을 조정하고, 작황에 따라 공급을 자율적으로 조절하도록 지원하겠습니다. '햇사레' 복숭아처럼 공동 브랜드 마케팅을 확대하고, 온라인 또는 사이버거래시스템을 확산하여, 농어민이 유통과 판매 과정에서 소득을 높이도록 하겠습니다. 농업경영체 등록제도 개선과 함께, 생산부터 소비에 이르는 종합유통정보시스템을 구축하여 수급안정과 유통혁신을 뒷받침할 것입니다.

넷째, 더 신명나고, 더 스마트한 농어업을 만들겠습니다. 우리의 스마트팜 기술과 플랜트, 자재와 장비는 지금 중앙아, 동남아, 중동은 물론 일본과 미국까지 수출할 정도로 발전했습니다. 스마트 기술을 시설원예에서 노지작물, 축산, 수산으로 확산하고, 중소 농어가까지 폭넓게 적용하여, 농어업의 경쟁력과 농사짓는 어르신들의 편의를 높이겠습니다. 맞춤형 특수식품 등 5대 유망 식품을 집중 육성하여 농수산물의 해외 판로를 넓히고, '김치 대·중소기업 상생'처럼 상생을 바탕으로 식품산업을 육성할 것입니다.

다섯째, 푸드플랜을 통한 안전한 먹거리 제공에도 더욱 노력하겠습니다. 현재 초등학교 돌봄교실 아동 24만 명에게 빵이나 핫도그 대신 제철 과일을 공급하여 식생활 개선과 과수 소비 증가를 도모하고 있습니다. 내년부터 임산부와 취약계층으로 신선농산물 공급을 확대하겠습니다. 또한, 생산·유통·소비가 선순환하는 지역 먹거리 종합전략 '지역 푸드플랜'을 현재 46개 지자체에서 2022년까지 100개 지자체로 늘리겠습니다.

존경하는 국민 여러분, 농어민 여러분,

매년 50만 명이 농어촌으로 향하고 있고, 이중 절반이 40대 미만의 청년입니다. 올해 농어업 취업자 수는 2년 전보다 9만여 명 늘어나 136만 명이 될 전망입니다. 농어촌이 다시 대한민국의 희망이 된다는 것은 새로운 성장 산업으로서의 농어업만을 의미하지 않습니다. 농어업에는 인간 생존의 장구한 역사가 함께하고 있으며, 그 안에는 미래 사회의 문제를 해결할 해답도 담겨있습니다. 품앗이와 두레, 신바람 같은 우리 민족의 미덕을 살리고 지속가능한 사회를 만드는 역량도 농어촌에서 키워질 것입니다.

과감한 농정의 대전환으로 청년들은 농어촌에서 미래를 일구고, 어르신들은 일과 함께 건강한 삶을 누리고, 환경은 더 깨끗하고 안전해지길 바랍니다. 서로 나누고 협동하면서 더불어 살았던 농어촌의 마음도 되살아나길 기대합니다. 젊은이와 아이들이 많아지는 농산어촌, 물려주고 싶은 농어업의 나라 대한민국을 여러분과 함께 만들겠습니다.

감사합니다.

3·1운동 및 대한민국 임시정부 수립
100주년 기념사업추진위원회 초청 오찬사

| 2019-12-13 |

올 한 해 우리는 3·1독립운동과 대한민국 임시정부의 정신을 되새기고 새로운 시대를 준비했습니다. 100주년을 정리하고 새로운 각오의 말씀을 해 주신 한완상 위원장님께 감사드립니다.

존경하는 독립유공자 후손 여러분, 기념사업추진위원 여러분,

100년 전, 평범한 사람들이 태극기를 들고 독립 만세를 외쳤습니다. 이름도 없는 보통 사람들이 스스로 나라를 지키고자 나섰습니다. 왕조의 백성이 민주공화국의 국민으로 거듭나는 순간이었습니다. 그 정신으로 대한민국 임시정부가 수립되었습니다. 임시정부가 제정한 대한민국 임시헌장 제1조는 '대한민국은 민주공화제로 함'이라고 천명했고, 제 3조에 '대한민국의 인민은 남녀, 빈부 및 계급 없이 일체 평등으로 함'이라고 명시했습니다. 지금 대한민국의 헌법이 여기에서 시작되었습니다.

우리가 100년 전의 3·1독립운동과 임시정부 수립을 기억해야 하는 가장 중요한 이유는 바로 대한민국의 뿌리이기 때문입니다. 대한민국은 온 국민이 모두 함께 독립을 외치며 이뤄낸 것입니다. 성별과 계급, 이념과 종교를 뛰어넘어 함께 자유롭고 평등한 나라를 만들어온 것입니다.

우리가 3·1독립운동과 임시정부 수립을 기억해야 하는 또 하나의 이유는, 그 정신을 되새겨보기 위한 것입니다. 그로부터 100년이 흐른 지금, 우리는 대한민국 임시헌장이 천명한 민주공화제를 진정으로 구현하고, 일체 평등을 온전히 이루고 있는 것일까요? 또 다른 특권의 정치가 이어지고, 번영 속의 심각한 경제적 불평등이 또 다른 신분과 차별을 만들고 있지는 않은지 우리 스스로 겸허하게 되돌아보아야 할 때입니다. 그러한 반성 위에서 본다면 대한민국의 새로운 100년의 길도 명확합니다. 함께 이룬 만큼 함께 잘 사는 것이고, 공정과 자유, 평등을 바탕으로 함께 번영하는 것입니다. 그것이 3·1독립운동과 임시정부 수립 100주년이 오늘을 사는 우리에게 주는 가르침일 것입니다.

기념사업추진위원 여러분,

3·1독립운동과 대한민국 임시정부의 정신을 되새기는 데 많은 역할을 해주셔서 감사드립니다. 3·1독립운동의 정신을 계승하는 아이디어를 국민 속에서 모아 주셨고, 새로운 100년의 청사진을 그려주셨습니다. '쉽게 읽는 독립선언서'를 제작하고, 기념 음악을 만들어 남녀노소 누구나 100주년의 의미를 되새길 수 있었고, '낭독하라 1919!' 같은 사업으로 3·1독립운동의 정신을 우리 곁에 살아 숨 쉬게 했습니다. 얼마 전 발표된 '2019년 한국인의 의식·가치관 조사'에 따르면 국민 100

명 중 84명이 우리 역사와 한국인임을 자랑스러워하고 있다고 합니다. 2016년 조사에 비해 8%가 높아졌습니다. 우리의 역사를 정확히 아는 것이 자긍심의 바탕입니다. 100주년 기념사업 하나하나가 역사적 긍지를 키우는 밑거름이 되었다고 생각합니다.

한완상 위원장님을 비롯한 아흔여덟 분의 위원 여러분, 서포터즈와 국민참여 기업인·예술인 여러분께 다시 한 번 깊은 감사의 인사를 드립니다.

독립유공자 후손 여러분,

지난 100년, 3·1독립운동의 정신은 항상 우리 곁에 살아있었습니다. 그 정신 속에서 우리는 분단과 전쟁과 가난과 독재를 이겨내고, 당당하고 번영하는 자주독립 국가로 성장할 수 있었습니다 이제 새로운 100년은 미래 세대들이 이끌어갑니다. 정부는 미래 세대들이 3·1독립운동의 유산을 가슴에 품고, 새로운 미래를 여는 당당한 주역이 될 수 있도록 독립운동의 역사를 기리고 알리는 일에 최선을 다할 것입니다.

정부는 지난 2월 26일, 백범기념관에서 국무회의를 열고 독립운동가들이 꿈꾸었던 모두가 자유롭고 평등한 나라, 함께 잘 사는 나라에 대한 책무와 각오를 되새겼습니다. 유관순 열사의 훈격을 높여 새롭게 포상한 데 이어, 역대 최고 수준인 647명의 독립유공자를 포상했습니다. 여성독립유공자의 발굴에도 힘을 쏟았습니다. 2017년까지 여성독립유공자는 299명, 전체 유공자의 2%에 불과했지만 지난해에 60명, 올해 113명을 발굴 포상하여 독립운동에 바친 여성들의 희생과 헌신이 정당하게 역사적 평가를 받을 수 있도록 노력했습니다.

카자흐스탄의 계봉우 지사와 황운정 지사를 비롯해 해외 독립유공자 다섯 분의 유해를 고국으로 모신 일도 매우 보람된 일이었습니다. 뒤늦게나마 국가가 마땅히 해야 할 일을 하게 되었습니다. 해외 독립운동 사적지의 복원에도 정성을 기울였습니다. 지난 3월, 중국 충칭의 광복군 총사령부를 복원했고, 하얼빈역 안중근 의사 기념관도 재개관했습니다. 러시아 우수리스크 최재형 선생 기념관 조성과 기념비 건립, 일본 도쿄 2·8독립선언 기념자료실의 재개관도 마쳤습니다. 경북 안동의 석주 이상룡 선생 기념관 건립과 임청각 복원도 2025년 완료를 목표로 지자체와 힘을 모으고 있습니다. 대한민국 임시정부기념관은 2021년 완공될 예정입니다. 민주공화국 100년의 역사와 함께, 이념과 세대를 초월한 임시정부의 통합 정신을 기리는 장소가 될 것입니다.

존경하는 독립유공자 후손 여러분, 기념사업추진위원 여러분,

100년 전 그날, 우리는 함께하였기에 용기를 낼 수 있었고, 함께하였기에 대한민국의 출발을 알릴 수 있었습니다. '함께 잘 사는 나라', '평화의 한반도' 또한 함께해야만 이룰 수 있는 우리의 목표입니다. 독립유공자 후손들께서도 그 목표에 함께해주시길 바랍니다. 3·1독립운동과 대한민국 임시정부의 정신은 영원히 빛날 것이며, 언제나 우리에게 용기와 힘이 되어줄 것입니다.

감사합니다.

수석보좌관회의 모두발언

| 2019-12-16 |

장발장 부자의 이야기가 많은 국민들에게 큰 감동을 주었습니다. 흔쾌히 용서해 준 마트 주인, 부자를 돌려보내기 전에 국밥을 사주며 눈물을 흘린 경찰관, 이어진 시민들의 온정은 우리 사회가 희망 있는 따뜻한 사회라는 것을 보여주었습니다. 모두에게 감사드립니다. 정부와 지자체는 시민들의 온정에만 기대지 말고, 복지제도를 통해 제도적으로 도울 길이 있는지 적극적으로 살펴주기 바랍니다. 여러 가지 어려운 가운데 우리 경제에 긍정적 변화가 일어나고 있습니다. 정부는 세계 경기둔화와 보호무역주의 등 우리 경제의 악재를 이겨내기 위해 가능한 정책수단을 총 동원하여 대처해왔습니다.

확장적 재정정책으로 경제 활력과 성장을 뒷받침하고자 했고, 올해보다 내년이 나아질 수 있다는 희망을 만들어내고 있습니다. 더욱 의

미가 큰 것은 경제가 어려우면 선택하기 쉬운 임시방편적이며 인위적인 경기부양의 유혹에 빠지지 않고, 혁신·포용·공정의 기조를 일관되게 유지하고 흔들림 없이 추진하면서 만들고 있는 변화라는 점입니다. 이러한 긍정적 변화에 더욱 속도를 내서 정부 정책의 성과를 국민들이 체감할 수 있게 해야 합니다. 그래야 경제 체질을 확실히 바꾸고 우리 경제를 새롭게 도약시킬 수 있습니다.

우선 올해를 시작할 때만 해도 가장 큰 걱정거리였던 고용지표가 뚜렷하게 개선되었습니다. 최근 취업자 수가 4개월 연속으로 30만 명 이상 증가하고, 고용률은 역대 최고 수준으로 상승했습니다. 청년 고용률과 실업률도 크게 개선되었습니다. 상용직 취업자가 60만 명 가까이 늘었고, 고용보험 혜택을 받는 수혜자도 대폭 늘어나는 등 고용의 질도 크게 향상되었습니다. 정부가 일자리 창출과 고용안정망 확충에 역점을 두고 끈기 있게 정책을 추진한 결과가 나타난 매우 의미 있는 성과입니다.

그러나 아직도 일자리의 질에 대해서는 여전히 부족한 점이 많습니다. 특히 우리 경제의 주력인 40대의 고용부진이 계속되고 있는 것은 매우 아픕니다. 정부가 20~30대 청년층과 50대 신중년층, 60대 이상의 노인층의 일자리정책에 심혈을 기울여온 것에 비해 40대에 대해서는 얼마나 노력했는지 돌아보지 않을 수 없습니다. 40대의 일자리 문제는 제조업 부진이 주원인이지만 그렇다고 제조업의 회복만을 기다릴 수는 없습니다. 4차 산업혁명이 본격화될 경우 산업구조의 변화는 40대의 일자리에 더욱 격변을 가져올 수 있습니다. 계속되는 산업현장의 스마트화와 자동화가 40대의 고용을 더 어렵게 만들 수도 있습니다. 그동안 산업구조의 변화에 대비해 고용안전망을 강화해왔지만 40대의 고용에 대한 특별 대책이 절실합니다. 청년과 노인들에 대해 집중적으로 고용지원을 한 것처럼 40대 고용대책을 별도의 주요한 정책영역으로 삼아야 할 것입니다. 정부는 40대의 경제사회적 처지를 충분히 살피고 다각도에서 맞춤형 고용지원정책을 마련해 주기 바랍니다.

가계소득과 분배에서의 변화도 특별한 의미가 있습니다. 지난 3/4분기 가계소득동향에 따르면 국민의 가계소득과 분배여건이 모두 개선됐습니다. 가장 저소득층인 1분위 계층의 소득증가 폭이 확대되는 등 모든 분위에서 가계소득이 증가했고, 특히 분배지수를 나타내는 5분위 배율의 개선으로 소득불평등이 심화되는 일반적 추세가 반전되었습니다. 생산가능인구가 줄고 고령화가 급속히 진행되는 상황에서 만들어낸 매우 의미 있는 변화입니다.

이러한 변화를 더욱 확산시키려면 복지 사각지대까지 꼼꼼히 살피고 세심하게 정책을 추진해야 합니다. 특히 가계소득동향조사에 포함되지 않은 1인 가구의 대해 특별한 점검과 대책이 필요합니다. 고령화뿐 아니라 늦은 결혼과 비혼 문화의 확대 등으로 1인 가구의 비중이 30%에 달하며 전체 가구에서 차지하는 비중이 가장 높습니다. 그런 만큼 경제·주거·사회복지·안전 등 다양한 영역에서 1인 가구를 위한 종합적인 정책이 필요합니다. 소득과 분배관련 지수도 1인 가구를 포함하여 조사하고 분석하도록 개선할 필요가 있고, 주거정책도 기존의 4인 가구 표준에서 벗어나 1인 가구의 특성에 맞는 주택 공급을 확대하는 방안을 적극 추진해야 할 것입니다. 특히 여성 1인 주거에 대해서는 충분한 안전 대책까지 강구할 필요가 있습니다.

혁신성장 분야의 성과도 우리 경제의 미래의 큰 희망입니다. 시스템반도체, 바이오헬스, 미래차 등 3대 신산업과 데이터, 인공지능, 수소경제 등 3대 분야에 대한 정부의 집중지원과 함께 민간투자도 크게 확대되고 있습니다. 혁신창업과 제2벤처붐 확산은 아주 든든한 흐름입니다. 신규벤처 투자액이 올해 4조 원을 넘어설 것으로 보이며, 신설법인 수가 증가 추세를 이어가는 가운데, 창업기업 중에서도 기술창업의 비중이 계속 확대되고 있습니다.

특히 비상장 기업으로 기업가치가 1조 원 이상 되는 유니콘기업이 증가 속도가 빠른 것도 매우 의미가 큽니다. 우리 정부 출범 당시 3개이던 유니콘기업이 11개로 크게 늘었고, 특히 올해에만 5개의 유니콘기업이 탄생해 성장속도가 더욱 빨라지고 있습니다. 우리는 현재 유니콘기업 수로 세계에서 6위이며 세계 5위인 독일과 1개 차이로 순위를 다투고 있습니다. 선진국과 어깨를 나란히 하는 수준의 창업벤처 생태계를 구축하고 있는 것입니다. 그간 플랫폼기업과 ICT기업 등에 편중되어 있던 것에서 한발 더 나아가 열한 번째의 유니콘기업이 바이오헬스 분야에서 탄생한 것도 분야가 다양화되고 있다는 점에서 좋은 변화라고 할 만합니다. 유니콘기업 확산은 혁신성장정책 성공의 상징입니다. 정부는 특별한 관심과 집중적 지원정책으로 유니콘기업 육성에 최선을 다해주기 바랍니다.

모태펀드와 스케일업펀드를 통해 성장 가능성이 높은 예비 유니콘기업에 집중 투자하는 등 정부정책을 차질 없이 추진해 주기 바랍니다. 또한 유니콘기업이 더욱 다양한 분야에서 탄생하도록 시스템반도체, 미래차, 생명공학 등 4차 산업혁명 분야와 소재·부품·장비 분야의 유니콘 후보기업을 적극 발굴하고, 지원을 강화해 나가야 할 것입니다. 이상입니다.

국무회의 모두발언

| 2019-12-17 |

제53회 국무회의를 시작하겠습니다.

반갑습니다. 오늘은 영상회의입니다. 우리 세종청사에 계시는 장관님들도 반갑습니다.

내년도 예산안 통과가 늦어진 데다 세법 등 예산부수법안 22건이 아직 통과되지 않은 초유의 일이 벌어지고 있습니다. 여러 가지 어려움이 있겠지만 예산 집행 준비에 즉시 돌입해 일자리 사업 등 주요 사업들이 내년 1월부터 차질 없이 집행될 수 있도록 예산 배정과 집행 계획을 신속하고 철저하게 준비해 주기 바랍니다. 또한 국민들께서 몰라서 혜택을 못 받는 일이 없도록 수혜 대상에 따른 안내와 홍보에도 더욱 신경 써 주기 바랍니다.

오늘 교통안전을 강화하는 법안들이 공포됩니다. 안타깝게 세상을 떠난 민식이와 하준이가 남긴 법안들입니다. 예방 장치가 제대로 갖춰졌더라면 막을 수 있었던 사고였습니다. 교통안전을 대폭 강화하는 뼈아픈 계기로 삼아야 합니다. 특히 어린이 교통사고에 대해서는 세심한 대책이 필요합니다. 핵심은 처벌이 아니라 사고 예방에 있습니다. 전국적으로 스쿨존이 늘어난 만큼 운전자들이 미리 스쿨존을 인지하고, 예방 운전을 할 수 있도록 스쿨존을 특별하게 인식할 수 있도록 만들어야 합니다. 지자체와 협력하여 스쿨존 교통안전 강화 대책의 실효성을 높여주기 바랍니다. 아울러 한음이법, 태호·유찬이법, 해인이법 등 아직 국회에 머물러 있는 어린이안전 법안도 하루 속히 처리될 수 있기를 바랍니다.

정부가 강한 의지를 갖고 꾸준히 노력하면 실제로 안전사고는 줄어듭니다. 우리 정부는 지난해부터 교통안전, 산업안전, 자살예방 등 3대 분야 사망사고의 획기적 감축을 목표로 국민 생명 지키기 3대 프로젝트를 추진해왔습니다. 범정부 추진 체계를 구축하고, 체계적으로 관리해온 결과 특히 교통안전과 산업안전 분야에서는 사망 사고가 뚜렷하게 감소하고 있는 것으로 나타났습니다.

지난달 기준으로 음주운전 사망 사고는 작년과 비교해 33%, 화물차나 버스, 택시 같은 사업용 차량 사망 사고는 16%가 줄었고, 대표적인 안전사고로 꼽혔던 타워크레인 사망 사고가 대폭 감소한 것을 비롯해 산업재해 사망도 건설업, 제조업, 운수창고 등 전업종에서 줄어든 것으로 집계되고 있습니다.

하지만 아직 만족할 수준이 아닙니다. 국민 안전은 우리 정부의 핵심 국정 목표입니다. 국민은 재난에서 안전할 권리, 위험에서 보호받을 권리가 있고, 국민의 생명과 안전에 대한 국가의 책임은 무한합니다. 우리 정부가 대규모 재난에 대한 재난 대응 시스템을 강화하면서 3대 분야 사망 사고 감축을 위해 특별히 노력하는 이유입니다.

교통안전에 대한 경각심을 더욱 높여주기 바랍니다. 지난 주말 많은 사상자가 발생한 안타까운 사고가 있었습니다. 이른바 블랙아이스 사고입니다. 겨울철 교통안전 대책을 긴급 점검하여 눈길과 빙판 등으로 인한 사고의 위험 요인을 줄이고, 특히 블랙아이스 현상이 생길 가능성이 높은 도로 구간부터 우선적으로 안전 대책을 강구해 주기 바랍니다. 빈발하는 선박 안전사고에 대한 대책도 해수부와 해경이 특별히 신경 써 주기 바랍니다.

산업재해와 관련해서는 각별한 노력이 필요합니다. 그간 정부는 작업 현장의 안전 강화를 위해 현장과 소통하며 여러 노력을 기울여 왔습니다. 원청의 책임 확대와 유해작업 도급 제한, 사망 사고의 절반을 차지하는 건설업 현장과 비정규 특수고용 노동자의 안전조치 강화 등을 골자로 산업안전보건법을 28년 만에 전면 개정했고 오늘 시행령을 의결합니다. 산재보험 가입 대상을 확대해 사회안전망 기능을 강화했고, 지난 주에는 발전산업 안전강화 방안을 발표했습니다.

우리 사회에 수많은 정직한 노동을 절망하게 했던 한 청년의 죽음 이후 1년 가까운 사회적 논의 끝에 마련된 방안들입니다. 한 발을 내딛어야 다음 발도 내딛을 수 있는 것이기 때문에 위험의 외주화 문제에 대한 의미 있는 출발이라고 생각합니다. 정부는 발전소 현장 및 석탄화력 발전소 특조위와 협력하여 이행 상황을 엄격하게 점검하기 바랍니다. 대책이 부족하다는 비판이 있지만 우선 마련된 대책부터 철저하게 이행되어야 할 것입니다.

안전은 국민 삶의 기본이고 성숙한 사회의 척도입니다. 더 집요하고 꾸준하게 점검하고 관리해야 합니다. 안전이 결코 비용의 낭비가 아니라 경쟁력과 생산성을 높이는 투자로 인식해야 합니다. 구체적인 안전관리 책임이 민간에 있거나 사회적 논의나 입법이 지체되는 사정이 있다고 하더라도 안전에 대한 궁극의 책임은 정부가 지지 않을 수 없습니다. 국가 재난에서부터 생활 속의 안전까지 국민의 생명과 안전을 지키기 위해 정부가 더욱 자세를 가다듬고 다부지게 대응해야 합니다. 특히 오늘 논의되는 교통안전 법안이나 산업안전보건법, 발전산업안전강화 방안 모두 희생자와 유가족의 눈물에 빚지고 있다는 것을 우리 모두 잊지 말아야 할 것입니다. 이상입니다.

한·스웨덴 비즈니스 서밋 기조연설

| 2019-12-18 |

　존경하는 스테판 뢰벤 총리님, 일바 베리 '비즈니스 스웨덴' 회장님, 김영주 한국무역협회 회장님, 양국 경제인 여러분, 반갑습니다.

　지난 6월 스톡홀름에서 열린 비즈니스 서밋에 이어 6개월 만에 서울에서 '한·스웨덴 비즈니스 서밋'이 열리게 되었습니다. 양국 수교 60주년인 올해, 양국을 오가는 비즈니스 서밋으로 우리의 우정이 더욱 특별해지는 것 같습니다. 많은 경제사절단과 함께 한국을 방문하신 총리님과 스웨덴 경제인 여러분께 깊이 감사드립니다.

　스웨덴은 자연과 공존하면서 혁신으로 인류의 존엄과 보편적 가치를 실현해왔습니다. 식물학의 아버지 린네, 근대 원자론을 확립한 베르셀리우스는 과학으로 인류의 진보를 이끌었습니다. 인류의 위대한 유산인 '노벨상'은 끊임없는 탐구로 보편적 이상을 향해 가는 나침반이 되어주었습니다. 스웨덴의 정신은 항상 새로운 가치를 만들어내고 있습니다. 20세기 초 스웨덴은 지식이 노동자의 삶을 바꿀 수 있다는 믿음으로 공공도서관을 짓고 대중의 지식수준을 높였습니다. 스웨덴의 기업과 노동자들은 상생을 실현하고 빠르게 혁신을 이뤄냈습니다.

여성 노동권을 존중하는 기업 문화는 일과 가정의 양립을 보장하면서 복지사회의 수준을 높여주었고, 볼보의 3점식 안전벨트, 이케아의 조립식 가구, 테트라 팍의 방부 포장시스템 같은 세계적 혁신도 모두의 행복을 소중히 여긴 스웨덴의 철학을 보여줍니다. 유럽혁신지수 1위, 비즈니스 환경평가 세계 2위, 사회적 신뢰 선진국 스웨덴은 미래사회의 모범입니다. 한국도 스웨덴을 배우며 함께 성장하고, 지구촌의 책임 있는 국가가 될 것입니다.

양국 경제인 여러분,

스웨덴이 가진 인류애와 혁신의 정신은 한국이 지향하는 정신과 같습니다. 한국과 스웨덴은 기후변화 대응과 지속가능발전, 사람 중심의 4차 산업혁명 등의 가치를 공유하고 있습니다. 양국은 이미 5G, 바이오헬스, 전기차 등 신산업 분야에서 많은 협력 성과를 거두고 있습니다.

에릭슨은 평창동계올림픽 5G 시범서비스와 세계 최초 5G 상용화에 한국과 함께했고, 에릭슨엘지가 개발한 통신장비는 국내 5G 통신망에 보급되고 있습니다. 에릭슨은 SK텔레콤과 KT와도 5G 고도화와 6세대 통신을 위한 기술협력을 추진합니다. 글로벌 제약회사 아스트라제네카는 6억 3천만 불 규모의 투자 결정에 이어, 신약 개발, 바이오헬스 생태계 조성, 글로벌시장 공동 진출로 협력을 확대하고 있습니다. 탄소 소재 같은 차세대 소재·부품·장비 분야와 인공지능, 사물인터넷 분야의 융복합 기술 협력도 시작되고 있습니다. 스마트 시티, 스마트 모빌리티를 선도할 핵심 역량도 함께 발전시킬 수 있을 것입니다. 이제 여기에서 한 발 더 전진하면, 양국은 비즈니스의 새로운 역사를 쓰게 될 것입니다.

첫째, 우리는 미래산업 분야 협력을 확대하고 혁신의 환경을 조성해야 합니다. 경제인 여러분들의 창의적인 아이디어와 도전정신이 혁신 생태계 조성의 기반입니다. 정부가 적극 지원하겠습니다. 양국은 지난 6월 정부 간 협력 MOU를 체결하여 산업자원 협력, 중소기업과 혁신 분야 협력을 위한 제도적 기반을 마련했습니다. 내년 스톡홀름에 세워질 '코리아 스타트업 센터'는 양국 스타트업 간 교류의 장이 될 것입니다.

둘째, 지속가능 발전을 위해 더 깊이 협력해야 합니다. 스웨덴은 친환경 경제로의 전환을 위해 2045년까지 온실가스 배출 제로를 달성하고, 2040년 재생에너지 발전 비중 100%를 목표로 하고 있습니다. 한국도 2015년부터 아시아 최초로 배출권 거래제를 시행하고, 2030년까지 온실가스 배출을 전망치 대비 35% 감축하며 2040년까지 재생에너지 발전 비중을 35%까지 높일 것을 목표로 하여 국제사회의 일원으로서 책임을 다하고 있습니다. 기후변화에 대응하는 정책전환은 한국, EU를 넘어 다른 경제권으로 확산되고, 한국과 스웨덴 기업에게 더 많은 기회를 줄 것입니다. 스웨덴의 태양광, 풍력발전사업에 한국의 중부발전, 에스에너지가 참여할 예정입니다. 스웨덴 볼보자동차와 한국의 LG화학은 온실가스 감축을 위해 전기차 분야 협력을 더욱 강화하기로 했고, 내년에 설립될 '북유럽 과학기술 거점센터'를 통해 과학기술 교류가 더욱 활발해질 것입니다.

셋째, 한반도 평화가 정착되면, 새로운 도전의 공간이 만들어집니다. 스웨덴을 비롯한 북유럽 국가들은 평화를 기반으로 포용과 혁신을 이뤘고, 가장 행복한 나라가 되었습니다. 한반도의 평화는 대륙과 해양의 네트워크 연결로 이어질 것입니다. 남북의 도로와 철도가 연결되면, 유라시아 대륙을 거쳐 스칸디나비아까지 육로가 열릴 것입니다. 한반도를 거점으로 북극항로가 연결되어 태평양과 북극해로 친환경 선박들이 활발하게 오갈 것입니다. 평화가 경제이고, 경제가 곧 평화라는 것을 스웨덴이 증명했습니다. 한반도 평화는 양국 기업들에게 더욱 많은 기회를 제공해 줄 것입니다. 한반도와 동북아의 평화와 자유무역 체제가 발전하도록 양국의 경제인들께서 함께해주시길 바랍니다.

존경하는 총리님, 양국 경제인 여러분,

"참다운 벗은 좋을 때는 초대해야만 오고, 어려울 때는 부르지 않아도 나타난다"는 스웨덴 격언이 있습니다. 한국에게 스웨덴은 변함없이 도움의 손길을 보내준 참다운 친구입니다. 한국은 스웨덴과 같이 자연과 인간의 조화, 사회적 가치의 중요성에 공감하며 공동 번영을 위해 노력할 것입니다. 스웨덴이 '국민의 집'으로 사회와 경제 발전을 이룬 것처럼 상생과 통합으로 '함께 잘 사는 나라'를 이룰 것입니다. 경제인들이 양국의 우정과 협력의 기반입니다. 지난 60년간 쌓은 신뢰와 우정이 양국의 경제협력으로 더욱 깊어지길 바랍니다.

탁 소 뮈케! (감사합니다)

한·스웨덴 정상회담 모두발언

| 2019-12-18 |

양국 수교 60주년을 맞는 뜻깊은 해에 뢰벤 총리님을 한국에서 다시 뵙게 되어 반갑습니다. 스웨덴 총리로는 15년 만에 방한이지만 금속노조 위원장, 사민당 대표로 오신 적이 있어 감회가 깊으시리라고 생각합니다. 지난번 국빈 환대에 보답할 수 있게 되어 매우 기쁘게 생각하며 대표단 여러분들을 국민들과 함께 진심으로 환영합니다.

특별히 이번에 많은 경제사절단과 함께 와주셔서 감사드립니다. 오늘 한·스웨덴 비즈니스 서밋에서 경제 협력을 위한 양국 기업들의 열정을 느낄 수 있었습니다. 스웨덴은 세계혁신지수 2위로 높은 국가 경쟁력을 유지하면서 성장과 복지에서 함께 성공하고 있습니다. "포용이 가능해야 혁신이 있을 수 있다"라는 총리님의 말씀에 전적으로 공감하며, 한국은 스웨덴 모델에서 많이 배우고자 합니다. 사회적 대타협에 모범을 보여준 살트셰바덴(Saltsjöbaden) 정신이 총리님의 방한을 계기로 한국에도 이어지기를 기대합니다. 스웨덴과 한국은 지난 70년간 우정을 쌓으며 많은 분야에서 협력을 발전시켜왔고, '국민 모두가 행복한 국가'라는 국정철학을 공유하고 있습니다. 양국의 협력이 스타트업과 미래 성장, ICT 산업, 방산을 넘어 성평등, 복지 분야까지 확대되어 나가기 바랍니다.

스웨덴의 환경운동과 그레타 툰베리가 〈타임〉지가 선정한 역대 최연소 '올해의 인물'이 된 것을 축하합니다. 세계 최초의 화석연료 없는 복지국가를 지향하는 스웨덴의 노력이 세계의 희망이 될 것입니다. 한국은 스웨덴과 함께 환경문제를 포함한 전지구적 과제에도 더욱 긴밀히 협력할 것입니다.

한국전쟁 의료지원단, 중립국 감독위원회, 한반도 특사를 포함해 스웨덴은 항상 한반도 평화를 지지해주셨습니다. 스톡홀름에서 북미 대화를 주선해 주신 것에 대해서도 각별한 감사 인사를 드리며 반드시 그 성과가 나타날 것이라고 믿습니다.

감사합니다.

'뢰벤' 스웨덴 총리를 위한 공식 만찬사

| 2019-12-18 |

존경하는 뢰벤 총리님, 스웨덴 대표단 여러분,

한국에 오신 것을 환영합니다. 스웨덴 국빈방문 때 왕궁에서 베풀어주신 만찬을 잊을 수 없습니다. 여러분의 환대에 보답할 수 있게 되어 기쁩니다.

올해 양국이 수교 60주년을 맞아 다채로운 행사를 가졌습니다. 한국에서는 스웨덴 디자인전 '헤이 스웨덴'과 에릭 요한슨 작가 순회전, 스웨덴 영화제 등을 개최했고, 스웨덴에서는 '한지 패션쇼', 'K-팝 스웨덴 대회', 3만 5천여 관객이 참가한 '한국문화축제'가 열렸습니다. 양 국민의 우정을 키워주신 스웨덴 관계자들께 감사드립니다.

많은 행사 중에서도, 한국전 참전용사들의 모임 '한서협회'를 중심으로 제작한 다큐멘터리 '한국전쟁 속 스웨덴인'의 상영을 특별히 말씀드리지 않을 수 없습니다. 내년은 스웨덴이 한국전쟁에 의료지원단을 파견한 지 70년이 되는 해입니다. 스웨덴 의료지원단의 감동적 사연을 담은 이 영화는 의료진의 희생과 헌신을 되새겨주었고, 인도주의 정신의 위대한 이야기로 양국의 후손들에게 소중하게 전해질 것입니다. 당시 치료를 받은 한국인들은 지금 고령이 되었지만, 여전히 스웨덴과 한국의 깊은 인연을 증명하고 있습니다. 전쟁 후 한국의 국립의료원 설립에도 많은 도움을 준 스웨덴 의료지원단의 숭고한 헌신에 다시 한 번 존경의 인사를 드립니다.

'모두가 평등하며 행복한 국가'로 가는 스웨덴은 같은 목표를 가진 우리에게 많은 모범과 영감을 주고 있습니다. 사회적 대타협이 지속 가능한 성장의 길이며, 포용이 혁신으로 가는 기반이라는 것을 이미 증명했고, 성숙한 성평등 문화가 국가의 경쟁력이라는 것을 보여주었습니다. 오늘 총리님과 나는 공정과 자유, 평등을 바탕으로 누구도 뒤에 남겨두지 않는 '혁신적 포용국가'를 위해 더욱 폭넓게 협력하기로 했습니다. ICT, 스타트업, 과학기술 협력은 혁신성장을 촉진하고, 성평등, 복지 협력은 포용성장을 뒷받침해 줄 것입니다.

스웨덴이 한반도 평화를 위한 든든한 동반자가 되어준 것에 특별히 감사드립니다. 세계 곳곳에서 평화를 만들어온 스웨덴의 지혜가 함께한다면 한반도는 어려운 고비를 넘어 끝내 항구적 평화에 도달할 것입니다. 총리님의 방한이 우리에게 '율톰텐'의 성탄선물이 되었습니다. 우리 국민들의 감사의 마음을 담아, 총리님의 건강과 양국의 새로운 60년을 기원하면서 건배를 제의합니다. 스콜! (건배)

확대경제장관회의 모두발언

| 2019-12-19 |

여러분 반갑습니다. 지난 2년 반, 우리 경제와 민생을 돌아보고 내년도 경제정책 방향을 논의하기 위해서 모였습니다. 매우 중요한 회의이기 때문에 정부와 위원회뿐만 아니라 노동계와 기업, 또 경제 단체에서도 많은 분들을 모셨습니다.

내년은 그동안 우리 정부가 시행한 정책들이 그야말로 본격적으로 성과를 거두어야 할 때입니다. 지금까지 많이 노력해왔지만 중요한 고비를 앞두고 있다는 그런 각오를 새롭게 해주시기를 당부드립니다.

우리 경제는 저출산·고령화의 인구구조 변화와 저성장과 양극화라는 구조적 어려움 속에서 보호무역주의의 파고를 넘으며 4차 산업혁명 시대를 앞서가기 위해 치열하게 세계와 경쟁하고 있습니다. 기존의 방식으로는 새로운 시대에 대응할 수 없게 되었기 때문에 정부는 우리 경제의 체질을 근본적으로 바꾸면서 낯선 길을 향해 도전해야했습니다. 민·관·정이 협력하고 대·중소기업들 사이에, 또 기업과 노동계 상생 관계를 만들어낸 것은 매우 고무적인 일입니다. 정부도 지원했지만 기업 스스로 혁신하는 노력이 없었다면 의미 있는 변화를 만들어내지 못했을 것입니다.

올해 신규벤처 투자액과 신설 법인 수가 사상 최고치를 경신하고 있고, 유니콘기업 수도 2016년 2개에서 올해 11개로 크게 늘어서 세계 6위를 기록했습니다. 시스템반도체, 바이오, 미래차에 대한 투자 확대로 미래 성장동력에 대한 희망도 커졌습니다. 가계소득이 모든 계층에서 고르게 증가하는 가운데 저소득 1분위 계층의 소득이 증가세로 전환되었습니다. 소득 5분위 배율이 떨어지면서 소득분배도 나아지고 있습니다.

고용시장이 회복세를 보여 참으로 다행스럽습니다. 취업자 수가 4개월 연속 30만 명 이상 늘었습니다. 취업자 수, 고용률, 실업률 3대 지표가 모두 개선되고 상용직 수도 꾸준히 증가하는 등 고용의 양과 질 모두 뚜렷한 회복 흐름을 보이고 있습니다. 노사민정이 합심해서 이뤄낸 상생형 지역 일자리도 광주를 시작으로 밀양, 대구, 구미, 횡성, 군산 등 전국으로 확산되고 있습니다. 대기업 집단의 순환출자 고리가 대부분 해소되었고, 불공정 거래관행이 크게 개선되었으며, 상생결제액 규모도 100조 원을 돌파하는 등 공정하고 건강한 시장경제가 안착되고 있습니다.

그러나 아직 성과를 체감하지 못하는 국민이 많습니다. 정부 정책에 대한 신뢰를 더욱 높여나가야 합니다. 무엇보다 일자리의 질이 더 좋아져야 합니다. 40대와 제조업의 고용부진에서 벗어나야 합니다. 자영업과 소상공인의 어려움도 풀어야 하고, 제2벤처붐을 위한 투자와 규제 혁신도 더욱 속도를 내야 합니다. 최저임금 인상과 주 52시간 노동은 우리 사회가 반드시 가야 할 길입니다. 우리 경제의 현실과 목표가 조화를 이룰 수 있도록 보완 방안을 마련해가면서 국민들과 함께 안착시켜야 할 것이다

근본적인 체질개선은 성과가 나타나는 데 시간이 걸릴 수밖에 없습니다. 그러나 옳은 방향으로 가고 있다는 믿음을 국민들께 드릴 수 있어야 합니다. 국민들께서 공감할 수 있도록 끊임없이 설명하고, 또 발걸음을 맞춰주시기 바랍니다. 단 하나의 일자리, 단 한 건의 투자라도 더 만들 수 있다면 정부는 뭐든 다 할 수 있다는 각오로 여기 계신 여러분부터 앞장서 주기 바랍니다.

해외에서는 우리 경제의 펀더멘털이 아주 견고하다고 평가합니다. 세계 경제포럼의 국가경쟁력 순위가 3년 연속 두 단계씩 상승해 141개국 중 13위를 기록했고, 역대 최고의 국가신용등급을 유지하고 있습니다. 국가부도 위험지표도 글로벌 금융위기 이후 최저치를 경신했고, 세계 9위의 외환보유액과 양호한 재정건전성을 갖고 있습니다. 전 세계 외국인 투자가 감소하는 가운데도 우리나라에 대한 외국인 투자자가 지난해 사상 최대를 기록했고, 올해도 목표 200억 불을 넘었습니다

최근 반도체, 디스플레이, 미래차, 바이오, 탄소섬유 분야에서 대규모 신규 투자가 늘고 있고, 소재·부품·장비 국산화와 수입 다변화에서도 의미 있는 성과가 나타나고 있습니다. 글로벌 경제가 어려움 겪고 있는 가운데 우리 경제는 꾸준히 전진하고 있습니다. 위기를 기회로 만드

는 것은 경제 주체들의 자신감입니다. 대기업과 중소기업, 사용자와 노동자가 서로에게 힘이 되도록 상생의 의지를 모아주시기 바랍니다

2020년도 예산이 역대 최대 규모인 512조 3천억 원으로 확정되었습니다. 신산업분야 혁신예산은 물론 민생, 복지, 삶의 질 향상 등 포용예산이 대폭 늘어났습니다. 우리 경제가 더 역동적이고 더 따뜻하게 성장할 수 있는 여건이 마련되었습니다. 내년에는 5대 부문 구조혁신과 활력, 포용, 8대 핵심과제를 선정해 역점 추진키로 했습니다. 100조 원의 대규모 투자 프로젝트를 비롯해 관광, 내수소비 진작, 데이터 경제, 신산업 육성, 소재·부품·장비 경쟁력 강화를 통해 더 역동적인 경제를 만들어갈 것입니다.

40대와 청년·여성의 일자리 지원을 강화하고 노인 빈곤 해소와 1분위 저소득층 지원, 자영업자·소상공인 경영 개선 등을 통해 더 따뜻한 경제를 체감할 수 있도록 할 것입니다. 이러한 목표를 이루기 위해서는 개별 부처 단위를 뛰어넘는 협업과 조정이 필요합니다. 경제팀이 하나가 되어 최선을 다해주기 바랍니다. 정책변화의 효과가 나타나는 데는 시간이 필요합니다. 인내심을 가지고 결실을 맺는다는 자세가 필요합니다.

일자리와 분배정책만 해도 정부가 정책일관성을 지키며 꾸준히 노력한 결과 최근 그 결실이 나타나고 있습니다. 혁신과 포용은 포기할 수 없는 핵심 가치입니다. 반드시 성공해야 하고 또 성공할 수 있습니다. 여기 계신 여러분부터 신념을 가져야 국민과 기업, 그리고 모든 경제 주체들이 믿음을 갖게 될 것입니다.

오늘 현장의 목소리와 전문가들의 고견을 경청하고, 더 보완하고

성과를 낼 분야가 무엇인지 다시 한 번 살펴봐주시기 바랍니다. 오늘 우리가 논의하는 2020년 경제정책 방향이 국민들께 희망이 되기를 바랍니다.

감사합니다.

한·중 정상회담 모두발언

| 2019-12-23 |

시진핑 주석님 감사드립니다. 여러 번 중국에 왔는데 올 때마다 상전벽해와 같은 중국의 발전상에 놀랍니다. 중국의 꿈을 향해 한 걸음씩 나아가는 시 주석님의 리더십과 중국 국민들의 성취에 경의를 표합니다.

올해는 신중국 건국 70주년이고 한국은 3·1독립운동과 임시정부 수립 100주년의 의미 깊은 해입니다. 양국 모두 지난 역사를 돌아보며 새로운 시대를 다짐하는 해였습니다. 지난 10월 '건국 70주년 기념행사'를 비롯해 중국의 주요 행사들이 성공적으로 치러진 것을 축하드리며 한국의 독립사적지 보존·관리에 관심을 갖고 힘써주신 시 주석님과 중국 정부에 감사드립니다.

올해 한중 관계와 한반도 정세에 많은 성과와 변화들이 있었습니다. 한중 간 교류가 활기를 되찾아 양국 교역이 2,000억 불을 넘어섰고

800만 명이 넘는 국민들이 이웃처럼 양국을 오가고 있습니다. 잠시 서로 섭섭할 수는 있지만 양국의 관계는 결코 멀어질 수 없는 유구한 역사와 문화를 가지고 있습니다.

중국의 꿈이 한국에 기회가 되듯이 한국의 꿈 역시 중국에게 도움이 되길 바랍니다. 주석님과 내가 중국의 일대일로 구상과 한국의 신남방·신북방정책 간의 연계 협력을 모색키로 합의한 이후 최근 구체적 협력방안을 담은 공동보고서가 채택되었습니다. 이를 토대로 제3국에 공동진출해 시너지효과를 낼 수 있는 다양한 협력 사업들이 조속히 실행되길 기대합니다.

중국이 그간 한반도 비핵화와 평화 정착을 위해 중요한 역할을 해준 점을 높이 평가합니다. 북미 대화가 중단되고 한반도 긴장이 고조되는 최근 상황은 우리 양국은 물론 북한에게도 결코 이롭지 않습니다. 모처럼 얻은 기회가 결실로 이어지도록 더욱 긴밀히 협력해가길 희망합니다. 맹자는 천시는 지리만 못하고, 지리는 인화만 못하다고 했습니다. 한·중은 공동 번영할 수 있는 천시와 지리를 갖췄으니 인화만 더해진다면 함께 새로운 시대를 열 수 있습니다. 내년 가까운 시일 내에 주석님을 서울에서 다시 뵙게 되길 기대합니다.

'리커창' 총리 회담 모두발언

| 2019-12-23 |

리커창 총리님, 반갑습니다.

지난해 5월 일본에서 열린 한중일 정상회담 이후 총리님과 네 번째 단독회담을 갖게 되었습니다. 지난 11월 동아시아정상회의에서는 가볍게 인사만 나누었는데, 오늘 오랜 친구 같은 총리님을 다시 뵙고 양국의 공동 번영 방안을 논의하게 되어 매우 기쁩니다.

이곳 청두는 한국인에게도 삼국지의 도시로 잘 알려져 있습니다. 유구한 역사의 도시답게 아름답고 역동적입니다. 자연과 사람, 전통과 혁신의 조화 속에 '일대일로' 프로젝트의 관문이자 내륙과 국제물류의 허브도시로 발전해왔습니다. 다시 한 번 큰 쓰임은 밖으로 펼쳐지고 진실한 역량은 내부에 충만해 있다라는 말을 실감하게 됩니다. 중국 문화의 저력과 혁신 역량을 함께 보여주는 새로운 도약을 하고 있는 청두에서 총리님과 함께 한중 관계의 발전과 실질 협력 방안을 논의할 수 있어 매우 뜻깊습니다.

총리님은 지난 11월 동아시아정상회의에서 세계 경제의 둔화 위험에 대응하기 위해 동주공제(同舟共濟)의 정신을 강조하신 바 있습니다. 전적으로 공감합니다. 서로를 이해하고 마음을 하나로 모으는 것이 지속 가능한 미래를 여는 힘입니다.

중국과 한국은 수교 이후 경제, 통상, 문화, 인적 교류 등 다양한 분야의 교류 협력을 통해 함께 발전하며 동북아의 평화와 세계 번영에 이바지해왔습니다. 수교 30년을 눈앞에 둔 지금 양국이 함께 지켜온 협력의 가치를 더욱 심화하고, 다양한 영역으로 확산해갈 것이라고 생각합니다. 오늘 우리의 만남과 대화가 "좋은 비는 시절을 알아 봄이 오면 만물을 적시네"라는 두보의 시처럼 한중 양국의 새로운 관계 발전을 이루는 좋은 기회가 되길 기대합니다.

감사합니다.

제7차 한·중·일 비즈니스 서밋 기조연설

| 2019-12-24 |

존경하는 리커창 총리님, 아베 총리님, 3국 경제인 여러분,

이곳 청두는 삼국지의 도시로 한국인들에게도 잘 알려져 있습니다. 한중일을 이어주는 수많은 연결고리 가운데 '삼국지'만 한 것이 없을 것입니다. 대의명분을 중요하게 여긴 유비의 덕치와 제갈량의 충의는 동양의 정신입니다. 전통과 현대, 유구한 역사와 혁신이 조화를 이루는 청두에서, 두 분 총리님과 '비즈니스 서밋'에 함께하게 되어 더욱 의미가 깊습니다.

한중일 협력 20주년을 맞이하여 '제7회 한중일 비즈니스 서밋'이 개최된 것을 축하하며, 중국 국제무역촉진위원회 까오옌 회장님, 일본 경제단체연합회 고가 노부유키 의장님, 대한상공회의소 박용만 회장님께 감사드립니다. 중국은 오랫동안 세계의 문명을 이끌어왔고, 일본은 일찍이 근대 과학기술에서도 서양을 극복할 수 있다는 것을 보여주었습니다. 한국은 강대국들 사이에서 정체성을 지키며 교량국가로서 교역과 문화를 이어주는 역할을 다해왔습니다.

세 나라는 닮았으면서도 각자의 개성에 맞게 수준 높은 사상, 문화, 종교를 발전시켰습니다. 해양 실크로드로 동양의 선진 문물을 서양에 전해 대항해와 문예 부흥의 시대를 열었습니다. 3국이 개방하고 활발히 교역할 때 찬란한 문화가 꽃필 수 있다는 것을 중국의 당, 일본의 나라·헤이안, 한국의 신라 시대에 확인했습니다.

20세기에 우리는 세계에서 가장 역동적으로 성장했습니다. 3국의 국제적 위상도 커져서 전 세계 인구의 1/5, GDP의 1/4, 교역액의 1/5을 차지하며, 세계 2위, 3위, 11위의 경제강국이 되었고, 함께 아시아의 시대를 열고 있습니다. 지금 우리는 자유무역과 연대의 미래를 새롭게 열고 있으며, 끊임없는 혁신으로 서로의 경쟁력을 높이면서 아시아의 통합과 세계 번영을 위해 책임을 다하고 있습니다.

경제적 번영뿐 아니라, 우리 세 나라가 추구하는 인문주의를 바탕으로 한, 사람 중심의 발전이야말로 기후변화와 같은 세계의 문제를 해결하고, 지속가능한 세계를 이끌게 될 것입니다. 오늘, 경제인 여러분과 함께 연대와 협력과 공동번영의 미래를 논의하게 된 것을 매우 기쁘게 생각합니다.

경제인 여러분,

한중일 정상회의가 시작된 1999년에 비해 3국간 인적교류는 네 배, 교역은 다섯 배, 투자는 열두 배 증가했습니다. 철강, 조선에서 첨단 IT로 산업을 고도화했고, 분업과 협업으로 서로의 성장을 도왔습니다. 제4국으로의 공동진출도 활발합니다. 3국의 자본력과 기술력, 경험을 합쳐 LNG 플랜트, 제철소 같은 대형 인프라를 함께 건설하고 있습니다. 환경, 재난, 보건·의료로 협력이 넓어지고, 환황해 경제기술교류회의, 캠퍼스 아시아 사업으로 지역 간 교류와 청년들의 교류도 깊어지고 있습니다. 우리는 상생의 힘으로 글로벌 저성장과 보호무역주의의 파고를 함께 넘을 것입니다. 4차 산업혁명 시대를 선도하며 공동 번영을 이루는 새로운 시대로 나갈 것입니다. 이를 위해 3가지 협력 방향을 제안합니다.

첫째, 자유무역질서를 강화하는 협력입니다. 우리는 무역장벽을 낮추고 스스로를 혁신하며 세계 시장을 무대로 성장해왔습니다. 자유무역은 기업이 서로를 신뢰하고, 미래의 불확실성을 낮추는 안전장치입니다. 자유무역질서를 수호하여 기업활동을 돕고 함께 성장하는 상생 발전이 지속되어야 합니다. 지난 10월, 우리는 RCEP 협정문을 타결하면서, 자유무역의 가치를 다시 한 번 확인했습니다. 한·중 FTA 서비스 투자 후속 협상과 한중일 FTA 협상을 진전시켜 아시아의 힘으로 자유무역질서를 더욱 확대할 것입니다. 우리는 5G 통신을 선도하며, 디지털 무역에 따른 데이터 증가에 대비하고 있습니다. 3국간 전자상거래 공동연구가, 전자결제와 배송 등 제도 개선과 소비자 보호와 안전으로 이어져 세계 디지털 무역 자유화를 선도하길 희망합니다.

둘째, 4차 산업혁명에 대응한 신산업 육성 협력입니다. 우리는 제조업 밸류체인을 형성하여 경쟁력을 함께 높인 것처럼, 4차 산업혁명 시대에 대응하는 교류와 협력으로 신산업 육성에 함께할 수 있습니다. 거대 시장을 기반으로 첨단산업을 키우는 중국과 전통적인 기술혁신 강국 일본, 정보통신의 강국 한국이 힘을 합치면 제조업의 혁신뿐 아니라 데이터, 네트워크, 인공지능, 헬스케어 같은 신산업에서 최적의 혁신 역량을 보유하게 될 것입니다. 공동 연구개발과 국제표준 마련에 함께하고, 혁신 스타트업의 교류를 증진해 한중일 3국이 아시아와 함께 성장하는 구심점이 되길 기대합니다.

셋째, 동북아 평화를 위한 협력입니다. 중국의 일대일로, 일본의 인도·태평양 구상 한국의 신북방·신남방 정책은 대륙과 해양을 연결하고, 마음과 마음을 이어, 모두의 평화와 번영을 돕는 것을 목표로 하고 있습니다. 동북아에서 철도공동체를 시작으로 에너지공동체와 경제공동체, 평화안보체제를 이뤄낸다면 기업의 비즈니스 기회는 더욱 많아지고, 신실크로드와 북극항로를 개척하여 진정으로 대륙과 해양의 네트워크 연결을 완성시킬 것입니다. 3국의 기업들이 동북아뿐 아니라 아세안 등 제4국에서의 협력을 확대하고 아시아·태평양 지역의 경제개발에 함께하여, 평화가 경제가 되고, 경제가 평화를 이루는 평화 경제를 아시아 전체에서 실현할 수 있게 되길 기대합니다.

리커창 총리님, 아베 총리님, 3국 경제인 여러분,

우리 3국에는 "먼 친척보다 가까운 이웃이 낫다"는 속담이 있습니다. 우리는 함께 협력하며 '풍요로 가는 진보'의 길로 나아갈 수 있습니다. 세계에서 우리만큼 오랜 역사와 문화를 공유하는 가까운 이웃이 없습니다. 그 가까움을 더욱 가깝게 이어주는 우리 기업인 여러분들이 바로 그 신뢰를 키우는 주역입니다. 동아시아의 기적으로 시작된 아시아의 세기는 상생의 아시아 정신으로 더욱 넓고 깊어질 것입니다. 경제인들께서 먼저 앞장서 주신다면, 경제에서 시작된 3국간 상생의 힘이 아시아와 세계에 새로운 미래를 열어줄 것이라 확신합니다.

감사합니다.

제8차 한·중·일 정상회의 모두발언

| 2019-12-24 |

2,500년 유구한 역사의 도시, '청두'에서 두 분 총리님을 뵙게 되어 반갑습니다. 오늘 '한중일 정상회의'를 세심하게 준비해 주시고, 또 대표단을 따뜻하게 맞아주신 시진핑 주석님과 리커창 총리님께 감사드립니다. 우리 세 나라는 지난 20년, 경제와 외교, 문화, 인적교류, 환경 등 다양한 분야에서 협력했고 지금은 국제사회의 평화와 번영에 기여하는 '동북아 핵심 협력체'가 되었습니다. 3국의 국제적 위상도 커져, 전 세계 인구의 1/5, GDP의 1/4, 교역액의 1/5을 차지하며, 세계 2위, 3위, 11위의 경제 강국이 되었습니다.

이제 나는 더욱 긴밀한 협력을 위해 '3국이 함께하는 꿈'을 말씀드리고 싶습니다. 중국은 주변국과 '운명공동체'로 함께 발전해가는 꿈을 꾸고 있습니다. 그 바탕엔 '친성혜용(親誠惠容)', '친근(親)하고 진실(誠)

되며 상생(惠)하고 포용(容)하는' 마음이 있습니다. 일본은 올해 '아름다운 조화'의 '레이와' 시대를 열어 평화를 위한 새 염원을 품고 있으며, 한국은 '함께 잘 사는 나라'로 한반도와 동북아의 평화와 번영에 기여하고자 합니다.

한중일 3국의 꿈은 같습니다. 우리가 조화를 이루며 서로 협력할 때 지속가능한 세계를 앞당길 수 있습니다. 오늘 3국이 채택하게 될 '향후 10년 한중일 3국 협력 비전'은 3국이 함께하는 꿈을 실현하기 위한 협력의 이정표가 될 것입니다.

경제적으로도 우리는 '운명공동체'입니다. 각자의 기술과 장점을 갖고 세 나라의 경제는 가치사슬로 연결되어 있습니다. 분업과 협업체계 속에서 함께 발전할 수 있도록 3국간 경제협력이 더욱 강화되길 바랍니다. 보호무역주의와 기후변화, 4차 산업혁명이라는 시대의 격변은 우리 3국에게 더욱 공고한 협력을 요구하고 있습니다.

감사합니다.

한·중·일 정상회의 공동언론발표

| 2019-12-24 |

한중일 3국 협력이 20주년을 맞는 올해 '제8차 한중일 정상회의'를 훌륭하게 준비해 주시고, 한일 양국 대표단을 따뜻하게 환대해 주신 리커창 총리님과 중국 국민들께 깊이 감사드립니다. 3국 협력의 발전에 함께해주신 우리 아베 총리님께도 감사드립니다. 오늘 오후에 있을 아베 총리님과의 정상회담에 대해서도 기대가 큽니다.

이번 정상회의가 삼국지 촉한의 수도였고, 지금은 중국 서부의 중심도시로 발전한 청두에서 개최되어 더욱 뜻깊습니다. 사람을 먼저 생각하며 덕치를 펼쳤던 '유비'의 정신처럼 3국 협력도 국민들의 삶을 이롭게 하는 덕치로 이어지길 바랍니다. 오늘 리커창 총리님, 아베 총리님과 나는 20년 간 발전해온 양국 협력의 중요성을 다시 확인하고, 국민들이 협력의 성과를 체감하도록 실질 협력 수준을 한 단계 더 도약시키기로 했습니다.

첫째, 3국 협력 정례화의 중요한 계기를 마련했습니다. 2012년 이후 처음으로 2년 연속 3국 정상회의가 개최된 것이 이미 큰 성과입니다. 내년엔 한국이 이어서 3국 정상회의를 개최할 것입니다. 이번 회의에서 3국이 협력 정상화의 중요성과 함께 3국협력사무국의 역량 강화와 3국 협력기금 출범 필요성에 대해 공감대를 형성하는 것이 뜻깊습니다. 우리는 3국 협력이 한중일 각각의 양자 관계와 함께 시너지 효과를 내도록 더욱 노력하기로 했습니다.

둘째, 3국 국민들의 행복을 위해 국민들의 삶과 직결된 분야의 협력을 증진하기로 했습니다. 평창에 이어 도쿄와 베이징에서 연달아 올림픽이 개최됩니다. 3국은 동북아 릴레이 올림픽의 성공적 개최를 위해 협력할 것이며 사람, 교육, 문화, 스포츠 교류를 확대하여 신뢰를 강화해 나갈 것입니다. 우리는 국민들의 삶의 질을 높이기 위해 환경, 보건, 고령화 분야의 협력을 확대하기로 했습니다. 아울러, 4차 산업혁명과 보호무역주의 같은 새로운 도전에 대응하고, 과학기술 협력을 통해 미래 성장동력을 함께 만들어가기로 했습니다.

셋째, 한중일 3국은 앞으로도 한반도의 비핵화와 항구적 평화를 위해 긴밀한 소통과 협력을 계속해 나가기로 했습니다. 우리는 한반도의 평화가 3국의 공동이익에 부합한다는 데 인식을 같이했고, 북미 대화의 조속한 대화를 통해 비핵화와 평화가 실질적으로 진전되도록 함께 노력하기로 했습니다.

오늘 3국은 '향후 10년 한중일 3국 협력 비전'을 채택했습니다. 동아시아 평화와 번영의 새로운 시대를 열고, 지속가능한 세계를 선도하는 이정표가 되길 기대합니다. '제9차 한중일 정상회의'는 한국에서 개최됩니다. 한국은 차기 의장국으로서 3국 협력의 성과가 국민들의 삶을 이롭게 하도록 책임을 다할 것입니다. 오늘 정상회의는 3국 협력의 미래를 밝게 했습니다. 다시 한 번 리커창 총리님과 중국 국민들의 환대에 감사드립니다.

한·일 정상회담 모두발언

| 2019-12-24 |

아베 총리님, 반갑습니다. 일본의 최장수 총리가 되신 것과 레이와 시대의 첫 총리로 원년을 성공적으로 이끌고 계시는 것을 축하드립니다. 연호의 뜻과 같이 아름다운 조화로 일본의 발전과 번영이 계속되길 기대합니다. 오늘 총리님과의 회담이 국내외에서 많은 관심을 받고 있습니다. 방콕에서의 만남도 만남 그 자체만으로 한일 양국 국민들과 국제사회의 많은 관심을 받았습니다. 우리는 그 기대가 무엇인지 잘 알고 있습니다.

양국 간 현안을 해결하려면 직접 만나서 솔직한 대화를 나누는 것이 가장 큰 힘이라고 생각합니다. 지난 방콕에서의 만남에서 총리님과 나는 한일 양국 관계 현안은 대화를 통해 해결해야 한다는 원칙을 재확인했고, 그에 따라 현재 양국 외교 당국과 수출관리 당국 간에 현안 해결을 위한 협의가 진행 중에 있습니다. 양국이 머리를 맞대어 지혜로운 해결 방안을 조속히 도출하기를 기대합니다.

일본과 한국은 지리적으로나 역사적·문화적으로 가장 가까운 이웃이자 교역과 인적 교류에 있어서도 매우 중요한 상생 번영의 동반자입니다. 잠시 불편함이 있어도 결코 멀어질 수 없는 사이입니다 경제, 문화, 인적 교류를 비롯한 협력을 이어나가고, 동북아 평화와 번영에도 함께하길 바랍니다. 양국 간 희망의 계기가 되길 바랍니다.

청두를 떠나며

| 2019-12-24 |

　　한중일 정상회의를 마치고 청두를 떠나며 돌아가는 비행기 안에서 생각해 봅니다.

　　우리는 한국인입니다. 한글을 쓰고 김치를 먹으며 자랐습니다. 강대국에 둘러싸여 어려움을 겪으면서도 우리는 정체성과 고유한 문화를 지켰고, 경제적으로 당당한 위상을 갖게 되었습니다. 오늘의 우리는 우리나라를 자랑스러워해도 됩니다.

　　세계 G2 국가인 중국, 세계 3위 경제대국 일본과 어깨를 나란히 하며, 우리는 유럽, 북미와 함께 세계 3대 경제권을 형성하고 있습니다. 더 시야를 넓혀 보면, 우리는 아시아의 시대를 함께 여는 당당한 일원이 되고 있습니다. 한· 중· 일 3국은 불행한 과거 역사로 인해 때때로 불거지는 갈등 요소가 분명히 있습니다. 그러나 우리는 오랜 역사와 문화를 공유하는 가장 가까운 이웃입니다. 다른 듯한 문화 속에서 서로 통하는 것을 느낄 수 있습니다. 또한 서로에게 도움을 주는 분업과 협업 체제 속에서 함께 발전해왔습니다. 과거의 역사를 직시하면서도 미래 지향적인 협력을 계속 발전시켜 나가야 합니다. 어느 나라든 홀로 잘 살 수 없습니다. 이웃 국가들과 어울려 같이 발전해 나가야 모두 함께 잘 살 수 있습니다.

오늘 3국은 끝까지 이견을 조정하여 '향후 10년 한중일 3국 협력 비전'을 채택했고 3국 협력을 획기적으로 도약시키기로 했습니다. 대기 오염, 보건, 고령화같이 국민들의 삶의 질을 개선하는 구체적 협력에서부터 보호 무역주의, 4차 산업혁명이라는 시대의 도전에도 함께 대응할 것입니다.

아베 총리와의 한일 정상회담도 매우 유익한 진전이었다고 믿습니다. 양국 국민들께 희망을 드릴 수 있기를 바랍니다. 중·일 정상들이 북미 대화 재개의 중요성에 공감하고 한반도 평화를 위해 함께 노력해 주고 계신 것에 대해서도 감사드립니다.

청두는 유서 깊은 곳입니다. 시성 두보의 발자취가 남아있고, 삼국지의 제갈공명, 유비, 관우, 장비, 조자룡이 우정을 나누며 대의명분을 실천한 곳입니다. 사람을 먼저 생각하는 한·중·일 3국의 인문 정신이 3국 협력을 넘어 세계를 변화시키는 동력이 될 것입니다. 3국은 수천 년 이웃입니다. 우리는 더 긴밀히 협력해야 하고 협력 속에서 함께 잘 사는 것이 우리가 걸어가야 할 길입니다.

3·1독립운동과 임시정부 수립
100년의 해가 저무는 성탄절입니다

| 2019-12-25 |

3·1독립운동과 임시정부 수립 100년의 해가 저무는 성탄절입니다. 100년 전 예수님은 우리 곁으로 오셔서 평등한 마음을 나눠주셨고, 독립정신을 일깨웠습니다. 예수님이 머무시는 곳곳에서 만세운동이 시작되었으며, 자각한 국민들에 의해 뿌리내린 민주공화국이 오늘에 이르고 있습니다.

더불어 사는 것이 식민지를 이기는 길이라는 것을 우리는 너무나 잘 알고 있었습니다. 구세군 자선냄비는 1928년 성탄절 기간에 서울 명동에 처음으로 등장해 가난한 이웃에게 쌀과 장작을 장만해 주었습니다. 결핵환자를 돕는 크리스마스실은 1932년 캐나다 선교사 셔우드 홀의 주도로 처음으로 발행되어 오래도록 희망을 나눴습니다.

성탄절은 언제나 서로를 생각하는 우리의 마음을 흔들어 깨워줍니다. 예수님이 우리 곁 낮은 곳으로 오셔서 어려운 이웃들과 함께 했던 것처럼 '함께 잘 사는 나라'는 따뜻하게 서로의 손을 잡는 성탄절의 마음으로 이뤄질 것입니다. 오늘도 곳곳에서 묵묵히 이웃을 위해 헌신하고 계신 분들께 깊이 감사드립니다.

2020년 대통령 신년 인사

| 2019-12-31 |

국민과 함께 희망을 품고 2020년 경자년 새해를 맞이합니다. 국민 모두의 삶이 더 밝고 더 행복한 새해를 소망합니다.

이웃을 사랑하고 정의를 실천하는 따뜻하고 뜨거운 국민들이 있어 늘 행복합니다. 2020년, 국민들께 보답하는 한 해가 되겠습니다. 어려움 속에서도 꿋꿋이 이겨내며 소중하게 틔워낸 변화의 싹을 새해에는 확실한 성과로 꽃을 피우고 열매를 맺도록 하겠습니다.

함께 잘 사는 나라, 도약하는 대한민국을 향해, 더욱 힘차게 나아가 겠습니다.

1월

신년 합동 인사회 인사말

| 2020-01-02 |

존경하는 국민 여러분, 내외 귀빈 여러분,

새해 복 많이 받으시길 바랍니다.

3·1독립운동과 임시정부 수립 100년의 해를 지나, 새로운 대한민국 100년을 시작하는 뜻깊은 해를 맞았습니다. '우리나라 상공업의 태동과 발전을 함께 한' 대한상공회의소에서 지난 한 해를 돌아보며, 국민들께 '경자년(庚子年)' 새해 인사를 드리면서 제 자신부터 새로운 다짐을 하게 됩니다. 우리는 3·1독립운동과 임시정부 수립으로 왕조에서 민주공화국으로 탈바꿈할 수 있었고, 경제성장과 민주주의라는 두 번의 놀라운 도약으로 오늘의 대한민국을 만들어낼 수 있었습니다.

그 토대 위에서 지난해 우리는 경제에서도 민주주의가 실현되는 '함께 잘 사는 나라'를 꿈꾸며 새로운 도약을 준비했습니다. 일본의 수출 규제 조치에 맞서 핵심 소재·부품·장비의 국산화와 수입 다변화를 이뤘고, '광주형 일자리'를 시작으로 밀양, 대구, 구미, 횡성, 군산에서 지역 상생형 일자리가 탄생했습니다. 중소기업과 대기업의 상생 노력이 있었고, 노·사·민·정 모두의 타협과 협력이 있었습니다. 국민들은 변화에 역동적으로 참여하면서 다양한 목소리를 분출했습니다. 희망을 만들었고, 새로운 과제를 던졌습니다. 이제 새해에 우리가 이뤄내야 할 새로운 도약은 '상생 도약'입니다.

지난해 우리는 조금 느리게 보이더라도 함께 가는 것이 더 빠른 길이라는 것을 확인할 수 있었습니다. 경제적 불평등과 양극화를 근본적으로 해결하는 일도 함께 성장할 때 가능하고, 진정한 국민통합도 그 토대 위에서만 가능하다는 것을 다시 한 번 절실하게 느꼈습니다. 지난해 우리가 겪었던 갈등과 진통도 역지사지하는 계기로 삼는다면 좋은 교훈이 될 수 있습니다. 2019년 우리는 우리가 선택한 길의 성과를 확인하면서 자신감을 가질 수 있었습니다. 2020년 새해에는 국민들께서 그 성과를 더욱 확실하게 체감하고 공감할 수 있게 만들겠습니다. '함께 잘 사는 나라'의 비전이 더욱 뚜렷해질 것입니다.

국민 여러분,

지난해 우리는 안팎의 여러 가지 어려움을 극복하면서 '함께 잘 사는 나라'의 기반을 세웠습니다. 혁신적 포용국가를 향해 성큼 다가가는 한 해였습니다. 세계 최초로 5G를 상용화했고, ICT 국가경쟁력에서 연속 세계 1위를 달성하며, 4차 산업혁명 시대를 앞서가는 국가가 되었습니다. 지난해만 5개의 유니콘기업이 탄생해 11개로 크게 늘었고, 신규

벤처투자액과 신설법인 수도 사상 최고를 기록했습니다. 취업자 수는 지난해 11월까지 4개월 연속 30만 명 이상 늘고, 상용직과 고용보험 가입자가 꾸준히 증가하여 고용의 양과 질 모두 뚜렷이 개선되었습니다. 청년 고용률은 13년 만에 최고치를 보였습니다.

아동수당, 온종일 돌봄 확대, 고교 무상교육 실시로 아이를 낳아 기르는 부담을 줄였고, 건강보험보장이 크게 강화되면서 특히 중증질환이나 처지가 어려운 분일수록 의료비 부담이 대폭 줄었습니다. 2년여 만에 전국 모든 보건소에 '치매안심센터'가 설치되어 '치매국가책임제' 약속도 지키게 되었습니다. 빠른 고령화 속에서도 가계소득이 모든 계층에서 고르게 증가했고 소득분배도 개선되었습니다. '국민생명 지키기 3대 프로젝트'의 강력한 추진으로 교통사고와 산재사망자도 크게 감소했습니다. 이러한 추세들은 앞으로도 계속될 것이라고 자신합니다.

국정 기조의 큰 틀을 바꾸는 일은 매우 힘든 일이지만 반드시 가야 할 길입니다. 국민들께서 불편을 견뎌주신 것에 무엇보다 감사드리며 서로 양보하며 만들어낸 성과라는 것이 매우 자랑스럽습니다. 새해에는 더욱 '확실한 변화'를 만들어내겠습니다. '권력기관 개혁'과 '공정사회 개혁'이 그 시작입니다. 어떠한 권력기관도 국민 위에 존재할 수 없습니다. 법 앞에서 모두가 실제로 평등하고 공정할 때 사회적 신뢰가 형성되고, 그 신뢰가 상생과 국민통합의 기반이 됩니다. 권력기관이 국민의 신뢰를 받을 수 있을 때까지 법적·제도적 개혁을 멈추지 않겠습니다. 권력기관 스스로 개혁에 앞장서 주길 기대합니다. 저 또한 국민이 선출한 대통령으로서 헌법에 따라 권한을 다하겠습니다.

성장의 원동력인 '혁신'을 뒷받침하는 것도 '공정'에 대한 믿음입니다. 우리 정부 출범 이후 대기업집단의 순환출자가 대부분 해소되고 불공정거래 관행이 크게 개선되는 등 공정경제에서 일부 성과가 나타나고 있습니다. 그러나, 교육·사회·문화 전반에서 국민 눈높이에 맞는 '공정사회 개혁'은 아직 갈 길이 멉니다. 정부는 같은 기회와 공정한 경쟁을 바라는 국민들, 특히 청년들의 높은 요구를 절감했고, 반드시 이에 부응할 것입니다.

공정이 우리 사회에 뿌리내리도록 하겠습니다. '공정사회' 없이는 '상생 도약'도 없다는 각오로 교육과 채용에서 탈세, 병역, 직장에 이르기까지 우리 삶의 모든 영역에 존재하는 불공정을 개선하겠습니다. '상생 도약'을 위해 새해에는 특히 경제의 혁신에 더 힘을 쏟겠습니다. 경제 활력을 되살리기 위해 땀 흘리는 민간의 노력에 신산업 육성, 규제혁신을 비롯한 정부의 뒷받침이 더해지면 올해 우리 경제가 새롭게 도약할 것이라 확신합니다.

민간과 공공을 합쳐 총 100조 원의 대규모 투자 프로젝트와 '기업투자촉진 세제 3종 세트' 같은 인센티브를 통해 투자를 더욱 촉진하겠습니다.

데이터·네트워크·인공지능을 육성하는 DNA 경제 토대를 마련하고 시스템반도체, 바이오헬스, 미래차 등 3대 신산업에 과감히 투자하겠습니다. 신기술, 신산업의 진입과 성장을 가로막는 기득권의 규제도 더욱 과감하게 혁신해 나갈 것입니다.

2020년은 '생활 SOC 10조 원 시대'의 첫해이기도 합니다. 상생형 지역 일자리, 지역주도형 청년 일자리, 도시재생 뉴딜 등 지역주민의 삶의 질을 높이면서 국가균형 발전을 이끌 수 있도록 지자체와도 적극 협력하겠습니다. 방한 관광객 1,750만 명으로 역대 최대 기록을 세운 2019년에 이어, 2020년 '방한 관광객 2,000만 시대'를 열겠습니다. 한류 인프라를 확충하고 최대한 활용할 것입니다. 우리 경제의 근간인 제조업과 40대의 고용부진을 해결하고, 인구구조와 가구구조 변화에 따른 1인 가구의 삶도 세심히 살피겠습니다.

존경하는 국민 여러분, 내외 귀빈 여러분,

한반도 평화를 위한 우리 국민의 열망으로 반드시 '상생 번영의 평화공동체'를 이뤄낼 것입니다. 지난해에도 우리는 국제사회와 보조를 맞추며, 한반도 평화를 향해 조금씩 앞으로 나아갔고, 북미 정상 간의 대화 의지도 지속되고 있습니다.

'평화'는 행동 없이 오지 않습니다. 유엔총회에서 제안한 '비무장지대 국제평화지대화'에 대한 국제사회의 관심과 호응이 높아지고 있으며, '한·아세안 특별정상회의'와 '한·메콩 정상회의'로 아세안과의 협력 또한 강화되고 있습니다. 남북관계에 있어서도 더 운신의 폭을 넓혀 노력해 나가겠습니다. 올해는 'P4G 정상회의'와 '한중일 정상회의'가 우리나라에서 열리고, '믹타(MIKTA)'에서는 우리가 의장국이 되었습니다. 국제사회에 책임을 다하며 우리는 상생 번영을 위한 신한반도 시대를 더 적극적으로 실현해 나갈 수 있을 것입니다

나무는 겨울에 더 단단하게 자랍니다. 저성장과 세계 경기 하강이라는 안팎의 어려움 속에서 우리 국민은 상생을 통해 함께 잘 사는 길을

선택했습니다. 우리 경제를 더 단단하게 키우는 길이 될 것이라고 믿습니다. 우리는 경자년 '흰쥐'처럼 '지혜와 끈기'를 가지고 '풍요와 희망'을 이룰 것입니다. 우리 국민들은 '상생 도약'으로 반드시 '함께 잘 사는 나라'의 국민이 될 것입니다. 기업과 노동과 가계 모두 미래의 희망을 더 크게 키우는 새해가 되시길 바랍니다. 국민의 성취가 정부의 성취가 되고 정부의 성취가 국민의 성취로 돌아가는, 한 해가 되길 기원합니다.

감사합니다.

친환경차 수출 현장 방문

| 2020-01-03 |

존경하는 국민 여러분,

경자년 새해 첫 현장방문으로 평택·당진항 자동차 전용부두를 찾았습니다. 항만 직원들과 기업인들이 자동차 수출을 위해 새해 벽두부터 추운 날씨에서 구슬땀을 흘리고 계십니다. 평택·당진항은 1986년 국제무역항으로 개항했지만, 전국 물동량 4위, 특히 자동차 물동량 1위 항만으로 성장했습니다. 지리적으로는 중국 연안 산업단지와 최단 거리에 있어, 중국 교역의 핵심 거점이며 아세안을 향한 무역항 중 하나입니다.

오늘 우리는 전기차 니로, 수소트럭 넵튠을 포함한 4,200여 대의 자동차를 자동차 종주국인 유럽에 수출합니다. 통일 신라는 백제와 고구려의 과학기술을 통합해 당대 세계 최고의 조선술과 항해술을 발전시켰고, 장보고로 대표되는 왕성한 해양무역을 실현했습니다. 여기 '당진'이라는 지명은 당시 '당나라로 가는 나루'라는 뜻이었고, 오늘날 평택·당진항이 그 역사를 계승하고 있습니다. 이곳에서 우리는 세계 자동차 시장의 변화를 이끌며 수출 강국의 꿈을 키우고 있습니다. 오늘 2020년 새해를 맞아 국민 여러분께 희망찬 소식을 전하게 되어 매우 기쁩니다.

국민 여러분,

오늘 친환경차 수출은 세계 최고의 기술로 이룩한 성과여서 더욱 값집니다. 기아차 '니로'는 한 번 충전으로 380km 이상 주행하는 우수한 성능과 뛰어난 공간 활용을 보여주었고, 유럽과 미국에서 '2019년 올해의 전기차'로 선정되었습니다. 특히 영국에서는 올해의 차 대상을 수상했습니다. 현대차 수소트럭 '넵튠'은 유럽 최고의 상용차에 주어지는 '2020년 올해의 트럭' 혁신상을 받았고, 이미 1,600대 수출 계약을 마쳤습니다. 우리는 세계 최초로 수소차 양산에 성공하고, 세계에서 가장 우수한 친환경차 전비(電費)도 달성했습니다. 지난해 전기차 수출은 두 배, 수소차 수출은 세 배 이상 늘었고, 친환경차 누적 수출대수는 총 74만 대를 넘어섰습니다.

또 한 가지 자랑할 만한 일은 '상생의 힘'이 세계 최고의 친환경차를 탄생시켰다는 사실입니다. 인팩, 우리산업, 동아전장 같은 중소·중견 기업들이 핵심부품 개발과 성능 향상에 힘을 모아 '니로'가 만들어졌고, 현대차는 우진산전, 자일대우상용차, 에디슨모터스 등 중소·중견 버스 제조사에 수소연료전지시스템을 공급하며 수소버스 양산과 대중화에 힘을 싣고 있습니다. 우리는 지난해 '광주형 일자리'를 시작으로 밀양, 대구, 구미, 횡성, 군산에서 '지역 상생형 일자리'를 탄생시켰습니다. 노·

사·민·정이 서로 양보하며 희망의 일자리를 만들어냈듯 중소기업과 대기업이 협력하면서 세계 최고의 친환경차 생산국이 될 수 있었습니다. 함께하면 '세계 최초', '세계 최고'가 될 수 있다는 것을 보여준 여러분의 노고와 열정에 격려의 박수를 보냅니다.

정부도 여러분과 같은 마음으로 우리 친환경차 산업을 세계 최고의 산업으로 일구고 우리 차가 더 많이 세계를 누빌 수 있도록 적극 지원하겠습니다. 지난해 정부는 2030년까지 미래차 경쟁력 1등 국가로 도약하겠다고 약속했습니다. 2025년까지 기술개발에 3,800억 원 이상 투자하여, 세계 최고의 친환경차 개발을 도울 것입니다. 우리 기업들은 2030년까지 모든 차종에서 친환경차 라인을 완성할 계획을 가지고 있습니다. 기존 자동차 부품업체들의 사업전환을 지원하고, 대기업, 중소·중견기업 간 협력모델을 구축하여, 우리 힘으로 세계 최고의 친환경차를 만들 수 있도록 친환경차 생태계를 조성하겠습니다.

또한 국내 대중교통과 화물차량을 친환경차로 전환하겠습니다. 2030년까지 국내 신차의 33%를 친환경차로 보급하고, 전기차 급속충전기와 수소충전소 확충으로 친환경차 이용에 불편이 없도록 하겠습니다. 올해 세계 경제와 무역 여건은 작년보다 좋아질 것입니다. 우리는 지난해 12월에 그 가능성을 볼 수 있었습니다.

정부는 수출지표를 플러스로 전환하기 위해 총력을 기울이고 혁신성장에 더욱 속도를 내겠습니다. 시스템반도체, 바이오헬스, 미래차 등 3대 신산업과 5G 연관 산업과 이차전지 산업을 육성하여 고부가가치 수출 품목을 늘리겠습니다. 바이오헬스와 인공지능 규제개혁 로드맵을 만들고 신산업 관련 사회적 타협 메커니즘을 신설하겠습니다. 한편으로 RCEP 협정을 최종 타결하고, 신남방·신북방, 중남미 국가와 양자 FTA 를 체결하여 자유무역의 힘으로 새로운 시장을 넓힐 것입니다. '브랜드 K 확산전략'을 수립하고 중소기업 지원 수출금융을 네 배로 확대하여, 중소기업 수출을 더욱 늘리겠습니다. 소재·부품·장비 산업의 경쟁력을 높이면 우리 제품과 산업, 무역의 경쟁력도 함께 높아집니다. 올해 소재·부품·장비 산업 육성에 2조 1천억 원을 투자하고, 100대 특화 선도 기업과 강소기업을 지정하여 글로벌 전문기업으로 성장할 수 있도록 돕겠습니다.

존경하는 국민 여러분,

우리는 2030년 세계 4대 수출 강국으로 도약하기 위한 새로운 10년을 시작합니다. 친환경차 수출에서 시작된 '상생 도약'의 기운이 2020년 새해, 우리 경제에 커다란 활력이 될 것입니다. 협력하는 것이 '세계 최고'가 되는 길이며, 함께 도전하고 서로 응원하는 우리 국민이 대한민국의 미래입니다. 다시 한 번, 새해 벽두부터 시작된 우리 친환경차 수출을 축하합니다. 국민과 함께 힘차게 도약하겠습니다. 여러분 모두 새해 복 많이 받으시기 바랍니다.

감사합니다.

2020년 신년사

| 2020-01-07 |

존경하는 국민 여러분,

경자년(庚子年) 새해가 밝았습니다.

3·1독립운동과 임시정부 수립 100년의 뜻깊은 해를 보내고, 올해 '4·19혁명 60주년'과 '5·18민주화운동 40주년'을 맞으며 3년 전, 촛불을 들어 민주공화국을 지켜냈던 숭고한 정신을 되새깁니다. 정의롭고 안전하며, 더 평화롭고 행복한, '나라다운 나라'를 만들라는 국민의 준엄한 명령에 따라 우리 정부는 과감한 변화를 선택했습니다. 경제와 사회 구조의 근본적 변화와 개혁으로 우리 사회에 만연한 반칙과 특권을 청산하고, 불평등과 양극화를 극복하기 위해 흔들림 없이 노력해왔습니다. 많은 국민들이 낯선 길을 함께 걸어주셨습니다. 국민들이 불편과 어려움을 견디며 응원해 주신 덕분에 정부는 '함께 잘 사는 나라', '혁신적 포용

국가'의 틀을 단단하게 다질 수 있었습니다. 자기 자리에서 최선을 다해 주신 국민들께 깊이 감사드리며 올 한 해, '확실한 변화'로 국민의 노고에 보답하겠습니다.

국민 여러분,

2020년은 나와 이웃의 삶이 고르게 나아지고 경제가 힘차게 뛰며, 도약하는 해가 될 것입니다. 이를 위해, 국민들께서 '포용', '혁신', '공정'에서 '확실한 변화'를 체감할 수 있도록 하겠습니다. 먼저, '포용'이 우리 사회 구석구석까지 미치게 하여 국민의 삶을 더 따뜻하게 하겠습니다.

일자리는 국민 삶의 기반입니다. 지난해 정부는 일자리에 역대 최대의 예산을 투입했습니다. 청년·여성·어르신에 대한 맞춤형 일자리 지원을 강화하고, 민간 일자리 창출을 위해 전방위적인 정책 노력을 기울였습니다. 그 결과, 일자리가 뚜렷한 회복세를 보이고 있습니다. 지난해 신규 취업자가 28만 명 증가하여 역대 최고의 고용률을 기록했고, 청년 고용률도 13년 만에 최고치를 기록했습니다. 상용직이 크게 증가하면서 고용보험 가입자가 50만 명 이상 늘고 대·중소기업 간 임금 격차가 줄어드는 등 고용의 질도 개선되었습니다.

올해 이 추세를 더 확산시키겠습니다. 특히, 우리 경제의 중추인 40대와 제조업 고용부진을 해소하겠습니다. 40대 퇴직자와 구직자에 대한 맞춤형 종합대책을 마련하고, 민간이 더 많은 일자리를 만들도록 규제혁신과 투자 인센티브를 강화하겠습니다. '부부 동시 육아휴직'을 도입하여 아이를 키우며 일하기 좋은 여건을 조성하고, '청년추가고용장려금', '고령자 계속고용장려금' 지원을 통해 여성·청년·어르신의 노동시장 진입도 촉진하겠습니다.

이와 함께, '노동이 존중받는 사회'로 한걸음 더 다가가겠습니다. 명실상부한 선진국으로 도약하기 위해서는, 저임금과 장시간 노동이 아닌, 사람 중심의 창의와 혁신, 선진적 노사관계가 경쟁력의 원천이 되어야 합니다. 정부는 그동안 노동시간 단축과 최저임금 인상 등 노동자의 삶의 질을 높이기 위해 노력해왔습니다. 그 결과, 통계 작성 이후 처음으로 연간 노동시간이 2,000시간 이하로 낮아졌고, 저임금근로자 비중도 20% 미만으로 줄었습니다. 노동조합 조직률이 2000년 이후 최고를 기록한 반면, 파업에 따른 조업손실 일수는 최근 20년 이래 가장 낮았습니다. '지역 상생형 일자리'도 광주를 시작으로 밀양, 대구, 구미, 횡성, 군산으로 확산되었습니다.

올해 국민들의 체감도를 더욱 높이겠습니다. 300인 미만 중소기업의 '주 52시간제' 안착을 지원하고, 최저임금 결정체계의 합리성과 투명성을 높이겠습니다. 한국형 실업부조인 '국민취업지원제도'와 '전국민 내일배움카드제'를 통해 고용안전망을 더욱 튼튼하게 만들겠습니다. '지역 상생형 일자리'도 계속 늘려갈 것입니다. 지난해 기초연금 인상, 근로장려금 확대 등 포용정책의 성과로 지니계수, 5분위 배율, 상대적 빈곤율 등 3대 분배지표가 모두 개선되었습니다. 가계소득도 모든 계층에서 고르게 증가했고, 특히 저소득 1분위 계층의 소득이 증가세로 전환되었습니다.

올해 더 '확실한 변화'를 보이겠습니다. 기초생활보장제도의 부양의무자 기준을 완화하여 더 많은 가구가 혜택받게 하고, 근로장려금

(EITC) 확대와 기초연금 인상 등 저소득 취약계층에 대한 지원을 더 넓히겠습니다. 건강보험 보장성을 강화하고, 특히 중증질환, 취약계층, 아동의 의료비 부담을 대폭 줄여 병원비 걱정 없이 치료받을 수 있게 할 것입니다. 지난해 고3부터 시작한 고교 무상교육을 올해 고2까지, 내년에는 전 학년으로 완성하고, 학자금 대출 금리도 낮춰 누구나 교육 기회를 충분히 누리도록 하겠습니다. 어려움을 겪는 자영업자와 소상공인을 위해서는 금융·세제 지원과 상권 활성화 지원을 더욱 확대하겠습니다.

농정틀도 과감히 전환하겠습니다. 2016년에 13만 원 수준이던 쌀값이 19만 원으로 회복되어, 농가소득 4천만 원, 어가소득 5천만 원을 돌파했습니다. 농어가 소득안정을 위해 올해부터 '공익형 직불제'를 새롭게 도입하고, '수산 분야 공익직불제'도 추진하겠습니다.

'안전한 대한민국'은 국민 모두의 바람입니다. 우리 정부는 교통사고, 산재, 자살을 예방하는 '국민생명 지키기 3대 프로젝트'를 추진해왔고, 미세먼지 대응을 위해 특별법을 제정하는 등 종합적인 대책을 강구해왔습니다. 그 결과, 지난해 교통사고와 산재 사망자 수가 크게 감소했고, 연평균 미세먼지 농도가 개선되는 등 성과가 나타나고 있습니다. 그러나 아직 부족합니다. 안전에 관한 노력은 '끝'이 있을 수 없습니다.

기존 대책을 더욱 강력히 추진하고, '어린이 안전 종합대책'을 더해 국민 안전에 만전을 기하겠습니다. 미세먼지가 높은 겨울과 봄철 특별대책을 마련하여 3월까지 강화된 선제조치를 시행하겠습니다. 계절 관리제, 석탄발전소 가동 중단, 노후차량 감축과 운행금지, 권역별 대기개선 대책, 친환경 선박연료 사용 등을 통해 대기 질의 확실한 변화를 만들어내겠습니다. 국외 요인에 대응하여 중국과의 공조·협력도 강화할 것입니다.

국민 여러분,

반세기 만에 세계 10위권 경제 강국으로 도약했듯이, 4차 산업혁명 시대도 우리가 선도할 수 있습니다. '혁신'을 더 강화하여 우리 경제를 더 힘차게 뛰게 하겠습니다. 지난해 혁신성장 관련 법안 통과가 지연되는 상황 속에서도, 신규 벤처투자가 4조 원을 돌파했고 다섯 개의 유니콘기업이 새로 탄생했습니다. 200여 건의 '규제 샌드박스' 특례승인과 열네 개 시도의 '규제자유특구' 지정으로 혁신제품·서비스의 시장 출시도 가속화되었습니다.

세계 최초 5G 상용화로 단말기와 장비시장에서 각각 세계 1위와 2위를 차지했고, 전기차와 수소차 수출도 각각 두 배와 세 배 이상 증가했습니다. ICT 분야 국가경쟁력이 연속 세계 1위를 차지하는 등 혁신을 향한 우리의 노력이 하나하나 결실을 맺고 있습니다.

올해는 혁신의 기운을 경제 전반으로 확산시키겠습니다. 벤처창업기업의 성장을 지원하여 더 많은 유니콘기업이 생기도록 하겠습니다. 시스템반도체, 바이오헬스, 미래차 등 3대 신산업 분야를 '제2, 제3의 반도체 산업'으로 육성하고, 데이터, 네트워크, 인공지능 분야 투자를 확대해 4차 산업혁명의 기반을 탄탄히 구축하겠습니다. '규제 샌드박스'의 활용을 더욱 늘리고 신산업 분야 이해관계자 간의 갈등도 맞춤형 조정 기구를 통해 사회적 타협을 만들어내겠습니다.

지난해 우리는 '상생의 힘'을 확인했습니다. 일본의 수출 규제 조치에 대응하여 핵심소재·부품·장비의 국산화에 기업과 노동계, 정부와 국민이 함께 힘을 모았습니다. '아무도 흔들 수 없는 나라'라는 목표에 온 국민이 함께했습니다. 수십 년 동안 못한 일이었지만 불과 반년 만에 의미 있는 성과를 이뤄냈습니다. 이제 대일 수입에 의존하던 핵심 품목들을 국내 생산으로 대체하고 있습니다. 일부 품목은 외국인 투자유치의 성과도 이뤘습니다. 올해는 소재·부품·장비 산업 경쟁력 강화를 위해 지난해의 두 배가 넘는 2조 1천억 원의 예산을 투자하고, 100대 특화 선도기업과 100대 강소기업을 지정해 국산화를 넘어 글로벌 기업으로 성장해가도록 지원하겠습니다.

우리 경제의 활력을 되찾고, 나아진 경제로 '확실한 변화'를 체감하도록 하겠습니다. 올해 세계 경제가 점차 회복되고 반도체 경기의 반등이 기대되고 있으나, 무역갈등, 지정학적 분쟁 등 대외 불확실성은 여전합니다. 구조적으로는 잠재성장률이 하락하고 있고, 생산가능인구가 지난해보다 23만 명 감소하는 어려움 속에 있습니다. 그러나 우리는 어떤 어려움도 극복할 것입니다. 올해 수출과 설비 투자를 플러스로 반등시켜 성장률의 상승으로 연결시키겠습니다.

지난해 우리는 미중 무역갈등과 세계경기 하강 속에서도 수출 세계 7위를 지켰고, 3년 연속 무역 1조 불, 11년 연속 무역 흑자를 기록했습니다. 전기차, 수소차, 바이오헬스의 수출이 크게 증가하는 등 새로운 수출동력이 빠르게 성장하고 있습니다. 반도체도 가격이 급락한 가운데서도 수출물량이 증가하는 저력을 보였습니다. 신남방 지역 수출 비중이 지난해 처음으로 20%를 돌파하고, 신북방 지역 수출도 3년 연속 두 자릿수로 증가하며 수출 시장도 다변화되고 있습니다.

올해는 전체 수출액을 다시 늘리고, 2030년 수출 세계 4강 도약을 위한 수출구조 혁신에 속도를 내겠습니다. 3대 신산업, 5G, 이차전지 등 고부가가치 수출을 늘리는 한편, RCEP 협정 최종 타결 등 신남방·신북방 지역으로 새로운 시장을 넓히겠습니다. 중소기업 수출금융을 네 배 확대하고, 한류와 연계한 K-브랜드로 중소기업의 수출 비중도 더욱 늘려가겠습니다.

더 좋은 기업투자 환경을 만드는 데도 총력을 다하겠습니다. 총 100조 원의 대규모 투자프로젝트를 가동하고, '투자촉진 세제 3종 세트'와 같은 투자 인센티브를 더욱 강화하겠습니다. 23개 사업 25조 원 규모의 '국가균형발전프로젝트'를 본격 추진하는 한편, 지역민의 삶의 질을 높이는 '생활 SOC' 투자도 역대 최대 규모인 10조 원 이상으로 확대하여 지역경제에도 활력을 불어넣겠습니다. 아울러, K-팝과 K-드라마, K-뷰티, K-콘텐츠, K-푸드 등 한류를 더욱 활성화하고, '방한 관광객 2천만 시대'를 열겠습니다.

국민 여러분,

'공정'은 우리 경제와 사회를 둘러싼 공기와도 같습니다. '공정'이 바탕에 있어야, '혁신'도 있고 '포용'도 있고 우리 경제사회가 숨 쉴 수 있습니다. 최근 공정경제에서는 차츰 성과가 나타나고 있습니다. 대기업집단의 순환출자 고리가 대부분 해소되었고 하도급, 가맹점, 유통 분야의 불공정거래 관행이 크게 개선되었으며, 상생결제 규모도 100조 원을 돌파하는 등 공정하고 건강한 시장경제가 안착되고 있습니다. 또한, 법

개정이 어려운 상황에서, 시행령 등의 제·개정을 통해 '스튜어드십 코드'를 정착시키고, 대기업의 건전한 경영을 유도할 수 있는 기반을 곧 마련할 것입니다. 상법 개정 등 공정경제를 위한 법 개정에도 총력을 기울이겠습니다.

최근 '공수처법'이 국회를 통과했습니다. 누구나 법 앞에서 특권을 누리지 못하고, 평등하고 공정하게 법이 적용되도록 하는 제도적 장치입니다. '수사권 조정법안'이 처리되어 권력기관 개혁을 위한 법과 제도적 기반이 완성되면 더욱 공정한 사회가 되고 더욱 강한 사회적 신뢰가 형성될 것입니다. 어떤 권력기관도 국민과 함께하는 기관이라는 평가를 받을 수 있을 때까지 법적, 제도적, 행정적 개혁을 멈추지 않겠습니다. 나아가 교육, 채용, 직장, 사회, 문화 전반에서 국민의 눈높이에 맞게 '공정'이 새롭게 구축되어야 합니다. '공정'에 대한 국민들의 높은 요구를 절감했고, 정부는 반드시 이에 부응할 것입니다. 국민의 삶 모든 영역에서 존재하는 불공정을 과감히 개선하여 공정이 우리 사회에 뿌리내리도록 하겠습니다. 부동산 시장의 안정, 실수요자 보호, 투기 억제에 대한 정부의 의지는 확고합니다. 부동산 투기와의 전쟁에서 결코 지지 않을 것입니다. 주택 공급의 확대도 차질 없이 병행하여 신혼부부와 1인 가구 등 서민 주거의 보호에도 만전을 기하겠습니다.

국민 여러분,

한반도 평화를 위한 인고의 시간입니다. 그 어느 때보다 평화를 향한 신념과 국민들의 단합된 마음이 절실한 시점입니다. 우리에게 한반도 평화는 선택의 문제가 아니라 어떤 어려움도 이겨내고 반드시 가야 하는 길입니다. 우리 정부 들어 평화에 대한 기대와 희망이 어느 때보다 높아졌습니다. 2017년까지 한반도에 드리웠던 전쟁의 먹구름이 물러가고 평화가 성큼 다가왔습니다. 그러나, 지난 1년간 남북 협력에서 더 큰 진전을 이루지 못한 아쉬움이 큽니다.

북미 대화가 본격화되면서 남과 북 모두 북미 대화를 앞세웠던 것이 사실입니다. 북미 대화가 성공하면 남북 협력의 문이 더 빠르게 더 활짝 열릴 것이라고 기대했기 때문입니다. 무력의 과시와 위협은 누구에게도 도움이 되지 않습니다. 우리 정부도 북미 대화의 촉진을 위해 할 수 있는 노력을 다할 것입니다. 그러나 북미 대화의 교착 속에서 남북관계의 후퇴까지 염려되는 지금 북미 대화의 성공을 위해 노력해 나가는 것과 함께 남북 협력을 더욱 증진시켜 나갈 현실적인 방안을 모색할 필요성이 더욱 절실해졌습니다.

전쟁불용, 상호안전보장, 공동번영이라는 한반도 평화를 위한 세 가지 원칙을 지켜나가기 위해 국제적인 해결이 필요하지만, 남북 사이의 협력으로 할 수 있는 일들도 있습니다. 남과 북이 머리를 맞대고 진지하게 함께 논의할 것을 제안합니다. 남과 북은 국경을 맞대고 있을 뿐 아니라, 함께 살아야 할 '생명공동체'입니다. 8천만 겨레의 공동 안전을 위해 접경지역 협력을 시작할 것도 제안합니다. 김정은 위원장도 같은 의지를 가지고 있다고 믿습니다.

'2032년 올림픽 남북 공동개최'는 남북이 한민족임을 세계에 과시하고, 함께 도약하는 절호의 기회가 될 것입니다. 남북 정상 간 합의사항이자, IOC에 공동유치 의사를 이미 전달한, 국제사회와의 약속이기도 합니다. 반드시 실현되도록 지속적인 스포츠 교류를 통해 힘을 모아가길 바랍니다. 올해 우리나라에서 개최되는 '제1회 동아시아 역도 선수권대회'와 '세계 탁구 선수권대회'에 북한의 실력 있는 선수들이 참가하길 기대하며 '도쿄올림픽' 공동 입장과 단일팀을 위한 협의도 계속해야 할 것입니다. 남북 간 철도와 도로 연결 사업을 실현할 수 있는 현실적인 방안을 남북이 함께 찾아낸다면 국제적인 협력으로 이어질 수 있을 뿐 아니라 남북 간의 관광 재개와 북한의 관광 활성화에도 큰 뒷받침이 될 수 있을 것입니다.

'비무장지대의 국제평화지대화'는 남북한의 상호 안전을 제도와 현실로 보장하고 국제적인 지지를 받기 위해 제안한 것입니다. 우리는 이미 씨름을 '유네스코 인류무형문화유산'으로 공동 등재한 경험이 있습니다. 비무장지대는 생태와 역사를 비롯해 남북 화해와 평화 등 엄청난 가치가 담긴 곳이며, '유네스코 세계유산' 공동 등재는 우리가 바로 시작할 수 있는 일입니다. 북한의 호응을 바랍니다. 평화를 통해 우리가 가고자 하는 길은 궁극적으로 평화경제입니다. 평화경제는 분단이 더 이상 평화와 번영에 장애가 되지 않는 시대를 만들어 남북한 모두가 주변 국가들과 함께 번영하고자 하는 것입니다.

나는 거듭 만나고 끊임없이 대화할 용의가 있습니다. 개성공단과 금강산관광 재개를 위한 노력도 계속해갈 것입니다. 지난 한 해, 지켜지지 못한 합의에 대해 되돌아보고 국민들의 기대에 못 미친 이유를 되짚어보며 한 걸음이든 반걸음이든 끊임없이 전진할 것입니다. 올해는 '6·15남북공동선언' 20주년을 맞는 뜻깊은 해입니다. 평화통일의 의지를 다지는 공동행사를 비롯하여 김정은 위원장의 답방을 위한 여건이 하루빨리 갖춰질 수 있도록 남과 북이 함께 노력해 나가길 바랍니다.

존경하는 국민 여러분,

지난해 정부는 '한·아세안 특별정상회의'와 '한·메콩 정상회의'를 통해 '상생 번영의 공동체'를 위한 아세안과의 협력을 강화했습니다. 올해도 정부는 한미동맹을 더욱 공고히 하는 한편 신남방정책과 신북방정책에 더욱 속도를 내어 외교를 다변화해 나가겠습니다. 미국과는 전통적인 동맹 관계를 더 높은 수준으로 발전시키고, '한반도 평화 프로세스'의 완성을 위해 함께 노력해 나갈 것입니다.

중국과는 다양한 분야에서 교류와 협력을 강화할 것입니다. 올해 시진핑 주석과 리커창 총리의 방한이 예정되어 있는 만큼, 한중 관계가 한 단계 도약할 수 있도록 노력하겠습니다. 일본은 가장 가까운 이웃입니다. 양국 간 협력 관계를 한층 미래지향적으로 진화시켜가겠습니다. 일본이 수출 규제 조치를 철회한다면, 양국 관계가 더욱 빠르게 발전해 갈 수 있을 것입니다. 러시아는 신북방정책의 핵심 파트너입니다. 양국 수교 30주년이 되는 올해, 신북방 외교의 새로운 전기가 마련될 것으로 기대합니다. 올해 우리는 P4G 정상회의와 한중일 정상회의를 개최하고, 믹타(MIKTA) 의장국으로 활동하게 됩니다. 기후변화 대응과 지속가능 발전을 위한 국제 협력에 있어서도 당당한 중견국가로서 책임을 다할 것입니다.

존경하는 국민 여러분,

대한민국은 민주공화국입니다. 우리 국민이 되찾고 지켜낸 민주공화국이기에 우리는 그 이름에서 가슴 뜨거움을 느낍니다. 민주공화국에 대한 우리의 신념은 우리가 들었던 촛불만큼이나 뜨겁습니다. 우리가 지난해 3·1독립운동과 임시정부 수립 100주년을 특별히 기념한 것은 그 정신이 그대로 민주공화국의 기초가 되었기 때문입니다. 민주공화국은 상생으로 더 확장되고 튼튼해집니다. 공동체의 구성원 모두가 함께 노력하고, 함께 잘 살 수 있을 때 국민 주권은 더 강해지고, 진정한 국민통합이 이뤄질 수 있습니다.

세계정세는 여전히 격변하고 있습니다. 4차 산업혁명 시대에 국제 경쟁은 더욱 치열해지고 있습니다. 보호무역주의와 기술 패권이 더욱 확산될 가능성도 있습니다. 우리 사회가 내부적으로 더 통합적이고 협력적인 사회가 되어야만 경쟁에서 이겨내고 계속 발전해갈 수 있습니다. 극단주의는 배격되고 보수와 진보가 서로 이해하며 손잡을 수 있어야 합니다. 저부터 더 노력하겠습니다. '확실한 변화'를 통한 '상생 도약'을 최우선 과제로 삼고 더 자주 국민들과 소통하겠습니다.

가장 아름다운 변화는 애벌레에서 나비로 탄생하는 힘겨운 탈피의 과정일 것입니다. 지난 2년 반 우리는 새로운 질서를 만들고자 노력했습니다. 이제 나비로 '확실히 변화'하면, 노·사라는 두 날개, 중소기업과 대기업이라는 두 날개, 보수와 진보라는 두 날개, 남과 북이라는 두 날개로 '상생 도약'하게 될 것입니다. 이제 새로운 100년을 시작합니다. '혁신'과 '포용', '공정'과 '평화'를 바탕으로 '함께 잘 사는 나라', '평화와 번영의 한반도'에 한 걸음 더 가까이 가겠습니다. 우리의 삶이 더 나아지도록 더 열심히 뛰겠습니다. 감사합니다.

문화예술인 신년인사회 및
신년음악회 인사말

| 2020-01-08 |

여러분, 반갑습니다.

경자년 새해를 우리 문화 예술인들과 함께 시작하게 되어 매우 기쁩니다. 며칠 전 아주 좋은 소식이 있었습니다. 봉준호 감독의 영화 〈기생충〉이 한국 영화사상 최초로 골든 글로브 최우수 외국어 영화상을 받았습니다. 칸 영화제 황금종려상 수상에 이어서 한국 영화 100년의 저력을 보여주는 쾌거였습니다.

제가 취임 이후에 작년까지 아세안 열 나라와 인도까지 순방을 마치고 부산에서 한·아세안 특별정상회의를 개최를 했는데, 아세안 정상들을 만나면 가장 주된 환담 소재가 우리 드라마입니다. 정말 아세안 국가들은 우리 한국 드라마 정말 좋아합니다. 태국 총리는 하루 업무를 마치고 관저로 퇴근하면 한국 드라마를 보는 것이 취미라고 합니다. 매일

같이 보기 때문에 아주 옛날 드라마까지 찾아서 보고 있다고 하는데 지금까지 본 드라마 가운데에서는 〈태양의 후예〉를 가장 좋아하신답니다. 그분이 태국의 참모총장 출신이거든요. 베트남 총리는 베트남 국민들이 한국 드라마를 너무 좋아해서 재방, 3방 하고 있는데, 아주 붐비던 거리가 갑자기 한산해지면 그때가 바로 한국 드라마를 방영하는 시간이라고 합니다.

또 한편으로 우리 K-팝, 방탄소년단 비롯해서 대단하죠. 제가 첫해인가 아랍에미리트를 갔는데 정상회담 바로 전날에 한국문화의 밤을 열었습니다. 우리 K-팝 그룹들이 공연을 했는데 히잡을 쓴 아랍에미리트의 여성들과 청년들이 우리 K-팝 그룹들이 부르는 노래를 우리말로 함께 떼창 이렇게 하는 걸 보면서 정말 아주 감격스러웠습니다. 옆에 사우디아라비아 왕세자는 제가 사우디를 방문할 때 꼭 방탄소년단을 데리고 와달라고 신신당부를 했었는데, 제가 방문이 늦어지니까 작년에 그냥 방탄소년단을 따로 불러서 단독 공연을 하게 했습니다. 아주 폐쇄적인 사회인데 그만큼 우리 한국의 K-팝들이 환영을 받고 있고 거죠.

2018년 10월에 아셈 회의에 참석하기 위해서 벨기에 브뤼셀에 갔었는데, 아셈 회의는 아시아·유럽 정상회의입니다. 아세안 나라들하고 한·중·일 그리고 EU 국가들, 이렇게 회원국이기 때문에 굉장히 큰 다자회의입니다. 그 정상회의 전날에 갈라 만찬이 열렸고, 만찬 전에 갈라 공연이 있었는데 그 공연이 우리 임동혁 피아니스트의 쇼팽 연주였습니다. 그 자리에서 호스트에 해당하는 EU집행위원장이 헤드 테이블 자기 자리 바로 옆자리에 자리를 배치하고는 자기가 쇼팽을 너무 좋아하는데,

"세계에서 쇼팽을 가장 잘 연주하는 연주가를 이렇게 초대한 것"이라고 이야기를 했습니다. 그 연주가 끝난 이후에 집행위원장을 비롯해서 유럽 정상들이 하나같이 저한테 와서 "정말 훌륭한 연주였다"고 그렇게 칭찬을 하면서 하는 말들이 "한국이 K-팝을 잘하는 것은 그러려니 하는데, 서양의 클래식 음악까지 한국이 너무 잘하는 것이 너무나 신기한 일이다. 그 비결이 뭐냐"고 하십니다. 그렇게 묻는 이유가 유럽의 유서 깊은, 전통 있는 국제 음악 콩쿠르에서 가장 수상을 많이 한 나라가 바로 우리나라이기 때문입니다. 바로 이렇게 제가 몇 분야만 말씀을 드렸습니다만 우리 문화·예술은 정말 우리 대한민국을 빛내주고, 대한민국을 아주 자랑스러운 나라로 만들어주고 있습니다. 덕분에 저도 외국에 나가거나 외국 정상들을 만날 때면 어깨가 으쓱해집니다. 이렇게 대한민국을 자랑스러운 나라로 만들어주신 우리 문화예술인 여러분께 정말 깊은 존경과 감사의 말씀을 드립니다. 박수 안 치십니까.

저는 이런 이야기를 문화예술인들이 아닌 다른 분들에게도 이야기를 많이 하는데, 그 이유는 우리가 우리의 수준을 제대로 알았으면 좋겠다 이런 생각이 들기 때문입니다. 아직도 많은 분들이 고정관념처럼 한국이 경제적으로는 아주 성장했지만 문화라든지, 민주주의라든지, 시민의식 같은 것은 아직은 멀었다, '우리가 GDP의 규모가 세계 11위인데, 경제적으로는 크게 선진국이 되었지만 나머지 분야는 아직도 후진국이야' 이렇게 말씀하시는 분들이 많습니다. 그러나 그렇지 않습니다. 우선 우리 문화예술은 아까 말씀드린 바와 같이 전 세계가 찬탄할 정도로 아주 높은 수준을 보여주고 있고, 민주주의나 시민의식 면에서도 지금 전 세계가 극우주의나 포퓰리즘의 부상 때문에 민주주의의 위기를 말하고 있는데, 우리가 촛불혁명으로 보여준 정말로 아주 문화적이고 평화적인 방법으로 민주주의를 다시 일으켜 세운 것에 전 세계가 경탄을 하고 있습니다. 그러니까 우리는 경제뿐만이 아니고, 문화예술에 있어서도, 민주주의에서도, 또 우리 시민의식에 있어서도 경제력 못지않게 아주 자랑스러운 나라가 되어 있다라는 것을 우리가 함께 생각하면서 살면 좋겠다는 그런 뜻으로 말씀을 드렸습니다.

여기 우리 문체부 박양우 장관님 계신데요. 점심을 같이 했는데 문체부의 블랙리스트 사태 때문에 우리의 문화예술의 자유에 대해서 고통을 준 점에 대해 정말 죄송스러울 뿐만 아니라 그 일 때문에 문체부 내부도 굉장히 많이 침체가 됐는데, 지금 이제 많이 벗어났다고 합니다. 다시는 그런 일이 없을 뿐만 아니라 문화예술의 자유를 최대한 보장하고 또 우리 문화예술인들의 생활 안정 그리고 또 창작을 지원하고, 복지 수준도 최대한 보장하겠습니다. 그래서 국회에 문화예술인들의 고용보험제를 법제화 하는 입법도 나가있고, 또 문화예술인들의 지위를 향상시키는 법안들도 지금 국회에 계류 중에 있습니다. 문화예술인들이 생활에 대한 걱정 없이 창작활동에 전념할 수 있도록 그리고 그것을 통해서 대한민국을 더 자랑스러운 그런 나라로 만들어갈 수 있도록 최대한 지원하겠다는 말씀을 드리면서 그 약속을 꼭 지키라는 뜻으로 우리 문체부에 박수 한번 보내주시지요. 오늘 신년음악회도 모두 다 아주 즐겁고 행복한 시간이 되시기 바랍니다.

고맙습니다.

포항 규제자유특구 투자협약식 축사

| 2020-01-09 |

새해 복 많이 받으십시오.

존경하는 국민 여러분, 포항시민 여러분,

포항 지진의 후유증을 말끔히 해소하지 못해 항상 죄송한 마음입니다. 다행히 지난 연말 포항지진특별법이 국회에서 통과되어, 피해 구제와 지역 재건에 속도를 낼 수 있게 되었습니다. 포항 시민들이 하루빨리 일상으로 돌아갈 수 있도록 관련 대책을 신속히 추진하겠습니다.

오늘은 포항 블루밸리 산업단지에 배터리 리사이클 제조공장이 들어선다는, 기쁜 소식을 가지고 왔습니다. 오늘 GS건설과 포항시, 경북도가 함께 '포항 규제자유특구 GS건설 투자협약식'을 갖습니다. 앞으로 3년간 천억 원의 투자와 함께 300명 이상의 신규 일자리를 만들어 낼 것입니다. 전국 14개 규제자유특구 중 가장 규모가 큰 투자이며 대기업으로서도 최초입니다. 포항 경제가 새롭게 도약하는 확실한 계기가 될 것입니다.

포항은 경북에서 처음으로 3·1독립운동이 시작된 곳이며, 한국전쟁 당시 학도병들이 목숨을 걸고 낙동강 전선을 사수한 대한민국의 보루였습니다. 제철보국의 마음으로 철강 산업을 일구며, 자동차, 조선 같은 제조업의 성장을 뒷받침한 대한민국 산업화의 보루였습니다.

포항은 저력이 있는 도시입니다. 반드시 배터리 산업을 성공시키고 4차 산업혁명 시대, 대한민국의 경쟁력을 높이는 데 크게 기여할 것이라 확신합니다. 포항을 최적의 투자처로 만들고, 또 투자로 화답해 주신 이철우 도지사님과 이강덕 시장님, GS건설 임병용 대표님을 비롯한 관계자들께 깊이 감사드립니다.

포항시민 여러분,

철강이 '산업의 쌀'이었다면, 배터리는 '미래 산업의 쌀'입니다. 핸드폰, 전기차, 에너지저장장치 등으로 배터리 수요가 빠르게 증가하여, 2025년이면 메모리반도체보다 큰 시장으로 성장할 전망입니다. 특별히 2030년까지 신차의 33%를 친환경차로 보급하는 정부 계획에 따라, 전기차용 배터리 생산과 처리가 매우 중요해졌습니다. 배터리 산업 육성을 위한 최적의 조건을 갖추고 있는 곳이 바로 이곳 포항입니다. 경북 규제자유특구에서는 2년간 마음껏 배터리 실증이 가능합니다. 사용 후 배터리의 성능을 평가하고, 다른 용도로 전환하거나 소재를 추출하는, 배터리 재활용에 꼭 필요한 제도를 갖췄습니다. 최고의 혁신 역량도 보유하고 있는 곳이 바로 이곳 포항입니다. 포항은 국내 최고의 공학도를 양성하는 포스텍과 세계 다섯 번째로 방사광 가속기를 건설한 과학기술 도시이며, 지난해 강소연구개발특구로 지정되어, 혁신 역량을 더욱 키웠습니다.

대기업과 중소·중견기업 간 상생의 생태계도 갖추고 있습니다. 에코프로지이엠은 GS건설과 협력하여 니켈, 코발트, 망간 등 희귀금속을 추출하여, 배터리 제조사인 LG화학, SK이노베이션, 삼성SDI에 안정적으로 공급하게 됩니다. 에스아이셀, 피플웍스는 전기차 배터리를 재활용하여, 전기자전거, 전동킥보드 제조업체에 공급합니다. 포항은 유망 산업을 육성하며 동시에 지역경제를 살리고 기업의 성장을 돕는, 1석 3조의 효과를 거두게 될 것입니다.

국민 여러분,

이번 포항의 투자사례는 지역이 규제혁신으로 최적의 제도를 만들고 역량을 키운다면, 경제 활력의 핵심 주체가 될 수 있다는 것을 보여주고 있습니다. 작년 4월 규제자유특구가 처음 시행된 이후 전국 14개 규제자유특구에 84개의 규제 특례가 도입되었습니다. 원격의료, 블록체인, 수소경제 등 신산업 실증이 허용되고, 지역의 힘으로 혁신산업이 만들어지고 있습니다. 작년 말까지 사업자 대부분이 특구에 입주했고, 올해부터 실증사업이 본격적으로 시작됩니다. 지역과 기업이 동반자가 되어 함께 역량을 키운다면 앞으로 더 많은 지역에서 투자가 확대될 것입니다.

정부는 자치분권으로 지역의 힘을 키우면서, 규제혁신에 더욱 속도를 내겠습니다. 올해부터 지방소비세율이 10% 포인트 늘어나, 중앙에서 지방으로 재원 이전이 본격화됩니다. 지방이양일괄법과 지방자치법 개정이 국회를 통과하면 지자체와 지역주민의 자율권이 더욱 확대될 것입니다. 규제자유특구의 기술개발과 사업화에 더 많은 예산을 투입하고, 규제 샌드박스 활용도 더욱 높일 것입니다.

지역의 혁신 역량을 강화하기 위해 올해 규제자유특구를 추가로 선정하고, 국책사업과 연계하여 시너지 효과를 내겠습니다. 사회적 타협 메커니즘인 '한걸음 모델'을 구축하여 공유경제 등 사회갈등이 있는 혁신산업 분야에서도 규제혁신의 돌파구를 마련하겠습니다.

존경하는 국민 여러분, 포항시민 여러분,

포항제철소가 힘차게 돌아갈 때 대한민국 제조업도 함께 성장했습니다. 포항 규제자유특구의 배터리 리사이클 공장이 가동되면, 4차 산업의 경쟁력도 함께 높아질 것입니다. 전국 14개 규제자유특구에서 혁신적인 실험과 과감한 도전이 이뤄지고 있습니다. 포항의 열기가 전국으로 퍼져나가 지역경제와 함께 국가경제의 활력이 살아나는 한 해가 되길 기대합니다. 지역의 힘으로 우리는 성장했고, 앞으로도 그럴 것입니다. 정부는 더 많은 자치분권으로 풀뿌리 민주주의를 실현하고, 규제혁신에 더욱 속도를 내겠습니다. 지역과 함께, 국민과 함께 '상생 도약'하는 대한민국을 만들겠습니다. 포항이 그 희망이 되어주시길 바랍니다.

감사합니다.

과학기술정보통신부·방송통신위원회 업무보고 모두발언

| 2020-01-16 |

새해 정부 첫 업무보고를 과기정통부와 방통위부터 시작합니다. 대한민국의 미래가 과학기술 강국, 인공지능 일등국가, 또 디지털 미디어 강국에 있다는 의지를 담아 과학기술정보통신의 현장에서 과학기술인들, 그리고 전문가, 연구·개발자들을 함께 모시고 업무보고를 갖게 되었습니다.

과학기술은 국민의 삶을 바꾸는 힘이 있습니다. 경제성장을 이끌 뿐만 아니라 사회문제를 해결하고, 국가와 기업의 글로벌 경쟁력을 높이는 원천입니다. 이곳 대덕연구개발특구에는 최고의 역량과 열정을 가진 연구기관, 과학자, 기업들이 모여있습니다. 과학기술 기반으로 경제성장의 원동력을 만들고 대한민국의 확실한 변화를 이끌어가는 곳입니다.

특히 오늘 업무보고가 열리는 한국전자통신연구원은 대한민국 정보통신 연구개발의 산실입니다. 이제 우리는 대덕특구의 자랑스러운 역사와 대한민국을 ICT 강국으로 도약시킨 한국전자통신연구원의 눈부신 성과를 바탕으로 또 한 번의 대도약을 이루어내고자 합니다.

우리는 그동안 착실하게 미래를 준비해왔고, 우리의 가능성과 역량은 충분합니다. 그간 우리 정부는 국가 R&D 제도를 근본적으로 혁신해왔습니다. 과학기술혁신본부를 설립하고, 과학기술관계장관회의를 복원하는 한편 과감하게 연구·개발 투자를 늘렸습니다. 지난해 사상 처음으로 연구·개발 예산 20조 원을 돌파했고, 올해는 18%를 증액하여 24조 원을 투자합니다. 전체 예산 증가율의 두 배입니다. 연구자 중심 기초연구 예산도 대폭 확대했습니다. 그러한 노력의 결과 우리는 과학 인프라 경쟁력 순위에서 세계 3위 국가가 되었습니다.

민간과 기업의 노력에 정부의 지원이 합쳐져 4차 산업혁명의 핵심 기반인 데이터, 네트워크, 인공지능 분야에서 고무적인 성과를 창출하고 있습니다. 세계 최초 5G 상용화로 5G 스마트폰과 장비시장에서 각각 세계 1, 2위로 올라섰고, 5G 플러스 전략, 인공지능 국가전략 등 국가혁신과 민간 협력의 나침반이 될 설계도를 마련했습니다.

오랜 기다림 끝에 통과된 데이터 3법은 DNA 산업을 발전시켜 나갈 법적 기반이 될 것입니다. 국회에서도 여러 분 오셨는데, 이 데이터 3법 통과시켜 주신 것에 대해서 다시 한 번 감사 말씀드립니다. 이제 미래로 한걸음 더 나아가야 합니다. 과학기술과 정보통신의 힘으로 미래 먹거리를 확보하고, 혁신적 포용국가 시대를 앞당겨야 합니다. 과학기술 강국, 인공지능 일등국가가 그 기둥입니다.

인공지능은 이미 우리 산업과 일상생활에 깊숙이 들어와 있습니다. 정부는 4차 산업혁명 시대를 선도하기 위해 인공지능 일등국가를 국가 전략으로 수립했습니다. 아직은 우리가 인공지능의 선두주자라고 할 수 없지만 IT 강국을 넘어 AI 강국으로 도약할 수 있는 충분한 잠재력을 가지고 있다고 생각합니다. 그 잠재력을 현실로 끌어내는 것이 정부가 할 일입니다.

민간 협력으로 대한민국 혁신성장의 인프라인 5G 전국망을 2022년까지 조기에 구축하고, 5G 기반의 새로운 혁신산업과 서비스 창출을 촉진해야 합니다. 이미 다양한 인공지능 분야에서 의미 있는 성공을 거두고 있는 스타트업과 벤처기업들도 있습니다. 인공지능 분야에서도 유니콘기업이 탄생할 수 있도록 정부가 적극적으로 지원하겠습니다. 인공지능 일등국가의 열쇠는 결국 사람입니다. 전문인재 양성과 핵심기술 확보에 전력을 다하는 한편 국민 누구나 인공지능의 혜택을 고루 안전하게 누릴 수 있도록 교육과 함께 인공지능 윤리에도 특별한 관심이 필요합니다.

한편으로 인터넷 기반 글로벌 미디어 시장이 급격히 성장하고 있습니다. 미디어 산업은 우리가 가진 또 하나의 성장동력입니다. 우리에게는 세계 최고 수준의 네트워크와 함께 차별화된 한류 콘텐츠, 또 우수한 인적 자원이라는 강점이 있습니다. 우리가 가진 강점을 충분히 발휘한다면 지각변동이 일어나고 있는 전 세계의 미디어 시장에서 얼마든지 미디어 강국으로 우뚝 설 수 있을 것입니다.

민간의 창의적 역량이 마음껏 발휘될 수 있는 환경을 만드는 것이 중요합니다. 방송 매체 간 규제 불균형, 국내외 사업자 간 역차별 등 시대에 맞지 않는 낡은 규제를 개선하여 한류 콘텐츠가 막힘없이 성장하고, 공정하게 경쟁할 수 있는 환경을 만드는 데 힘을 기울여주시기 바랍니다. 방송 콘텐츠의 공정한 제작·거래 환경도 미디어산업 경쟁력의 중요한 요소입니다. 우리 정부 들어 적지 않은 성과가 있었습니다. 외주방송제작시장의 불공정 관행을 완전히 해소하고, 방송통신시장에서 공정과 상생의 문화가 정착되도록 범부처 차원의 실효성 있는 대책을 당부드립니다.

방송의 공적 책임은 아무리 강조해도 지나치지 않습니다. 미디어와 채널이 다양해지면서 정보의 양도 엄청나게 빠르게 늘고 있습니다. 늘어난 정보가 국민 개개인과 공동체 삶을 더욱 건강하고 풍요롭게 만들 수 있도록 해야 합니다. 가짜뉴스나 불법유해정보로부터 국민의 권익을 지키고, 미디어 격차를 해소하는데 각별한 노력을 기울여주기 바랍니다. 특별히 국민의 생명과 직결된 재난방송의 중요성을 거듭 강조합니다. 지난해 강원도 산불을 겪은 후 재난방송이 상당히 개선되었습니다. 여기에 만족하지 말고 국민의 안전을 지키는 방송의 역할을 다할 수 있도록 더 세심한 노력을 당부드립니다.

마지막으로 특별히 두 가지를 강조하고 싶습니다.

첫째는 사람 중심 4차 산업혁명입니다. 오늘 우리가 논의하는 모든 비전과 계획은 궁극적으로 국민의 생활과 삶의 질 향상을 위한 것입니다. 모든 새로운 도전에는 난관이 따릅니다. 규제혁신을 둘러싼 이해관계의 충돌일 수도 있고, 이전에는 경험하지 못했던 일자리의 거대한 변화가 있을 수도 있습니다. 그것이 무엇이든 소외 없는 국민의 삶의 질 향상을 목표로 삼아 헤쳐 나가야 할 것입니다. 신기술, 신산업이 취약계층의 삶에 힘이 되고, 교육 격차 해소와 지역 문제 개선 등 포용사회로 나아가는 데 기여하도록 기회를 모아주기 바랍니다.

두 번째는 현장입니다. 과학기술정보통신과 미디어산업의 경쟁력은 혁신에서 나오고, 혁신 역량은 현장에 있습니다. 연구자와 개발자, 창작자와 제작자들의 창의성과 혁신적 도전정신이 마음껏 발휘될 수 있어야 합니다. 현장의 목소리를 경청하고, 현장과 손잡고, 정부의 정책 의지를 현장에서 가장 먼저 체감하는 행정혁신을 거듭 당부드립니다.

과학과 기술, 방송과 통신이 미래를 여는 성장 동력입니다. 대한민국의 확실한 변화를 과기부와 방통위가 앞장서서 이끌어주시기 바랍니다.

감사합니다.

수석보좌관회의 모두발언

| 2020-01-20 |

　　설 연휴가 예년보다 이릅니다. 민족의 명절을 맞아 국민 모두의 가정에 평안과 행복이 깃들기를 바랍니다. 정부도 국민들께 힘이 되고 희망을 드릴 수 있도록 최선을 다하겠습니다. 새해 들어 우리 경제가 나아지고 반등하는 징후들이 보이고 있습니다. 정부가 경제 체질을 바꾸기 위해 정책을 일관되게 추진하고, 경제 활력을 높이기 위해 역량을 집중한 성과이기도 하지만 무엇보다도 어려움을 극복하기 위해 힘을 모아주신 우리 국민 모두의 노력 덕분입니다. 국민들께 다시 한 번 깊이 감사드리며 정부로서도 민생 경제의 희망을 말할 수 있어서 무척 다행스럽게 생각합니다.

　　먼저 눈에 띄는 것은 수출 호조입니다. 연초부터 1일 평균 수출이 증가로 전환되었습니다. 1월에는 설 연휴로 조업일수가 짧아 월간 집계로는 알 수 없지만 2월부터는 월간 기준으로도 증가로 전환될 것으로 전망이 됩니다. 주력 제조업이 기지개를 켜기 시작한 게 큰 힘입니다. 우리 수출의 20%를 차지하는 반도체의 세계 업황이 개선되고 있어 2분기부터는 본격적으로 실적이 좋아지고, 연간 수출 실적도 증가로 반등할 것이라는 게 대다수 연구기관의 대체로 공통된 예측입니다.

자동차 산업은 작년 수출 물량이 조금 줄어든 가운데서도 SUV, 친환경차 등 고가 차량의 수출 호조로 수출액이 증가했습니다. 올해도 이 추세가 이어질 것입니다. 조선업은 LNG 운반선 등 고부가가치 선박 대부분을 수주하며 2년 연속 세계 1위 수주 실적을 기록한 데 이어 올해에는 전 세계 선박발주가 작년보다 50% 정도 증가할 것으로 예상되고 있습니다. 이에 따라 앞으로 2~3년간 생산과 고용이 지속적으로 증가하고, 통관 기준으로 집계되는 수출액도 늘게 될 것입니다. 수출 품목이 신산업과 5G 연관 산업, 이차전지 등 고부가가치 품목으로 다변화되고, 신북방·신남방 지역으로 수출 시장이 확대되는 것도 우리 경제의 좋은 흐름입니다.

위축되었던 경제심리도 살아나고 있습니다. 소비자심리지수가 2개월 연속 기준값 100을 넘어서 경제 회복에 대한 국민들의 기대가 높아지고 있고, 기업과 소비자의 심리를 종합한 경제심리지수도 2개월 연속 상승했습니다. 실물경제의 바로미터가 되는 주식시장이 살아나는 것도 우리 경제에 대한 기대감이 커지는 것을 반영합니다.

정부는 이러한 긍정적 흐름을 적극 살려 나가겠습니다. 투자와 내수, 수출 진작을 통해 경제 활력을 힘 있게 뒷받침하고, 규제 샌드박스 성과를 더욱 확대해 나가면서 데이터 3법 통과를 발판으로 규제혁신에 한층 속도를 내겠습니다. 미래 먹거리 창출을 위해 신산업 육성에 더욱 힘을 쏟고, 혁신 창업 열풍을 확산하여 경제에 역동성을 불어넣겠습니다.

또한 올해를 외국인 관광객 2천만 시대를 여는 원년으로 만들고, K-컬처, K-콘텐츠, K-뷰티, K-푸드가 세계로 뻗어나가게 하여 대한민국 K를 세계 브랜드로 도약시키겠습니다. 한편으로 우리 사회의 포용성을 강화하는 노력을 꾸준히 지속해 나갈 것입니다. 우리 정부는 포용성 강화가 불평등 해소와 사회통합뿐 아니라 지속가능성장의 토대라는 확고한 인식으로 저소득층 소득 증대, 복지 확대와 사회안전망 확충 등 가처분소득 확대와 의료비 등 필수생활비 절감 정책을 일관되게 추진해왔습니다. 그 결과, 모든 계층에서 가계소득이 고르게 증가했고, 특히 빠른 고령화 속에서도 저소득 1분위 계층의 소득이 증가세로 전환하는 매우 의미 있는 성과가 있었습니다. 무엇보다도 지니계수, 5분위 배율, 상대적 빈곤율 등 3대 분배지표가 모두 개선된 것은 우리 사회의 괄목할 만한 변화입니다. 지금까지의 성과를 더욱 발전시켜 혁신적 포용국가의 틀을 완성해 나가겠습니다.

오늘부터 매월 최대 30만 원의 장애인연금 수급대상이 확대됩니다. 올해부터는 차상위 계층까지, 내년에는 모든 장애인이 연금수급자로 확대할 예정입니다. 어르신들 기초연금도 이번 주부터 수급대상이 확대됩니다. 월 최대 30만 원 기초연금을 기존 소득 하위 20%에서 이달부터 40%로 확대하고, 내년에는 70%까지 확대하여 지급할 예정입니다. 기초

생활보장의 부양의무자 기준 완화, 근로장려금 확대와 함께 자영업자와 소상공인 지원 정책도 꾸준히 확대해 나가겠습니다.

명절이면 먼저 생각나는 것이 어려운 이웃입니다. 정부는 민생 안전과 서민 지원 등 이미 발표된 설 연휴 종합대책을 차질 없이 시행하기 바랍니다. 특히 교통과 안전관리에 한 치의 소홀함도 없어야 합니다. 편안한 귀성길이 되도록 특별 교통대책을 빈틈없이 시행하고, 연휴 기간 의료서비스 이용에도 불편함이 없도록 해야겠습니다.

도로, 교통시설을 철저히 점검하여 기상 악화에도 큰 사고가 나지 않도록 대비하고, 화재와 산재 예방에도 각별한 노력을 기울여주기 바랍니다. 24시간 안전 대응 체제로 모든 국민이 누구도 소외되지 않고 행복하게 명절을 보낼 수 있도록 최선의 노력을 기울여주기 바랍니다.

국무회의 모두발언

| 2020-01-21 |

새해 첫 국무회의에서 공수처법을 공포한 데 이어 검경수사권 조정 법률들도 지난주 국회를 통과했습니다. 이로써 검찰개혁은 제도화의 큰 획을 긋게 되었습니다. 권력기관 개혁은 특별한 이상을 추구하는 것이 아닙니다. 민주공화국에서 권력기관의 주인은 국민이며, 권력기관의 작용에 있어서도 민주주의의 원리가 구현되어야 한다는 것은 지극히 당연한 사리입니다. 그럼에도 불구하고 기득권이 되어 있는 현실을 바꾼다는 것은 참으로 어려운 일입니다. 공수처 설치와 검경수사권 조정은 20년 넘게 이루지 못한 오랜 개혁 과제였지만 드디어 국민의 힘으로 해낼 수 있었습니다. 국민께 머리 숙여 감사드립니다.

지금까지가 국회의 시간이었다면 정부로서는 지금부터가 중요합니다. 공수처 설립과 검경수사권 조정의 시행에 많은 준비가 필요합니다.

두 가지 모두 시간이 많지 않습니다. 시행에 차질이 없어야 할 뿐 아니라 준비 과정에서부터 객관성과 정치적 중립성을 확보하는 것이 필요할 것입니다. 또한 '악마는 디테일에 있다'는 말처럼 세부적인 사항을 조정하는 것이 더 힘든 일이 될 수도 있습니다. 법무부와 행안부, 검찰과 경찰이 충분히 소통하고, 사법제도와 관련된 일인 만큼 사법부의 의견까지 참고할 수 있도록 준비 체계를 잘 갖춰주기 바랍니다. 총리께서도 직접 챙겨주시기를 부탁드리겠습니다.

검찰개혁 입법은 마쳤지만 권력기관 개혁 전체로 보면 아직 입법 과정이 남아있습니다. 우선 검경수사권 조정과 함께 통과되었어야 할 통합경찰법입니다. 권력기관 개혁의 핵심은 견제와 균형을 통한 권력 남용의 통제이고, 이 점에서 공수처 설치, 검경수사권 조정, 자치경찰제 도입과 국가수사본부 설치는 한 묶음입니다.

검찰의 직접수사 축소에 따라 커지는 경찰의 권한도 민주적으로 분산되어야 합니다. 그런 이유로 자치경찰제를 도입하고 국가수사본부를 설치해 수사경찰과 행정경찰을 분리하면서 지자체의 자치분권을 확대하는 방안이 함께 추진되었던 것인데, 법안 처리 과정에서 분리되고 말았습니다. 국정원 개혁도 입법으로 뒷받침되어야 합니다. 국정원은 이미 국내정보 수집부서를 전면 폐지하고, 해외·대북 정보활동에 전념하는 등 자체 개혁을 단행했지만 이를 제도화하는 법안은 아직 국회에 머물러 있습니다. 총선을 앞두고 있고, 20대 국회 임기가 많이 남지 않았지만 검찰, 국가경찰과 자치경찰, 공수처, 국정원이 서로 견제하고 균형을 이루면서 개혁을 완성할 수 있도록 통합경찰법과 국정원법의 신속한 처리를 국회에 당부드립니다.

　정부는 권력기관 개혁과 함께 국민이 일상생활에서 부딪치는 각종 부패를 근절하기 위해 지속적인 노력을 기울여왔습니다. 오늘 공포되는 '유치원 3법'도 그 일환입니다. 국회 입법 과정에서 일부 유치원 단체의 반대가 있었지만 정부의 단호한 의지와 국민의 엄중한 요구가 하나로 모이면서 유치원 공공성 강화의 기틀이 마련되었습니다. 앞으로 학부모가 낸 원비는 교육 목적으로만 사용해야 하며, 교육 외 목적이나 사익을 위해 사용하는 등 회계부정에 대해서는 엄격한 법적 책임을 지게 될 것입니다. 학부모의 유치원 선택 권리가 강화되고, 급식의 질도 명확한 기준에 따라 관리 감독할 수 있게 됩니다. 유치원 회계 투명성과 유아 교육의 공공성이 획기적으로 강화될 것으로 기대합니다.

　'유치원 3법'만으로 국민의 요구에 다 부응했다고 볼 수는 없습니다. 국공립 유치원 확대, 사립 유치원의 어려움 해소와 교사 처우 개선 등 함께 추진해온 정책들이 유아 교육 현장의 변화로 이어지도록 챙겨주기 바랍니다. 아울러 유아 학습권 보호와 투명한 유치원 운영을 위해 노력하는 유치원에 대해 더 많은 지원이 이뤄질 수 있도록 하는 제도 개선 방안도 함께 마련해 주기 바랍니다.

국방부·국가보훈처 업무보고 모두발언

| 2020-01-21 |

　반갑습니다. 오늘 국방부와 보훈처 업무보고를 육·해·공군 본부가 함께 자리를 잡고 있는 이곳 계룡대에서 갖게 됐습니다. 국방부 업무보고 사상 처음이라고 들었습니다. 전군의 일치단결로 강한 안보를 실현하고, 평화와 번영의 한반도를 튼튼하게 뒷받침한다는 다짐을 새롭게 하는 계기가 되길 바랍니다.

　국방은 국가 존립과 국민 생존의 기반입니다. 군이 주체가 되어 수립한 '국방개혁 2.0'의 완수는 국민의 명령이자 우리 정부의 핵심 국정과제입니다. 정부는 그동안 강력하고 신속한 국방개혁을 위해 국방예산을 크게 늘려왔습니다. 그 결과, 우리는 올해 국방예산 50조 원 시대를 열었습니다. 정부 출범 후 2년 만에 10조 원을 늘린 것입니다. 우리 정부 들어 국방예산은 연평균 7.6%, 방위력개선비는 연평균 11% 증가하여 과거 두 정부에 비해 월등히 높습니다. 국민의 부담 위에서 정부가 예산으로 강력하게 뒷받침하는 만큼 국방개혁을 더욱 속도감 있게 추진해 주기 바랍니다.

첫째도 둘째도 유능한 안보, 강한 국방력입니다. 한 치의 빈틈도 허용하지 않고, 누구도 넘볼 수 없는 튼튼한 국방태세를 갖추는 것이 기본 중의 기본입니다. 우리 궁극의 목표인 평화와 번영의 한반도는 강한 국방력이 뒷받침되어야 합니다. 지난해 우리 군이 공동경비구역 비무장화, 비무장지대 초소 단계적 철수, 남북 공동 유해 발굴 등 9·19군사합의를 충실히 이행하면서 한반도 평화프로세스를 안정적으로 뒷받침할 수 있었던 것도 확고한 군사대비태세가 바탕이 되었기 때문입니다. 9·19군사합의를 이행해 평화를 지키면서 동시에 안정적으로 군비태세를 관리하고 유지해온 군의 노력을 치하합니다. 또한 강한 국방력이야말로 굳건한 평화의 토대가 된다는 것을 다시 한 번 강조합니다.

날로 다양해지고 고도화되는 전통적·비전통적 안보 위협에 대비해 포괄적 방위 역량을 갖춰야 합니다. 우리의 목표는 어떤 안보 환경에서도 대응할 수 있는 질적으로 강한 군대를 만드는 것입니다. 그동안 우리 군은 감시정찰, 전략타격, 공중급유 등 안보자산 전력화에 많은 투자를 해왔습니다. 한미 연합방위태세를 더욱 굳건히 하고, 공고한 한미동맹을 바탕으로 정보공유, 공동대응 능력을 지속적으로 강화하는 한편 연합방위를 주도할 수 있는 작전능력을 갖춰 책임국방을 실현해야 합니다. 전작권 전환의 조건을 갖추는 데 있어서도 차근차근 계획대로 단계를 높여 나가기 바랍니다.

4차 산업혁명 기술을 더욱 적극적으로 접목해 디지털 강군, 스마트 국방의 구현을 앞당겨야 합니다. 4차 산업혁명 기술과 함께 등장한 새로운 양상의 위협에 대비할 뿐 아니라 적은 비용으로 효율적인 무기체계를 구축하는 전략입니다. 민간의 첨단기술을 전력화하고, 군에서 성능이 확인된 신기술을 민간에 이전함으로써 민간기업의 성장에도 큰 도움을 줄 수 있습니다. 최신 국방과학기술을 방위력에 빠르게 적용하여 군과 민이 함께 강해지는 국방혁신을 기대합니다.

방위산업은 안보와 경제 양면으로 도움이 됩니다. 그동안 정부는 첨단무기 국산화 차원을 넘어 방위산업을 수출산업으로 도약시킨다는 비전을 수립하고, 방위산업의 혁신적 성장 기반 마련을 지원해왔습니다. 신남방지역 등 국방·방산 협력 국가도 크게 확대했습니다. 올해는 그간의 노력이 구체적 성과로 결실을 보도록 각고의 노력을 당부합니다.

한편으로 국민의 눈높이에 맞는 병영문화를 정착시켜야 합니다. 장병들의 사기가 충만한 군대가 강한 군대이고, 아들딸을 군에 보낸 부모가 안심하는 군대가 강한 군대입니다. 그간 장병의 복지와 인권 개선에 많은 성과가 있었습니다. 정부 출범 시 약속한 대로 지난 2년 동안 사병 봉급을 150% 인상해 올해 병장 봉급이 54만 원을 넘게 됐고, 앞으로도 계속 인상해 나갈 것입니다.

특별히 강조하고 싶은 것은 장병들의 안전입니다. 군 안전사고가 인재라는 지적에서 이제는 벗어나야 합니다. 응급 후송체계 구축 등 의료체계 개선은 물론이고, 사고 위험을 먼저 예측하고 먼저 예방할 수 있는 안전관리 시스템을 갖추는 데 더욱 노력을 기울이기 바랍니다. 군 내

양성평등과 여군 인력 확대, 일·가정 양립 지원에도 특별한 노력을 당부합니다.

보훈은 국민 통합의 지름길이고, 강한 국방의 출발입니다. 우리 정부는 국가를 위한 희생과 헌신에 제대로 보답하는 나라가 정의로운 나라라는 국정 철학에 따라 국가유공자에 대한 예우를 획기적으로 개선해 왔습니다. 정부의 보훈 철학이 모든 보훈 현장에 확고히 뿌리내려야 할 것입니다. 제대로 된 보훈이야말로 국민들의 애국심의 원천이 됩니다. 보훈 대상자 대다수가 고령화되고 있는 만큼 집과 가까운 곳에서 병원을 이용할 수 있도록 하는 등 보훈 대상자들의 처지에 맞는 예우에 더욱 정성을 기울일 것을 당부합니다. 중장기 복무 제대군인들의 직업훈련이나 전직 지원에도 더 많은 노력을 기울여주기 바랍니다.

올해는 특별히 10년 단위 기념일들이 많습니다. 청산리·봉오동 전투 100주년을 비롯해 6·25전쟁 70주년, 4·19혁명 60주년, 5·18민주화운동 40주년은 독립, 호국, 민주로 이어져온 우리 현대사를 상징하는 기념일들입니다. 국민과 함께 국민 속에서 기억되고, 오늘의 의미를 되살리는 계기가 되길 바랍니다. 특히 청산리·봉오동 전투는 항일 독립운동사에서 가장 빛나는 승리였음에도 상대적으로 덜 알려졌다는 아쉬움이 있습니다. 우리 스스로 자긍심을 높이고, 애국심을 되새기는 계기가 되도록 100주년을 특별히 기념하는 데 정부도 적극적으로 지원하기 바랍니다. 이상입니다.

따뜻한 마음을 주고받는
행복한 설날이 되길 기원합니다

| 2020-01-23 |

부모에게 감사하는 마음이 차례상처럼 넉넉하고, 자식 사랑이 떡국처럼 배부른 설날입니다. 이웃을 먼저 생각해 주신 국민들 덕분에 다함께 따뜻한 설을 맞게 되었습니다. 국민 여러분께 진심으로 감사드립니다.

대한민국은 작지만 강한 나라입니다. 어떤 어려움도 이겨왔고 많은 분야에서 세계를 선도할 만큼 발전했습니다. 우리의 빠른 성장과 역동성, 높은 시민의식과 한류 문화에 세계가 경탄하고 있습니다. 올해는 국민 모두가 '확실한 변화'를 체감하면서 희망을 키울 수 있도록 더 부지런히 뛰겠습니다.

명절이면 그리움이 더 깊어지는 분들이 계십니다. 북녘에 고향을 두고 온 분들이 더 늦기 전에 가족과 함께하실 수 있게 노력하겠습니다.

편안하고 안전한 명절을 위해 묵묵히 일터를 지키고 계신 분들의 노고도 잊지 않겠습니다.

댓돌과 현관문에는 크고 작은 신발이 가득하고, 따뜻한 마음을 주고받는 행복한 설날이 되길 기원합니다.

신종 코로나 바이러스 관련
문재인 대통령 대국민 메시지

| 2020-01-26 |

　신종 코로나 바이러스 감염증 3번째 확진자가 발생했습니다. 중국 여행객이나 방문 귀국자의 수가 많기 때문에 정부는 설 연휴 기간에도 긴장을 늦추지 않으면서 24시간 대응 체계를 가동하고 있습니다. 저도 질병관리본부장과 국립중앙의료원장에게 전화해 격려와 당부말씀을 드렸습니다.

　정부가 지자체들과 함께 모든 단위에서 필요한 노력을 다하고 있으므로 국민들께서도 정부를 믿고 필요한 조치에 대해 과도한 불안을 갖지 마실 것을 당부드립니다.

신종 코로나바이러스 감염증 대응
종합점검회의 모두발언

| 2020-01-30 |

　오늘 회의는 신종 코로나바이러스 감염증에 대한 대책들을 종합적으로 점검하고 논의하기 위해 소집했습니다. 시·도지사님들도 화상 연결로 참석했습니다. 감사합니다. 감염병의 확산을 막고, 민생경제에 미치는 부정적 영향을 최소화하기 위해 중앙정부와 지자체 간에 긴밀히 소통하면서 협력을 강화해 주시기 바랍니다.

　오늘부터 중국 우한에 고립된 우리 교민 700여 명의 귀국이 시작됩니다. 실제 도착은 내일부터 하게 될 것으로 보입니다. 협조해 주신 항공사와 승무원들께 감사드립니다. 우리 국민이 어디에 있든 국민의 생명과 안전을 지키는 것은 국가의 당연한 책무입니다. 현재까지 현지 교민 가운데 감염증 확진자나 의심환자는 없는 것으로 파악되고 있습니다. 또한, 교민들은 중국 정부와의 협의에 따라 검역 후 증상이 없는 경우에만 임시항공편에 탑승하고, 귀국 후에는 일정 기간 외부와 격리된 별도의 시설에서 생활하며 검사받게 됩니다. 귀국 교민들의 안전은 물론, 완벽한 차단을 통해 지역사회의 감염을 예방하기 위한 조치입니다. 정부는 임시생활시설이 운영되는 지역 주민들의 불안을 이해합니다. 그에 대한 대책을 충분히 세우고 있고, 걱정하시지 않도록 정부가 빈틈없이 관리할 것입니다. 이해와 협조를 당부드리며, 불안해하시지 않아도 된다는 것을 거듭 약속드립니다. 또한, 중국에 남게 되는 교민들에 대해서도 중국당국과 계속 협력해 나가겠습니다.

국민안전에는 타협이 있을 수 없습니다. 모든 상황에 대비해야 하고, 필요한 모든 조치를 다 취해야 합니다. 선제적 예방조치는 빠를수록 좋고, 과하다 싶을 만큼 강력해야 합니다. 정부와 지자체의 대응 역량을 최대한으로 끌어올려 2차 감염의 방지에 총력을 기울여야 할 것입니다. 이미 시행되고 있는 우한 지역 입국자 전수조사도 신속히 진행하고, 그 경과와 결과를 투명하게 알리기 바랍니다. 연락이 닿지 않는 분들은 자진하여 신고해 주실 것을 당부드립니다. 증상이 있거나, 확진 환자와 접촉했던 분들에 대해서는 모니터링과 관리체계를 한층 더 강화할 필요가 있습니다. 지역의료기관의 진료와 신고체계 점검, 확산에 대비한 지역별 선별진료소와 격리병상 확충, 필요한 인력과 물품의 확보도 속도를 내주기 바랍니다. 중국 외에도 여러 나라에서 확진 환자가 발생하고 있기 때문에 바이러스 유입 경로가 다양해질 수 있습니다. 이 경우까지를 대비해 모든 공항과 항만에 대한 검역 강화 조치를 강구해 주기 바랍니다.

우리가 맞서야 할 것은 바이러스만이 아닙니다. 과도한 불안감, 막연한 공포와 단호하게 맞서야 합니다. 정부가 가장 정확한 정보를 가장 신속하게 제공할 수 있습니다. 국민의 일상생활이 위축되거나 불필요한 오해와 억측이 생기지 않도록 필요한 모든 정보를 투명하고, 신속하게, 국민의 시각에서 최대한 상세하게 공개하기 바랍니다.

특별히, 가짜뉴스에 대한 엄정한 대응을 강조합니다. 아무리 우수한 방역체계도 신뢰 없이는 작동하기 어렵습니다. 확산하는 신종 감염병에 맞서 범국가적 역량을 모아야 할 때 불신과 불안을 조장하는 가짜뉴스의 생산과 유포는 방역을 방해하고 국민의 안전을 저해하는 중대한 범죄행위입니다. 관계 부처는 표현의 자유를 넘는 가짜뉴스에 대해 각별한 경각심을 갖고 단호하게 대처해 주기 바랍니다. 언론의 역할도 중요합니다. 신종 코로나를 빠르게 극복할 수 있도록 힘을 모아주시기 바랍니다. 정치권도 이 문제에서만큼은 정쟁을 자제해 주시길 요청드립니다.

한편으로, 우려되는 부분이 과도한 경제 심리 위축입니다. 불안감 때문에 정상적인 경제활동까지 영향을 받는 일이 없도록 해야 합니다. 경제부총리를 중심으로 모든 부처가 경제상황 관리에 만전을 기해 줄 것을 각별히 당부드립니다. 국내외 금융시장 불안, 수출·투자·소비 등 우리 경제에 미치는 영향에 대한 종합적인 점검과 대책이 필요합니다. 지역경제와 관광·숙박 등 서비스업종의 어려움도 커질 수 있습니다. 지자체와 함께 지역별·업종별 파급효과를 세밀히 살펴보고, 행정적·재정적 지원이 필요한 부분에 대해서는 최대한 신속하고, 충분한 규모의 지원 대책을 마련해주기 바랍니다.

한편, 중국 내 신종 코로나 상황이 진정될 때까지 현지 진출 우리

기업들의 어려움도 커질 것으로 예상됩니다. 관계기관과 현지 기업, 경제단체들 간 소통 채널을 만들고, 피해가 최소화될 수 있도록 적극 지원해 주기 바랍니다.

국민 여러분께도 당부드리겠습니다.

신종 코로나로부터 우리 자신을 지킬 수 있는 무기는 공포와 혐오가 아니라 신뢰와 협력입니다. 우리는 세계 최고 수준의 방역 역량을 가지고 있습니다. 과거의 사례에서 축적된 경험도 있습니다. 또한, 정부가 최선을 다하고 있습니다. 국민들과 지역사회가 협력해 주신다면 충분히 극복해낼 수 있습니다. 정부는 지자체와 함께 정부의 일을 철저히 하고, 국민 개개인은 예방 행동수칙을 철저히 지킨다면 우리는 신종 코로나 피해를 최소화하면서 넘어설 수 있습니다. 우리 국민의 성숙한 역량을 믿고 정부도 더욱 최선을 다하겠습니다.

2월

수석보좌관회의 모두발언

| 2020-02-03 |

　중국의 신종 코로나 확진자와 사망자가 급격히 증가하고 있고, 세계보건기구 WHO에서 국제적 비상사태를 선포한 가운데 우리나라도 확진자가 늘고 있습니다. 이에 맞서 정부는 감염병 확산 방지에 총력을 기울이고 있고, 방역당국과 수많은 의료진이 방역 현장 최전선에서 밤낮을 잊고 사력을 다하고 있습니다. 또한 민관 협력으로 새로운 검사법 구축에 성공함으로서 검사 단계와 시간을 획기적으로 줄이고, 대응 속도를 더욱 높일 수 있게 되었습니다. 국민의 생명과 건강을 지키기 위해 노심초사 헌신하는 모든 분들의 노고에 깊이 감사드립니다. 국민들께서도 응원해 주시고 격려해 주시기 바랍니다.

　무엇보다 우리 국민들의 성숙한 시민의식에 깊은 존경과 감사의 마음을 전합니다. 특히 우한에서 귀국한 교민들을 넓은 마음으로 수용한 진천과 아산 주민들의 포용정신과 우한 현지의 어려운 상황 속에서 총영사관과 한인회를 중심으로 서로를 도운 교민들의 상부상조가 우리 모두에게 큰 감동을 주었습니다. "우리는 서로의 사회안전망"이라는 한 시민의 목소리처럼 위기를 극복하는 힘은 언제나 국민에게서 나온다는 것을 우리는 이번에도 거듭 확인했습니다. 정부는 우리 국민의 저력을 믿으면서 모든 역량을 모아 대응해 나가겠습니다.

상황은 이제 시작일지도 모릅니다. 얼마나 더 확산될지, 언제 상황이 종식될지 아직 알 수 없습니다. 정부는 지금이 중요한 고비라는 인식 하에 비상한 각오로 임해 나갈 것입니다. 위기경보는 아직 현재의 경계 단계를 유지하되, 실제 대응은 심각 단계에 준해 선제적으로 대응해 나가겠습니다. 이에 따라 총리가 진두지휘하는 범정부적 총력대응체계를 가동하고, 지역 확산을 차단하는 강력한 조치를 취해 나갈 것입니다.

감염 확산을 막기 위해 방역망에 작은 구멍도 생기지 않도록 모든 역량을 동원해야 합니다. 철저한 역학조사와 추적관리로 2차, 3차 감염이 일어나는 것을 차단해 나가야 할 것입니다. 특히 국민의 불안 요소에 적극적으로 대응해야 합니다. 어린이집, 유치원, 학교 등 아이들이 이용하는 시설과 다중이용시설에 대한 방역 강화에 더 각별한 주의를 기울여주기 바랍니다.

해외에서 무증상자가 확진자로 판명되는 사례와 무증상자의 전파 가능성에 대한 우려도 있습니다. 적은 가능성까지도 염두에 두고, 관리 대상을 최대한 확대해 나가겠습니다. 이를 위해 질병관리본부를 중심으로 감염병 관련 학회와 의료계의 역량을 함께 모으고, 중앙정부와 지자체 간의 공고한 협력 체계를 구축해 주기 바랍니다.

중국은 우리의 최대 인적 교류국이면서 최대 교역국입니다. 중국의 어려움이 바로 우리의 어려움으로 연결됩니다. 서로 힘을 모아 지금의 비상상황을 함께 극복해야 하고, 이웃국가로서 할 수 있는 지원과 협력을 아끼지 말아야 할 것입니다. 이웃의 고통을 외면하지 않고 함께 나누고 연대할 때 진정한 이웃이 되고 함께 미래로 나아갈 수 있습니다.

다른 한편 우리 국민들을 보호하기 위해 출입국 관리를 보다 강화하고 엄격하게 통제하지 않을 수 없습니다. 세계 각국도 감염병의 유입과 확산을 막기 위해 다양한 수준의 입국 제한이나 출입국 강화 조치를 실시하고 있습니다. 후베이성 체류 또는 방문 외국인에 대한 일시 입국 제한과 제주 무사증 입국 잠정 중단 등은 국민의 안전을 지키기 위한 부득이한 조치입니다. 후베이성을 방문하거나 확진자와 접촉한 국민의 자가격리 조치 등에 대해서도 철저히 유지되도록 적극적인 협력을 보여주기 바랍니다. 국민의 격리나 의료계의 참여 등 감염병 확산을 막기 위해 치르는 희생에 대한 보상 방안도 함께 강구되어야 할 것입니다. 자영업자와 관광업 등 신종 코로나로 인해 직접 피해를 입는 분야에 대한 지원 대책과 취약계층에 대한 마스크와 손 세정제 등의 지원에도 만전을 기하길 바랍니다.

신종 코로나 사태로 인해 우리 경제에 큰 부담이 생길 것으로 예상되지만 경제보다는 국민 안전을 우선에 두는 자세로 임해주기 바랍니다. 현재의 어려움이 더 커질 수도 있지만 결국 우리는 극복할 것입니다. 우리에겐 축적된 경험과 국가적 차원의 방역 역량, 국민의 성숙한 시민의

식이 있습니다. 일부에서 불안감을 이용해 불신을 퍼트리고, 혐오를 부추기는 것은 바람직하지도 않고, 문제 해결에도 결코 도움이 되지 않습니다. 공포와 혐오가 아니라 신뢰와 협력이 진정한 극복의 길입니다. 정부의 신속하고 비상한 대응, 지자체와 지역사회의 빈틈없는 협력, 국제사회와의 긴밀한 공조로 냉정하고 지혜롭게 위기상황을 헤쳐 나가겠습니다. 국민들께서도 우리가 서로 손을 맞잡으면 충분히 해낼 수 있다는 자신감을 가져주시기 바랍니다.

제5회 국무회의 모두발언

| 2020-02-04 |

제5회 국무회의를 시작하겠습니다.

오늘은 신종 코로나바이러스 대응 국무회의로 개최합니다. 감염병의 지역사회 확산을 차단하기 위해서는 중앙정부와 지자체 사이의 긴밀한 협력과 공조가 절대적으로 필요합니다. 그런 차원에서 특별히 오늘 박원순 서울시장님, 이재명 경기지사님, 이시종 충북지사님, 양승조 충남지사님 등 네 분의 광역단체장님들이 참석하셨습니다. 대표로 네 분이 참석하셨지만 모든 지자체에서 감염병의 지역사회 확산 차단을 위해 중앙정부와 긴밀히 협력하며 가용한 모든 자원을 총동원해 주실 것을 당부합니다.

국민의 생명과 안전을 지키는 것이 국가의 존재 이유이며 정부의 기본책무입니다. 정부는 신종 코로나 확산으로부터 우리 국민을 보호하기 위해 범국가적 역량을 모아 대응하고 있습니다. 총리가 전면에 나서 심각 단계에 준해 비상하게 대응하고 있고, 감염병의 국내 유입을 최소화하기 위해 출입국관리를 강화하고, 단계적으로 입국 제한 조치를 시작했습니다. 바이러스 확산 경로의 모든 가능성을 염두에 두며 촘촘한 방역망을 구축하고, 지역사회 확산 방지에 총력을 기울이고 있습니다. 정부는 긴장의 끈을 놓지 않고 한순간의 방심도 한 치의 빈틈도 허용하지 않겠다는 비상한 각오로 신종 코로나 사태 종식에 나서겠습니다.

한편 이번을 계기로 질병관리본부 중심의 공공기관과 관련 학회 등이 참여하는 민관 사이의 역할 분담과 정보 공유, 협력을 통해 범국가적 차원에서 전염병 연구와 예방 대응 역량을 높여 나가겠습니다. 우리는 충분히 이겨낼 역량을 가지고 있습니다. 국민들께서도 정부를 믿고 어려움을 극복하는 데 힘을 모아주시기 바랍니다.

올 초 긍정적 신호를 보이던 우리 경제와 민생이 예기치 않은 변수로 인해 다시 어려움을 겪게 되었습니다. 신종 코로나로 인해 소비와 관광, 문화, 여가생활에 지장을 주며 평범한 국민의 일상마저 위축되고 있습니다. 살아나고 있는 소비심리와 내수에 부정적 영향을 미치고, 우리 경제에 부담이 커질 수밖에 없는 상황입니다. 우리 수출의 4분의 1, 외국 관광객의 3분의 1을 차지하는 중국에서 공장들이 가동을 멈추고 있고, 해외여행의 발길도 끊고 있으며 부품 공급망에도 차질이 발생하고 있습니다. 이에 따라 우리 수출과 관광, 산업 현장의 어려움이 현실화되고 있습니다.

안타까운 상황이지만 감당하면서 헤쳐 나가야 할 일들입니다. 어차

피 넘어야 할 산이고 건너야 할 강입니다. 감염병 확산을 막고 하루 속히 종식시키기 위해 총력 대응하는 데 우선을 두면서도 현실화되고 있는 국민 경제의 부담을 덜어주고, 기업들의 애로에 책임 있게 응답하는 것이 정부의 역할입니다. 사태가 장기화 되는 최악의 상황까지 대비하여 우리 경제가 받을 충격과 피해를 최소화하기 위해 다방면으로 대응책 마련을 서둘러야 할 것입니다. 어려움이 클수록 답은 현장에 있고 불확실성이 높을수록 현장과의 소통을 강화하는 것이 중요합니다. 지역, 업종, 기업들 소통을 강화하고, 적극적인 지원 대책을 강구해야 합니다.

중국 현지에 진출한 기업들의 애로사항 해소에 적극 나서고, 수출에 어려움을 겪고 있는 중소기업에 대한 무역금융과 판로 확보 지원을 강화할 필요가 있습니다. 시급한 부품소재 확보와 수출 다변화를 적극적으로 지원하고, 우리 기업들이 국내로 돌아오는 길을 넓혀주는 노력에도 힘을 쏟아야할 것입니다. 경제가 어려울수록 더욱 힘겨워지는 영세자영업자에 대해서도 정책 자금 지원을 포함한 다양한 대책을 세워야 할 것입니다.

지역경제도 큰 걱정이 아닐 수 없습니다. 지자체와 적극 협력하여 지역 산업과 관광 서비스업 등 지역경제가 위축되지 않도록 지원 대책을 시급히 마련해 주기 바랍니다. 정부는 중심을 잡고 정부가 할 수 있는 일들을 뚜벅뚜벅 해나가야 합니다. 재정 집행부터 계획대로 신속하게 해 주기 바랍니다. 민간이 어려울수록 정부가 신속한 재정투자로 경제에 힘을 불어넣어줘야 할 것입니다. 안팎으로 경제 여건이 좋지 않더라도 변화와 혁신은 계속되어야 합니다. 규제혁신에 더욱 속도를 내고, 새로운 기술과 새로운 산업이 신성장 동력이 되어 우리 경제의 미래를 열어나가도록 힘을 모아야 할 것입니다. 정부 내 부처 간 협업이 더욱 절실해졌습니다. 일본의 수출 규제에 맞서 부처 간 칸막이를 없애고, 소재·부품·장비 산업의 자립화와 경쟁력 강화로 어려움을 이겨내며 강한 경제로 나아가는 토대를 마련하고 있듯이 이번의 비상한 상황에도 부처 간 협업을 강화하여 지혜롭게 대처하고, 경제 회복의 기회를 살려나가야 할 것입니다.

경제는 심리입니다. 실제보다 과장된 공포와 불안은 우리 경제를 더욱 어렵게 만들 것입니다. 정부는 '가짜뉴스'를 막으면서 감염병 관련 정보를 신속하고 정확하게 제공해야 할 것입니다. 국민들이 불안해하지 않도록 정부가 제 역할을 하는 것이 우리 경제와도 직결된다는 점을 명심해야 하겠습니다. 국민들께서도 잘못된 정보에 바르게 대처하여 사태 해결을 위한 공론이 잘 형성될 수 있도록 힘을 모아주시기 바랍니다.

감사합니다.

'훈센' 캄보디아 총리 면담 모두발언

| 2020-02-04 |

훈센 총리님, 지난해 부산에서 뵙지 못해 아쉬웠는데, 이번에 한국을 방문해 주셔서 무척 반갑습니다. 당시 빙모님께서 위독하시다고 해서 걱정을 했는데, 위급한 상황을 넘겼다니 다행입니다. 빨리 쾌차하시고 오랫동안 건강하시기를 기원합니다.

아시안 국가들의 적극적인 협력 덕분에 지난해 한·아세안 특별정상회의와 한·메콩 정상회의를 성공적으로 개최했고, 더욱 가까운 친구가 되었습니다. 한·메콩 정상회의를 제안해 주신 총리님께 감사드립니다. 한국은 앞으로도 아세안 및 메콩 국가들과의 협력을 더욱 더 확대해 나갈 것입니다.

우리 양국 관계도 더욱 성숙해졌습니다. 지난해 3월 캄보디아 국빈방문 때 총리님과 논의했던 협력들이 하나하나 결실을 맺고 있어서 기쁘게 생각합니다. '형사사법공조조약'과 '이중과세방지협정'으로 제도적인 협력 기반이 더욱 공고해졌고, FTA 공동연구를 비롯해서 농업, 금융, 개발 이런 다양한 분야에서 협력이 활발하게 진행되고 있어서 아주 기대가 큽니다.

올해 캄보디아에서 열리는 아셈(ASEM) 정상회의의 성공적인 개최를 위해서 한국도 적극적으로 협력하겠습니다. '동반성장을 위한 다자주의 강화'라는 회의 주제가 아주 시의적절합니다. 올해 한국에서 열리게 되는 제2차 P4G 정상회의에도 상생발전을 위한 많은 지혜들을 함께 나눠주시기를 바랍니다.

올해 양국 간 호혜적인 협력이 한층 더 강화되는 한 해가 되기를 기원합니다.

감사합니다.

'라벨르' 국제반부패회의(IACC) 의장
접견 모두발언

| 2020-02-05 |

국제반부패회의 위겟 라벨르 의장님과 대표단 여러분, 반갑습니다. 환영합니다.

부패 없는 세상을 만들기 위해 노력하고, 또 행동계획을 마련해온 반부패국제회의 노력과 또 우리 의장님의 노력에 대해서 경의를 표합니다. 이번 의장님의 방문이 반부패에 대한 우리 국민들의 관심과 실천을 한층 더 높이는 계기가 되기를 기대합니다.

한국 국민들은 공정하고 깨끗한 사회를 위해 열망하고 있습니다. 그리고 우리 정부는 그 열망에 의해서 탄생했다고 말할 수 있습니다. 우리 정부는 출범 직후 5개년 반부패종합계획을 세우고, 공정사회를 위한 반부패 개혁을 강력하게 실천하고 있습니다. 그 결과 국제투명성기구의 부패인식지수(CPI)에서 2017년 이후부터 매년 빠르게 평가가 높아지고 있으나 아직은 충분하다고 생각하지 않습니다. 더 많은 노력을 할 필요가 있다고 생각합니다.

2022년까지 부패인식지수 평가에서 세계 20위권 안으로 진입하는 것이 우리 정부의 목표입니다. 반부패와 공정을 제도화하고 있는 우리 한국의 노력이 우리의 공통 목표라고 말할 수 있는 진실되고 투명한 세계의 건설에 기여할 수 있게 되기를 희망합니다.

올해 6월 한국에서 제19차 국제반부패회의가 개최됩니다. 이 역시 우리 한국 사회를 더 투명하고 깨끗한 사회로 만들고, 또 그것을 통해서 국제사회에 기여하고자 하는 한국 정부의 노력입니다. 성공적인 개최를 위해서 많이 협력해 주시기를 당부드리고, 다시 한 번 이번 방한을 환영합니다.

부산형 일자리 상생협약식 축사

| 2020-02-06 |

존경하는 국민 여러분, 부산시민 여러분,

오늘은 '부산형 일자리 상생협약'이 체결됩니다. 광주, 밀양, 대구, 구미, 횡성, 군산에 이어 일곱 번째 지역 상생형 일자리입니다. 올해 2020년으로서는 제1호입니다.

신종 코로나 바이러스라는 비상 상황 속에 있지만, 경제 활력을 지키고 키우는 일도 결코 소홀히 할 수 없습니다. 그런 면에서 오늘 부산형 일자리 상생협약은 다시 어려움을 겪고 있는 우리 경제에 큰 힘을 주는 매우 기쁜 소식입니다. 이제 부산 국제산업물류도시에 전기차 부품생산과 연구개발 클러스터가 조성됩니다. 25년 전 르노삼성자동차의 투자 이후 부산에서 역대 최대 규모인 7,600억 원이 투자되고, 4,300개의 일자리가 만들어질 것입니다.

오늘 부산형 일자리가 더욱 값진 것은, 모두가 합심하여 최고의 일자리를 만들었다는 것입니다.부산시와 함께 부산의 기업, 대학, 기관의 역량이 총동원되었고, 노사민정이 한 걸음씩 양보하여 힘을 모았습니다. 노·사 간의 상생을 넘어 원청·하청 간의 상생으로 진화했다는 것이 부산형 일자리의 자랑입니다. 정부와 지자체도 함께 노력하여 해외로 가려던 기업의 발걸음을 부산으로 돌렸습니다.

부산형 일자리를 만들기 위해 과감한 결단을 내려주신 조용국 코렌스 회장님, 서영기 한국노총 부산지역본부 의장님, 성공적인 합의를 이끌어주신 오거돈 시장님과 부산시 관계자들께 깊은 감사와 격려의 말씀을 드립니다.

부산시민 여러분,

부산의 꿈은 바로 대한민국의 꿈입니다. 지역을 넘어 세계의 꿈과 맞닿아 있습니다. 부산은 일제 강점기 조선방직공장, 고무공장, 부두노동자들이 힘을 합쳐 일제의 노동착취에 저항했고, '4·19혁명', '부마항쟁', '6월항쟁'의 주역으로 한국의 민주주의를 지켜냈습니다. 부산시민들의 영화 사랑은 부산국제영화제를 세계적 영화제로 만들어냈으며, 〈부산 갈매기〉를 열창하는 야구팬들의 열기로 부산 사직구장은 세계에서 가장 열정적인 스포츠 구장이 되었습니다. 부산은 신발, 섬유, 합판 산업으로 한국의 수출 공업화를 가장 선두에서 이끈 저력이 있습니다.

국제산업물류도시는 세계 최고의 전기차 부품생산지로 도약할 것이며, 부산형 일자리를 성공시켜 부산은 반드시 대한민국 경제의 희망이 될 것입니다. 탄탄한 실력과 기술을 갖춘 중견기업과 협력업체들이 부산과 대한민국의 경쟁력입니다. 자동차 부품회사인 코렌스는 전기차 주행성능을 개선하는 핵심부품, 파워트레인을 생산하며 우리 전기차 산업의 경쟁력을 높이고 있습니다. 2031년까지 400만 대를 수출하며 매년 1조 5천억 원의 매출을 기록할 전망입니다. 20여 개 협력업체들과 공동연구개발기금을 조성하고, 기술이전, 특허 무상사용, 인력파견을 지원하며 전국 최초로 수준 높은 '기술 상생'도 함께 이룰 것입니다. 부산자동차부품조합, 대학, 연구기관이 공동 기술개발로 전기차 경쟁력을 높이고 있습니다. 부산에 친환경차부품기술 허브센터와 스마트산단 데이터센터가 건립되면 전기차 부품 인증과 사업화 지원이 본격화될 것입니다. 함께하면 못 해낼 것이 없다는 부산의 정신이야말로 부산과 대한민국의 가장 큰 경쟁력입니다. 이제 세계 150개국과 연결된 부산항만을 통해 전기차 부품은 세계 시장으로 수출될 것입니다. 2030년 우리는 미래차 경쟁력 세계 1위 국가가 될 것입니다.

국민 여러분, 부산시민 여러분,

상생형 일자리야말로 좋은 일자리입니다. 지역 젊은이들을 붙잡는 매력적인 일자리가 될 것입니다. 전원 정규직 채용과 정년 보장으로 직업의 안정성이 확보되고, 기업들의 '좋은 일자리' 상생협약으로 일자리의 만족도가 더욱 높아질 것입니다. 지역인재 채용 보장으로 지역의 청년들이 지역에서 꿈을 이루고, 부산의 자동차 마이스터고, 특성화고 고등학생들과 자동차 전공 대학생들은 산학연계 교육으로 부산에서 혁신의 주역이 될 것입니다.

지난해 광주에서 시작된 지역 상생형 일자리는, 현재까지 2조 9천억 원의 투자와 2만여 개의 직·간접적인 일자리를 만들어냈습니다. 상생형 일자리에서 시작된 노사화합의 새로운 문화가 외국으로 가려는 국내 기업의 발걸음을 돌리고 외국인투자 유치에도 새로운 활력을 불어넣고 있습니다. 올해는 더 많은 지역에서 상생형 일자리가 마련되어 확실한 변화를 체감할 수 있을 것입니다.

정부는 지방공기업 투자를 13조 9천억 원으로 지난해보다 2조 9천억 원 늘리고, 중소·중견기업들에 총 4조 5천억 원의 설비투자 자금을 지원하는 '설비투자 붐업 프로그램'을 출시했습니다. 지역 상생형 일자리를 확대하고, 지역 경기 활성화의 마중물이 되도록 최선을 다할 것입니다.

존경하는 국민 여러분, 부산시민 여러분,

부산은 한국전쟁에서 피난민을 품었고 소외된 계층과 노동자를 대변해온 포용의 도시입니다. 오늘 '부산형 일자리 상생협약' 체결은 대한민국이 함께 잘 사는 시대, 혁신적 포용국가를 실현하는 이정표가 될 것입니다. 부산형 일자리가 반드시 성공할 수 있도록 정부도 늘 함께하겠습니다. 부산에서 시작된 경제 활력의 기운이 전국으로 퍼져나가 신종 코로나바이러스를 이겨내고 '상생 도약'할 수 있도록 지역과 함께, 국민 여러분과 함께 힘차게 뛰겠습니다.

감사합니다.

진천·음성 지역주민 간담회 모두발언

| 2020-02-09 |

　진천·음성 혁신도시, 우한 교민 임시생활시설 주변 지역 주민들을 이렇게 직접 뵙게 돼서 정말 반갑고, 또 정말 고맙습니다. 아직까지 우리가 증세를 정확하게 알지 못하는 신종 감염병이 우한 지역에서 아주 극성을 부리고 있는 상황에서, 그리고 또 우한시 자체가 봉쇄되어 있는 상황 속에서 우한 지역에 있는 교민들을 이 지역으로 이렇게 모셔서 임시생활시설을 하게 한다고 했을 때 지역 주민들이 그에 대해서 불안감을 느끼는 것은 너무나 아주 당연한 일이었습니다.

　그럼에도 불구하고 우리 진천·음성 주민들이 그런 불안감을 떨치고 이분들도 다 같은 국민들이기 때문에 어려움을 나누자, 오히려 우리가 더 따뜻하게 품어줘야 된다 그런 생각을 하시면서 이분들을 가족, 형제처럼 따뜻하게 보듬어주셔서 다시 한 번 감사를 드립니다. 또 그 과정에서 이시종 충북도지사님, 송기섭 진천군수님, 조병욱 음성군수님 역할들도 많이 해주셨고요.

또 여러분들이 그렇게 따뜻하게 대한 만큼 여기에서 생활하시는 우한 교민들도 정말 그 따뜻함에 대한 고마움을 여러 가지 방법으로 표현들을 하고 있고, 심지어는 이렇게 마음으로 표현하는 것만으로는 여러 가지로 부족하다고 그렇게 느껴서 자기들 나름대로 지역을 돕기 위해서 모금운동까지 하겠다는 뜻도 밝히고 있는 것으로 알고 있습니다. 그리고 그렇게 우리 진천·음성 주민들의 따뜻한 배려, 그에 대해서 또 우한 교민들도 아주 각별한 감사하는 마음으로 서로 주고받는 모습들을 국민들은 보면서 아주 감동을 느끼고 있고, 국가가 이런 일을 하기 위해서 필요한 것이다라는 인식들을 하게 되는 것 같습니다. 그래서 다시 한 번 감사드립니다.

그런데 이제는 임시생활시설로 인한 혹시 그것이 또 지역 내에 감염요인이 되지 않을까라는 이런 불안감들은 지금 해소가 되었는데, 그러나 여러 가지 심리적인 위축 때문에 지역경제가 어려움을 겪는 그 일을 우리가 또 겪게 되었습니다. 그래서 지역경제가 입는 어려움, 이것을 해소하기 위해서 중앙정부나 그다음에 우리 충북도, 그다음에 진천군, 음성군 군청에서도 최대한 노력들을 해나가겠습니다. 여기에 입주해 있는 공공기관들도, 또 함께 입주해 있는 민간 기업들도 그 면에서는 뜻을 다 함께 해줄 것이라고 믿습니다.

한편으로는 음성군에서는 진천·음성 혁신도시인데, 그동안 진천 쪽만 부각이 되면서 정부의 지원이나 관심이 진천 쪽으로만 편중되는 것 아니냐라는 섭섭한 마음도 일부 있었다고 들었는데 그런 일은 없을 것입니다. 음성군에 대해서도 충분한 관심을 가지고 지원하도록 하겠습니다.

차제에 한 가지 말씀드리자면 우리가 처음 임시생활시설 들었을 때만 해도 사실은 신종 감염병에 대해서 모르는 점들이 너무나 많았습니다. 그러나 그동안 우리가 국내에서 여러 가지 감염병들을 해보면서 이제는 이 감염병의 어떤 그 위험성이 어느 정도인지, 또 우리가 충분히 제대로 대응하고 있는지, 허점이 무엇인지, 어떤 점들을 더 보완하면 될지 이런 것들을 이제는 많이 알게 되었습니다. 물론 아직도 불분명한 부분들은 많습니다. 사실 이게 언제까지 이런 상황이 지속될는지, 그다음에 병의 위험성 같은 것들이 충분히 다 확인된 것은 아닙니다.

그러나 우리가 국내 상황들을 그동안 겪으면서 우리가 확인할 수 있었던 것은 적어도 우리가 신종 감염병이긴 하지만 우리가 이 질병을 대한민국 사회가 충분히 관리할 수 있고, 극복할 수 있다라는 사실은 이제는 분명하게 확인이 되는 것 같습니다.

두 번째로는 이 감염병의 감염 전파력 같은 것은 상당히 강하다고 판단이 되지만, 그러나 이 개개인들이 손 씻기라든지 또는 마스크 쓰기라든지 이런 개인적인 안전수칙, 이런 것만 제대로 지켜 나가면 충분히 감염되는 것을 피할 수가 있고, 그다음에 만에 하나 아주 운이 나빠서 감염된다고 하더라도 적절한 치료를 제때 하기만 하면 그것이 크게 무슨 치명률이 높은 그런 질병이 아니어서 충분히 치료될 수 있다라는 것은 분명해진 사실인 것 같습니다.

그리고 전문가들 이야기에 의하면 확진자가 다녀간 동선에 있는 시설이라 하더라도 그 사실이 확인되고 소독이 되고 나면 그 뒤에는 일체 다 그 세균들이 점멸되기 때문에 거기에서 다시 또 감염된다거나 할 그런 위험성들은 없다고 합니다. 그래서 이 신종 감염병에 대해서 우리가 긴장하고 최대한 우리가 주의하면서 총력을 기울여야 되는 것은 정부의 몫이고, 그래서 모든 질환이나 긴장이나 불안들은 다 정부로 밀어 주시고, 국민들께서는 지나치게 불안해할 필요는 없고, 정부의 홍보에 귀를 기울이면서 취해야 되는 안전조치 취하고, 그런 것에 따르면 충분히 안전하게 이 상황을 넘길 수 있다라는 것에 대해서 이제는 조금 인식들을 해주시기 바랍니다.

그래서 아마 이번 보름 달집 행사 같은 것도 다 취소됐을 것입니다만 이렇게 축제처럼 많이 모이는 그런 행사들은 가급적 자제해야 되지만 우리가 일상생활에서 필요한 경제활동이라든지 소비활동 이런 부분들은 위축됨이 없이 평소대로 그렇게 해주셔도 되겠다라는 것이 지금 확인되고 있다고 생각합니다. 그렇게 우리 경제가 빨리 정상적으로 돌아가서 국가경제나 또 지역경제에 어려움으로 작용하지 않도록 정부도 여러 대책을 세우면서 최선을 다해 나가겠습니다.

감사합니다.

아산 주민 오찬 간담회 모두발언

| 2020-02-09 |

우한 교민 임시생활시설 주변에, 우리 아산 지역주민들 이렇게 직접 뵙게 돼서 정말 반갑고요. 그리고 또 각별한 감사 말씀 드리고 싶습니다. 처음 임시생활시설이 들어선다고 할 때 우리 지역주민들께서 아주 강하게 반대를 하셨다고 들었습니다. 저는 충분히 이해할 수 있는 일이라고 생각합니다. 당시에 우한 지역의 상황이 아주 혼란스러웠고, 우한시 자체가 봉쇄되어 있는 그런 상황 속에서 그쪽의 교민들이 여기 와서 임시로 생활한다고 할 때 아무리 격리된 시설이라고 하더라도 그 때문에 지역에 감염이 확산될 우려 같은 것이 커지지 않을까 이런 염려들은 너무나 당연한 일이었다고 생각합니다.

그러나 그럼에도 불구하고 그런 불안들을 전부 떨쳐내고, 그래도 우리가 같은 국민이다라는 마음으로 우한 교민들을 아주 따뜻하게 품어주시고, 나아가서는 이제는 오히려 혹시 불편한 점이나 모자란 점이 없을지 그런 것을 배려하면서 챙겨주시고, 여러 가지 격려의 말씀들도 보내주시고, 또 위문품들도 보내주시고, 배방맘카페 '위 아 아산' 하셨죠? 그런 마음으로 이렇게 우한 교민들 함께해주셔서 정말 다시 한 번 감사드리고 싶습니다. 그리고 또 우한 교민들도 그에 대해서 감사를 여러 가지 방식으로 표현을 하고 있고, 앞으로 우리 아산시와의 인연을 계속 이어가고 싶고, 또 그런 방식으로 자기들도 모금운동도 하겠다는 보도도 있어서 그렇게 서로 격려하고 감사하는 마음을 주고받고 하는 모습들을 보면서 국민들은 잔잔한 감동들을 느끼고 있고, 또 나아가서는 '그래 저러기 위해서 국가가 존재하는 것이다'라는 자부심까지 느끼고 있다고 생각합니다. 다시 한 번 감사드립니다.

그런데 그런 임시생활시설 때문에 지역에 신종 감염병이 전파되지 않을까라는 그 불안은 해소가 되었지만, 그러나 그로 인해 지역경제가 여러 가지 심리적인 이유로 위축되는 그런 현상들이 생겼습니다. 비록 아산시만 겪는 문제는 아닙니다. 대한민국 전체가 지금 다 겪고 있지만 아산은 특히 여기에 자동차 업체와 부품 업체들이 많은데, 중국에서 조업이 아직 제대로 되지 않고 있어서 당장의 자동차 관련 업체들이 타격을 받고 있고, 또 아산은 아주 관광의 비중이 큰 도시인데 관광업도 타격을 받고 있고, 그래서 지역경제가 위축되고 있는 상황에 대해서 걱정들이 많습니다. 그 걱정을 최소화하고 하루빨리 그 상황에서 벗어날 수 있도록, 또 지역경제가 다시 활력을 찾을 수 있도록 우리 중앙정부, 충남도, 그리고 아산시가 함께 최선을 다하겠다는 그런 약속 말씀을 드리겠습니다.

그리고 차제에 우리 아산 시민들, 또 나아가서는 국민들께 조금 당부 말씀을 드리자면 신종 감염병이어서 아직도 우리가 잘 모르는 부분이 많습니다. 이게 앞으로 이 경과가 어떻게 될지, 언제 이 상황이 종식될지, 치료제는 언제 만들어질 수 있을지, 좀 상황이 수그러들지, 또는 오히려 더 기승을 부리는 일은 없을지, 이런 여러 가지 우리가 알지 못하는 부분들이 많이 남아있지만, 그러나 지금까지 우리가 감염병에 대응하면서 관리를 해온 결과 이제 우리는 상당 부분 알게 되었습니다.

우선 첫째 확실한 것은 우리가 신종 코로나바이러스 감염증이라는 이 새로운 감염병에 대해서 우리의 방역체계로 충분히 관리할 수 있고, 그다음에 충분히 극복해낼 수 있다라는 점들은 우리가 분명히 확인을 하였습니다. 뿐만 아니라 각 개개인들이 손 씻기라든지, 그다음에 또 마스크 쓰기라든지 이러한 행동의 안전수칙들을 제대로 지켜내면 감염을 거의 피할 수가 있고, 혹시 만에 하나 불운하게도 감염이 된다 하더라도 적절한 치료를 받으면 크게 위험하지 않게 잘 완치가 될 수 있다라는 사실을 알게 되었습니다. 오늘도 확진자 한 분이 퇴원하셔서 이제 총 세 분이 퇴원하셨거든요. 그뿐만 아니라 지금 입원해 계신 분들 가운데에서도 지금 여러 분이 증세상으로는 거의 완치 상태에 있지만 입원 관리를 좀 더 하고 있을 뿐이어서 앞으로 퇴원자는 더 많이 나올 것이라고 생각합니다.

그래서 정말 말씀드리고 싶은 것은 아직도 불안하고 긴장되고 하시겠지만 불안, 긴장 이것은 정부가 할 몫이라고 정부에게 떠넘겨주시고,

정부는 이 상황이 끝날 때까지 총력을 다해서 사태가 종식될 때까지 최선을 다해서 국민들의 안전을 지켜내겠습니다. 그래서 그런 불안, 긴장 이런 것은 다 정부에 떠넘기시고, 국민들께서는 안전수칙 지키면서 일상적인 경제활동 이런 부분들은 위축되지 않고, 지나친 불안감이나 공포감 이런 부분들은 이제는 조금 하지 않으셔도 좋겠다 그런 말씀을 드리고요. 심지어는 확진자가 한번 다녀간 경로에 있는 시설들도 방역당국이 곧바로 소독을 하는데, 소독을 하고 나면 사용을 하는 데 아무 문제가 없다는 것이 전문가들의 의견들이거든요.

어제가 대보름이었지만 달집놀이를 비롯해서 대보름 행사들을 다들 취소를 했을 텐데, 그런 축제성 행사, 사람들이 많이 모이는 그것까지는 우리가 자제를 하더라도, 그 밖에 우리가 일상적으로 해나가야 되는 여러 가지 활동들은 이제는 너무 불안감을 가지지 말고 해나가자, 그것이 우리가 이 상황으로 인해서 국가경제나 지역경제가 어려워지는 것을 오히려 막는 방법이다라는 말씀을 꼭 좀 드리고 싶습니다. 어쨌든 우리 아산 지역, 오늘 제가 밥 한 끼 먹는 것으로 이제 어려움을 같이 이겨내는 노력에 동참합니다만 끝까지 중앙정부도 함께하겠습니다.

감사합니다.

수석보좌관회의 모두발언

| 2020-02-10 |

우리 봉준호 감독의 〈기생충〉 영화가 아카데미영화제에서 작품상, 감독상, 각본상, 그리고 국제장편영화상, 이렇게 4관왕 수상했죠. 박수 한번 치면서 시작할까요?

시작하십시다. 사람의 진면목은 위기의 순간 알 수 있고, 국가의 진짜 역량도 어려움에 처할 때 드러납니다. 국가의 대응 능력이 국력이고, 국민의 시민의식이 국격입니다. 신종 코로나바이러스에 대해서도 정부는 국가의 역량을 총결집하여 대응하고 있고, 국민은 높은 시민의식을 발휘하고 있습니다.

한 가지 분명한 것은 우리가 충분히 관리할 수 있고 극복할 수 있다는 사실입니다. 정부는 세계 최고 수준의 방역 역량과 축적된 경험을 바탕으로 대응 수준을 높이며 더욱 촘촘한 방역망을 가동하고 있습니다. 확진 환자와 접촉한 모든 분들에 대해 자가격리 조치를 하고, 자가격리가 어려운 취약계층에 대해서는 격리시설을 추가로 확보하여 보호하고 관리하도록 했습니다. 유증상자에 대한 관리를 중국 전역으로 확대했고, 중국 이외의 국가에 대한 방역 조치도 강화했습니다. 개강 연기 등 유학생이나 우리 방문 학생들로부터 감염 확산을 사전에 차단하기 위한 조치도 취했습니다. 격리병실이나 선별진료소 등의 확보와 함께 군과 민간 자원을 적극적으로 활용한 의료 인력 확보에도 만전을 기하고 있습니다. 마스크 수급 안정화를 위해 매점매석을 금지하고, 긴급 수급 조정 조치를 준비하고 있으며 불공정거래나 시장 교란행위, 가짜뉴스 유포 등 공동체를 파괴하는 반사회적 범죄행위를 엄단할 것입니다. 조기진단이 가능한 시약을 개발해 민간 의료기관까지 공급하기 시작했습니다. 검사자 수가 크게 늘면서 일시적으로 확진자가 늘어날 수 있지만 결국 조속한 진단과 치료가 가능하게 됨으로써 지역사회의 확산을 막는 데 크게 기여할 것입니다.

국민 여러분께 특별히 당부드리고 싶습니다. 전문의료진들이 공개적으로 밝혔듯이 적어도 우리나라에서 아직까지는 신종 코로나는 중증 질환이 아니며 치사율도 높지 않다는 것입니다. 이 점에 대해서는 아직까지는 안심해도 될 것 같습니다. 우리나라는 세계가 인정하는 선진적인 의료체계를 갖추고 있고, 의료진들의 역량도 뛰어나 신종 코로나가 적절하게 관리되고 치료되고 있습니다. 이미 3명의 확진 환자가 완치돼 퇴원했고, 다른 확진 환자들도 모두 안정적이어서 퇴원 환자가 계속 늘어날 것입니다. 사태가 완전히 종식될 때까지 방심은 금물이지만 실제보다 과도한 불안과 공포로 위축될 필요가 없습니다. 국민들께서는 우리 의료체계에 대한 신뢰를 갖고 안전행동수칙을 지키면서 차분하게 대처해 주시길 당부드립니다.

거듭 말씀드리지만 국민들께서 보여준 성숙한 시민의식에 대해 깊은 감사를 드립니다. 국민들께서 자신의 보호는 물론 상대의 안전도 지킨다는 자세로 마스크 착용 등 위생관리에 솔선수범하고 있습니다. 국민들의 작은 실천이 국가방역체계가 효과적으로 작동하는 데에 결정적으로 기여하고 있습니다. 시민들의 따뜻한 온정도 큰 감명을 주고 있습니다. 환자들과 교민들이 격리된 시설에 격려의 편지와 후원물품, 자원봉사가 줄을 잇고 있으며 공용공간을 자발적으로 나서서 소독하고, 취약계층에 마스크를 익명으로 기부하는 등 감동적인 이야기들이 훈훈하게 전해지고 있습니다. 어려운 순간 이웃과 함께하는 국민들이 우리의 희망입니다. 국민들께 머리 숙여 깊이 감사드립니다.

정부는 국민의 안전에 대한 책무를 다하기 위해 내일 다시 한 번 중국에 임시 항공편을 보내 우한에 남은 우리 국민과 가족들을 모셔올 예정입니다. 아산과 진천의 주민들께서 따뜻하게 맞아주셨듯이 임시생활시설이 지정되는 해당 지역 주민들께서도 넓게 이해하고 포용해 주시길 부탁드립니다. 이러한 협력과 배려가 또 다른 미담이 되어 우리 사회를 더욱 행복하게 만드는 힘이 될 것입니다.

신종 코로나는 살아나던 경제에 예기치 않은 타격을 주며 수출과 관광, 생산과 소비에 큰 어려움을 초래하고 있습니다. 그렇다고 병이 가라앉기를 기다리고 있을 수만은 없습니다. 정부와 기업, 노동자가 함께 상생협력으로 돌발위기 극복에 힘을 모으고 있습니다. 조업이 중단된 중국 현지 부품공장을 조기 정상 가동하기 위해 정부와 기업이 발로 뛰며 협력하고 있고, 정부가 신속히 인가하고 있는 특별연장근로를 노동자도 기꺼이 수용하고 있습니다.

우리는 경제에 미치는 어려움을 반드시 이겨낼 것입니다. 정부는 가용한 자원을 총동원해 뒷받침하겠습니다. 업종별, 기업별, 지역별로 맞춤형으로 지원책을 마련하고, 중소상공인들에 대한 자금 지원에도 속도를 낼 것입니다.

대책이 현장에서 잘 작동되려면 현장 일선의 공무원들의 적극행정이 절대적으로 필요합니다. 모든 부처가 장관 책임 아래 공무원들의 적극행정을 독려하고, 면책하며 나아가 보상한다는 원칙을 확립해 주기 바랍니다. 공공기관들도 감염병 극복이라는 사회적 가치 실현에 최선을 다해주기 바랍니다. '우리 모두는 서로의 사회안전망'이라는 사실을 명심해야 할 것입니다.

영화 〈기생충〉 아카데미 4관왕 수상 축전

| 2020-02-10 |

　우리 영화 〈기생충〉의 아카데미 '작품상', '감독상', '각본상', '국제 영화상' 등 4관왕 수상을 국민과 함께 축하합니다. 봉준호 감독님과 배우, 스태프 여러분이 자랑스럽습니다. 어려움을 함께 이겨내고 있는 국민들께 자부심과 용기를 주어 특별히 감사드립니다.

　〈기생충〉은 가장 한국적인 이야기로 세계인의 마음을 움직였고, 개성 있고 디테일한 연출과 촌철살인의 대사, 각본, 편집, 음악, 미술을 비롯해 배우들의 연기까지 그 역량을 세계에 증명했습니다.

　지난해 '칸영화제 황금종려상' 수상에 이은 '아카데미 4관왕'은 지난 100년 우리 영화를 만들어온 모든 분들의 노력이 축적된 결과입니다. 한국영화가 세계영화와 어깨를 견주며 새로운 한국영화 100년을 시작하게 되어 매우 기쁩니다.

〈기생충〉은 유쾌하면서 슬프고, 사회적 메시지의 면에서도 새롭고 훌륭하며 성공적입니다. 영화 한 편이 주는 감동과 힘을 다시 생각하게 합니다. 우리 영화인들이 마음껏 상상력을 펴고 걱정 없이 영화를 제작할 수 있도록 정부도 함께하겠습니다.

봉준호 감독님, 배우와 스태프 여러분의 '다음 계획'이 벌써 궁금합니다. 다시 한 번 수상을 축하하며, 국민과 함께 항상 응원하겠습니다.

고용노동부·환경부·농림축산식품부
업무보고 모두발언

| 2020-02-11 |

    오늘 고용부, 농식품부, 환경부, 3개 부처의 업무보고를 함께 받습니다. 업무보고의 중점은 일자리에 두었습니다. 정부는 신종 코로나 확산 저지에 총력 대응하면서도 각 분야의 정책과제들은 흔들림 없이 추진해야 합니다. 특히 일자리는 한시도 소홀히 할 수 없는 최고의 국정과제입니다. 특별히 오늘은 국민의 눈높이에서 일자리의 성과와 과제들을 점검하기 위해 정책 수요자인 국민들과 함께 업무보고를 받기로 했습니다. 매우 뜻깊게 생각하며 또 참석해 주셔서 감사드립니다.

    신종 코로나 때문에 생산 공정이 중국과 연계되어 있는 제조업과 관광, 서비스업 등이 당장 영향을 받고, 일자리 여건에도 부담으로 작용할 가능성이 높습니다. 고용 대책과 경제 민생 대책을 마련함에 있어서 이 점을 고려하여 더 긴장해 주시기 바랍니다.

지난해에는 일자리에서 반등을 이루었습니다. 고용의 양과 질 모두 뚜렷하게 개선되었습니다. 취업자 수가 당초 목표의 2배를 넘어 30만 명 이상 증가했고, 고용률도 통계 작성 이후 역대 최고를 기록한 가운데 청년, 여성, 어르신 고용 상황도 많이 나아졌습니다. 사상 처음으로 20% 아래로 줄었습니다. 임금 격차 면에서도 소득 상위와 하위, 대기업과 중소기업, 남녀 간 격차가 모두 줄어들었습니다. 세계 경기 하강과 제조업 구조조정, 고령화와 생산인구 감소와 같은 어려운 여건 속에서 정부가 정책의 일관성을 가지고 꾸준히 노력한 성과라고 생각합니다.

올해는 일자리에서 반등을 넘어 국민들께서 확실한 변화를 체감하는 해가 되어야 합니다. 무엇보다 민간의 고용 창출을 늘리는 것이 중요합니다. 공공 부분이 마중물이 되어 민간 부분의 일자리 활력을 만드는 데 더욱 힘을 쏟아야 할 것입니다.

우선 지역주도형 일자리 창출에 매진해 주기 바랍니다. 지역에 새로운 희망이 되고 있는 상생형 지역일자리가 작년 광주형 일자리부터 시작해서 올해 부산형 일자리까지 벌써 일곱 번째입니다. 노사민정이 합심한 성과입니다. 지원할 수 있는 근거 법률도 마련된 만큼 더 많은 지역으로 퍼져나갈 수 있도록 최대한 지원하기 바랍니다. 또한 지역 특성에 맞는 다양한 일자리가 만들어지고, 지역 산단이 지역 일자리의 거점이 되도록 지역 맞춤형 일자리 창출을 적극적으로 지원해야 할 것입니다.

좋은 일자리를 만드는 것은 결국 기업입니다. 규제 혁신과 투자, 인센티브를 강화해 주력 제조업에 활력을 불어넣고, 생산성과 경쟁력을 높여야 합니다. 정부가 역점을 두고 있는 데이터경제를 확산하고 바이오,

미래차, 시스템반도체 등 신산업 육성으로 새로운 성장 동력을 마련해야 합니다.

유망 산업으로 부상한 환경과 농업도 새로운 일자리의 보고입니다. 전 세계 친환경 녹색산업 시장은 1조 2천억 달러 규모로 반도체 시장의 세 배에 달합니다. 경제와 환경의 가치를 함께 실현하는 녹색산업은 앞으로 더욱 중요한 국가 경쟁력이 될 것이므로 적극적 공공 투자로 국내 녹색산업의 성장 기반을 강화해 주기 바랍니다. 특히 올해 우리는 P4G 정상회의를 개최하는 나라로서 기후변화 대응과 지속가능발전을 위한 국제 협력에서도 책임 있는 일원으로 역할을 다해야 할 것입니다.

농업도 일자리 창출과 경제 활력에 크게 기여하고 있습니다. 지난해 농·축산식품의 수출액이 가전 분야의 수출액을 뛰어 넘었습니다. 농촌에서 삶의 터전을 새롭게 닦는 중장년층과 청년층에 대한 체계적인 귀농·창업 준비, 정착 지원과 함께 스마트농업을 더욱 확산하고 딸기, 포도, K-푸드 같은 농식품의 수출시장 개척에도 더욱 박차를 가해주기 바랍니다.

세대·계층별 맞춤형 일자리 지원을 더욱 강화해야 합니다. 올해는 특히 청년들의 체감 고용 여건을 개선하고, 40대 고용 부진을 해소하는 데 전력을 다해야 합니다. 특히 40대 고용은 4차 산업혁명이 진행될수록 더 큰 변화가 있을 수 있으므로 단기 대책과 긴 안목의 대책이 함께 강구되어야 할 것입니다. 신속한 일자리 매칭뿐 아니라 재직자 교육과 전직 훈련, 창업 지원 등을 종합적으로 포함한 대책을 내실 있게 마련해 주기 바랍니다.

생산가능인구의 급격한 감소에 대비하기 위해서는 여성과 어르신들의 경제활동 참여를 최대한 늘리는 방법밖에 없습니다. 경력단절 여성 취업 지원 강화, 부모 모두의 육아휴직 정착과 돌봄 확대 등 여성들이 마음 놓고 일할 수 있는 환경을 조성해야 합니다. 올해 노인일자리 사업은 더 확대됩니다. 어르신들께는 일하는 복지가 되고, 또 더 늦게까지 사회활동에 참여하는 것입니다. 고용 연장에 대해서도 이제 본격적으로 검토를 시작할 때가 되었다고 생각합니다.

한편으로는 고용안전망이 더욱 촘촘해야 합니다. 고용보험 혜택을 못 받는 저소득 구직자의 생계와 취업 지원을 강화하기 위해 도입한 한국형 실업부조, 국민취업 지원 제도가 차질 없이 시행되도록 관련 법안의 국회 통과를 위해 노력해 주기 바랍니다. 특수고용 노동자와 플랫폼 노동에 대한 사회안전망 구축에도 각별한 관심을 당부합니다. 지난해 연간 노동시간이 처음으로 1,900시간대로 진입했습니다. 일과 생활의 균형은 저출산 문제의 근본적인 해결책이기도 합니다. 주 52시간제 안착과 함께 연간 노동시간 1,800시간대 진입을 목표로 삼아 나아가기 바랍니다.

오늘 업무보고에서는 일자리 관련 보고뿐만 아니라 미세먼지 대책과 공익직불제가 함께 논의해야 할 중요한 과제입니다. 미세먼지에 있어서 계절관리제가 뚜렷한 효과를 보이고 있습니다. 계절관리제가 처음 시행된 작년 12월부터 올 1월까지 두 달간 초미세먼지 농도가 최근 3년 평균보다 약 13%가 줄었고, 두 달 평균 8일에 달했던 고농도 일수는 하루로 크게 줄어들었습니다. 2월과 3월이 남아있기 때문에 계절관리제의 성과를 더 높일 방안을 강력하게 추진해 주기 바랍니다.

또한 공익형직불제가 올해부터 시행됩니다. 농업의 공익적 기능을 제도적으로 보호하고, 중소농민의 소득안전망을 강화하는 큰 변화입니다. 제도의 취지가 현장에서 제대로 구현되는 것이 중요함으로 농업인과 단체, 전문가 등의 의견을 폭넓게 수렴하면서 직불금 신청 단계부터 사후 관리까지 빈틈없는 계획을 준비해 주기 바랍니다. 이상입니다.

고맙습니다.

남대문시장 방문 및 오찬간담회

| 2020-02-12 |

반갑습니다. 걱정들 많으시죠? 걱정이 돼서 왔습니다. 전통시장이 갈수록 어려워지고 있다고 하는데, 그런 와중에 신종 코로나바이러스 때문에 전통시장이 아주 큰 타격을 지금 받고 있습니다. 특히 우리 남대문시장은 외국인 관광객들이 많이 또 찾는 곳이어서 외국인 관광객들의 매출 비중도 상당히 큰데, 외국인 (관광객 수가) 떨어지고 그래서 아마 어려움이 더 가중되고 있지 않을까 싶습니다. 정부가 전통시장, 또 이렇게 소상공인, 자영업자, 관광업체 이런 분들의 어려움을 금융 지원이라든지 재정 지원이라든지 마케팅 지원 등을 통해서 좀 극복할 수 있도록 최대한 지원을 할 계획이고요.

그렇지만 가장 중요한 것은 정부의 지원보다도 국민들이 하루빨리 좀 너무 이렇게 과도한 불안감 떨쳐내고 다시 이제 일상활동, 특히 경제

활동, 소비활동, 그것을 활발하게 이렇게 해 주는 것이 근본적인 대책이지 않겠습니까. 그래서 오늘 그런 캠페인을 위해서, 또 국민들께서 전통시장을 좀 더 많이 찾아주시기를 바라는 그런 마음으로 오늘 방문을 했는데, 이게 조금 남대문시장이 다시 좀 활기를 찾는 데 도움이 됐으면 좋겠습니다.

사실 이제 보면 이런 신종 감염병이기 때문에 당연히 긴장해야 되고, 또 방역에 총력을 기울여야 되지만 그것은 정부가 해야 될 몫이고, 또 지자체가 함께해야 될 역할이고, 국민들은 방역본부가 가르쳐주는 어떤 행동수칙이나 행동요령 그것 따르면 충분히 안전을 지킬 수 있는 것이거든요. 지나치게 이렇게 불안할 필요가 없다는 것이 지금 확인되고 있습니다. 감염 상황만 보더라도 2차, 3차 감염이 발생은 했지만 전부 확진자하고 가족 관계거나 안 그러면 거의 가족과 비슷하게 아주 밀접한 접촉을 했던 분들, 그런 분들만 감염이 되었지, 그냥 뜨내기로 어떻게 스쳐지나간 정도로 감염된 분은 한 분도 없거든요. 그리고 또 확진자가 다녀간 동선에 있다 하더라도 소독만 하면 완벽하게 안전하다는 것이 전문가들의 설명이기 때문에 국민들이 너무 지나치게 위축이 돼서 이렇게 전통시장을 기피한다거나 하는 것은 우리 국민들 생활이나 민생 경제에 크게 도움이 되지 않는 것이죠. 그래서 국민들께서 빨리 활발하게 다시 이제 활동을 해주시기를 바라고요. 정부로서도 이 사태가 종식되는 대로 우리 경제가 활력을 되찾을 수 있도록 총력을 다하겠습니다.

사실 작년 연말부터 경제가 상당히 좋아지는 그런 기미가 보였거든요. 작년에, 경기선행지수도 작년 12월에 몇 년 만에 최고 상승했고,

지난 1월에는 일일 평균 수출액도 증가를 했는데, 그런 상황 속에서 신종 코로나 때문에 다시 어려움을 겪게 돼서 매우 안타깝습니다. 관광객도 작년에 1,750만 명이 한국을 방문해 사상 최고를 기록했는데, 그래서 정부가 올해는 연간 외국인 관광객 2,000만 명 시대를 목표로 세웠어요. 실제로 1월 달에 관광객이 15% 정도 늘었고, 중국인 관광객은 무려 24% 증가했는데, 그게 이제 1월 24일 이후로 뚝 떨어져서 지금 중국인 관광객이 거의 60% 가까이 줄어들었거든요. 하루빨리 이 사태를 종식시켜서 관광 부분도 다시 활기를 되찾도록 정부가 최선을 다하겠습니다. 다 힘든 시기지만 정부가 최대한 노력할 테니 함께 힘을 모아서 어려움을 극복해 나갔으면 좋겠습니다.

코로나19 대응 경제계 간담회 모두발언

| 2020-02-13 |

코로나19로 우리 경제가 어려움을 겪고 있는 상황에서 경제계를 대표하는 여러분을 모셨습니다. 경기가 살아나는 듯해서 기대가 컸었는데, 뜻밖의 상황을 맞게 되었습니다. 어려운 상황을 어떻게 극복할 수 있을지 함께 의견을 나누고자 합니다. 참석해 주셔서 감사합니다. 오늘 간담회가 경제 활력을 되살리고 기업과 국민들께 용기를 드리는 계기가 되었으면 합니다.

최근 우리 기업들이 끊임없는 도전과 혁신으로 국민의 희망이 되고 있습니다. CJ그룹이 투자한 영화 〈기생충〉이 아카데미 작품상을 비롯한 4관왕의 영예를 차지했습니다. 한류 문화의 우수성을 또 한 번 세계에 보여준 쾌거입니다. LG전자의 '롤러블 TV'는 국제전자제품박람회(CES)에서 디스플레이 부문 최고 혁신상을 받았고, 삼성전자는 인공지능 로봇

'볼리', 인공인간 프로젝트 '네온'을 소개하며 인공지능 상용화에 앞서가고 있습니다. 현대차도 도심 항공용 모빌리티로 세계의 주목을 받았습니다. SK는 전량 수입에 의존하던 불화수소 가스와 블랭크 마스크, 불화폴리이미드 생산공장을 완공하며 소재 자립화의 확실한 변화를 이끌고 있습니다.

경제계의 노력이 경제 회복으로 나타나고 있습니다. 작년 4분기부터 설비 투자가 증가세로 전환되었고, 경기선행지수도 10년 만에 최대 상승폭을 기록했습니다. 지난 1월에는 드디어 일 평균 수출액도 증가로 반등했고, 외국인 관광객도 크게 늘어나 외국인 관광객 2,000만 명 시대의 기대를 높여주었습니다. 고용 지표도 기대 이상으로 좋아졌고, 역대 최대의 신설법인과 벤처투자로 창업과 일자리 창출의 선순환도 뚜렷해졌습니다. 그런 가운데 코로나19 사태가 발생해 경제의 발목을 잡게 된 것이 매우 안타깝습니다. 다행히, 아직 국외 유입 등 긴장해야 할 부분들이 많이 남아있지만, 국내에서의 방역 관리는 어느 정도 안정적인 단계로 들어선 것 같습니다. 방역 당국이 끝까지 긴장을 놓지 않고 최선을 다하고 있기 때문에 코로나19는 머지않아 종식될 것입니다.

이제는 정부와 경제계가 합심하여 코로나19의 피해를 최소화하고 경제 회복의 흐름을 되살리는 노력을 기울일 때입니다. 정부와 기업이 함께 중국 당국과 긴밀히 협의하여 중국 내 자동차 부품 공장의 재가동을 앞당긴 것이 좋은 사례입니다. 정부는 필요한 금융 지원과 신속한 통관, 특별연장근로 인가, 대체생산품에 대한 빠른 인증 등으로 기업 활동과 국민의 안전을 적극 뒷받침할 것입니다. 관광업과 같이 코로나19에 직접 타격을 받은 업종과 중소기업, 소상공인들의 어려움에 대해서도 적극적으로 지원하겠습니다.

최근 우리 대기업들이 솔선수범하여 협력업체와 상생의 모범을 보여주고 있습니다. 삼성, 현대차 등 대기업 그룹이 조 단위의 경영안정자금을 긴급 지원하기로 하여 협력업체들에게 큰 힘이 되고 있습니다. 롯데그룹은 우한 교민들에게 생필품을 적극 후원해 주었고, 중국 적십자사 등에도 후원금을 전달해 양 국민의 우호 감정을 높여주었습니다. 대기업들이 앞장서 주시니 더욱 든든하다는 감사 말씀을 드립니다.

정부도 중소기업, 소상공인에 대한 금융지원을 확대하고, 세금 납부 기한 연장 등을 통해 피해를 최소화할 계획입니다. 항공, 해운, 운수, 관광 등 업종별로 예상되는 피해에 대한 선제적인 대응책도 곧 마련할 것입니다. 어려울 때일수록 미래를 향한 과감한 투자가 경제를 살리고 혁신 성장의 발판이 되었습니다.

정부는 반드시 국민과 기업의 안전을 지켜낼 것입니다. 기업도 정부를 믿고 코로나19 상황 이전에 예정했던 설비 투자를 차질 없이 진행해 주길 기대합니다. 정부도 민간·민자·공공 3대 분야에서 100조 원의 투자 프로젝트를 발굴하여 경제와 일자리를 살리는 데 매진할 것입니다. 과감한 세제 감면과 규제 특례, 입지 지원을 강화하여 기업의 투자와 혁신을 적극 돕겠습니다. 코로나19의 피해를 최소화하고, 우리 경제의 회복 흐름을 빠르게 되살리기 위해 어떤 대책과 노력이 필요할 것인지 경제계와 정부가 지혜를 함께 모으는 보람 있는 시간이 되기를 바랍니다.

감사합니다.

전주시와 시민들께 박수를 보냅니다

| 2020-02-16 |

전주 한옥마을에서 시작된 건물주들의 자발적인 상가임대료 인하 운동이 전통시장, 구도심, 대학가 등 전주시 전역으로 확산되고 있다는 보도를 보았습니다. 전주시와 건물주들은 '코로나19 극복과 지역경제 활성화를 위한 상생 선언문'을 발표했습니다.

전주시와 시민들께 박수를 보냅니다. 코로나19로 인한 극심한 소비 위축과 매출 감소, 지역경제 침체를 이겨내는 데 큰 힘이 될 것입니다. '착한 임대인 운동'이 전국적으로 확산되길 기대합니다. 경제가 큰 어려움을 겪을 때마다 국민들의 '십시일반 운동'이 큰 힘이 되었습니다.

정부도 소상공인, 자영업자들을 적극 돕겠습니다. 한 임대인들에 대한 지원방안도 모색하겠습니다. 국민들께서도 적극적인 소비 활동으로 호응해 주셨으면 합니다.

기획재정부·산업통상자원부·중소벤처기업부·금융위원회 업무보고 모두발언

| 2020-02-17 |

오늘은 기재부, 산업부, 중기부, 금융위, 4개 경제 부처가 함께 업무보고를 합니다. 경제 부처들은 올해 민생과 경제에서 확실한 변화를 보여줄 막중한 과제를 안고 있습니다. 최근의 코로나19 사태로 인해 어깨가 더 무거워졌습니다.

모두 지금까지 잘해주었습니다. 특히 지난해 세계 경기 하강과 일본의 수출 규제 등 대외적 도전에 맞서, 적극적 재정 정책과 선제적 정책 대응으로 경제 회복의 발판을 마련했고, 한편으로는 경제 구조의 근본적 전환과 체질 강화를 위해 혁신·포용·공정의 길을 중단 없이 달려왔습니다.

신산업 육성과 제2의 벤처붐으로 혁신성장의 토대를 구축했고, 일자리 반등과 분배지표의 개선으로 포용성도 강화되었으며, 불공정한 거래 관행이 개선되고 대기업과 중소기업의 상생협력이 늘어나는 등 공정

경제의 성과까지 더해지며 혁신적 포용국가의 기틀을 마련했습니다. 경제부총리를 중심으로 어려움을 극복하고 많은 성과들을 만들어낸 모든 경제부처와 소속 공무원들의 노고에 특별히 격려와 치하의 말씀을 드립니다. 그리고 더 어깨가 무거워진 올해, 국민들께서 확실한 변화를 체감할 수 있도록 더 많은 노력을 기울여줄 것을 당부하고 기대합니다.

지난해 경제 부처의 활동 중 가장 뜻깊었던 것은 일본의 수출 규제에 대한 대응이었습니다. 정부·기업·국민, 민·관이 혼연일체가 되어 단 한 건의 생산 차질도 없이 어려움을 이겨냈습니다. 3대 품목의 대일 의존도를 낮추었고, 소재·부품·장비의 자립화에 대한 자신감이 생겼습니다. 위기를 오히려 기회로 반전시킨 좋은 사례가 되었습니다. 나는 그 성과도 기쁘지만, 그 과정을 더 소중하게 여깁니다. 대·중소기업, 수요기업과 공급기업 간의 상생 협력과 범부처적인 협업의 경험은 앞으로도 우리가 유사한 문제를 해결해 나가는데 있어서 좋은 교훈이 될 것입니다.

이번 코로나19의 대응에서도 범부처적인 협업이 빛났습니다. 질병관리본부를 중심으로 중앙사고수습본부와 정부합동지원단을 통한 범부처적인 협업이 지금까지 신종 감염병의 대응에 큰 효과를 보았다고 생각합니다. 앞으로 코로나19의 피해를 최소화하고, 경제 활력을 되찾는데 있어서도 강력한 대책과 함께 경제 부처들 간의 빈틈없는 협업을 당부합니다.

이번 코로나19의 경제적 피해는 지난 2015년의 메르스 사태 때보다 더 크게 체감이 됩니다. 불황이 장기화되면 우리 경제뿐 아니라 민생에도 큰 타격이 될 것입니다. 그야말로 비상하고 엄중한 상황입니다. 국외적인 요인의 피해는 우리의 대응에 한계가 있다고 하더라도 국내의 소비 활동과 여가 활동까지 과도하게 부풀려진 공포와 불안 때문에 지나치게 위축된 측면이 있습니다. 이제는 국민의 안전을 지키는 한편 경제 활력을 되살리는 데 전력을 기울여야 할 때입니다. 정부는 끝까지 긴장하며, 방역에 최선을 다할 것입니다. 국민들께서도 정부의 대응을 믿고, 각자의 안전수칙을 철저히 지키면서, 정상적인 일상활동과 경제활동으로 복귀해 주실 것을 다시 한 번 당부드립니다.

소비 위축으로 매출이 떨어진 관광업체와 전통시장, 음식점 등 자영업자들에게 현실적으로 가장 큰 어려움은 점포 임대료입니다. 지금 전주시를 비롯한 일부 지역에서 코로나19의 피해를 함께 극복하기 위한 건물주들의 자발적인 상가임대료 인하 운동이 일어나고 있습니다. 착한 임대인 운동에 깊이 감사드리면서, 범정부적인 강력한 지원과 함께 상가 임대인과 임차인 사이에서도 상생의 노력이 함께 펼쳐지기를 바라마지 않습니다. 국민들께서도 적극적인 소비 진작으로 호응해 주시기 바랍니다.

오늘 업무보고 준비에 수고 많았습니다. 혁신성장, 흔들리지 않는 산업 강국, 디지털 경제, 혁신금융을 위한 정책들이 잘 준비되었습니다. 더욱 중요한 것은 실천입니다. 부처 업무보고는 대통령에게 보고하기 위한 것이 아니라 국민에게 보고하는 것이며, 실천을 다짐하는 것입니다. 준비한 정책 방안들이 잘 실천되어 반드시 목표를 이룰 수 있도록 끝까지 최선을 다해주기 바랍니다. 감사합니다.

제7회 국무회의 모두발언

| 2020-02-18 |

제7회 국무회의를 시작하겠습니다.

비상한 상황에는 비상한 처방이 필요합니다. 국민 안전과 민생 경제 두 영역 모두에서 선제적인 대응과 특단의 대응을 강구해 주기 바랍니다. 코로나19의 확산을 저지하기 위해 정부가 범국가적 역량을 모아 총력 대응하고, 방역 당국과 의료진의 헌신적 노력과 국민들께서 위생수칙을 철저히 지켜주는 실천이 모여 방역에 안정감이 높아지고 있습니다. 확진자 증가 속도가 둔화하고 있고, 완치되어 퇴원하는 환자가 늘고 있습니다. 2주간 임시생활시설에 격리되어 보호받던 우한 교민들은 지난 주말 모두 건강한 상태로 퇴소하였습니다. 국민들께서도 공포와 불안으로부터 서서히 벗어나며 조금씩 활기를 되찾고 있습니다. 정부는 코로나 사태가 종식될 때까지 끝까지 긴장의 끈을 놓지 않고 방역에 만전을 기하겠습니다.

여전히 심각한 중국의 상황에 더해 악화되는 일본의 상황이 또 다른 변수가 되고 있습니다. 국경을 넘는 감염병으로부터 안전하기 위해서는 이웃 나라들이 하루속히 진정되는 것이 중요합니다. 입국 검역을 더욱 강화하는 노력과 함께 국경을 넘는 재난 앞에 이웃 나라들과 힘을 모아야 합니다. 어려움을 함께 신속히 극복할 수 있도록 국제 협력과 지원에 각별한 노력을 기울여주기 바랍니다.

정부는 방역에 최선을 다하면서도 코로나19가 주고 있는 경제적 타격에 그야말로 비상경제 시국이라는 상황 인식을 가지고 엄중하게 대처해야 합니다. 중국의 경제 상황이 나빠지면 우리가 가장 큰 타격을 받습니다. 지금 당장 중국과 연계되어 있는 우리 기업의 공급망과 생산활동이 차질을 빚고 있고, 우리 수출 비중의 4분의 1을 차지하는 최대 교역국 중국에 대한 수출이 큰 폭으로 감소하고 있습니다. 관광, 문화, 여가 등 서비스업의 타격도 심각한 상황으로 소비와 내수가 크게 위축되고 있으며 기업들과 자영업자들의 시름이 깊어지고 있습니다. 사스나 메르스 때보다 훨씬 크고 긴 충격을 줄 것이라는 우려까지 나오고 있습니다. 정부가 취할 수 있는 모든 수단을 이용하는 특단의 대책이 절대적으로 필요한 때입니다. 오늘 의결하는 1차 예비비는 시작일 뿐이고, 예산의 조기 집행은 마땅히 해야 하는 기본적인 조치입니다. 이것만으로는 턱없이 부족합니다. 비상경제 상황에 대응하기 위해서는 어떤 제한도 두지 말고 예상을 뛰어넘는 정책적 상상력을 발휘해 주기 바랍니다.

현재 상황은 생각보다 매우 심각합니다. 어려움을 겪고 있는 기업들의 피해를 최소화하는 강력한 지원책을 준비해 주기 바랍니다. 중소기업과 소상공인들에 대한 특별금융 지원과 세 부담 완화를 위한 과감한 조치들도 검토해 주기 바랍니다. 건물주들의 자발적인 상가 임대료 인하 운동에 정부도 화답하여 소상공인들의 임대료 걱정을 덜어드릴 수 있는 조치를 신속하게 강구해야 할 것입니다. 기업들의 투자를 활성화하기 위한 인센티브 확대와 더욱 과감한 규제혁신 방안도 적극적으로 검토해 주기 바랍니다.

특히 위축된 국내 소비를 진작시킬 필요가 있습니다. 소비쿠폰이나 구매금액 환급과 같은 소비 진작책과 함께 재래시장, 골목상권, 지역경제 활력을 위해 필요하다면 파격적 수준의 지원 방안을 적극적으로 고려해 주기 바랍니다. 전례가 있다, 없다를 따지지 말고 생각할 수 있는 대책들을 책상 위에 모두 꺼내놓고 가능한 모든 수단을 동원해야 할 것입니다. 정책은 타이밍이 생명입니다. 비상한 시기인 만큼 실기(失期)하지 않고 긴급하게 처방해야 합니다. 국회도 비상한 경제상황 극복에 협조해 주기 바랍니다.

한편으로는 위기를 기회로 만드는 노력도 필요합니다. 위기를 혁신의 동력으로 삼아 흔들리지 않는 강한 경제로 가는 기회로 만들어야 합니다. 일본의 부당한 수출 규제로부터 교훈을 얻었듯이 우리 경제의 지나친 대외의존도는 언제든지 우리 경제를 위협할 수 있습니다. 수입선 다변화, 소재·부품·장비 산업 육성, 신시장 개척 등에 더욱 박차를 가해 주기 바랍니다. 또한 우리 기업들이 국내로 다시 돌아올 기회를 넓히고, 외국인 투자 유치에도 적극적으로 나서야 할 것입니다.

국민들께도 거듭 당부드립니다. 과도한 공포와 불안은 경제를 더욱 어렵게 합니다. 결국 경제를 살리는 힘도 국민에게 있습니다. 우리는 세계 최고 수준의 방역체계와 의료시스템을 갖추고 있습니다. 정부의 대응을 믿고 위생수칙을 지키면서 정상적인 경제활동과 일상생활로 복귀해 주신다면 경제 회복에 큰 힘이 될 것입니다. 이상입니다.

시·도교육감 초청 간담회 모두발언

| 2020-02-19 |

교육감님들, 정말 반갑습니다.

진작 뵙고 싶었는데 많이 늦어졌습니다. 개학이 다가오면서 코로나 19 때문에 걱정이 많습니다. 아마 우리 교육감님들 걱정이 누구보다도 크지 않을까 생각합니다. 오늘 코로나19를 중심으로 해서 학교와 학생들의 안전 대책을 함께 논의했으면 합니다. 특히 교육 현장의 생생한 목소리를 많이 들려주시기 바랍니다.

아이들의 안전을 지키는 것은 정부와 교육 당국의 가장 중요한 책무입니다. 시·도 교육청이 아이들의 안전을 최우선에 두고 세심하고 발빠르게 대응해 주셔서 감사드립니다. 시·도 교육청은 중앙사고수습본부, 그리고 교육부와 긴밀히 소통하며 보호조치 대상과 휴업 지침을 학교에 신속히 전달했습니다. 마스크, 손소독제 같은 방역 물품을 학교에 제공하고, 예방수칙 자료를 13개국 언어로 번역하여 외국인 학생들과 다문화가정이 활용할 수 있도록 했습니다. 학교에서는 서로를 위하는 따뜻한 마음으로 코로나19를 이겨내고 있습니다. 코로나19는 졸업식의 풍경을 바꿔놨지만 졸업생 모두에게 손편지를 전달한 대구의 한 초등학교 교장선생님의 미담이 아주 훈훈한 감동이 되고 있습니다.

함께 생활하지 못하는 중국 유학생들에게 한국의 친구들은 SNS를 통해 응원의 메시지를 보내고 있고, 또 아이들은 국적과 언어에 상관없이 친구를 도우며 서로에게 든든한 힘이 되어주고 있습니다. 성숙한 교육 현장의 모습이 정말 자랑스럽습니다. 모두에게 감사와 격려의 말씀을 드리고, 또 성숙한 교육 현장을 이끌고 계신 교육감님들께 다시 한 번 경의를 표합니다.

학교 휴업이나 개학 연기는 줄고 있지만 아이들의 안전이 무엇보다 우선입니다. 정부는 학교 소독과 방역 물품 구입을 위해 250억 원의 예산을 우선 지원했습니다. 개학에 앞서 가능한 모든 유치원과 각급 학교에서 특별소독을 실시하고 마스크, 손소독제와 같은 방역 물품이 학교에 충분히 비치될 수 있도록 각별한 관심과 지원을 부탁드립니다. 손 씻기, 마스크 착용 등 위생교육이 철저히 시행될 수 있도록 학교와 긴밀히 소통해 주실 것을 당부드립니다. 상황이 종식될 때까지 교육부, 중앙사고수습본부, 학교와 긴밀히 협력하면서 교육 현장의 요구를 신속하게 반영해 주시기를 바랍니다.

지금도 휴업 또는 개학을 연기한 학교의 40% 이상에서 돌봄교실이 운영되고 있습니다. 맞벌이 가정 등 학부모들의 요청이 있다면 돌봄교실이 최대한 운영될 수 있도록 각별한 관심을 부탁드립니다. 유치원을 포함하여 학교의 휴업이나 휴교에 대해서도 전국적으로 통일된 기준이나 지침이 마련되었으면 합니다. 코로나19를 계기로 올해는 학교 안전에서 국민들이 체감하실 수 있는 확실한 변화를 만들고자 합니다. 시·도 교육청의 협조로 이달 말이면 모든 학교의 일반 교실에 공기정화장치 설치가 완료되어 미세먼지에 대한 우려를 덜게 됩니다.

이제 코로나19로부터 학생들의 안전을 지켜낸다면 공교육에 대한 신뢰가 더욱 높아지고 믿고 맡길 수 있는 교육 환경이 만들어질 것입니다. 안전을 최우선으로 삼아 교육 과정이 정상적으로 이루어질 수 있도록 함께 힘을 모아주시기 바랍니다. 오늘 확진자가 크게 늘어났다는 보고를 받았습니다. 주로 어제 염려가 많았던 31번 확진자와 관련이 있는 감염으로 보입니다. 지역사회 감염 대응 체계를 대폭 강화하여 지역사회에 확실한 지역방어망을 구축할 필요가 있습니다. 병원, 요양시설 등 취약시설과 교회 등과 같은 다중이용시설에 대한 방역을 더욱 강화해야 합니다. 교육감님들께서 지역사회 감염 확산 상황을 예의주시하면서 적절한 대응에 함께해주시기 바랍니다.

국민들께서도 철저한 위생수칙 준수와 함께 여행력이나 접촉력이 없더라도 의심 증상이 있으면 의료진을 믿고 검사, 진단, 치료에 적극 협력해 주시기 바랍니다. 나 개인뿐 아니라 가족과 지역사회 모두를 지키는 최선의 길임을 명심해 주시기를 부탁드리겠습니다.

감사합니다.

코로나19 범정부대책회의 모두발언

| 2020-02-23 |

코로나19 사태가 중대한 분수령을 맞았습니다. 지금부터 며칠이 매우 중요한 고비입니다. 감염자는 최대한 신속하게 확인하여 조기 치료하는 것은 물론 확산을 차단해야 합니다. 정부와 지자체, 방역당국과 의료진, 나아가 지역주민과 전국민이 혼연일체가 되어 총력 대응해야 하는 중차대한 시점입니다.

이에 정부는 감염병 전문가들의 권고에 따라 위기경보를 최고 단계인 심각 단계로 올려 대응 체계를 대폭 강화해 나가겠습니다. 대규모로 일어나고 있는 신천지 집단 감염 사태 이전과 이후는 전혀 다른 상황입니다.

기존의 질병관리본부 중심의 방역체계와 중수본 체제는 일관성을 유지하면서 총리 주재 '중앙재난안전대책본부'로 격상하여 범부처 대응과 중앙정부 - 지자체의 지원 체계를 한층 강화해 총력으로 대응하겠습니다. 규정에 얽매이지 말고 전례 없는 강력한 대응을 주저하지 말아야 할 것입니다.

대구와 경북 청도를 '감염병 특별관리지역'으로 지정하여 지역에서 감당하지 못하는 병상과 인력, 장비, 방역물품 등 필요한 모든 자원을 전폭 지원하는 체제로 바꾸었습니다. 포화상태에 이른 대구지역의 의료 능력을 보강하고 지원하는 조치도 신속히 강구하고 있습니다. 정부는 특별관리지역의 조기 안정화를 위해 필요한 모든 방안을 총동원해 주기 바랍니다. 특히, 공공부문의 자원뿐 아니라 민간 의료기관과 의료인의 협력을 최대한 이끌어내고 적극적으로 지원해 주기 바랍니다.

엄중한 위기 상황이지만 우리는 이겨낼 수 있습니다. 정부는 감염병 확산을 통제하고 관리할 충분한 역량과 자신감을 가지고 있습니다. 새롭게 확진되는 환자의 대부분이 뚜렷한 관련성이 확인되는 집단 내에서 발생하고 있습니다. 따라서 정부의 방역체계 속에서 철저히 관리하고 통제해 나간다면 외부로의 확산을 지연시키고 최소화할 수 있을 것입니다.

특히, 집단 감염의 발원지가 되고 있는 신천지 신도들에 대해서는 특단의 대책을 취하고 있습니다. 무엇보다 확진 환자들을 빠르게 확인하기 위해 신속한 전수조사와 진단을 진행하고 있습니다. 주말 동안 기존의 유증상자에 대해서는 대부분 검사가 완료될 계획이며, 이들에 대한 검사가 마무리 단계로 들어서면 신천지 관련 확진자 증가세는 상당히 진정될 것으로 기대합니다.

이와 같은 조치는 감염 환자들을 신속하게 가려내어 치료하고, 외부와 철저히 격리하고 보호함으로써 지역사회로의 확산을 차단하기 위한 것입니다. 대구에서뿐만 아니라 전국의 지자체들이 신천지 시설을 임시폐쇄하고, 신도들을 전수조사하며 관리에 나선 것은 공동체의 안전을 지키기 위한 당연하고 불가피한 조치입니다. 종교활동의 자유를 제약하려는 것이 아니라 지역주민과 국민들의 생명과 안전을 위한 것입니다. 신천지 신도들의 안전을 지키는 것이기도 합니다. 신천지교회와 신도들의 적극적인 협조를 당부드립니다.

이는 다른 종교와 일반 단체의 경우도 마찬가지입니다. 우리는 이번에 밀폐된 실내 공간에서 다수가 밀집한 가운데 이뤄지는 행사가 감염병의 확산에 얼마나 위험한지 생생하게 확인할 수 있었습니다. 타인에게, 그리고 국민 일반에게 해가 될 수 있는 방식의 집단 행사나 행위를 실내뿐 아니라 옥외에서도 스스로 자제해 주실 것을 당부드립니다. 또한 이미 자발적으로 자제 조치를 취하고 있는 종교단체들에게 감사드립니다. 정부도 국민 안전과 국가안위 차원에서 지자체와 함께 할 수 있는 필요한 조치를 강력하고 신속하게 취해 나갈 것입니다.

정부는 코로나19의 지역사회 전파를 막기 위한 방역 대책을 획기적으로 강화했습니다. 호흡기 질환자와 일반 환자를 분리해 치료하는 '국민안심병원'을 지정해 운영하고, 일반 환자에 대해 의사의 의료적 판단에 따라 전화상담·처방과 대리처방을 한시적으로 허용했습니다. 감염병에 취약한 요양병원과 요양시설에 대한 관리를 강화하고, 조기 발견을 위한 진단 검사를 대폭 확대하며 확진 환자 증가에 대비하여 가용 병실과 병상을 대폭 확충하는 등 지역사회 방역에 총동원 체제로 임하고 있습니다.

지자체의 역할이 절대적으로 중요한 시점이 되었습니다. 지자체의 방역 역량을 적극적으로 발휘할 때입니다. 주로 신천지와 관련된 감염이지만 전국 곳곳에서 확진자가 발생하고 있습니다. 시·도지사님들께서 앞장서서 코로나19의 지역 확산을 저지하는 데 총력을 기울여주시길 당부드립니다. 지자체가 가진 모든 권한을 행사하여 감염 요인을 철저히 차단하는 한편, 최악의 상황까지 상정하여 의료시설과 인력 확충, 취약시설 점검 등을 선제적으로 대비해 주시기 바랍니다.

특별히 대구 시민들과 경북 도민들께 위로와 격려의 말씀을 드립니다. 국가와 국민 모두가 여러분들과 함께할 것입니다. 정부는 대구와 경북의 위기를 국가적 위기로 인식하고, 어려움을 극복하는 데 국가적 역량을 모아나가겠습니다.

특별관리지역으로서 모든 지원을 아끼지 않을 것입니다. 일상으로 하루속히 복귀할 수 있도록 방역에 최선을 다하고, 사회경제적 피해 지원에 대해서도 소홀히 하지 않겠습니다. 정부가 할 수 있는 지원책은 물론 국회와 함께 협력하여 특단의 지원 방안을 강구해 나가겠습니다. 국민 여러분께서도 적극 협력해 주시기 바랍니다. 국민 여러분께서 정부와 지자체, 의료진의 노력에 동참해 주셔야 지역 감염을 효과적으로 막을 수 있습니다.

지나친 불안을 떨치고, 정부의 조치를 신뢰하고 협조해 주십시오. 온 국민이 자신감을 갖고 함께하면 승리할 수 있습니다. 신뢰와 협력이 바이러스와의 싸움에서 이기는 길입니다. 우리의 역량을 굳게 믿고, 각자의 위치에서 최선을 다하면서 지금의 어려움을 함께 극복해 나갑시다. 감사합니다.

수석보좌관회의 모두발언

| 2020-02-24 |

반갑습니다.

코로나19 사태로 국민 안전에 대한 불안이 더욱 높아지는 한편 경제적 피해도 더 커지고 있습니다. 방역과 경제라는 이중의 어려움에 정부는 비상한 각오로 임하고 있습니다. 우리는 국가적 역량을 총동원해서 코로나19 확산을 반드시 막아내야 합니다.

오늘 회의에는 특별히 감염병 관련 학계 전문가들을 모셨습니다. 임상경험과 전문지식을 바탕으로 국민들과 의료 현장에 정확한 정보와 조언을 주고 계신 분들입니다. 정부의 상황 판단과 대응에도 큰 도움이 되고 있습니다. 그간의 노력에 감사드리며 달라진 코로나19의 양상에 어떻게 대응해야 할지 활발한 논의를 부탁드립니다. 정부의 방역 대책에 적극 반영하겠습니다.

현재 정부는 다수의 집단 감염이 발생한 신천지 신도들에 대해 전수조사와 진단검사에 속도를 더하고 있습니다. 특별관리지역인 대구와 청도는 물론 다른 지역사회로 감염 확산을 저지하기 위해 모든 위험요인을 철저히 관리하고 통제해야만 합니다. 정부는 지자체, 방역당국, 민간 의료기관 등 모든 역량을 모아 총력으로 방역체계를 가동하고 있습니다. 국민들께서도 우리의 방역 역량과 의료시스템을 믿고, 지금의 어려움을 극복해 나가는 데 함께 힘을 모아주시길 다시 한 번 당부드립니다.

정부는 비상한 경제시국에 대한 처방도 특단으로 해야 합니다. 통상적이지 않은 비상상황입니다. 결코 좌고우면해서는 안 됩니다. 정책적 상상력에 어떤 제한도 두지 말고, 과감하게 결단하고 신속하게 추진해야 합니다. 이는 우리만의 고민이 아닙니다. IMF를 비롯한 국제기구와 금융기관들도 코로나19로 인한 경제적 충격을 가장 절박한 불확실성으로 규정하면서 각국 정부의 행동이 필요한 시점이라고 권고하고 있습니다.

중국, 일본, 싱가포르, 대만 등 많은 나라들이 피해 지원과 경제적 충격 완화를 위한 대책들을 내놓고 있습니다. 현장의 기업인, 소상공인, 경제단체들의 목소리가 절박합니다. 상황이 더욱 나빠졌습니다. 한 치 앞이 보이지 않는다고 호소하는 경제 현장의 목소리에 귀를 기울여 정부는 모든 정책 수단을 동원해 즉각 행동에 나서주기 바랍니다. 비상한 상황을 타개해 나가는 선봉에 서서 현장의 요구에 적극적으로 부응해야 할 것입니다.

국민 경제를 책임지는 정부가 경제 충격을 완화하는 버팀목이면서 경제 회복의 마중물 역할을 해야 합니다. 타이밍이 생명인 만큼 정부가 준비 중인 경기 보강 대책의 시행에 속도를 더해주기 바랍니다. 특히 이번에 큰 어려움을 겪게 된 대구·경북 지역에 대한 특별한 지원이 절실합니다. 기업의 피해 최소화와 국민의 소비 진작, 위축된 지역경제를 되살려내기 위해서는 과감한 재정 투입이 필요합니다. 예비비를 신속하게 활용하는 것에 더해 필요하다면 국회의 협조를 얻어 추경예산을 편성하는 것도 검토해 주기 바랍니다.

개인이든 국가든 위기는 언제든지 올 수 있고, 중요한 것은 위기에 대처하는 자세와 역량입니다. 국가적 어려움이 생길 때마다 우리 국민들은 상상 이상의 저력을 보여왔습니다. 이번에도 우리 국민들의 높은 시민의식이 어려운 상황을 헤쳐 나가는 데 가장 큰 힘이 되고 있습니다. 최근 일어나고 있는 임대료 인하 운동이 대표적입니다. 전주에서 시작된 사회적 연대가 남대문시장과 동대문시장, 수원, 속초까지 전국으로 확산되면서 서로가 서로에게 힘이 될 수 있음을 보여주고 있습니다.

바이러스가 불안을 퍼뜨릴 수는 있어도 사람의 의지를 꺾을 수는 없습니다. 우리가 가진 위기 극복 역량을 믿고, 감염병 극복과 경제 활력 회복에 다 같이 힘을 합쳐 나간다면 지금의 어려움을 반드시 이겨낼 수 있을 것입니다.

감사합니다.

코로나19 대응 대구 지역
특별대책회의 모두발언

| 2020-02-25 |

　대구·경북 시민 여러분, 힘내십시오. 우리는 코로나19를 충분히 극복할 수 있고 반드시 이겨낼 수 있습니다. 중앙정부와 지자체, 민과 관이 협력하며 모두 힘을 모으고 있습니다. 지역주민들과 국민들 스스로 방역의 주체가 되어 힘을 더하고 있습니다. 코로나19에 맞서 최일선에서 분투하고 계시는 대구시장님과 경북지사님을 비롯한 대구·경북 지역 대책본부 관계자들, 범정부지원단과 민간기관들 모두의 노고에 격려의 말씀드립니다. 특히 밤낮없이 감염병과 사투를 벌이고 있는 의료진과 방역 인력의 헌신적 노력에 한없는 존경과 감사를 표합니다.

　무엇보다 큰 고통을 겪고 계신 대구·경북 시민 여러분께 깊은 위로와 격려의 말씀드립니다. 일상이 위협받고 있는 매우 어려운 상황에서도 침착하고 차분하게 사태 해결에 힘을 모아주고 계십니다. 갑작스러운 재난으로 순식간에 참담한 상황이 되었지만 불편을 감수하면서도 스스로 방역의 주체가 되어 위기 극복에 함께해주고 계신 데 대하여 감사드립니다.

전국의 국민들도 '힘내십시오, 함께 극복합시다'라며 응원의 메시지를 보내고 있고, 광주와 전남을 필두로 전국 각지에서 방역물품과 생필품 등을 보내며 온정을 이어가고 있습니다. 국민통합은 구호에 있는 것이 아니라 어려움을 함께 나누는 마음과 실천이라는 것을 다시 한 번 느끼게 됩니다. 정부는 범국가적 역량을 모아 대구·경북과 함께 바이러스와의 싸움에서 반드시 승리하겠습니다. 정부는 군과 경찰까지 투입하고, 민간 의료 인력의 지원을 포함하여 범국가적인 총력 지원 체제를 가동했습니다. 코로나19의 지역 내 확산과 지역 외 확산을 반드시 막아야 합니다.

오늘 아침 고위 당정협의회 결과 브리핑에서 '최대한의 봉쇄 정책을 시행한다'는 표현이 있었으나 지역적인 봉쇄를 말하는 것이 아니고 전파와 확산을 최대한 차단한다라는 것임을 분명히 밝힙니다. 오해의 소지가 있었던 것 같아서 다시 한 번 해명 말씀을 드렸습니다.

문제는 시간과 속도입니다. 이번 주 안으로 확진자 증가세에 뚜렷한 변곡점을 만들어내야 할 것입니다. 오늘 저녁부터 국무총리가 중앙재난안전대책 본부장으로서 직접 이곳에 상주하며 현장을 진두지휘할 것입니다. 가용 자원을 모두 동원해 사태가 조속히 진정될 수 있도록 정부가 할 수 있는 모든 역할을 다할 것입니다.

한편으로는 대구·경북이 겪고 있는 사회경제적 피해를 덜어드리기 위해 특단의 지원 방안을 강구하고 있습니다. 이 지역은 그야말로 복합 위기 지역이 되고 있습니다. 재난으로 인한 직접적인 피해는 물론 민생 경제와 일상생활에도 막대한 피해를 주고 있습니다. 정부는 특별교부세와 예비비를 포함한 긴급 예산을 신속하게 집행해 나가겠습니다. 상황이 매우 엄중하기 때문에 특별재난지역 선포만으로는 충분하지 않을 것입니다. 충분한 재정 지원을 위해 국회 동의를 얻어 추경 예산 편성에 적극적으로 반영하겠습니다. 국회에서도 힘을 모아주실 것으로 믿습니다.

다함께 힘을 합치면 넘어서지 못할 일이 없습니다. 정부도 국민도 모두가 대구·경북과 함께하고 있습니다. 자신감과 용기를 갖고 함께 극복해 나갑시다.

감사합니다.

코로나19 대응 대구 지역
시장·소상공인 간담회 모두발언

| 2020-02-25 |

여러분들, 다들 아주 걱정들이 많으실 겁니다. 오늘 여러분들 걱정을 직접 겪고자 이렇게 왔습니다. 코로나19는 우리가 정체를 알지 못하는 그야말로 신종 감염병입니다. 이제는 조금은 알게 됐지만 아직도 그 정체를 다 알지는 못합니다. 게다가 중국에서 벌어지는 양상이 아주 험악했기 때문에 정부는 당연히 처음부터 아주 긴장해서 방역에 전력을 기울였는데, 그러면서도 당연히 그 때문에 우리 경제, 특히 지역경제, 특히 또 소상공인들이나 자영업자, 또는 전통시장, 골목상권, 이런 데 얼마나 어려움을 줄까라는 걱정을 했었습니다.

그래서 저는 처음부터 방역은 최고로 긴장되게 정부가 하면서 또 한편으로는 경제를 살리는 그런 운동도 함께하자고 당부를 드렸고, 그런 행보를 해왔었습니다. 다행히 한때는 증가세가 조금 소강상태에 드는 것처럼 보이면서 경제가 약간 다시 좋아지는 기미가 보였었는데, 이번에 이런 집단 감염으로 인한 확진자의 대폭 증가 때문에 경제가 다시 급속도로 어려워졌고, 특히 우리 대구 지역경제는 완전히 직격탄을 맞은 셈이 되었습니다.

정부가 거기에 대해서 많은 대책을 세우고 있고, 또 선제적으로 대응을 한다고 합니다만 그러나 현장에서 느끼기에는 아마 부족한 점들이 많을 것 같습니다. 오늘 그런 이야기들을 생생하게 들려주시기 바랍니다. 어떤 점들이 이렇게 지원돼야 되는지, 어떤 점들이 더 개선되어야 될 것인지, 그런 말씀들을 편하게 들려주시면 정부가 대책을 세워나가는 데 참고가 될 것 같습니다.

대충 말씀드리면 정부는 특별교부세와 예비비 이런 부분들을 적극적으로 활용을 할 것입니다. 그러나 그것만으로는 어려운 지역경제를 살리는 데 태부족할 거라고 봅니다. 설령 특별재난지역으로 선포한다고 하더라도 그것만으로도 저는 아주 부족할 것이라고 봐서 이제는 추경 예산을 통한 적극적인 지원을 해야 한다고 생각하고, 다행히 국회에서도 여야를 가리지 않고 다들 긍정적으로 말씀들을 해주시고 계시기 때문에 잘 되지 않을까 싶습니다.

하나 더 말씀드리면, 정부에서는 지금 대구가 겪는 어려움을 대구만의 문제로 생각하지 않고 대한민국 전체의 문제로 생각을 하고 있습니다. 그런 차원에서 저도 오늘 대구를 방문했습니다만, 국무총리께서도 오늘부터 대구에서 상주하면서 대구의 상황을 챙겨 나가실 계획입니다. 원래는 오전에 국무회의 마치는 대로 오실 계획이셨는데, 제가 먼저 내려왔기 때문에 아마 제가 돌아가는 타이밍 그 시기부터 국무총리께서 이렇게 와서 이제 상주를 하시게 될 텐데, 아마 우리 지역경제가 겪는 어려움들도 우리 지역경제인들로부터 직접 듣고, 또 그때그때 그런 고충들을 해결하는 데 더 도움이 되지 않을까 생각합니다.

오늘 이 모임들을 통해서 아주 어려움을 겪고 있는 대구 지역경제에, 그리고 또 대구 시민들께 좀 더 희망이 되었으면 합니다. 우리가 함께 극복을 해내기 바랍니다. 대한민국이, 그리고 또 전국민이 우리 대구 시민들과 함께하고 있다라는 것도 늘 생각하시면서 여러분, 힘내시기 바랍니다.

감사합니다.

국토교통부·해양수산부 업무보고 모두발언

| 2020-02-27 |

반갑습니다. 국회에서도 이렇게 와 주셔서 감사합니다.

오늘 국토교통부와 해양수산부의 업무보고를 갖는 것은 비상상황에서도 정부가 해야 할 일을 뚜벅뚜벅 해나가야 하기 때문입니다. 두 부처는 출퇴근 교통, 주거 같은 국민의 일상생활에서 철도, 해운, 항공과 같은 인프라와 기간산업까지 민생과 국가경제, 전 영역에서 매우 중요한 역할을 맡고 있습니다.

핵심은 경제 활력입니다. 코로나19는 이미 우리 경제에 큰 타격을 주고 있습니다. 직접적인 피해를 겪고 있는 항공과 해운업에 대한 지원을 포함해서 두 부처의 역할을 최대한 살려 경제 활력을 되살리는 데 앞장서 주기를 바랍니다. 지역경제가 살아야 국가경제에 활력이 생깁니다. 정부는 그간 지역경제 활성화를 위해 혁신도시, 노후 산단 개조, 도시재생 뉴딜, 생활SOC 등 다양한 정책 수단을 복합적으로 추진해왔습니다. 지금까지 지역별 경제 거점의 기반을 닦아왔다면 올해는 구체적인 성과를 내는 데 전력을 기울여야 합니다.

특히 중요한 과제는 건설 부문 공공투자의 속도를 내는 것입니다. 우리 정부는 인위적 경기부양책을 쓰지 않고 국민생활 여건을 개선하는 건설 투자에 주력해왔습니다. 광역철도망, 대도시권과 지역도로망 구축, 지역SOC 투자는 지역 주민에게 교통편의를 제공하고, 주거문제 해결과 지역경제 활성화에도 많은 도움이 될 것입니다. 지난해보다 대폭 늘린 예산이 민간 투자의 마중물이 될 수 있도록 신속한 집행을 당부합니다.

또한 지난해 국가균형발전을 위해 특별히 추진한 24조 규모의 예타 면제 사업이 신속하게 진행될 수 있도록 행정절차를 단축하고, 집행기간을 앞당겨 주기 바랍니다. 3년간 30조 원을 투자하게 되는 생활 SOC 사업도 신속한 추진을 당부합니다. 해수부의 사업에서 어촌, 어항, 연안 지역 주민의 정주여건 개선과 경제 활력 제고를 위한 핵심 사업이 '어촌뉴딜 300'입니다. 어촌 지역에서 평가와 기대가 높습니다. 올해 계획된 120개소를 조기 착공하고, 사업모델을 각 마을까지 확대한 내륙어촌 재생사업도 조기에 착수해 주기 바랍니다.

올해를 해운 산업의 재도약 원년으로 만들어야 합니다. 우리 정부는 한진해운 파산 이후 무너진 해운 산업을 다시 일으키기 위해 많은 노력을 기울여왔습니다. 지난해 해운 산업 매출액은 37조 원으로 한진해운 파산 전인 2015년 수준을 되살렸고, 2분기부터 지난해 발주한 초대형 컨테이너선이 배치가 되면 반도막이 났던 컨테이너 선복량도 상당부분 회복될 것입니다. 국적 원양선사의 글로벌 3대 해운동맹 가입으로 전 세계 물류 서비스망이 복원된 것도 의미가 큽니다.

이제 이를 바탕으로 해운 재건 5개년 계획 3년차인 올해 해운강국의 위상을 되찾는 확실한 전환점을 만들어야 합니다. 경쟁력 있는 선박 확충과 안정적인 화물 확보가 관건입니다. 특히 올해 코로나19의 여파로 글로벌 해운시장의 위축이 예상되는 만큼 해양진흥공사의 역할을 강화하여 보증 범위를 확대하는 등 선사들의 경영 안정 지원 수요에 적극적으로 대응해 나가는 것도 놓치지 말아야 합니다.

위기를 기회로 바꾸는 적극적인 노력을 기울여줄 것을 특별히 당부합니다. 해운업뿐만 아니라 해양 산업 전반에 새로운 기회가 있습니다. 해양바이오, 해양관광, 친환경선박, 자율운항선박, 첨단해양장비, 해양에너지 등 지난해 발표한 해양신산업 발전 전략도 차질 없이 집행해 주기 바랍니다. 국토부 업무에서 국민의 가장 큰 관심사는 역시 부동산 문제입니다. 실수요자는 보호하되 투기는 철저히 차단한다는 대원칙에 어떤 타협이나 정치적 고려도 있을 수 없습니다. 선거를 앞두고 있다고 해서 머뭇거려서는 안 될 것입니다. 어디든 투기 조짐이 보이면 투기를 잡는 확실한 조치를 취해주기 바랍니다.

부동산시장 안정화를 위해 국회의 협조를 얻는 데도 적극적인 노력을 기울여주기 바랍니다. 1주택 실수요자의 세 부담을 줄이고, 고가주택과 다주택 보유자에 대한 과세를 강화해야 합니다. 부동산시장이 안정돼야 한다고 주장하면서도 이를 위한 법안 처리에 반대하는 것은 이율배반입니다. 12·16 부동산 대책의 후속 입법인 종부세법과 소득세법 등의 개정이 조속히 처리될 수 있도록 국회의 협조를 당부드립니다.

주택 공급에서도 눈에 띄는 성과가 있어야 실수요자들이 안심할 것입니다. 특히 서울과 수도권 지역의 공급 확대에 속도를 내주기 바랍니다. 수도권 30만 호 공급 계획을 최대한 앞당기고, 서울 도심 내 주택 공급 계획도 연내에 입주자 모집이 시작될 수 있도록 해주기 바랍니다. 생애주기별 맞춤형 공적주택 21만 호 연내 공급, 취약한 주거환경 개선, 임차인 보호 강화 등도 목표한 대로 차질 없이 추진하도록 최선을 다해주기 바랍니다.

"농부는 보릿고개에도 씨앗은 베고 잔다"는 말이 있습니다. 코로나 19 사태를 조속히 진정시키는 것이 정부가 직면하고 있는 최우선 과제이지만 민생과 경제의 고삐를 하루 한순간도 늦추지 않는 것 역시 책임 있는 정부의 역할입니다. 국토부, 해수부가 그 역할을 가장 앞장서서 수행해 주기 바랍니다.

감사합니다.

이천 임시생활시설에 2주간 머물던 148명의 우한 교민들과 가족이 오늘 무사히 가족들 곁으로 돌아갔습니다

| 2020-02-27 |

이천 임시생활시설에 2주간 머물던 148명의 우한 교민들과 가족이 오늘 무사히 가족들 곁으로 돌아갔습니다. 40명의 합동지원단도 귀가했습니다. 격리 수용을 감내해주신 교민들과 따뜻하게 품어주신 이천시민, 합동지원단과 가족들 모두 어려움 앞에서 용기와 나눔으로 함께 해주셨습니다. 단합된 힘이 절실한 때입니다. 진심으로 감사드립니다.

국민들은 확진자가 많은 대구·경북 지역을 돕기 위해 발벗고 나서고 있습니다. 건물주들과 은행, 공공기관들은 임대료를 낮춰 고통을 나누고, 공중보건의를 비롯한 의료인들의 헌신은 감동적입니다. 기업들도 성금과 구호품으로 힘을 보태고 있습니다. 누구든 할 수만 있다면 힘을 보낼 때입니다. 국민의 단합된 힘이야말로 역경을 이겨내온 대한민국의 저력입니다. 코로나19가 가져온 위기 앞에서 놀라운 응집력과 강인함을 보여주고 계신 국민들께 경의를 표합니다.

　정부는 끝까지 최선을 다해 코로나19를 극복하겠습니다. 위축된 경제를 살리는 데도 역량을 집중하겠습니다. 서로를 의지하고 격려할 때 위기가 희망으로 바뀔 것이라 믿습니다.

코로나19 극복을 위한
여야 정당 대표와의 대화 모두발언

| 2020-02-28 |

코로나 19 사태로 국민 안전과 경제 모두 아주 비상하고 엄중한 상황입니다. 초당적 협력을 구하기 위해 국회를 찾아왔습니다. 정부는 범국가적 역량을 모아 총력 대응하고 있습니다. 위기경보를 심각 단계로 격상하고, 국무총리가 직접 중앙재난대책본부장이 되어 대구에 상주하고 진두지휘하며 감염병 확산 저지에 나서고 있습니다. 방역 당국과 의료진은 밤낮을 잊고 사투를 벌이고 있습니다. 민간 의료진도 적극적으로 참여하며 헌신하고 있습니다.

국민들은 스스로 방역의 주체가 되어 한 마음으로 힘을 모으고 있습니다. 자발적인 임대료 인하 운동이 전국적으로 확산되고 있고, 특별히 어려움에 처한 대구·경북 지역주민들을 격려하는 응원과 자발적인 지원이 줄을 잇고 있습니다. 정치권도 뜻을 함께 모아주셨습니다. 국회에 코로나19 대책특위를 구성하였고 감염병 예방관리법, 검역법 등 '코로나 3법'도 신속히 통과시켜 주시고, 또 추경 편성에도 모두가 협조의 뜻을 밝혀주셨습니다. 감사드립니다.

범국가적인 대응을 위한 국회의 협력이 첫발을 잘 뗀 만큼 협력의 강도와 속도를 높여주시길 당부드립니다. 국가의 방역 역량 강화와 피해 지원 등을 위해 예산과 제도로 뒷받침해 주시길 기대합니다. 2015년 메르스 사태 때 국회에서 특위를 구성해 선별진료소 설치, 음압병실 확충 등 감염병 대응 능력을 강화한 바 있습니다. 지금도 당장은 코로나19 조기 종식을 위해 초당적으로 힘을 모으는 것이 중요하지만 차제에 국가적 차원의 방역 역량을 한 단계 강화하는 계기로 삼아야 할 것입니다. 긴급한 대책뿐 아니라 중장기 대책에도 관심을 갖고 지혜를 모아주시기 바랍니다.

크게 걱정되는 것이 경제입니다. 우리 경제의 타격이 아주 큽니다. 장기화될수록 더 걱정입니다. 정부는 과감한 재정 투입으로 피해 기업과 중소 상공인들을 긴급 지원하고, 위축된 경제를 살리기 위한 특단의 대책을 내놨습니다. 피해 지역과 업종에 대해 전례 없는 대책을 강구하고, 어려운 중소기업과 소상공인에 대해 세제와 금융 지원을 대폭 확대하겠습니다. 특히 자발적인 임대료 인하 운동을 확산시키기 위해 임대료 인하의 절반을 정부가 지원하고자 합니다.

내수를 살리기 위한 파격적인 소비 진작책도 필요합니다. 특히 대구·경북 지역이 겪고 있는 사회경제적 피해를 해소하기 위해 전폭적으로 지원하겠습니다. 특별교부세와 예비비를 포함한 긴급 예산을 신속하게 집행하고, 특별재난지역 선포를 뛰어넘는 강력한 지원책을 강구하겠습니다. 더 강화해야 될 대책이 있다면 국회에서 의견을 주시기 바랍니다.

여러 가지 필요한 지원을 예산으로 충분히 뒷받침하기 위해 긴급 추경을 편성하여 최대한 빨리 국회에 제출하겠습니다. 핵심은 속도라고 생각합니다. 2015년 메르스 사태 때 제가 야당 대표로서 추경을 먼저 제안하고 또 신속히 통과시킨 경험이 있습니다. 비상상황인 만큼 신속히 논의하여 이번 임시국회에서 처리해 주시길 부탁드립니다. 엄중한 위기 상황이지만 우리는 이겨낼 수 있습니다. 정부와 국회가 함께 힘을 모은다면 사태 해결과 경제 회복이 앞당겨질 것입니다. 오늘 회동이 국민들께 희망을 드릴 수 있도록 함께 노력해 나갑시다.

감사합니다.

3월

제9회 국무회의 모두발언

| 2020-03-03 |

오늘 국무회의는 확대 중대본 회의를 겸해서 개최합니다. 국무총리가 계시는 대구와 세종청사, 또 시·도지사님들을 화상으로 연결했습니다. 시·도지사님들은 긴급한 일이 있으면 자리를 비우셔도 좋습니다.

코로나19 확진세가 지속되는 중대한 국면입니다. 신천지 이전과 이후가 완전히 다른 양상입니다. 신천지 신도들의 집단 감염과 대단히 이례적인 높은 감염률이 우리 방역에 심각한 위협이 되고 있습니다. 대구·경북의 위기는 최고조에 달했고, 국가 전체가 감염병과의 전쟁에 돌입했습니다.

우리는 방역 전선을 더욱 튼튼히 구축하기 위해 있는 힘을 다하고 있습니다. 세계가 인정하듯이 필요한 만큼 전수조사를 실시하고 역학조사를 강화하여 확진자를 빠르게 찾아내고 치료하는 모범을 보이고 있습니다. 세계에서 가장 빠른 속도로 많은 인원을 검사하면서 그 결과를 투명하고 신속하게 공개하는 것은 지역 감염의 확산을 막기 위해 지금 단계에서 할 수 있는 최선의 조치라고 믿습니다.

정부는 확진자의 빠른 증가세에 따라 부족한 의료 인력을 대폭 충원하고 있고, 병상 확보에도 속도를 내고 있습니다. 한편으로 감염의 양상이 달라짐에 따라 경증 환자는 별도의 격리시설인 생활치료센터에서 보호받도록 하고, 중증 환자 중심으로 입원 치료하는 체제로 바꿔 한정된 의료 자원을 효율적으로 이용하는 조치도 취하고 있습니다.

전국의 지자체는 가장 어려운 대구·경북 지역의 연대와 지원의 손길을 보내면서 지역 사회로의 확산 저지에 총력을 기울이고 있습니다. 시·도지사님들과 지역 방역 당국의 노고에 깊이 감사드립니다. 생활치료센터 확보와 중증도가 높은 환자들 치료에도 더욱 협력해 주시기를 당부드립니다.

마스크를 신속하고 충분히 공급하지 못해 불편을 끼치고 있는 점에 대해 국민들께 매우 송구스럽게 생각합니다. 확진자가 폭증하고 지역 감염의 우려가 높아짐에 따라 늘어난 수요를 공급이 따라가지 못하고 수입도 여의치 않은 그런 현실적인 어려움이 분명히 있지만 오랫동안 답답한 상황에서 벗어나지 못하고 있는 것이 사실입니다. 식약처를 중심으로 관련 부처들이 긴밀히 협력해서 빠른 시일 내 해결해 주시기 바랍니다. 크게 세 가지를 당부합니다.

첫째, 생산 물량을 빠르게 늘리지 못하면 어려움을 근본적으로 해소하기가 어렵습니다. 생산업체들이 생산 물량을 늘릴 수 있도록 원재료 추가 확보 등 최대한 지원하기 바랍니다. 또한 나중에 마스크 수요가 줄어드는 경우에도 정부가 일정 기간 남는 물량을 구입해서 전략물자로 비축하는 방안을 마련하여 생산업체들이 안심하고 마스크 생산 확대에 나설 수 있도록 독려해 주기 바랍니다.

둘째, 정부가 공적 유통 체제로 나선 이상 공급에 여유가 생길 때까지 최대한 합리적이고 공평한 보급 방안을 강구해 주기 바랍니다. 어떤 사람은 많이 구입하는 반면 어떤 사람은 여러 차례 줄을 서서 기다려도 구입하지 못하고, 어떤 사람은 터무니없이 비싼 가격으로 구입해야 하는 등의 불평등한 상황을 반드시 개선해 주기 바랍니다. 공급이 부족할 동안에는 그 부족함도 공평하게 분담할 수 있어야 할 것입니다.

셋째, 수요만큼 충분히 공급할 수 없는 상황이라면 현실을 그대로 알리고, 효율적인 마스크 사용 방법 등 국민들의 이해와 협조를 구하는 노력도 병행해 주기 바랍니다. 감염병 대처에 온 사회가 방역의 주체로 나서고 있습니다.

지금 코로나19 상황을 이겨내기 위해서는 온 국민이 힘을 모으는 길밖에 없습니다. 우리의 방역체계는 뛰어나고, 방역 전선에서 땀 흘리는 의료진들이 있고, 시민들의 자발적인 봉사와 응원이 줄을 잇고 있습니다. 반드시 이겨낼 수 있습니다. 지금은 국가적 차원에서 사태 해결에 전념할 때입니다. 불안과 분열을 증폭시키는 일을 자제해 주실 것을 간곡히 부탁드립니다.

한편으로 경제 상황이 엄중합니다. 경제 심리가 얼어붙어 투자와 소비, 산업 활동이 크게 위축되고 있습니다. 세계 경제의 충격이 글로벌 금융 위기 이후 가장 클 것이라는 우려까지 나오고 있습니다. 그야말로 비상경제시국으로서 경제적 충격을 완화하기 위해 전력으로 대응해야만 하는 상황입니다.

정부의 긴급하고도 과감한 재정 투입이 출발점입니다. 이에 따라 지난주 종합대책을 발표한 데 이어 내일 임시 국무회의를 거쳐 추경예산안을 국회에 제출합니다. 추경까지 포함한 종합 지원 대책에 30조 원 이상의 직·간접적 재원을 투입할 계획입니다. 소상공인, 저임금 노동자 등 취약계층의 어려움을 덜어드리고, 위축된 내수 소비 진작을 위해 가용한 수단을 총동원하였습니다. 바이러스연구소와 감염병 전문병원 설립, 선별진료소와 음압병상 확충 등 감염병 대응 체제를 강화하는 예산도 반영하였습니다. 예비비와 기존 예산을 모두 활용하는 것을 우선으로 하고, 부족한 재원을 추경으로 뒷받침하고자 하는 것입니다.

이제 성패는 속도에 달렸습니다. 여야 모두 신속한 추경의 필요성에 공감하고 있는 만큼 신속히 논의하여 처리해 주시길 기대합니다. 정치적 이해관계를 넘어서서 국민 안전과 경제 활력을 위해 대승적으로 논의해 주시길 당부드립니다. 정부는 지자체와 함께 추경이 통과되면 바로 현장에서 정책 효과를 체감할 수 있도록 집행 준비에 만전을 기해주기 바랍니다.

특별히 각 부처에 당부합니다. 방역과 경제에 대한 비상 대응 태세를 더욱 강화할 필요가 있습니다. 중대본의 컨트롤 타워 역할에 더하여 위기상황에서 벗어날 때까지 정부의 모든 조직을 24시간 긴급 상황실 체제로 전환하여 가동해 주기 바랍니다. 특히 모든 부처 장관들이 책상이 아닌 현장에서 직접 방역과 민생 경제의 중심에 서주시기 바랍니다.

시·도지사님들께서도 필요한 의견을 주시기 바랍니다.

감사합니다.

공군사관학교 제68기 졸업 및 임관식 축사

| 2020-03-04 |

공군사관학교 제68기 사관생도 여러분,

졸업과 임관을 축하합니다. 엄중하고 힘든 시기이지만, 여러분을 축하하기 위해 이 자리에 왔습니다. 국민들은 여러분의 늠름한 모습에서 안보의 든든한 힘을 느끼실 것입니다.

많은 청년들이 공군사관학교를 지망하고, 입학에서부터 치열한 경쟁과 엄격한 테스트를 거칩니다. 여러분은 지난 4년간 '메추리 훈련'부터 가장 힘들다는 '중력가속도 내성강화 훈련'까지 힘든 군사훈련과 학업을 훌륭히 마쳤고, 이제 하늘을 나는 당당한 보라매가 되었습니다. 우수 졸업생 아홉 명과 여군 장교 열 명을 비롯해 알제리, 필리핀, 태국, 베트남에서 온 생도들의 남다른 성취에도 박수를 보냅니다.

이제 여러분은 사관학교를 떠나 '하늘로, 우주로' 힘차게 비상하게 됩니다. 믿음직한 158명의 청년 장교를 키워낸 박인호 학교장과 교직원 여러분의 노고를 치하하며, 오늘 참석하지 못한 생도 가족들께도 축하 인사를 전합니다. 특별히, 이 자리에는 우리 공군 창군의 주역 최용덕 장군의 손녀와 6·25전쟁 때 공군 최초 100회 출격으로 혁혁한 공을 세우신 김두만 장군의 아들, 부자가 대를 이어 나라를 위해 목숨을 바친 고(故) 박명렬 소령과 고(故) 박인철 대위의 유족께서도 함께하고 계십니다. 그 헌신과 희생에 깊은 경의를 표합니다. 오늘 여러분은 '몸과 마음을 조국과 하늘에 바친' 선배들의 헌신을 이어가기 위해 이 자리에 서 있습니다. 격변하는 안보 환경 속에서, 국민들이 의지할 수 있는 공군, 믿음과 희망의 청년 장교가 될 것이라 믿습니다.

청년 장교 여러분,

오늘 단상 앞 좌우에는 대한민국 최초의 전투기 'F-51D 무스탕'과 한국형 차세대 전투기 'KF-X'가 있고, 그 중심에 청년 장교 여러분이 있습니다. 우리 공군의 눈부신 역사가 한자리에 모였습니다. 100년 전 노백린 장군은 미국 캘리포니아주에 최초의 '한인 비행사 양성소'를 설립해 독립전쟁을 준비했습니다. 바로 대한민국 공군의 효시입니다. 임시정부 광복군 총사령부의 최용덕 장군은 '공군설계위원회'를 발족시켰고, 1949년 이를 기반으로 대한민국 공군이 창설되었습니다.

6·25전쟁에서 우리 공군의 활약은 참으로 대단했습니다. 단 1주일의 훈련으로 무스탕 전투기에 올랐지만, 조종사들은 총 1만 4,000여 회를 출격하며 '빨간 마후라'의 신화를 썼습니다. 여러분의 선배, 공사 1기 조종사들이 그 주인공입니다. 그때 최초로 출격하는 공사 1기 선배에게

2기 후배들이 어깨에 매어준 태극기에 적힌 '임전무퇴', '조국통일', '신념'이라는 문구는 아직도 선명하게 우리 공군의 가슴에 새겨져있습니다. 창군 당시 경비행기 스무 대, 병력 1,600여 명에 불과했던 공군은 이제 첨단 항공기 700여 대, 6만 5,000여 명의 병력을 갖춘 국가안보의 핵심전력으로 성장했습니다. 국민의 한 사람으로서, 또 대통령으로서 우리 공군의 역사가 매우 자랑스럽습니다. 우리 미래 공군의 주역인 여러분도 자부심을 품고 새 역사를 써나갈 것이라 확신합니다.

청년 장교 여러분,

하늘은 잠잠하다가도 갑자기 폭풍이 휘몰아칩니다. 한 치 앞을 예상하기 힘들 만큼 변화무쌍합니다. 안보 환경도 그렇습니다. 앞으로 우리에게 닥칠 도전들은 과거와는 전혀 다른 양상이 될 것입니다. 국경을 초월한 다양한 위협에 대응할 수 있어야 하고, '과학전', '정보전', '항공전' 같은 미래 전쟁에 대비해야 합니다. 무인 항공기나 드론처럼, 4차 산업혁명 시대에 등장한 새로운 형태의 위협에도 당당히 맞서야 합니다.

전쟁의 승패와 억지력 모두 공군의 '혁신'에 달려있습니다. 우리 공군은 '드론봇 전투체계'를 개발해 유무인 복합 공군 전투체계를 구축해왔습니다. '지능형 비행훈련 시뮬레이터'를 도입하여 가상현실 기술을 적용한 조종훈련도 하고 있습니다. '스마트 비행단'은 디지털 관제탑, 무인 경계시스템 같은 신기술을 구축할 것입니다. 우리의 첨단 ICT 기술을 공군력에 접목하면 '강하고 스마트한 공군'의 꿈을 실현하고, 국방과 민간 분야 양면으로 큰 성장을 가져올 것입니다.

청년 장교들은 앞으로 조종사, 방공무기통제사, 정비사, 행정장교 등 다양한 분야에서 임무를 수행합니다. 대한민국 '스마트 항공우주군'의 당당한 주역으로 자부심을 갖고 소임을 다해주기 바랍니다. 올해는 '6·25전쟁' 70주년이자 '6·15공동선언' 20주년을 맞이하는 뜻깊은 해입니다. 전쟁의 비극을 되돌아보면서 안보와 평화의 의지를 다지는 해가 될 것입니다. 우리는 한반도의 운명을 스스로 결정할 수 있어야 합니다. 한반도의 하늘과 땅, 바다에서 총성이 다시 일어나서는 안 됩니다. 철통같은 안보로 평화를 지키고 만들어내는 데 여러분의 역할이 매우 중요합니다. 21세기 항공우주 시대는 '하늘'을 지배하는 자가 '세계'를 지배합니다. 이제 한반도의 평화로운 하늘이 여러분의 손에 달려있습니다.

평화에는 강한 힘이 필요합니다. 정부는 출범 초부터 국방예산을 꾸준히 늘려 올해 역대 최초로 국방예산 50조 원 시대를 열었습니다. 방위력개선비만 16조 7,000여 억 원에 달합니다. 글로벌호크 도입과 군 정찰위성 개발사업으로 감시정찰 자산을 늘리고 있습니다. 새로 도입한 공중급유기는 30분이었던 원거리 항공작전을 두 시간 이상 가능케 했습니다. 이제 영공 수호를 넘어 방공 식별구역 전체를 관리할 수 있는 능력을 보유하게 되었습니다.

오늘 우리는 최신 F-35A 스텔스전투기가 390도 공중 선회하는 멋진 축하비행을 보았습니다. 우리 공군의 위용에 마음이 든든했습니다. 국민 여러분께서도 자랑스러우셨을 것입니다. '국방개혁 2.0', '스마트 공군' 전략을 통해 우리 공군의 안보 역량을 더욱 강화할 것을 약속합니다.

병영도 '사람이 먼저'입니다. 조국을 수호하기 위해 입은 군복이 긍지와 자부심이 되도록 병영문화와 복무여건 개선에도 힘을 쏟겠습니다.

군 의료지원 체계도 획기적으로 개선해 나갈 것입니다. 장병들의 삶 하나하나를 더욱 세심히 살피겠습니다.

존경하는 국민 여러분, 청년 장교 여러분,

조국의 하늘은 광활합니다. 대한민국의 미래는 창창하며 여러분의 앞길에도 무궁무진한 기회가 열려있습니다. 우리들의 꿈은 드넓은 하늘을 거침없이 누비고, 평화의 한반도를 우리 손으로 만들어내는 것입니다. 언젠가는 창공을 넘어 우주로 향하게 될 것입니다. "가슴속 끓는 피를 저 하늘에 뿌린다"라는 공군가의 구절처럼, 가슴속 넘치는 꿈을 저 하늘에 펼치고, 미지의 세계를 향한 우리 모두의 꿈을 여러분이 앞장서 실현해 주길 바랍니다. 여러분의 앞길에 명예와 영광이 가득하길 빕니다.

감사합니다.

땅은 봄동을 키우고,
국민은 희망을 키워주셨습니다

| 2020-03-04 |

우리는 지금 '사회적 거리두기'를 말하고 있지만, 마음만은 끈끈하게 어깨를 걸고 함께 가고 있습니다. 대구의료원과 동산병원에 시민들이 보낸 마스크, 음료수, 도시락이 모였습니다. 민간병원들은 '코로나19' 전담병원을 자청하고, 의사들은 '동네 최후의 의사'로서 소명을 다하고 있습니다. 작은 식당을 위해 시민들은 재고 소진을 돕고, 게스트하우스는 의료진에게 방을 내주고 있습니다. 국가가 하지 못하는 부분을 서로 보살피고 계신 대구 시민들 소식에 절로 마음이 숙연해집니다.

대형 교회들은 생활치료센터로 수련원을 제공하면서 사랑을 실천하고 있습니다. 사회복지공동모금회에 접수된 특별성금이 열흘도 되지 않아 270억 원을 넘어섰으며, 7년 동안 부은 암보험을 해지해 기부해 주신 분도 계십니다. 익명으로 마스크 3만 장을 보내온 안성보건소를 비롯하여 전국 곳곳에서 온정이 쌓이고 있습니다. 자가격리 중인 대구 남구의 320여 가구는 전남 진도의 푸릇한 봄동(봄배추)을 받았습니다. 2012년 수해 복구를 도왔던 남구 주민에게 진도군 군내면 주민자치위원회가 보내는 보은의 마음이었습니다.

늘 감동받습니다. 우리 사회에는 선한 사람이 많습니다. 자신의 이익을 먼저 생각하지 않는 선한 마음들이 늘 희망을 키워줍니다. 돈이나 물품이 아니어도 괜찮습니다. 마음으로 서로를 껴안아주신다면 그것이 바로 희망입니다.

일선 약사님들의 협조에 깊이 감사드립니다

| 2020-03-06 |

　오늘부터 공적 유통 마스크의 70%가 약국을 통해 판매됩니다. 동네 약국들의 수고가 커질 것입니다. 일요일에 문을 열어야 하는 어려움도 더해졌습니다. 특히 내주부터 시행하는 5부제 판매는 처음 해보는 제도여서 초기에 여러 가지 불편과 혼란이 있을 수도 있습니다. 그 불편과 항의를 감당하는 것도 약국의 몫이 되었습니다.

　약국은 국민과 가장 가까이에서 국민의 건강을 지키는 곳입니다. 주민들의 사랑방 역할을 하는 약국도 많습니다. 어려움을 뻔히 알면서, 함께 나서주신 것도 함께 위기를 극복하고 국민의 건강을 지키겠다는 사명감 때문일 것입니다. 정말 든든하고, 감사합니다.

　현장에서 느끼는 문제점이 있다면 언제든 말씀해 주십시오. 바로바로 개선하겠습니다. 국가재난 대응을 위해 온 힘을 다해 협조해 주신 약사님들의 노고를 기억하겠습니다. 함께 이겨냅시다. 우리는 코로나19를 이길 수 있습니다.

세계 여성의 날을 축하합니다

| 2020-03-08 |

'세계 여성의 날'입니다. 112년 전, "삶의 영광을 함께 누리자"는 뉴욕의 함성을 기억해 봅니다. 우리가 오늘 함께 모여 축하하지는 못하지만, 여성에 대한 응원으로 우리의 마음은 연결되어 있습니다.

'노동시간 준수, 참정권 보장'을 주장한 여성의 용기가 민주주의를 전진시켰습니다. 'UN Women'이 올해의 기조로 내건 '평등한 세대'는 여성을 넘어 모든 이들에게 평등의 가치를 생각하게 하고 있습니다. 일상에서 차별을 없애고 서로를 존중하며 배려하는 '작은 행동'들이 '큰 영향력'으로 모일 때, 우리 사회는 더욱 공정해질 것입니다.

우리는 '코로나19'를 겪으며 세계적인 문제 역시 이웃과 함께 극복해야 한다는 것을 깨닫고 있습니다. 각자의 자리에서 보태는 힘의 소중함을 어느 때보다 크게 느낍니다. 지금도 방역현장에서, 가정에서, 사회에서 최선을 다하는 여성들에게 감사와 지지를 보내며, 나눔으로 함께할 수 있도록 여성들이 많은 역할을 해주시길 바랍니다.

　모두의 건강과 행복을 함께 지킨다는 마음으로, 두려움을 이겨내고 오늘도 한 걸음 더 전진하는 국민들을 보며 경외심을 갖게 됩니다. 여성들뿐만 아니라 남성들에게도 깊은 감사를 드립니다. 다시 한 번 '세계 여성의 날'을 축하합니다.

코로나19도 미세먼지도 이겨내겠습니다

| 2020-03-09 |

우리나라가 세계 최초로, 한 지역의 대기와 해양환경 변화를 정지 궤도 위성으로 상시적으로 지속 관찰할 수 있는 나라가 되었습니다. 미세먼지의 원인을 찾고 대응할 수 있는 능력이 크게 높아졌습니다. 코로나19 때문에 가려졌지만, 매우 자부심을 가질 만한 일입니다. 2월 19일 발사된 '천리안위성 2B호'가 지난 6일, 드디어 목표 궤도에 안착했습니다. '천리안위성 2B호'에는 세계 최초로 미세먼지 등 대기오염물질 관측 장비가 탑재되어 한반도 주변 미세먼지의 발생과 이동을 파악할 수 있습니다.

적조, 기름유출 등 해양오염물질의 발생과 이동도 상시적으로 관측해 해양 환경의 보전에도 큰 역할을 할 것입니다. 한국항공우주연구원, 한국해양과학기술원, 한국항공우주산업 등 '정지궤도복합위성' 사업에 함께한 과학자, 연구원, 기술자 여러분 수고 많으셨습니다. 특히 관측장비와 기술을 순수 국내기술로 개발한 것을 높이 평가하고 싶습니다. 지원을 아끼지 않은 과기정통부, 환경부, 해양수산부의 관계자들도 치하합니다. 2021년부터는 스마트폰으로 누구나 아시아 대기오염물질의 농도를 확인할 수 있습니다. 우리가 필요한 정보는 물론 아시아 국가들에게도 대기환경 정보를 제공하여 지역적인 공동 대응을 이끌게 될 것입니다.

지금 우리 연구자들이 '코로나19' 치료제와 백신 개발을 위해 밤낮없이 몰두하고 있습니다. 우리는 '코로나19'도, 미세먼지도 이겨낼 수 있습니다. 국민들께서도 우리 과학자, 기술자, 연구자들께 응원의 박수를 보내주시기 바랍니다.

수석보좌관회의 모두발언

| 2020-03-09 |

국내 코로나19 신규 확진자 수는 2월 28일 916명으로 정점을 찍은 이후 어제 3월 8일 248명으로 추세적으로 꾸준히 줄어들고 있습니다. 이 추세를 계속 이어가야 합니다. 지금 세계적으로는 여러 나라에서 신규 확진자 수가 계속 늘어나는 상황이기 때문에 우리가 현재의 추세를 계속 이어나가 신규 확진자 수를 더 줄이고 안정 단계에 들어간다면 한국은 그야말로 코로나19 방역의 모범 사례로 평가받을 수 있을 것입니다.

여기까지 오는 동안 국민들께서 방역 당국을 중심으로 단합하면서 잘 협조해 주셨습니다. 끊임없이 불안과 공포를 조장하고 증폭시키는 행동들이 일각에서 있었지만 국민들께서는 흔들리지 않았습니다. 오히려 각자가 방역의 주체라는 마음가짐으로 안전수칙을 준수해오면서 혼신의 힘을 다하고 있는 방역 당국과 의료진에게 많은 응원을 보내주셨습니다. 지금까지의 성과는 전적으로 방역 당국과 의료진들을 믿고 성원해 주신 국민들의 힘입니다. 자랑스러운 우리 국민들께 한없는 존경과 감사의 말씀을 올립니다.

하지만 아직 낙관은 금물입니다. 대구·경북을 비롯해서 여러 지역에서 산발적인 소규모 집단 감염이 이어지고 있습니다. 소규모 집단 감염이 계속된다는 것은 보다 큰 집단 감염이 일어날 수도 있다는 뜻이므로 우리는 아직 조금도 마음을 놓을 수 없습니다. 여러 나라에서 확진자가 크게 늘어나는 등 세계적으로 유행이 확산되는 조짐에 대해서도 긴장하지 않을 수 없습니다.

지금까지의 양상을 보면 집단 감염의 위험성은 요양병원 등 집단시설과 종교행사 등 다중 다수의 밀집에서 주로 나타나고 있습니다. 요양병원 등의 집단시설에 대해서는 정부가 지자체와 함께 위험성이 높은 시설부터 전수조사를 하는 등 선제적으로 대응해 나가겠습니다.

종교 등 다중 밀집 행사는 국민들께서 조금만 더 자제해 주실 것을 간곡히 호소합니다. 고맙게도 많은 종교단체들이 잘 협조해 주고 계시지만 여전히 계속하는 곳도 있습니다. 지자체마자 감염 상황이 다른 만큼 지자체의 방침과 요청에 적극적으로 따라주시길 당부드립니다.

마스크 5부제는 여러모로 불편하실 것입니다. 1인당 1주 2매의 분량이 부족한 분도 많으실 것입니다. 감염병의 빠른 확산으로 공급이 수요를 따라가지 못하게 됨에 따라 불가피하게 취한 조치입니다. 모두에게 공평하게 구입할 기회를 드리는 것이지만 아직 공급량이 부족한 데다 방역 현장과 의료진, 취약계층, 대구·경북 지역 등에 우선적으로 공급해 가면서 5부제를 운영해야 하는 고충이 있습니다. 조금씩 양보하고 배려하는 마음으로 넓게 이해해 주시고 협조해 주시길 당부드립니다.

정부는 마스크 공급량을 신속히 늘려 5부제의 불편을 해소해 나가는 데 최선을 다하겠습니다. 국민들께서도 마스크 공급에 여유가 생길 때까지 방역 당국이 권장하는 마스크 사용 지침을 많이 참고하시고 따라 주시기 바랍니다. 특히 청와대를 비롯한 공직사회부터 보건용 마스크가 권장되는 경우 외에는 면마스크를 사용하는 등 솔선수범하여 줄 것을 당부합니다.

감사합니다.

세계 보건기구(WHO)가
코로나19 펜데믹 선언을 했습니다

| 2020-03-12 |

　　세계 보건기구(WHO)가 코로나19 펜데믹 선언을 했습니다. 코로나19가 세계적 대유행 상태에 들어섰음을 공식 선언한 것입니다. 국내적으로 코로나19의 큰 불을 잡고, 더 이상의 확산을 막으면서 진화에 들어가려는 우리에게도 큰 위협이 아닐 수 없습니다.

　　그로 인한 세계 경제와 우리 경제의 타격도 이루 말할 수 없을 것입니다. 이럴 때일수록 필요한 것이 희망의 힘입니다. 코로나19 바이러스를 압도하는 희망 바이러스가 필요합니다. 코로나19 바이러스 못지않게 기승을 부리는 불안 바이러스도 막아내야 합니다. 방역 당국과 의료진 그리고 누구보다도 우리 국민 모두가 너무나 잘해주고 계십니다. 생각보다 더 많은 시간이 걸릴지도 모릅니다. 모두들 지치지 말아야겠습니다.

신임 경찰 경위 · 경감 임용식 축사

| 2020-03-12 |

존경하는 국민 여러분, 경찰 가족 여러분,

오늘 '안전한 대한민국'을 책임질 169명의 청년 경찰들이 첫걸음을 내딛습니다. 대학생, 간부후보, 변호사와 회계사를 비롯해 다양한 경력의 인재들이 '국민과 함께하는 따뜻하고 믿음직한 경찰이 되겠다'는 공통의 다짐으로, 하나가 되었습니다.

힘든 교육 훈련 중에도 봉사활동으로 국민의 삶에 가까이 다가갔고, 실습 기간에는 선배들과 함께 강력범을 검거하며 예비 경찰로서 품성과 자질을 발휘했습니다. 힘든 훈련 과정을 멋지게 이겨낸 청년 경찰 한 명 한 명이 참으로 듬직합니다.

여러분, 축하합니다. 대한민국 경찰의 근간이 될 재목들을 길러주신 이은정 경찰대학장과 교직원 여러분의 노고를 치하합니다. 뒷바라지해

주신 가족들께도 축하와 감사의 인사를 드립니다.

청년 경찰 여러분,

국민들은 '코로나19'로 어려움을 겪으면서 '민주 경찰, 인권 경찰, 민생 경찰'의 고마움을 다시 한 번 느끼고 있습니다. 경찰청은 경찰 인재개발원을 우한 교민 생활시설로 제공하여 아산 시민들과 함께 감염병 극복의 모범사례를 만들었습니다. 국민들은 상담과 신고, 검사 대상자의 소재를 확인하기 위해 믿음직한 112를 눌렀고, 경찰은 신속대응팀을 꾸려 방역을 도왔습니다. 전국 각지의 경찰관들은 릴레이 헌혈에 동참했습니다. 경찰 영사는 임기를 연장해가며 현지에 남아 교민들의 안전을 지키고 정년을 앞둔 베테랑 경찰들이 교민 수송 임무에 자원했습니다. 마스크 판매사기, 매점매석을 수사, 단속하고 흔들림 없이 치안을 지켜 어려운 시기 국민들의 불안을 덜어주는 데에도 큰 역할을 했습니다. 경찰은 국민들의 믿음에 '민생치안과 사회적 약자 보호'라는 본연의 임무에 한 치의 빈틈없이 보답했습니다.

국민이 어려울 때 더 빛나는 경찰의 봉사와 헌신을 보면서 대한민국 임시정부 초대 경무국장, 백범 김구 선생의 '애국안민' 정신이 100년의 역사를 가로질러 생생히 살아있음을 느낍니다. '코로나19'를 완전히 이길 때까지 긴장의 끈을 굳게 잡아주길 바랍니다. 지난해 우리 국민의 체감 안전도가 역대 최고점을 경신했습니다. 범죄 치안 못지않게 교통사고 사망자도 2018년에 비해 11.3% 줄었고, 음주운전 사망사고는 29% 감소했습니다. 특별히 어린이 교통사고 사망이 18% 줄어든 것을 높이 평가합니다.

K-팝(K-POP) 못지않은 K-캅(K-COP) 바람도 자랑스럽습니다. 한국 방문 외국인들이 만족도 1위로 꼽고 있는 것이 우리 치안입니다. 한국의 치안 시스템이 세계 110개국에 전수되었고, 지난해 인천 송도에서 열린 '제1회 국제치안산업박람회'에서 첨단기술이 도입된 국산 치안 장비들이 세계의 주목을 받았습니다. '세계경찰' 인터폴에 최초로 한국인 총재를 배출한 데 이어, 우리 경찰대학이 세계에서 두 번째로 '인터폴 글로벌 아카데미'로 지정되었습니다. 사이버 범죄와 아동 성착취물 분야 국제협력도 우리 경찰이 주도하고 있습니다. 세계경찰의 리더로 성장하고 있는 우리 경찰의 뒤에는 경찰의 혁신을 믿고 응원해 주신 국민들이 있습니다. 국민들과 함께 우리 경찰의 활약에 뜨거운 박수를 보냅니다.

15만 경찰 가족 여러분,

경찰은 국민의 신뢰가 생명입니다. 경찰은 국민이 가장 가까이에서 만나는 국가의 얼굴입니다. 아흔아홉 번을 잘해도 국민들은 나머지 하나까지 잘해주길 바랍니다. 국민의 안전을 위한 국가의 책무는 무한하기 때문입니다. 한편으로 우리 국민들은 경찰의 헌신을 잊지 않습니다. 수사제도를 개선하고 인권 경찰로 거듭나기 위한 경찰의 노력에 지지를 보내주고 있습니다. 인권 침해 민원을 즉시 해결하는 현장 인권상담센터, 강제수사의 남용을 방지하는 영장심사관, 피의자의 방어권을 보장하는 변호인 참여 확대, 영상 녹화와 진술 녹음제, 자기 변호 노트 등 수사 과정에서 2중, 3중의 통제장치를 마련한 것은 우리 경찰이 이룬 실질적인 개혁 성과들입니다.

경찰은 지금까지의 성과를 토대로 올해를 '책임수사 원년'으로 만들겠다고 다짐했습니다. '책임수사'와 '민주적 통제'를 함께 이루는 일은 쉽지 않은 도전이지만, 반드시 성공할 것이라 믿습니다. 경찰 혁신은 법과 제도가 뒷받침되어야 더욱 굳건해질 수 있습니다. 치안 분권을 위한 '자치경찰제'와 '통합경찰법'이 국회 통과를 기다리고 있습니다. 국민들이 하루빨리 민주적이면서 가깝게 체감하는 치안서비스를 받을 수 있도록 정부도 끝까지 노력하겠습니다.

경찰은 힘들고 어려운 임무를 자부심으로 이겨갑니다. 정부는 경찰이 긍지를 가지고 업무에 임할 수 있도록 처우와 복지에 더 많이 투자하고 지원하겠습니다. 2022년까지 2만 명 증원을 완료하고, 법적·제도적 지원 체계를 갖추겠습니다. 불합리한 직급 구조를 정상화하고 막중한 역할과 책임에 상응하는 보수 체계를 마련하도록 노력하겠습니다. 제복을 벗는 그 날까지 국민의 친구이자 이웃의 영웅으로 함께할 수 있도록 경찰 자신의 생명과 안전을 지키는 데에도 최선을 다하겠습니다.

존경하는 국민 여러분, 경찰 가족 여러분,

오늘 임용된 청년 경찰들은 국민의 안전과 함께 주름이 늘어가겠지만, 얼굴은 보람과 영광으로 빛나고 두 다리는 더 굳건해질 것입니다. 패기와 열정, 무한한 자신감으로 '국민 경찰'의 새역사를 쓸 것입니다.

오늘 여러분의 어깨에 달아드린 계급장처럼 국민의 기대가 큽니다. 명예로운 경찰의 길을 걷는 여러분을 국민들은 언제나 성원하며 지켜주실 것입니다. 흔들림 없이 '국민 곁으로, 현장 속으로' 전진하길 바랍니다. 다시 한 번 졸업과 임용을 축하하며, 여러분 앞날을 축복합니다.

감사합니다.

코로나19 수도권 방역 대책회의 모두발언

| 2020-03-16 |

신규 확진자 수가 전국적으로 크게 줄었습니다. 큰 비중을 차지하던 대구·경북 지역의 신규 확진자 수도 크게 줄었습니다. 반면에 완치자 수는 많이 늘어서 격리 치료를 받는 환자수가 줄어들고 있습니다. 돌발 상황이 없는 한 그 속도가 더욱 빨라질 것으로 기대합니다. 이에 따라 코로나19를 이겨낼 수 있다는 자신감이 커지고 있고, 국제사회에서도 우리의 방역 시스템에 대한 평가와 관심이 높아지고 있습니다.

이러한 고무적인 추세 속에서도 여전히 안심할 수 없는 이유는 산발적인 소규모 집단 감염이 계속되고 있기 때문입니다. 특히 수도권에서 콜센터, 교회, 병원, PC방 등의 집단 감염 사례로 인해 긴장의 끈을 조금도 놓을 수 없는 상황입니다. 지금부터가 더욱 중요합니다. 특히 수도권의 방역 성공 여부가 매우 중요한 시점이 되었습니다. 수도권에 우리 인구의 절반이 삽니다. 일상생활이나 활동에서 많은 사람이 밀접하게 모이게 되는 장소가 매우 많습니다. 만에 하나 수도권에서 보다 큰 규모의 집단 감염이 발생하거나 지역 감염이 빠르게 확산된다면 방역을 위한 지금까지의 모든 노력과 성과가 원점으로 돌아갈지도 모른다는 불안이 남아있습니다.

더구나 해외 상황의 급격한 악화 때문에 해외 유입의 긴장도 매우 높아졌습니다. 진정세를 계속 이어가면서 안정세를 확고히 할 수 있느냐 여부가 수도권의 방역 성공 여부에 달렸다고 해도 과언이 아닙니다. 박원순 시장님과 이재명 지사님, 박남춘 시장님의 진두지휘하에 수도권 광역 세 지자체가 지금까지 아주 잘해왔지만 이 시점에 함께 한번 점검해 보고자 이 자리를 마련했습니다. 특별히 당부드리고 싶은 것은 수도권은 사실상 같은 생활권이기 때문에 지자체 간 협력을 통한 수도권의 공동 방역이 매우 중요하다는 점입니다. 지자체별로 감염 확산의 취약요인인 다중밀집시설과 고위험 사업장 등에 대한 방역을 더욱 강화하면서 하나의 생활권으로서 함께 정보를 공유하고, 협조하는 체제를 만드는 것이 매우 중요합니다. 확진자 정보와 동선을 비롯한 방역 필수 정보 공유, 광역교통망 방역체계와 병상 활용 협조 등 긴밀하게 협력해 주시기 바랍니다.

정부는 지역사회로 감염병이 확산되는 것을 막기 위한 지자체들의 노력에 힘을 보태겠습니다. 전 세계로 확산되는 코로나19가 국내로 유입되는 것도 철저히 차단하여 지역사회 방역망에 어려움이 초래되지 않도록 최선을 다하겠습니다. 국민들께서도 방역의 주체로서 대규모 행사와 집회 참석을 자제해 주시고, 행동수칙 준수와 생활 속 방역에 함께해 주시기 바랍니다. 정부와 지자체, 방역 당국과 의료진, 국민 모두가 하나가 되어 신뢰와 협력으로 이 어려움을 이겨냅시다.

감사합니다.

국무회의 모두발언

| 2020-03-17 |

코로나19가 세계적 대유행으로 번지며 세계의 방역 전선에 비상이 생긴 것은 물론이고 경제에도 심각한 타격을 줘 세계 경제가 경기침체의 길로 빠질 것이라는 우려가 확산되고 있습니다. 지금의 상황은 금융 분야의 위기에서 비롯되었던 2008년 글로벌 금융위기 때보다 양상이 더욱 심각합니다. 일상적 사회활동은 물론 소비·생산활동까지 마비되며 수요와 공급 모두 급격히 위축되고 있고, 실물경제와 금융시장이 동시에 타격을 받고 있는 그야말로 복합 위기 양상입니다.

더욱 심각한 것은 전 세계가 바이러스 공포에 휩싸이며 국경을 봉쇄하고 국가 간 이동을 차단한다는 것입니다. 인적 교류가 끊기고, 글로벌 공급망이 뿌리부터 흔들릴 수 있어 경제적 충격이 훨씬 크고 장기화 될 수 있습니다. 미증유의 비상경제 시국이라 하지 않을 수 없습니다.

대통령으로서 국민 경제가 심각히 위협받는 지금의 상황을 엄중하게 인식하고, 범정부적 역량을 모아 비상한 경제 상황을 타개해 나가고자 합니다. 대통령이 직접 주재하는 비상경제회의를 통해 특단의 대책과 조치들을 신속히 결정하고 강력히 대처해 나가겠습니다. 정부는 비상경제회의가 곧바로 가동할 수 있도록 빠르게 준비해 주기 바랍니다.

비상경제회의는 비상경제 시국을 헤쳐 나가는 경제 중대본입니다. 코로나19와 전쟁을 하는 방역 중대본과 함께 경제와 방역에서 비상 국면을 돌파하는 두 축이 될 것입니다. 정부는 방역에 긴장의 끈을 놓지 않고 바이러스와의 전쟁에서 승리하는 데 온 힘을 기울이면서도 경제 난국 극복에 비상하게 대응해야 합니다. 모든 부처는 우리 경제를 지키고 살리는 주관 부처라는 인식을 갖고 비상한 각오로 임해주기 바랍니다. 정부는 특단의 경제 대책을 신속 과감하게 내놓아야 할 것입니다.

몇 가지 당부를 하고자 합니다.

첫째, 유례없는 비상상황이므로 대책도 전례가 없어야 합니다. 지금의 비상 국면을 타개하는 데 필요하다면 어떤 제약도 뛰어넘어야 합니다. 이것저것 따질 계제가 아닙니다. 실효성이 있는 방안이라면 그것이 무엇이든 쏠 수 있는 모든 자원과 수단을 총동원해야 합니다. 비상한 대응에는 특히 타이밍이 중요하므로 과단성 있게 결단하고 신속하게 집행해야 합니다.

둘째, 추경은 끝이 아니라 시작입니다. 정부는 그동안 기존의 예산에 추경까지 더한 정책 대응으로 방역과 피해 극복 지원, 피해 업종과 분야별 긴급 지원 대책, 경기 보강 지원을 순차적으로 추진했습니다. 32조 원 규모의 종합대책이 조기에 집행될 수 있도록 만전을 기해주기 바랍니다. 하지만 이것만으로는 턱없이 부족하다는 데 현장의 요구와 전문가들의 의견이 일치합니다. 특단의 지원 대책이 파격적 수준에서 추가로 강구되어야 한다는 요구가 높습니다. 내수 위축은 물론 세계 경제가 침체로 향하는 상황에서 우리 경제와 민생을 지키기 위해서 불가피하다면 더한 대책도 망설이지 말아야 할 것입니다.

셋째, 정책의 우선순위를 분명히 해야 합니다. 가장 힘든 사람들에게 먼저 힘이 되어야 합니다. 취약한 개인과 기업이 이 상황을 견디고 버텨낼 수 있도록 해야 합니다. 어려운 때일수록 더욱 힘든 취약계층, 일자리를 잃거나 생계가 힘든 분들에 대한 지원을 우선하고, 실직의 위험에 직면한 노동자들의 일자리를 보호해야 합니다. 또한 경제 위축으로 직접 타격을 받는 소상공인과 자영업자들이 쓰러지지 않도록 버팀목이 되는 역할에도 역점을 두어야 합니다.

특히 위기관리에 한 치의 방심도 없어야 하겠습니다. 금융시장과 외환시장의 불안에 신속히 대응하면서 기업들이 자금난으로 문을 닫는 일이 없도록 필요한 유동성 공급이 적기에 이뤄져야 합니다. 이와 같은 우선적 조치를 통해 경제 기반이 와해되거나 더 큰 사태로 악화되는 것을 막는 데 집중해야 합니다. 코로나19 사태를 진정시켜 나가면서 대대적인 소비 진작과 내수 활성화를 위한 대책을 본격 추진해 나갈 준비를 해야 할 것입니다. 세계적으로도 세계 각국이 대대적인 경기부양책을 시행하게 될 것입니다. 그 계기를 우리 경제의 경기 반등 모멘텀으로 만들어내는 데 역량을 집중해 주기 바랍니다.

정부는 비상한 각오와 특별한 의지를 갖고 지금의 난국을 극복해 나가겠습니다. 국민들께서도 방역의 주체로서뿐만 아니라 경제의 주체로서 힘을 모아주시길 당부드립니다.

감사합니다.

주요 경제주체 초청 원탁회의 모두발언

| 2020-03-18 |

여러분, 반갑습니다.

'방역'과 '경제' 양면에서 아주 엄중한 상황입니다. '코로나19'가 장기화하면서 보건 위기와 경제 위기가 한꺼번에 우리를 위협하고 있습니다. 최근 신규 확진자 수가 추세적으로 줄어들고, 신규 완치자 수가 더 많아지면서 방역에서 성과가 나타나고 있지만 결코 안심할 수 있는 상황은 아닙니다. 수도권의 산발적인 집단 감염을 막기 위해 방역에 더 박차를 가해야 하고, '세계적 대유행'으로 국제 공조가 더 절실해졌습니다.

더 크게 걱정되는 것은 경제입니다. 그리고 민생입니다. 몇몇 분야가 아니라 전 산업 분야가 위기 상황입니다. 정부가 내수·소비 진작책을 담은 20조 원 규모의 '민생경제 종합대책'에 더해 11조 7,000억 원 규모의 추경을 편성했지만 문제는 우리만 잘 극복한다고 해결되기 어렵다는 것입니다. '코로나19'는 수요와 공급의 동시 충격, 실물과 금융의 복합 위기를 야기하고 있습니다. 전 세계가 함께 겪고 있는 문제라 경제 위기가 장기화될 가능성이 큽니다. 특히 과거 경제 위기 사례와 양상이 전혀 다르기 때문에 '전례 없는 대책'이 필요합니다.

오늘 절박한 심정으로 경영계와 노동계, 중소·중견기업, 벤처·소상공인, 수출·서비스업, 금융계와 소비자단체까지, 여러분들을 모셨습니다. 모처럼 양대 노총에서 이렇게 함께해주셔서 감사합니다. 우리는 '코로나19'를 반드시 극복해야 하고, 또 경제 살리기에도 반드시 성공해야 합니다. 우리 국민들에게 희망을 드릴 수 있도록 위기 극복의 지혜를 모아 주시길 바랍니다.

정부는 추경을 포함하여 총 32조 원에 달하는 대규모 지원을 실행할 것입니다. 감염병 대응 역량 강화는 물론 피해 소상공인·중소기업에 대한 긴급 경영안정자금 지원, 영세 사업장에 대한 임금보조, 저소득층 소비 여력 확충과 고용 유지 지원 등 민생경제 안정에 더욱 속도를 낼 것입니다. 무엇보다 신속한 집행으로 필요한 사람에게 필요한 지원이 적시에 도달하도록 노력하겠습니다. 특히 전례에 얽매이지 않고, 글로벌 경제 충격에 대응하면서 민생경제를 살리기 위한 '선제적'이고 '과감'하며 '충분한' 대책들을 추가로 이어나가고, 금융시장의 안정에도 총력을 기울이겠습니다. 앞으로 경제 중대본 역할을 할 '비상경제회의'를 대통령이 직접 주재하여 비상경제 상황에 대응해 나가겠습니다.

지금은 보건과 경제 모두 글로벌 공조가 절실합니다. 'G20 화상 정상회의'를 주요국에 제안한 것도 그 이유 때문입니다. 우선 당장은 각국이 방역 때문에 입국 제한조치를 취하더라도 최소한 기업인들의 국가 간 이동은 허용토록 외교적 노력을 기울이고 있습니다. 저는 '연대와 협력의 힘'을 믿습니다. 지금 이 순간에도 의료진과 민간 자원봉사자들이 최전선에서 바이러스와 사투를 벌이고 있습니다. 국민은 스스로 방역 주체가 되어 힘을 모으고 있습니다. 기업과 은행, 종교계는 생활치료센터 활용을 위해 연수원과 종교시설을 자발적으로 제공하고, '착한 임대료 운동'도 전국 곳곳으로 확산하고 있습니다.

경사노위에서 노동계와 경영계는 '코로나19 극복을 위한 노사정 선언문'을 발표해 고통을 나누며 함께 이겨 나가기로 결의했습니다. 벤처·스타트업 업계는 신속 진단키트 개발과 '코로나맵', '마스크맵' 같은 정보 제공으로 방역 당국의 짐을 덜어주고 있습니다.

어둠 속에 더욱 빛나는 우리 국민의 저력입니다. 지금 우리는 '사회적 거리두기'를 하고 있지만, '마음의 거리'는 더욱 좁힐 때입니다. 정부는 '방역이 최선의 경제 대책'이라는 생각으로 감염병의 확산을 차단하고, 경제를 지켜나가기 위해 전력을 다할 것입니다. 그러나 정부의 힘만으론 부족합니다. 우리 경제의 핵심 주체들께서 '연대와 협력의 힘'으로 위기 극복의 주역이 되어주시길 간곡히 당부드리겠습니다.

감사합니다.

제1차 비상경제회의 모두발언

| 2020-03-19 |

정부는 그야말로 비상 정부체제로 전환하였습니다. '방역 중대본' 처럼 '경제 중대본'의 역할을 할 비상경제회의를 오늘부터 본격적으로 가동합니다.

정부는 세계적인 비상경제 시국에 대처하기 위해 결연한 의지를 다집니다. 무엇보다 신속하게 결정하고 과감하게 행동해야 합니다. 비상 경제회의는 논의와 검토가 아니라 결정하고 행동하는 회의가 되어야 할 것입니다. 오늘 제1차 비상경제회의에서는 서민 경제의 근간이 되는 중소기업, 소상공인, 자영업자의 도산 위험을 막고 금융 불안을 해소하기 위한 첫 번째 조치를 결정합니다. 50조 원 규모의 특단의 '비상 금융 조치'입니다. '민생·금융안정 패키지 프로그램'으로서 규모와 내용에서 전례 없는 포괄적인 조치입니다. 중소기업, 소상공인, 자영업자들에게 충분한 유동성을 공급하도록 정부와 한은은 물론 전 금융권이 동참했고, 모든 가용 수단을 총망라했습니다. 상황 전개에 따라 필요하다면 규모도 더 늘려나갈 것입니다.

특별히 이번 조치를 결정하는 데 있어서 한국은행이 큰 역할을 해주었습니다. 재정·금융 당국뿐 아니라 중앙은행과 정책 금융기관, 시중은행과 제2금융권까지 하나로 뭉쳐 협력하고 동참하는 구조는 처음 있는 일입니다. 전격적인 기준금리 인하와 함께 중앙은행으로서 국가의 비상 경제 상황에 책임 있게 대응하며 모든 금융권을 이끌어주신 적극적 노력에 감사드립니다.

오늘 1차 회의는 코로나19로 가장 큰 타격을 입은 중소기업, 소상공인, 자영업자의 자금난을 해소하는 데 중점을 두었습니다. 우선 소상공인 긴급 경영자금 신규 지원이 12조 원 규모로 확대되었습니다. 취급 기관도 시중은행까지 확대하여 어디에서나 1.5% 수준의 초저금리 대출을 이용할 수 있게 됩니다. 그와 함께 중소기업, 소상공인에 대한 5.5조 원 규모의 특례 보증지원도 시행됩니다. 특히 어려움을 겪고 있는 소상공인과 자영업자들에게 도움이 될 것으로 기대합니다.

여기에 더하여 몇 가지 중요하고도 긴급한 조치를 빠르게 추가합니다.

첫째, 대출원금 만기 연장을 모든 금융권으로 확대하여 시행합니다. 사상 처음으로 저축은행, 보험, 신협, 새마을금고, 카드사 등 제2금융권 전체가 만기 연장에 참여하였습니다. 중소기업과 소상공인의 대출 상환 부담을 줄이는 조치입니다.

둘째, 역시 전 금융권에서 중소기업, 소상공인에 대한 대출금 이자 납부를 유예합니다. 코로나19로 매출이 급격히 감소한 중소기업과 소상공인의 금융 부담을 경감하는 조치입니다.

셋째, 영세 소상공인에 대한 전액보증 프로그램을 신설합니다. 총 3조 원의 재원으로 연매출 1억 원 이하의 영세 소상공인들에게 5천만 원까지 대출금 전액에 대한 보증을 제공함으로써 신속하고 간편하게 낮은 금리로 대출을 받을 수 있도록 하는 조치입니다.

다시 한 번 특별히 당부합니다. 아무리 좋은 대책도 현장에서 제대로 작동되어야 의미가 있습니다. 오늘 마련하는 금융 지원들이 하루가 급한 사람들에게 '그림의 떡'이 되어서는 안 됩니다. 결국 지원의 속도가 문제입니다. 보증심사가 쏠리면서 지체되는 병목현상을 개선하고 대출 심사 기준과 절차도 대폭 간소화하여 적기에 도움이 되도록 감독을 잘 해 주시기 바랍니다. 또한 금융 지원이 적극적으로 이뤄지려면 적극행정에 대한 면책처럼 정책 금융기관과 민간 금융회사의 금융 지원 노력을 격려하고 뒷받침해야 합니다. 금융위는 적극적인 금융 지원에 대한 면책 방침을 분명히 했습니다. 신속하고 긴급한 자금 지원이 일선에서 활발하게 이뤄질 수 있도록 금융 현장을 세심히 살피고 점검해 주기 바랍니다.

오늘 조치들은 소상공인 등이 가장 긴급하게 요청하는 금융 지원 대책들입니다. 하지만 이것은 필요한 대책의 일부일 뿐입니다. 경제 난국을 헤쳐 나가려면 더 많은 대책이 필요합니다. 코로나19로 인해 수입을 잃거나 일자리를 잃은 사람들에 대한 지원 대책도 고민해야 합니다. 정부의 재원에 한계가 있는 만큼 지자체들과의 협력도 필요할 것입니다.

통상적 상황이 아닌 만큼 기존의 방식에서 벗어나야 합니다. 국민의 삶이 무너지는 것을 막는 것이 최우선입니다. 조속한 시일 내에 실효성 있는 취약계층 지원 방안이 논의될 수 있도록 준비해 주기 바랍니다.

정부는 외환시장 안정화에 이어 채권시장과 주식시장의 안정화를 위해서도 강력한 대책을 세워 나가겠습니다

| 2020-03-20 |

한국과 미국이 11년 만에 600억 달러 규모의 통화스와프를 체결했습니다. 제1차 비상경제회의를 열어 전례없는 민생·금융안정 정책을 발표한 날 들려온 반가운 소식입니다. 국내 외환시장 안정화에 큰 도움이 될 것입니다.

'국제 공조'를 주도한 한국은행, 또 이를 적극 지원하며 '국내 공조'에 나섰던 기재부를 격려합니다. 비상한 시기, '경제 중대본'의 사명감이 이룬 결실입니다. 한국은행은 그간 중앙은행으로서의 독립성과 전문성을 바탕으로 여러 경제 상황에 책임있게 대응하며 위상을 강화해왔는데, 이번 성과 역시 그 결과라고 봅니다. 수고 많으셨습니다.

통화 당국과 재정 당국의 공조로 이뤄진 이번 성과에 국민들이 든든함을 느낄 것입니다. 기축 통화국으로서 리더십을 발휘해준 미국에도 감사를 표합니다. 정부는 외환시장 안정화에 이어 채권시장과 주식시장의 안정화를 위해서도 강력한 대책을 세워 나가겠습니다.

주말을 넘어
계속 줄어들기를 간절히 바랍니다

| 2020-03-20 |

어제 신규 확진자 수가 다시 100명 아래로 떨어졌습니다. 주말을 넘어 계속 줄어들기를 간절히 바랍니다. 성남의 한 교회와 대구 요양병원의 집단 감염으로 신규 확진자 수가 도로 늘어나는 것을 보면서 국민들 모두가 안타까웠을 것입니다. 그런 일은 언제든지 되풀이될 수 있습니다.

다시 주말을 맞았습니다. 많은 교회들이 협조해 주셔서 감사드립니다. 그러나 여전히 예배를 열겠다는 교회들이 적지 않아 걱정입니다. 종교집회에 대해 박원순 서울시장과 이재명 경기지사가 취하고 있는 조치를 적극 지지합니다. 중앙 정부도 지자체에만 맡기지 말고, 지자체의 조치를 적극적으로 뒷받침해 주기 바랍니다.

함께, 앞으로 나아갑시다

| 2020-03-22 |

　따뜻한 봄날, 초등학교 소풍이나 운동회가 생각납니다. 운동을 잘하거나 못하거나 모든 아이에게 공평하게 이길 기회를 주는 경기가 이인삼각 경기였습니다. 혼자 앞서려 하면 오히려 낭패, 서로 호흡과 보조를 맞춰야 무사히 결승선에 닿을 수 있었습니다.

　바이러스에 맞서는 우리의 싸움도 거대한 이인삼각 경기입니다. 나 혼자 안 아파도 소용없고 나 혼자 잘 살아도 소용없습니다. 우리는 지금 '사회적 거리두기'를 하고 있지만, 마음의 거리는 어느 때보다 가깝습니다.

　마스크를 나누고, 자원봉사 하고, 물품과 성금을 보내고, 따뜻한 말한마디를 나누며 서로를 지켜주고 있습니다. 위기 때 돋보이는 우리 국민의 높은 시민의식이 언제나 존경스럽습니다. 남다른 우리 국민의 모습에 세계도 감탄하고 있습니다.

　신규 확진자가 크게 줄고, 완치되는 분이 더 빠르게 늘고 있지만 바이러스와의 싸움 속에서 장보기나 대중교통 이용, 돌봄 부담부터 여가활동의 제약까지 움츠러든 일상의 불편함이 계속되고 있습니다. 경제활동도 크게 위축되었습니다.

　그 불편과 불안을 이겨내는 것도 '함께'입니다. 너나 할 것 없이 모두가 힘든 시간이지만, 우리는 혼자가 아닙니다. 우리에게는 도전이 거셀수록 더욱 굳게 연대하는 역량이 있습니다. 또한, 언제나 정부가 선두에 설 것입니다. 함께 이겨내고, 함께 앞으로 나아갑시다. 언제나처럼 우리는 할 수 있습니다.

제2차 비상경제회의 모두발언

| 2020-03-24 |

　세계 경제가 위기입니다. 끝이 언제인지 가늠하기가 어렵습니다. 대외의존도가 높은 우리 경제가 받는 타격이 매우 큽니다. 특히 생산과 투자의 주체로서 우리 경제의 근간인 기업이 큰 위기에 직면해있습니다. 자영업과 중소기업뿐만 아니라 주력 산업의 기업까지 예외가 아닙니다. 글로벌 공급망의 붕괴로 인한 생산 차질과 수출 차질이 실적 악화와 기업 신용도 하락으로 이어지며 기업들이 유동성 위기에 빠질 수 있는 상황입니다. 그에 대한 대책이 시급합니다.

　오늘 제2차 비상경제회의는 우리 기업을 반드시 지키겠다는 정부의 결연한 의지로 시작합니다. 정부는 우리 기업에 들이닥친 거대한 위기의 파고를 막는 든든한 방파제 역할을 하겠습니다. 코로나19의 충격으로 인해 기업이 도산하는 일은 반드시 막겠습니다. 정상적이고 경쟁력 있는 기업이 일시적인 유동성 부족 때문에 문을 닫는 일은 결코 없을 것입니다. 자금조달만 가능하면 충분히 이겨낼 수 있는 기업들을 적극 지원하겠습니다.

이를 위해 지난 1차 회의에서 결정한 50조 원 규모의 '비상 금융 조치'를 대폭 확대해 100조 원 규모의 '기업구호 긴급자금 투입'을 결정합니다. 소상공인과 중소기업을 넘어서 주력 산업의 기업까지 확대하고, 비우량기업과 우량기업 모두를 포함하여 촘촘하게 지원하는 긴급 자금입니다. 우리 기업을 지켜내기 위한 특단의 선제 조치임과 동시에 기업을 살려 국민들의 일자리를 지키는 일이기도 합니다.

이 조치는 지난번 발표한 중소기업과 소상공인, 자영업에 대한 22.5조 원의 금융 지원에 추가하는 것으로서 중소기업과 중견기업의 경영자금을 대폭 지원하고, 신용경색이 우려되는 회사채시장의 안정 유지와 불안정한 주식시장에 대처하는 대규모 금융 지원 조치를 담았습니다. 우선 중소기업과 중견기업에게 29.1조 원 규모의 경영자금을 추가 지원하여 기업의 자금난에 숨통을 틔우겠습니다. 보증공급을 7.9조 원으로 확대하고, 정책금융기관의 대출 지원을 21.2조 원 추가합니다. 필요하다면 대기업도 포함하여 일시적 자금 부족으로 기업이 쓰러지는 것을 막겠습니다.

다음으로 채권시장 안정펀드를 20조 원 규모로 조성하여 견실한 기업이 금융시장의 불안 때문에 겪는 일시적 자금난을 해소하겠습니다. 회사채는 물론 기업어음도 매입하여 단기자금 수요도 뒷받침하겠습니다. 애초 10조 원 규모로 준비했던 것을 10조 원을 추가하여 규모를 두 배로 늘린 것입니다. 또한 코로나19로 인해 일시적으로 유동성의 어려움에 처한 기업에 대해서 17.8조 원 규모의 자금을 별도로 공급하겠습니다. 프라이머리 채권담보부증권(P-CBO), 회사채 신속인수제도 등으로 회사채 인수를 적극 지원하고, 단기자금 시장에도 유동성을 충분히 지원하겠습니다. 애초 6.7조 원 규모의 계획에 11.1조 원을 추가하여 확대 지원하는 것입니다. 10.7조 원 규모의 증권시장 안정펀드도 가동하겠습니다. 2008년 글로벌 금융위기 당시의 5,000억 원에서 규모가 20배 늘었고, 금융기관의 참여도 대폭 확대되었습니다. 개별 종목이 아니라 지수에 투자함으로써 투자자 보호와 증시 안전판의 역할을 하게 될 것입니다. 금융기관들의 적극적인 참여에 감사드리며 정부도 금융기관들의 애로를 해소하기 위해 적극 노력하겠습니다.

오늘 회의에서 별도의 고용 지원 대책도 논의합니다. 기업이 어려우면 고용 부분이 급속도로 나빠질 수 있습니다. 기업의 어려움에 정부가 발 빠르게 지원하는 이유도 궁극적으로는 고용 안정을 위한 것입니다. 최근 어려움을 겪는 기업들로부터 고용 유지 지원금 신청이 폭발적으로 증가하고 있습니다. 고용 유지 지원금을 대폭 확대하는 방안을 적극적으로 검토해 주기 바랍니다.

또한 4대 보험료와 전기료 등 공과금 납부 유예 또는 면제에 대해서도 신속한 조치가 필요합니다. 개인에게는 생계 지원이면서도 기업에게는 비용 절감으로 고용 유지를 돕고자 하는 것입니다. 어려운 기업들과 국민들께 힘이 될 수 있도록 오늘 회의에서 신속히 매듭을 짓고, 4월부터 바로 시행될 수 있도록 해주기 바랍니다.

다음 3차 회의에서는 실효성 있는 생계 지원 방안에 대해 재정 소요를 종합 고려하여 신속한 결론을 내릴 수 있도록 준비해 주기 바랍니다. 코로나19 사태의 가장 큰 피해자는 국민입니다. 국민의 삶을 지키겠다는 정부의 의지를 신속하고 분명하게 보여주기 바랍니다.

코로나19 진단시약
긴급사용 승인 기업 방문

| 2020-03-25 |

여러분 반갑습니다.

확진자 한 명을 빠르게 찾아내는 일은 확진자의 생명을 구하는 일이며, 방역의 시작입니다. 한국은 빠른 검사와 빠른 확진, 빠른 격리와 빠른 치료로 거기에 더해서 세계에서 가장 높은 검사의 정확도까지 더해져서 방역에 성과를 내고 있습니다. 여러분의 혁신적 노력과 의료진의 헌신으로 코로나19를 극복해가고 있습니다. 진심으로 감사드립니다.

우리 진단시약 생산업체들의 활약이 얼마나 크고 자랑스러운지 오늘 국민들께 보여드리고, 또 국제사회에도 희망을 드리기 위해 코로나19 진단시약 개발업체 씨젠을 찾았습니다. 함께 긴급사용승인을 받은 코젠바이오텍, 솔젠트, SD바이오센서, 바이오세움의 대표님들도 함께 모셨습니다. 국내외 주문량이 많아 연구소 직원까지 생산에 참여한다고 들었습니다. 휴일과 밤낮을 잊고 땀 흘리고 계신 여러분께 존경과 격려의 박수를 보냅니다.

여러분은 바이러스 극복의 최일선에 계십니다. 세계적으로 우수하다는 평가를 받고 있는 우리의 코로나19 방역은 여러분들로부터 시작됩니다. 최근 신규 확진자 수가 크게 줄고 완치되는 분들이 더 빠르게 늘면서 방역에 뚜렷한 성과가 나타나고 있습니다. 신속한 진단시약 개발로 감염병 대응의 첫 단추를 잘 끼워주셨기에 가능했습니다. 또한, 이미 많은 물량을 해외로 수출하여 세계 각국의 방역에 기여를 하고 있습니다. 씨젠의 경우에는 수출의 비중이 95%에 달한다고 그렇게 들었습니다. 이렇게 세계 각국의 방역에 기여를 하고 있고 또 우리 경제에도 힘을 보태고 있습니다.

어려운 상황이 계속되고 있지만, 방역과 경제 모두에서 성과를 거두고 계신 여러분들을 통해 국민들은 큰 자부심과 함께 희망을 품고 있습니다. 위기 때 진짜 실력이 드러납니다. 여러분은 국내에 확진자가 한 명도 없었던 올 1월 중순부터 세계 어느 기업보다 먼저 진단시약 개발에 착수했고, 인공지능을 활용해 개발 기간도 크게 단축했습니다.

실시간 유전자 증폭 검사기술을 이용해 하루 이상 걸리던 검사시간도 여섯 시간 이내로 줄였습니다. 여기 계신 다섯 개 기업이 하루 13만 5,000명 분량을 생산해내고 있습니다. 정부 또한 위기 대응과 민간의 혁신을 뒷받침하기 위해 규제를 대폭 완화했습니다. 심사절차를 대폭 간소화하는 긴급사용승인제도를 전격 시행했고, 통상 1년 반 정도 걸리던 승인 절차를 단 1주일 만에 끝냈습니다. 이 부분에 대해서는 신속하게 행정처리를 해준 식약처를 칭찬하지 않을 수 없습니다. 식약처는 지금 마스크 공적 판매를 위해서도 많은 고생을 하고 있는데, 지금 매주 1인당 2매 공급하고 있는 것을 조만간 3매, 4매 이렇게 늘려갈 수 있을 것이라는 보고를 받았습니다. 우리 학생들 개학 시기도 다가오고 있기 때문에 최대한 공급 물량을 늘리는 것을 앞당겨 주시기 바랍니다.

제5회 서해수호의 날 기념사

| 2020-03-27 |

존경하는 국민 여러분, 참전 장병과 유가족 여러분,

그 어느 때보다 애국심이 필요한 때 '서해수호의 날'을 맞았습니다. 우리는 애국심으로 식민지와 전쟁을 이겨냈고, 경제성장과 민주주의를 이뤄냈습니다. '연대와 협력'으로 우리는 역경을 극복할 수 있었으며, 그 힘은 국토와 이웃과 우리 역사를 사랑하는 애국심으로부터 비롯되었습니다.

서해수호 영웅들의 희생과 헌신은 바로 그 애국심의 상징입니다. 총탄과 포탄이 날아드는 생사의 갈림길에서 영웅들은 불굴의 투지로 작전을 수행했고, 서로 전우애를 발휘하며, 최후의 순간까지 군인의 임무를 완수했습니다. 영웅들이 실천한 애국심은 조국의 자유와 평화가 되었습니다. 우리는 아무도 넘볼 수 없는 강한 안보로, 한반도 평화와 번영에 대한 국제사회의 신뢰와 협력을 이끌 수 있게 되었습니다. 국민들은 이곳 국립대전현충원뿐 아니라 전국 곳곳에서 용사들의 애국심을 기억합니다. 창원 진해 해양공원과 서울 수도전기공업고등학교 교정에서 한주호 준위의 숭고한 헌신을 마주합니다. 광주 문성중학교에서, 군산 은파공원에서 서정우 하사와 문광욱 일병을 만나며 꺾이지 않는 용기를 가슴에 새깁니다. 국민의 긍지와 자부심이 되어주신 서해수호 영웅들께 경의를 표하며, 유가족들께 깊은 위로의 말씀을 전합니다.

참전 장병 여러분, 유가족 여러분,

'코로나19'라는 초유의 위기 앞에서 우리 군과 가족들은 앞장서 애국을 실천하고 있습니다. '46용사 유족회'와 '천안함 재단'은 대구·경북 지역에 마스크와 성금을 전달했습니다. 아픔을 디딘 연대와 협력의 손길이 국민의 희망이 되었습니다. 신임 간호장교들과 군의관들은 임관을 앞당겨 '코로나19'의 최전선 대구로 달려갔습니다. 예비역 간호장교들은 민간인 신분으로 의료지원에 나섰고, 3만 5,000장병들은 자발적으로 헌혈에 참여해 주었습니다.

국군대구병원에 투입된 공병단은 확진자들을 위한 병상을 만들었고, 1만 2,000명의 병력과 6,000대의 군 장비가 전국 각지에서 방역과 소독을 지원하고 있습니다. 공군 수송기는 20시간 연속 비행으로 미얀마에서 수술용 가운 8만 벌을 가져왔습니다. 서해수호 영웅들의 정신이 우리 장병들의 마음속에 깃들어 있습니다. '국민의 군대'로서 '위국헌신 군인본분'의 정신을 실천하는 모습을 보며 영웅들도 자랑스러워할 것이라 믿습니다.

국민 여러분,

싸우면 반드시 이겨야 하고, 싸우지 않고 이길 수 있다면 우리는 그 길을 선택해야 합니다. 가장 강한 안보가 평화이며, 평화가 영웅들의 희생에 보답하는 길입니다. 정부는 강한 군대, 철통같은 국방력을 바탕으로 강한 안보와 평화를 만들어가고 있습니다. 정부는 지난 3년간 국방예산을 대폭 확대해 올해 최초로 국방 예산 50조 원 시대를 열었고, 세계 6위의 군사강국으로 도약했습니다. 2018년에는 남북 간 '9.19군사합의'로 서해 바다에서 적대적 군사행동을 중지했습니다.

서해수호 영웅들이 지켜낸 NLL에서는 한 건의 무력충돌도 발생하지 않고 있으며, '천안함 46용사 추모비'가 세워진 평택 2함대 사령부와 백령도 연화리 해안에서, 후배들이 굳건히 우리 영토와 영해를 수호하고 있습니다. 어민들은 영웅들이 지켜낸 평화의 어장에서 45년 만에 다시 불을 밝힌 연평도 등대를 바라보며 만선의 꿈을 키우고 있습니다.

정부는 강한 안보로 반드시 항구적 평화를 이뤄낼 것입니다. 확고한 대비태세로 영웅들의 희생을 기억할 것입니다. 군을 신뢰하고 응원하는 국민과 함께 평화와 번영의 길을 열어갈 것입니다. 국가를 위해 희생하고 헌신한 분들을 위한 예우에도 최선을 다하겠습니다. 제2연평해전의 '전사자'들은 한때 법적으로 전사가 아니라 순직으로 처리되었습니다. 참여정부에서 전사자 예우 규정을 만들었지만, 소급 적용이 되지 않았습니다.

2018년 7월, 마침내 '제2연평해전 전사자 보상 특별법 시행령'을 국무회의에서 의결했습니다. 16년 만에 제2연평해전의 용사들을 '전사자'로서 제대로 예우하고 명예를 높일 수 있게 되었습니다. 참으로 뜻깊은 일이 아닐 수 없습니다.

지난해 12월에는 '순직유족연금 지급기준'을 개선해 복무 기간과 상관없이 지급률을 43%로 상향하여 일원화했습니다. 또한 '유족 가산제도'를 신설하여 유가족의 생계지원을 강화했습니다. 전투에서 상이를 입은 국가유공자들에 대한 추가 보상책도 마련하고 있습니다. 올해 163억 원 수준인 '전상수당'을 내년 632억 원 수준으로 네 배 인상하고, 점차로 '참전 명예수당'의 50% 수준까지 높여갈 것입니다. 진정한 보훈은 국가유공자와 유가족들이 명예와 긍지를 느끼고, 그 모습에 국민들이 자부심을 가질 때 완성됩니다. 국가는 군의 충성과 헌신에 끝까지 책임져야 합니다. 진정한 보훈으로 애국의 가치가 국민의 일상에 단단히 뿌리내려 정치적 바람에 흔들리지 않도록 하겠습니다.

존경하는 국민 여러분, 참전 장병과 유가족 여러분, 애국심이야말로 가장 튼튼한 안보입니다. 아무도 흔들 수 없는 나라의 기반입니다. 군 장병들의 가슴에 서해 수호 영웅들의 애국심이 이어지고 국민의 기억 속에 애국의 역사가 살아 숨 쉬는 한, 우리는 어떠한 위기도 극복해낼 수 있습니다. 우리는 오늘 '코로나19'에 맞서며 우리의 애국심이 '연대와 협력'으로 발휘되고 있음을 확인합니다. 국민 서로가 서로에게 힘이 되고, 그것이 국제사회의 협력으로 넓어지는 더 큰 애국심을 보고 있습니다. 튼튼하고 커다란 나무에는 온갖 생명이 깃듭니다. 우리의 애국심은 대한민국을 더욱 튼튼하고 큰 나라로 만들 것이며, 국제사회와의 협력 속에서 평화와 번영의 새로운 역사를 기록할 것입니다.

오늘 '서해수호의 날'을 맞아 불굴의 영웅들을 기억하며, '코로나 19' 극복의 의지를 더욱 굳게 다집니다. 서해수호 영웅들의 이야기는 자랑스러운 애국의 역사가 되어 미래 세대에게 영원히 전해질 것입니다.

감사합니다.

G20 특별 화상 정상회의 발언문

| 2020-03-26 |

먼저, 특별 화상회의를 소집한 의장님의 리더십에 감사드립니다. 코로나19 때문에 전 세계적으로 보건 위기가 심각해지고, 국제 실물시장과 금융시장이 매우 위축되어 있습니다. 그러나, 우리는 2008년 글로벌 금융위기 때처럼 G20 회원국들의 단합된 연대로 오늘의 어려움도 이겨 낼 수 있을 것으로 믿습니다.

지난 두 달간 한국은 코로나19 도전의 중심에 있었고 많은 어려움을 겪었습니다. 아직 안심할 수는 없지만, 선제적이고 투명한 방역조치와 우리 국민의 자발적이고 민주적인 방역 동참으로 점차 안정화되어 가고 있습니다. 코로나19 발병 초기부터 지금까지, 우리 정부는 개방성, 투명성, 민주성이라는 3대 원칙에 따라 대응하고 있습니다. 압도적으로 많은 검진을 통해 확진자를 찾아내고, 감염경로를 끝까지 추적하였습니다. 그리고 확진자들과 밀접접촉자들을 모두 격리한 후 출국금지 조치를 취했습니다. 이것만이 감염 확산을 방지하고 희생자를 줄이는 최선이라고 믿었기 때문입니다.

이 과정에서 모든 창의적인 방법들이 동원되었습니다. 빠르면서 정확도가 높은 진단시약을 조기에 개발했고, 최대한 빠른 검진과 감염 예방을 위해 '드라이브 스루' 진료소가 설치되었습니다. 또한, IT 기술을 활용한 '자가격리 앱'과 '자가진단 앱' 설치를 통해 자가격리자들이 철저히 관리되고 있습니다.

아울러, 우리는 WHO 권고에 따라, 사람과 물자의 국경 간 이동 제한을 최소화하면서도, 방역의 효과는 극대화시키는 조치를 취했습니다. '특별입국절차'가 그것입니다. 외국으로부터의 입국을 전면적으로 제한하지 않으면서도, 확진자가 많이 발생한 국가로부터 입국하는 사람에 대해서는 내·외국인 모두 차별없이 입국 단계 때부터 철저한 검사를 통해, 해외로부터의 감염 유입을 통제하면서 입국자 자신을 보호하려고 노력하였습니다.

또한, 모든 관련 정보를 국내외로 신속하고 투명하게 공개하였습니다. 신규 확진자 수, 검사 건수, 지역별 분포 등 모든 역학 관련 정보를 매일 업데이트하여 배포하고 있습니다. 우리 정부는 앞으로도 방역조치를 지속적으로 개선·보완해 나갈 것이고, 한국의 경험과 성공적인 대응모델을 국제사회와도 공유해 나가고자 합니다.

한국은 코로나19가 소비와 투자, 그리고 산업 활동 위축으로 연결되지 않도록 총 1,000억 불(132조 원) 규모의 과감한 확장적 거시정책과 금융안정정책을 시행하고 있습니다.

첫째, 피해 업종, 소상공인, 영세 자영업자의 부담을 경감하고, 취약 계층을 위해 260억 불(32조 원) 규모의 패키지를 마련하였습니다.

둘째, 유동성 부족에 직면한 기업들을 지원하기 위해 800억 불(100 조 원) 규모의 긴급자금을 투입하고 있습니다. 기업들이 살아야 국민들의 일자리를 지켜낼 수 있고, 국민들의 일자리가 유지되어야 경기 부양도 가능하기 때문입니다. 우리 정부는 이러한 조치들을 신속하게 집행하고 있고, 필요하다면 추가적인 대책도 강구해 나갈 것입니다.

한국은 국제사회의 연대 강화와 정책 공조를 위해 다음과 같이 제안하고자 합니다.

첫째, 우리 회원국들은 방역 경험과 임상 데이터를 공유하고, 치료제와 백신 개발을 위해 힘을 모아 나가야 합니다. 또한, 보건 의료 취약국가 지원을 위해서도 협력해야 합니다. 한국은 국제사회의 백신 개발 노력과 보건 분야 개발 협력 및 개도국의 감염병 대응 역량 강화 노력에도 적극 동참해 나갈 것입니다.

둘째, 우리는 가용한 모든 수단을 활용하여 확장적 거시 정책을 펴야하며, 글로벌 금융 안전망을 강화하고, 저개발·빈곤국의 경제 안정을 위해서도 협력해야 합니다. 한국은 G20 차원의 액션플랜을 도출하자는 의장국의 제안을 지지하며, 앞으로 구체 협력방안들이 심도 있게 논의되기를 기대합니다.

셋째, 코로나의 세계 경제에 대한 부정적 영향을 최소화하기 위해서는 국가 간 경제교류의 필수적인 흐름을 유지하는 것이 중요합니다. 이를 위해, 각국의 방역 조치를 저해하지 않는 범위 내에서 과학자, 의사, 기업인 등 필수 인력의 이동을 허용하는 방안을 함께 모색해 나갈 것을 제안합니다.

전 세계는 2008년 글로벌 금융위기 극복에 크게 기여했던 G20이 이번 위기 대응에 있어서도 강력한 리더십을 보여주기를 기대하고 있습니다. 오늘 회의가 코로나19 극복을 위한 G20의 연대를 확인하는 계기가 되기를 기대합니다.

감사합니다.

제3차 비상경제회의 모두발언

| 2020-03-30 |

우리는 코로나19를 이겨가고 있지만 그 과정에서 사망자가 적지 않게 발생하여 마음이 매우 무겁습니다. 다른 나라에 비해 치명률이 상대적으로 낮다는 것으로 위안을 삼을 수 없습니다. 코로나19로 인해 희생되신 모든 분들과 유족들께 깊은 애도와 위로의 말씀을 드립니다. 방역에서 사망자를 줄이는 노력이 무엇보다 중요합니다. 특히 정신병원과 요양병원, 요양원 등 고령과 기저질환, 약한 면역력 등으로 치명률이 특별히 높은 집단 취약시설에 대한 방역에 각별한 노력을 기울여주기 바랍니다.

우리가 방역에서 세계적으로 높은 평가를 받고 있는 것은 국민들께서 정부의 조치를 신뢰해 주시고, 굳건한 연대와 협력으로 방역에 적극적으로 참여해 주신 덕분입니다. 코로나19로 인한 경제 위기를 극복하는 비결도 마찬가지일 것입니다. 코로나19가 세계 경제에 남기는 상처가 얼마나 크고 깊을지, 그 상처가 얼마나 오래갈지 아무도 예측할 수 없는 상황입니다. 당장도 어렵지만 미래도 불확실합니다. 당장의 어려움을 타개해 가면서 어두운 터널을 지나 경기를 반등시키는 긴 호흡을 가져야 합니다.

어려운 상황이지만 정부는 최선을 다할 것이며 앞장설 것입니다. 국민들께서 정부를 믿고 연대와 협력의 정신으로 한마음이 되어주신다면 코로나19는 물론 그로 인한 경제 위기까지 충분히 극복해낼 수 있을 것입니다. 제2차 비상경제회의 때 약속드렸듯이 정부는 저소득 계층과 일정 규모 이하의 중소기업, 소상공인, 자영업자들을 위해 4대 보험료와 전기요금의 납부 유예, 또는 감면을 결정했습니다. 당장 3월분부터 적용할 것이며 구체적 내용은 정부가 따로 발표할 것입니다. 저소득층 국민들께는 생계비의 부담을 덜고, 영세 사업장에는 경영과 고용 유지에 도움이 되기를 기대합니다. 또한 고용유지지원금을 대폭 확대하고, 고용안전망의 사각지대에 놓여 있는 취약계층에 대한 다양한 생계 지원 대책을 대폭 확충했습니다. 고용 안정과 함께 무급휴직자, 특수고용 및 프리랜서 노동자, 건설일용노동자 등의 생계 보호와 코로나19로 인해 피해 입은 소상공인들의 경영 회복과 사업정리 및 재기 지원에 적지 않은 도움이 될 것으로 기대합니다.

그와 함께 정부는 지자체와 협력하여 중산층을 포함한 소득 하위 70% 가구에 대해 4인 가구를 기준으로 가구당 100만 원의 긴급재난지원금을 지급하기로 결정했습니다. 이 결정은 쉽지 않은 결정이어서 많은 회의와 토론을 거쳤습니다. 코로나19로 인해 모든 국민이 고통받았고 모든 국민이 함께 방역에 참여했습니다. 모든 국민이 고통과 노력에 대해 보상받을 자격이 있습니다.

그러나 정부로서는 끝을 알 수 없는 경제 충격에 대비하고, 고용 불안과 기업의 유동성 위기에 신속하게 대처하기 위해 재정 여력을 최대한 비축할 필요가 있습니다. 경제적으로 조금 더 견딜 수 있는 분들은 보다 소득이 적은 분들을 위해 널리 이해하고 양보해 주실 것을 당부드립니다. 긴급재난지원금은 신속한 지급이 무엇보다 중요하므로 신속하게 2차 추경안을 제출하고, 총선 직후 4월 중으로 국회에서 처리되도록 할 계획입니다. 또한 재정 여력의 비축과 신속한 여야 합의를 위해 재원의 대부분을 뼈를 깎는 정부 예산 지출 구조조정으로 마련하겠습니다. 국회의 협력을 당부드립니다.

정부가 재정 운용에 큰 부담을 안으면서 결단을 내리게 된 것은 어려운 국민들의 생계를 지원하고 방역의 주체로서 일상 활동을 희생하며 위기 극복에 함께 나서주신 것에 대해 위로와 응원이 필요하다고 여겼기 때문입니다. 또한 코로나19가 진정되는 시기에 맞춰 소비 진작으로 우리 경제를 살리는 데도 큰 역할을 할 것입니다.

어려움 속에서도 서로를 격려해가며 신뢰와 협력으로 재난을 이겨가고 있는 국민들께 한없는 존경과 감사를 드립니다. 또한 정부의 이번 조치가 어려움을 이겨나가는 국민들께 힘과 위로가 되기를 바랍니다.

국무회의(영상) 모두발언

| 2020-03-31 |

코로나19의 세계적 대유행이 날로 심각해지고 있습니다. 전 세계 대부분의 나라에서 확진자가 발생하고 있고, 확산의 규모와 속도가 매우 빠릅니다. 전 세계적으로 코로나19가 미치는 영향이 어디까지 언제까지 계속될지 가늠하기 어렵습니다. 다른 나라와 비교해 우리의 대응이 국제 적으로 좋은 평가를 받고 있고, 사태가 서서히 진정되어 가고 있지만 확 실한 안정 단계로 들어서려면 갈 길이 멉니다.

거듭 말씀드리지만 사망자를 줄이는 데 특별한 관심을 기울이고, 다중시설을 통한 집단 감염을 막는 데 방역 당국의 역량을 집중해 주기 바랍니다. 집단 감염이 한 군데 발생할 때마다 국민의 고통이 그만큼 더 커지고, 우리 경제가 더 무너지고 더 많은 일자리를 잃게 된다는 사실을 무겁게 여겨주기 바랍니다.

늘어나는 해외 유입에 대해서도 더욱 강력한 조치와 철저한 통제가 필요합니다. 내일부터 시행하는 해외 입국자 2주간 의무격리 조치가 잘 지켜지는 것이 중요합니다. 격리 조치를 위반할 경우 공동체의 안전을 지키기 위해 단호하고 강력한 법적 조치가 따라야 합니다. 작은 구멍 하나가 둑을 무너뜨리는 법입니다. 국민 모두가 불편을 감수하며 공동체의 안전을 위해 노력하고 있는 이때 한 개인이 모두의 노력을 허사로 만드는 일은 없어야 합니다.

지금으로서는 또다시 학교 개학을 추가로 연기하는 것이 불가피해 졌습니다. 학사일정에 차질이 생기고, 학생들의 학습 피해뿐 아니라 부모들의 돌봄 부담도 커지겠지만 아이들을 감염병으로부터 지켜내고, 지역 확산을 막기 위한 것으로서 전문가들과 학부모를 포함한 대다수 국민들의 의사를 반영한 결정입니다. 불편을 겪는 가정이 많으실 텐데 깊은 이해를 바랍니다.

교육 당국은 학생들의 등교를 늦추면서 온라인 개학을 준비하고 있습니다. 경험이 없는 일이라 처음부터 완벽할 수는 없지만 최대한 차질 없이 진행되도록 선생님들과 함께 준비에 만전을 기해주기 바랍니다. 특히 온라인 학습에서 불평등하거나 소외되는 학생들이 생기지 않도록 각별한 관심을 기울여주기 바랍니다. 컴퓨터와 모바일 등 온라인 교육 환경의 격차가 학생들 간의 교육 격차로 이어지지 않도록 세심하고 빈틈없이 준비해 주길 당부합니다.

정부는 매주 비상경제회의를 열고 신속한 결정으로 특단의 조치를 내놓고 있습니다. 중소상공인, 자영업자들의 자금난을 덜어드리고, 기업이 코로나19로 쓰러지는 일이 없도록 100조 원 규모의 비상 금융 조치를 취했고, 방역의 주체로서 위기 극복에 함께 나서주신 국민의 어려움을 함께 나누고 응원하는 의미로 긴급재난지원금의 지급을 결정했습니다. 모든 부처가 경제 난국 극복의 주체로서 발로 뛰며 혼신의 노력을 다해야 할 것입니다. 1차 추경과 함께 비상경제회의에서 결정한 대책들이 신속히 집행되고 현장에서 잘 작동되도록 점검과 관리를 강화해 주기 바랍니다. 긴급재난지원금을 위한 2차 추경 편성에서 나라 빚을 최소화하기 위해서는 정부의 뼈를 깎는 지출 구조조정이 불가피합니다. 어느 부처도 예외일 수 없습니다. 모든 부처가 솔선수범하여 정부 예산이 경제난 극복에 우선 쓰일 수 있도록 적극적으로 협조해 주기 바랍니다.

지난주 G20 특별 정상회의를 계기로 국제 협력과 연대의 중요성에 대한 국제사회의 인식이 한층 높아졌습니다. G20 정상들은 공동성명을 통해 바이러스에 대한 공동 대응뿐 아니라 세계 경제와 국제무역의 보호를 위한 과감한 재정 지원과 개방적인 시장 유지 등 협력을 높일 것을 선언했습니다. 코로나가 세계 경제에 미치는 부정적 영향을 최소화하기 위해 국가 간 경제 교류의 필수적인 흐름을 유지해야 한다는 우리 정부의 일관된 입장이 G20의 입장으로 공식화되었습니다. 이는 세계 경제의 회복을 위한 글로벌 리더십이 작동되기 시작했다는 뜻이기도 합니다. G20 공동성명의 실천이 우리 경제를 위해서도 매우 중요합니다. 전 인류가 싸우고 있는 코로나19 전선에서 국제 협력과 연대는 전쟁의 승패를 가르는 무기입니다. 먼저 경험한 우리 정부가 적극적이고 선도적인 역할을 할 수 있도록 모든 관련 부처가 최선의 노력을 다해주기 바랍니다.

특히 우리의 방역 시스템과 경험, 임상데이터, 진단키트를 비롯한 우수한 방역 물품 등은 세계적으로 인정받고 있습니다. '메이드 인 코리아'의 위상이 더욱 높아졌습니다. 우리의 자산을 국제사회와 공유하면서 국내적인 대응을 넘어 국제사회의 공동 대응에 기여해 나가기를 바랍니다.

4월

국가직 공무원으로 첫 출근을 한 모든 소방관들에게
축하의 마음을 전합니다 | 2020년 4월 1일 |

제72주년 제주 4·3 희생자 추념식 추념사 | 2020년 4월 3일 |

코로나19 환자를 진료하다 감염된 우리 의료진이
처음으로 희생되는 매우 안타까운 일이 발생했습니다 | 2020년 4월 4일 |

확진자 수가 만 명을 넘어선 가운데 일일 신규 확진자
100명 이하 발생이 3일째 이어졌습니다 | 2020년 4월 4일 |

강원도 재조림지 식목 | 2020년 4월 5일 |

코로나19 대응 기업·소상공인
긴급 금융지원 현장 간담회 모두발언 | 2020년 4월 6일 |

세계 보건의 날을 맞아–간호사 여러분, 응원합니다 | 2020년 4월 7일 |

제4차 비상경제회의 모두발언 | 2020년 4월 8일 |

코로나19 치료제·백신 개발
산·학·연·병 합동 회의 모두발언 | 2020년 4월 9일 |

국가직 공무원으로 첫 출근을 한
모든 소방관들에게 축하의 마음을 전합니다

| 2020-04-01 |

국가직 공무원으로 첫 출근을 한 모든 소방관들에게 축하의 마음을 전합니다.

우리 국민이 겪는 재난 현장에는 늘 소방관이 있습니다. 코로나19를 겪으면서 방화복이 아니라 방호복을 입은 소방관들의 모습을 전국 곳곳 방역의 현장마다 볼 수 있습니다. 소방관들의 국가직 전환은 소방관들의 헌신과 희생에 국가가 답한 것입니다. 국민이 받는 소방서비스의 국가 책임을 높이는 것이기도 합니다. 코로나19 상황 때문에 기념식도 못했을 것입니다. 대신 마음으로나마 함께 축하하고 싶습니다. 소방관들에게 보답이 되고 자긍심이 되었으면 합니다.

제72주년 제주 4 · 3 희생자 추념식 추념사

| 2020-04-03 |

4 · 3 생존희생자와 유가족 여러분, 제주도민 여러분,

4 · 3은 제주의 깊은 슬픔입니다. 제주만의 슬픔이 아니라, 대한민국 현대사의 큰 아픔입니다. 제주는 해방을 넘어 진정한 독립을 꿈꿨고, 분단을 넘어 평화와 통일을 열망했습니다. 제주도민들은 오직 민족의 자존심을 지키고자 했으며 되찾은 나라를 온전히 일으키고자 했습니다. 그러나 누구보다 먼저 꿈을 꾸었다는 이유로 제주는 처참한 죽음과 마주했고, 통일 정부 수립이라는 간절한 요구는 이념의 덫으로 돌아와 우리를 분열시켰습니다.

우리가 지금도 평화와 통일을 꿈꾸고, 화해하고 통합하고자 한다면, 우리는 제주의 슬픔에 동참해야 합니다. 제주 4 · 3이라는 원점으로 돌아가 그날, 그 학살의 현장에서 무엇이 날조되고, 무엇이 우리에게 굴레를

씌우고, 또 무엇이 제주를 죽음에 이르게 했는지 낱낱이 밝혀내야 합니다. 그렇게 우리의 현대사를 다시 시작할 때 제주의 아픔은 진정으로 치유되고, 지난 72년 우리를 괴롭혀왔던 반목과 갈등에서 자유로울 수 있습니다.

평화를 위해 동백꽃처럼 쓰러져간 제주가 평화를 완성하는 제주로 부활하길 희망합니다. 희생자들이 남긴 인권과 화해, 통합의 가치를 가슴 깊이 새깁니다. 국가폭력과 이념에 희생된 4·3 영령들의 명복을 빌며 고통의 세월을 이겨내고 오늘의 제주를 일궈내신 유가족들과 제주도민들께 감사와 존경의 마음을 바칩니다.

국민 여러분, 제주도민 여러분,

우리는 '코로나19'를 극복해야 하는 매우 엄중하고 힘든 시기에 다시 4·3을 맞이했습니다. '연대와 협력'의 힘을 절실하게 느끼며 그 힘이 우리를 얼마나 강하게 만들고 있는지 확인하고 있습니다. 4·3은 왜곡되고 외면당하면서도 끊임없이 화해와 치유의 길을 열었습니다. 2013년, 4·3희생자 유족회와 제주 경우회가 화해를 선언하고, 매년 충혼묘지와 4·3공원을 오가며 함께 참배 행사를 진행하고 있습니다.

지난해에는 군과 경찰이 4·3 영령들 앞에 섰습니다. 무고하게 희생된 제주도민들과 유가족들께 공식적으로 사과를 드렸고, 4·3의 명예회복과 상처를 치유하는 데 동참할 것을 약속했습니다. 유가족들과 제주도민들도 화해와 상생의 손을 맞잡아주었습니다. 화해와 상생의 정신은 '코로나19' 속에서도 도민들의 마음을 하나로 묶어주고 있습니다.

제주는 '우리 동네 우리가 지킨다'는 운동으로 43개 읍면동, 60개

단체가 2만 7천여 곳에 달하는 다중 이용시설에서 방역활동을 전개하고 있습니다. 새마을부녀회와 자원봉사센터는 마스크를 만들어 이웃과 지역사회에 나눠주었고, 바르게살기운동협의회와 도연합청년회는 휴대용 손소독제를 직접 제조해 도민들께 배부했습니다. 도민들은 지역을 넘어 전국의 아픔을 함께 나누고 있습니다. 대구·경북 지역에 마스크를 비롯한 물품과 성금을 전달했고, 제주도민의 자율 방역활동은 서울, 경기, 인천, 나주와 부산, 울산 등 다른 지자체에서 보고 배울 만큼 민관 협력의 모범이 되고 있습니다. 어려운 시기, 연대와 협력의 힘을 앞장서 보여주신 제주도민 여러분께 깊이 감사드립니다.

4·3의 해결은 결코 정치와 이념의 문제가 아닙니다. 이웃의 아픔과 공감하고 사람을 존중하는 지극히 상식적이고 인간적인 태도의 문제입니다. 국제적으로 확립된 보편적 기준에 따라 생명과 인권을 유린한 잘못된 과거를 청산하고 치유해 나가는 '정의와 화해'의 길입니다. 저는 대통령으로서 제주 4·3이 화해와 상생, 평화와 인권이라는 인류 보편의 가치로 만개할 수 있도록 최선을 다할 것을 약속드립니다.

국민 여러분, 제주도민 여러분,

진실은 용서와 화해의 토대입니다. 진실은 이념의 적대가 낳은 상처를 치유하는 힘입니다. 올해 3월, '제주4·3사건 진상조사보고서'가 발간된 지 16년 만에 '추가진상보고서' 제1권이 나왔습니다. 집단학살 사건, 수형인 행방불명과 예비검속, 희생자 유해발굴의 결과를 기록했고, 피해 상황도 마을별로 정리했습니다. 교육계와 학생들의 피해를 밝히고, 군인·경찰·우익단체의 피해도 정확하게 조사했습니다. 진실규명에 애써준 제주4·3평화재단과 관계자들의 노고에 감사드립니다.

올해 시행되는 고등학교 한국사 교과서에 4·3에 대한 기술이 더욱 많아지고 상세해졌습니다. 4·3이 '국가공권력에 의한 민간인 희생'임을 명시하고, 진압 과정에서 국가의 폭력적 수단이 동원되었음을 기술하고 있습니다. 진상규명을 위한 제주도민들의 노력과 함께 화해와 상생의 정신까지 포함하고 있어 참으로 뜻깊습니다.

제주는 이제 외롭지 않습니다. 4·3의 진실과 슬픔, 화해와 상생의 노력은 새로운 세대에게 전해져 잊히지 않을 것입니다. 4·3은 더 나은 세상을 향해 가는 미래 세대에게 인권과 생명, 평화와 통합의 나침반이 되어줄 것입니다. 진실의 바탕 위에서 4·3 피해자와 유족의 아픔을 보듬고 삶과 명예를 회복시키는 일은 국가의 책무입니다.

진실은 정의를 만날 때 비로소 화해와 상생으로 연결됩니다. 진실을 역사적인 정의뿐 아니라 법적인 정의로도 구현해야 하는 것이 국가가 반드시 해야 할 일입니다. 부당하게 희생당한 국민에 대한 구제는 국가의 존재 이유를 묻는 본질적인 문제입니다. 4·3의 완전한 해결의 기반이 되는 배상과 보상 문제를 포함한 '4·3특별법 개정'이 여전히 국회에 머물러 있습니다.

제주 4·3은 개별 소송으로 일부 배상을 받거나, 정부의 의료지원금과 생활지원금을 지급받는 것에 머물고 있을 뿐 법에 의한 배·보상은 여전히 이뤄지지 않고 있습니다. 더딘 발걸음에 대통령으로서 참으로 마음이 무겁습니다.

하지만 4·3은 법적인 정의를 향해서도 한걸음씩 나아가고 있습니다. 지난해 열여덟 분의 4·3 생존수형인들이 4·3 군사재판의 부당성을 주장하며 제기한 재심 재판과 형사보상 재판에서 모두 승소했고, 제주지방법원 201호 법정에서 "우리는 이제 죄 없는 사람이다"라는 환호성이 터져 나왔습니다. 이 자리에 참석한 추미애 법무부 장관이 국회의원 시절 국가기록원에서 발굴한 수형인 명부가 4·3 생존수형인들의 무죄를 말해주었습니다.

지난 1년 사이, 그 분들 가운데 현창용, 김경인, 김순화, 송석진 어르신이 유명을 달리하셨지만, 국가는 아직 가장 중요한 생존희생자와 유족들에게 국가의 도리와 책임을 다하지 못하고 있습니다. 생존희생자는 물론 1세대 유족도 일흔을 넘기고 있고, 당시 상황을 기억하는 목격자들도 고령인 상황에서 더 이상 지체할 시간이 없습니다.

마틴 루터 킹 목사는 "너무 오래 지연된 정의는 거부된 정의"라고 말했습니다. 해방에서 분단과 전쟁으로 이어지는 과정에서, 우리가 해결하고 극복해야 할 많은 아픈 과거사들이 있었기 때문에 어려움이 있지만, 피해자와 유가족들이 생존해 있을 때 기본적 정의로서의 실질적인 배상과 보상이 실현될 수 있도록 계속 노력해 나가겠습니다. 정치권과 국회에도 '4·3특별법 개정'에 대한 특별한 관심과 지원을 당부합니다. 입법을 위한 노력과 함께 정부가 할 수 있는 일은 신속하게 해나가겠습니다.

정부는 2018년, 그동안 중단됐던 4·3 희생자와 유족 추가신고사업을 재개했습니다. '제주4·3사건 진상규명 및 희생자 명예회복 위원회'는 '6차 신고기간' 동안 추가로 신고된 희생자와 유족에 대한 심의를 거처, 희생자 90명, 유족 7,606명을 새롭게 인정했습니다. 특히, 부친의 희생 장면을 목격한 후 외상 후 스트레스 장애로 고통받아온 송정순 님을 4·3 희생자 중 최초로 외상 후 스트레스 장애로 인한 희생자로 인정해 매우 뜻깊습니다.

앞으로 단 한 명의 희생자도 신고에서 누락되지 않도록 추가신고의 기회를 드리고, 희생자들의 유해를 가족의 품으로 돌려보내기 위한 유해 발굴과 유전자 감식에 대한 지원도 계속해 나가겠습니다. 올 4월부터 생존희생자와 유족들의 상처와 아픔을 치유하기 위한 '4·3트라우마센터' 가 시범 운영됩니다. 제주도민들이 마음속 응어리와 멍에를 떨쳐낼 수 있도록 적극 지원하겠습니다. 관련 법률이 입법화되면 국립 트라우마센터로 승격할 수 있도록 준비해 나가겠습니다.

4·3 생존희생자와 유가족 여러분, 국민 여러분,

4·3은 과거이면서 우리의 미래입니다. 민족의 화해와 평화를 위한 노력은 4·3 그날부터 시작되었습니다. 지난날 제주가 꾸었던 꿈이 지금 우리의 꿈입니다. 동백꽃 지듯 슬픔은 계속되었지만 슬픔을 견뎠기에 오늘이 있습니다. 아직은 슬픔을 잊자고 말하지 않겠습니다. 슬픔 속에서 제주가 꿈꾸었던 내일을 함께 열자고 말씀드리겠습니다. 정부는 제주도민과 유가족, 국민과 함께 화해와 상생, 평화와 인권을 향해 한 걸음 한 걸음 전진하겠습니다. 4·3에서 시작된 진실과 정의, 화해의 이야기는 우리 후손들에게 슬픔 속에서 희망을 건져낸 감동의 역사로 남겨질 것입니다.

감사합니다.

코로나19 환자를 진료하다 감염된
우리 의료진이 처음으로 희생되는
매우 안타까운 일이 발생했습니다

| 2020-04-04 |

코로나19 환자를 진료하다 감염된 우리 의료진이 처음으로 희생되는 매우 안타까운 일이 발생했습니다. 너무도 애석하고 비통한 마음입니다. 대한의사협회는 고(故) 허영구 원장님을 추모하며 애도하는 묵념의 시간을 가지기로 했습니다. 늘 자신에겐 엄격하고 환자에겐 친절했던 고인의 평온한 안식을 기원합니다. 국민들도 같은 마음일 것입니다. 가족들께도 깊은 위로를 드립니다.

떠나보내는 순간마저도 자가격리 상태로 곁을 지키지 못한 슬픔은 이루 말할 수 없을 것입니다. 4월의 봄을 맞이했지만, 여전히 끝나지 않은 감염병과의 전쟁을 이겨내기 위해 제 몸 돌보지 않고 헌신하는 의료진들께 진심으로 경의를 표합니다.

특히 수많은 확진자 발생으로 밤낮없이 사투를 벌이고 있는 대구·

경북 지역 의료진들께 머리 숙여 감사의 마음을 전합니다. 자신의 병원 일을 제쳐놓고 진료를 자청하여 달려가는 열정이 지역사회를 코로나19로부터 이겨내는 힘이 되고 있습니다. 여러분들은 모두의 존경을 받기에 충분합니다. 방역 모범국가라는 세계의 평가도 여러분이 있기에 가능했습니다. 그래도 한편으로는 스스로를 돌보고 자신의 건강도 살피기를 바랍니다. 용기 잃지 말고, 더욱 힘내시고, 반드시 승리합시다.

확진자 수가 만 명을 넘어선 가운데 일일 신규 확진자 100명 이하 발생이 3일째 이어졌습니다

| 2020-04-04 |

확진자 수가 만 명을 넘어선 가운데 일일 신규 확진자 100명 이하 발생이 3일째 이어졌습니다. 3월 중순부터 시작해서 신규 확진자 수가 100명 밑으로 떨어졌다가 다시 늘고 또다시 떨어지기를 다섯 번째 되풀이하고 있습니다. 이번에는 이대로 계속 떨어져서 코로나19 사태가 안정되기를 간절히 바랍니다. 일일 신규 확진자 수가 떨어졌다가 다시 올라가기를 되풀이한 이유는 그때마다 집단 감염이 있었기 때문입니다.

집단 감염을 기필코 막아야 합니다. 같은 일이 거듭된다면 의료진뿐 아니라 나라 전체가 지치고 말 것입니다. 종교집회는 집단 감염의 요인 중 하나입니다. 그런 면에서 조계종이 4월 19일까지 모든 법회를 중단하고, 천주교 서울대교구 등 전국 각 교구가 미사를 무기한 연기하고, 개신교의 다수가 '부활절 예배'를 온라인 예배로 하기로 한 것에 대해 깊이 감사드립니다.

내일 다시 일요일입니다. 여전히 예배를 강행하는 일부 교회가 있을지 모르겠습니다. 예배는 신앙의 핵심이라고 할 만큼 중요하다는 것을 잘 알고 있습니다. 그러나 코로나19가 안정기로 들어서느냐 다시 확산하느냐 중대한 고비인 지금 이 시기만큼은 온라인 예배나 가정 예배 등의 방법으로 사회적 거리두기에 동참해 줄 것을 간곡히 당부드립니다.

지금 신규 확진자 가운데 해외 유입 비율도 상당히 높습니다. 해외 입국자 중 90% 이상이 우리 국민이기 때문에 해외 감염이 들어오는 것 자체를 막을 수는 없습니다. 그래서 정부는 해외 감염자를 원천 격리하여 2차, 3차 지역 감염을 막을 수 있도록 입국 관리를 더욱 강화하고 있습니다. 지자체 및 입국자 본인들의 협력이 매우 중요합니다. 서울시 등 앞장서 주신 지자체에 감사를 전합니다.

강원도 재조림지 식목

| 2020-04-05 |

여러분, 반갑습니다. 작년도 강원도 산불 때 가장 피해가 컸던 우리 강릉 옥계면, 이렇게 다시 와서 복구 현황을 살펴보기도 하고, 또 산림을 복구하는 복구 조림에 오늘 또 함께 참여하게 돼서 아주 정말 감개가 무량합니다.

여러분, 우리나라 산림률이 OECD 4위라는 사실 알고 계신가요? 우리나라 산림률, 그러니까 지목이 임야인 비율이 아니라 실제로 나무가 심어져있는 국토의 비율이 63%, 그래서 OECD 국가 가운데에서도 핀란드, 스웨덴, 일본 다음으로 한국이 4위, 임목축적 단위면적당 나무량도 우리가 OECD 국가 가운데에서는 아주 상위권에 속합니다. 이게 우리 국민들이 지난 70년 동안 이렇게 이룩한 업적입니다.

우리는 1946년 정부가 수립도 되기 전에 4월 5일을 식목일로 정했고, 1949년부터는 식목일에는 나무만 심고 다른 일은 하지 말자 그래서 아예 식목일을 공휴일로 정했습니다. 식목일이 공휴일에서 해제된 것은 주 5일제가 시행되고 난 이후부터, 그러니까 오랜 세월 동안 우리 국민들은 해마다 빠짐없이 많은 나무들을 심었고, 그 결과 정말 일제강점기 시대, 또 한국전쟁 거치면서 황폐화됐던 민둥산들을 빠른 시일 내에 아주 푸르게 녹화된 산림으로 이렇게 바꿔내는 것을 성공시킨 세계에서 유일한 나라입니다. 그래서 세계에서 한국을 산림녹화에서는 가장 모범적인 나라로 평가하고 있습니다. 우리 국민들 이 사실에 대해서 아주 자부심을 가져도 됩니다.

우리가 산림에서 아주 모범적인 나라가 되다 보니 국제적으로도 산림 협력을 요청해오는 나라들이 많습니다. 그래서 우리가 국제적인 산림 협력에서도 말하자면 우리가 상당히 이끌어가는 입장에 있습니다. 아시는 바와 같이 중국 북부나 몽골 같은 곳에서 사막화를 방지하고 황사를 막기 위한 조림 우리가 엄청 했죠. 중앙아시아나 메콩 이런 지역에서는 국경 간에 평화를 유지하기 위한 산림협력을 이렇게 하고 있습니다. 정말 우리 국민들 뿌듯하게 여기셔도 되는 업적들입니다.

그러면 우리가 이제 산림 선진국이냐, 그에 대한 답을 말하자면 절반만 맞습니다. 양적인 면에서는 우리가 산림 선진국이라고 할 수 있습니다. 그러나 질적인 면에서는 아직도 펄프 원료나 목재 많이 수입해 오죠. 우리가 산림녹화를 서두르다 보니 빠르게, 경제성보다는 빨리 자라는 리기다소나무라든지 오리나무라든지 아까시나무라든지 사시나무 같은 속성수들을 많이 심었기 때문에 말하자면 경제성 면에서는 조금 못한 면이 있습니다. 그래서 앞으로 산림 정책은 속성수보다는 목재로서 가치가 있고 또 유실수라든지 이런 경제수림을 조성해야 되고, 또 숲 관광을 할 만한 경관수림도 조성해야 되고, 도심 도시 지역에서는 미세먼지를 저감시키는 미세먼지 차단 숲이라든지 그다음에 도시 숲을 조성해야 되고, 산불 발생이 이렇게 많이 일어나는 곳에서는 내화수림을 조성하는 식으로 우리가 산림 정책의 패러다임 전환이 필요한 시점입니다.

뿐만 아니라 이제 나무 심는 것보다 가꾸기가 못지않게 중요해졌습니다. 작년도 강원도 산불로 여의도 면적 10배에 해당하는 우리 울창한 나무들이 한순간에 그냥 소실됐습니다. 여기 우리 옥계면만 해도 여의도 면적의 4배에 달하는 그런 산림이 이렇게 소실됐습니다. 우리 빠른 시일 내에 복구를 해야 됩니다. 아까 산림청장님이 말씀하신 바와 같이 한편으로는 앞으로는 산불을 막기 위한 여러 가지 방지 대책, 또 산불이 발생했을 경우에 조기에 진압할 수 있는 대책들을 강구하는 한편, 이 소실된 숲들을 빠른 시일 내에 조림을 복구해서, 올해부터 2022년까지 전부 다 복구할 계획입니다. 올해 중으로 절반은 복구한다는 것이 목표입니다.

우리가 지금 코로나19 때문에 사회적 거리두기를 하고 있지만 이런 가운데에서도 정말 나무 심기, 복구 조림만큼은 쉬지 않고 해야 된다라는 당부 말씀 드리고, 국민들께서도 코로나19 때문에 고생도 많이 하시지만 한 분당 한 그루씩 나무를 가꾸기, 또는 한 분당 한 그루씩 나무를 기부하기, 이런 운동으로 복구 조림에 적극적으로 참여해 주시기를 당부드립니다.

오늘 우리가 심는 금강송은 우리 국민들이 가장 좋아하는 소나무

가운데에서도 가장 우수한 품종입니다. 아주 크게 곧게 이렇게 자라고, 재질이 아주 좋아서 최고 좋은 목재입니다. 과거에 궁궐, 사찰, 전부 다 금강송으로 심어서 조선시대에 소나무를 베면 아주 무거운 처벌을 하는 금송령 이런 게 있었습니다. 지금도 산주라 하더라도 금강송은 함부로 베면 처벌을 받게끔 보호하는 나무로 경제적 가치가 아주 높습니다.

우리 복구 조림단 여러분과 함께, 복구 영림단이라고 부릅니까? 또 옥계 주민들과 함께 오늘 복구 조림에 참여할 수 있게 되어서 아주 기쁩니다. 오늘 우리가 심는 한 그루 한 그루 나무들이 정말 산불 때문에 황폐화된 강원도, 또 강릉의 옥계 지역을 다시 푸르게 만들고, 또 우리나라를 산림 강국으로 만드는 출발이 되기를 기대하겠습니다.

고맙습니다.

코로나19 대응 기업·소상공인
긴급 금융지원 현장 간담회 모두발언

| 2020-04-06 |

여러분, 반갑습니다.

민간 금융기관과 정책금융기관을 모두 아울러 대한민국 금융을 이끌고 계신 분들을 이렇게 한자리에서 뵙는 것은 처음 있는 일입니다. 그만큼 비상한 경제 상황이기 때문입니다. 요즘 아주 큰 역할들을 해주고 계셔서 감사의 마음도 전하고, 또 위기 극복을 위해서 함께 더 힘을 내보자라는 뜻에서 모셨습니다.

경제활동을 하는 모든 기업과 국민에게 금융은 떼려야 뗄 수 없는 동반자입니다. 코로나19가 전 세계에 몰고 온 위기에 대응하기 위해 전 기업과 국민이 사력을 다하고 있는 이때, 지금이야말로 금융의 역할이 가장 중요한 시기입니다. 금융은 방역 현장의 의료진과 같습니다. 의료진의 헌신이 환자들을 구하듯이 적극적인 금융이 기업과 소상공인, 자영업자들을 살릴 수 있습니다. 금융권에서도 그 점을 잘 알고 최선을 다해 역할을 해주고 계셔서 매우 고맙게 생각합니다.

정부는 지난 제1차·제2차 비상경제회의에서 100조 원 규모의 비상 금융 조치를 결정했습니다. 금융권의 적극적 협력이 없었다면 마련할 수 없는 대책들입니다. 과거 경제 위기 시의 금융 대책과 달리 본격적인 위기가 닥치기 전에 선제적으로 마련되었고, 지원 규모도 시장의 예상을 뛰어넘는 것이었습니다.

내용 면에서도 소상공인, 중소·중견기업부터 대기업까지 포함하고 대출·보증시장, 회사채시장, 단기자금시장 등 모든 분야를 포괄하고 있습니다. 대출 원금 만기 연장과 이자 납부 유예, 채권시장 안정펀드와 증권시장 안정펀드 등 대다수 정책이 금융권의 적극적인 참여와 협조로 마련된 것입니다. 코로나19로 인해 금융권도 어려운 상황이지만 금융권 전체가 한마음으로 뜻을 모아주었기에 가능했습니다. 다시 한 번 깊이 감사드립니다.

대책을 잘 마련했지만 시행이 적시적소에 이루어지는 것이 더욱 중요합니다. 코로나19로 가장 먼저 직격탄을 맞은 소상공인과 자영업을 하는 분들께서 대출을 받는 데 여전히 어려움이 많은 실정입니다. 이 부분을 좀 각별하게 챙겨주실 것을 당부드립니다. 소상공인들에게 사업장은 생계 그 자체입니다. 몰려드는 업무로 힘드시겠지만 당장 생계의 위협을 겪고 있는 분들을 위한 긴급 자금인 만큼 신속성이 특히 중요하다라는 점을 잘 이해해 주실 것이라고 믿습니다.

기업에 대한 자금 지원도 필요한 곳에 적시에 충분한 공급이 이뤄져야겠습니다. 코로나19의 충격으로부터 기업을 지켜내야 일자리를 지키고 국민의 삶을 지킬 수 있습니다. 일선 현장, 창구에서 자금 지원이 신속하고 원활하게 이루어지는 것이 중요합니다. 일선에서 자금 지원 업무를 하는 데 어려움이 많을 것입니다. 특히 적극적으로 자금을 공급하는 과정에서 의도하지 않은 과실이 일어날 수 있습니다. 이에 대해서는 특별히 다른 고의가 없었다면 기관이나 개인에게 정부나 금융 당국이 책임을 묻는 일은 없을 것입니다. 이 점을 분명히 약속드립니다.

앞으로도 상황 전개에 따라 추가적인 대책이 필요할 수도 있습니다. 더 어려운 상황이 오더라도 정부가 앞장서고 금융권이 함께하면 위기 극복과 함께 우리 경제의 맷집도 더 튼튼해질 것이라고 확신합니다. 한국은행도 금융권의 노력을 뒷받침하기 위해 충분한 유동성을 지원하기로 한 만큼 앞으로도 금융권이 함께해주시면 큰 힘이 될 것입니다.

"위기의 순간에 진면목이 나온다"는 말이 있습니다. 위기의 순간 금융이 국민과 기업에 희망이 되었으면 합니다. 거센 비바람을 맞고 있는 기업들에게 든든한 우산이 되어주었으면 합니다. 정부도 금융권의 애로를 경청하고, 도울 일은 적극 돕겠습니다. 오늘 발표된 코로나19 극복을 위한 '금융 노사정 공동선언'을 적극 지지하고, 함께해준 전국금융산업노조에도 깊이 감사드립니다. 오늘 금융기관 대표자들께서도 정부에 건의할 것이 있으면 충분히, 또 편하게 말씀들을 해주시기 바랍니다.

감사합니다.

'세계 보건의 날'을 맞아
-간호사 여러분, 응원합니다

| 2020-04-07 |

인천공항 검역 현장에 다녀왔습니다. 이름 없이 헌신하는 검역 관계자들이 그곳에 있었습니다. 최근 일일 확진자의 절반을 차지하는 해외 유입을 차단하기 위해 밤낮없이 땀 흘리는 분들입니다. 고맙고 또 고맙습니다.

돌아오는 길, 못내 마음에 걸리던 분들을 생각했습니다. 특별한 주목을 받지 못하면서도 일선 의료현장에서 헌신하는 분들입니다. 중환자실에도, 선별진료소에도, 확진환자 병동에도, 생활치료시설에도 이분들이 있습니다. 바로 간호사분들입니다. 반창고와 붕대를 이마와 코에 붙인 사진을 보았습니다. 안쓰럽고 미안했습니다. 은퇴했다가도, 휴직 중이더라도, 일손이 필요하다는 부름에 한달음에 달려가는 모습을 보았습니다. 고맙고 가슴 뭉클했습니다. 간호사 여러분은 코로나19와의 전장

일선에서 싸우는 방호복의 전사입니다. 격무에다 감염 위험이 큰 데도 자신을 돌보지 않고 가장 가까이 가장 오래 환자 곁을 지키고 있습니다. 여러분이 국민의 생명을 지키는 숨은 일꾼이며 일등 공신입니다. 하지만 '의료진의 헌신'으로 표현될 뿐 의사들만큼 주목받지 못합니다. 조명받지 못하는 이 세상의 모든 조연들에게 상장을 드리고 싶습니다.

마침 오늘 '세계 보건의 날' 주제가 '간호사와 조산사를 응원해 주세요'라고 합니다. 우리 모두의 응원이 간호사분들께 무엇과도 바꿀 수 없는 자긍심이 되었으면 좋겠습니다. 우리가 한마음으로 보내는 응원이 대한민국을 더욱 살 만한 나라로 만들 것입니다.

제4차 비상경제회의 모두발언

| 2020-04-08 |

세계 경제가 극심한 침체에 빠져들고 있습니다. 대외 의존도가 높은 우리 경제도 쓰나미와 같은 충격을 받고 있습니다. 끝을 알 수 없는 어두운 터널 속입니다. 취약한 중소기업과 자영업은 생존의 위기로 내몰리고 있고, 대기업과 주력 산업도 경영 부담이 커지고 있습니다. 정부는 우리 기업을 살리고 우리 국민의 일자리를 지키기 위해 사력을 다하고 있습니다. 전례없는 조치를 신속히 취하며 미증유의 경제 위기에 대처해 나가고 있습니다. 100조 원의 비상금융조치를 단행하여 기업 지원에 나섰고, 긴급재난지원금을 국민에게 지급하는 초유의 결정도 했습니다.

아직 충분하지 않습니다. 정부는 힘들고 어려운 기업과 국민들을 위한 버팀목 역할을 충실히 하면서 위기 극복에 필요한 조치들을 언제든지 내놓겠습니다. 가용한 자원을 모두 동원하겠습니다. 과감하고 적극적인 재정 투입도 주저하지 않겠습니다. 전 세계가 함께 그 길로 나아가고 있습니다. 현재의 어려움을 극복하기 위한 노력을 한층 강화하면서 고용 불안과 기업의 유동성 위기와 같은 앞으로 닥쳐올 수 있는 더 큰 위협에도 대비하겠습니다.

정부는 국가경제를 지키는 무거운 책임감을 갖고 현재의 비상국면을 철저히 관리하고 있습니다. 순차적으로 대책을 마련하여 시행하고 있고, 아직 도래하지 않은 상황까지 내다보며 미래의 위기에도 대비하고 있습니다. 다행히 우리가 코로나19를 다른 나라보다 먼저 진정시킬 수 있다면 경기 부양의 시기도 다른 나라보다 앞서서 맞이할 수 있습니다. 경기 부양의 시기를 놓치지 않도록 선제적으로 준비하여 경제 회복의 속도를 높일 방안도 마련하고 있습니다. 국민들께서 정부를 믿고 함께 힘을 모아주시기 바랍니다.

오늘 제4차 비상경제회의는 위기를 기회로 만들기 위한 차원에서 수출 활력 제고를 위한 방안, 내수를 보완하는 방안, 그리고 스타트업과 벤처기업을 지원하는 방안을 결정합니다.

첫째, 글로벌 공급망 붕괴와 거래 위축으로 타격이 극심한 수출기업들을 지원하는 대책을 마련했습니다. 우선 36조 원 이상의 무역 금융을 추가 공급합니다. 코로나19 사태로 인한 신용도 하락이 수출에 장애가 되지 않도록 수출 보험과 보증을 만기 연장하여 30조 원을 지원하며, 수출 기업에 대한 긴급 유동성도 1조 원을 지원하겠습니다.

또한 세계적인 경기 부양 시점에 적극적인 수주 활동에 나설 수 있도록 5조 원 이상의 무역 금융을 선제적으로 공급하겠습니다. 자금 문제로 수출기회를 놓치는 일이 없도록 할 것입니다. 수출에서도 위기의 순간에 새로운 기회를 만들 수 있습니다. 한국의 방역 모델이 세계의 표준이 되어가고 있듯이 코로나19 시대라는 새로운 무역 환경에 맞추어 한국형 수출 모델을 적극 개발하여 확산해 나갈 것입니다. 세계적인 IT 인프라 강점을 활용하여 상담, 계약, 결제 등 수출 전 과정을 온라인으로 구현하고, 대면접촉 없는 온라인 특별전시회와 상설전시관 등으로 새로운 마케팅 기회를 적극 창출해 나갈 것입니다.

글로벌 공급망 재편에도 선제적으로 대응해 나가겠습니다. 일본의 수출규제 대응 과정에서 축적된 노하우를 더욱 발전시켜 안정적인 공급망을 확보해 나갈 것입니다. 특히 효과적 방역으로 봉쇄와 이동 제한 없이 공장들이 대부분 정상가동되면서 우리가 '안전하고 투명한 생산기지'라는 인식이 세계에 각인되고 있습니다. '메이드 인 코리아'의 신뢰가 더욱 높아졌습니다. 이 위상을 살려 핵심 기업의 국내유턴, 투자유치, 글로벌 M&A를 활성화하는 계기를 만들어 나가겠습니다.

둘째, 급격히 얼어붙은 내수를 살리기 위해 추가적으로 17.7조 원 규모의 내수 보완방안을 마련했습니다. 민간의 착한 소비 운동에 호응하여 공공부분이 앞장서 선결제, 선구매 등을 통해 3.3조 원 이상의 수요를 조기에 창출하고자 합니다. 중앙부처뿐 아니라 공공기관, 지자체, 지방 공기업까지 모두 동참하여 어려운 전국 곳곳의 상권에 도움이 될 수 있도록 하겠습니다. 민간에서 일어나고 있는 착한 소비 운동에 대해서도 전례없는 세제 혜택을 통해 정부가 적극 뒷받침하며 응원하겠습니다.

여기에 더하여 오늘 코로나19에 따른 경영악화로 결손기업이 증가하고 700만 명 가까운 개인사업자의 피해가 가중되는 상황에서 12조 원 규모로 세부담을 추가 완화하는 특별한 조치도 결정합니다. 또한 연체위기에 직면한 취약계층을 위해 개인채무를 경감하고 재기를 지원하는 대책도 마련하였습니다. 어려움을 견디고 이겨내는 데 작은 힘이 되기를 기대합니다.

셋째, 어려운 상황에서도 지속적으로 우리 경제의 혁신 동력을 강화하기 위해 스타트업과 벤처기업들에 대한 맞춤형 대응방안도 마련했습니다. 저리로 자금을 추가 공급하고 특례 보증 신설과 함께 민간 벤처 투자에 대한 과감한 인센티브 확대로 약 2.2조 원 규모의 자금을 추가로 공급하겠습니다.

위기 속에서 흔들리지 않고 새로운 도약을 적극적으로 준비하는 정부가 되겠습니다. 방역에서 우리 국민은 연대와 협력의 정신을 적극적으로 실천해 주셨습니다. 전 세계에 우리 국민의 저력을 여실히 보여주었습니다. 방역에서뿐만 아니라 경제에서도 국민들께서 경제 위기 극복의 주역으로 나서고 있습니다. 착한 임대료 운동, 착한 소비 운동에 자발적으로 참여하고 있습니다. 위기일수록 더 강한 우리 국민의 힘을 또다시 보여주고 있습니다. 자랑스러운 우리 국민입니다. 정부는 국민을 믿고 국민과 함께 어떤 거친 풍랑도 반드시 헤쳐 나가겠습니다. 위기를 슬기롭게 극복하고, 튼튼하고 강한 경제로 나아가겠습니다.

감사합니다.

코로나19 치료제·백신 개발
산·학·연·병 합동 회의 모두발언

| 2020-04-09 |

오늘 한국파스퇴르연구소에서 코로나19 치료제와 백신 개발 합동 회의를 열게 되었습니다. 관련 연구소들과 바이오기업, 학계와 의료계 전문가들을 모셨습니다. 반갑습니다.

지금 우리 국민뿐 아니라 전 세계가 아주 절실하게 코로나19 치료제와 백신을 기다리고 있습니다. 우리가 방역에 있어서 모범 국가가 되었듯이 치료제와 백신 개발에 있어서도 앞서가는 나라가 되어 국민들에게 용기와 자신감을 주고, 위축된 우리 경제에도 희망이 되기를 바랍니다. 치료제와 백신 개발을 위해 심혈을 기울이고 있는 여러분께 감사드립니다.

치료제와 백신은 코로나19의 완전한 극복을 위해 반드시 넘어야할 산입니다. 안전하고 효과적인 치료제와 백신을 빠르게 개발하기 위해서는 과학자, 연구기관, 기업, 병원, 정부의 협업이 필요합니다. 오늘 함께 지혜를 모아 코로나19 완전 극복의 희망을 만들어낼 수 있기를 바랍니다. 한국파스퇴르연구소는 기존의 허가받은 의약품 중 코로나19에 효과가 있는 치료제를 찾고 있습니다. 약물 재창출이라는 빠른 치료제 개발 방식입니다. 인공지능 기술을 활용하여 두 달 만에 1,500여 종 중 후보물질 20여 종을 추려내고, 우수 약물에 대한 임상시험에 착수했습니다. 기업, 연구기관, 의료기관이 힘을 합쳐 임상시험 중인 의약품의 효과를 테스트하고 있는 단계입니다.

그와 함께 여러 바이오제약 기업들도 혈장치료제와 항체치료제 및 면역조절치료제 등 새로운 치료제 개발에 심혈을 기울이고 있고, 상당한 진척이 있는 것으로 알고 있습니다. 방금 도착해서 설명들은 바에 의하면 우리가 세계적으로 상당히 우수한 수준이고, 또 아주 앞서가고 있다라는 희망적인 이야기를 들었습니다. 우리는 글로벌 제약사나 선진국에 비해 자원이 부족하고, 의약품 개발 경험이 적지만 2015년 메르스 감염 사태를 겪으며 당시의 어려움을 거울삼아 기술 개발에 노력해왔습니다. 우리가 남보다 먼저 노력하여 진단기술로 세계의 모범이 되었듯 우리의 치료제와 백신으로 인류의 생명을 구할 수 있게 되기를 기대합니다.

정부는 민관 협력을 강화하여 코로나19 치료제와 백신 개발을 확실히 돕겠습니다. 감염병 백신과 치료제 개발은 오랜 시간과 막대한 비용이 소요되기 때문에 민간 차원의 노력만으로는 단기간에 성과를 내기가 어렵습니다. 정부의 R&D 투자와 승인 절차 단축 등이 뒷받침되어야 코로나19 치료제와 백신 개발에 더욱 속도를 낼 수 있을 것입니다.

무엇보다 감염병 방역 영역뿐 아니라 치료기술력까지 한층 끌어올리는 기회로 삼겠습니다. 국민 안전을 최우선으로 두면서 신속한 임상 승인 절차를 도입할 예정입니다. 생물안전시설을 민간에 개방하고, 감염자 검체나 완치자 혈액과 같이 치료제와 백신 개발에 필요한 자원도 제공하겠습니다.

또한 코로나19 백신 개발 등에 2,100억 원을 투자하고, 추경에 반영한 치료제 개발 R&D 투자와 신종 바이러스 연구소 설립을 시작으로 치료제와 백신 산업의 경쟁력을 높일 것입니다. 국제사회와의 연대와 협력도 중요합니다. 이미 G20 국가들과 방역 경험과 임상데이터를 공유하고, 치료제와 백신 개발에 함께 힘을 모으기로 합의했습니다. 국제보건기구, 유엔 등이 주도하는 협업 체제를 통해 코로나19 극복을 위한 국제사회의 노력에 적극 동참할 것입니다.

여러분의 노고와 사명감을 잘 알고 있습니다. 여러분이 연구와 개발에 전념할 수 있도록 돕는 것이 우리 국민과 인류의 생명을 구하는 길이라는 자세로 정부도 총력을 다하겠습니다. 지금 이 순간, 인류의 가장 큰 과제는 코로나19의 완전한 극복을 위한 치료제와 백신의 개발입니다. 우리 국민들의 성숙한 시민의식이 코로나19의 방역에서 국제적 모범과 표준을 만들어주었습니다. 코로나19 치료제와 백신 개발에서도 우리가 앞서갈 수 있고, 국제사회에 기여할 수 있습니다. 여기 계신 한 분한 분이 그 주역입니다. 다시 한 번 치료제와 백신의 완성으로 우리 국민들에게 자신감과 희망을 드리게 되길 바랍니다.

감사합니다.

어제 대구의 신규 확진자가
드디어 '0'이 되었습니다

| 2020-04-10 |

어제 대구의 신규 확진자가 드디어 '0'이 되었습니다. 지역에 첫 확진자가 나온 이후 52일 만입니다. 일일 신규 확진자가 741명으로 최고를 기록한 날로부터 42일 만에 이룬 성과입니다.

그동안 대구 시민들이 치른 희생과 노고에 진심으로 위로와 격려와 감사를 전합니다. 대한민국 전체의 신규 확진자 수도 드디어 27명으로, 확산 이후 신규 확진자가 30명 밑으로 떨어진 것도 처음입니다.

물론 아직도 조마조마합니다. 그러나 이제는 조금만 더 힘내자고 말할 수 있을 것 같습니다. 부활절과 총선만 잘 넘긴다면 '사회적 거리두기'에서 '생활방역'으로 전환할 수도 있을 것입니다.

국민 여러분, 대구 시민 여러분, 모두 고생하셨습니다.

조금만 더 힘냅시다.

새로운 일상으로 돌아가기 위해
새로운 희망을 만들겠습니다

| 2020-04-12 |

'새로운 일상'으로 돌아가기 위해 '새로운 희망'을 만들겠습니다.

특별히 희망이 필요한 때, 부활절을 맞았습니다. 많은 교회가 예배를 축소하고, 신도들은 가정에서 예수 그리스도의 부활을 축하했습니다. 부활의 믿음으로 큰 사랑을 실천해 주신 한국교회와 신도 여러분께 감사드립니다.

부활은 신앙인들에게 신비이지만 일반인들에게도 희망의 메시지입니다. 죽음을 딛고 우리에게 다가오는 희망입니다. 부활을 통해 '고난의 역사'를 '희망의 역사'로 바꾼 예수 그리스도처럼, 우리 국민들은 어려운 시기에 '용기와 사랑'을 실천하며 위기를 희망으로 만들어가고 있습니다. 크고 작은 희생과 헌신으로 사람의 소중함과 자유의 소중함을 함께 지키고 있는 우리 국민들이 자랑스럽습니다.

대한민국의 역사는 '부활의 역사'입니다. 식민지에서 해방을, 독재에서 민주주의를, 절대빈곤에서 경제성장을 우리는 서로 믿고 격려하며 스스로의 힘으로 이뤘습니다. 아직 우리 앞에 남겨진 도전과제가 많고 마지막 확진자가 완치되는 그 순간까지 방역에 긴장을 놓을 수 없지만, 우리는 한마음으로 반드시 극복하고 다시 일어설 것입니다.

많은 분들이 '코로나19' 이후, 세계가 문명사적 전환점 앞에 서게 될 것으로 예측합니다. 우리는 의료와 방역, 경제와 산업, 외교와 문화를 비롯한 전 분야에서 확연히 다른 세상과 맞닥뜨리게 될 것입니다. 예수 그리스도의 부활처럼, '새로운 일상'으로 돌아가기 위해 우리는 '새로운 희망'을 만들어내야 합니다. 정부는 마지막 확진자가 완치되는 그 순간까지 최선을 다하며, 대한민국의 새로운 삶을 준비하겠습니다.

2020년 부활절 아침, 성큼 다가온 봄조차 누리지 못하고 '코로나19'를 극복하기 위해 힘을 모아주시는 국민 여러분께 진심으로 감사와 위로를 전하며, 모두의 가정에 사랑과 화합이 가득한 부활절 되시기를 기도합니다.

수석보좌관회의 모두발언

| 2020-04-13 |

　코로나19를 이기기 위해 많은 불편을 감수하며 물리적으로 거리두기를 하면서도, 마음의 거리는 어느 때보다 좁히고 있는 위대한 국민들께 다시 한 번 깊은 존경과 감사의 말씀을 드립니다. 방역 당국을 중심으로 모두의 노력이 함께 모인 결과, 방역 전선에서 승리할 수 있다는 자신감이 커지고 있습니다. 우리의 방역 성과가 국제사회로부터 인정받으며 국가적 위상도 높아지고 있습니다. 투명성, 개방성, 민주성의 원칙과 선진적인 방역 기법은 국제표준이 되고 있고, 진단키트 등 '메이드 인 코리아'의 방역 물품 수출이 급증하면서 '방역 한류' 바람도 일어나고 있습니다.

　지금 우리가 치르고 있는 선거도 국제사회의 큰 관심사입니다. 우리가 전국 규모의 치열한 선거를 치러내면서도 방역의 성과를 잘 유지할 수 있다면 정상적인 사회 시스템과 일상 활동으로 돌아갈 수 있다는 희망을 국제사회에 줄 수 있게 될 것입니다. 그런 면에서 역대 최고의 사전투표율을 기록하며 선거로 인한 방역 부담을 분산시켜 주신 국민들의 집단지성에 다시 한 번 존경의 말씀을 드리지 않을 수 없습니다.

지금까지의 성과가 적지 않지만, 아직 안심할 단계가 아닙니다. 무엇보다 가장 큰 내부의 적은 방심입니다. 자칫 소홀히 했다가는 그동안의 수고와 성과가 한순간에 물거품이 될 수 있습니다. 힘들지만 지치지 말고, 서로를 격려하며 조금만 더 힘을 모은다면 우리는 승리의 고지를 밟을 수 있습니다. 이 전쟁에서 승리를 이끄는 힘은 오직 국민에게 있습니다.

방역은 경제의 출발점이기도 합니다. 방역에 성공하지 못하면 경제의 수레바퀴를 온전히 되돌릴 수 없습니다. 올해 세계 주요국의 경제가 큰 폭의 마이너스 성장을 할 것이라는 전망을 많은 기관들이 하고 있습니다. 우리 경제 역시 타격을 받지 않을 수 없습니다. 하지만 우리의 방역 성과는 다른 나라에 비해 경제적 충격을 줄여주고 있습니다. 이 추세를 더욱 확고히 하여 다른 나라들보다 한발 앞서 코로나19를 안정시킬 수 있다면, 경제를 회복시킬 수 있는 시간도 앞당길 수 있습니다.

정부는 더욱 비상한 각오로 임하겠습니다. 방역에서 확실한 성과를 다지며 안정 국면으로 빠르게 들어설 수 있도록 노력하면서, 경제에서도 어려움을 극복해 나가는 데 전력을 다하겠습니다. 힘들고 어려운 시기를 이겨내는 데 가장 큰 걱정이 고용 문제입니다. 이미 대량 실업 사태가 발생하는 나라들이 생겨나고 있습니다. 우리나라도 고용보험 가입자 증가폭이 크게 줄고, 실업급여 신청자가 크게 늘기 시작했습니다. 지금은 고통의 시작일지 모릅니다. 특단의 대책을 실기(失期)하지 않고 세워야 합니다.

경제위기 국면에서 정부는 일자리를 지키는 것에 정책적 역량을 집중하겠습니다. 경제 살리기의 시작도, 끝도 일자리입니다. 일자리가 무너지면 국민의 삶이 무너지고, 그로부터 초래되는 사회적 비용은 이루 말할 수 없습니다. 고용 유지에 쓰는 돈은 헛돈이 아닙니다. 일자리를 잃을 경우 지출해야 할 복지 비용을 감안하면, 오히려 비용을 줄이고 미래를 대비하는 생산적 투자입니다.

다음 제5차 비상경제회의에서는 고용 문제를 의제로 다루겠습니다. 이번 주에는 선거가 있기 때문에 내주에 회의를 열 수 있도록 준비해 주기 바랍니다. 가장 주안점을 둬야 하는 것은 어렵더라도 기업들이 고용을 유지하도록 만드는 것입니다. IMF 위기 때 많은 일자리를 잃었던 경험을 되풀이하지 않아야 합니다. 기업과 노동계, 정부가 함께 기업도 살리고 일자리도 살리는 길을 반드시 찾아야 합니다.

정부부터 고용을 유지하는 기업들에 대해 할 수 있는 최대한의 지원책을 검토하여 보다 과감하고 적극적인 대책을 강구해 주기 바랍니다. 경사노위를 비롯한 정부위원회들도 특별한 노력을 기울여주시기 바랍니다. 한편으로 우리 정부 들어 고용보험 가입자가 크게 늘어 고용 안전망이 대폭 강화되었지만, 여전히 고용보험의 사각지대가 많습니다. 사각지대에 놓여있는 자영업자와 플랫폼 노동자, 특수고용노동자 등 고용보험 미가입자에 대한 지원책 마련에도 심혈을 기울여주기 바랍니다.

일자리를 잃었거나 잃게 될 분들을 위한 대책도 필요합니다. 공공부문이 적극적으로 역할을 하지 않을 수 없습니다. 공공사업을 앞당기거나 한시적으로 긴급 일자리를 제공하는 방안 등 다양한 대책을 준비해 주기 바랍니다.

모두가 어렵습니다. 모든 경제주체들이 어려움을 나누며 함께 이겨내야 합니다. 위기일수록 하나가 되어야 합니다. 방역이든 경제든 더 나은 방안을 제시하며 치열하게 논의하되, 분열이 아니라 힘을 하나로 모으는 과정이 되어야 합니다.

우리 국민은 위기에 강합니다. 위기 앞에서 더욱 단합하는 DNA가 우리에게 있기 때문입니다. 우리는 할 수 있습니다.

감사합니다.

국무회의(영상) 모두발언

| 2020-04-14 |

정부는 코로나19의 어려움을 이겨나가는 국민들께 힘과 위로를 드리기 위해 헌정 사상 처음으로 긴급재난지원금 지급을 결정했습니다. 신속한 집행을 위해 오늘 예타 면제를 의결하고, 총선이 끝나면 곧바로 추경안을 국회에 제출하겠습니다. 국회에서 신속하게 심의 처리하여 국민들께 힘을 드리는 유종의 미를 거두어주시길 당부드립니다.

아직은 위기의 끝을 알 수 없습니다. 그러나 보이지 않는 끝 너머를 내다보며 위기를 슬기롭게 극복하는 노력과 함께 위기 속에서 기회를 만들어내는 용기와 지혜가 필요합니다. 지금까지는 우리 국민의 저력이 유감없이 발휘되며 위기 극복의 자신감을 키워왔습니다. 특히 방역에서 보여준 개방적이고 민주적이며 창의적인 대응과 국민들의 위대한 시민의식으로 대한민국은 전 세계가 주목하는 나라가 되었습니다. 세계에서 확진자가 두 번째로 많았던 위기의 나라에서 한국형 방역 모델이 세계적 표준이 되고, 한국산 방역 물품이 전 세계로 수출되는 기회의 나라로 바뀌었습니다. 확산이 시작될 때만해도 아무도 예상하지 못한 일이었습니다. 위기 속에서 빛을 발한 우리 국민의 역량이 만든 결과입니다.

경제적으로는 본격적인 위기가 시작되는 단계입니다. 세계 경제와 함께 우리 경제 역시 충격이 가시화되고 있습니다. 정부는 특단의 비상 경제 조치로 선제적으로 대처하고 있지만 실물경제와 금융시장, 생산과 소비, 국내와 국외 전방위적으로 밀려오는 전대미문의 충격에 대응하기 위해서는 더한 각오와 정책적 결단이 필요합니다. 당장의 일자리를 지키기 위한 특단의 고용 정책과 기업을 살리기 위한 추가적인 대책도 준비해야 합니다.

위기 극복에 온 힘을 기울이면서도 위기 속에서 기회를 찾아내는 적극적 자세도 필요합니다. 일본의 수출 규제에 대응하여 소재·부품·장비 산업을 자립화하는 기회를 열어나갔듯이 글로벌 공급망의 급격한 재편에 능동적으로 대처해야 합니다. 한편으로 급부상하고 있는 상품과 서비스의 비대면 거래, 비대면 의료서비스, 재택근무, 원격교육, 배달 유통 등 디지털 기반의 비대면 산업을 적극적으로 육성해야 할 것입니다. 코로나19 사태를 겪으면서 우리는 이미 우리의 비대면 산업의 발전 가능성에 세계를 선도해 나갈 역량이 있다는 것을 확인했습니다. 정부는 비대면 산업을 빅데이터, 인공지능 등 4차 산업혁명 기술과 결합한 기회의 산업으로 적극적으로 키워 나가겠습니다.

또한 진단키트를 발 빠르게 개발하여 K-방역에서 K-바이오로 위상을 높여나가고 있듯이 백신과 치료제 개발에도 속도를 내 우리의 바이오의약 수준을 한 단계 높이는 계기로 삼아야 합니다. 정부가 바이오산업을 3대 신산업 분야로 집중 육성하고 있는 만큼 이번 계기를 살려 민관 협력을 더욱 강화하며 연구 개발에 과감하고 전폭적인 지원을 해야 할 것입니다. 한편으로는 전통 주력 산업을 지키면서도 우리 경제의 혁신 동력인 스타트업과 벤처기업 육성에 전략적 가치를 두고 정책적 지원을 아끼지 말아야 합니다. 과거 오일쇼크 위기 속에서 제조업 강국으로 가는 기회를 만들었듯이 지금 코로나19의 위기를 신산업과 신기술의 중소 스타트업과 벤처기업의 새로운 성장 기회로 만들어 나가야 할 것입니다.

위기 속에서 우리 경제의 기반이 더욱 튼튼해지고 신성장 동력을 확충하는 계기로 삼는다면 지금의 위기는 더 큰 도약을 위한 발판이 될 수 있을 것입니다. 코로나19는 세계질서를 재편하게 될 것입니다. 바이러스는 이미 초국경적인 문제이며 국경의 장벽을 쌓고 이동을 금지한다고 문제가 해결되는 것이 아니라는 교훈을 주고 있습니다. 다른 나라가 안전하지 못하면 우리도 안전하지 못하며 서로 연대하고 협력하지 않고는 이겨낼 수 없는 일이 되었습니다.

오늘 오후 아세안 10개국과 한·중·일 3국이 화상 정상회의를 갖습니다. 세계 각국 정상들과의 전화 통화, G20 화상 정상회의에 이어 국제 협력과 연대를 강화하는 중요한 계기가 될 것입니다. 방역 협력과 경제 협력은 동전의 양면입니다. 정부는 두 분야 모두 전 세계와 적극적으로 협력하며 연대할 것입니다. 코로나19는 인류에게 큰 교훈을 주었습니다. 계속되는 전 지구적 도전에서 각자도생은 결코 성공할 수 없으며 연대와 공조, 개방만이 승리의 길임을 분명히 해나갈 것입니다.

코로나19가 우리가 사는 세상을 이전과 다른 세상으로 바꿔놓고 있습니다. 경제 구조와 삶의 방식 등 사회 경제적으로 거대한 변화가 나타나는 그야말로 격동의 시기입니다. 분명 두려운 변화입니다. 그러나 진정으로 두려워해야 하는 것은 두려움 자체가 아니라 두려움에 맞서는 용기와 희망을 잃는 것입니다. 역사에서 승자는 변화를 기회로 만들어온 자의 몫이었습니다. 포스트 코로나 시대를 제일 먼저 준비하고 맞이하는 대한민국을 만드는 일에 국민들께서 한마음이 되어주시길 바랍니다. 정부는 거대한 변화를 위기가 아닌 기회로 삼는 능동적 자세를 가지겠습니다. 정책 수단에서도 과거의 관성과 통념을 뛰어넘어 새로운 사고와 담대한 의지로 변화를 주도해 나갈 것입니다. 위기를 기회로 만들고, 더 크게 도약하는 대한민국, 우리는 반드시 할 수 있습니다.

아세안+3 특별 화상 정상회의 모두 발언

| 2020-04-14 |

존경하는 의장님, 정상 여러분,

특별 화상 정상회의를 소집해 주신 푹 총리님의 리더십에 감사드립니다. 특별한 협력이 필요한 시기에 특별한 방식으로 회의가 열리게 되어 매우 뜻깊게 생각합니다. 전 세계는 지금 코로나19로 유례없는 보건 및 사회·경제적 위기에 직면해 있습니다. 모든 분야에서 우리들의 삶과 미래가 위협받고 있습니다. 개별국가 차원의 노력으로는 극복할 수 없는 위기입니다.

세계 인구와 경제의 30%를 차지하는 아세안+3는 서로 밀접한 연대와 교류로 연결되어 있는 운명 공동체입니다. 그동안 위기와 기회를 함께 나누어왔듯이, 이번 코로나 위기도 함께 극복해 나가기 바랍니다. 아세안 10개국은 코로나19 확산 초기 단계부터, 역내 협력을 위해 많은 노력을 기울여왔습니다. 오늘 이 회의를 통해 아세안+3 차원에서도 실질적이고 구체적인 공조 방안이 도출되기를 기대합니다. 아세안+3는 공동의 위기에 성공적으로 대응해왔던 좋은 경험을 갖고 있습니다. 유동성 위기에 대비한 '치앙마이 이니셔티브 다자화'와 식량 위기에 대비한 '비상용 쌀 비축제도' 등이 좋은 사례입니다. 이번 코로나 위기도 우리가 함께 성공적으로 극복할 수 있을 것이라 확신합니다.

정상 여러분,

한국은 코로나19의 확산을 다른 나라들보다 일찍 겪으면서, 많은 도전들에 맞서 왔습니다. 아직은 말하기가 조심스럽지만, 다행히 지금은 점차 안정화 단계에 들어서고 있습니다. 집중적인 검진과 추적, 철저한 역학조사, 그리고 투명한 정보 공유에 기초한 국민들의 자발적인 참여가 큰 힘이 되었습니다. 한국의 방역경험과 교훈을 회원국들과 공유하고, 복합적 위기를 함께 극복해 나가기 위한 지혜를 모을 수 있기를 기대합니다.

감사합니다.

아세안+3 특별 화상 정상회의 의제 발언

| 2020-04-14 |

의장님, 감사합니다.

사무총장님들의 브리핑과 정상 여러분의 고견에 감사드립니다. 한국은 코로나19에 대응하면서 시종일관 개방성·투명성·민주성의 3대 원칙을 지켜왔습니다. 감염병의 확산을 막고 사망자를 줄이기 위해서는 집중적인 추적과 진단을 통해 감염자와 그 접촉자를 신속하게 찾아내고 격리하여 치료 등 필요한 조치를 취하는 것이 최선이라고 생각합니다. 그러기 위해서는 빠른 검진이 뒷받침되어야 하는데, 한국은 '긴급사용승인제도'를 통해 정확도 높은 진단시약을 조기 상용화했고, 선별진료소 외에 '드라이브 스루', '워크 스루' 등의 창의적인 방법을 도입하여 검사 속도를 높였습니다.

감염병을 극복하기 위해서는 국민이 방역의 주체가 되어야 합니다.

봉쇄나 이동금지를 하지 않고 '사회적 거리두기'를 효과적으로 하기 위해서는 반드시 국민들의 적극적인 참여가 동반되어야 합니다. 또한 '자가격리 앱'과 '자가진단 앱' 같은 IT 기술을 잘 활용한다면 자가격리의 실효성을 높일 수 있습니다. 무엇보다 확진자의 동선 등 모든 역학 관련 정보를 신속하고 투명하게 공개한 것이 국민들의 자발적 참여에 큰 도움이 되었습니다.

한국 정부는 방역 조치와 함께 경제 안정화에 관심을 기울이고 있습니다. 경제 상황이 흔들리지 않아야 국민들도 심리적으로 안정되고, 정부의 방역 조치에 함께할 수 있을 것입니다. 한국은 소비와 투자, 산업 활동의 위축을 막기 위해 1,200억 달러 규모의 경제부양 정책을 시행했고, 취약계층 보호를 위해 소상공인, 영세 자영업자에 자금을 지원하고 세금 부담을 줄이는 등 다양한 대책을 강구하고 있습니다.

나는 '코로나19' 극복을 위한 아세안+3의 연대 강화와 정책 공조를 위해 다음과 같이 제안하고자 합니다.

첫째, 방역과 의료 물품이 필요한 사람들에게 적기에 제공될 수 있도록 역내 양자, 다자 차원에서 적극 협력이 필요합니다. 한국은 인도적 지원 예산을 추가로 확보하고, 아세안을 포함한 각국의 지원 요청에 형편이 허용하는 대로 최대한 협조할 것입니다. 한·아세안 협력기금 활용 방안도 협의 중입니다. 아시아개발은행(ADB) 신탁기금을 통한 지원 방안, 아세안+3 차원에서의 기금 조성 방안을 포함해 가용한 모든 재원이 동원되어 회원국 모두가 함께 '코로나19'의 위기를 극복하길 희망합니다.

둘째, 역내 보건 협력 체계를 강화하여, 각국의 축적된 방역 정보와 임상데이터를 적극적으로 공유하고, 함께 활용할 필요가 있습니다. 이를 위해, 아세안+3 보건장관회의 채널에 더하여 '한·아세안 보건장관대화 채널'의 신설을 제안합니다. '한·아세안 웹세미나'를 추진해 방역정책과 경험을 공유하고, 빠른 시일 안에 아세안의 보건 전문가를 직접 초청하여, 방역 현장 방문, 보건 전문가 간담회 개최, 한국 기업의 직접적인 지원을 연결할 수 있을 것입니다. 아세안+3 차원에서의 '치료제와 백신' 개발 협력에도 더욱 박차를 가해야 합니다. 한국은 세계백신면역연합, 감염병혁신연합, 국제백신연구소 등 관련 국제기구와도 긴밀히 협업하고 있습니다. 아세안+3와 국제사회의 백신 개발 노력에 적극 동참하겠습니다.

셋째, 세계 경제에 미칠 부정적 영향을 최소화하기 위해 경제 교류, 인적 교류, 무역과 투자, 식량물자의 필수적인 흐름을 유지해야 합니다. WTO는 '코로나19' 확산으로 세계 교역이 32%까지 감소할 것으로 전망합니다. 글로벌 공급망이 아세안+3에서부터 최대한 가동되길 기대합니다. 작년 11월 우리가 합의했던 RCEP(알셉, 역내포괄적경제동반자협정)이 올해 서명되면 큰 힘이 될 것입니다. 아울러 각국의 방역 조치를 저해하지 않는 범위에서 기업인과 의료 종사자, 인도적 목적 방문 등 필수 인력에 한해 최대한 이동할 수 있도록 함께 방안을 모색하자고 제안합니다. 최근 유엔식량농업기구(FAO)는 '코로나19'로 인한 취약 지역의 식량 위기 가능성을 경고했습니다. 식량 위기가 도래한다면 취약 계층은 지금보다 더한 위협에 처하게 될 것입니다. 아시아 각국은 개별 국가들의 식량 수출 제한을 자제해야 하며, 식량 공급망의 흐름이 원활하게 유지될 수 있도록 함께 노력해야 할 것입니다. 지난 2012년 출범한 '아세안+3 비상용 쌀 비축제도'가 언제라도 적시에 가동될 수 있도록 준비되길 바랍니다.

정상 여러분,

아세안+3는 중요한 도전의 순간마다 협력을 통해 위기를 극복했습니다. 한국은 '코로나19'와 경제위기 극복을 위해 회원국들과 기꺼이 협력할 것입니다. 오늘 회의가 코로나19 극복을 위한 아시아의 협력과 연대를 다시 확인하는 계기가 되길 희망합니다.

감사합니다.

아세안+3 특별 화상 정상회의 마무리 발언

| 2020-04-14 |

의장님, 감사합니다.

코로나19 위기 대응을 위한 다양한 협력 방안을 논의한 매우 유익한 시간이었습니다. 모든 정상들께서 아세안+3뿐만 아니라 국제사회에서의 긴밀한 공조 필요성을 강조해 주셨고, 공동 대응을 위한 우리의 강력한 연대를 다시 한 번 확인했다는 점에서 큰 의미가 있었다고 생각합니다. 오늘 좋은 방안들이 많이 제안되었는데, 정상선언문에서 언급된 '의료물품 비축제도' 신설, '코로나19 아세안 대응기금' 설립 등을 포함하여 여러 협력 구상들이 가시적인 성과로 이어질 수 있도록, 장관급 및 SOM(솜, 고위실무급) 협의체에 구체적인 후속 임무를 부여하여 점검해 나가도록 하는 것이 중요하다고 생각합니다.

오늘 정상들의 협의와 약속이 국제사회의 코로나19 종식 노력에 기여할 수 있기를 희망합니다. 한국은 올해 아세안+3 조정국이자 한중일 3국 정상회의 의장국으로서, 동아시아 역내 공조와 연대를 위해 적극적인 역할을 수행해 나가고자 합니다. 또한 한중일 3국이 이번 위기 대응 과정에서 얻은 축적된 경험과 소중한 교훈을 아세안 국가들과 적극적으로 공유할 수 있도록 함께 협력해 나가겠습니다.

의장님, 정상 여러분,

각국이 모두 빠른 시일 내 코로나19를 이겨내어, 일상으로 돌아갈 수 있게 되기를 기원합니다. 필요하다면, 또 다른 화상 회의를 통해 더 진전된 논의를 해나가기를 바랍니다.

오늘 반가웠고 또한 감사합니다.

세월호의 아이들이 우리에게
'공감'을 남겨주었습니다

| 2020-04-16 |

'코로나19'로 적지 않은 우리의 가족, 이웃이 돌아가셨지만, 미처 죽음에 일일이 애도를 전하지 못했습니다. 불과 며칠 전까지 우리 곁에서 울고 웃었던 분들입니다. 제대로 된 장례식으로 보내드리지 못해 안타깝습니다. 고인들의 명복을 빌며, 가족들을 위로합니다. 어느 때보다 공감이 필요한 때 세월호 6주기를 맞았습니다. 우리는 세월호와 함께 울었고, 함께 책임지기 위해 행동했습니다. 우리는 세월호를 통해 우리가 서로 얼마나 깊이 연결된 존재인지도 알게 되었습니다.

우리는 지금 '코로나19'를 극복하며 우리의 상호의존성을 다시 확인하고 있습니다. 국민들은 "누구도 속절없이 떠나보내지 않겠다"는 마음으로 마스크를 쓰고, '사회적 거리두기'와 '자가격리'를 지키고 있습니다. '코로나19'에 대응하는 우리의 자세와 대책 속에는 세월호의 교훈이 담겨 있습니다. '사회적 책임'을 유산으로 남겨준 아이들을 기억하며, 국민들께 진심으로 감사드립니다.

불행하게도 얼마 전 두 분 학부모께서 아이들 곁으로 가셨습니다. 다시는 손을 놓치지 않겠다는 마음으로 아이들과 약속한 '안전한 나라'를 되새깁니다. '4·16생명안전공원', '국립안산마음건강센터' 건립을 차질없이 진행하고, 진상규명에 최선을 다하겠습니다. 우리가 '코로나19' 이후 돌아갈 일상은 지금과 확연히 다를 것입니다. 새로운 삶도, 재난에 대한 대응도 철저히 준비하겠습니다.

그리움으로 몸마저 아픈 4월입니다. 마음을 나누면 슬픔을 이길 수 있고, 누군가 옆에 있다고 믿으면 용기를 낼 수 있습니다. 우리는 언제나 서로가 서로에게 희망입니다. 세월호 유가족께 깊은 위로를 전하며, 부디 건강하시길 바랍니다.

제60주년 4·19혁명 기념식 기념사

| 2020-04-19 |

존경하는 국민 여러분, 4·19혁명 유공자와 유가족 여러분,

오늘은 4·19혁명 60주년입니다. 목숨보다 뜨거운 열망으로 우리의 가슴 깊이 민주주의를 심었던 날입니다. 독재에 맞선 치열한 저항으로, 우리는 함께하면 정의가 살아날 수 있다는 것을 알았고, 더 큰 민주주의를 향해 전진하는 민주주의자가 되었습니다. 뜨거웠던 그 날 이후, 해마다 4월이면 진달래가 흐드러지고, 진달래 꽃잎이 흩날릴 때마다 우리는 민주주의를 위해 쓰러져간 영혼들을 기억했습니다. 우리의 가슴에는 독재에 굴복하지 않는 불굴의 용기와 멈출 수 없는 희망이 자랐습니다.

4·19혁명은 어느 날 갑자기 일어난 혁명이 아닙니다. 1960년 2월 28일, 대구의 고등학생들이 먼저 '독재타도'를 외치며 정의의 횃불을 들

었습니다. 3월 8일, 대전의 학생들이 '민주와 자유의 깃발'로 호응했고, 기어코 3·15부정선거가 자행되자 마산의 고등학생과 시민들이 거리로 뛰쳐나와 의거를 일으켰습니다. 고등학생이었던 김주열 열사의 시신이 참혹한 모습으로 마산 앞바다에 떠오르면서 3·15의거의 불길은 전국으로 퍼져나갔고, 마침내 4월 19일, 서울의 학생들과 시민들이 '독재타도'에 나섰습니다. 자유와 민주주의, 평등과 정의, 평화라는 대한민국의 위대한 가치들이 평범한 사람들의 함성으로 되살아났습니다.

4·19혁명은 민주주의를 향한 전 국민의 공감과 저항 정신이 축적된 결과였습니다. 정부는 2018년 드디어 2·28대구민주운동과 3·8대전민주의거를 국가기념일로 지정하여, 3·15마산의거와 함께 4·19혁명을 이끌어낸 연결된 역사로 기념하게 되었습니다. 오늘 이 자리에는 2·28대구민주운동, 3·8대전민주의거, 3·15마산의거, 4·19혁명 유공자와 유가족 여러분께서 함께하고 계십니다. 60년 전, 이 땅에 위대한 민주주의의 역사를 심어주신 주역들께 깊은 존경과 감사 인사를 드립니다.

국민 여러분,

4·19혁명은 대한민국 민주주의의 굳건한 뿌리입니다. '주권재민'을 훼손한 권력을 심판하고, 정치·사회적 억압을 무너뜨린 혁명이었습니다. 국민 한 사람 한 사람의 힘이 모여 "대한민국의 주권은 국민에게 있고, 모든 권력은 국민으로부터 나온다"는 민주공화국의 원칙을 다시 일으켜 세웠습니다. 학생들은 학원 민주화를 외쳤고, 노동자는 노동조합을 조직했으며, 교사들은 민주시민 교육의 길을 열었습니다. 제주4·3 유가족과 전국 각지의 민간인 학살 피해자 유가족들도 강요된 침묵을

걷어내고 진상규명의 용기를 낼 수 있었습니다.

4·19혁명이 남긴 '민주주의의 시간'은 짧았지만 강렬했습니다. 5·16군사쿠데타로 시작된 '독재의 시간'은 길고 어두웠지만, '4·19민주이념'은 끝내 우리 헌법의 정신으로 새겨졌습니다. 민주주의에 대한 열망으로 엄혹했던 시대를 서로 의지하고 격려하며 이겨나간 국민들은 부마민주항쟁, 5·18민주화운동, 6월 민주항쟁을 거쳐 2016년 촛불혁명으로 드디어 4·19혁명 그날의 하늘에 가 닿았습니다. 우리는 이 땅의 위대한 민주주의의 역사를 반드시 기억하면서, 그 자부심으로 더 성숙한 민주주의를 향해 끊임없이 나아가야 합니다.

지금 '코로나19'의 엄중한 상황을 헤쳐 가는 힘도 4·19정신에 기반한 자율적 시민의식에서 비롯되었습니다. 국민들은 나보다 우리를 먼저 생각하며 일상을 양보해 주셨고, 사재기 하나 없이 함께 어려움을 이겨냈습니다. 우리가 억압 속에서 지켜낸 민주주의, 우리가 눈물 속에서 슬픔을 나누며 키워온 연대와 협력이 함께 어려움을 겪고 있는 세계의 모범이 되고 있다는 사실이 매우 자랑스럽습니다.

지금 세계 여러 나라의 지도자들도 국제공조의 중요성을 말하고 있습니다. 봉쇄와 고립이 아닌 글로벌 연대만이 새로운 희망을 만들 수 있다는 사실에 동의하고 있습니다. 우리는 서로의 손을 잡아야 위기를 극복할 수 있다는 것을 너무나 잘 알고 있습니다. 아직 많은 과제가 남아있고, 마지막 확진자가 완치되는 순간까지 긴장을 놓을 수 없지만, 우리는 개방성, 투명성, 민주성에 기반한 강력한 '연대와 협력'으로 반드시 '코로나19'를 극복하고 세계의 희망이 될 것입니다.

국민 여러분,

IMF는 지금의 경제 상황을 1920~30년대의 세계 대공황 이후 최악의 경제 침체로 진단했습니다. 우리나라도 예외가 아닙니다. IMF는 한국도 올해 마이너스 1.2%의 성장률을 기록할 것으로 예측했습니다. 우리는 바이러스뿐 아니라 외환위기 이후 최악의 경제위기 상황을 함께 이겨내야 합니다. 핵심은 일자리를 지켜내는 것입니다. 고용 유지를 위해 기업과 노동자를 돕고, 소상공인·자영업자의 삶을 보호해야 합니다. IMF는 올해 우리나라가 OECD 36개국 중 성장률 1위를 기록할 것으로 전망했습니다. 그러나 생산, 투자, 소비, 수출의 동반 감소 속에서 많은 사람들이 일자리를 잃고, 국민의 삶이 무너진다면 성장률 1위가 된다 해도 결코 위안이 되지 않을 것입니다.

정부는 경제를 살리고 국민의 삶을 지키는 데 총력을 다할 것입니다. 하지만 엄중한 세계적 경제위기 속에서 정부의 노력만으로는 부족합니다. 경제 살리기에도 국민의 '연대와 협력'이 필요합니다. 특히 일자리 지키기에 노·사가 함께 머리를 맞대고 협력하는 것이 절대적으로 필요합니다. 정부는 노사 합의를 통해 고용을 유지하는 기업을 우선적으로 지원할 것입니다. 그와 함께 정부는 일자리를 잃은 사람들을 위해서도 고용 안전망과 사회 안전망을 더욱 강화해 나가겠습니다.

감염병과 함께 닥쳐온 경제위기를 극복하는 데 국회에서도, 국민들께서도 함께 마음을 모아주시기 바랍니다. 4·19혁명이 추구했던 정치적·시민적 민주주의를 넘어 모든 국민의 삶을 보장하는 실질적 민주주의로 확장하는 것, 그것이 오늘날 우리가 구현해야 할 4·19혁명 정신이라고 믿습니다. 우리 국민들은 세계인에게 '코로나19'를 극복할 수 있다는 희망을 주었고, 동시에 코로나 이후의 사회, 경제적 어려움에 어떻게 대응할지에 대해서도 주목받고 있습니다.

전 세계가 함께 겪게 될 '포스트 코로나'의 상황을 우리가 다시 개방성, 투명성, 민주성을 기반으로 한 '연대와 협력'의 힘으로 극복할 수 있다면 세계인에게 큰 용기를 줄 수 있을 것입니다. 경제, 산업, 교육, 보건, 안전 등 많은 분야에서 새로운 세계적 규범과 표준을 만들어낼 수 있을 것입니다. 정부는 통합된 국민의 힘으로 '포스트 코로나'의 새로운 일상, 새로운 세계의 질서를 준비하겠습니다.

존경하는 국민 여러분, 4·19혁명 유공자와 유가족 여러분,

4·19혁명이 오늘 우리에게 주는 진정한 교훈은 어제의 경험이 오늘과 미래의 우리를 만든다는 것입니다. 정부는 '4·19정신'을 국민과 함께 계승하기 위해 민주 유공자 포상을 확대해왔습니다. 지난해부터 올해까지 4·19혁명 유공자 쉰한 분을 새롭게 포상했고, 오늘 다섯 분의 유공자와 가족들에게 직접 포장을 수여하게 되어 매우 뜻깊습니다. 정부는 아직 밝혀지지 않은 4·19혁명 참가자들의 공적을 발굴해 한 분 한 분의 이름을 민주주의 역사에 새기고 기리겠습니다.

이곳 국립 4·19민주묘지는 민주주의의 성지입니다. 2022년까지 부족한 안장능력을 확충해 모든 유공자들을 명예롭게 모실 수 있도록 하겠습니다. 또한 하반기로 연기된 '4·19혁명 국민문화제'가 60주년의 의미에 걸맞은 국민 모두의 축제가 될 수 있도록 지원을 아끼지 않겠습니다. 4·19혁명은 제2차 세계대전 이후 독립한 국가 중 최초의 민주화

운동이고, 전 세계 학생운동의 시작이기도 합니다. 정부는 그 의미를 특별히 기리고 4·19혁명의 정신을 인류에게 남기기 위해 4·19혁명 기록물의 유네스코 세계기록유산 등재도 추진할 것입니다.

4·19혁명 이후, 시인 김수영은 "바람보다도 더 빨리 울고, 바람보다 먼저 일어나는" 풀을 노래했습니다. 우리 국민들은 나라가 어려울 때마다 바람보다 먼저 일어나 민주주의를 실천했고, '코로나19' 극복 과정에서 우리 안의 민주주의가 어떻게 힘을 발휘하는지 다시 한 번 확인했습니다. 봄마다 진달래는 슬픔을 이기고, 아름답게 산천을 물들일 것입니다. 4·19혁명과 함께한 우리의 선대들을 영원히 민주주의의 상징으로 기억하게 될 것입니다.

감사합니다.

우리는 모두 서로에게 소중한 사람입니다

| 2020-04-20 |

　장애인이 걷기 편한 길은 비장애인도 편하게 걸을 수 있습니다. 장애인이 불편함 없이 마음껏 일상을 누리는 세상은 비장애인의 삶도 풍요롭습니다. 제40회 '장애인의 날'을 맞아 '모든 인간은 태어날 때부터 자유롭고, 존엄성과 권리에 있어서 평등하다'는 정신을 되새깁니다.

　우리 몸의 중심은 머리도, 심장도 아니고 '아픈 곳'이란 말이 있습니다. 우리 공동체의 중심도 '아픈 곳'입니다. 아픈 곳이 나으면 사회 전체가 낫게 됩니다.

　'코로나19'를 겪으며, 우리는 장애인과 비장애인이 함께 잘 사는 길에 대해 더 많은 고민을 하게 되었습니다. 재난의 크기는 모든 이에게 평등하지 않습니다. 장애인이나 취약한 분들에게 재난은 훨씬 가혹합니다. 우리는 '코로나19'를 겪으며 그 사실을 다시 한 번 절감했습니다. 재난이 닥쳤을 때 장애인에게는 정보가 어떻게 전달되어야 하는지, 마스크와 같은 방역물품은 어떻게 공급되어야 하는지, '사회적 거리두기'를 할 때 장애인과 장애인 가족의 돌봄 공백을 어떻게 해결할 것인지, 온라인 수업은 또 어떻게 할 것인지, 좀 더 세심해져야만 그나마 재난 앞에서 조금은 더 평등해질 수 있습니다.

정부는 '코로나19'를 교훈 삼아, 재난이 닥칠 때 장애인이 비장애인에 비해 불평등하게 더 큰 피해를 입는 일이 없도록 시스템을 정비해 나가겠습니다. 당장 일상의 불편과 어려움을 견디고 이겨내주신 많은 분께 감사의 인사를 드리며, 장애인과 장애인 가족들의 특성에 맞는 맞춤형 서비스를 제공하기 위해 더욱 노력하겠습니다. '장애등급제 폐지'에 따른 정책적 노력도 더욱 확대할 것입니다.

'코로나19'는 분명 위기이지만, 장애인의 권리를 보장하는 것이 우리 모두 함께 행복할 수 있는 길이라는 것을 체감하는 기회가 되었습니다. 우리 모두가 서로에게 소중한 사람이라는 점이 참으로 고맙습니다.

제5차 비상경제회의 모두발언

| 2020-04-22 |

일자리가 있어야 국민의 삶이 있고 경제가 있습니다. 일자리를 지키는 것은 국난 극복의 핵심 과제이며 가장 절박한 생존 문제입니다. 정부는 그동안 선제적으로 고용 안정과 취약계층 지원 대책에 역점을 기울여 왔고, 100조 원 이상의 금융 조치를 통해 기업을 살리고 일자리를 지키는 조치를 취해왔습니다. 지금은 위기의 시작 단계입니다. 기업의 위기와 함께 고용 한파가 눈앞에 다가오고 있습니다. 더 광범위하게 더 오랫동안 겪어보지 못한 고용 충격이 올 수도 있습니다. 비상한 각오로 정부의 대책을 더욱 강력하게 보강하고, 과단성 있게 대처해야 합니다. 과거의 대책이나 방식을 넘어 새로운 사고와 비상한 대책을 주저하지 말아야 하겠습니다.

오늘 제5차 비상경제회의에서는 기간산업의 위기와 고용 충격에 신속히 대처하고, 국민의 일자리를 지키기 위한 특단의 대책을 결정합니다. 우선 40조 원 규모로 위기 극복과 고용을 위한 기간산업 안정기금을 긴급 조성합니다. 우리 경제와 고용에 지대한 영향을 주는 기간산업이 크게 위협받고 있습니다. 일시적인 자금 지원이나 유동성 공급만으로는 어려움을 극복하기 힘든 기업이 생기기 시작했습니다. 정부는 기간산업 안정기금을 통해 기간산업이 쓰러지는 것을 막겠습니다. 일시적인 유동성 지원을 넘어서 출자나 지급보증 등 가능한 모든 기업 지원 방식을 총동원하겠습니다. 강력한 의지를 갖고 기간산업을 반드시 지켜내겠습니다.

기간산업을 지키는 데 국민의 세금을 투입하는 대신에 지원받는 기업들에게 상응하는 의무도 부과하겠습니다. 고용총량 유지와 자구 노력, 이익 공유 등의 장치를 마련하겠습니다. 고용 안정이 전제되어야 기업 지원이 이루어지며 임직원의 보수 제한과 주주 배당 제한, 자사주 취득 금지 등 도덕적 해이를 막는 조치가 취해질 것입니다. 정상화의 이익을 국민과 함께 공유하는 방안도 추진하겠습니다.

기간산업 안정기금은 국회 법 개정이 필요한 사안입니다. 우리 기간산업을 보호하고 국민의 일자리를 지키기 위한 입법에 국회도 협조해 주기 바랍니다. 아울러 지난 제1차, 제2차 비상경제회의에서 결정한 100조 원 규모의 금융 조치에 35조 원을 추가하여 135조 원 규모로 확대하는 조치도 취합니다. 이를 통해 소상공인 지원과 기업들의 회사채 매입을 확대하고, 신용이 낮은 기업들까지도 유동성 지원을 늘리겠습니다. 또한 정부는 긴급 고용 안정 대책에 10조 원을 별도로 투입하여 코로나19로 현실화되고 있는 고용 충격에 적극 대응하고자 합니다. 고용 유지 지원으로 실업 대란을 차단하는 것에 역점을 두면서 고용안전망의 사각지대를 획기적으로 줄여 촘촘하게 지원하겠습니다.

정부가 새로운 일자리를 직접 창출하는 노력도 배가하겠습니다.

첫째, 고용을 유지하는 기업은 최대한 지원하겠습니다. 휴직수당의 90%까지 보전하는 고용 유지 지원금을 지속적으로 확대 지원하면서 무급휴직자까지 대상을 넓힌 무급휴직 신속 지원 프로그램을 통해 적극적으로 고용이 유지될 수 있도록 지원하겠습니다. 항공지상조(업), 면세점업 등 타격이 심한 업종은 추가적으로 특별 고용 지원 업종으로 지정하여 지원을 강화하겠습니다.

둘째, 고용 안정 지원의 사각지대를 획기적으로 줄이겠습니다. 그동안 사각지대였던 프리랜서, 특수고용노동자, 영세사업자 등 93만 명에 대해 특별히 긴급고용안정지원금을 지급합니다. 3개월간 50만 원씩 지급하여 일자리가 끊기거나 소득이 감소한 분들의 생계유지에 조금이나마 도움이 될 수 있기를 기대합니다.

셋째, 정부가 일자리 창출에 직접 나서겠습니다. 민간 부문의 고용 창출 여력이 부족한 상황에서 정부가 나서서 50만 개의 일자리를 창출하여 국민에게 제공하겠습니다. 공공 부문 일자리와 청년 일자리를 적극적으로 만들어 취업에 어려움을 겪고 있는 국민들에게 조금이라도 위안을 드리겠습니다. 연기되었던 공공 부문 채용 절차도 하루빨리 정상화시키겠습니다.

정부는 한편으로 범국가적 차원에서 새로운 일자리 창출을 위한 대

규모 사업을 대담하게 추진할 필요가 있습니다. 고용의 위기를 새로운 일자리 창출로 극복하는 새로운 기회의 문을 여는 것입니다. 정부는 고용 창출 효과가 큰 대규모 국가사업을 추진함으로써 단지 일자리를 만드는 데 그치지 않고 포스트 코로나 시대의 혁신성장을 준비해 나갈 것입니다. 관계 부처는 대규모 국가 프로젝트로서 이른바 '한국판 뉴딜'을 추진할 기획단을 신속히 준비해 주기 바랍니다. 정부가 특별한 사명감을 가지고 나서 주기 바랍니다.

거듭 거듭 강조하지만 무엇보다 중요한 것은 속도입니다. 지금까지 발표한 비상경제 대책들을 신속하게 실시하는 것이 무엇보다 중요합니다. 1차 추경을 최대한 신속하게 집행 완료하고, 2차 추경을 최대한 신속하게 통과시켜 즉시 집행할 수 있도록 준비하고, 오늘 결정하는 비상대책에 필요한 3차 추경과 입법도 신속하게 추진해 주기 바랍니다. 국회에서도 할 일이 태산 같은 비상한 시기임을 감안하여 대승적인 합의로 신속한 결정을 내려주실 것을 간곡히 당부드립니다.

전주시가 '해고 없는 도시'를 선언했습니다.

| 2020-04-22 |

전주시가 '해고 없는 도시'를 선언했습니다. 지역 노사민정이 합심해 대타협을 이루고, 지역 일자리를 지키는 상생선언입니다. 기업들은 고용유지 노력을 약속했습니다. 지자체는 열악한 사업장에 보험료를 지원하며 고용보험 가입을 이끌어내고, 지역상생기금을 조성하는 등 적극적인 지원을 다짐했습니다. 코로나19로 지역경제 상황이 매우 어렵고 고용불안이 커지고 있는 상황에서, 고통 분담으로 어려움을 함께 이겨내겠다는 의지를 사회적 약속으로 보여준 것입니다. 일자리 지키기가 경제위기 극복의 핵심이 되고 있는 상황에서 매우 의미 있는 실천입니다. 선언에 함께한 지역의 모든 경제주체들에게 존경과 감사의 마음을 전합니다.

전주시는 코로나19 대응에 항상 앞장서 주고 있습니다. 전주에서 시작한 '착한 임대료 운동'이 전국적 운동으로 번져나갔던 것처럼, '해고 없는 도시' 상생선언도 전국으로 확산되어 나가길 기대합니다.

일자리가 경제이며 우리의 삶입니다. 기업과 노동자만의 문제가 아니라 지역경제와 국가경제 전체와 연결됩니다. 모든 경제주체들이 손을 잡고 조금씩 양보하는 자세로 일자리 지키기에 함께했으면 합니다. 정부도 역할을 다하겠습니다.

세계 최대 컨테이너선 명명식 축사

| 2020-04-23 |

존경하는 국민 여러분, 해운·조선산업 관계자 여러분,

거제 대우조선소의 거센 바닷바람에는 여러분의 뜨거운 열정이 담겨 있습니다. 2년 전 '해운재건 5개년 계획'을 발표했고, 오늘 그동안 우리가 이룬 성과를 국민들께 말씀드릴 수 있게 되어 매우 기쁩니다. 오늘 HMM의 '알헤시라스호'가 명명식을 갖고, 드넓은 바다로 출항합니다. 컨테이너 2만 4천 개를 한 번에 운반할 수 있는 세계 최대 컨테이너선입니다.

2017년 한진해운 파산으로 해운산업이 큰 어려움을 겪었지만, 우리는 결국 극복했습니다. 오늘 '알헤시라스호' 명명식으로 대한민국 해운 재건의 신호탄을 세계로 쏘아 올리게 되었습니다. 오늘 명명식은 시작에 불과합니다. 올해 안에 같은 급의 세계 최대 컨테이너선 열두 척이 세계를 누비게 됩니다. 400여 년 전 충무공께서 '열두 척의 배'로 국난을 극복했듯, '열두 척의 초대형 컨테이너선'은 우리 해운산업의 위상을 되살리게 될 것입니다.

선원들과 노동자 여러분, HMM과 대우조선해양 임직원 여러분, 정책금융기관과 해양진흥공사 관계자 여러분,

모두 수고하셨습니다. 김경수 경남도지사를 비롯한 경남도·거제시 관계자 여러분도 잘 뒷받침해 주셨습니다. 무엇보다 '코로나19'로 어려움을 겪고 있는 이 시기에 국민들께 큰 희망을 주셔서 감사합니다.

국민 여러분,

근·현대 세계사에서 바다로 꿈을 넓힌 나라가 세계를 연결하고, 세계의 중심 국가가 되었습니다. 전 세계 교역의 90%, 우리 수출입 물동량의 99.7%가 바다를 통해 이뤄집니다. '해운 강국'은 포기할 수 없는 대한민국의 미래입니다. 해운은 대한민국 산업발전의 효자입니다. 전방의 항만, 후방의 조선과 같이 연관산업의 파급효과가 매우 큰 산업입니다. 화물 운송에 그치지 않고, 제조업, 특히 주요 전략산업과 긴밀히 연결되어 있습니다.

핵심 원자재와 에너지가 해운으로 들어오고, 전시에는 해운이 육·해·공군에 이어 '제4군 역할'을 합니다. 명실공히 해운은 '국가 기간산업'입니다. 우리는 1950년, '대한해운공사'를 설립해 해운산업을 육성하기 시작했습니다. 교역에 쓸 만한 상선조차 없었던 시기였습니다. 출발은 열악했지만, 1965년 북미 원양 정기항로를 처음으로 개설한 후 우리 해운은 빠른 성장 가도를 달렸습니다. 한때, 글로벌 금융위기로 인한 장

기불황과 국내 1위 선사의 파산으로, 우리 해운은 70년간 구축해온 물류망이 한순간에 무너지는 아픔을 겪기도 했습니다. 당시 많은 전문가들이 한국 해운은 다시 일어설 수 없을 것이라고 했습니다.

그러나 우리는 결코 포기하지 않았습니다. 우리 정부는 '해운산업 재도약'을 국정과제로 선정했고, '해운재건 5개년 계획'을 수립·추진했습니다. '해양진흥공사'를 설립하여 과감한 지원을 아끼지 않았습니다. 2017년 당시 현대상선의 운명도 풍전등화에 놓였지만, 뼈를 깎는 구조조정과 경영혁신으로 위기를 극복했습니다. 지난달 HMM으로 새롭게 변모해 세계 해운시장에 우뚝 섰습니다. 벌써 초대형 컨테이너선 스무 척을 발주했습니다. 세계 3대 해운동맹인 '디 얼라이언스(The Alliance)'에 가입해 이달부터 운항 서비스 협력을 시작하며 글로벌 경쟁력을 높여가고 있습니다. 한국 해운을 살리기 위한 지난 2년의 노력이 오늘의 성과로 나타나고 있는 것입니다.

국민 여러분, 해운·조선산업 관계자 여러분,

이제 우리는 또 하나의 위기를 극복해야 합니다. '코로나19'로 인한 경기침체의 파도를 넘어서야 합니다. IMF는 대공황 이래 최악의 세계 경기침체를 전망하고 있습니다. 세계 각국의 '대봉쇄'로 인한 글로벌 화물 수요의 급격한 감소가 우려됩니다. 그만큼 우리 해운과 경제에도 큰 어려움이 예상되지만, 모든 가용 수단을 동원하여 반드시 헤쳐 나가겠습니다. 정부는 '코로나19'로 피해를 입은 해운업계에 긴급경영자금 지원과 금융 납기연장, 항만시설 사용료 감면 등 3,800억 원 규모의 재정·금융 지원을 신속히 시행했으며, 오늘 오전, 추가로 1조 2,500억 원의 대규모 금융지원 대책을 마련했습니다. 선박금융과 '선박 매입후 재대선(S&LB)', 해운사들에 대한 긴급 유동성 지원이 확대되어 이뤄질 것입니다.

또한 필수인력과 물자의 이동이 허용돼야 해운·물류 활동이 보장되고 국제경제의 침체를 막을 수 있습니다. G20 특별 화상 정상회의는 우리의 제안을 받아들여 국제무역 촉진을 위한 협력을 합의했습니다. 해운업계가 닥쳐오는 파고를 넘을 수 있도록 정부는 기업과 끝까지 함께 하겠습니다. 국제사회와 협력해 글로벌 공급망의 붕괴를 반드시 막아내 겠습니다. 정부는 '긴급 수혈'과 함께 '체질 개선'으로 우리 해운의 장기적 비전을 마련할 것입니다. '세계 5위 해운강국 도약'을 목표로, '해운 재건 5개년 계획'을 강도 높게 추진하여 다시는 부침의 역사를 반복하지 않겠습니다.

첫째, '상생형 해운 모델'을 정착시키겠습니다. 우리 선박을 이용하는 화주 기업들에게 항만시설 사용과 세제·금융 지원 등 다양한 인센티브를 제공하여 선주와 화주가 상생 발전하는 토대를 만들 것입니다. 중소·중견선사를 육성하여 해운산업의 경쟁력을 강화하고 물류·제조업 등 연관산업으로 이어지는 상생 구조도 정착시키겠습니다.

둘째, '4차 산업혁명'을 해운에서 이루겠습니다. 세계 최고 수준인 우리 IT 기술을 토대로 '자율운항선박'과 '지능형 항해시스템'을 도입하겠습니다. 항만 배후단지를 활용한 신산업 육성에도 더욱 박차를 가할 것입니다. 선박 대형화에 대응하고 스마트 물류 허브를 구축하기 위해 '부산 제2신항'을 조속히 건설하고, 광양항에도 컨테이너 하역부터 이송까지 전 과정을 자동화하는 '한국형 스마트 항만'을 도입하겠습니다.

셋째, '친환경 선박산업'을 적극 육성하겠습니다. 올해부터 강화된 선박 국제환경규제는 우리에게는 신산업 창출의 기회입니다. 친환경 설비 장착을 위한 초기 비용을 지원하고, 'LNG와 수소엔진 선박', '선박평형수 처리기술', '선박 탈황장치'와 같은 친환경 선박산업을 미래 신산업으로 적극 육성해갈 것입니다. 저는 오늘 '알헤시라스호'의 첫 항해를 축하하면서 선장님께 우리의 전통나침반 '윤도'를 드립니다. 나침반이 가리키는 혁신의 길을 향해 우리 해운산업이 꾸준히 발전하길 희망합니다.

존경하는 국민 여러분, 경남도민 여러분, 해운·조선산업 관계자 여러분,

2년 전, 이곳 거제 대우조선소를 찾았을 때를 기억합니다. 당시 산업구조조정 지역으로 큰 어려움을 겪고 있었지만, 우리의 해운·조선산업을 반드시 되살리자고 함께 다짐했습니다. 다시 2년이 지난 지금, 우리는 세계를 놀라게 하는 기적을 만들어냈습니다. 세계 제일의 조선 강국 위상과 함께 한국 해운의 힘찬 재도약이 시작되었습니다. 스페인 '알헤시라스항'에는 우리 국적 컨테이너선이 빼곡히 정박할 것입니다. 네덜란드 '로테르담항'에도, 독일 '함부르크항'에도, 유럽의 항만들마다 우리 브랜드의 컨테이너박스가 가득 적재될 것입니다. '알헤시라스호'의 첫 뱃고동 소리가 우리 해운, 우리 경제의 또 다른 기적, '코로나19' 극복의 희망을 세계에 알리고 있습니다. 우리 모두 자긍심을 갖고 '대한민국 해운, 대한민국 경제'의 상생도약을 이뤄냅시다.

감사합니다.

의료진 여러분의 헌신에
존경과 감사를 표합니다

| 2020-04-27 |

의료진 덕분에, 소중한 생명이 지켜지고 있습니다. 의료진 덕분에, 바이러스와의 싸움에서 승리하고 있습니다. 의료진 덕분에, 방역 모범국가라는 세계의 평가가 가능했습니다. 의료진 덕분에, 서서히 일상을 준비하게 되었습니다. 우리의 응원이 의료진 여러분에게 자부심이 되었으면 좋겠습니다.

코로나19로 고통받는 전 세계 어린이들에게 반드시 바이러스를 극복할 수 있다는 희망의 메시지를 나눌 수 있도록 # 아기상어와 함께,

배구코트에서도 자가격리에서도 월드클래스의 품격을 보여주고 있는 # 김연경 선수와 함께,

장애인과 비장애인 모두가 같은 방역 소식을 전달받을 수 있도록 매일 마스크도 없이 온몸으로 전하고 있는 # 권동호 수어통역사와 함께,

우리 모두의 응원을 모아 대한민국과 전 세계의 의료진에 감사를 표합니다.

고맙습니다.

이웃이 아프면 나도 아픕니다

| 2020-04-30 |

　이천 화재로 많은 분들이 희생되었습니다. '코로나19' 극복을 위해 모두 애쓰는 중에 불행한 일이 생겨 너무 안타깝고 더욱 막중한 책임감을 느낍니다. 불의의 사고를 당한 분들을 깊이 애도하며, 부상자들의 빠른 회복을 기원합니다. 전화와 구조를 위해 애써주신 소방대원들의 노고에도 감사드립니다.

　부처님 오신 날 아침, 불자들과 스님들의 마음도 편치 않으실 것 같습니다. 부처님의 자비로운 마음으로 고인들의 명복을 빌어주시고, 유가족들을 위로해 주길 바랍니다.

　나라가 어려울 때마다 불교는 국난극복을 위해 국민의 마음을 하나로 모아주셨고, 아픔을 나눠주셨습니다. 지금도 '청정 사찰 실천'으로 '사회적 거리두기'를 계속하며 감염병 극복에 앞장서 주고 계십니다. 불자들은 기부와 나눔으로 어려운 이웃을 보듬고, 스님들은 보시를 반납하며 지친 의료인을 위해 템플스테이를 무료로 개방했습니다. 불교계의 따뜻한 마음은 어제나 국민들에게 힘이 되고 있습니다.

오늘부터 부처님 오신 날 봉축법요식이 열리는 5월 30일까지 전국 사찰에서는 '코로나19 치유와 극복을 위한 기도'를 시작합니다. '부처님의 지혜와 사랑을 스스로 행하는 그때 그곳이 부처님이 오시는 자리'라는 법정 스님의 말씀처럼 기쁨과 희망, 슬픔과 걱정을 국민과 함께 나누는 매일매일이 부처님 오신 날이 될 것입니다.

이웃의 아픔을 나의 아픔으로 여기는 자비의 마음이 우리의 힘이고 희망입니다. 부처님 오신 날을 맞아 생명과 안전이 먼저인 나라를 다시 한 번 다짐합니다. '코로나19'를 극복하고, 이천 화재의 슬픔을 이겨내며, 반드시 우리의 새로운 일상을 만들어내겠습니다. 오늘 부처님 오신 날, 서로를 의지하고 격려하는 마음이 더욱 깊어지고, 부처님의 '대자대비'로 아픔이 치유되길 기원합니다.

대통령 문재인의 3년 : 안전한 대한민국의 초석을 다지다

초판 1쇄 펴낸 날 2020년 5월 31일

엮 은 이	편집부
펴 낸 이	장영재
펴 낸 곳	(주)미르북컴퍼니
자 회 사	더휴먼
전 화	02)3141-4421
팩 스	02)3141-4428
등 록	2012년 3월 16일(제313-2012-81호)
주 소	서울시 마포구 성미산로32길 12, 2층 (우 03983)
E-mail	sanhonjinju@naver.com
카 페	cafe.naver.com/mirbookcompany

값 39,000원

ISBN 979-11-6445-273-6